# 一代天骄

## 成吉思汗

田芳芳◎著 　上册　

中国铁道出版社有限公司
CHINA RAILWAY PUBLISHING HOUSE CO., LTD.

**图书在版编目（CIP）数据**

一代天骄：成吉思汗：全二册 / 田芳芳著. —北京：
中国铁道出版社，2017.3（2021.9重印）
（中国历代风云人物）
ISBN 978-7-113-22657-2

Ⅰ.①一… Ⅱ.①田… Ⅲ.①成吉思汗（1162-1227）–
传记 Ⅳ.①K827=47

中国版本图书馆CIP数据核字（2016）第321213号

书　　名：一代天骄：成吉思汗
作　　者：田芳芳

责任编辑：刘建玮　　　　　　电　　话：（010）51873038
封面设计：MXK DESIGN STUDIO　　电子邮箱：liujw0827@163.com
责任印制：赵星辰

出版发行：中国铁道出版社有限公司（北京市西城区右安门西街 8 号，100054）
印　　刷：三河市燕春印务有限公司
版　　次：2017年3月第1版　2021年9月第2次印刷
开　　本：787mm×1092mm　1/16　印张：32.5　字数：618千字
书　　号：ISBN 978-7-113-22657-2
定　　价：82.00元（全二册）

# 目 录

成吉思汗生于四月十六日凌晨，这天正巧是他父亲也速该凯旋的日子。

也速该作为忽图拉汗的主将，与塔塔儿人打了十三次仗都未能报仇，只是在这次战斗中，也速该用巧计俘虏了塔塔儿部首领铁木真、兀格和豁里不花。

当也速该满面笑容地回到家里，一见刚出世的儿子，他不由得伸手把孩子抱在怀里，见儿子两眼炯炯有神、容颜红润放光，又见孩子右手还握着一块殷红的凝血，坚如玉石，也速该心中十分欢喜。

按照蒙古族的风俗，大家都认为这婴儿的诞生是吉祥的征兆，这孩子有朝一日，必然大富大贵，必会干出一番惊天动地的大事业。

此时，诃额仑便请丈夫给新生儿取一个响亮的名字，也速该觉得儿子给自己带来了好运气，说道："我们家今天双喜临门，一来我领兵打了胜仗，二来你幸运地生下了健壮的儿子，为了庆贺战斗胜利和喜得长子，永远记住这个好日子，儿子就叫铁木真吧！"

诃额仑听后，嘴里不停地念叨："铁木真，铁木真！好，有铁一般的体魄，铁一般的毅力，太好了！"

这时候，她忽然想到怀孕之时，在那山洞里遇到的那个两眼闪着金光的大汉——天狼星下凡，便兴奋地对丈夫说："刚才生他时，我清楚地听到一阵雷雨之后有人大喊：'天狼星出世了！'我只觉腹中一阵疼痛，便昏迷过去。"

也速该听后，哈哈大笑后说："好啊！天狼星下界，孩子手攥凝血，这是手攥'苏鲁锭'的蒙古战神的形象！自今而后，我们蒙古人后继有人了！"

接着，也速该向妻子诉说了本族自曾祖父合不勒汗以来，连续三代遭受金朝马塔塔儿人的侵略与欺侮。

当他讲到叔祖俺巴孩汗送女儿出嫁到塔塔儿部，被塔塔儿人绑送金朝，用残酷的"钉木驴"刑杀害时，心地善良的诃额仑伤心地落下泪来。

也速该越说越激动，看着刚出世的儿子道："这下子可好了！感谢老天爷给了我一个勇武神奇的铁木真！我要让他记住家族的仇恨，永远牢记我们先人的木驴之仇！"

成吉思汗诞生的年代，无论从蒙古草原，还是从整个中国来看，都是一个战争频仍的乱世。那时的蒙古草原，已处于大乱之中。

由于新上台的金世宗忙于稳定内部，镇压起义，对付南宋，对于部落林立的漠北地区，无力过问。

于是，蒙古、塔塔儿、乃蛮、克烈、蔑儿乞等五大部落各自为政，草原牧场、奴隶、牛羊都变成了他们互相争夺的对象。一时间，血族复仇、争霸称雄的战争此伏彼起，整个漠北大草原处于一个纷争不已的混乱年代。

在铁木真之后，诃额仑又生下了三子一女，他们是：哈撒儿、哈赤温、帖木

3

格，以及女儿帖木仑。

也速该的第二个妻子速赤，也生了两个儿子：别克帖儿、别勒古台。

一天，兄妹七人在林子里玩耍，直到天黑了才回来，小妹妹帖木仑对母亲道："大哥铁木真的两眼放光，他眼中好像隐藏着两个火球似的。"

几个弟弟听了小妹的话，也都争着、抢着向母亲证实，哈撒儿的声音更大："小妹说得对，大哥双目发光，眼中像有火团在燃烧。"

听了儿女们的话，诃额仑只得告诉他们："知道吗？你们的大哥铁木真是天狼星下界，这位天神已两次与我谋面，他的眼中放光，正是星光灿烂的表现。"

这些话传到族人们中间去，不少人说："铁木真两目发光，聪敏机警，身材魁梧，绝不是一个等闲之辈！"

也有人听了不以为然，他们说："铁木真两眼有光，这是我们蒙古人的远祖之光，当年这光的精灵曾使我们的祖先阿兰豁阿受孕，不足为奇。"

光阴似箭，一晃眼，铁木真已经成长为一个英俊的少年了。

他身材高大，四肢发达，前额宽阔，胡须又黑又长，那双灰绿色的"狼眼睛"，时时放出逼人的亮光。

因为蒙古的青年订婚都是很早的，也速该和诃额仑也希望早点为儿子订下一门亲事，当时的蒙古乞颜部与弘吉剌部是两个世通婚姻的部落。

在1176年的秋天，也速该趁着"金秋打籽"之季，带着铁木真到弘吉剌部去看望舅父，同时也想为儿子物色一位合适的媳妇。

弘吉剌部居住在呼伦贝尔湖东面，从乞颜部居住的三河源头到那里，要走很远的路程，中间还要经过塔塔儿部驻牧的呼伦贝尔草原。

这一天正是秋高气爽、天高云淡的好日子，也速该与铁木真父子二人，走到扯克彻儿和赤忽尔古两山中间时，恰巧遇到了弘吉剌部的贵族德薛禅。

他主动而亲切地向也速该父子打招呼："你们一老一少，这是到哪里去呀？"

也速该听了，便开门见山地说明了来意："老人家，我想带儿子去他舅家去看看，顺便替他订一门亲事。"

德薛禅老人仔细地上下打量着铁木真一会儿，神秘地说道："你这孩子眼神如火，容颜生光，正应验了我昨夜里做的一个梦。我梦见一只白色的鹰抓住日月飞奔过来，落在我的手上。我想，白色的鹰是吉祥的象征，原来这个吉兆应验在你的儿子身上。"

老人说完，未等也速该回话，又对着父子二人，笑眯眯地唱道：

我们弘吉剌部啊，
自古以来美女多。

把我的女儿许配给你的儿子吧，
让她坐上带篷的车啊，
驾着黑骆驼而颠簸，
去坐上可汗皇后的宝座！

德薛禅老人看中了铁木真少年英俊，长得聪明伶俐，小小年纪便头角峥嵘，露出一副"勇士"的形象，于是便用蒙古人传统的求美诗，唱出了自己内心的请求。

盛情难却，也速该接受老人的邀请，来到德薛禅家里。

孛儿帖姑娘，尽管她比铁木真大一岁，却生得花容月貌，苗条俊美，十分可爱，与铁木真真是天造地设的一对。

也速该对这门亲事十分满意，第二天早上便正式提出求婚。

按照蒙古人的婚俗，求婚要进行三次，头两次女方家庭都要故意推辞，然后才会答应。

但是德薛禅却说道："多求而与之不见得崇敬，少求而与之不见得低贱。女子之命，不可老于生身之门，就将这孩子嫁给你儿子吧，因为这是命中注定的一桩好姻缘！"

按照当时的习俗，儿女定亲以后，要先把男孩留在未婚妻家，并赠送聘礼。于是也速该便留下一匹马当作聘礼，并"留赘铁木真而去"。

当他走到扯克彻儿山附近的草甸时，忽见塔塔儿人正在举行宴会。

根据蒙古人的习惯，骑马经过正在进餐者之旁时，不用等主人许可就可以一同就餐。主人也不应拒绝，而应以饮食相待，这既是客人对主人表示应有的敬意，也是主人殷勤待客的一种表现。于是，也速该未加多想，遂下马入筵求饱。

由于他生性粗豪，缺少防人之心，早已把塔塔儿人对他家的仇恨抛于九霄云外。

举行宴会的塔塔儿人认出了这个昔日的仇敌，经过一番密议之后，塔塔儿人佯作欢迎，暗中在马奶酒中放下毒药。

这是一种慢性毒药，饮下之时并不立即生效，须隔一段时间才能发作。

也速该酒酣起身告辞，上马回家，行至半途，渐觉腹中隐隐作痛，三天后药性愈烈，他已明白受塔塔儿人所害，但后悔莫及，遂找来察剌合老人之子蒙力克，对他说道："我的儿子们幼小，我去为铁木真求亲，回来的路上被塔塔儿人下毒了。我知道自己活不长了，留下孤儿寡母，将来有什么困难还请你帮忙。眼下，请你赶快到弘吉剌部去，将铁木真带回来。"也速该说完，就含恨死去了。

蒙力克按照也速该的临终遗嘱，立即动身前往德薛禅家去领铁木真。

这位蒙力克年龄虽不大，却具有草原猎人所特有的谨慎与细心。在途中，他想道："若是说出也速该被害之事，他不放铁木真回来怎么办？凡事多长个心眼吧！"

于是蒙力克机灵地对德薛禅说道："我家老爷想念铁木真心情太切，让他回家过一阵子再回来吧？"老人不好阻拦，只得放行。蒙力克遂领着铁木真日夜往家里赶路。

快到家时，蒙力克才将其父遇害情形细说与铁木真听，并将也速该临终前嘱咐儿子长大以后要向塔塔儿人讨还血债的话转告他。

铁木真听后失声痛哭，他万万没有想到，父亲竟在年富力强的英壮之年遭人暗算。

从此以后，仇恨的种子已在铁木真心中生根、发芽，对他以后的成长产生了重大影响。

也速该遇难之后，族内人反应很冷淡，孤儿寡母的哭声与眼泪并没有唤起他们的同情，没有人来抚慰他们。

仿佛一下子长大了许多的铁木真跪在母亲的脚下，哭着立下誓言："无论前途多艰险，我一定克服一切困难，披荆斩棘，矢志不渝，把自己锻炼成一个顶天立地的男子汉，用自己的双手和智慧，誓杀父祖辈的世代仇人——塔塔儿人和金人！"

听了铁木真的誓言，诃额仑扶起儿子，紧紧地搂住他，坚定地说道："鹰的儿子不会变成山雀，光孕育出来的后代也不会成为氓贼，你是天狼星转世，一定要成为全蒙的首领，各部的汗王！"

听了母亲的话，铁木真及其弟弟们，一齐上前簇拥在诃额仑周围，向他们的母亲报以至高无上的敬意……

诃额仑孤儿寡母面临的形势很严峻。

也速该生前凭着自己的威望和力量，把同族的许多氏族部落团结在乞颜氏的旗帜下面。当初没有争夺到指挥权的蒙古贵族，由于没有实力来反抗他，便在心头种下仇恨和报复的种子。如今机会来了，也速该一死，长子铁木真年纪弱小，该是报复这孤儿寡母的时候了。

泰赤乌部中的两个首领塔儿忽台和脱朵延吉儿帖，经过多次密商，决定借机夺取也速该生前乞颜部的部众、牛羊等牲畜，完全抛弃铁木真母子。

就在也速该死后的第二年春天，时间仅仅过了几个月，死者尸骨未寒，生者泪痕未干，本族内部就出现了众叛亲离的局面。

这一天，蒙古部举行祭祖典礼时，主持祭祀的是泰赤乌氏的两个长辈，俺巴孩汗的两个夫人斡儿伯和莎合台。

依照蒙古习惯，祭祀之后，那些供品要分给所有的同族人，即使没有参加仪式的人，也有权获得应有的一份。

那些供品被称为"祚物""余祚""供酒"，包括牛羊马肉、马奶等。

当时的蒙古人信神敬祖，祭祀祖先对他们来说是件大事。谁分不到祭祀的供品就等于不承认他是蒙古的同族人，等于被开除了族籍。可见，分得供品相当重要。

由于主持祭祀的两个夫人早与泰赤乌部的两个首领塔儿忽台与脱朵延吉儿帖商议妥当，有意不通知诃额仑，故意不分给他们母子供品。

诃额仑认为这是奇耻大辱，便向两位主持祭祀的夫人质问道："你们好没道理！也速该死了，难道他的儿子们长不大了？先人的肉祚分了，为什么不分给我们一份？"

听了诃额仑的问话，两位夫人恼羞成怒："你们母子遇饭就吃、遇水就喝，祭祀祖先却迟迟不到，难道还要我们去邀请你们？你们眼里既然没有祖先，何必还要分享祭祖的供呢？"

诃额仑仍然据理力争："也速该尸骨未寒，你们就如此对待我们孤儿寡母，这不仅有违祖训，也是天理不容的！想想看，你们这样做，是何居心？"

在场的族中人，听了诃额仑的话连连点头，都觉得她讲得有理，但慑于两位夫人的淫威，特别是塔儿忽台和脱朵延吉儿帖的事前警告，谁也不敢说一句向着铁木真母子的话语。

接着，诃额仑又说道："今天，你们不分给我们供品，不给茶饭，他日转移营地时，是不是想抛弃我们呢？"

诃额仑已预感到泰赤乌人的险恶用心，最终将会被他们抛弃！

第二天一早，自恃力量强大的泰赤乌人，果然抛弃了他们母子，悄悄地迁移到斡难河的上游去了。

蒙力克的父亲察剌合老人对泰赤乌氏的分裂行为十分不满，他拉住脱朵延吉儿帖的战马，劝他不要背叛铁木真母子。

脱朵延吉儿帖对他说："也速该死了，好比河水已经干涸了，白石已经破碎：水干了就养不住鱼，石头碎了就失去了靠山，铁木真他们孤儿寡母，怎能担负起保护部民的责任？我们何必跟着他们去受苦受罪呢？"

察剌合老人拉住马缰不放，又劝道："想当年，也速该勇士待你并不薄，你也要讲点义气，有点良心呀！"

老人的话惹恼了脱朵延吉儿帖，只见他两眼一瞪："你为什么要苦苦劝阻？你自己留下吧，何必要拉别人作替死鬼呢！"

他一边说，一边丧心病狂地向老人刺了一枪，然后急急地跑了。

察剌合老人背上受伤，在家卧床不起。

铁木真得到这个不幸的消息，急忙前去探望，老人非常难过地说道："你父亲当年辛辛苦苦收拢来的部民百姓，如今全被这些没有良心的泰赤乌人带走了，实在是太可惜了。"

铁木真听了又气又恨，禁不住失声痛哭起来。

在泰赤乌人抛弃了自己及孩子们之后，生性刚强的诃额仑表现出异乎寻常的镇定。

原来由丈夫曾经挑过的那面系有牦牛毛和马尾的九尾大纛，本是这个氏族的权威的象征。为了显示自己的魄力和勇气，诃额仑立即跨上骏马，手持那面大纛，拍马前去追赶那些拔营而去的部众。

塔儿忽台与脱朵延吉儿帖志得意满地骑着高头大马，走在队伍的前面，后面是车辆、牛羊等牲畜和牧民部众，他们乱糟糟地往前走着。

诃额仑飞马赶到队前，把手中的大纛一挥，义正词严地斥责道："我的丈夫勇士也速该保护了你们好多年，如今他尸骨未寒，你们就忘恩负义，抛弃了他的孤儿寡妇，你们若是还有良知的话，就应该立即勒转马头，随着这面大纛，回到原地驻营！"

面对眼前突然发生的情况，尤其是听了诃额仑的一番话后，正在行进中的迁徙队伍立刻乱成一团，人们议论纷纷，有人大声喊道：

"我们忘不了也速该的好处，我们愿意回去，我们没有抛弃你们母子的想法！"

"我们是被骗，被逼着迁徙的。"

……

在一片混乱之中，有半数的牧民已掉转车头，顺原路返回了。

这一下可把塔儿忽台和脱朵延吉儿帖急坏了，两人一边拍马拦住回去的部民，一边声嘶力竭地叫喊：

"你们别听这女人的谎话，她没有力量保护你们！"

"别忘记你们昨晚的保证，谁若是坚持跟她回去，谁就是我们的仇敌，一切后果由你们自己负责！"

在他们的恫吓之下，本来已掉转车头往回走的人们，不得不停了下来。那些犹豫不定、不知如何进退的人，不得不在两个首领的威胁下，重新跟着塔儿忽台和脱朵延吉儿帖，顺着斡难河走了，渐渐地消失在远方。

如今，空空荡荡的大草原上只剩下孤零零的两座蒙古帐篷。这位二十七岁的年轻寡妇，领着七个年幼的孩子，被迫在斡难河上游的森林中和草原上艰难度日，相依为命。

可是，诃额仑牢记"艰难困苦，玉汝于成"的道理，她挺起腰杆，竭尽全力，发誓要把孩子们抚育成人。

当天晚上，等到孩子们熟睡之后，她找来了也速该的第二个妻子速赤，两人坐在月光下的草原上。通过一番交心的谈话之后，诃额仑首先提议道："我二十七岁，你二十五岁，从今晚以后，我们就是亲姐妹了，在二十年之内绝不改嫁，一心一意把七个孩子抚养成人！"

速赤听后说道："我速赤能有今天，全赖姐姐之力，纵然我没有姐姐的智慧和能力，但是，我一定把姐姐要求于我的话牢记心间，认真去做！"

"好！人心齐，大山移！有了我们姐妹俩的同心同德，七个孩子的成长就有了保证！"

说完，两个年轻寡妇紧紧地搂抱在一起，两颗火热的心靠得更近了。

为了不让七个孩子饿死，诃额仑放下曾经是部族首领妻子的架子，束起腰带，紧裹衣裙，头上顶一块粗布头巾，穿一双麻织的布鞋，奔走在斡难河边，穿行于不儿罕山下，她采山梨、摘野果，甚至拔野菜、挖草根，来抚养孩子们。

一天，正当她在不儿罕山上采摘野果时，忽听身后草丛中传来吼声，她扭头一看，见是一头满身是血的野猪在地上翻滚着，不一会儿，四腿儿一蹬，竟然死了。

诃额仑走近一看，见那野猪脖子上有一个大洞，血从那里汩汩往外流，可能是被山上的豹子、狼等野兽咬伤以后，跑到这里来的。

她见野猪已死，就解下带子，连背带拖将它拉下山，直到夕阳西下才把野猪运回去。

铁木真兄弟们高高兴兴地嚼着香喷喷的野猪肉，又开心，又满足，诃额仑看在眼里，不由得想道："这是长生天赏给孩子们的美味啊。"

泰赤乌人太险恶了，他们迁走时把铁木真家的牛羊畜群也赶走了，连一粒谷物粮食也没留下，只剩下他们乘坐的九匹银合马。

自从泰赤乌人走后，孩子们一直以母亲采摘来的野果、草根等充饥，这次能有野猪肉吃，怎能不欢喜？

这工夫，看着劳累的母亲，铁木真说："从明天开始，我们也要尽自己所能，为母亲分忧。"

次日，铁木真早早地起了床，然后把弟弟、妹妹喊起来，领着他们一起到山上去采摘野果，直到傍晚才回来。

母亲看着孩子们，深情地对他们说："生活重担不要你们承担，何况山上野兽众多，你们年龄太小，还是留在家里罢！"

铁木真用针制成鱼钩，带着弟弟妹妹到斡难河边去钓鱼，有时也能钓到大鱼，但多数情况下只能钓到一些小鱼。

他们把钓来的鱼奉献给自己的母亲，用自己的劳动果实报答母亲的抚养之恩。

铁木真曾有一个好朋友，是住在附近的札只剌惕部落的札木合。

当时，铁木真十一岁，札木合十二岁，他赠给铁木真一块公狍髀石，铁木真也回赠给他一块铜獾髀石，从此两人结为"安答"。

平日，他们用自制的木弓箭练习骑射，用弹弓打鸟，在斡难河岸上使枪弄棒，习练武艺。札木合自制一种响箭，称为鸣镝，用小牛角尖磨制而成，锋利无比，不仅能射杀飞鸟，人畜野兽若被射中也要毙命。

铁木真则用柏木，或是用槐木削制一种木箭，也锋利异常，且制作简便易行。

二人互赠自制之箭，友谊日渐深厚，在骑射之外，常常仰卧于河滩之上，畅谈各人的理想抱负，相互许诺将来有福同享、有难同当，做一对生死不渝的好朋友。

为了提高射技，铁木真每天把一块圆形的桦树皮吊在树下，然后远远地瞄准桦树皮上的不同标记，逐一射击。或是仰卧于一棵大树下面，瞄准树上枝干，用自制的弹弓射去。

有一次，铁木真与札木合在草原上练习骑马，恰巧一只兔子从马前窜过。

札木合忙对铁木真说道："你的弹弓呢？"

铁木真不慌不忙，从怀里掏出他那用树杈制成的弹弓，对准那奔跑的兔子一弹打去，只见兔子一头扑倒，连翻了两个跟头，死了。札木合拍马前去，捡起来一看，兔子的头骨被铁木真的泥丸打碎了！他回头看着铁木真，有些惊讶地说道："你的泥弹威力如此之大，即使人畜野兽，一旦被你击中，也难逃活命！"

铁木真听了只是笑了笑，然后问道："札木合大哥，有朝一日，我去向仇人讨还血债时，你能帮助我吗？"

札木合听后，当即回答道："当然，只要你让我去，我一定亲领札只剌惕部的兵马，去助你一臂之力！"

铁木真听后，兴奋地走上前去，把札木合举起来，在头顶上连续旋转了好几圈儿，又轻轻地放下来，激动地说："你真是我的好大哥！"

自此以后，两人的友谊更加深厚。

泰赤乌人抛弃了铁木真一家，迁徙到不儿罕山那边的草原上之后，首领脱朵延吉儿帖在也速该生前，曾当过他的近侍，对诃额仑的美貌早已垂涎三尺了。

这两年，在脱朵延吉儿帖看来，铁木真一家在斡难河上游无依无靠，必定冻死、饿死，除此不会有其他出路。也许那些年幼的孩子都早已死了，他们的母亲诃额仑也许还活着吧？

于是，脱朵延吉儿帖抱着试探心理，骑上快马，经过一天的奔波，至晚才到达他当年的宿营地——斡难河上游。

借着夜色，他摸到诃额仑的帐篷前，不禁使他大吃一惊："这孤儿寡母非但

一代天骄：成吉思汗

没有冻死、饿死，反而活得十分健壮，尤其是诃额仑，身体强健而丰满，面容美丽，依然是妖媚动人，美貌不减当年！"

脱朵延吉儿帖看到这里，顿时一股邪念萌生脑际，他伸手摸了下身上的佩剑，便一声不响地伏在帐篷外面。

直到二更天，估计诃额仑与孩子们该睡熟了，脱朵延吉儿帖悄悄走近帐篷，慢慢地摸了进去。脱朵延吉儿帖听到熟睡的鼾声，胆子更大了，索性将帐篷里的灯火点着了。

他仔细一看，诃额仑与孩子们都在沉睡，心里万分得意："这真是天赐良机！今夜，我若能占有了这女人，明早就将她带走……"

他见诃额仑躺在床边上，孩子们全睡在里边，对自己更为有利！

篷帐里面的灯光虽然不太亮，诃额仑的容貌却十分清晰，一头乌云般的黑发，雪白如玉的肌肤，眉清目秀，胸脯丰满，那高耸而又圆润的乳房随着匀称的呼吸在微微地上下起伏，他一时热血沸腾，真想猛扑去。又看她的裙子已经脱了，只穿一条短裤，心里一阵狂喜："真是天助我也！只要扯去她那条短裤，向她身上一压，不怕她不答应了！"

脱朵延吉儿帖越想越得意，便站起身来解开腰带，正准备脱下长裤之时，佩剑突然掉到地上，发出"当啷"一声响。

诃额仑整日奔跑于斡难河上下，身兼严父和慈母两种责任，怎能不心神疲累？

可是，这"当啷"一声已把她惊醒，她立即翻身坐起，猛见一个男人站在床前，一下子明白过来了！

未等脱朵延吉儿帖扑过来，她便喊道："铁木真快起来！家里……有贼了！"

她这一喊，脱朵延吉儿帖愣了一下，忙说："你喊什么！是我，脱朵延吉儿帖，来看看你，我……也实在太……太想你了！"说完，便向诃额仑扑了过去。

这时，她才看清来人正是仇人脱朵延吉儿帖，心里猛生怒火，急忙将身子一闪，站了起来，伸手去拿丈夫也速该留下的那把佩剑。

那脱朵延吉儿帖动作敏捷，扑她未着，便一转身伸手将她揽入怀内，嘴里说道："快给我老实点！不然，我掐死你！"一边说着，一边用右手掐着她的脖子，同时把头俯下去，要亲吻她的脸颊。

诃额仑奋力挣扎，大声叱责道："滚开！你这忘恩……"

脱朵延吉儿帖右手一使劲，紧掐她的脖子，然后就把她连推带压地按在床上，正想伸手去扯她的短裤时，忽听"刷"的一声响，一个人从床里边蹿下来，大声喝道："住手！不然，我就刺死你！"

脱朵延吉儿帖吓得急忙站起来，睁眼向那人看去，只见他两目放光如炬，手里握住自己坠落地上的佩剑，那剑头快要戳到自己的胸脯了……

"铁木真，别杀他，让他滚！"

这时候，脱朵延吉儿帖才恍然想起：他是诃额仑的儿子铁木真！于是，自找台阶道："啊！这孩子长这么大了。"

说着，他就准备往外走。不料铁木真厉声喊道："这样放他走也太便宜了他！必须给他留下一个教训才行！"铁木真突然一剑刺去，正中脱朵延吉儿帖的小腿肚子。

只听那家伙"哎哟"一声，差一点仆倒在地，铁木真又大声喝道："快滚！别让你那污血弄脏了我家的帐篷！"

脱朵延吉儿帖连滚带爬地逃出帐篷，一瘸一拐地走到他那马匹前面，说："走着瞧！老子不会放过你们。"

铁木真怒气冲冲地站在帐篷外面，听了他的话后顿时怒火满胸膛，将手中那把脱朵延吉儿帖的佩剑猛然向那匹骏马甩去，不偏不倚，正中马的心脏。只见那匹马突然蹿起约有五尺多，"咴咴咴"地连叫几声倒地便死了。

脱朵延吉儿帖吓得魂不附体，再也不敢吐半个不字，跌跌爬爬地逃走了……

诃额仑在事隔几天之后，告诫铁木真道："遇事要冷静，所谓三思而后行！你刺伤了他，又刺杀他的坐骑，这等于伤了他半条命，让他如何不恨你？他养好伤，准会伺机前来报复，对我们能有利吗？何况你的羽翼未丰，你能够一飞冲天，翱翔万里吗？"

诃额仑对儿子既严格要求，又鼓励鞭策，常常对铁木真提醒道："你是天狼星下界，应该有与众不同的品格与风度，要有容人之量，不能遇事莽撞，因为你将来要成为全蒙古族的汗王呀！"

为了在铁木真兄弟们心中树立崇拜的偶像，她常常对他们讲述祖先的英雄奇迹，启发他们树立家族自豪感，鼓励他们继承祖业，发扬家族的优良传统。

听了母亲的谆谆教导，铁木真在心中暗暗发誓道："我长大以后，一定要成为先祖那样的勇士，成为全蒙古的君主，当一个超过先人的英雄！"

诃额仑还特别注意教育孩子们要搞好团结，由于孩子多，加上艰难的生活，铁木真兄弟们之间常常为生活琐事发生争执，特别是异母兄弟之间矛盾更多。

一天，铁木真、合撒儿、别克帖儿和别勒古台兄弟四人在斡难河畔钓鱼。他们钓到一条非常漂亮的小鱼，名叫金色石鱼，双方争了起来，铁木真和合撒儿为一方，别克帖儿和别勒古台为另一方。

争来争去，别克帖儿、别勒古台力气大，把鱼夺了过去，铁木真与合撒儿气得横眉怒目，但奈何他们不得。别克帖儿与别勒古台兄弟二人身材特别高大，两膀臂力过人，他们到山林里拾柴，无需使用柴刀，碗口粗细的树枝，他们只要用力一折便断为两截。

有一次，铁木真与札木合两人联合起来想把别克帖儿摔倒，都没有成功。这次，他们又夺走了金色石鱼。

铁木真和合撒儿便向母亲告状道："别克帖儿和别勒古台欺人太甚！我们好不容易钓到一条金色石鱼，却被他们强行夺去，请母亲替我们做主！"

诃额仑说道："算了罢！你们兄弟之间为什么要争争吵吵呢？这就很不好了。"

接着，她又对两个儿子说道："我们如今是无依无靠，形单影只了！你们必须同心同德，怀着一个目的——才能向泰赤乌人复仇。你们难道忘了当年那位豁兰老母亲用折箭教训她的五个儿子和睦相处的故事了？这件事，你们就算了吧！"

听了母亲的训导，铁木真与合撒儿没有往心里去，只是愤然地说道："这太不公平了！"

他们认为，别克帖儿恃强凌弱已成习惯了。前不久，铁木真、合撒儿射下一只云雀也被别克帖儿夺去，像这样任其发展下去，能在一起共患难么？兄弟二人一肚子不高兴，心情极坏。

也许是苦难的生活使他们养成了恣睢暴戾的性格，铁木真与合撒儿一怒之下，居然用他们自制的木箭射死了他们的异母兄弟别克帖儿！

悲剧发生之后，诃额仑十分恼火，对铁木真与合撒儿严厉责骂道："你们简直是败家子！居然能亲手杀死你们同父异母的弟弟，就如同凶猛的野兽、吞食动物的毒蛇、害人的虎豹豺狼一样！"

她狠狠地瞪住两个儿子，气得浑身颤抖着质问道："你们为什么要自相残害呢？眼下，你们父亲的仇人时刻都会来偷袭我们，你们连自己的兄弟都不能团结，今后又怎么去对付敌人？"

铁木真、哈撒儿低头不语，见母亲气成这样，不免感到后悔，认为自己办了一件蠢事。

在母亲的训斥之中，铁木真明白了如何处理弟兄之间的关系，也懂得对自己人要爱、要亲、要和。只有团结起来才有力量，在自己人之间搞分裂，就会分散力量，就会被敌人各个击破，这是"亲痛仇快"的蠢事！

面对严厉现实的耐心教育，铁木真记住这次惨痛教训，从此以后兄弟之间和睦相处。他们在斡难河边捕鱼打猎，习射练武，渡过了一个又一个难关，家中的境况也在逐步好转。

铁木真及其弟弟妹妹们在母亲的精心抚育下一天天长大成人，不料那些曾经夺去了他们的百姓和牛羊、谷物的泰赤乌人，又在酝酿着对铁木真一家进行一次新的打击。

原来脱朵延吉儿帖回到住地之后，泰赤乌人一见他那狼狈形象，吃惊不小，便一齐问道："你是被什么人打劫了？马没了、腿上还负了伤，连佩剑也被人抢走了？"

脱朵延吉儿帖却大扯其谎地回答："本想去窥伺一下诃额仑及其儿子们可冻死、饿死干净了，不料他们一个个长得牛高马大的，一起上来揪着我。"

忽然，被称作"胖子"首领塔儿忽台的妻子兀吉速牙尖叫着问道："你怎么能被一群孤儿寡母折腾成这般凄惨状？莫非你去想讨年轻寡妇诃额仑的便宜，被他们关门打狗，才这么狼狈着逃跑回来的吧？"

兀吉速牙的这一句戏问引来众人的哄笑声，脱朵延吉儿帖在大家嘲笑声中，灰溜溜地回到自己家里。

泰赤乌人深知他们的这位首领是个好色之徒，俺巴孩汗的那两个遗孀——斡儿伯和莎合台，按辈分应是脱朵延吉儿帖的祖母，他却明目张胆地与她们私通，整日左揽右抱在一块。

当脱朵延吉儿帖一拐一瘸地刚进家门，其妻哈儿伯台当面奚落道："为什么诃额仑这条母狗不把你阉了？那才老实呢！"

脱朵延吉儿帖既不否定，也不肯定地听着，涎着厚脸皮对哈儿伯台道："我若是真没有那东西，你还不急疯了？"

"我才不急呢，天下的男人有的是，我可以领来屋里一群。"

经过两个月的治疗，脱朵延吉儿帖的腿伤才痊愈，便急着与胖子塔儿忽台商议道："趁那个两目发光的铁木真羽翼未丰，还不能高飞的时候，把他除掉，以免留下祸患，我们立即带兵前去。"

世上没有不透风的墙。泰赤乌人要来偷袭铁木真母子的消息，很快传出来了，蒙力克首先前来通报。

铁木真一听气得双目圆睁，那灼灼闪光的眸子，宛如空中的寒星。他握紧拳头，怒气冲冲地说道："让泰赤乌人来吧！我一定要亲手杀死他们！"

诃额仑气得浑身颤抖着，自言自语地说："这些丧尽天良的泰赤乌人！为什么一定要将我们要赶尽杀绝呢？"

蒙力克见他们母子只顾生气，便说道："当务之急还是先躲开为妙，何况泰赤乌人已经出动，说到就到呀！"

诃额仑听了觉得有理，便与蒙力克商议道："让哈赤温、铁木格、铁木轮随母亲到林子深处的山洞里住着；铁木真与哈撒儿、别勒古台三兄弟先躲进林子再说。"

气势汹汹的泰赤乌人，在他们的首领塔尔忽台与脱朵延吉儿帖的引领下，先赶到铁木真家的两座帐篷前，只有速赤一人守着空空洞洞的两座帐篷。

当他们赶到山林时，铁木真早已指挥他的两个弟弟哈撒儿、别勒古台，砍了一些树木，做成了栅寨。兄弟三人躲在那栅寨里面，苦待着泰赤乌人进林搜查，

一代天骄：成吉思汗

乘机射杀他们。

泰赤乌人明知铁木真母子躲进山林，很想追赶进去，却找不到入山的道路，便把这片山林先包围起来。

脱朵延吉儿帖前次已知道铁木真的厉害了，便对塔儿忽台道："你带一部分人进林子里搜查，铁木真必然逃出来，我就趁势捉住他！"

塔儿忽台甚觉有理，便领着二十名泰赤乌的勇士，进到林子里便大喊大叫起来："铁木真，快些投降吧，你逃不了啦，林子已被我们包围了。"

铁木真对两个弟弟说道："别急着放箭，要争取一箭射杀他们一个！"

突然，有一个泰赤乌勇士发现了他们的木寨，立即大声向他的首领塔儿忽台报告道："这里新扎了一个木寨，铁木真就躲在里面，大家快来——"

他的这句话还未说完，便被哈撒儿的木箭射穿了喉管气绝而死。

塔儿忽台不敢上前，命令他的勇士们把木寨包围起来，那些人刚向木寨靠近，便听到"嗖！嗖！嗖！"连续三箭飞来。又有三人被射中，谁也不敢再动了。从中午一直僵持到傍晚，泰赤乌人也没有打进那木寨，塔儿忽台灵机一动，喊道："我们只要铁木真，其他全都放行！"

"天黑前铁木真再不出来投降，我们就放火烧林子了。"

兄弟三人听到以后都很紧张，铁木真道："他们是来捉我的，只要我跑了，你们便没事了。这样坚持下去，他们真是放火烧林子，我岂不要被他们活活烧死！"

说罢，先让哈撒儿、别勒古台收拾东西去山洞里与母亲等一起居住，等到泰赤乌人走后再搬迁，最好找一块离泰赤乌人远的地方居住。

铁木真让两个弟弟先走，然后自己也收拾好行装，翻身上马，以闪电般的速度，纵马冲出林子，呼啸着从泰赤乌人的身边飞驰而过。

过了好一会儿，塔儿忽台与脱朵延吉儿帖才恍然大悟似的追赶，并命令向铁木真放箭。

铁木真飞马疾驰，往前面的古拉儿山奔去。泰赤乌人随后追赶，他们向铁木真连续施放毒箭，但是距离太远。不到两个时辰，铁木真已钻进古拉儿山里，连影子也看不到了。

泰赤乌人赶到古拉儿山时天已黑了，由于山大林深，又担心遭到铁木真的暗箭，更不敢贸然进入林子。

塔儿忽台很想收兵回去，脱朵延吉儿帖道："我估计，铁木真在林子里待不长的，只要我们在这里守住，铁木真迟早会出来引颈受缚。"

过了一会儿，他又说道："现在不及早除去这个祸根，等到他长大成人，我们两人都是他首先要杀的人！"塔儿忽台不再提出退兵，他们取出干粮食品，各自大嚼大咽起来。

脱朵延吉儿帖又趁机给大家打气道："我们人多势众，又有吃有喝；铁木真一个十三岁的孩子，孤零零地一个人躲在林子里面，他能不饿、不渴、不害怕？"

此时，铁木真在林子深处，果真是又饿又渴，又觉得孤单，正如他的仇人估计的那样。

但是，铁木真并不是一个普通的孩子，经过这几年艰苦生活的磨砺，尤其是在母亲循循善诱下，已变成一个意志十分坚强的男子汉了！

在林子里面，他饥饿时就找野果子充饥解渴，疲劳时就爬到树上去休息。

铁木真反反复复地提醒自己说："我一定要活着出去，去见我那慈爱、善良而又顽强、多智的母亲，还有我的可爱的兄弟！"

夜里，他在一棵大树上睡得很香，似乎是在梦中，迷迷糊糊地走在斡难河边，忽然听到父亲在喊他："我儿铁木真快来！这两天你有时间，我有闲空，教你一些武艺吧！"

他听了，心里十分高兴，忙对父亲说道："那太好了，我正想学习武艺哩！"

只见父亲站在河滩上，威风凛凛地，手拿一把亮光闪闪的大刀，对铁木真说道："我先教你使刀吧！"

父亲先是把大刀挥舞一遍，让他看清了，告诉他面对强敌，如何用刀砍杀，怎样保护自己；又教他在马上如何用刀……教完了刀法后，父亲对他说道："这些武艺只是一般的功夫，打起仗来，不过能敌一人、两人、十人、二十人，至多能敌百十人而已。下面，我要教你能敌千人、万人的本领！"

铁木真听后，更加高兴，便要父亲立即教他力敌万人的武艺。

原来这本领便是行军布阵、用计谋打败敌人的方法，父亲耐心地向他讲述声东击西、将计就计、调虎离山、避实击虚，还有强攻、佯攻、水攻、火攻等方法。

父亲向他强调指出：打仗要用计谋，不但善于用兵，还要善于用将！

后来，父亲让铁木真牢记一句话："手下无勇者，难以言强！"

他听后，似懂非懂，忙向父亲问道："这话是什么意思？请父亲……"

未等他说完，忽听周围喊声四起，铁木真不由一惊，睁开眼睛一看，原来天已大亮，他见到脱朵延吉儿帖手持一把大刀，跟在十多个泰赤乌勇士后面，一边四处查看，一边喊道："铁木真，赶快出来投降吧。"

这时候，铁木真顾不得再想梦中的事情，急忙在树上坐稳身子，先掏出他那弹弓，心想："今天，让这帮坏蛋先尝尝我的泥弹吧！"

等到领头的那个身高马大的泰赤乌人走近时，铁木真慢慢举起那自制的木杈弹弓，从袋中取出一个泥丸，"刷"的一声射去，不偏不倚，正击在他的额门上！

那人"哎哟"一声，立即扑在地上，再也没有爬起来，竟然死了。

一代天骄：成吉思汗

脱朵延吉儿帖吓得急忙转身，大喊道："快撤！铁木真躲在暗处，我们走在明处，会上他的当，吃亏的。"

见仇人退去，铁木真嘴里喃喃祈祷着："父亲啊！先祖啊！你们一定要保佑我活着，让我活着出去，将来我一定会为你们报仇！"

他回忆起梦中的事情，不知怎的，铁木真好像真的感觉到父亲教他武艺的经历。他从头至尾认真回忆一遍，想起父亲教他牢记的那句话，什么"手下无勇者，难以言强"，他反复诵读、咀嚼之后，终于悟出了一些道理。

提到这个"勇者"，铁木真忽然想起被自己亲手射杀的异母兄弟别克帖儿！

别克帖儿身材高大，力大无比，跑起来一阵风似的，一般马都跟不上他。他那只大手，如钳子一样有力。现在想起来，真后悔啊！若是不忌妒他，不把他射死，不正是自己的一个好助手么？

想到这里，才觉得母亲教育得对。母亲向兄弟多次讲的那个黠兰祖母讲过的折箭故事，确实应该牢牢记住，想要报仇，一个人单枪匹马，能有多少威力？

在林子里，铁木真想了很多，他准备走出林子之后，首先要与自己的兄弟们团结好，要与札木合加深友谊，成为真正的安答。

猛然间，铁木真想起了孛儿帖，回忆着她那玉一样白的脸颊，如天上的星星一样晶亮、闪烁的两眼，红红的嘴唇微微张着，露出两排糯米牙齿。尤其是孛儿帖那苗条的体形，站在那里，真像一株出水的荷花，亭亭玉立，美不可言！

想到这里，铁木真觉得人生是多么美好，而自己才这么年轻，以后的路还很长，要做的事还很多——振兴家族，统一蒙古，报父、祖之仇，做整个草原上的汗王……

在古拉儿山的密林中，铁木真隐藏着，用野果充饥，以草根解渴，为了能活着出去，什么艰苦都能忍受！

三天三夜过去了，铁木真太想念母亲和那些兄弟了，多想一步跨出林子，与他们见面啊！

铁木真想到林子边上看一看，伸手解下马缰绳，但是，那匹银灰色的骟马却把头高高地昂着，发出萧萧的马鸣声，整个身子向后坠着。

铁木真心中不由得诧异起来，自言自语道："俗话说：'马通人性'，而且'马救主人'的佳话古今流传，难道是这银骟马已预感到出林有危险，所以用不愿走来阻止我出林？"于是，他又牵着马转回了密林之中。

又过了三天三夜，铁木真牵着马，悄悄地来到山林边缘，向外一看：泰赤乌人为了能够捉住自己，居然在山脚下扎了营帐，准备长期把守。

铁木真望着那一团团红色的灯火、一顶顶白色的帐篷，他心里觉得，现在冲出去太危险，不等于自投罗网么？铁木真又回到密林深处，过起了野猎生活，但是他太想念母亲和兄弟们了，又躲了三天三夜，前后共住了九天。他心里想道：与其这般默默无闻地被困死在这密林中，还不如冒险出去，说不定能逃脱了他们的围追。

铁木真牵着马，又悄悄地来到林子边上。突然一大块白色岩石，约有一顶帐篷大小，从山上崩塌下来，滚到他面前，挡住了去路。毫无疑问，眼前的这块大石表明，如果不是十分巧合的话，必定是老天爷不让他出林，铁木真正要牵马转回去，他又想道："再看看泰赤乌人的帐篷可在么？"

谁知狡猾的泰赤乌人重新换了扎营地方，以此引诱铁木真出林。

果然，铁木真一见那些帐篷不在，误以为那些泰赤乌人坚持不住终于撤回去了，便兴高采烈地牵着银骝马向山下走去。刚绕过那块大白石正要出林时，只听一声呼哨，埋伏在林口的泰赤乌人，便一窝蜂地扑来，眨眼之间，铁木真被捆绑起来，成了俘虏。

那匹银骝马倒真有些神奇，它一见势头不对，扭头就跑，泰赤乌人随后便追，又连续放箭也无济于事。它跑进林子深处不见了踪影，泰赤乌人有些丧气地叹道："诃额仑这女人真不简单，她的儿子不好抓，她养的马也是这么难以驯服。"

其实，那匹银骝马真的通人性，见铁木真被抓之后，转身逃进林子，向诃额仑等藏匿的山洞跑去，把追赶的泰赤乌人远远地抛在后面。

两个时辰之后，银骝马来到主人隐藏的山洞外面，连声萧萧长鸣，哈撒儿、别勒古台、诃额仑等一齐跑出来，一看铁木真没有回来，哈撒儿抱住马头放声哭道："不好了！我们的铁木真大哥被泰赤乌人捉去了！他将性命难保！"

此时，别勒古台立即对哈撒儿提议道："事不宜迟！我们现在就去救他，一定要把铁木真大哥救回来！即使拼上性命，也值得！"

哈撒儿听罢，立刻同意，两人正要行动，被母亲诃额仑唤住，她亲切地说道："我的好孩子！你们不必冒这个险，我已经丢失了一个儿子，怎么能够再丢失你们两个？何况你们的大哥铁木真并非庸夫俗子，相信他会用自己的机智、勇敢，冲破仇人的牢笼逃脱出来。放心吧，铁木真一定会回到我们的身边来的！"

不久，诃额仑接受蒙力克的建议，从山洞里搬出来，迁移到孤山去建立新的营地，等待着铁木真的归来。

泰赤乌人抓住铁木真以后，遵照首领塔儿忽台的命令给铁木真上了枷，轮流交给各营人看守，以防止他逃跑了。次日，塔儿忽台让人把铁木真押来，态度骄横地看了铁木真一眼，大声问道："我们派人去抓你，你为什么躲进深山密林？"

铁木真说："因为你是长辈，我才不得不提醒你几句话：我父亲生前待你不错，你们之间并无怨尤，为何在他尸骨未寒之时，就抛弃了他的孀妻孤子？你们抢走了我家的牛羊、谷物，把父亲生前的部属全带走了，这且不算，如今又要来加害于我，这到底是为了什么？请你说给我这当晚辈的听听吧？"这有理有据的问话，使这位泰赤乌人的首领张口结舌，无法作答。

其实，塔儿忽台是在脱朵延吉儿帖的一再怂恿之下，才决定派人去抓铁木真的。他只是想借此教训他一番，并没有杀他的意思。

正如铁木真所说，也速该生前对塔儿忽台不薄，每次远征总是让他留守营帐，回来时分战利品时，给他的也很丰厚。塔儿忽台内心深处也是记得也速该的这段情谊的。

这时候听了铁木真的反问，塔儿忽台正想解释时，脱朵延吉儿帖来了，他先是狠狠地瞪了一眼铁木真，坐下后便厉声喝道："你这小畜生！这一剑之仇，老子现在可要报了！"脱朵延吉儿帖指着小腿肚子上的剑伤，口里不停地骂着，便要站起来去打铁木真。

铁木真看到塔儿忽台把他按在凳子上，不让这家伙站起来，便说道："你才是老畜生！父亲生前你是他的近侍，他待你情同兄弟，恩义有加。可是，他死后你却鼓动部族人抛弃我们，掠走了我家的牛羊粮食，这是忘恩负义的行为！不仅如此，你趁我们无依无靠之时，又来企图强暴我的母亲，这是人干的事么？当时没有杀你，只是在你腿上刺了一剑，让你记取这个教训，不想你又丧尽天良地来抓我，似你这般无情无义之徒谁敢与你结交？"

脱朵延吉儿帖被骂得脸上红一阵，白一阵，十分恼怒，不是塔儿忽台按住他，早就发作了。

只听"刷拉"一声响，脱朵延吉儿帖推开塔儿忽台，手提佩剑就要去杀死铁木真。

"你给我站住！"塔儿忽台大喊一声，接着对他说道，"即使要杀铁木真，现在也不能杀。"

"为什么？"

"四月十六日不是快到了么？到那时，用这孩子的人头去祭天，不是更好吗？"

听了塔儿忽台的这个计划之后，脱朵延吉儿帖觉得有理，就恶狠狠地瞪住带着木枷的铁木真说道："好吧！让你再多活几天！"之后，便悻悻地扬长而去。

铁木真看了一眼脱朵延吉儿帖的背影，不失时机地对塔儿忽台说道："这种少廉寡耻、忘恩负义之徒，谁用他，终会反受其害。"

塔儿忽台听了，觉得这孩子小小年纪，就如此有心计，将来必成大器，便产生了救他的念头，遂道："别胡说八道！还是老老实实地回去吧！"说完，就命令看管人员把铁木真带回去，大声地吩咐那人道："要看管好，别让他逃跑了！"

次日早上，脱朵延吉儿帖命令手下人，押着带枷的铁木真，从这个蒙古帐篷到另一个帐篷，去游行示众，炫耀自己的胜利。

按照蒙古人的传说，每年阴历四月十六日，是青草复生、天气变暖的日子，

19

草原上的牧民在这一天之后都要开始移营。泰赤乌部的人，每年的这一天都要在斡难河畔举行一次大聚会，请来萨蛮教主祭天、祭山。这次他们想用铁木真的人头举行活祭。祭祀前的一天，总是先在河边举行一次很大的宴会，所有泰赤乌部的人都参加。

塔儿忽台自与铁木真见面之后，对他有极深的印象，见脱朵延吉儿帖想公报私仇杀死铁木真，便用祭天之话阻止了他立即处死铁木真的企图。经过几天的思考，他终于想出了救铁木真的计策，那天宴会之后，泰赤乌人酒足饭饱，"家家扶得醉人归"了。

塔儿忽台故意去监禁铁木真之处，见是一个年轻人在看管他，便从怀中掏出一块牛肉递给那人说道："你未能参加宴会，太辛苦了，赏你一块肉吃罢！"

然后又从怀中掏出一块牛肉，对铁木真道："明天就是你的死期，也赏给你一块肉吃！"

说着，就把那块肉塞给铁木真，顺势轻轻地捏了一下他的手便走了。

当时，天色已晚，两人各自吃着手里的牛肉，铁木真在吃牛肉时特别细心。

刚咬了两口，铁木真就发觉肉里藏着物件，便走到暗处仔细查看，发现里面有一把很小的匕首，急忙把它取出藏于怀中，心里想道："这是让我杀死看守人立即逃跑，不然明天就要被杀头祭天了！"

但是，铁木真觉得用刀杀这年轻人的方法未必稳妥，因为自己带着木枷，一旦一刀刺不死，他当即叫喊起来，自己万难逃脱，反而弄巧成拙，把事情搞糟了！

后来，他准备用另一个办法逃脱。

当天交二更之后，铁木真对年轻人道："几天不吃荤腥，刚才吃了大块肉，肚子受不住要拉稀，请行个方便吧！"

那个年轻人心里想：你明天就要死了，反正也跑不了，就给你个方便吧！

于是，也不答话，就过来帮他打开监门，让铁木真出来方便。正当这位年轻人转过身来的时候，突然觉得头颅被猛地砸了一下，当即昏倒在地了。

原来，铁木真趁他转身之机，用枷角把他打昏，自己带着木枷逃入斡难河边的树林中。

铁木真转念一想，林中肯定会有人来搜查，容易被发现，于是跳入斡难河的水流中，让那副木枷漂在水面，自己仰卧于水里，只露出一张脸来。

不久，那个被打昏的年轻看守清醒过来，立即大声呼叫道："铁木真逃跑了！"

泰赤乌人听到了喊声，陆陆续续从自己的帐房里跑出来。

那天夜里月明如昼，一望无际的大草原，在明亮的月光照射下，看得清清楚楚，连一个人影儿也没有！

这时候，在脱朵延吉儿帖督促下，泰赤乌人挨排搜索斡难河边的树林。幸运

一代天骄：成吉思汗

的是，只有锁儿罕失剌向斡难河边走来，在明亮的月光下，他顺着河边搜寻，意外地发现铁木真藏在水里。

锁儿罕失剌看到铁木真那年轻的面孔，回忆起当年也速该为部落勇猛拼杀的往事，不禁产生了怜悯心，决定救援这个有出息的年轻人。他慢慢走近铁木真，压低声音说道："因为你目光如火，容颜闪亮，又智慧过人，所以泰赤乌人才嫉恨你。你只管小心地藏着吧，我不会去报告任何人的。"说完，这位好心的锁儿罕失剌便佯装继续向前搜索。

泰赤乌人在树林里搜查一遍之后，没有发现铁木真的踪迹，脱朵延吉儿帖坚持要人们到其他地方寻找，锁儿罕失剌便趁机劝道："白天跑了人，夜里怎么能找得到呢？还是等天亮以后再找吧！反正带着枷的人是不可能跑远的。"

大家听了都觉得有理，脱朵延吉儿帖也只好让众人停止搜查。等人们走之后，锁儿罕失剌再一次来到河沿，对铁木真说道："他们都散了，明天早晨还要来这里搜查，趁这机会赶快找你母亲去罢，如果遇到人，可不能说见过我呀，切记切记！"

在这样的情况下，如果是一般的年轻人，很可能就真照锁儿罕失剌的指点，立即去找他母亲去了，不会再有进一步的打算。

但是，铁木真非比寻常之辈，他此时想的是好不容易遇到一个好人，怎么能与他失之交臂呢？何况单身陷入仇人窝里，还有塔儿忽台的"肉中藏刀"的馈赠，说明父亲生前的部属中，并不全是仇视自己的人，若能抓住机会，这些人还会回到自己身边来的。

想到这里，铁木真又联想到几天前，自己被各营轮流看管时，曾被监护在锁儿罕失剌家。他的两个儿子，一个叫沉白，一个叫赤老温，对自己的遭遇都十分同情，晚上偷偷地帮自己打开木枷，让自己舒舒服服地睡了一夜，这是多么好的一家人啊！

铁木真决定到锁儿罕失剌家去，便顺着斡难河往他家走去。

铁木真找到锁儿罕失剌家时，锁儿罕失剌也才回到家里，猛然见到铁木真，一时又惊又怒，说道："我让你回家去找你的母亲和弟弟，你怎么跑到我家来了？"

未等铁木真答话，他的两个儿子出来劝道："小鸟儿被鹰隼追逐，逃进草丛躲避，草丛还能救它的性命，难道我们还不如草丛仁慈吗？"

锁儿罕失剌一想，儿子说得对，便与两个儿子一起，帮助铁木真打碎木枷，丢进火里烧掉，然后把他藏在房后盛羊毛的车里。沉白和赤老温又叫妹妹合答安照顾他。少女合答安十五岁，按照父亲与两位兄长的吩咐，认真照料铁木真。

这在当时内蒙古人风俗中，是一种遇客婚，让客人与自己的女儿住在一起，以示对客人的好意。

生在奴隶家庭的小姑娘合答安，在前次见到铁木真以后，就对他产生了良好

印象。她认为：小小的年纪被仇人围在山林里九天九夜，又安然走出林子，这经历本身就充满了神奇色彩。如今被仇人抓住，戴着木枷，仍然不哭不叫，不声不响，保持着沉稳平静的心态，这表现令人吃惊，并非一般年轻人所具备。在合答安看来，铁木真将来必定有所作为，在历经磨难之后，终成大器！少女的心里由敬重而生爱慕，对铁木真的照料也就倍加细心了。

当晚，她烧了一大锅热水让铁木真洗澡，把他身上的又烂又脏的衣服全洗了，拿来哥哥的衣服让他换上。

她见到铁木真的头发很脏，便到水盆前为他亲自搓洗干净，替他擦背，帮他把又长又不干净的手、足指甲修剪得整洁新齐……

在少女合答安真挚纯洁的爱心抚慰下，铁木真紧张的心松弛了。他心里反复地想着，在自己生死攸关的紧要时刻，遇到了这么一家人，还有这么一位红颜知己，我铁木真总算是三生有幸啊！

铁木真张开两臂，把合答安搂在怀里，两颗年轻稚嫩的心靠近了……

十六岁的铁木真是早熟的大人，情窦初开的少女合答安，正是那含苞待放的花朵，两人欢爱异常，初试云雨之后，姑娘娇声说道："我已把处女的贞操奉献给你，望你永远记住这一夜。"

铁木真听了，紧紧地搂住她，深情地对她说："你是我的救命恩人，又把你身上最宝贵的东西也给了我，我铁木真绝不是无情无义之人！等我在草原上出头之时，一定要把你接到身边，长相厮守，像天上的大雁那样，永不分离！"

二人紧紧地搂在一起，整整缠绵了一个后半夜，直到东方发亮，才相互依恋着起来，合答安又把铁木真藏在那辆堆放羊毛的大车里。

连续三天的野外搜查，始终找不到铁木真的下落，泰赤乌人感到十分奇怪。

那个对铁木真一家怀着刻骨仇恨的脱朵延吉儿帖气急败坏地发着脾气道："一个带枷的人能走多远？说不定被谁家藏起来了！不过，我先要声明，谁若是窝藏逃犯，那可是灭门之罪！"

说完，他命令泰赤乌人挨家进行搜查，那些人搜查到锁儿罕失剌家中，开始翻箱倒柜地搜起来，室内、车中、床下，所有的角落都不放过。

最后，他们来到房后，发现有一辆羊毛车，便要上去扒车中的羊毛。

锁儿罕失剌站在一旁，心中急得像火烧一样，忽然他眼前一亮，笑哈哈地道："像这么热的天气，谁藏在羊毛车里，岂不热死了！"泰赤乌人一听此话有理，便停止了搜查，走了。

那些泰赤乌人一走，他对两个儿子与女儿说道："我们全家算是绝处逢生，好险啊，再也不能留他了，赶快打发他走吧！"

听了父亲的话，沉白与赤老温还未来得及表态，合答安却说道："就是让他走，也要替他准备停当，不能像对待叫花子那样吧！"说着，眼泪如断了线的珍珠似的滚了下来。锁儿罕失剌与两个哥哥早已明白，知道她已把少女的心奉献给这位大难不死的铁木真了。

锁儿罕失剌安慰了女儿一会儿，经过一番准备之后，他对铁木真说道："因为救你，我们全家差一点灰飞烟灭，你赶快离开这里，去找你的母亲和弟弟们吧！"

铁木真临走时，锁儿罕失剌送给他一匹骒马，煮了一只肥壮、肉美的羔羊，盛在一只皮桶中，又用一只背壶装满了马奶，马上没有备鞍，也没有给他火镰，只给了一张弓，两只箭，然后打发铁木真上路。

锁儿罕失剌是一位饱经风霜、富于生活经验的人，这从他送给铁木真的东西中就可以看得出来。既送了马，为什么不送马鞍？他是怕别人认出鞍子的主人，将来招惹是非。他不给铁木真打火的火镰，是希望铁木真不要投宿，不要打火做饭，应该日夜兼程，快马加鞭，脱离险境，才是上策。只给铁木真两支箭，锁儿罕失剌是为了让他用来保护自己，万一遇到险情，两支箭足够用以自卫，箭多了反会惹出是非来。

此时的铁木真只觉一股热流传遍全身，眼泪不停地哗哗流，他俯身跪下，说道："救命之恩，我铁木真当永记心间！"

他抬头看了看站在外面的合答安，见她双眼已哭得又红又肿，铁木真急忙站起来，走到合答安面前，紧紧搂住她，说道："等着我！到时候我会来接你的！"

铁木真再次与锁儿罕失剌一家洒泪而别，遵照老人的嘱咐，当他马不停蹄地离开了险境，消失在遥远的地平线时，锁儿罕失剌才如释重负地松了一口气……

带枷的铁木真终于逃走了，泰赤乌部的两个首领塔儿忽台与脱朵延吉儿帖之间产生了裂痕。

从看管铁木真的年轻人那里，脱朵延吉儿帖得知那天宴会之后，塔儿忽台曾经馈赠一块牛肉给铁木真。自此，两人之间便有了芥蒂，泰赤乌人也逐渐分裂成了两个派别。

那天，逃出险境的铁木真，竟然十分幸运地没有撞见仇人，马不停蹄地回到了斡难河边自己家原先的住地。但是，这里已是空无一人了，他的母亲和弟妹们早已不知去向。后来，铁木真从蒙力克那里才知道母亲他们已另寻栖身之所，搬到孤山那里去了。于是，铁木真按照蒙力克的指点，一路沿斡难河方向寻去，终于在孤山附近与母亲和兄弟们重逢了。

铁木真死里逃生，母子兄弟久别重逢，其喜出望外之情，自不必说了。

为了防止泰赤乌人再来偷袭，他们多次迁徙，在贫困的中煎熬努力生活。最后，从斡难河上游地区迁到了克鲁伦河上游地区的桑沽儿河。这里有山有水，草木茂盛，风景秀丽，环境幽美。只是铁木真母子们的生活仍很艰苦，全家除以野果、野菜充饥外，只能靠捕捉土拨鼠、野鼠来维持生活。

安稳的日子只过了几个月，新的不幸又向铁木真一家袭来！

一天，他家的八匹马正在家前牧场上吃草，一群草原盗贼突然潜来，把那八匹马全部劫掠而去。

马匹是蒙古人的命脉，不但迁徙、牧猎、战争要靠马，而且马乳可饮，马肉、马血可食，马皮还可做帐幕及各种皮制品，马毛、马鬃又可制绳索。

铁木真兄弟几人急得团团乱转，只能眼睁睁地看着那八匹马被贼人抢走，毫无一点办法。

因为当时家中仅有一匹劣马，被别勒古台骑去猎取旱獭去了，兄弟几个在抢马贼后面徒步追了一段路程之后，根本追赶不上，只得扫兴而归。

直到傍晚时，别勒古台才狩猎归来，他一听说马匹被盗，当即要去追赶，哈撒儿也争着要去。铁木真对两个弟弟说道："你们都不要去，还是让我去吧！"

说罢，铁木真翻身上马，沿着马蹄的痕迹，纵马追去，一连追了三天三夜，也不见那几匹马的影子。

直到第四天凌晨，东方发白之时，在晨光曦微之中，忽然发现前面有一群马，铁木真原以为是自家丢失的马匹，走到马匹前一看，才知不是。

他看到有一个年轻人正在马匹中挤马奶，遂上前问道："请问小兄弟，你是否见过有人赶八匹马从这里经过？"

那青年人听后，立即告诉他："今早日未出时，有人赶着八匹马从这里过去了，不知你问这做什么？"

铁木真见这年轻人聪明老实，遂说道："是这样，我家的八匹马全被马贼抢走了，我是来寻找的，多谢小兄弟指点。"

年轻人见来人气度不凡，两眼炯炯放光，就问："大哥家住哪里？姓甚名谁？能否告诉小弟。"

铁木真立即笑道："实在不想瞒小兄弟，我家刚从斡难河上游搬到孤山来，本人名叫铁木真。"

"啊！真是百闻不如一见！小弟名叫博尔术，早就听说你的大名，未想到今日有幸得见，请到家里喝杯奶茶。"

这位名叫博尔术的小青年直率真诚、热情好客的态度使铁木真十分感激，但他仍辞谢道："谢谢博尔术兄弟，因为我找马心切，改日再去告扰吧！这就告辞了。"

博尔术一听，急忙说道："你来到这里，人生地不熟的，困难肯定不少。这样吧，马贼去的路径，你肯定难寻，还是由我陪你一起去吧！"

铁木真听后真是大喜过望，说道："你能陪我去，当然好，不知你家里人可有意见，我看，还是由我自己去吧！"

博尔术立即答道："没事，你还不知道哩！我父亲名叫纳忽伯颜，常常提到你们家，叙起来，我们都是一个老祖宗——海都的子孙！"

博尔术说得一点不假，纳忽伯颜确是蒙古——阿鲁剌惕氏的首领。说起来，阿鲁剌惕氏与孛儿只斤——乞颜氏的血缘关系还挺近，他们不仅同为孛端察儿的后代，而且还都是海都的子孙。

海都生了三个儿子，长子的后代继续称孛儿只斤氏，即铁木真所在的氏族。

他的次子即次剌合领忽，是泰赤乌部的祖先；第三子生了六个儿子，其中老三名叫阿鲁剌惕，他的子孙就组成了阿鲁剌惕氏，因此，纳忽与也速该是同辈人。

二人叙起来，正是兄弟关系，博尔术当时年仅十三岁，比铁木真小四岁，算作小弟了。

铁木真见到这位同宗小弟一片真情，而且机警豪爽，又没有倒向泰赤乌一边，因此很乐意得到他的无私援助，便高兴地与他一道打马前进，踏着盗马贼逃去的踪迹，又追赶了三天三夜。

到了第六天，夕阳西下，他们追到一个名叫古列延的营地旁边，这里正是盗马贼的驻地。铁木真老远就看到了自己家里的那八匹马正在大营旁边吃草哩！

原来这群盗马贼，也是海都的子孙。

当时，在泰赤乌部众中，有一群主儿乞人，他们是合不勒汗的长子斡勒巴儿合里的后代。

合不勒汗从自己的百姓中，挑选了一些有胆量、有气力的、刚勇能骑射的汉子给了他们，使其形成了一个独立的姓氏。这些人剽悍善战，偷盗和抢劫是他们的主要职业，当时他们站在泰赤乌部一边，共同对付铁木真一家。

两人看见那八匹马正在营房旁边吃草，估计主儿乞的盗马贼可能也是刚回来，连日赶路劳累，也许都回帐里休息去了。

铁木真摸清楚情况之后，对博尔术道："好兄弟，你在这里等着，我去把马匹赶出来，我们一起回去。"

博尔术听了，却不示弱地说道："大哥说哪里话，我本是为了帮你而来，怎能在此袖手旁观？我也要去！"

两人悄悄逼近营地，把八匹马全赶了出来，离开主儿乞营地一段距离之后，那些盗马贼方才发现，接着便三五人地相继追来。

铁木真见贼人追来，忙对博尔术说道："兄弟，你赶着马继续往前走，我在后面掩护！"

博尔术伸手取出背后弓箭，抢着说："我有现成的弓箭，你赶着马先走吧！这断后掩护的任务就交给我吧！"

铁木真立即严肃地向他说道："别争了！要服从命令听指挥，快些赶着马往前走。"

说着，铁木真先从怀里掏出木权弹弓来。

这时，抢马贼中有一个骑白马的人，手拿套马竿，跑在最前头，并指挥身后的那些人，要他们前来包抄铁木真他们。

显然，那个骑白马的人可能是个首领，铁木真以为"擒贼先擒王"才能收到事半功倍的效果。

只见他勒转马头，举起弹弓，见那人长着满脸胡须，面孔狰狞，正猖狂地拍马前冲之时，铁木真大喝一声："招打！"

一颗泥丸"嗖"的一声飞去，正中那人脑门，他"啊"的一声，一头栽下马来，那长长的套马竿扔在地上发出"啪"的一声响。

后面的贼人见头人落马，立即发出一阵惊奇的狂喊："好小子！出手好厉害！"

铁木真立马路中央，不紧不慢地又连发几颗泥丸，打得一窝蜂扑上来的贼人纷纷落马，吓得那些盗马贼胆战心惊，再不敢轻敌了。

见贼人犹疑不敢追来，又见博尔术已跑出一段路程，铁木真便收了弹弓，扭头追上来。

此时，天色已晚，盗马贼担心前来会遭伏击，便纷纷拍马而回，无可奈何地让到嘴的食物成为泡影。

铁木真与博尔术快马熟路，日夜兼程，在返回的路上，铁木真对博尔术说："这次没有你的帮助，我怎么能找回这些马？我要把马分给你一半！"

博尔术听了之后，诚恳地说："铁木真大哥你误会了！我帮你找回马匹，不是为了要报酬，只是因为朋友遇到了困难。我父亲的财产足够我用了，我什么都不要，不然的话，我帮助你就没有意义了。"

于是，两个年轻人的心紧紧地连在一起，他们结成了终生心心相印、完全信赖的莫逆之交。

又经过三天三夜的奔波，终于回来了，两人说着话向博尔术家的蒙古包走去。

自博尔术随铁木真去追马已经过去六天了，纳忽伯颜正为丢失儿子在伤心难过哩！

现在，一见博尔术回来了，自然高兴异常，禁不住泪水"刷刷"地流下来了，他责备儿子说："你走时也不向我招呼一下，怎不让我焦心？"

博尔术慌忙承认了错误，请求原谅自己的莽撞行为，然后解释道："那天，我遇见铁木真大哥，同情他丢马的不幸遭遇，便与他做伴一起去追赶盗马贼了。走时实在仓促，未能告诉父亲，望您老原谅。"

说完后，博尔术指着铁木真对父亲说道："他，就是你曾经讲过的那位双目放光的天狼星下界的铁木真大哥！"

纳忽伯颜立刻转怒为喜，走上前，上下打量着铁木真，亲切地说道："是的，长得多像你的父亲也速该！"

"想当年，我和你父亲也速该是兄弟，也是好朋友。在家里，我们是酒友；在杀敌的战场上，我俩是并肩战斗的战友。别人都说我们俩是蒙古人中最好的一对安答！"

纳忽伯颜说完之后，向铁木真询问了家中的情况，特别提到被泰赤乌人抛弃之后的那段日子的艰难困苦，是如何坚持过来的。

铁木真向老人作了详细的介绍，他说："泰赤乌部和乞颜部的百姓迁走以后，家里只剩下了一个老仆妇豁阿黑屋，加上我们二母七子，全家共有十口人。家里原先的牛羊畜群也被部众和奴隶们赶走了，只剩下了九匹马。"

纳忽伯颜听后，气愤地说道："这些人太没有良心了，怎能这样虐待一个曾经对部落有过贡献的首领的孤儿寡妇！幸亏你有一个好母亲，不然，你们兄弟那么多人，怎么能渡过难关？"

铁木真又继续对老人说道："在那段日子里，母亲身兼严父和慈母两种责任，领着十口之家，奔波于斡难河上下，没有牛羊畜肉，她采摘杜梨、野果；没有掘地的工具，她用自制的桧木剑，挖地榆、狗舌、山韭、草根供我们吃。"

纳忽伯颜不由得赞叹道："诃额仑是蒙古人中最好的一位母亲，听说泰赤乌人又去偷袭你们一次？"

"是的，他们的目标是对着我的！"

铁木真看着老人家，接着说下去："他们将我围在林子里九天九夜，当时我以为他们走了，刚走出林子便被捉住，他们要用我的人头去祭天、祭山，后来我逃了出来，差一点让他们杀了。"

"孩子，泰赤乌部的这两个首领，都得到你父亲的好处，有恩于他们，这些人面兽心的东西！"

铁木真听了纳忽伯颜的话，忙问道："这事我倒未听说，只以为父亲生前有可能做了对不起他们的事，不然怎能如此狠毒地一再要加害我们母子呢？"

纳忽伯颜深深地叹了口气，说道："这事过去十多年了！那年，去打塔塔儿人，我和你父亲并肩厮杀，由于塔塔儿人来多多，被我们杀退一批，又上来一批，那塔儿忽台被敌人一箭射中背部，当即坠马，敌人见他未死，正想上前再补他一刀，你父亲催马上前，砍死了敌人，救走了塔儿忽台，那次若不是你父亲相救，塔儿忽台早死了！"

铁木真听了此事之后，忽然想起那天宴会之后，塔儿忽台曾赏给自己一块牛肉，里面暗藏一把匕首，是想让自己逃跑的。

想到这里，铁木真便把这事向纳忽伯颜讲了，老人听后，意味深长地说道：

"也许是他良心有所发现，想起了你父亲曾经救过他一条命吧？那个脱朵延吉儿帖，最不是东西，他是你父亲的近侍，得到你父亲的好处最多。不过，此人是一个色狼，在部落里乱搞女人，曾遭到你父亲的多次训斥，可能因此得罪了他！"

天色暗了下来，遵照父亲的吩咐，博尔术杀了一只"帖勒羔羊"，热情地招待铁木真吃晚饭。

蒙古人为了让羔羊肥壮，鲜美，让一只羔羊吃两只母羊的奶，然后将羔羊制成一种高级食品，蒙语称为"帖勒，豁里罕"，这是对贵客的礼遇。

第二天早晨，铁木真要走，纳忽伯颜与博尔术再三挽留，要他再过一天，他只得说道："恭敬不如从命！我就再叨扰一天吧！"

纳忽伯颜说道："说哪里话，你这是来到你父亲当年最好的兄弟家里，是我和博尔术的贵客，以后可别忘了你和博尔术相会于患难之中，要互相爱护，互相照顾，遇事要同心协力，互不相弃！"

中午，老人杀了一匹马，用全马宴招待铁木真，直到月上中天，宴席方散。

纳忽伯颜在席上对铁木真说道："铁木真，我的好侄儿哟，我们蒙古人的希望就寄托在你身上了！希望你能继承祖上的传统，把蒙古族统一起来，免受塔塔儿人和金人的欺侮。"

听到这里，铁木真翻身跪于纳忽伯颜老的面前，应道："请老人家放心，我铁木真不敢夸下海口，但我已立下志向，克服一切艰难困苦，统一蒙古各部落，向塔塔儿人讨还血债，向金人报仇，让蒙古族永不受欺侮，扬眉吐气于天下！"

纳忽伯颜听后，上前扶起铁木真，说道："好！这才是海都的后代！这才是俺巴孩的子孙！勇士也速该没有白养你呀！"

第三天早晨，博尔术用皮桶、皮斗装好了食物和牛乳为铁木真送行，两人恋恋不舍地拥抱在一起……

临行前，纳忽伯颜从怀里掏出一大块雪白的银子，送到铁木真手里，说道："这银子还是当年我随你父亲与塔塔儿人拼杀时，他分与我的战利品，你拿回去买些牛羊牲畜，多招徕一些部落百姓，要记住，没有人是干不了大事的！"

铁木真又翻身跪于老人面前，再三表示谢意，起来后深情地说道："请老人家保重身体，祝愿您福寿绵长！"

铁木真又转身与博尔术洒泪而别，说道："好兄弟，后会有期！"

经过三天三夜的奔波，铁木真才回到桑沽儿河边的家中，母亲和弟弟、妹妹正在为他焦急不安，见他赶着马顺利归来了，大家真是喜不自禁。

后来，听铁木真介绍了博尔术父子的情况，母子们更加开心，诃额仑幽默地说道："这真是'塞翁失马，焉知非福'！"

大家听了，一齐哈哈大笑起来……

1179年，铁木真十八岁了。

一天早上，诃额仑对铁木真说道："孩子，你已经到了结婚的年龄，该成家了。成家之后，你就可以一心一意地去开创事业了。"

铁木真自小孝顺母亲，于是道："我愿意听从母亲的意见，明天我就与别勒古台兄弟一起，前往弘吉剌部迎娶。"

根据自己幼年的记忆，铁木真与别勒古台兄弟沿怯绿连河东行，没费多长时间，便来到了德薛禅家。

虽然站在门口的铁木真，已经从一个顽皮的孩子长成了一个彪形大汉，德薛禅还是很快就认出了自己的女婿。

因为他从铁木真身上看到了也速该的影子：他的身材像也速该那样魁梧，但比也速该显得机智与深沉，两眼闪闪发光，透露出一股英气。

未等铁木真开口，德薛禅就兴高采烈地迎上前来，对女婿说道："我早已知道了泰赤乌人嫉妒你，我真是忧心如焚啊！今天，你能平安地来，我是多么高兴啊！"

暴风吹不走雄鹰，恶狼吃不掉猎犬。

久经磨难的铁木真终于来到了朝思暮想的未婚妻家中，聪明美丽的孛儿帖紧锁的双眉从此绽开了笑容。

此时此刻，德薛禅很可能后悔当初没有把铁木真留下，让铁木真那么小就独自经历那么多风险。

按照当时蒙古草原的习惯，男子到女方家去迎亲，必须在女方家举行婚礼，然后才送他们一同回到男方家去。

德薛禅老人与老伴搁坛亲自替女儿办理好丰厚的嫁妆，选了一个吉利日子，让铁木真与孛儿帖举行了合卺仪式。

然后，德薛禅亲自护送女儿、女婿到克鲁伦河的下游，方才返回。

孛儿帖的母亲搠坛则一直送女儿至桑沽儿河附近的铁木真家所在地。

搠坛在铁木真家住了几天，临走时拿出一件珍贵漂亮的黑貂皮袄作为礼物，赠送给铁木真的母亲诃额仑。

九年的苦难生活过去了，铁木真迎来了一个如花似玉、美丽贤惠的新娘，他沉浸在无比的幸福中……

孛儿帖生得体态丰腴，性情柔媚。她面如出水芙蓉，腰似迎风杨柳，皮肤雪白细腻，小手柔若无骨。

铁木真将她搂在怀里，她俊俏的脸上现出桃花般的娇艳，令人不醉自醉，与少女合答安比较起来，他感到另一番滋味在心头。

可是胸怀大志的铁木真并没有沉醉于新婚的甜蜜而忘记自己的仇恨：父亲被塔塔儿人毒死，泰赤乌人夺走了本应是自己的部众，并几乎被他们杀死。

在当时的蒙古族中，血亲复仇的习俗依然存在。它要求子女要为父辈复仇，同族要为死难者复仇，首领要为部属复仇。

于是这种种复仇，往往能酿成部族之间循环报复，互相掠夺、争战不已的后果。

在相互争斗中间，每个首领都要以复仇为己任，并借此机会扩大自己的势力，提高自己的威望。

这样一来，复仇不仅是一种义务，而且是对外实行扩张侵略的理由，对内进行战争动员的有效手段，铁木真自小就生活在这样一个社会环境里。

新婚之后不久，铁木真立志要报父仇、雪己恨，但苦于年幼力薄，势单力孤。

他从母亲的教诲和自己的亲身经历中，深深懂得单枪匹马难成大业，只有联合更多的人，不断充实自己的实力，才能有所作为。

经过反复考虑，铁木真为了实施其扩大军事实力的计划，他首先想起了患难中的朋友博尔术，想请这位同宗兄弟出来相助，便立即派别勒古台前往邀请。

同上一次一样，博尔术一听说铁木真请他去，也不禀报其父一声，就立即同别勒古台并马而驰向桑沽儿河畔奔来。

从此，博尔术就一直跟随铁木真，成为他最知心的"那可儿"！

没过多久，者勒蔑也来了，他是居住在不儿罕山的兀良哈族的札兀赤兀歹老人的儿子。

札兀赤兀歹老人背着打铁用的风箱，领着儿子来找铁木真，并对他说道："当你出生的时候，我就给你尊贵的父亲奉献了黑貂皮的襁褓，那时者勒蔑还小，我又带回去了。如今，他已长大，请你留下他，让他替你备鞍、守门、侍候你吧！"

从此，者勒蔑就成为铁木真忠心耿耿的那可儿，后来成为他帐前的一员大将。

一天，母亲对铁木真说道："你父亲生前说过一个人，他就是克烈部的脱里汗王，曾与你父亲有过深交，互称安答。"

铁木真听后，已明白母亲的心意——要自己找一棵大树当靠山。

是呀，自己势力单薄，不借助强大的势力哪行？母子一协商，一个发展势力、壮大自己的计划便形成了。

次日，铁木真与胞弟哈撒儿、异母弟别勒古台三人，带着那件精美的黑貂裘，准备作为见面礼，去见脱里汗王。

那时候，脱里汗王的克烈部是蒙古高原上最强大的部落，他们驻牧于水草丰美的鄂尔浑河与土拉河流域。

铁木真兄弟三人来到土拉河畔的黑森林，见到了脱里王汗，铁木真恭恭敬敬地说道："尊敬的王汗！您老人家与我父亲是安答，您便是我的亲生父亲一般。今天，我，作为您的儿子，将我妻子送我母亲的礼物黑貂裘，作为见面礼，恭送给父亲您！"

脱里王汗听到这样的称呼，高兴得胡子都翘起来了，洋洋得意地说道："铁木真我的儿，你将那么贵重的黑貂裘送给我，真是太感谢了！放心吧，你散去的百姓，我给你收拾；你离开的部众，我替你汇聚。记住吧，老子说话算数！"

当晚，王汗大摆宴席招待铁木真兄弟三人。

席上，王汗又把那件貂皮袄拿出来，爱不释手地展示了一番，然后说道："你父亲是我最好的安答，他被害之后好长时间我才得知消息，未能及时去替他报仇，我心里已经早就觉得内疚了……"

王汗讲到这里，不禁有些伤感起来，眼睛也好像有些潮湿了。

铁木真忙说道："尊敬的汗父，现在您要帮助我报仇，也不算迟呀。"

王汗立即又重申一遍说："老子说话一定算数，我一定帮助你恢复你父亲生前的大业，让你父亲在九泉下含笑。"

说罢，王汗喊人把那件黑貂皮袄拿去收藏起来，他嘱咐道："放在通风干燥处，万一出了差错，老子一定宰了你们！"

据说，这件黑貂皮袄有一段不平凡的经历。

当年，英雄忽图剌汗去世三周年时，蒙古人立了一座九尺高的纪念金碑。

因为蒙古没有文字，就请弘吉剌部的德薛禅刻写祭文，一连用了九天九夜，刻下了九十九个契丹字的祭文。

为了酬谢德薛禅，忽图剌汗的妃子们将这位汗王的遗物——九张黑貂皮缝制的红面战袍赠给了德薛禅。

孛儿帖结婚时，德薛禅夫妇又把这件皮袄送给了铁木真，大概是希望女婿能继承忽图刺汗的遗志，干出一番轰轰烈烈的事业吧。

正当王汗与铁木真兄弟三人喝得热烈时，脱里的独生儿子桑昆回来了。

只见他喝得醉醺醺地，由两个年轻貌美的少女搀扶着走了进来，王汗对他说："你铁木真兄弟来了，快去认识一下。"

铁木真急忙上前，向他施礼后说道："桑昆大哥，我是你的铁木真兄弟……"

未等铁木真说完，桑昆待理不理地把右手一扬，以不屑的眼神盯着铁木真说道："所谓来者不善，善者不来。没好事……"

哈撒儿与别勒古台听了，气得眼睛都红了，正想发作时，铁木真忙用眼神止住了他们。

王汗用手拍着桌子骂道："没出息的东西！满嘴胡言乱语，快滚！"

等桑昆走了之后，王汗叹着气道："草原上有句格言：不经盘错不成才，功业都从祸患来。这话说得一点不假，你看我这独生儿子被娇惯成什么样子了！将来怎么能够……"

说到这里，王汗突然把话打住，问道："铁木真我儿，这些年，你母亲把你们兄弟抚育成人，也真是不易呀！现在，她……变得老了吧？我真想……见见她呢！"

在脱里印象之中，铁木真的母亲——诃额仑也是草原上有名的美女。在一次喝酒中，他用开玩笑的口吻对也速该说："我的好安答啊，让我用身边的二十名少女去换你的诃额仑，你可愿意？"

也速该听了之后，生气地把酒杯一掼，啐道："我领着大军，冒着生命危险去帮助你把土地和女人们夺回来，你却想着我的妻子，这种人配作我的安答么？"

脱里自知失言，急忙赔礼道歉，说了许多好话，也速该才说道："你身边的那些女人，像是一群花花绿绿的野鸡，而我的诃额仑，却是一只金凤凰！"

这件事已经过去十多年，但脱里还记忆犹新。

现在，见到那位美人抚养出来的铁木真，看到这孩子仪表堂堂，两眼喷吐着吉光，将来必成大器，不由得追忆起往事了。

再看看自己的独生儿子桑昆，不由得叹道："铁木真我儿啊！我已老了，未来的蒙古大草原将是你们的。"

在黑森林住了两天，王汗只是热情地用酒宴招待，满口说着帮助铁木真振兴部落，却没有采取任何实际行动。

脱里王汗的儿子桑昆一直以冷淡的态度，甚至敌对的目光看着铁木真他们，铁木真感觉再住下去已没有必要了。

次日，铁木真带着他的两个弟弟，告别了王汗，离开了黑森林。

途中，哈撒儿与别勒古台都存怨气，认为王汗人太虚伪，这黑貂皮袄送错了主人。

铁木真听后笑了，对两个兄弟耐心地说道："你们把什么事都看得太简单了！我们用那件黑貂皮袄能换回脱里的那一句承诺，已够意思了，说得郑重些，那倒是一句千金之诺呢！"

两个兄弟听了，不由得同时"啊"了一声，表现出吃惊的表情，铁木真又说道："我们这次黑森林之行，建立了义父义子关系，王汗已庄严承诺克烈部已是我们的保护人，要不了多久，这消息就会传遍周围大小各部落。"

铁木真说到这里，生怕弟兄们不懂，又说："我们要扩充实力，走振兴之路，必须投靠一个强大的部族，在草原各部落纷争的情况下，势力薄弱的我们才不至于被强部吃掉！同时，父亲生前那些旧部，才能陆续回到我们身边来，这叫作背靠大树好乘凉啊！"

哈撒儿又问道："王汗说帮我们收回旧部，可是真心？"

铁木真回答道："这事一不要性急，二要等待机会，懂吗？机遇很重要！不管他真心还是假意，反正他已接受了当我们的保护人，一旦有事，再去找他，他就不好推诿了。"

兄弟三人一路说着话儿，不知不觉便回到了桑沽儿河畔的家里，铁木真向母亲叙述了情形。

诃额仑听完铁木真的叙述，非常同意大儿子的观点，她说："要忍耐，要等待，比如栽一棵桃树，三年后方能吃得鲜美甜蜜的桃子，性情急躁的人，什么事也办不成！"

母子俩又认真商议了一会，铁木真说道："从明天开始，我要带着兄弟们到山林里去狩猎，将一些珍贵的皮毛、肉食等送到黑森林去，表示我这个义子的心意！"

诃额仑见孛儿帖来了，又接着说道："做得对！你已认他为义父了，就该履行一个义子的义务，这是好事。你就放手去干吧！家里有我和孛儿帖。"

铁木真又说道："王汗那次提到母亲，他说很想见到你。对这事，不知母亲有何想法？"

诃额仑马上说道："还是不见面为好。你父亲生前说过他，也是一个登徒子，免得见面以后再生枝节。"

铁木真听母亲这么说，点点头，便与孛儿帖一起，回房里休息去了。

铁木真离家三天，两人都有久别的感觉，一走进房里，两人便紧紧搂在一起了。

孛儿帖主动把丈夫的衣服脱掉，让他洗干净手脚之后，自己也宽衣解带，将

自己那美丽的胴体呈现于丈夫面前。

铁木真吻着她的面颊，悄悄地问道："每次我与你欢爱时，你都发出轻微的呻吟，有时还流出泪水，这使我不能理解，难道是你觉得不快乐么？"

孛儿帖一头扑到丈夫怀里，窃窃笑道："那是一种……异常快乐的……表现，在人世间，还有什么事能比男女之间在那一刻里享受到的快乐感觉，更令人神往呢？"

听了妻子的话，铁木真立即扑过去，不久，屋子里又响起孛儿帖那轻轻的呻吟……

次日，铁木真带着哈撒儿、别勒古，以及博尔术、者勒蔑骑上骏马，带上弓箭，一起进了山林深处。

孛儿帖也放下了贵族女儿的架子，换上了普普通通的服装，与小姑子帖木仑一起，挤牛奶、做奶酪、修剪羊毛、编织毛毯，什么活都能干，什么苦都能吃。

夕阳西下时，铁木真他们才回来，猎到许多的野兔、野鸡，还杀死了三头大野猪！

诃额仑一见，不由得说道："真是人多力量大呀！"

从这以后，铁木真常常领着兄弟们走进山林去狩猎，有时，也与他们一起到桑沽儿河去捉鱼。

为了尽一份义子的孝心，铁木真经常让哈撒儿、别勒古台给王汗送去一些猎得的野味。有一次，别勒古台猎得一只花斑豹，铁木真按照母亲的提议，让哈撒儿与别勒古台一起送到黑森林，王汗十分欢喜，回赠了十匹马，让两人赶回来了。

由于铁木真经常送猎物到黑森林去，使脱里大受感动。他深深觉得，这个义子铁木真与他父亲一样，有一颗侠肝义胆！

当年，自己在穷途末路时，也速该挺身而起，率领军队帮自己打败了叔叔菊儿汗，才重新获得克烈部汗位！

如今，也速该的儿子把自己当成他自己的父亲一样孝顺，在自己困难的情况下，还把猎到的野味送来黑森林，真比自己的独生儿子还强三分哩！

脱里王汗深受感动，经常在周围部落间为铁木真招集他父亲的旧部，并逢人就讲铁木真为人豪爽、有侠义行为、将来必能成大器成为未来草原主人等。

的确，铁木真自与脱里王汗确定了父子关系以后，地位逐渐地巩固了，或者说，笼罩在他头上的乌云，正被劲风吹散，锦绣前程在召唤着他，他的日子已经越来越好过了。

一天下午，铁木真与他的兄弟们、那可儿一起在习练马上的拼杀功夫，忽然看见赤老温来了，铁木真急忙上前拥抱，欢迎他的到来。

赤老温把铁木真拉到无人处，问道："你现在混出了头，有了名气，把我们一家人都忘了吧？"

铁木真慌忙对他说："怎么会呢？你的一家人是我的救命恩人，我无时无刻不在心里惦记着你们，只是因为我还没有真正混出头，不然的话，我早就去接你们一家人过来了！"

赤老温又悄悄地问道："部落里都在传扬着你的大名，又说你娶了一个美貌的妻子，是草原上的大美人儿，怕是把我的妹妹合答安全忘记了吧？"

铁木真又笑道："你们把我铁木真当成忘恩负义的人了？不会的！我的妻子孛儿帖是我小时候定的亲，你妹妹合答安是我最早的心上人，又是我的救命恩人，怎能忘了她对我的好处？到时候，我会接她来的，让她与孛儿帖一块儿住。"

铁木真见赤老温不再说什么，便问道："部落里的情况怎么样？他们愿意来我这里么？"

赤老温立刻告诉他："是有不少的人想回来，又担心你势力太弱，保护不了他们，所以处在迟疑之中。"

铁木真向他解释道："当前，我还是势单力孤，但是，我已与克烈部结成盟约了。王汗已答应保护我们，要不了多久，我铁木真一定会重振家声。"

赤老温听后，连连点头说："你的话我相信，明天等我回到部里去，在那些观望、犹豫的人中做些宣传，争取让他们摆脱泰赤乌人的控制，尽快地来投向你。"

"太好了！你真是我的好阿哥！"铁木真一边说，一边走过去拥抱着赤老温，"你别急着回去，在这里多住几天吧！"

第二天，赤老温没有离开铁木真，随着便发生了一件惊天动地的大事……

铁木真有了一个温柔贤惠、如花似玉的妻子，又有了两个忠心耿耿的"那可儿"，在黑森林里又与脱里王汗建立了盟约关系，真是内外协调，步步顺利，家道复兴的曙光已从东方地平线上冉冉升起。

但铁木真顺心的日子没过多久，一个更大的灾难又突然降临到他的头上。

二十年前，那时的草原美人诃额仑本来嫁给了蔑儿乞部的也客赤列都。由于也速该的半路抢亲，也客赤列都只带了诃额仑的一件内衫回到营地里去。那时，这件事对蔑儿乞人来讲无异于一种奇耻大辱。他们怎肯善罢甘休？

那位丢了新娘的也客赤列都，本想及时领兵前来夺回自己的新婚妻子。可是，当时的蔑儿乞人怯于也速该势力的强大，未敢轻举妄动。

不久，也客赤列都因为妻子被抢又无力报仇而恼恨交加，一病不起，临死前，他把那件内衣交给了自己的大哥脱黑脱阿——蔑儿乞部落联盟的兀都亦惕部首领，并向他大哥提出要替自己报夺妻之仇。

二十年过去了，这位死者的大哥脱黑脱阿无时无刻不在想着替弟弟报那夺妻

之仇。

其实，蔑儿乞部落联盟各部人的祖先也是蒙古人，他们住在色楞格河的北部流域草原与西伯利亚泰加森林交界处。

那时的蔑儿乞部落联盟主要由三个部落组成，即兀都亦惕部、兀洼思部、合阿惕部。

1180年的夏天，蔑儿乞部落联盟中的兀都亦惕部首领脱黑脱阿，把另外两部首领邀请到自已营地，向他们说道："我弟弟也客赤列都二十年前被乞颜部首领也速该夺去新婚妻子，恼恨而死，此仇不报，也客赤列都在九泉之下不会瞑目，我这当大哥的，又怎能安枕呢？请两位首领务必鼎力相助。"

听了脱黑脱阿的开场白之后，兀洼思部首领答亦儿兀孙和合阿惕部首领合阿台答儿麻刺二人相互看了看，齐声说道："请大首领尽管吩咐就是了，我们一定从命。"

因为在蔑儿乞部落联盟中，兀都亦惕部最为强大，所以兀洼思与合阿惕两部首领才如此回应。

脱黑脱阿听了十分高兴，忙说道："当前，正是我们报仇雪耻的好机会，那个夺我弟媳的也速该早死了，泰赤乌人抛下了也速该的孤儿寡母远徙他乡了。如今也速该的儿子铁木真刚刚结婚，我们可以把他的新娘子掳来以报当年的夺我弟媳之仇，再杀死他的儿子铁木真报我弟弟之恨！请二位首领考虑，这样安排可好？"

合阿惕部的首领合阿台答儿麻刺说道："不久前，我听说铁木真已与克烈部的脱里确定了父子关系，这么干会不会引起黑森林的愤怒？"

兀洼思部的首领答亦儿兀孙说道："为了防止克烈部出兵阻拦，我们可以派出少量精锐骑兵，采用突袭方式，速战速决，速去速回，得手就收兵。"

脱黑脱阿一听，兴奋得直拍手，笑道："太好了！老弟的计策太妙了！我们就这么办吧，每部派出一百骑兵，必须挑选出精悍的人马，三百人足矣！"

三个首领计议已定，脱黑脱阿命人大摆酒宴，又唤出十多个花枝招展的美女出来陪酒。在喧闹的音乐声中，三首领左拥右抱，大吃大喝，一边谈话，一边与那些女人嬉戏调笑。

三天以后，蔑儿乞三部首领各带一百精锐骑兵，对桑沽河畔的铁木真住地展开突然袭击！那是一个雨后的凌晨，百鸟还没出巢，牛羊还没有出牧，草原上的人们还在酣睡，天色苍茫还没有透亮。铁木真家的老女仆豁阿黑屋突然觉得大地在颤动，她立刻伏地细听，断定这是马蹄踏地的声音，而且越来越近了。

这位老女人不禁打了一个寒战：难道是泰赤乌人又来偷袭么？

想到这里，她不敢耽搁，忙去诃额仑门前急促地叫喊起来："夫人，夫人，快起来！泰赤乌人又来了！"

诃额仑从睡梦中被喊醒，她坐起来仔细一听，果真是骑兵出动的震动声，她立即向豁阿黑屋吩咐道："你快去喊醒孩子们！"

她边说边忙着整理衣服，铁木真兄弟们也迅速起床，来到帐篷外面。

此时，马蹄声更响，好像敌人的骑兵快到近前了。天色又暗，铁木真忙对大家喊道："大家快上马，保护母亲到不儿罕山躲一下！"

忙乱之中，铁木真翻身上马让哈撒儿在前面引路，他身背弓箭，手执一把大刀在队伍后面跟着，防止敌人追上来。

由于路径熟悉，哈撒儿领着队伍走近路，很快甩掉敌人，顺着进山的小道，往不儿罕山林深处驰去。

在铁木真催促大家上马时，孛儿帖猛然觉得小便憋得难受，便将手中的马缰绳一撂，准备快去快回。

谁知道，等孛儿帖从房后厕所回来，铁木真他们走了，那匹马也不见了。

正在急得东张西望之时，豁阿黑屋忙喊道："孛儿帖快来，敌人就要到了！"

她只得三步两脚地走近那位老仆妇，豁阿黑屋情急生智，立即把孛儿帖藏在一辆黑帐车中，然后牵来一头花腰牡牛驾辕，赶着牛车沿着腾格里溪而行，想尽可能远地躲避厄运。

可是，天色渐亮，河谷已无夜色掩护，迎面来了一队骑兵，他们向豁阿黑屋劈头问道："你是什么人？快说老实话，不然，我一刀捅死你！"

豁阿黑屋不慌不忙，沉着机敏地答道："我是铁木真家剪羊毛的奴隶，刚才干完活，现在回家去。"

那伙人听后，又问道："铁木真在家吗？他家离这儿有多远？"

豁阿黑屋回答道："他家离这里不远，刚才我是从后门出来的，不知道铁木真在不在家。"

那伙人听了，不再盘问，立即拍马飞快地向铁木真家扑去。

豁阿黑屋被吓出了一身冷汗，便举起鞭子猛抽花牛，希望能快点逃出这批人的魔掌。没想到车子在飞快地行进时，突然撞到一块石头上，竟把车轴折断了。老仆人豁阿黑屋急了，她想让孛儿帖下车，两人一起步行，赶快藏到山林里去。但是她回头一看，那伙人已经抓住了别勒古台的母亲速赤，把她搭放在马背上，来到自己面前。

这时候，一个为首的头目指着停在路上的车子，向老妇人问道："这辆车里装的是什么东西？"

豁阿黑屋冷静地回答："车上装的是羊毛。"

那头领怀疑地绕着车子走了一圈，然后对他的部下命令道："兄弟们，下马去车里检查一下。"

几个蔑儿乞人立即跳下马来，进行搜查，他们把车子前面的羊毛一抱过来，便发现车里藏着一个年轻貌美、楚楚动人的女人。于是，兴奋地大声喊道："美人！车里藏着一个美人哩！"

几个人七手八脚，一起上前，把孛儿帖从车里拉出来，大家围着看，啧啧赞道："这女人真标致呀！"

"你看她那皮肤有多白，真比马奶还白三分！"

原来那首领正是兀都亦惕部的脱黑脱阿，也就是当年那位被抢走新娘的也客赤列都的哥哥，他立即向豁阿黑屋问道："快告诉我，她是谁？"

老仆妇张口想说，却一时说不出话来，只是嘴唇上下抖动着，气得脱黑脱阿"刷"的一声把手中的大刀架在老人脖子上，又问道："再不说，老子就砍下你的头！"

豁阿黑屋只得嗫嗫嚅嚅地说道："她名叫……叫孛儿帖，是……是……是铁……铁木真……的妻子。"

脱黑脱阿一听，高兴得大叫一声道："好！我们找的就是她！"

说罢，脱黑脱阿两腿一夹马肚，便来到孛儿帖近前，一下子把她拉到马上，搂在怀里，笑眯眯地对大家说道："铁木真的美人，我先要尝尝鲜了！"

说着就去亲她的脸颊，手也伸进她怀里乱摸。

孛儿帖大声叫嚷，竭力挣扎。就在这时，飞驰而来一队人马，为首的一个头目向脱黑脱阿问道："找不到铁木真母子，怎么办？"

脱黑脱阿立即说道："一定要抓住铁木真母子，我们一起去不儿罕山去搜寻！"

说完，命令身旁的手下说道："把那个老女人也弄到马上去！"

于是，豁阿黑屋也被一个蔑儿乞人横架于马背上，一起驰向不儿罕山下。

脱黑脱阿一边纵马驰骋，一边用手猥亵着怀中的孛儿帖，高声说道："二十年前，也速该抢去我的弟媳，今天，我来抢走他的儿媳！这叫作公公欠账儿媳还，一报还一报哩！"

说罢，哈哈大笑不止。

孛儿帖的乳房被他捏疼了，她在马上乱蹬乱踢，大喊大叫道："你们这伙强盗！我的丈夫铁木真早晚会来杀死你们的！"

脱黑脱阿听了，挖苦着说："铁木真已经扔了你，还不明白么？还想他干什么？他都不要你了！"

后来，蔑儿乞的三个首领，领着三百精锐骑兵，来到不儿罕山下，先是堵着山口，围着不儿罕山来回搜查了好几遍，也没有找到铁木真母子们是从哪里进入山林的。

38

脱黑脱阿等有几次企图进入不儿罕山深处，想去抓住铁木真母子，但因那里全是沼泽和矮树林而不敢冒险进去，只好失望地放弃入山追击的想法。

最后，三个首领相互安慰道："过去，也速该夺了我们的诃额仑，今天，我们夺了他儿媳妇，这仇也算报了！"

说完，他们就下了不儿罕山，各自分手，回部里去了。

只有脱黑脱阿这一队人马，带着孛儿帖、速赤和豁阿黑屋三个女人，回他们的兀都亦惕部里去。

途中，脱黑脱阿被孛儿帖的美貌深深吸引，连续两次占有了她，使这朵艳丽的梨花像被暴雨侵袭过一般，显得零落不堪，啼泣不止。

回到营地以后，脱黑脱阿把已被自己糟蹋过的美人——铁木真的妻子孛儿帖，赏给了他的三弟赤勒格儿作妻子。事后，脱黑脱阿对人说道："铁木真的母亲诃额仑，原是我的二弟媳，被铁木真的父亲抢去了；现在，我把铁木真的妻子孛儿帖抢来，做了我的三弟媳，也算是一报还一报吧！"

这位赤勒格儿是蔑尔乞部的一个大力士，为人倒也诚实憨厚，他从来也没有想到会用这种方式娶得妻子，对孛儿帖倒也十分疼爱。新婚之夜，赤勒格儿对孛儿帖百般温存，几番云雨之后，他搂着孛儿帖那雪白的胴体问道："难道我不能使你快乐么？与你前夫铁木真比较起来，我哪一点不如他？"

起先，孛儿帖不愿回答他，被他催急了，她才悒悒怏怏地回答道："你怎能与铁木真相比呢？"

在长达九个月的日子里，孛儿帖这朵草原之花，身心备受折磨，尤其是赤勒格儿，对其无休止地蹂躏。

因为他牛高马大，欲望极强，全身有的是力气，白天、夜里全不让她休息。为了亲热起来方便，他不让她穿裤子，只准她着一条裙子遮羞……

孛儿帖无力反抗，也只好听天由命了，每日暗暗祈祷着，盼望着铁木真早日前来搭救她出樊笼。

铁木真母子等人，一口气跑到不儿罕山林里面，天色才明，一查看人员，不见孛儿帖的影子，大家立刻惊奇万分，铁木真也大感意外！

母亲对女儿帖木仑问道："当时，我不是把那匹枣红马让你交与孛儿帖的么？怎么，那马却空着，随着我们进了山林，成了一匹备用的马了？"

帖木仑也不解地说道："我是把那匹枣红马交给大嫂了，但后来她没有骑，我也不知其中有什么意外发生。"

这时候，博尔术说道："我确实看到孛儿帖拉着那匹枣红马，后来，她把马缰绳一放，扭身往屋后去了，后来我随着大家一起上马，就……就不清楚了。"

看到大家因为丢了孛儿帖，心情都十分难过，特别是铁木真更是显得无限伤感。诃额仑立即站起来，对他们说道："没有什么了不起，只要你们都能保住性命，不愁以后娶不到好女子！"

听了母亲的这一句提醒，铁木真马上敏感地站起来，面色温和地对大家说："母亲说得对，孛儿帖即使被蔑儿乞人抓去，凭着她的机智、勇敢与贤贞，敌人也不能拿她怎么样。"

博尔术看着铁木真说道："让我先下山探听一下情况，看蔑儿乞人究竟是回去了，还是埋伏在山周围呢？"

铁木真一听，马上忆起当年自己被泰赤乌人追赶到山林里面的事来，对博尔术道："你一个人去不行，这样吧，让别勒古台、者勒篾和你一起，三个人一起去才安全！"

于是，他们三人一起下山，在山下林子附近巡逻侦查了三天，并没有发现有蔑儿乞人的埋伏。这样，铁木真才领着母亲与众兄弟们，放心地走下不儿罕山。

铁木真来到山麓，捶着胸脯，仰天哭告神灵道："……幸亏豁阿黑屋老母亲像金鼠一样警觉，像银鼠一样眼明，我们母子等人才逃得了性命。乘驾马趋彼鹿经，折榆柳做柴篷，逃入不儿罕山之中。伟大的不儿罕山可怜天下苍生，遮护了我们，千言万语难表我感激之情。今后我要时常祭祀不儿罕山，我的子子孙孙也要同样祭祀。"

铁木真说毕，按照蒙古人的习惯，转身向着太阳，解下腰带挂在脖子上，脱下帽子悬于手腕，以右手捶胸，对日叩头九次，用马奶酒祭奠以后，再祷告、祝愿一番。

回到桑沽儿河边的家中，铁木真面对空空如也的新房，不由得思念被掳走的孛儿帖了，心中一阵酸楚袭来，猛一转身，见自己慈爱的母亲正站在身后，遂扑倒跪在母亲面前，说道："儿子实在忍不下这口怨气，儿子要去请求王汗发兵，帮我报仇雪恨，夺回孛儿帖！"

诃额仑听了，立即扶起儿子，对他说："去吧，这次脱里不好再推脱了。雄鹰要在暴风雨中成长，男人要在战场上磨炼。"

铁木真目射光束，深沉有力地说道："这次，我一定要与蔑儿乞人拼个高下，不仅要夺回孛儿帖，还要趁这机会壮大自己。"

说完，铁木真告别母亲，向博尔术、者勒篾布置一番，让他们守好家；又对赤老温嘱咐几句，要他立即回去，说服那些旧部早日来归；然后喊上别勒古台和哈撒儿，上马而去。

铁木真心急似火，兄弟三人昼夜兼程来到黑森林，一见王汗，铁木真立即匍匐在地，双眼流泪不止，向脱里说道："义父在上，蔑儿乞三部人马突然袭击我，掳走我的新婚妻子孛儿帖等，实在欺人太甚，请父汗立即派兵相救！"

王汗一听，连忙对铁木真说道："快起来说话，你放心吧，这次我一定派兵帮你夺回孛儿帖，彻底消灭蔑儿乞人！"

铁木真起来坐下，向王汗说道："可恶的蔑儿乞人太猖狂，他们的目的是要杀我母子，使我家败人亡，我怎能与他们干休？"

脱里对他说道："想当年，你父亲曾助我恢复汗业，这事我心里一直记着哩！去年，你送那貂皮袄于我时，我就允诺于你，要帮助你重振家业，这次派兵去攻打蔑儿乞人，为你夺回孛儿帖，那是我义不容辞的责任！放心吧，孩子，这次要把蔑儿乞人尽消灭之。"

其实，脱里对蔑儿乞人早已恨入骨髓了。

早在他七岁之时，他和母亲便被蔑儿乞人抢去，蔑儿乞人不仅强暴了他母亲，还强迫他在薛凉格河边舂米。

平日，一提起蔑儿乞人，脱里便大为光火，记起当年的耻辱，这次对铁木真的要求，他满口答应，他向铁木真说："去年曾听你说过，那个札答兰部的首领札木合是你的安答，可有此事？"

铁木真立刻告诉王汗："报告父汗，确有此事。札木合与我在斡难河边结识，并结为安答，成为莫逆之交。"

脱里听后，高兴地说道："你们既然结为安答，那要同生死，不相弃，要相依为命。这次札木合也有义务帮你铁木真解决危难，听说札答兰部势力强大，部属众多，是当前草原上的佼佼者呢！"

铁木真听了，以为王汗又想推诿，不愿派兵相助，不禁一愣，脱口问道："不知汗父有何指教？"

"我以为，这次出兵要争取消灭蔑儿乞势力，只是当前的蔑儿乞三部联盟也是一个实力强大的对手，我准备派遣两万兵马作右翼，再请札木合派出两万兵马作左翼，约好两军相会的日期，由札木合作主帅，统领全军，定能一举将三部蔑儿乞人全部击溃，夺回你的孛儿帖，为你报仇雪恨。"

脱里王汗说完之后，看着铁木真，又问道："那位札答兰部的年轻首领札木合，该不会拒绝你请求他出兵帮助的要求吧？"

铁木真当即说道："他是我的安答，会在我困难时向我伸出援助之手的。"

王汗也果断地决定说："我看事不宜迟，你回去抓紧与札木合联系，他若答应出兵，联军的集合地点也由他札木合确定。"

依照克烈部王汗的建议，铁木真兄弟三人从黑森林回来之后，当即派遣哈撒儿、别勒古台前往札答兰部，向札木合求援。

两人赶到札答兰部，向札木合说道："铁木真大哥让我们转达他对札木合大首领的问候和敬意！由于蔑儿乞人的突然袭击，使他一时陷入困境之中，蔑儿乞人

掳走了他新婚的妻子，使他家徒四壁！他让我们前来请求大首领能够出兵相助。"

札木合听了之后，当即慷慨答应道："听说铁木真安答遭此大难，我心里也不好过，我愿意立即派兵帮助他，从蔑儿乞人手中把他的妻子孛儿帖夺回来！"

哈撒儿、别勒古台听了十分高兴，便将克烈部脱里王汗的建议传达一遍。

札木合表现出极大的热情，说道："我与你们的大哥铁木真早在十年前已经结下了兄弟情谊，成为一对安答，他有了灾难，我怎能袖手旁观呢？"

说完之后，当着两人的面制定了计划，并对他们说道："据我的人报告，那三部蔑儿乞人在袭击了铁木真住地之后，现已回到各自本部营地，因此，正是我们回击他们的最好时机！"

札木合认为，蔑儿乞三部居住在不兀剌、斡儿洹、薛凉格河一带，进攻他们可以走两条路：一条是绕过不儿罕山，沿赤苦河前进，从东南向西北进攻，直指三部心脏地区。另一条是绕道东北，渡过勤勒豁河，对三部中心地区进行突袭，这条路较远，但成功把握很大，可以一举消灭他们。

根据以上分析，札木合选定走第二条路，决定先集中力量进攻脱黑脱阿的兀都亦惕部。

脱黑脱阿的兀都亦惕部是三部中最强大的一部，铁木真被掳去的妻子孛儿帖很可能就在这个部里。

札木合对哈撒儿、别勒古台道："据我所知，脱黑脱阿便是那位也客赤列都的哥哥，这次对你们进行袭击，也是他挑的头，我们就先拿他开刀。"

计划制定以后，札木合对他们说："请二位兄弟把进军计划详细汇报给克烈部的王汗与铁木真知道，他们若是同意我这进军计划，三天以后我们各自出兵，到斡难河的各源流处集合，然后统一进军。"

哈撒儿、别勒古台答应一声，便要上路。札木合送二人上路时，又说道："出兵之日，我将举行祭旗仪式，擂响我那黑牛皮的大鼓，跨上乌骓马，穿上皮盔，手持点钢的长枪，佩戴锋利的大环刀，身背弓箭，誓与蔑儿乞人决一死战！"

哈撒儿、别勒古台听后，一起伸出大拇指道："有大首领的神勇威风，我们这次出兵一定能打蔑儿乞人一个措手不及，一举击溃他们。"

札木合听了，得意地哈哈大笑起来，笑声中充满了自信和骄傲。

后来，铁木真与克烈部王汗听到札木合的进军计划之后，认为这个作战方略是个出奇制胜的好主意，于是便领着人马向集合地点开去。

出兵时，札木合自己从札答兰部带兵一万人，在经过乞颜部原来的驻地时，由他帮助收集铁木真原来的百姓一万人，共约两万人马。

克烈部王汗与其弟札合敢不，分别率领一万骑兵，联军四万，组成一支浩浩荡荡的骑兵队伍，在与蔑儿乞的兵力对比上，已占了绝对的优势。

蔑儿乞部的脱黑脱阿也是一个十分机警的人，自从对铁木真进行袭击，抢了他的妻子孛儿帖之后，估计铁木真不会善罢甘休，一方面派人通知兀洼思和合阿惕两部的首领，要时刻提防之外，一方面派出了许多打鱼的、捕貂的、狩猎人员，四处了解情况，探听蒙古各部落的动向，甚至对东北方向的勤勒豁河流，他也派去了人侦探。

在札木合统帅下，四万大军浩浩荡荡地向北行进，他们翻过库沫儿山，顺赤可亦河的蒙扎谷而下，穿过灭儿汗山口，突入蔑儿乞人的腹地。

札木合等人本来想乘脱黑脱阿熟睡时，突然袭击不兀剌川，结果当他们的骑兵结筏偷渡勤勒豁河时，就被脱黑脱阿派来的人发现了。

这些人员连夜跑回去向脱黑脱阿报告："蒙古人出……出兵了！勤勒豁河上兵马众多，约有好几万人在争着过河。"

听到这消息之后，脱黑脱阿大吃一惊道："蒙古人是对着自己而来，兵力之众，来势之猛，不可轻敌！"

他当即向部下吩咐道："立即召集部众，集合兵马，准备迎战！"

接着，又派人前往兀洼思部和合阿惕部，尽快让两部抓紧集合兵马，向这里集中，誓与蒙古人决一死战。

仓促之间，脱黑脱阿集合了一万多兵马，想在色愣格河谷与敌人大战一场。

见到蔑儿乞人有了准备，札木合对铁木真、王汗等人建议道："脱黑脱阿想在河谷与我们对阵，我以为他打错了算盘，你们请看。"

札木合说到这里，用长枪向蔑儿乞人的兵马方向一指说道："脱黑脱阿的军队，充其量不过一万余人，我们一鼓作气冲过去，蔑儿乞人能抵挡得住么？"

王汗听了，立即拍手道："好计，好计！就这么办吧！"

铁木真也觉得此计可行，便点头说道："我没意见，就这么干，请下令吧！"

札木合一听，立即催马走上一个高地，将手上的大旗一挥，大声喊道："弟兄们！向着野蛮的蔑儿乞人纵马冲啊！冲进他们的军队，杀死他们！"

这时候，四万铁骑好像平地刮起一阵狂风，呼啸着冲向蔑儿乞人的军队。他们大声叫喊着，高举着亮光闪闪的大刀、长枪，如神兵天将一般冲进脱黑脱阿的兵马中去了。蔑儿乞人的军队顿时一片混乱！

脱黑脱阿一看势头不对，急忙勒转马头，他不敢回住地去了，便从侧面逃了过去。

谁知逃出不远，忽听一声大喝道："贼首，你往哪里逃？还不下马受死！"

脱黑脱阿吓得抬头一看，有五、六条大汉横刀立马，挡住自己的去路，遂振作精神，手握大刀，高声喝道："我乃兀都亦惕部的首领脱黑脱阿，谁敢拦住我的去路？"

说罢，他大刀一挥，催马上前冲去。

这几个人正是铁木真与他的兄弟们，他们随着铁骑冲进蔑儿乞人的兵马中，先是砍杀了一阵，看到穿着头目服装的一个人掉头逃跑，便跟踪追了过来。

一听说他是脱黑脱阿，铁木真怒火满腔，正是仇人见面，分外眼红，他把大刀一挥，迎了上去。

两人在马上各挥大刀拼杀，来来往往斗了十多个回合，脱黑脱阿担心被他们围住，慌忙虚晃一刀，拍马便逃。

铁木真正要追赶，哈撒儿早已取箭搭弓，只听"嗖"的一声，一箭飞去，谁知这脱黑脱阿老奸巨猾，他把身子伏在马背上，竟然把这一箭给躲了。

哈撒儿一生气，竟纵马追去，趁势又射去一箭，击中了脱黑脱阿的左臂，只见他在马上身子一闪，差一点坠下马来。

哈撒儿还想再射第三支箭时，可惜那脱黑脱阿已逃得远了，只得扫兴地回来，说道："这太便宜了他！"

铁木真立即向大家说道："赶紧去寻找孛儿帖！"

于是，他们重又杀入混乱的蔑儿乞人当中，由于脱黑脱阿的出逃，蔑儿乞人失去了首领，无法组织有效的抵抗，一万多人马很快溃乱了。

札木合、王汗等率领骑兵，对蔑儿乞人大开杀戒，脱黑脱阿的这支人马被杀得尸横谷地，血流成河。

联军骑兵跟着人群追杀、掳掠，那些蔑儿乞人失去军队的保护，只好扶老携幼，拖儿带女，沿着前薛凉格河失魂落魄地连夜逃走。

联军一边追，一边截获财物，大肆抢掠，马叫声、哭喊声混成一片。

但是铁木真却无心厮杀了，他一心只想着寻找自己心爱的妻子孛儿帖，在一片恐怖和垂死的叫喊中，他大声地叫道："孛儿帖！你在哪里？"

铁木真在混乱的人群中奔驰着，张大眼睛四处寻看，想从逃难的蔑儿乞人丛中找到他心爱的妻子。

可是，人山人海，混乱嘈杂，尽管是月色透明，亮如白昼，却见不到孛儿帖那张美丽的面孔。

"难道孛儿帖被蔑儿乞人杀害了吗？"

铁木真这样地想着，他一伸手抓住正要从自己马前窜过的一个女人，向她问道："孛儿帖，你认识孛儿帖吗？她在哪里？"

那女人吓得战战兢兢，似懂非懂地摇了摇头，半天说不出话来，他只好放她走了。

铁木真越来越感到不妙，他思忖着，认为孛儿帖可能已不在人世了，蔑儿乞人把她抢来以后，怎能不想强暴她？她长得那么美貌出众，孛儿帖坚贞不从，不愿失身于贼人，结果……结果被蔑儿乞杀害了，这不是没有可能的。

在铁木真看来，孛儿帖是人世间最美、最善良、最坚强的女人，她绝不会任人侮辱的，因此而遭到杀害是极有可能的。

铁木真心里想着，仍在不死心地从川流不息的人群中搜寻着……此时此刻，孛儿帖在哪里呢？

当铁木真的四万联军突然冲进蔑儿乞的营地时，那位大力士赤勒格儿，当即预感到危险就要来临，他十分伤感地对孛儿帖说道："他们是为你而来的，我们蔑儿乞人也因此才招致了灭顶之灾！"

说罢，他从墙上取下了大刀，对孛儿帖道："你还是随我一起逃进林子里去吧，不然我就杀了你！因为你肚子里已经怀上了我的孩子，那是我们蔑儿乞人的骨血！"

孛儿帖看着他手中明晃晃的大刀，不慌不忙地对这个与自己同床共枕近九个月的男人说道："原来我看你是一个正直诚实的男子汉，才把女人身上最宝贵的东西献给你，当了你几个月的泄欲工具，即使我身怀有孕，你也没有放过我，我依然顺从地任你蹂躏。如今，我的丈夫兴兵来寻我，你不仅逼我，还要拿刀杀我，你的心胸多狭隘，你的灵魂多卑污！你不像一个男子汉！"

说到这里，孛儿帖站起来，听着窗外渐传渐近的叫喊声，继续对赤勒格儿说道："因为你们抢了我，我的丈夫才兴兵前来问罪。如果你再杀了我，我的丈夫能善罢甘休么？到那时，才真正是你们蔑儿乞人的灭顶之日呢。"

听了孛儿帖的这段责备之后，赤勒格儿只得对她说："我哪里是要杀你？只是想让你随我走，我不想失去你，你知道我是多么舍不得你哟！"

他说着，又想过来搂她，被孛儿帖用手挡了过去："如果你真喜欢我，对我好，就应该给我留下一个完整的好印象！别让我在离开你后，非常恨你。"这时候，外面的喊杀声，愈来愈近了。

孛儿帖指着门外纷纷跑动的身影，又说道："要不了多久，我的丈夫铁木真就要来了，他能放过你吗？我们还是好说好散的好。你还年轻，美貌的女人多得很，你自己去碰运气吧！"

赤勒格儿想了一会，不得不说道："那就依你说的办吧！原先抢你来时，我们是在车上发现你的。家里有辆车，你坐上去，还由那个老妇女替你赶车，去迎接你的丈夫吧！"

说完，赤勒格儿走到孛儿帖面前，伸手把她抱起来走出去，放到车上，又深情地摸着她的便便大腹，轻声说道："这是我的骨血！"

孛儿帖推开他的手道："我告诉你吧！这不是你的骨血，我是怀孕之后被你们抢来的，而且在这里只有几个月的时间，怎么可能……"

未等孛儿帖说完，赤勒格儿立即打断她的话，红着脸大声争辩道："不，不！这是我的骨血！"

此时，喊杀声更近了，孛儿帖推着他道："别争了！你快走吧，再等一会儿，你就走不出去了！"

赤勒格儿听后，恋恋不舍地看着孛儿帖，猛然又过来搂住她，亲了几下，又摸了摸她那挺得很高的肚子，还是不舍得离开。

此时，孛儿帖用手指着东北方向，大叫道："快走！他们就要杀来了。"

说完，用力推开他的手。赤勒格儿这才猛一转身，跨着大步，乘着黑暗与混乱，迅速钻进峡谷中去了。

见到赤勒格儿高大的身影消失之后，孛儿帖才大声招呼着豁阿黑屋，对她说："我们驾上车，去大道上等铁木真吧！他会来的，一定会来接我的！"于是，主仆二人仍然驾起一辆牛车，走在混杂的逃难的蔑儿乞百姓中间。

牛车正在人群中艰难地行走着，突然，孛儿帖听到了铁木真熟悉而焦急的呼喊声，她立即跳下车来，与老仆豁阿黑屋一道，挤过拥挤的人群，向着铁木真呼喊的方向跑去！

刚跑了一段路程，孛儿帖已累得上气不接下气地喘息起来，豁阿黑屋走上来，关切地指着她的肚子，轻声地说道："你不能再跑了，会伤着肚子里的孩子的！"

孛儿帖无可奈何地摇了摇头。这时候，月亮从云层里探出头来，把银色的光洒向大地，照得周围如同白天似的。

孛儿帖放眼向远处一望，忽然惊喜地大叫："是他！是铁木真！"

孛儿帖认出了铁木真，他骑在那匹银合马上，还在东张西望地寻找自己哩！

于是，她像疯了一般，边跑边哭边喊地猛扑过去，伸手紧紧地拉住银合马的缰绳。铁木真也认出来了，认出了自己日夜思念的妻子，迅速跳下马来，伸开双臂搂住了孛儿帖颤抖的身躯，紧紧地，紧紧地搂在怀里。

离别了几个月的夫妻却在这万马千军拼杀的战场上重逢了，真是悲喜交集！

此时的孛儿帖激动得泪流不止，嘴唇哆嗦着，一句话说不出来。

孛儿帖终于见到朝夕思念的丈夫。特别是铁木真还像从前那样地爱着自己，对自己仍然那样忠诚、那样有激情。为了能重新得到她，铁木真居然动员了四万铁骑，组成了强大的联军，把蔑儿乞人打得人仰马翻，四散奔逃！

可是，在这段日子里，自己竟背叛了他，成了仇人的怀中玩物。这难言之隐使孛儿帖难堪，也难以启齿。

胸怀大度的铁木真，对孛儿帖被抢之后的一些情形，既不追究更不愿提及。在这个微妙的问题上，铁木真表现出明显的冷静，对自己的妻子未表现出丝毫的怨恨。

夫妻团圆之后，铁木真立即派人通知札木合与脱里王汗说了："我的爱妻孛儿帖已经找到，兵马太辛苦了，夜里行军也不方便，不如就在这里扎营吧！"

当铁木真与孛儿帖等人回到营帐之时，却不见了别勒古台，大家正要去找时，孛儿帖忽然想起自己回来时，别勒古台向她打听他母亲速赤的去向，当时豁阿黑屋告诉他道："你母亲住在靠近林子边上的一个帐篷里。"他便拍马前去寻找，但是这位速赤却有一颗高尚的心，她告诉周围人说道："人们都在预言，我的儿子将来一定会成为高贵的亲王，可是蔑儿乞人把我抢来以后，他们强迫我与一位歹人同居，今后我还有什么脸面去见我的儿子呢？"

说完，速赤便换上一件旧羊皮袄从东门走了出去，然后快步走入密林中去了。别勒古台来迟了一步，等他千方百计地寻找到这里，已经见不到母亲的踪影了。

这位正直孝顺的汉子心里非常痛苦，便怒火满腔地拿那些逃跑的蔑儿乞人出气。他弯弓搭箭，见人便射，一边放箭，一边向那些蔑儿乞人大声喊道："还我母亲！"

失去母亲的悲痛和仇恨，使别勒古台难以控制激动的心情，他一连杀死三百余人，方才感到疲惫不堪，不得不躺在路边休息，直到铁木真与哈撒儿等人找到他时，才如梦方醒似的回营休息。

当晚，铁木真把孛儿帖搂在怀里，说道："你回到了我身边，你不知道我心里是多么高兴啊！"

这时候，铁木真见孛儿帖的泪水如断了线的珍珠般滚落下来，不由问道："孛儿帖，我心爱的妻子，我们今日重逢，你应该高兴才对，为什么老是泪流不止？"

孛儿帖把头埋在铁木真怀里，哽咽着说："我心里觉得对不起你，我……"

铁木真立即用手捂住妻子的嘴，不让她再说下去，并且安慰她说："不要往下说了！我能理解你的苦衷，我不会计较，更不会怨你。你仍是我心爱的妻子，无论是现在，将来，永远是我心爱的妻子！"

听铁木真如此说，孛儿帖哭得更加伤心了，她竟拿起丈夫的大手，往自己的脸上"啪"地打了一巴掌，哭道："铁木真，你能打我一顿就好了，也许我的心情会好受一些。"

经过铁木真反复抚慰，孛儿帖才安定下来，双膝跪在铁木真面前道："从今以后，我孛儿帖当牛作马也要报答你对我的知遇之恩！而且生生世世，永远，永远！"

铁木真重又将她揽在怀里，深情地说道："我们既是结发的夫妻，当然要白头偕老，生生世世，永不分离。"

次日早晨，铁木真带着孛儿帖先到克烈部王汗营帐里，向他们的义父表示感谢，夫妇二人真诚地对脱里王汗道："我们永远把您当作我们的生身之父对待，我们愿意在您温暖、安适的羽翼下成长。"

王汗第一次见到孛儿帖，只顾欣赏她的花容月貌了，至于两人说了什么，他一句也没有听进去，他情不自禁地说道："铁木真我儿，你果然好福气，娶了这样一个仙女似的人儿，难怪蔑儿乞人把她抢去，你是那么难过！在我的众多的'斡儿朵'里，没有一个女人能够比得上孛儿帖的美貌！"

铁木真与孛儿帖立刻从王汗话里听出了弦外之音，当即云里雾里地又恭维这个老色狼几句话，匆匆告辞出来了。

王汗送他们出来时，又故作亲切地拉着孛儿帖的手，在她手心里摸来摸去，并趁机在孛儿帖的屁股上摸了一把，吓得孛儿帖大气也不敢出。

夫妻二人好不容易离开了王汗，又去札木合的营帐，谁知这位四万联军的统帅还没有起床，正与四个长得标致的女人调情哩。

札木合乍一见到孛儿帖，立即说道："啊，这是草原上最美的女人！"

说完之后，便仔细对孛儿帖打量起来：淡淡的又绒又细的柳叶眉，时刻含着微笑的一双俊眼，小巧的鼻子，完美的嘴唇、饱满的前额，一头乌黑如云的亮发，细腰长腿……一切都那么协调，完美，动人，令人一见便想入非非。

看着，看着，札木合恨不能一把将她搂在怀里，在她那玉砌似的小脸上吻着。

铁木真见到札木合那副失魂落魄的神情，心里不由产生了鄙视与厌恶的感觉：真是一个十足的色鬼！在一个女人面前如此表现，绝不会成大器的！

可是，铁木真还是耐着性子，说道："札木合安答，这次因为有你的慷慨帮助，我才得以报了大仇，我们夫妻才能得以团聚，这是我们夫妻二人永远不忘的恩情！"

札木合忙说道："别说客气话了！我们既是安答，就有义不容辞的责任，本来有些劳累，现在一见到草原上的这朵美人花，我的精神立刻好起来了。"

说着话，札木合指着身边的那几个掳来的蔑儿乞少女，对铁木真说道："你看，这样粗俗的女人与你的孛儿帖比起来，真是相差十万八千里！"

孛儿帖被札木合看得有些不好意思，认为这位安答比那老头子脱里王汗更好色，从他那贪婪的眼神里已明显觉出里面有一种想占有的欲望。但是，他是自己的恩人，孛儿帖只得说道："我为铁木真能有你这么仗义的安答而骄傲，你是我们夫妻的共同恩人，我们将永远在心里记住你的好处。"

未等孛儿帖说完，札木合立即色迷迷地看着孛儿帖，紧追着问道："请问美丽的孛儿帖，你这么会说言辞漂亮的得体话，可是，你打算如何报答我呢？"

孛儿帖被问得脸涨得绯红，她心知札木合的不良意图，但又不能得罪于他，

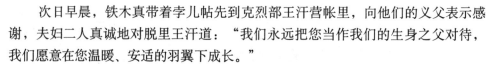

于是情急生智地对这位酒色之徒道："请札木合安答相信，在适当的时候，我和铁木真一定为你找一个让你称心满意的美人。"

札木合听后，哈哈大笑起来，说道："好一个聪明美丽的孛儿帖，真会说话！"

铁木真趁机对札木合说道："来日方长，我铁木真势单力孤，需要札木合安答帮助的时候多着呢！"

札木合听了，立即说道："我们既是安答，就应该有福同享，有难同当，你们暂时就与我一同居住吧！"

铁木真听了，当即答应道："这样也好，我们住在一起，我可以随时得到你的指教和帮助。"

但是孛儿帖在心里叫苦不迭了，她担心札木合趁住在一起的机会占有她。而铁木真却想与札木合住在一起，尽早地把父亲生前的旧部争取过来，以壮大自己的实力。至于札木合对孛儿帖的占有欲望，他何尝看不出来。不过，他相信孛儿帖的聪敏才智，她会设法摆脱札木合的纠缠的。

铁木真与孛儿帖从札木合营地回来，吃过中饭，三方联军押着俘虏，带着大量的战利品，胜利地回师到额尔德河与薛灵格河之间的塔勒浑阿剌停下来。

克烈部的脱里王汗首先告辞，领着他的两万骑兵回黑森林去了。

这次打击蔑儿乞三部联盟的胜利，铁木真更加懂得了联合起来的必要性。

他不但把许多战利品送给王汗，又与札木合互赠礼物，再次结盟，确认安答。

铁木真把从脱黑脱阿那里掳获的一条金带送给了札木合，又把缴获的一匹小驹海溜马也送给他。

札木合也把掠来的一条金带及一匹白色良种牡马送给铁木真。

其实论起血统来，他们两人也算是远房的本家，先祖孛端察儿抢来一位怀孕的女人阿当罕氏，生下了儿子叫扎只兰歹，其后裔便是札答兰部，而札木合便是札答兰部的首领。

这次，铁木真与札木合再次结盟，二人宣誓要"同生死，共患难，永远不相舍弃"。

那天，结盟后双方的部众在茂密的树荫下摆酒庆贺，跳舞狂欢，热烈庆祝一番。

之后，铁木真与札木合形影不离，甚至联床夜话，亲密得如一对孪生兄弟。

两天后，孛儿帖生下了一个儿子，铁木真抱在怀里欢喜异常，高兴地对孛儿帖说道："我有儿子喽！我铁木真有儿子喽！"

孛儿帖对他说："你给他起个名字吧！"

铁木真对孩子左看右看，想了一下，说道："这孩子是在战场上猝然降临的，是一个不速之客，就叫他'术赤'吧！"

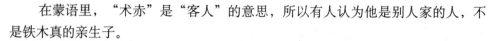

在蒙语里，"术赤"是"客人"的意思，所以有人认为他是别人家的人，不是铁木真的亲生子。

其实，孛儿帖被蔑儿乞人掳去之后，生活时间未超过九个月。在这段日子里，尽管她被首领脱黑脱阿两次强暴，以后又让她与其弟赤格勒儿同居，因时间不合，术赤还应算作是铁木真的骨血。

后来，尽管铁木真夫妇竭力庇护他，仍然有不少人对这孩子另眼相看。

有一天，诃额仑也沉不住气对铁木真道："对这孩子众说纷纭，弄得沸沸扬扬的，不如将他扔掉算了！"

铁木真听后，吃惊地瞪大眼睛，说道："别人怎么说我不管它，连母亲这么贤良大度的人也这样说，真是出乎儿子意料之外！要知道，孛儿帖在蔑儿乞人中只生活了不到九个月，这说明她是怀孕之后被掳去的！

"何况这孩子又是孛儿帖亲自生下来的，有什么值得怀疑的呢？你对那个捡来的名叫曲出的蔑儿乞孩子投注了那么大的爱心，却对自己的亲骨肉——长孙另眼相看，岂不是咄咄怪事？"

诃额仑听了铁木真这一席话，脸上不禁现出愧疚之色，说道："对不住啊，孩子！我是老了，糊涂了。"

铁木真提到的那个名叫曲出的孩子，是联军攻进蔑儿乞的兀都亦惕部以后，人们在敌人大营里发现的。

这个年方五岁的小男孩儿，头戴貂皮帽，足登鹿皮鞋，身着鞣鹿羔皮接貂皮的皮衣，目光晶亮，神情机灵。

当时，博尔术、者勒蔑等捡了这男孩之后，便把他当作最好的战利品，献给了铁木真的母亲诃额仑，她十分高兴地收养了这个小男孩。

又过了一天，赤老温带着合答安妹妹来了，铁木真兴奋地把她抱起来，连打了几个回旋，在她那泛着红晕的俏脸上连亲了几口，说道："可把我想死了！"

说完，铁木真拉她去见母亲，诃额仑说道："我早就听说了，你们一家是铁木真的救命恩人，你也是一个好姑娘，在铁木真困难时候你却对他一往情深，把少女之身献给他，真是难得啊！"

合答安听后，不卑不亢地说："我们蒙古不能再乱了，应该有个头儿，我们全家人都以为铁木真可以当这个头儿，都把希望寄托在他身上，以致冒着全家人的生命危险来保护他。"

诃额仑听后，异常高兴，认为这女孩子不仅外貌秀丽，而且聪敏睿智，有主张，立即说道："好啊！我儿铁木真好福气，又娶了一个好妻子！今天是一个好日子，今晚就替你们补办了这场迟来的婚礼吧！"

合答安听了，自然喜欢，立刻说道："谨听母亲吩咐、安排，我都乐于从命。"

一代天骄：成吉思汗

这时候孛儿帖也来了，诃额仑看着两个儿媳妇都是长得美貌艳丽，她在心中比较了一下，以为就外表看，孛儿帖妖娆风流，皮肤又白又嫩；合答安端庄娟秀，属外慧内秀型，只是皮肤略显粗糙一些。

两人的体表反映了不同的家庭出身，孛儿帖生在贵族家庭，从没有参加过劳动，一副苗条、婷婷的身姿，走动起来，蜂腰细腿如风中的弱柳，婀娜多姿，煞是美妙。合答安自小在劳动中成长，故体形健壮，精力充沛，胸脯丰满，别有一番风韵。

在诃额仑看来，孛儿帖虽是铁木真的结发夫妻，但是被蔑儿乞人抢去，她从豁阿黑屋口里得知，她已与两个男人发生了那种关系，总是耿耿于怀。

而合答安却是铁木真的患难情人，尤其是她有一颗善良纯洁的心灵，又有卓识、远见，不仅是儿子的好伴侣，也是难觅的知音。

因此，比较来比较去，诃额仑心眼里更喜欢合答安。

这工夫，孛儿帖与合答安两人依偎在一起，亲亲热热，有说有笑，俨然同胞姐妹一般。

只听孛儿帖真诚地说道："你能在他危难之中，舍命救他，又用少女之心去抚慰他，真是天下少见的女中英雄，我从心底感激你，敬佩你，你才配做他的正式妻子！我情愿以你为姊，做你的妹妹！"

合答安听后，再三推辞道："这哪能呢？你们是门当户对的结发夫妻，你又聪敏，美丽，性格温柔，心地善良，我早从赤老温那里了解到，只有你才该做他的正式妻子。"

二人争了一会儿，孛儿帖话锋一转笑道："你来得正是时候，我处在'月子'里面，不能陪他休息，你来了，可以使他不感到寂寞了！"

合答安听后，有些难为情起来，二人搂作一团笑得开心，十分和谐。

那天晚上，直到喜宴开始，札木合才知道合答安来了，铁木真要办喜事，与合答安补办婚礼。

对合答安的事他不甚了解，诃额仑对他说："这女孩子是铁木真在危难中结识的。"

老人便将合答安一家人如何救铁木真逃出仇人魔爪，那时的合答安小小年纪便很有见识等说与札木合知道，他听后不禁说道："怎么这么多的好事都让铁木真都遇上了？我怎么一件也碰不到？"

诃额仑听了，忙笑道："你是只知其一，不知其二哩！铁木真从九岁开始，就历经种种磨难，你有这经历么？"

札木合听了，点点头说道："是呀，我俩在斡难河边结识时，他正在艰难困境之中，不过，那时已能看出他是一个意志十分坚强的人！"

诃额仑不由得又对札木合说道："铁木真九岁时，父亲被毒害而死，泰赤乌人劫走了牛羊畜群、部众与奴隶，又被泰赤乌人穷追赶杀，差一点被害死，接着马匹被盗，新婚妻子又被抢走，这真是灾难迭起，而且每一次都是险些丧命。"

　　铁木真的这番苦难经历，是贵族家庭出身、在温暖的环境中成长起来的札木合所不可理解的，他对诃额仑的话不感兴趣，他心里说："铁木真既然与合答安成亲，孛儿帖那里不是没有人么？我何不趁这机会去与她成就好事，这也是千载难逢啊！"

　　札木合想到这里，便回去洗了澡，又修了头发与胡子，换上一套便服，对着镜子一照，倒也潇洒大方。

　　天黑之后，札木合如幽灵般，溜进孛儿帖的帐篷，见她正在缝着孩子的衣服。

　　孛儿帖见到札木合来了，不禁一愣，说道："札木合安答夜晚到来，有什么事吗？"

　　她一边询问，一边见到札木合穿戴齐整，头发梳理得油腻腻的，连胡子也精心修剪过，知道他来者不善，只听他答道："今晚铁木真安答在那边有新娘子陪着，你不觉得这里太冷清了么？我是想来陪你坐坐，难道不好吗？"

　　孛儿帖一听就觉得札木合有些居心不良，企图挑拨他们夫妻间的关系，但她装作听不懂的样子，不冷不热地说道："我一点也不觉得冷清，这里有我的儿子陪着我，哪能劳你大驾来陪我呢？"

　　札木合听了也不介意，立即转移话题，盯着孛儿帖的俏脸儿，讨好地说："我亲爱的孛儿帖，你生过孩子之后，更加标致了！你这手儿，简直就比那葱白还嫩，一见到你，我就魂不守舍了。"

　　札木合说着话，便一步走到孛儿帖身边，抓起她的一只手抚摸着，吻着……

　　孛儿帖立即抽回那只手，推着札木合道："你做什么呀？札木合安答身边美女如云，我已是孩子的母亲了，让人看见了多难为情呀！"

　　札木合忙说道："我身边的女人虽多，哪一个能比得上你呀？你的美貌使我吃不安，睡不宁啊！"

　　说罢，札木合双手搂住孛儿帖就要求欢，两手伸进她怀里急促地说："我亲爱的孛儿帖，你快把我急死了！"

　　孛儿帖用力挣扎着，试图推开他的双手，十分难为情地说道："札木合安答，你这样对待铁木真的妻子不觉得太失礼了么？即使你占有了我，又有什么趣味？你是真的不懂，还是故意来作践我？"

　　听了孛儿帖的这段话，札木合的欲火似乎被熄灭了一大半，但是双手仍在抚摸着孛儿帖那丰满得如嫩葫芦似的乳房，嘴里说道："铁木真安答与我同甘苦，共患难，我想要他的妻子，他也不会拒绝的，何况你是我从蔑儿乞人手中夺回来的呢。"

孛儿帖被他搂得喘不过气来，觉得今晚很难应付这头色狼，便灵机一动道："札木合安答，我已向你说了，我生了孩子才过几天，身子还没有干净，怎么答应你？"

札木合的欲焰又升腾起来了，他的手顺着孛儿帖的胸脯向下滑时，被她死死地按住，近于哀求地说道："你就可怜一下我这个产妇吧！札木合安答若是真心喜欢我，也要等我过完月子，到那时候，我们再……"

札木合一听，神经立刻紧张起来，忙问："你说的可是真话？"

孛儿帖见自己的缓兵之计已有收效，立刻推开他那双大手，说："札木合安答，你的恩情我永远记在心上，来日方长，难道没有报答你的机会么？"

听了她的话，札木合总觉得太渺茫，脑子一转，计上心来，说道："我答应你，不过，我太爱你了，想得我有些发狂！这样吧，你把衣服全脱了，让我瞧瞧你那美丽的胴体，看过以后，我就走人，好不好？这总该答应我了吧！"

孛儿帖苦笑了一下，说道："有什么好看的？人世间的女人都长着相同的东西，老的，小的，蒙古族的，蔑儿乞人的……"

突然，帐篷的门被推开了，老女仆豁阿黑屋手提一桶热水进来了，孛儿帖只得说道："札木合安答，我要给孩子洗澡，请你改日再来闲坐，可好？"

札木合狠瞪了一眼那位老仆妇，只得扫兴地站起来，慢慢地走了出去。

回到自己的营地之后，札木合大施淫威，让侍候他的那八个蔑儿乞少女脱光衣服，跳裸体舞给他看。

他一边喝酒、吃肉，一边观赏，札木合已为酒色所迷，什么统一蒙古、称汗称王之事早已丢到九霄云外去了……

铁木真与合答安住在一顶新帐篷里，他见合答安的脸颊红晕升腾，更增加几分风韵，便上前紧紧搂住，说道："记得吗？五年前的那天夜里，我们两人在你那小屋里的情景，我至今忘不了，那时，我是第一次尝到这男女之间的快活事，我感觉像是在云里雾里一般，身子也似乎飘起来了。"

合答安听他这一说，便把头埋在铁木真那宽阔的胸膛上，意味深长地说道："那时，我才十四岁，还未完全发育成熟……"

铁木真用手抚摸着她，不禁俯下头去，吻着……这些日子里，铁木真又一次沉浸在新婚的喜悦里。

有时候，他到孛儿帖那里看一会儿儿子术赤，对她说道："我要你替我多生几个儿子，将来我不仅要统一蒙古，还要征服世界！"

孛儿帖听后，意味深长地说："有你的雨露滋润，何愁没有虎崽？"

铁木真不由得放声大笑。笑声传出很远，在空旷的草原上回荡。

## 【第三回】

# 现吉兆牝牛折犄角，传捷报金人赐官爵

　　1183年的4月中旬，蒙古草原上春草萌发，万物复苏，正值各部落牧民移营的时节。

　　铁木真与札木合两位安答，在一起住了一段时间以后，就拔营徙往别处去寻找更有利于放牧的新牧场。

　　这一天，太阳温暖地照在草原上，晴空万里，了无云丝，雄鹰在蓝天上翱翔，正是进山放牧的好季节。

　　铁木真与札木合在车队前并马而行，车里装着拆下来的蒙古帐篷，坐着妇女和孩子。

　　紧跟在车队后面的是牛羊马群。

　　当时，草原牧民贫富悬殊，那些富裕牧民和贵族的马群较多，贫苦牧民则只有一些羊儿、羔儿。

　　行走间，札木合大声说道："咱们如今挨着山脚，放马的没帐房住；挨着涧下，放羊的、放羔儿的喉咙里没吃的。"

　　他这话里的意思，是说傍山而营，牧马者和马群可以在帐房附近活动，行动方便；临涧而营，牧羊者、牧羔者可以和羊群在一起，羊群喉咙里有吃有喝，饮食便利。

　　因此两类牧民不宜合在一起，含有"分开过，大家方便"之意。

　　当时，铁木真没有理解札木合这些话的含义，默不作声，未急于回答他。

　　过了一会儿，他跳下马来，等到母亲的车来到时，便将札木合的话向诃额仑说了，并问道："当时，札木合的话里意思我没听明白，就没告诉他，不知母亲怎么看法？"

　　还未等诃额仑开口，孛儿帖立即说道："听说札木合这人总是喜新厌旧，他的话里不只是在厌烦我们，还在图谋我们哩！依我看，不如趁此机会，赶快离开吧！"

其实，札木合的话并没有图谋的意思，只不过是针对不同牧民对牧场的不同要求，委婉地提出分开设营而已。

铁木真回到营帐，又找来哈撒儿、别勒古台、博尔术和者勒蔑，对刚才的分营之事请他们发表意见。

别勒古台首先说道："我以为早该分营另住了！这个札木合不是个好东西，他一有机会就去找孛儿帖纠缠，那是黄鼠狼给鸡拜年——没安好心！"

博尔术说道："自古就有'两雄不并立'的说法，札木合并不完全是一个酒色之徒，他也想当草原霸主，我们在他身边，自然存有戒心。另外，就我们自身而言，早日分开也有利于扩充势力，走独立发展之路，因为寄人篱下终究不是办法呀！"

哈撒儿、者勒蔑也赞成分营好，认为有利于自身发展，现在是好合好散，等将来反目时再分，就不好了。

铁木真听了大家的意见，心里更踏实了，便决定立即与札木合分道扬镳，各奔前程。

但是在札木合部属中，有许多也速该生前的部众，铁木真向博尔术、者勒蔑以及哈撒儿、别勒古台说道："希望暗中与这些旧部人员联系一下，争取他们一起留下来。"

安排好之后，铁木真本想与札木合告辞，但又觉得有些话不便出口，自己不善于说些隐晦、含蓄的言辞，不如不告而别更好。

天色晚了，札木合已命令他的部属就地扎营休息；铁木真却让自己的部众连夜前进，继续往前走，命令博尔术担任前导。

此刻，在札木合队伍中，暗地里传说着一句话：愿意投靠铁木真的人继续跟着走，不要在当地立营。

队伍走了一段路程，博尔术回来向铁木真报告道："据侦察，前面已是泰赤乌部人的驻地，他们正在营中休息，不如趁机袭击他们一下。"

铁木真觉得这建议可行，便立即找来哈撒尔、别勒古台兄弟与者勒蔑那可儿。大家一商量，紧急将人马集合一起，约二百余骑，博尔术又献计道："这二百余骑足够了！后面的人员可以呐喊助威，以壮声势。"

铁木真吩咐大家分头准备之后，高声对骑兵们说道："泰赤乌部不讲信义，曾经夺走了我们的牛羊牲畜，带走了我的部众，差一点把我害死，今天，是我们报仇的日子到了！希望兄弟们扬起大刀，搭上利箭，狠狠地惩治这群可恶的泰赤乌人！"

说完，铁木真手举大刀，一声呐喊，带头冲向前去，二百多名骑兵如离弦之箭，大喊着"杀啊！杀啊……"一齐冲向熟睡中的泰赤乌人的营帐。

正在睡梦中的泰赤乌人一下子惊醒过来，慌忙逃窜。

博尔术、者勒蔑、哈撒儿、别勒古台随着铁木真追杀泰赤乌人的百姓，见人就砍，无论男女老少，一阵乱砍乱杀。

泰赤乌人趁着夜色的掩护，大部分逃到札木合营地去了，丢下了众多的牛羊牲畜，财物也遗弃得满地皆是。

铁木真命令部众收集各种战利品时，发现泰赤乌人丢下一个名叫阔阔出的小男孩，长得粗眉大眼，体质健壮。

诃额仑夫人得知后，当即收而养之，成了她的第二个养子。

铁木真的队伍通宵而行，乘夜又打了一仗，收缴了泰赤乌人大量的牛羊与财物，部众们欢天喜地，一路毫无困意。

1183年的夏天，铁木真率领自己的属民百姓，从斡难河中游的札木合营地，迁回到昔日的驻地——怯绿连河上游的桑沽儿小河边，在合剌主鲁格小山下的阔阔纳语儿安营驻牧。

到了新营地之后，天已大亮，人们方才看清楚追随铁木真来的，到底是哪些人。

追随铁木真，离开札木合的不仅有成千上万的百姓和奴隶，其中还有四十几位有影响、有能力的人物。

者勒蔑的弟弟速不台，长得魁梧剽悍，性格耿直，一顿能吃一只整羊，是有名的大力士。

札木合曾把速不台收为贴身侍卫，他忠心耿耿地昼夜保卫着主人的安全。

可是，生性暴戾的札木合经常侮辱他的人格。有一次，札木合与一个女奴做爱，让速不台在他们身边跳"爬山舞"助兴。只因速不台不愿意在那种场合跳舞，竟被札木合鞭打二十下，又罚饿三天。

札木合手下有一员将领名叫忽必来，是巴鲁剌思氏的人，为人忠厚老实，作战勇敢，是一名神箭手，对札木合赤胆忠心。

可是，忽必来的妻子原是从乃蛮族掳来，颇有几分姿色，被札木合看中了，多次派速不台前去向忽必来索要。

为这事，速不台婉转向他的主人劝道："你希望狗看好家，守好门，却把狗栏损坏了，狗没有归宿，怎能再为你效劳呢？"

速不台这话的意思，希望札木合不要夺占忽必来的妻子，他不好明说，便打了一个比方，想让札木合接受自己的劝告。

札木合非但不听，反把他骂了一顿，举起鞭子吓唬他道："忽必来与他的妻子全是我的奴隶，我要怎样谁敢不听？你再多话，当心鞭子！"

次日，札木合派忽必来出远门办事，故意将他调开，然后去他帐篷里强行奸污了他的妻子，让忽必来的心灵受到极大的伤害。

由于札木合的好色、专横与暴戾，众多的追随者不得不离开他而投到铁木真的麾下。

甚至泰赤乌氏的赤勒古台、塔乞兄弟，札木合的族人豁儿赤、阔阔出思等也抛弃了札木合，来到铁木真身边。

不久，一些有名望的乞颜氏的贵族，也来投靠铁木真，真像水之归向大海似的。像有地位的撒察别乞、泰出、拙赤罕和阿勒坛，也速该的哥哥之子忽察儿别乞。也速该的弟弟答里台斡惕赤斤等，他们认定铁木真必定有出息，便毅然投奔铁木真。

在回到住地的第二天清晨，铁木真带着兄弟与那可儿，挨家挨户地慰问了那些来投靠自己的各部首领。

当铁木真看到札木合的本家——豁儿赤时，不禁又惊又喜，他说道："想不到你也来了？"

豁儿赤却回答得相当干脆："我本是孛端察儿圣祖掳来的那个妇人所生的后代，是与札木合同母而异族的人。照理讲，我本不该离开札木合，但有位神人托梦给我，使我不得不考虑自己的去向。最终我还是来到了你这里。"

铁木真知道他在卖关子，接着问道："请问那神人向你托的是什么梦啊？"

豁儿赤立即说道："我梦见一头草黄色的母牛，绕着札木合转来转去，一头触向札木合的房车，又向札木合撞去，折断一角，变成了一头斜角牛，面向札木合一边扬土，一边大吼大叫：'还我角来！还我角来！'这头斜角犍牛，驾起那辆房车，跟在你的身后，沿着大路边跑边吼。"

说到这里他又停了下，看着铁木真的反应，然后又接着说下去："这梦中的情景是什么意思呢？还不是天地相商，令你铁木真称王号汗吗？那头牛已经给你载回来了。神灵让我目睹了这件事，让我来向你通报，等待你将来做了我们蒙古的汗王，用什么来报答我这个报告好消息的人？怎么能使我感到十分快乐呢？"

这位预言者口口声声说这一明显的预兆是他亲眼所见，绝无半点虚言，但作为一个出色的萨满教徒，他却公开提出报酬。

铁木真听得神乎其神，真是喜从天降，心中万分高兴，针对豁儿赤提出的交换条件，他毫不犹豫，顺口回答道："我真的做了汗王，就封你为万户官。"

这"万户官"，也就是统治一万家牧民的高官，是率领一支万人大军的统帅。可是，豁儿赤并不以此为满足，他还向铁木真提出了进一步的要求："你只封了个万户官，又有什么快活？你还要允许我在你统治的国土上自选三十个美女，并封我做你的顾问——萨满。"

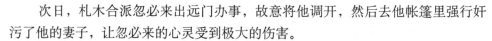

一代天骄：成吉思汗

这就意味着，在处理一切国家大事中，他豁儿赤要求铁木真对他要言听计从。

在当时，蒙古人都相信萨满教，对所谓神的启示深信不疑，豁儿赤借机会宣传了自己的政治主张，也说出了那些投靠铁木真的人的共同愿望，他们希望铁木真能成为蒙古草原上的汗王，率领他们统一天下，自己也变成一个有权有势的人。

不管怎样提出要求，铁木真觉得豁儿赤的那个美梦对自己有利，对自己建国称汗将会起到巨大的舆论作用，也就满口答应了豁儿赤的所有要求。

自脱离札木合、单独设营以来，大批部众、几十位首领纷纷前来投靠他，这使得铁木真处在极度亢奋之中。

可是，自小就有远大志向的铁木真，没有自满情绪，尤其是豁儿赤的预言，在部众与牧民中传得更加神奇，因此，大家对铁木真更加信仰，分外推崇。

铁木真已明显感觉到那"汗王"的位置已是触手可及了，但是，时机还没有成熟，还必须耐心等待。于是，铁木真开始主动展开攻势了。

他领着最亲近的两个兄弟哈撒儿与别勒古台，带着最信任的那可儿博尔术与者勒蔑，开始了走访工作。

按照蒙古传统，只有贵族才具有推选首领的资格，那些投奔铁木真、脱离札木合的贵族首领们，各人心中都有自己的"小九九"。

铁木真经过认真分析、排队，决定有四个贵族首领必须亲自登门拜访，他们是：蒙古王国最后一个汗王忽图剌之子阿勒坛（合不勒汗的诸位重孙之一），与他处于同一辈分的他的堂兄弟薛扯别乞和泰出，还有铁木真的亲叔叔答里台。

也就是说，这四个人也可以与铁木真一样，具有被推选为蒙古汗王的资格，是他的竞争对手，而且他们都拥有部众，势力可观。

一天上午，铁木真带着兄弟与那可儿，第一个先去拜望德高望重的阿勒坛。

互道寒暄之后，铁木真开门见山地提出："我们蒙古族群龙无首，混乱了数十年，希望您老人家能够力举统一大旗，站出来振臂一呼，我铁木真一定率先响应。"

未等他说完，铁木真的这位从叔立即说道："你说错了！这个统一的大旗应该由你来擎起，论勇力、才气、智谋、气度，你是最好的人选，不然，我为什么抛弃札木合，连夜跟着你到这儿来？"

铁木真听后，心中窃喜万分，但表面上却声色不动，反露出十分恭谨的态度道："谢谢您老人家高抬侄儿了！我自知年轻无知，恐难当此大任，何况在我之前还有一位叔叔答里台与几位堂兄弟，他们身边都有众多的部属。"

性情急躁的阿勒坛打断他的话，直截了当地说道："我告诉你吧，只有你铁木真才能当此大任，其他人氏，概莫能属！"

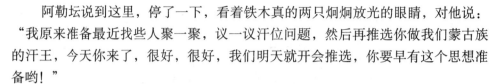

阿勒坛说到这里，停了一下，看着铁木真的两只炯炯放光的眼睛，对他说："我原来准备最近找些人聚一聚，议一议汗位问题，然后再推选你做我们蒙古族的汗王，今天你来了，很好，很好，我们明天就开会推选，你要早有这个思想准备哟！"

铁木真听后，又客气地谦让一番，也就默然应承下来，告辞前两人又说了一些札木合的不得人心的事情，便回来了。

既然开会推选了，又听阿勒坛说得那么肯定，铁木真就不再去拜访那几位亲王了。

第二天，阿勒坛果然如约地邀来了二十一个氏族首领，还有四十多个那可儿一起开会。

阿勒坛首先在会上说道："今天请各位来开会，就是要公推我们蒙古族的一位汗王，其实，正如预言者豁儿赤所说的'天命要立铁木真为汗王了'！大家都有共识，身为王室后裔的铁木真，从不傲慢自居；他身上有许多美德，向来通情达理，处事公平，具有安邦治国之才；在处理同盟友的关系时，总是表现得谦虚有礼，泱泱大度，同时又不因小节而妄自菲薄和损害自己的贵族气派。即使是在一位身着华贵皮衣的领主面前也是如此。由于以上的原因，我乐于向各位推荐铁木真做我们蒙古族的汗王！"

接着，其他的亲王也表示对铁木真的支持，都愿意拥戴他称汗。

这时候，铁木真又再三推辞，先让叔叔答里台，再让从叔阿勒台，又让兄辈忽察儿，他们都劝铁木真当仁不让。

为了表示忠诚，众人当场宣誓，那份耐人寻味的誓词说："我们共议立你为汗。打仗时，我们愿作你的先锋，掳来的美女、妖姬，我们献给你；抢来的宫帐、骏马，我们献给你。打猎时，我们愿作你的前驱，猎得的野兽，连腹带肚献给你；山上的猎物，连腿捆好献给你。如果战斗中违反了你的号令，你可以夺去我们的妻子、财产，割下我们的头颅抛弃在地；如果平时不遵从你的命令，你可以将我们和家属放逐到荒无人烟之地。"

立下誓言之后，大家便扶铁木真坐上毡毯，宣布他为"汗"，号"成吉思汗"。

所谓"成吉思"，是表示铁的性质的"强硬"之意；以其在人，则可以理解为"强大""坚强"的意思。

这一年是1184年，铁木真二十四岁。

铁木真称汗之后，立即与他最亲近的兄弟们、那可儿在一起开会，研究下一步的计划。

他首先向大家说道："那个誓词中的内容我总觉得不得要领，里面只是要我带上他们去打仗和打猎，至于治国安邦方面只字未提，这哪行？"

听了他的话，大家都"哄"地一声笑了，博尔术没有笑，他深沉地说道："我以为这正反映了他们推选你当汗王的目的，是要你带他们去进行劫掠和围猎，不然他们怎么能花天酒地地享受呢？"

新来的那可儿，者勒蔑的弟弟速不台说："我深知札木合的为人，他对你称汗必然产生嫉恨情绪，不如先让人向他通报，以堵上他的嘴，我们争取主动。"

哈撒儿说道："还应该向脱里王汗通报，克烈部比札答兰部更有势力，他又是义父，能得到他的支持，札木合就尥不起多大的蹶子了！"

博尔术又说道："争取王汗和札木合的支持，这是外交上的事情，是很重要；还要加强内政上的建树，不然汗位如何得到巩固？"

说到这里，足智多谋的博尔术看了看大家，狡黠地说道："那些亲王们只要你带他们去打仗和打猎，怎能完全听他们的？汗王的大权在你手里，不主动整顿内部，汗王既得不到巩固，蒙古也不能安定，向塔塔儿报仇的计划也不能实现，这就要对外、对内一起抓。"

经过大家的议论，铁木真心里更踏实了，原来拟订的计划更周密了，便立即付诸行动，开始把内政、外交一起抓。

次日，成吉思汗把一些主要的首领召集来开会，他向大家说道："我们刚建立起来的蒙古国，又小又弱，只有克鲁伦河一带这么大的地盘，部众也不多，我们头号敌人塔塔儿很强大，若不及早防备，必遭其害。怎么才能让我们的蒙古国立得住，站得稳，并逐步强大起来呢？"

说到这里，成吉思汗有意停了下来，看大家的反应如何，然后又接着说道："我以为，先与克烈部的脱里王汗、札答兰部的札木合搞好关系，能得到这两部的支持，与他们组成联合阵线，像前次对待蔑儿乞人那样，我们就不怕了！"

有人在下面插话道："札木合不一定支持呀！说不定他还嫉恨呢。"

成吉思汗听了，忙说道："只要有脱里王汗的支持，也就足够了！何况札木合也没有理由反对我们，只要我们以礼相待，就可以团结他。"

他见众人不再多说，又往下说道："我们不能老是靠别人来保护蒙古国，我们自己要争口气，使蒙古国强大起来。我们的各项事情都应该有专人负责，专人管理，从生产到生活，从军队到侍卫，从对内管理到对外联络，都要落实到人。这样才能提高效率，统一步调，集中指挥，增强力量。"

那些各部的首领一个个听得似懂非懂，心里说道："不管你怎么治，只要把蒙古治理强大了，我们有荣华富贵享着，随便折腾吧！"

会后，成吉思汗首先派答孩、速格该为使者，前去黑森林向王汗汇报，表明自己将继续依靠强大的"汗父"，不敢存有二心。

王汗听说之后，十分高兴地说道："你们推举我儿铁木真做了汗王，实在是太好了！你们的蒙古部哪能没有可汗呢？希望你们不要违反立汗时的协议，一定要支持铁木真。"

当时的蒙古草原上，克烈部是个势力强大的部落，乞颜部的一些贵族之所以推举铁木真为汗，其中一个重要的原因就是因为他是脱里王汗的义子。

之后，成吉思汗又派遣阿儿孩哈撒儿、察兀儿罕为使者，前往札答兰部去向札木合通报。

札木合得知铁木真称汗消息后，内心里十分恐惧和忌妒，一时又不好发作。

在铁木真称汗以前，蒙古部的大权掌握在札木合手里。自从打败蔑儿乞后，许多部众先后离开了札木合，投靠了铁木真。如今铁木真又被推举为蒙古部的汗王，这岂不是对札木合取而代之吗？

札木合既恨铁木真分道扬镳，又恨乞颜氏的贵族们不辞而别，更恨铁木真如今又称汗称雄，但对使者也不好发脾气，只得说道："请你们回去转告阿勒坛、忽察儿二人，前些时候，他们为什么像公羊一样，在我与铁木真之间挑拨离间呢？

"当铁木真住在我那儿未离开时，他们为什么不立他为汗呢？如今又推举铁木真为汗，究竟居心何在？"

说到这里，札木合又向两位使者打听了一些立汗的具体细节之后，接着说道："请你务必向阿勒坛、忽察儿转告，要他们二人实践自己的诺言，切勿朝秦暮楚，使铁木真安答能够心安位安，认真做好铁木真安答的伙伴。"

札木合把两位使者打发走了之后，仍然怒气冲冲，便一头撞进侍女住的帐篷里，借助女人来泄火气。

铁木真称汗以后，以灵活的手腕及低姿态策略，先定好了脱里王汗，又稳住札木合，避免了遭受孤立和来自外部的打击，坚持联合战线，取得了一个发展自己、整顿内部的十分有利的安定环境，可谓明智之举。

接着，成吉思汗开始整顿内部。

他深知大刀的威力、弓箭的作用，首先组建侍卫队伍，任命追随自己多年的亲信——博尔术和者勒蔑担任侍卫队的队长。

成吉思汗诚挚地说道："你们两个在我别无朋友的情况下来到我身边，安抚了我；在我除了尾巴别无鞭子的时节，帮助了我。我们是患难之交，我将铭记在心，永志不忘，因此让你们当这众人之长吧！"

为了巩固汗权，成吉思汗着手建立和健全了政权机构，设置了各种官职来管理各种事务。

比如管牧羊的，要求"把羊牧养得肥壮，繁殖得满野"；带刀的侍卫，要能"斩断逞能者的脖颈，刺穿横暴者的胸膛"；管饮食的，"早晨的膳食不迟误，晚上的饮食不缺少"；守宫帐的，"要像斗篷似的作为屏障，把宫室保护得风雨不透。"

其他还有带弓箭的，管车辆的，掌驭马的，放牧马群的，负责远哨、近哨的，管理内部人口的，对外联络交往的等。

成吉思汗要求这十多个机构的管理人员，统一在侍卫队两位队长领导统辖之下，必须各司其职，尽职尽忠，不得有忤逆之心，否则必受严厉惩戒。

成吉思汗分派担任这十多种官职的人，除了他的弟弟之外，几乎都是出身奴隶或属民，他们全是自己忠实可靠的那可儿，是自己诚心诚意的拥戴者，所以，成吉思汗对他们也绝对信任，敢于放手让他们做事。

在这些人面前，成吉思汗毫不隐瞒地说："你们脱离札木合，来这里投靠我，老天爷要是庇护你们，日后你们全是我终生的伙伴，我铁木真永远不会抛弃你们！"

成吉思汗建立的这支军队和各种职务，虽然还很原始与粗糙，但它具备了国家机构的雏形。它改变了过去历代蒙古部落由酋长分管本部事务的旧例，改由军事首领直接任命自己所信任的人——无论他是贵族、平民或者是奴隶——来担任各种旧制的职务。

这种建制从根本上克服了蒙古旧部落那种组织散漫、互不统属、易于分裂的弊病，对于那些习惯于放任自由的牧民来说，用规定的纪律制度来约束，也使他们被逐渐锻炼成适合作战的纪律严明的战士。

因此，这支军队成为成吉思汗以后参与群雄角逐的基础力量，为他进一步施展雄才大略创造了条件。

铁木真称汗以后，连续完成了对外、对内的两件大事，浑身感到轻松异常，高高兴兴地回到他的"斡儿朵"里面。

这斡儿朵本来是指蒙古仓式的帐幕，小的可以随时拆迁，也易于装载在牛车上、移动于草原的各个地方；大的就相对固定，有的可容纳数百人，其豪华程度，可能连顶柱和座席都是黄金装饰的。

称汗后的铁木真就住在这样的"斡儿朵"里，他的侍卫队伍也是围着这座帐殿生活、休息，日夜警卫着他的安全，听从他的指挥与命令。

这天晚上，成吉思汗准备好好轻松一下，便去了孛儿帖住处。孛儿帖见丈夫来了，便嫣然一笑："你与我在一起的时间长，何不在合答安那里多住几晚上？"

"近日合答安的身子有些不舒服，是她要我来这里，你却不欢迎我来，那我就……"

成吉思汗说着，就故意转身要走。孛儿帖真以为他生气要走，急忙跳下床来，从后面搂住他，亲热地说道："我哪是不欢迎你来，我想让你和合答安多亲热几天，你就……"

听到这儿，成吉思汗猛一转身，二人便拥抱一块了。孛儿帖双手勾住丈夫的脖子，轻声地问道："称汗以后的这些日子，可把你忙得够呛！"

成吉思汗顺手把她抱起来，放到床上，说道："现在一切就绪了，真是百业兴旺，一片朝气蓬勃！就连我们在这里男欢女爱之时，帐外也有人整夜地在守卫着，这光景也来得不易啊！"

孛儿帖立即说道："自古就有'创业艰难，守业不易'的说法，你现在正处在创业开始，以后遇到的困难可能比这更大呢！"

成吉思汗听后，忙说道："今晚上我不想听这些，我想放松一下……"

孛儿帖替铁木真脱衣服，然后摸着丈夫的宽背阔肩，怜惜道："因为操心劳累，你比以前瘦多啦！"

成吉思汗马上说道："没事，人瘦筋骨硬，越瘦越有劲！"

孛儿帖笑道："我才不信哩。"

成吉思汗在床上将身了一挺，再一跃，突然翻身压在孛儿帖的身上，只听她"哎哟"一声，双手伸出来，在他背上捶打着，说道："你压得我出不来气了，快，快下来！"

成吉思汗说："这下你该知道'越瘦越有劲'了吧？"

这一夜夫妻二人一直嬉戏到半夜之后，才双双睡去……

1191年的春天，一件意外的事件导致了成吉思汗与札木合的正面冲突。

在铁木真称汗以后，蒙古草原上事实上形成了脱里王汗、札木合、成吉思汗三足鼎立的形势。

成吉思汗与王汗仍然保持着义父义子的关系，而札木合的心中却对成吉思汗及其追随者十分恼火，但是碍于情面，仍然彼此相安。

不久，札木合的弟弟给察儿在放牧的时候，与成吉思汗的部下拙赤答儿马剌发生了争执，给察儿乘机劫走了拙赤答儿马剌的马群。

拙赤答儿马剌怎肯接受这种欺辱，遂飞身上马，独自一人前去追赶，他伏身在飞快奔驰的马背上，四处搜寻。直到日落西山时，拙赤答儿马剌才找到给察儿的营地附近，经过仔细观察，认出了自己的马群。

这时候，拙赤答儿马剌将身子伏在马鬃之间，弯弓拾箭，一箭射中了给察儿。他下马一看，给察儿的腰身被箭穿透而死。

拙赤答儿马剌遂驱赶马群，返回自己的牧场。

弟弟被杀激起了札木合的怒火，他立即决定以此为借口向成吉思汗兴师问罪。

为了一举消灭成吉思汗，札木合集合本部人马，并联合了部落联盟中的其他部落的人马，组成了十三路联军，号称三万，翻越阿剌兀惕土儿合兀惕山，浩浩

荡荡地前来奔袭成吉思汗的营地。

当时，成吉思汗还蒙在鼓里，不知道札木合的军事行动，幸亏他的妹婿孛秃的父亲送来了消息。

孛秃是亦乞列思氏人，原附属于泰赤乌部。此人勇猛善射，忠厚耿直，很早就很仰慕成吉思汗。有一次，偶遇成吉思汗的部下术儿彻丹，便将其邀请至家，烹羊设宴款待客人，并赠以良马。

术儿彻丹回来向成吉思汗叙述此事，求贤若渴的成吉思汗十分高兴，立即答应将自己的妹妹帖木仑嫁给孛秃作妻子。

孛秃的宗族得知术儿彻丹传去的话后，立即派人前来议亲，成吉思汗随便向来人问道："请问，孛秃家里有多少马匹？"

来人立即回答："孛秃家有马三十匹，我们愿以半数为聘礼！"

成吉思汗听后，笑道："你误会我的话了。我以为，婚姻如果论彩礼，就和做生意一样了。我正要经营大业，你们亦乞列思人何不跟随孛秃，前来投靠我呢？"

那人急忙说道："这事容我回去商讨后才做决定！"

帖木仑嫁给孛秃后不久，成吉思汗便与札木合分道扬镳，孛秃随后跟来了，但其族人都还留在泰赤乌部。

这次札木合的十三路联军里面，就有成吉思汗的世代仇敌——泰赤乌人。因此孛秃之父很快得知札木合奔袭成吉思汗的消息，便立即派人报告，使他得以及时准备。

当时，成吉思汗扎营在桑沽儿溪上游古连勒左山的山区，据说也有三万人马，用车辆和蒙古包结成三十座营盘。

成吉思汗得到孛秃的报告之后，急急忙忙组织兵马，准备迎战。

由于时间紧迫，匆忙中组成十三翼联军。这里的"翼"在蒙古语中本是"圈子"或"营"之意。

成吉思汗的十三翼，据说其中第一翼是他母亲诃额仑所率领的亲族、属民、奴婢等。第二翼是成吉思汗亲自率领的由那可儿组成的部队；第三翼到第十一翼是乞颜贵族们所属的部众；第十二、十三翼是新近投附的旁支氏族。

两军在答兰板朱思之野相遇，双方摆开阵式，札木合在阵前要成吉思汗出阵说话。

在博尔术、者勒蔑等那可儿簇拥下，成吉思汗走出阵来，在马上向札木合说道："札木合安答，我十分遗憾地得知我的部下不慎射杀了令弟绐察儿，这事应由我负责处理，本来可以用和平方式解决，为什么必须在战场上兵戎相见，使我们兄弟反目呢？"

札木合冷笑一声道："哼！你说得何等轻巧，你能还我给察儿吗？打狗还要看主人呢！你铁木真称汗了，就可以在草原上横行么？"

成吉思汗立即赔笑解释："请不要着急，我的札木合安答！这事儿我一点儿也不知道，直到听说你要带兵来袭我，才知其中原委，何况我们是同生死、共患难的安答，你的弟弟也是我的弟弟呀！你给我时间来处理这事，好吗？"

札木合根本听不进去劝告，说道："你称汗以后就不把我这个当年的安答放在眼里了，你是个忘恩负义的小人。"

成吉思汗有些不悦地反问道："对你的无故责难，我十分不理解，我称汗以后并没有做出对不起你的事来。我以为，我们应该就事论事，不要节外再生枝节吧！"

札木合气愤地说道："你是个过河拆桥的伪君子！你忘了当初我带领兵马，组织联军帮助你打败蔑儿乞人，替你夺回了妻子，又将你收留在我部里，你却趁机挑拨离间我和部属的关系，不辞而别，勾引我的部众去投靠你，这也是'同生死、共患难'的行为么？我真把你看错了，现在我恨不能把你一枪刺死！"

说罢，札木合把手中钢枪一挺，大声喊道："为给察儿报仇，杀啊！"

札木合一马当先，挺枪来刺成吉思汗，博尔术拍马迎上前去，举起手中长枪，与札木合大战起来。

这时，札木合的军师兀剌吉纳指挥骑兵突然从阵中冲出，只听他高声喊道："活捉成吉思汗！"

兀剌吉纳一声令下，札木合的一万多匹铁骑，如风卷残云般冲向成吉思汗的军队。

由于札木合的兵马是有备而来，攻势迅猛，成吉思汗仓促应战，加上初登汗位，军队又未认真训练，一见敌兵如潮水冲来，心便慌了。

成吉思汗眼看形势对自己不利，立即向身边的者勒蔑命令道："让后队作前队，前队作后队，把队伍主动撤退到斡难河哲列捏狭谷地方去！"

者勒蔑有些不情愿地说道："我们没有战败，何况……"

成吉思汗立即大声道："我们改变战术是为了避敌锋芒，主动撤退以保存实力！懂了吧？赶快行动！"

于是，者勒蔑在前面领着队伍，主动撤退到安全的大峡谷地带。

成吉思汗与博尔术等在军队的后面，边战边退。由于第十三翼的兵马动作缓慢，遭到兀剌吉纳的围歼，损失较大。

札木合领着骑兵在后面紧紧追赶，"活捉成吉思汗"的叫喊声，震得山鸣谷应。

成吉思汗向博尔术说道："你在我们兵马后面督催抓紧撤退，我去对付札木合，让他清醒一下头脑！”

说完就拍马驰回，迎着札木合大喝一声：“札木合安答！我提醒你要见好就收，不要得寸进尺，那是没有好下场的！”

札木合冷笑道：“你敢怎样？我就是要穷追你不舍！”

说完，继续指挥骑兵随后追来，丝毫不把成吉思汗的警告放在心上。

成吉思汗尾随着自己的队伍慢慢撤退，见札木合越追越近，遂将大刀放好，从怀中掏出他的弹弓来，在马上猛一转身，向札木合大喊一声：“札木合安答！你小心性命呀！”

随着他的喊声，一颗泥弹“嗖”地飞去了。

札木合吓得一惊，以为成吉思汗要放箭射他，急忙将身子一闪时，才知他手拿弹弓，正不知怎么办时，那颗泥弹已击中他战马的眉眼之间，疼得那马儿“唉唉”乱叫，两只前蹄忽然腾空，身子一抖，把札木合扔下来了。

札木合知道那泥弹的厉害。早在童年时期，他与当年的铁木真在斡难河边结识时就已领教过了，这工夫，见成吉思汗不打他，却打他的战马，心中已有数，知道成吉思汗在警告他。

札木合正想命令停止追击，谁知他的军师兀剌吉纳见到札木合战马受惊，又被甩下马来，便急忙拍马去追。

成吉思汗不慌不忙，又掏出一颗泥弹，对准后面追来的兀剌吉纳的面门，又“嗖”的一声，打击一弹。

兀剌吉纳也非等闲之辈，猛听前面弓弦一响，以为成吉思汗要放箭，忙把头向下一低，谁知那泥弹小巧，速度特快，只听“唰”的一声，他头上的帽子被打飞了！

兀剌吉纳这才知道成吉思汗是在用弹弓打他，方知那弹丸比弓箭更厉害，便立马大路中间，不敢再追了。

等到兀剌吉纳领兵回去，见到札木合的战马已经躺倒地上，眉眼间的前额上肿出一个大血泡，虽然没有死，却再也爬不起来。

札木合告诉他说：“那泥丸是胶泥捏成，晾干之后，坚硬无比，人畜一旦被击中，伤及内部，不死也得残疾。这马的前额被击，可能脑子受损，必死无疑。”

听了札木合的介绍之后，兀剌吉纳及其部下听了无不吓得变了颜色，这才知道成吉思汗果真厉害。

兀剌吉纳将帽子取下，仔细检查一遍，发现顶上被打穿了一个小洞，不由咋舌道：“我的乖乖！若不是耳朵灵敏，差一点儿要了我的命啊。”

札木合见大家失魂落魄的样子，忙说道：“尽管铁木真有些能耐，这次还不是被我打得大败而逃？别怕他！这次算他运气，以后再碰到我，非把他抓住不

第三回 现吉兆牝牛折犄角，传捷报金人赐官爵

可！"

说完，将兵马集合一处，只有少量人马丢失，却俘获成吉思汗的人马不少。

札木合兴奋异常，大声喊道："把俘虏们押来！"

他的部下把被俘的人押到札木合面前，他放眼看去，见到捏兀歹部的几个首领全被抓住了，尤其是那个察合安兀阿也在其中。

这时候，札木合不由得仰天哈哈大笑道："真是老天有眼啊！"

札木合说完之后，大步走向俘虏，伸手把察合安兀阿拽了出来，冷笑道："你为什么不辞而别地离开了我，要去投靠铁木真？"

察合安兀阿身为捏兀歹部的首领，心知必死，便如实地说道："我认为你为人心胸狭隘，目光短浅，又好色贪婪，难成大事。"

札木合听后，阴笑着，又问道："今天，你被抓住，怎么办？"

察合安兀阿立刻说道："生杀大权，操纵在你手里，任你处置！"

札木合又问道："虽然你投靠了铁木真，他却没来救你，你现在心里后悔吗？"

察合安兀阿坚决地回答："就是死了我也不后悔！别以为这次你打了胜仗，这是暂时的，不久以后你就该走下坡路了，你的下场也不会好的！"

札木合听到这儿，气得暴跳如雷："你……你太可恶！直到现在还敢说我的坏话，我岂能饶你！"说完抢步上前，一刀将察合安兀阿的头颅砍了下来，然后提着那颗鲜血淋淋的人头，把它拴在一匹骏马的尾巴上。札木合飞快地翻身上马，对准马屁股连挥三鞭，那马纵身窜去，如风驰电掣一般……直到札木合兴尽而返，察合安兀阿的人头还在那匹马尾上拴着，不过，已是血肉模糊，面目全非了。

札木合的这一残暴举动，不仅使其余的俘虏们痛恨不已，连他的那些部下也为之侧目。

接着，札木合为了显示自己的威严，更是为了报复和教训那些被俘获的捏兀歹部人，他又残忍地大声命令道："现在，我要用汤镬酷刑来惩罚这些可恶的捏兀歹人，他们背叛了我，这次又来与我打仗，我怎能饶恕他们？"

所谓汤镬这种刑罚，本是战国时期的一种酷刑。执行时，把一口大锅架在火上，加上水以后，再把人放进去，活活地煮死，这是一种极为野蛮的、残忍的刑罚。

札木合在班师回营之前，真的把那七十多名被俘的捏兀歹人，投入大锅里活活地煮死。

然后向他的部下说道："今后，谁再背叛我，跟我不一条心，我将用这汤镬刑罚来惩罚他。"

无论札木合说这些话的目的是什么，他的部属们听了都觉得毛骨悚然。

一代天骄：成吉思汗

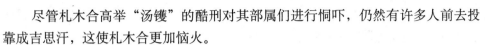

尽管札木合高举"汤镬"的酷刑对其部属们进行恫吓，仍然有许多人前去投靠成吉思汗，这使札木合更加恼火。

当时，兀鲁兀惕族的术赤台、忙忽惕族的畏答儿，在札木合军队中都是有名的将领，但是，二人看不惯札木合的残暴行为，毅然领着族人脱离了札木合，将营帐移到了成吉思汗的营地，以后二人都成为成吉思汗的大将。这两个人的率部投奔，使成吉思汗获得两支重要的力量。

甚至连泰赤乌部的一些属民，也对他们的泰赤乌贵族日益不满。他们依仗权势，恃强凌弱，抢其车马，夺其饮食，无法无天，迫使部民纷纷投向成吉思汗。

这时候，成吉思汗的父亲也速该的老部下——蒙力克也从札木合那里回到了成吉思汗的身边。

但是，这位蒙力克并不是一个值得信赖的人，他在关照诃额仑母子的过程中，曾经掺进了一些不道德的因素。

一天，蒙力克见孩子们都不在家，连速赤也到山上摘野果去了，只有诃额仑一个人在家为几个孩子缝补那些破衣服。

他走近诃额仑并单刀直入地说道："你今年才二十七岁，难道就这么孤孤单单地生活下去么？"

诃额仑近些日子已看出此人对自己不怀好意，这工夫听他这么一问，更加看清了他的庐山真面目，便装着不理解似的说道："谁说我生活孤单？这么多的孩子绕着我转，已经够热闹的了。"

蒙力克立即解释道："我说的孤单，并不是指这个，而是指……"

诃额仑立刻打断他的话，说道："我的事情多着呢！没工夫听你在这里唠叨，我要马上去河谷采些野菜来，不然，今晚就没有菜汤给孩子们喝了！"

说完，诃额仑便想夺门出去，谁知蒙力克将门挡得严严的，站在那里不动，并伸手握住她的手，用关切的口吻说："看你这双手被折磨成什么样了？"

诃额仑忙把双手抽回来，对蒙力克说道："别这样拉拉扯扯的好不好？孩子们都大了，他们的性格都有些暴躁，若是被他们撞见，是不会饶你的啊！"

蒙力克不以为意地笑道："那不至于罢！他们的父亲临终前将你们母子托付给我，难道他们会对自己的保护人采取不友善的态度？"

诃额仑听了这话，一阵恼恨袭上心头："亏你说得出口！身为保护人，却对被保护人进行无礼的骚扰，这无论对死者，还是对生者，都是一种亵渎！"

蒙力克听她这么说，只装着不理解，反而走到她面前，色迷迷地看着她那丰满的胸脯，并动手动脚地说道："有人说你的乳房长得好看，我想看看你的乳房到底是什么样子？"

诃额仑一边挣扎着反抗，一边大声说道："我告诉你，你这是犯上的行为！

因为你是也速该生前的属下，而我是他的夫人。你怎敢对一个部落首领的遗孀进行调戏、侮辱呢？"

蒙力克却不听这一套，他把诃额仑堵在一个角落里，一边扯着她的衣领，一边说道："快解开扣子让我看，不然，我会把你的衣服脱光，让你光着身子……"

诃额仑伸手从角落拿出她挖菜用的桧木剑，"唰"的一声顶着蒙力克的肋下，厉声说道："我从一数到五，如果你再不走开，我就从这里刺进去！"

"一，二，三，四……"她刚数到"四"时，蒙力克就急忙转身，走到门口回过头来，对诃额仑说道："你好好想想吧，过两天我再来。"

从那以后，诃额仑便多长了一个心眼，不再一个人独自留在家里，总是留一个人给自己做伴。

几天以后，蒙力克真的又来了，一见有人在旁边，他也不敢太放肆了，只得走开。

有一次，诃额仑在河谷里挖野菜，忽听身后传来了轻微的脚步声，她回头一看，又气又恨，一时心里乱极了，不知怎么办才好。

原来，蒙力克见诃额仑一个人在河谷地上采摘野菜，便想从后面搂住她求欢，为了方便起见，他干脆脱得光光的一丝不挂，心里想："在这荒无人烟的河谷地带，一个年轻的孀妇，一旦见到一个赤身裸体的男子，说不定立刻会被勾起性欲之念，到那时，我不是就可以如愿以偿了么？"

一看到蒙力克赤条条地向自己走来，两眼喷射着淫欲的火光，一时间，诃额仑真不知怎么办才好。但她毕竟是一个聪慧异常的女人，急中生智地把身子挺直起来，双手拿住那把锋利的桧木剑，迎上前去，高声说道："你这厚颜无耻的流氓，老天爷白给你一张人皮披着，今天，我就与你拼了！"

说着，她举起那把桧木剑，对准蒙力克的胸膛刺去！

蒙力克见诃额仑柳眉倒竖，杏眼圆睁，雪白的脸儿涨得通红，银牙咬得"咯嘣嘣"地响，双手握剑向自己刺来，吓得扭头就往放衣服的地方跑去……

诃额仑再一次脱险，当晚，她把这事跟速赤和豁阿黑屋一说，决定三人一起去找蒙力克算账。

因为蒙力克的营帐距离她们居住的地方不远，三人手持木棍闯入蒙力克的营帐内，也不搭话，一起手举木棍向他打去。

蒙力克的妻子安坦兀涅吉剌一见，心中已明白了，不但不予制止，反而助威地说道："打得好！狠打这个不要脸的臭男人！"

蒙力克被堵在营帐里面，着实被三个女人打了一顿。不久，他便收拾起营帐，带着妻子，也不来向诃额仑母子告别，便灰溜溜地去投靠札木合了。

当铁木真与札木合分手时，许多人都离开了札木合，投向铁木真，蒙力克不好意思再回到诃额仑母子身边，仍然留在札答兰部。

这次十三翼战后，部里许多人对札木合的残暴十分不满，蒙力克的七个儿子都已长大成人，竭力要求脱离札木合，蒙力克无奈，只得厚着脸皮，领着七个儿子一起回来了。

对蒙力克的为人，成吉思汗早从母亲那里听出了一些口风，不过，由于战争形势需要，对于所有投奔他帐下的人，他都一律欢迎。

在十三翼之战当中，札木合与泰赤乌等部落的贵族虽然取得了军事上的胜利，但在道义上却遭到了失败。

成吉思汗战败了，是因为他的势力还处在初兴阶段。在这个时期，他对付敌对贵族的办法不是直接的，而是迂回的，即多施仁义，关怀笼络，同当时敌对贵族利益的代表者札木合争夺部众，这确是成吉思汗比其他部落首领的高明之处。

战后不久，成吉思汗带着他的那可儿去狩猎，恰好与泰赤乌部中照烈氏的猎骑队伍相遇。

成吉思汗没有敌视他们，听说他们缺乏食物，便立刻派人给他们送去食物，并和他们在一起宿营。

第二天打猎时，成吉思汗又派人故意将野兽赶到照烈氏一边，使他们满载而归。

后来，照烈氏人对成吉思汗说："我们像没有丈夫的妻子、没有主人的畜群，泰赤乌的头目们任意欺侮我们，想消灭我们。为了你的友谊，我们来投你；为了你的恩德，我们一起用刀去歼灭你的敌人！"

于是照烈氏归附了成吉思汗。其实，这样的事不断发生，一批批弱小的部落都因札木合惨无人道，纷纷投靠成吉思汗，认为他是宽厚仁慈的汗王。在蒙古草原上，一时间成吉思汗的英名不胫而走，传遍各个部落。大家议论着这位年轻的汗王如何光明正大、如何慷慨仁慈，对王权的看法既严格又宽容；而其他部落的首领，如何奴役部众、如何反复无常与惨无人道。

人们这样议论着，比较着。到了晚上，草原上的牧民们在家里谈论道："成吉思汗将自己穿的衣服脱下来让给我们，从自己骑坐的马上跳下来，让给我们骑，他真是能为众人操心，为军队操心，能把国家好好管理起来的人！"

就这样，草原上的牧民忠心地拥护成吉思汗，在他的周围形成了一股效忠于他的力量。

经过十三翼之战，成吉思汗的力量不仅没有削弱，反而进一步壮大了。

1196年夏天，金章宗派遣右丞相完颜襄率领兵马四万人，对塔塔儿大兴问罪。

金军从临潢出发，分兵两路进剿，塔塔儿人抵挡不住，在其首领蔑兀真笑里图的带领下，残军败将携带着男女老少、牛羊牲畜，一片混乱地逃往浯勒扎河流域。

金朝军队的大将完颜安国领军在后追击。不觉中，塔塔儿人就退到了成吉思汗的大门口。

此时，金朝丞相完颜襄心生一计，仍然套用老办法——狗咬狗，让草原各部落之间互相争斗，削弱力量，达到金朝人消除异己、分而治之的目的。

想定之后，完颜襄遂派使者对成吉思汗说："你们乞颜部的世代仇敌塔塔儿人，已被我军驱赶到你的家门口——克鲁伦河与斡难河之间的浯勒扎河流域，希望你能与上国朝廷相配合，从西面截击这些叛国之徒！"

成吉思汗听了金人使者的传话之后，对完颜襄提出的合击塔塔儿人的计划，不得不认真考虑，权衡利弊。

原来，金朝建立之后，凭借着强大军事实力，迫使塔塔儿成为它的属部。

塔塔儿也以金朝作靠山，在蒙古草原各部落中逞强一时，经常帮助金朝对付蒙古各部，充当它们的鹰犬和爪牙。

但是，塔塔儿人依附金朝，不过是慑于金朝的强盛，想借机从中获得自己的利益，一旦势力强大起来，或是利益的吸引，便会时附时叛，反复无常。

金朝丞相完颜襄的这次兴兵，就是因为金军征讨蒙古北部的山只昆、合答斤等部落时，在金军大获全胜、班师凯旋途中，被塔塔儿人趁机拦劫，夺去了金兵俘获的许多牛羊牲畜等。

事后，金朝让塔塔儿人归还，其首领蔑兀真笑里图振振有词地对使者道："我们的兵马协助你们打了胜利，本应有功，有功当受禄，那些缴获的物资、马牛羊等，理该有我们的一份，为什么要归还？"可是，金朝把塔塔儿看作奴仆，见他们没有认罪的意思，即派大军前去征讨。

现在，成吉思汗面对两个敌人，该怎么办呢？他在弟弟们及几个那可儿参加的会上说："塔塔儿人是我们的世代仇敌，金朝与我们也有几代冤仇，如今两个敌人已经反目，成为战场上的对手了，我们怎么办？"

者勒蔑的弟弟速不台说道："金朝的使者来了，就接受下来，联合金军，夹攻塔塔儿人，先集中力量打垮临近身边的这个仇敌，等我们势力强大时，再去消灭离我们远的金朝。"

博尔术也说道："我们不可以用两个拳头同时去打两个仇敌，速不台的意见很好，先近后远，各个击破。"

哈撒儿建议道："塔塔儿人已被金军追得无路可逃，我们再去打他们，他们必然会垂死挣扎，为了使胜利更有把握，还应拉着脱里王汗一起参加这场战争。"

成吉思汗十分赞成大家的意见："敌人的朋友是敌人，敌人的敌人呢？我认为，应该是自己人，起码眼前应该是这样。"

于是，成吉思汗在迅速征集兵马的同时，派遣哈撒儿与别勒古台前去克烈部，向王汗说："让我们父子再次联兵，与金军遥相配合，共同夹攻塔塔儿人，为我父祖报仇！"

脱里王汗对塔塔儿人也恨之入骨，认为这是消灭他们的极好机会，立即表示同意出兵，并愉快地对哈撒儿兄弟说："我将于三天之内，亲自带兵前去会合。"

成吉思汗又派人到主儿乞部首领撒儿别乞和泰出那里要求出兵助战，并对他们说："塔塔儿人曾出卖了我们的祖先斡勤巴儿合黑，现在是上天赐给我们复仇的好时机，望速派兵前来助战！"

泰出立即说道："好了，你先回去向成吉思汗回话，我们商议后会出兵的。"

脱里王汗不负所望，迅速组成一支人马，亲自率领来与成吉思汗会合，可是主儿乞人迟迟没有消息，连续等了六天，也不见影儿。

成吉思汗与王汗商议道："我们不能坐失战机呀！"

于是两只兵马合在一起，沿着浯漓扎河顺河而下，骑兵驰骋起来如一阵狂风，很快赶到浯漓扎河的下游。

这里原是金朝军队早期修筑边墙的地方，还残存着一些当时留遗下来的堡垒和营寨，两天前塔塔儿人败退到这里，他们到森林里去砍伐一些大树，对那些堡垒营寨进行加固，让军队和百姓们住在里面，借以挡风避雨。

成吉思汗与王汗的大军来到以后，塔塔儿不敢出来应战，想凭寨坚守。

那可儿忽必来向成吉思汗建议道："蔑兀真笑里图想坚守，我们可以用火攻他，逼他出寨，然后以骑兵截杀，便可歼灭了。"

成吉思汗与王汗都认为此计可行，便派人砍些干柴败草，堆放到寨子外面，然后点火，大风一吹，火势蔓延到寨子里面，眨眼之间，烈焰冲天，烟气弥漫，塔塔儿人再也沉不住气了，只得纷纷跳出寨子，夺路逃命。

成吉思汗与王汗各自率兵拦截，直杀得塔塔儿人狼奔豕突，人马死伤无数。

塔塔儿人的首领蔑兀真笑里图被活捉，他手下的头目十余人全被俘获。

不一会儿，成吉思汗的左路军大将速不台前来报功，他交上一大包东西后，说道："我们在蔑兀真笑里图的营帐里缴获了两件宝物，请汗王察看。"

成吉思汗让人打开包裹以后，顿时金光闪耀，银光四射，帐里面像是落进来一个小太阳似的，众人不得不眯缝着眼去看那宝物。

原来那是塔塔儿人用金银制作的一辆摇车，还有一床镶着大珍珠的锦缎被褥。

王汗见后，立即说道："老早就听说塔塔儿部中有一床被褥，价值连城，今日能见到，也属不易了。"

他的语音刚落，成吉思汗的右路军大将忽必来进帐报告道："在蔑兀真笑里图妻子的车上，我们缴获了这个大首领的所有家产！"

说完，忽必来把一个很大的鹿皮袋子里面东西往外一倒，只听"哗啦啦啦"的一声响，全是大块的金银，还有无数成串的珍珠。

王汗一见，有些眼馋地道："说真的，你的那可儿个个都是好样的！"

成吉思汗知道王汗的心意，立即说道："义父别急嘛！等到战争结束，这些东西任你拿去，我铁木真绝无二话！"

"好！够意思！我们父子俩还分什么你的、我的，现在我老了，财宝再多又有什么用？"

接着，成吉思汗的中军大将博尔术来报告："报告大汗，我们在塔塔儿人的营地里，捡到了一个被父母遗弃的小男孩。"

这时候，中军副将者勒蔑的肩上顶着一个眉清目秀的小男孩，走进大帐。

大家仔细一看，这孩子脖子上戴一只金项圈，穿着一件用貂皮作里的金缎肚兜，长得聪明可爱，讨人喜欢。

按照蒙古人的习惯，凡是捡到这样的小孩子，都要视为家人，亲自抚养，受全部落人的保护，与亲生子女一样看待。成吉思汗立即让人带回去交给母亲抚养。

脱里王汗忽然问道："听说你母亲诃额仑已经收养了好几个这样的孩子，这是真的吗？"

成吉思汗马上告诉王汗："正是，家母连续扶养了几个孩子，全是在战争中捡到，这已是第三子了吧！"

王汗听了，喟然叹道："真是一位慈母啊！能够把仇人家的孩子，看作自家人一样，并给予亲生子女同等的待遇，没有一个海一样的胸怀，是难以做到的呀！确实名不虚传，是一位伟大的母亲！"

成吉思汗的两个弟弟哈撒儿、别勒古台走进大帐，报告说："俘获的男女俘虏全集合在一块了，马牛羊牲畜与各种财物也都集中起来了，请大汗与汗王前去查看！"

成吉思汗听后，对王汗说道："汗父，等处置蔑兀真笑里图以后再去吧！"

王汗笑道："也好，别让这可恶的蔑兀真笑里图活着扫我们的兴致！"

成吉思汗立即大声说道："把蔑兀真笑里图押上来！"

侍卫把塔塔儿的这位首领押来了，他却立而不跪。在侍卫强制按压下，蔑兀真笑里图方才匍匐于地。王汗首先说道："你是我们两部的仇人，临死前你还有什么话要说，快点说吧！"

蔑兀真笑里图慢慢抬起头来，哀求道："我自知必死，但是请求你们不要把塔塔儿人全部赶尽杀绝，因为塔塔儿人也是蒙古人。"

　　成吉思汗气愤地问道："你既知我们同是蒙古人，为什么还要帮助金人来屠杀蒙古人呢？"

　　"这是错在当初，只怪我们的祖先没有认识到这一点，以致传下来……"

　　"我们乞颜却受你们塔塔儿多少害呀！我父亲也速该，路过你们营地，口渴了去你们的酒宴桌上喝杯酒，你们竟趁机毒死了他！把我们蒙古人的好客传统都败坏了，还说你们是蒙古人！"

　　王汗不耐烦地看着蔑兀真笑里图说道："快打发他去吧！他在这儿我看着就生气。"

　　成吉思汗向侍卫们一挥手，便把塔塔儿人的首领蔑兀真笑里图拉出去了。

　　忽然，王汗想起了一件事，忙说："把他的人头留着，送到金朝去，还可以领到赏哩！"

　　成吉思汗听后，不禁笑道："金王能赏给我们什么呀？能把这些东西赏给我们么？"成吉思汗说着，指着那床锦被，看着汗王笑。

　　不一会儿，蔑兀真笑里图的人头被捧来了，成吉思汗立即向汗王征求意见道："现在就送去吧！天气太热了，一旦腐烂臭了，还怎么送？"

　　王汗立即点头回答道："对，考虑周到，你就派人送去吧！"

　　成吉思汗派别勒古台带领一队二十人的骑兵，即把塔塔儿首领的人头送给金王。

　　这时候，王汗站起来，对成吉思汗说道："今天，我要送你一件宝物，让你见到以后一定满意。"

　　成吉思汗急忙问道："不知汗父要送给儿子的宝物是什么？"

　　王汗看着成吉思汗，笑而不言地走着，他们很快来到俘虏营里，王汗说道："我曾听说塔塔儿部中也客扯连的女儿也速干长得俊，是个有名的美人，她一定比你的孛儿帖更好看。"

　　成吉思汗立即问道："不知抓到了没有？说不定被战马踩死了！"

　　王汗笑道："怎么？未见面就喜欢上了？告诉你，我的好儿子，也速干已被我的人抓住了，就等着你来领她去成亲哩！"

　　听王汗夸也速干的美貌，成吉思汗不由得随在王汗身后，向营里张望着。

　　王汗停住脚步，对前来报告的克烈部的大将合答里问道："我要你替我守着的那个人呢？"

　　合答里立即向俘虏群中大声喊道："也速干快来这儿！"

　　这时，一个十五六岁的少女，袅袅婷婷地从人群中走了出来，走到王汗与成吉思汗面前，深施一礼，低声地自报姓名道："报告二位大汗，小女子名叫也速干。"

王汗走到也速干身边，将她拉起来，伸手托着她的下巴，让她扬起脸来给成吉思汗看，然后对她说道："我儿你看，这也速干的脸可像一朵含苞待放的花？"

成吉思汗仔细一看，确实美貌得很。只见她肌肤又白又嫩，体形苗条匀称，面似桃花，一双俏眼，娇娇滴滴，温柔妩媚，成吉思汗竟看呆了！

王汗推了一下成吉思汗说道："满意吧？比你那字儿帖如何？"

成吉思汗没有回答王汗的问话，却看着也速干，对她问道："你今年十几岁啦？"

也速干听了，不露慌张地答道："十五岁。"

王汗听了，插话道："我老了，不然的话，我怎舍得给你呀！"

说罢，哈哈大笑起来，转脸对成吉思汗道："带去吧！这是为父送给你的礼物，今天夜里你好好地消受吧！"说完，王汗带着合答里笑哈哈地走了。

当天晚上，成吉思汗让人把沐浴之后的也速干领来，再仔细一看，更加娇艳！

这一年，成吉思汗三十五岁，这位也速干美人十五岁。

成吉思汗唯恐她小小年纪，禁受不起，哪里知道这也速干是天生尤物，一入男人怀抱，她浑身绵软如絮，任凭你成吉思汗如何推撞，她的一哭一笑，一喊一叫都透着妩媚，现出娇艳。

次日早晨，成吉思汗向她说道："你是我见到的年轻女人中间，长得最美的一个了。"

也速干听后，立刻对他说道："报告大汗！我的面貌不算漂亮，我的姐姐也遂比我的相貌要俊几倍哩！"

成吉思汗一听，大吃一惊道："啊！不是说塔塔儿部里数你美么？"

也速干听了笑道："那是传错了！我姐姐也遂才真正是塔塔儿人的美人！"

成吉思汗又问道："你姐姐现在哪里？"

也速干听后，双眼流着泪道："我姐姐也遂刚刚结婚，不知逃到哪里去了，有人说她与丈夫一起躲进林子里去了。"

成吉思汗立即说道："你别难过，等会儿我派人去林子里查找，务必将你姐姐也遂找回来！"

也速干听后，急忙跪在成吉思汗面前，表示感谢，并说道："报告大汗！若能把我姐姐也遂找回来，我将与姐姐一起共同侍奉大汗，并情愿让姐姐居正位，我退居次位。"

成吉思汗一听，十分高兴地说道："嗬！我还没有看出来，你不仅人长得俊美，而且是一个知冷知热、有情有义、通达事理的美人！真是少见啊。我这就去派人找你姐姐。"说罢，成吉思汗走了出去。

走不多远，迎面撞见王汗，脱里忙问道："怎么样？一夜春风几度？"

成吉思汗故意生气地说道："父汗！你也像个当长辈的样子嘛！"

王汗听了，又哈哈起来，自打圆场地说："我是老了，嘴上说说寻找开心呢！"

成吉思汗立即告诉他："父汗！你弄错了，也速干不是塔塔儿人的美人，她姐姐也遂才是呢！"

王汗听了不禁一愣，忙问："是传错了吗？怎么还有一个也遂？"

成吉思汗便把也速干的话说与王汗听，然后又说道："我准备派人去森林里搜一搜，一定要把这位塔塔儿的真正的美人找到！"

王汗听了，赞同地点头道："对！一定要把她找到，那才叫英雄配美人呢！"

成吉思汗无心与汗父说笑，一心想着派人的事情。

当下，他找到博尔术与者勒蔑说道："听说有一对年轻夫妇隐藏到林子深处去了，你的派人去查一下，把那些漏网之鱼都抓住，免得他们逃脱了惩罚！"

这两员大将立刻领着一队侍卫进山搜索去了，经过半天地寻找，只抓住一对母子，侍卫队员带他们来见两位队长，博尔术仔细一看，那位"母亲"一直把头低着，虽然身上穿着老妇的服装，脸上涂抹着黑灰，但两只雪白的小手像葱白一样水灵，根本不像一个老年妇人的两只手。

博尔术让那"母亲"站起来，再细心一观察，苗条的身段以及她那举手投足的行态，总也掩饰不住其庐山真面目。

他向者勒蔑交换一下眼色，对她说道："你到底是什么人？老实告诉我们，不然的话，查出来就杀头！"

听了博尔术这么一说，那位"母亲"沉不住气了，慌忙脱下那件老妇的罩衣，现出了一个少妇的装束，双膝跪下说道："小女子名叫也遂，本想化装逃命，不想被你们捉住，请求饶我们夫妇一死！"

博尔术听后，看了她一眼说道："随我们回去吧！也许你会撞上好人，交上好运，这就看你的造化了。"

带回大帐，成吉思汗让也速干出来相认，姐妹二人抱头大哭。

这也遂是也客扯连的大女儿，她长也速干一岁，今年芳龄十六，是塔塔儿部公认的美女。

她的丈夫名叫蔑儿定该道哈，是塔塔儿首领蔑兀真笑里图的侄儿，两人从小青梅竹马，结婚不到半年，夫妇感情甚好。这次逃跑，他们本想躲进林子深处，隐居起来，也遂担心被人看出自己的容颜，便化装成"母子"二人，以求躲过这场灾难，不想被自己的亲妹妹给"出卖"了。

也速干把姐姐带回帐里，洗浴之后，换上一身干净衣服，上前一看，仍然娇俏如昨。她将自己与大汗所说之话，重又学说一遍给姐姐听，并介绍成吉思汗为人宽厚仁慈，对自己如何恩爱，望姐姐不要胡思乱想等，说得也遂面红耳赤，但又不安地问道："我与你不同，我已是婚后之人，怎及得你那黄花闺女之身呢？只怕是大汗不一定能看上我！"

二人正在说话，忽听一阵龙腾虎步的声音越来越近了，也速干悄声对姐姐道："来了，大汗来了！你快藏起来，我要急他一急，看他对你态度到底如何。"

成吉思汗办完公事之后，一心想见见塔塔儿的真美女颜色，便来到也速干帐里问道："你姐姐也遂呢？"

只见也速干满脸伤感的样子，对大汗道："姐姐自谓已婚之人，乃败柳残花，不配侍奉大汗，已悬梁自尽了！"说罢，便双手捂着眼睛，呜呜地哭了起来。

成吉思汗一听，急得两脚一跺，说道："唉！怎么如此糊涂，又如此轻生？"

他说着，又走过去对也速干埋怨道："你为什么不向她说清楚呢？她虽是已婚之人，未必就是败柳残花呀！我对这些根本不会计较的，可惜啊！"

成吉思汗刚说到这里，猛听得也速干"哈哈哈"地发笑，立刻会意，故作生气地道："好呀！你一个小女子胆敢欺骗大汗！"

这时，忽听身后有沙沙的脚步声响，成吉思汗忙把身子一转，不禁眼前一亮，站着一个素装打扮的年轻女子。他上上下下一打量，只见她端庄的容貌、窈窕的身姿，娉娉袅袅；高雅的气质，不卑不亢，心里不由得赞道："美人，这确实是真正的美人！"

成吉思汗忙向也速干问道："这位就是……"

"她就是塔塔儿的真正美人，我的姐姐也遂！"说完，她跑过去，搂住也遂的双肩，催道："姐姐，快向大汗谢不杀之恩呀！"

也遂听了，慌忙走到成吉思汗面前跪下来，流着泪说道："承蒙大汗不杀，小女子也遂不胜感激之至！"

成吉思汗伸手将也遂拉起来，看着她满脸泪水的样子，真像那雨中的梨花、露下的清荷！

他不由得怜惜道："别哭了！我会善待你们姐妹二人的！"

说罢，双手一托，将也遂抱进帐里去了。

也速干一见，将舌头一伸，自言自语道："这么性急，连到晚上也等不及了？！"

她沉不住气地踮起脚尖，走到里屋门前，起先是宽衣解带的悉索声，接着便听到了姐姐轻轻的呻吟声……

后来，也遂向成吉思汗请求不要杀她的丈夫蔑儿定该道哈，饶他一条命！

大汗答应了，但向她说道："只要他规规矩矩，不来骚扰你，可以不杀他。如果他不听话，违犯了禁令，那就难说了。"

也速干劝告姐姐道："如果他得了势，未必能想着你。何况我们也是身不由己呀！"

也遂听后，只得说道："一日夫妻百日恩啊！这份感情不是一下子能够割舍得开的，希望他别找麻烦，胡思乱想地惹出乱子来！"

也速干又说道："现在你只能跟他一刀两断，千万不能藕断丝连，一旦被大汗发现，对你我都不好！"

果不出也速干所料，几天后的一个晚上，蔑儿定该道哈偷偷摸摸地来到大帐里，找到了也遂，夫妻二人抱头大哭。

正在这时，成吉思汗撞了进来，他一见这情景，立即生气地喊道："来人！"

进帐两个侍卫，问道："大汗有何事吩咐？"

成吉思汗手指着也遂与丈夫喝道："把他们两人拉出去一起砍了！"

蔑儿定该道哈急忙跪下哀求道："报告大汗，这事由我承担，也遂是无辜的，请求大汗饶了她吧！"

成吉思汗遂向蔑儿定该道哈问道："既向你讲明了，不准到这里来找她，为什么要来呢？岂不是来送死！"

这时候，也速干慌忙出来替姐姐求情，成吉思汗见也遂哭成个泪人儿，不由得软了心肠，说道："好吧，把这个自来找死的人拉去杀了吧！"

从这以后，也遂、也速干姐妹俩双双成为成吉思汗的娇妻，并且备受宠爱。

成吉思汗联合克烈部，与金朝军队前后夹攻，不仅狠狠打击了东邻的敌人，使塔塔儿人从此一蹶不振，而且在蒙古部落里面赢得了"为父祖报仇"的声誉，使蒙古各部民众对他更加敬重，把他看作草原英雄。

不久，金王接到成吉思汗与脱里送去的捷报，看到了塔塔儿首领蔑兀真笑里图的人头非常高兴，立即派遣右丞相完颜襄代表大金王朝对他封官予爵，加以赏赐。

成吉思汗被封为"札兀惕忽里"，脱里被封为王，他本来就是克烈部的可汗，如今又得到了金朝的王位，因此被人们称为"王汗"。

完颜襄丞相回金国前，对成吉思汗、脱里王汗说："你们有大功于金朝，我回去以后，再奏明金王，为成吉思汗加封更大的招讨官职……"

在当时的金王朝廷里，"招讨"一职多为正三品，或为从四品，已属中级官员了。

成吉思汗虽然未被金王朝封为大官，但是，他那个"统领"与"招讨"已说明当时的官方也正式承认了他的地位，承认他是统领蒙古诸部的首领。

由此可见，成吉思汗已经从一个部族推举的首领变成了"朝廷命官"，这大大增强了他的号召力。以后，他就可以打着金王朝的旗号，借助金朝官员的身份，去统率蒙古部众和其他贵族了。

# 【第四回】

# 负箭伤长者吞淤血，运奇谋英雄破火牛

成吉思汗在取得打击塔塔儿的胜利之后，得到了几种珍宝，受到金王的封官，又娶了也速干、也遂姐妹俩，真是名利双收。更重要的是杀了塔塔儿首领蔑兀真笑里图，为父祖报了仇，被蒙古人称为草原英雄。

在班师回营的途中，成吉思汗心情异常高兴，突然，母亲派人送来了消息："主儿乞部趁你远征塔塔儿之机，派兵来把老营洗劫一空，五十人被剥去衣服，十人被杀死。"

成吉思汗气得怒火满腔，快马加鞭，赶回位于呼伦河上游哈丰里脱湖之滨的老营。

原来，在成吉思汗征讨塔塔儿期间，主儿乞部首领撒察别乞对他的兄弟泰出说道："成吉思汗让我们出兵从征，我们没有买他的账，他回来不会善罢甘休的呀！"

泰出的头脑更加简单，立即说道："他能把我们怎么办？说不定他被塔塔儿人打败，或是被抓住杀死，岂不更好？"

泰出忽然心生一计，在撒察别乞的耳边低声说了几句，撒察别乞听后连连摇头道："不行！这样干太冒险，成吉思汗若是打胜了，能不向我们报复？一旦打起来，我们不是他的对手呀！"可是，撒察别乞经不住泰出的鼓动，二人终于领兵偷袭了老营。

成吉思汗早对主儿乞人不听从指挥、不尊重汗权的行为不满了，只是在隐忍未发而已。

有一次，成吉思汗为了欢迎那些率部来归的人，在斡难河边举行宴会，撒察别乞的后母竟公开殴打成吉思汗的厨子薛赤兀儿。

接着，另一个贵族不里孛阔又借故砍伤了别勒古台的肩膀，这事被成吉思汗亲眼看到，他实在忍不下这口气，一怒之下，把主儿乞的肇事者痛打了一顿。

事后，双方尽管都表示了和解，但是主儿乞人的内心更加怀恨与不满。

这次征讨塔塔儿人，主儿乞不但不肯派兵助战，而且趁着成吉思汗后方空虚时，袭击了他的老营。成吉思汗早已对主儿乞贵族们的蛮横行为不满了，只是没有机会来对付他们，这一下找到了名正言顺的理由。

于是，他在各路将领会议上说道："主儿乞人如此欺负我们，我们必须向他们讨回公道！"

成吉思汗派遣博尔术、者勒蔑率领忽必来、速不台等那可儿作前锋，自己与哈撒儿、别勒古台等为中军，领兵马二万，向主儿乞部杀去。

撒察别乞与泰出一听说成吉思汗带兵来打，立即整顿兵马准备迎敌，泰出向全军说道："成吉思汗的兵马刚从战场上撤回来，已是疲惫之兵，我们主儿乞人英勇善战，可以一举击溃他们，活捉成吉思汗！"

两军对阵以后，成吉思汗怒喝道："你们不听号令，还偷袭我后方老营，背叛誓言，已犯下弥天大罪，还不下马受死！"

泰出拍马出阵，冷笑道："我们让你当汗王，是要你上阵打仗当头阵，上山打猎前面跑，谁要你坐在那里发号施令？你的话算个屁！"

速不台气得大刀一挥，拍马上前，也不搭话，就朝泰出头上砍去。

撒察别乞也一马冲过来，要与成吉思汗拼杀，者勒蔑挺枪上前直刺撒察别乞的胸膛，二人立即枪刀并举，乒乒乓乓，杀到了一块。

主儿乞的这两个首领平日吃喝玩乐，酒色过度，哪是速不台、者勒蔑的对手？刚战十几个回合，便累得气喘吁吁，上气不接下气了。

速不台与者勒蔑却越战越勇，博尔术已看出了他们只有招架之功，再无还手之力了，便向成吉思汗道："大汗，我们乘势领着兵马冲杀过去吧！准能杀得他们大败而逃的。"

成吉思汗不由得说道："主儿乞人自命能征惯战，今天怎么啦？"

说罢，他向博尔术点点头，大刀一挥，向身后的兵马大声喊道："弟兄们！随着我向前冲啊！杀！"

眨眼之间，两万人马狂风暴雨般冲向主儿乞人的阵地，主儿乞的兵马不过千人左右，怎能阻挡得住？

撒察别乞、泰出一看情况不妙，掉头拍马就逃，主儿乞的那些"能征善战"的兵马，也跟着四散奔逃而去。

成吉思汗领着兵马在后面追杀，沿途尸积成堆，血流成渠，主儿乞人马死伤过半。

撒察别乞与泰出带着妻子儿女和一小部分亲信仓皇而逃，成吉思汗向博尔术命令道："务必要把他们抓住。"

博尔术领着一队轻骑兵，飞速地在后面赶去，直到帖列秃山口方才赶上，经过一阵拼杀之后，将撒察别乞、泰出活捉。

成吉思汗余怒未消，一见到撒察别乞和泰出二人更是气上加气，遂向他们问道："昔日我们在一起盟誓时，说了些什么？"

撒察别乞自知理亏，默不作声，泰出倒说出了他心里的话："那时的盟誓不是出自内心，你为什么要把它当真呢？"

这一句话引得众人哈哈大笑起来，成吉思汗不屑地看着他们问道："违背了誓言，应怎么处罚？"

泰出不敢讲话，撒察别乞自知成吉思汗不会饶了他们，只得装作爽快地答道："我们没有兑现自己的誓言，甘愿以身殉约。"

成吉思汗毫不犹豫对身边的侍卫们说道："他们背叛誓言，自食恶果，拉去砍了！"

撒察别乞倒还老实，引颈就戮；而泰出却大喊冤枉，最后又大骂成吉思汗屠杀同宗之人，咒他将不得好死。

主儿乞部的两位亲王被成吉思汗处死了，对其他各部的人们震动很大，不少人暗中说："连合不勒汗的子孙不听号令，成吉思汗照样把他们杀了，我们可得小心啊！"

从此，乞颜氏族中最有势力的长支贵族被消灭了，主儿乞"有胆有识的百姓"都变成了成吉思汗的"体己百姓"。成吉思汗以实际行动表明，自己是一个顽强不屈、不容别人摆布和要部众绝对服从的真正的大汗！

主儿乞的首领被处死了，百姓们归顺了，但是主儿乞的贵族还有人不屈服，其中最有影响、最有威力的人，就是不里孛阔。此人是合不勒汗第三子的后代，按辈分他应是成吉思汗的叔父。

不里孛阔是主儿乞部有名的"国之力士"，撒察别乞和泰出死后，他成为主儿乞人的新首领。早在斡难河畔的那场宴会上，不里孛阔就曾用刀把别勒古台砍伤了，冒犯了成吉思汗的尊严。为了彻底征服主儿乞部，成吉思汗有意安排了一场别勒古台与不里孛阔的决斗。

不里孛阔本来力大无比，他用一只手就可以按住别勒古台，用一只脚就可以把他绊倒。

那天，二人比赛时，不里孛阔见成吉思汗站在旁边，不免有些心虚胆怯，便故意对别勒古台主动退让，有意摔倒了。这时候，别勒古台骑在不里孛阔身上，抬头看了看成吉思汗，见成吉思汗咬住下唇，微微点头，便双手猛一用力，膝盖向下紧压，只听"咔嚓"一声，不里孛阔被折断脊骨含恨而死。

不里孛阔之死，进一步打击了主儿乞氏的嚣张气焰，其他贵族不敢再轻举妄动了。

当成吉思汗要班师的时候，有一位过去追随主儿乞人的名叫古温兀阿的勇士前来求见，他是送两个儿子木华黎和不合给成吉思汗做那可儿的。古温兀阿向成吉思汗说道："教他们永远做奴仆。若是离了门户，便将脚筋挑了，心肝割了。"

同时，木华黎的二叔也把自己的两个儿子统格、令失一起送给了成吉思汗，说："让他们为大汗看守金门，若是离开了，你就把他们的性命断了。"

木华黎的三叔者十客，跟了哈撒儿做那可儿，他从主儿乞营地捡来一个叫博尔忽小男孩，送给了诃额仑。于是，这位高尚的母亲就有了四个养子：从蔑儿乞营地捡来的曲出、从泰赤乌部捡来的阔阔出、从塔塔儿营地捡来的失乞忽突忽，以及这次从主儿乞部捡到的博尔忽。

成吉思汗消灭了主儿乞部之后，汗位得到了巩固。但是，他与王汗联合起来连年用兵，特别是先打击了蔑儿乞人，又战胜了塔塔儿人，早已引起草原其他部落的仇视，不断地与他们发生战争。

后来，札木合联合哈答斤部、山之昆部、朵儿边部、塔塔儿部、弘吉剌部、亦乞列思部、豁罗剌思、乃蛮（不亦鲁汗）部、蔑儿乞部、斡亦剌部、泰赤乌部、札答兰部等十二部力量，发起了对成吉思汗的战争。成吉思汗则联合脱里王汗的克烈部共同出征，在阔亦田的旷野，与十二部联军相遇，并最终击溃了十二部联军。

后来，成吉思汗顺着斡难河方向前进，对泰赤乌部进行追击，其首领阿兀出昼夜兼程，马不停蹄地逃回斡难河畔的营地。

阿兀出的父亲脱朵延吉儿帖，正是当年迫害成吉思汗母子的仇人，他看到溃败的泰赤乌部的军队已无力保卫营地的安全，便与百姓们一起逃往他处。

泰赤乌部的两个首领阿兀出、私豁敦斡儿把残余兵马集合起来，企图阻止成吉思汗的军队继续追杀本部百姓，便在兀豁儿吉山口布阵，要与成吉思汗决一死战。

博尔术提醒各路将领说道："大家要振奋精神，鼓足士气，拼死一战，夺取全面胜利！"

说罢，手举大刀带头冲向泰赤乌人的阵地。双方你争我夺，你进我退，反复鏖战，不分胜负，成吉思汗有些不耐烦了，立即举刀杀入敌阵，大声喊道："向泰赤乌人报仇雪恨的时刻到了，杀啊！"

听到成吉思汗的喊杀声，队伍士气更高，喊杀声更响，眼看泰赤乌人就支持不住了。

就在这时，泰赤乌部有一位将领，名叫只儿忽阿歹，他站在小坡上发现了杀

一代天骄：成吉思汗

入敌阵、带头冲锋的成吉思汗，便弯弓搭箭，瞄准他的喉咙射去。

那支利剑带着风声，一转眼工夫就飞到成吉思汗的面前，成吉思汗急忙把头一偏想躲过那支利箭；但发现得太晚了，这支箭射中了他脖子上的血管，顿时血流如注。

成吉思汗强忍着剧痛，继续指挥军队与泰赤乌人苦战，直至天黑下营。

成吉思汗坚持回到营中时，已筋疲力尽，昏厥床上，人事不知了。

他的护卫队副队长者勒蔑立即按照蒙古人的老办法，伏在成吉思汗身上，亲口为他一口一口地吸出伤口上的淤血。当时，其他那可儿和士兵也很着急，想替换一下者勒蔑，但他担心别人误事，一直不肯离开成吉思汗一步。者勒蔑满口沾满了血迹，有时来不及吐出就咽到肚里去了，有时吐在身边，直至守坐到深夜。在这个可怕的夜晚，只有他是成吉思汗最可信赖的人，他担心那伤口恶化感染，便用口来吸，这办法既简便，又可行。

直到半夜以后，成吉思汗才慢慢苏醒过来，有气无力地说："血已流完了吧？我太渴了！"者勒蔑见成吉思汗醒过来了，便深深吸了一口气，心里说：老天爷保佑吧！

这时候，他多想倒下来痛痛快快地睡上一觉啊！但是成吉思汗口渴难忍，营帐中又没有牛奶、马乳和清水，其他那可儿又已经睡了，怎么办呢？

者勒蔑想了一会儿，便脱下帽子、靴子和衣服，只穿一条短裤，光着上身悄悄跑到敌人的阵地。

他在泰赤乌人的营地中摸索着寻找马奶，但是找了好久也未见到。后来，者勒蔑在一辆车上发现了一大桶奶酪，便立即将它背回来了。

成吉思汗忙问道："你这样地一来一去，难道敌人没发现你？"

者勒蔑说道："泰赤乌人早已疲惫不堪，睡得熟了，他们怎能知道我呢？"

说罢，又忙着去找清水，把奶酪稀稀调匀，一口又一口地喂成吉思汗。

因为伤口疼痛，成吉思汗边喝边歇，五次才喝完一杯，在喝完五杯之后，成吉思汗说道："我现在已能看得清楚，心里也明白了。"

随后他便欠身坐了起来，这时天已大亮。成吉思汗见周围地上有许多血块，就问者勒蔑："怎么这么多的血啊！"

者勒蔑便将他如何亲口吸吮伤口上的淤血的情况告诉成吉思汗，并说："慌忙之中不敢远去，怕离了你出事，所以能吐的吐了，来不及就咽了，我肚子里有你不少的血哩！"

成吉思汗见他还未穿上衣，吃惊地问道："我的伤势好些了，你为何光着背去敌营？一旦被擒，你岂不说我受伤了？"

一片忠心的者勒蔑这才把当时的想法一五一十地说了出来。"当时，我心里想，"者勒蔑镇定地说道，"我光着身子到泰赤乌人营地，若是被他们抓住，就这样说：我本来要投降你们，结果被别人发现了，把我抓了起来，要杀我，脱光了我的上衣，还想脱我裤子时，我突然逃走了！只好这样赤身露体地来投你们。他们一定认为我的话是真的，就会给我穿上衣服，我就骑上他们的马跑回来。那时候，我看到大汗饥渴得厉害，以致冒险进入敌人阵地，又不顾众目睽睽，赤身露体，这都是因为大汗是我的眼珠子呀！"

听了者勒蔑这肺腑之言，成吉思汗十分感动，他似乎看到在这位亲信的内心深处，有一个非常闪光的东西，那就是他的耿耿丹心。

成吉思汗感动地说："听了你的话，我热泪盈眶，还有什么好说的呢？"他平静了一下激动的心情，继续说，"前次，被蔑儿乞人偷袭，我被围困在不峏罕山上，你曾救了我的性命；这次又将我伤口上的瘀血亲口吮去，使我脱离危险；我正饥渴，你又舍着性命找来奶酪和清水并亲手喂我，使我渡过难关。这三次恩情，你立下了三次大功，我终生忘不了。"

等到天色大亮时，成吉思汗才听到报告："泰赤乌的兵马早就逃跑了，他的许多部民却没有走，仍旧住在他们的营地里。"

成吉思汗听说之后，立即裹上伤口，忍着疼痛，亲自前去安抚那些百姓，欢迎他们的归附。

当他走到一个山岭下面，忽听岭上有一个娇嫩的声音高声喊道："大汗呀，大汗！我早就盼望你到来，为我们百姓主持公道呀。"

成吉思汗仔细看去，原是一个着全身绿色衣服的年轻女子，忙派侍卫前去询问，那少女请求面见大汗，成吉思汗问道："那女子现在哪里？"

侍卫回答："就在大帐外面，我去唤她来见大汗。"

当时，侍卫带那女子进帐，只见她穿一身绿色衣裙，虽然头发蓬乱，脸上附有尘垢，却掩饰不住娇俏的风姿。

成吉思汗向那女子问道："你口口声声嚷着要见我，到底为什么事？"

那绿衣女子急忙朝前匍匐两步，哭诉道："我乃弘吉剌部人，被泰赤乌部的首领脱朵延吉儿帜抢去，强迫我与他的儿子脱儿兀秃成亲，脱儿兀秃是一个傻子。我前天夜里逃了出来，躲在岭上林子里面，听说大汗的兵马来了，便跑出来向大汗呼救。"

听了那绿衣女子的诉说，尤其是她那娇嫩的声音十分悦耳动听。她说的那个脱朵延吉儿帜，正是自己的仇人，成吉思汗立即动了恻隐之心，问那女子道："你叫什么名字？几岁了？"

"我名叫瑚黑帖儿，今年十七岁。"

听到这绿衣女子的话之后，成吉思汗又说："抬起头来！"

那瑚黑帖儿慢慢把头抬起来，只见她愁眉紧锁，泪眼含春，仿佛是带雨的海棠、欺风的杨柳，成吉思汗心里不由暗想："像这样俊俏的相貌，不比也速干姐妹逊色！她也是弘吉剌部人，与孛儿帖还是老乡哩！不如将她留下来。"

想到这里，便对她说道："你的仇我一定替你报，那个脱朵延吉儿帜我也在找他，估计他们父子都不会逃掉的，你愿意做我的侍妾吗？"

瑚黑帖儿立即说道："大汗若替小女子雪了仇恨，情愿侍奉终生。"

成吉思汗高兴地说："很好！你先到帐后去梳洗一下。"

成吉思汗把杂事安排一下，嘱咐将领们休息，便转身到帐后去看那女子。这时，瑚黑帖儿已洗沐完了，一见大汗到来，便迎着成吉思汗，低着头在拈着衣角儿，一副娇羞的样子。

……

成吉思汗抚摸着瑚黑帖儿那洁白润滑的肌肤，说道："放心吧，你也是我的正式妻子，我不会亏待你的，在统一蒙古之后，我将多建几处斡儿朵，把你们全安排好。"

次日清晨，瑚黑帖儿梳洗打扮齐整后，成吉思汗便醒了。她赶忙过去想伺候他起床，却见大汗睁着两眼，盯着自己的脸庞，一声也不吭。

瑚黑帖儿被看得有些难为情，说道："昨天你看了一晚，还没有看清楚么？"

成吉思汗说道："你的花容月貌，让我百看不厌！"

瑚黑帖儿笑道："就我这相貌，已令你百看不厌，若是见了我的嫂子，那就令你千看不烦哩！"

成吉思汗忙问："你嫂子现在何处？"

瑚黑帖儿告诉大汗道："为了躲避战乱，我嫂子夫妇二人在额尔多纳河上游的月牙湖边，以渔猎为生，过着与世隔绝的生活。"

成吉思汗立即坐起说道："这月牙湖离此不远，骑上快马，不过两天的路程，我可以派人去把她找来。"

瑚黑帖儿听了，自知失言，两眼流下泪来，她看看成吉思汗说道："大汗！你把我嫂子找来，我哥哥怎么办？这不是夺人之爱吗？"

成吉思汗说道："我是大汗，可以娶妻多人，既然你嫂子长得美貌，就应该奉献给我呀！"

瑚黑帖儿只得说道："你身为大汗，还能娶不到绝色女子么？草原上的美女，就像羊群那么多，何必非要我的嫂子不可！如果你见一个美貌的女人就要娶来做妻子，那你身为大汗，在你的部下将领和百姓面前，还能有高山一样威严、流水一样的受欢迎吗？"

成吉思汗听了之后，觉得她说得有些道理，我不能为了得到美人，把草原上的百姓全得罪了，更不能让那些跟随我的那可儿们太失望。

想到这里，成吉思汗立即对瑚黑帖儿说："感谢你对我的提醒，我已决定，不再派人去找你的嫂子了。"

这位瑚黑帖儿是成吉思汗第五位妻子，这一年，成吉思汗三十八岁。

第二天，合答安的父亲锁儿罕失剌也入帐来见，成吉思汗欢迎道："你们父子全家都是我的恩人，如今您又是我的岳丈，我无时不在挂念着你们，您老人家为什么到这时才来我这里呀？"

锁儿罕失剌说道："我这颗心早就向着你呢，所以我让赤老温与合答安早来归附。如果我来早了，泰赤乌人能饶了我全家么？所以直到现在才来。"

成吉思汗又说道："您全家对我有救命之恩，我绝不是负心汉，请您老人家放心吧！"

锁儿罕失剌连忙表示感谢，成吉思汗让他到大营里去，与合答安一块居住，以享晚年之乐。

之后，泰赤乌部又来了一个年轻人，名叫只儿豁阿歹，成吉思汗一见到他便认出来是用箭射伤自己的那个人。他用锐利的目光盯着只儿豁阿歹看了一会儿，然后问道："那天，从山坡上向我飞来一箭射伤了我，你知道那箭是谁射的？"

"那天，射伤你的箭，"只儿豁阿歹回答说，"是我从山坡上发射的。不过，大汗想处死我，只要巴掌大的一块地就够了；但是，大汗能免了我的死罪，我就可以为大汗效命，将深水折断，坚石冲碎。"

成吉思汗听了大喜，激动地说道："据我所知，凡是战败投降的人，对自己伤人之事总是隐瞒不说，而你却说了实话，我欢迎这样的正直汉子，你就留下来当我的那可儿吧！"

后来，成吉思汗又把他的名字改叫"哲别"，他成为一员战功赫赫的猛将。

成吉思汗惜才的泱泱大度，使他的帐下猛将如云，人才济济。

对归顺的泰赤乌部部民百姓，成吉思汗优礼有嘉，亲自去营地安抚，对泰赤乌部的那些党族首领们却毫不客气，他下令把俘获的阿兀出、豁敦翰儿长、脱朵延吉儿帖与忽都父子全都处死，并杀尽他们的子孙等。

在临刑前，成吉思汗问脱朵延吉儿帖道："我父亲生前待你如何？"

"待我很好，只是……我忘了他的恩。"

成吉思汗又问道："眼前，你还想活下去吗？"

脱朵延吉儿帖自知要死了，便说道："像我这样背叛主子、忘恩负义之人也该死了，你杀了我吧！"

成吉思汗对泰赤乌部中的那些背叛自己的党族，毫不手软地坚决予以镇压。但是，还有一个主要头目——塔儿忽台，已经逃到森林里去了。他的属民巴阿领族的失儿吉额秃老人早就恨透了他，这次发现他逃进林子，立即找来两个儿子阿剌里、纳牙阿，父子三人把这个吃得肚大腰圆的塔儿忽台抓住了，准备献给成吉思汗。途中父子三人商议，若是把塔儿忽台献给成吉思汗，他以为我们背叛了主人怎么办？

老人失儿吉额秃说道："放走他，再去投靠成吉思汗。"

后来父子三人来到成吉思汗处，把这事说了一遍，成吉思汗高兴地说道："你们做得对，我愿意留下你们！因为你们不忘旧主，有忠于主人之心。"

成吉思汗十分注意维护当时的主奴关系，不允许奴隶和属民背叛主人。在他看来，只有忠于原来主人的人，才能忠于新的主人。实质上，他是在要求人们绝对服从自己，忠于自己。

消灭了泰赤乌部之后，成吉思汗的军队已到达了老鲁伦河的上游，哨探前来报告："脱里王汗已收兵回去了！十二部联军的总指挥札木合被追得无路可逃时，投降了可汗。"

成吉思汗听后，立即问道："父汗已收兵回营，为何不通知我们？"

哈撒儿立即说道："他既已撤兵，我们就不必追究原因了，眼前的塔塔儿人可是我们的仇敌呀！我们正好趁胜进攻，将他们一举消灭！"

成吉思汗听了，点头道："对！它是我们的世代仇敌，不消灭它，我们心中的这块病就不能去掉！可是，这次兵马已经疲劳，特别是战马瘦了，要休息一下才好！"

于是，成吉思汗命令部队就地休息，直到一月之后才又发兵攻打塔塔儿部。

军队出发前，哨探前来报告："塔塔儿的四个氏族首领连续召开了多次会议，制定对付我军的战术。"

成吉思汗对哨探说道："应该把他们的作战计划、部队人数、主要将领等探听具体一些报来，才有价值。"

等哨探走后，成吉思汗立即召开会议，研究攻打塔塔儿人的作战计划，他说："塔塔儿部是我们的世代仇敌，这次我们要彻底消灭他们，据探来消息，塔塔儿四个氏族正在积极备战，所以我们不能轻敌，为了保证战争的胜利，请大家群策群力，提出自己的建议。"

忽必来首先发言道："在不久前的阔亦田之战和对泰赤乌人的攻击当中，有的首领不服从统一指挥，一心只想着抢掠财物，这样下去，军队数量再多也不能集中力量打击敌人，以致有些狡猾的敌人丢下财物就能逃脱了。"

博尔术说道："战争的目的是消灭敌人，打垮了敌人之后，财物唾手可得，何须抢夺呢？另外，分取敌人的财物应该是论功行赏，不然的话，谁抢到手是谁的，那敌人由谁去消灭呢？"

阿勒坛听了，有些不以为然地说："我们草原上的战争历来都是从对手那里掠取财物，不然我们吃什么？穿什么？用什么？"

火察来也说道："你们护卫队的主要任务就是在战场上带头打仗，不然组织一个那么多的人参加的护卫队干什么？"

还未等他说完，哈撒儿就反驳道："护卫人的主要任务是保卫我们蒙古国大汗的安全，打仗时只有护卫队去攻击敌人，与敌人拼命，而你们去抢掠财物，有这样的好事么？"

成吉思汗见两种意见对立起来了，便说："大家都是身历战争的人，对战争的残酷性都有深刻的感受，如果没有高度集中的统一指挥，想取得战争的胜利是不可能的。因此，为了打赢这场战争，彻底消灭塔塔儿人，我以全军统帅的名义号令诸军，约法三章，务请各位努力遵守，不得违犯：

"第一条，临战时要积极勇敢地打击敌人，不能置敌人于不顾，专去掠抢敌人财物；

"第二条，战胜后也不得抢掠财物，任意占为私有；缴获敌人的所有财物，由大汗统一分配，论功行赏；

"第三条，兵马的进退，必须听从统帅的命令与指挥；不听从将令者斩，敌退之后，再令前进力战，仍须前进；有畏缩不进者斩，有临阵脱逃者斩。"

成吉思汗约法三章之后，阿勒坛等满肚子不高兴但也只得接受下来。不久，在成吉思汗统一指挥之下，两万多兵马出发了。

当时的塔塔儿人分为四个部属，虽然他们也属于蒙古种族，但同成吉思汗家族早已形成世代仇恨。为了防备成吉思汗的打击，塔塔儿四部中较为强大的察阿安族首领孛罗兀剌，把阿勒赤族首领也列兀帖儿思、都塔兀惕族首领孛罗勒支、阿鲁孩族首领哈儿合勒也帖邀集到察阿安族的驻地，共商抗敌大计。

在四位首领会上，孛罗兀剌首先说道："成吉思汗一心要消灭我们塔塔儿人，眼前已到了生死存亡关头，如果我们再不联合起来，共同抗敌，塔塔儿将面临亡种绝后的结局。我请大家来共商大计，望各位出良策，定好计，畅所欲言吧！"

阿鲁孩族首领哈儿合勒也帖是一个勇力过人的人，他接着说道："成吉思汗既然带兵来袭，我们就与他对阵拼杀，怕他什么呀！"

阿勒赤族首领也列兀帖儿思也说道："这事可不能当儿戏，成吉思汗当前兵强马壮，将领众多，虽然这次没有克烈部的脱里可汗相助，我们也不能轻敌！"

都塔兀惕族首领孛罗勒支说道："据我所知，成吉思汗的部队中除去几个部族之外，他还组建了一支护卫队，成员都是年轻力壮、骁勇顽强的那可儿，战斗力极强，护卫队由他的两个亲信统领。"

此时，哨探来报："成吉思汗领兵两万人左右，已经离开了驻地，正在向我们扑来。"

四位首领听了，不禁大惊失色，孛罗兀剌立刻说道："未料到成吉思汗的兵马组织得竟然这么快。"

孛罗勒支善使谋略，他说："我的意见，咱们不跟成吉思汗硬拼，他的护卫队员敢拼敢杀，都是以一当十的勇士，我们需计谋战胜他！"

听了他的话，其他三位睁大了眼睛，齐声说："你有什么高见奇谋，尽管说出来，我们听你的。"

他在他们耳边低语了一会儿，四人的脸上立刻露出了笑容。孛罗兀剌立刻笑道："好计！这办法定能打败成吉思汗。"

四位首领决定：每部组织八千人马，合计三万两千人，从军队数量上讲，已大大超过成吉思汗的两万人。

1202年的春天，成吉思汗的队伍与塔塔儿四部联盟的军队，相遇于哈拉哈河注入捕鱼儿湖河口附近的答阑提木儿格思。

当时，成吉思汗接受博尔术的建议，把大队人马驻扎于该地附近的一座小山上，他说："塔塔儿四部联合的军队数量大，战斗力也很强，要有充分准备才行。一旦撤退，可以凭借山坡，阻滞敌人的攻击。"

成吉思汗站在山坡上，看到塔塔儿人的四个大营。他早已从哨探口中得知，敌人人马三万两千人，担心部下有怯战心理，于是他鼓励将士们："自古以来，兵不贵多而贵精。别看塔塔儿人数量比我们多，但是，他们是四部联军，指挥不统一，各自为阵，相互观望，力量分散，怎么能与我们相比呢！"

博尔术与者勒蔑领两千骑兵到阵前挑战，让成吉思汗在山上坐守大营，他们说道："见到我们得手后，即可领人马冲下山来。"

塔塔儿察阿安族首领孛罗兀剌等一见成吉思汗把军队驻扎在山坡上，只派一支少量兵马前来挑战，犹豫起来："牤牛阵何时登场呢？"

提出牤牛阵计策的都塔兀惕部首领孛罗勒支立即向其他三位首领说："当然要立即让牤牛阵出阵，先将这支数量不多的人马冲垮，估计他们必然逃回山坡，然后我们驱赶着牛群，随后追杀上去。"

孛罗兀剌等听了，连连点头道："现在，也只有这么办了！"

于是，四部首领各回本营，随着一声令下，角号齐鸣，喊杀声起，从塔塔儿四部营中冲出四队牤牛群！

那些膘肥体壮的牤牛从营中冲出，拼命向着成吉思汗的前锋博尔术、者勒蔑的人马中冲来，每条牤牛的尾巴上都扎了一个火把，红彤彤的火焰被风一吹，燃烧得更旺！

那些牤牛害怕被后面大火烧着，只得拼命向前跑，在牤牛后面，塔塔儿人的军队手挥大刀，紧紧跟着。

博尔术与者勒蔑一见，不由大吃一惊，他们立刻意识到，塔塔儿人企图用牛群在前面开路，等到冲散队伍后，他们的骑兵就可以随后杀过来。

还是博尔术头脑灵活，他立即对者勒蔑说道："赶快把兵马撤退到山坡上去！"

二人见牛群来势凶猛，有如排山倒海一般，便急忙喊道："现在，后队做前队，前队做后队，立即撤退到山坡上，动作要快！"由于博尔术、者勒蔑只带了两千人马，加上军队的纪律严纪，训练有素，不要多大工夫，他们便退往山坡上去了。

在他们转身撤退的时候，成吉思汗早已看到了眼前发生的特殊情况，慌忙下令收军。尽管牤牛后面有火烧着，逼迫它们疯狂地向前冲，但是它们怎能比马跑得快呢？

塔塔儿人见到成吉思汗的兵马撤往山坡，便驱赶着牤牛，继续往山坡上追去。

谁知博尔术、者勒蔑的队伍退到山坡之后，见牛群随后追上山来，他们一齐下马，顺手捡起山上的石块，向那些牤牛砸去。

这时候，那些牤牛已累得两个鼻孔直往外面喷热气，尾巴上的火把连烧带拖，早已熄灭多时了。现在面对山坡上砸来的大小石块，它们再也不敢前进了。

牤牛后面的塔塔儿人尽管努力驱赶，那些牤牛也不向前挪动。

反应灵敏的博尔术一看，突然计上心来，他手挥大刀，向身后的兵马大声喊道："弟兄们！冲啊！杀啊！"

顿时，这两千骑兵，一齐呐喊着冲下山来，吓得那些牤牛掉转头去，冲向塔塔儿人的队伍。

成吉思汗在山坡上看得分明，他怎能放弃这机会呢？只见这位大汗，手执大刀，向身后的一万八千兵马吼道："兄弟们！向塔塔儿人讨还血债的时刻到了！冲啊！杀啊！"

成吉思汗领着他的兵马，像下山的猛虎，从山坡大营冲将下来，一路呐喊着，奔驰着，震得山鸣谷应！

塔塔儿四部的首领怎么也没有料到，那群牤牛会掉转头来，冲向自己的军队。于是，他们只好领着兵马掉头往回跑了！

博尔术、者勒蔑的追杀，迫使这些牤牛拼命狂奔，塔塔儿人怎能不驱赶着战马逃跑呢？

塔塔儿四部的首领带着他的兵马，被成吉思汗的军队一直追杀了四十余里。

那些牤牛被一来一回地驱赶着狂奔，大部分被累得炸了肺，死在了途中，还有少量未累死的牤牛，也成了博尔术兵马的刀下鬼了。

成吉思汗的队伍，当晚大开盛宴，全是整席牦牛肉！将士们在欢天喜地地大嚼牛肉，兴奋地说道："这些塔塔儿人真是聪明反被聪明误，赔了牦牛又折兵！"

可是，成吉思汗坐在山坡营帐里，默默地回忆着白天的情景，为自己的军队深深地捏着一把汗哩！他自言自语地说道："幸亏老天爷有眼，为我派来一个博尔术，若不是他建议我驻营于山上，只带少量兵马前去探阵，如让两万兵马一齐上阵，牦牛群冲过来，其后果将是不堪设想的！"

想到这里，成吉思汗大喊道："来人！"

侍卫走进大帐，问道："大汗有何事吩咐？"

"快喊博尔术来！"

不一会儿，一阵熟悉的脚步声由远及近地传来，成吉思汗见到博尔术走到门口，便急忙上前，伸出双手与他拥抱在一起，热情地道："这次幸亏你提出好的建议，不然的话，那牦牛阵会让我们措手不及的呀！"

博尔术笑道："吉人自有天相，这是大汗的造化！"

二人坐下说了一会儿笑话，成吉思汗把话锋一转，问道："这下一步如何走？"

博尔术不紧不慢地说道："木华黎已向我建议，塔塔儿人不会服输。明天必然会领兵袭来，可以把他们引诱到阿勒灰河与失鲁格勒只惕河交会处，那里三山耸立，中间一块狭长的谷地，然后一举歼灭之。"

成吉思汗听了之后，觉得这诱兵之计可行，立刻派遣博尔术与者勒蔑领着一万七千人马，前往三山谷地，埋伏于周围山坡上。

成吉思汗与木华黎只领着三千骑兵作为钓饵，来引诱塔塔儿人这条大鱼上钩。

塔塔儿四部首领败退之后，一向以勇猛善战著称的阿鲁孩族首领哈儿合勒也帖很不服气，他不满地对孛罗勒支埋怨道："这次就败在你那牦牛阵上，若是跟成吉思汗硬拼，也不至于败得那么惨！"

这一句话把都塔儿惕族首领孛罗勒支气得一屁股坐下来，再也不吭声了。

察阿安施军领孛罗瓦剌说道："胜败乃兵家常事。我们损失了不到一万人马，现有军队数量仍然超过成吉思汗的兵马人数，我们明天与他再战，务必歼灭他们。"

阿勒族首领也列兀帖儿思笑道："这次确实便宜了成吉思汗，等于送给他们二百头牦牛，算是替他的军队洗尘了！"

四部首领的头目孛罗瓦剌为大家打气道："明天，我们合力同心，四支兵马一齐上，让成吉思汗措手不及，争取活捉这个狼羔子！"

第二天早晨，塔塔儿四部首领分别鼓动其将士，扬言要以此一战击溃成吉思汗的军队。

两军相遇于答阑提木儿格思以东二十五里处的一块平地上，成吉思汗与木华

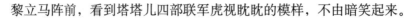

黎立马阵前，看到塔塔儿四部联军虎视眈眈的模样，不由暗笑起来。

只见四部中的阿鲁孩部首领哈儿合勒也帖拍马出阵，手举大刀，高声喝道："成吉思汗出阵，老子要与你大战三百回合！"

成吉思汗正要出阵，木华黎立刻催马上前，用手中大刀指着对方说道："像你这般无名鼠辈，哪配得上与我们的大汗交锋哩！"

说罢，大刀一挥，对准哈儿合勒也帖的头上一刀砍去，二人便杀在一处。

待战到十一二个回合，木华黎故意将身子在马上猛一晃，显出无力再战下去的架势勒住马缰绳，掉头就往回跑。哈儿合勒也帖怎肯甘休，拍马随后追来，成吉思汗遂领着兵马急急后撤。

塔塔儿四部中比较强大的察阿安族首领孛罗瓦剌立刻指挥四部兵马掩杀过来，只听塔塔儿军队中齐声喊道："活捉成吉思汗！冲啊！"

由于木华黎与成吉思汗早已商定，并向士兵们交了底，目的是诱敌深入，所以他们快马狂奔，哈儿合勒也帖虽然紧追不舍，却总是保持着一定距离。

大约追了二十余里，塔塔儿却以孛罗勒支立刻赶上来，提醒哈儿合勒也帖说道："成吉思汗以小股兵力应战，很明显是想用诱兵之计，来让我们上当，不可不防啊！"

哈儿合勒也帖停下马来，正犹豫之时，忽见成吉思汗的逃兵也停下来了，成吉思汗亲自出阵，手举大刀，对哈儿合勒也帖说道："我原以为你们又要驱赶牦牛阵来袭击我们，只得撤兵到这里决战，不过，使我感到失望的是没有牦牛肉吃了！"

哈儿合勒也帖听到这连挖带刺的话，直气得二目圆睁，哇哇乱叫。他立刻大刀一挥，喊道："你小子别太猖狂，看我取你狗命！"

说罢，举起手中刀，对准成吉思汗面门，兜头直劈下来，成吉思汗侧身躲过，挥刀砍去，两人杀到一处了。来回约战了十多个回合，成吉思汗忙收刀勒马，掉头便逃，边跑边回头喊道："待我回去休息片刻，再来与你对杀！"

说罢便扬长而去，哈儿合勒也帖气得龇牙咧嘴，怒气冲冲地大声喝道："呔！你小子想得倒美，老子非追上你将你碎尸万段不可！"

说罢，两手一提马缰绳，两腿一夹，只是那匹战马箭一般纵身向前。其后的塔塔儿三位首领也拍马挥兵，在后面呐喊着一起追杀过来。

成吉思汗与木华黎领着两千骑兵，快跑近三山谷地边缘时，又见哈儿合勒也帖停止追击，正与孛罗勒支等三部首领说话。

成吉思汗与木华黎交换一下眼色后，双双回马来到哈儿合勒也帖近前，叱道："量你胆小，不敢再追，毕竟是手下败将！"

哈儿合勒也帖听了，不禁大怒道："你跑到天上，老子也敢追去，怕你什么？"

说罢，又举刀与成吉思汗杀到一块，木华黎也催马挥马向前，与孛罗勒支战到一起。

双方斗了七、八个回合时，塔塔儿四部大头目孛罗瓦剌正要挥兵合围上来之时，木华黎向成吉思汗打了一声呼哨，二人转身往谷地逃去。

哈儿合勒也帖刚追到谷地山口，忽听孛罗勒支从后面喊道："前面是大峡谷地带，那里三面环山，成吉思汗一定有兵马埋伏在那里，别中了他的奸计了！"

哈儿合勒也帖立马看了看，不服气地说道："他有埋伏又能怎样？我们兵马众多，怕他什么？像你这样前怕狼后怕虎的，怎么能活捉成吉思汗呢？你若不敢追他，我单独一部人马也要去追！"

哈儿合勒也帖说罢，领着他那阿鲁孩族的一部队伍，驰马追进山口。

这时候，孛罗瓦剌与也列瓦帖儿恩也领兵赶到，三人都觉得追到这里，如箭在弦上不可不发了。

孛罗兀剌举目看一下前面的谷地，说道："我们的兵马不少，就算成吉思汗有埋伏，不过是兵对兵、将对将地拼杀罢了，又有什么了不起？走！"

于是，三人领着人马，尾随哈儿合勒也帖的军队追进了那三山谷地。

这时候，哈儿合勒也帖不见成吉思汗军队的影子，遂狐疑地东张西望，周围是三面峙立的高山，只有一面狭长的山口，像野兽的大嘴一样，随时准备吞噬千军万马！

看一眼脚下的谷地，到处是激流冲击后留下的卵石，上面寸草不生，被四部的近三万人马占满了。此时，孛罗勒支走近他，轻声说道："成吉思汗的军队就埋伏在山坡上的林子里，他们在暗处，我们在明处，打起来对我们十分不利，还是快撤出去为妙！"

哈儿合勒也帖还未来得及回话，忽见成吉思汗站在山坡一块大石头上，哈哈大笑道："你们中了我的埋伏，等着吧，一个也别想逃掉！"

说罢，成吉思汗向周围大声喊道："该死的塔塔儿人已中了我们的埋伏，向他们讨债的时刻到了！"只听周围山坡上，呐喊声骤然响起，在齐腰深的草丛中，飞箭如雨般向塔塔儿人射来。

孛罗兀剌立刻大声命令道："赶快撤退，越快越好！"

于是，四支兵马蜂拥着向山口退去，谁知那狭长的口子早被成吉思汗的部下用大大小小的树干堵塞住了！

孛罗兀剌又高声命令道："搬！把树枝、树干全搬掉！"

未等孛罗瓦剌的士兵走到树枝前面，周围山坡上"哗啦啦"一阵爆响，成千上万的战马一齐冲向混乱的塔塔儿人，杀得塔塔儿人仰马翻。

这时候，山坡上又冲下来又一批人马，他们手举大刀，挺着长枪，杀入塔塔儿慌乱的队伍里面。

丢魂落魄的塔塔儿人进退无路，只得拼命还击，两军残酷的厮杀开始了！

成吉思汗一批又一批的兵马从山坡林子里冲出来，很快占了上风，杀得塔塔儿人只有招架之功，没有还手之力。

双方从上午一直杀到下午，塔塔儿近三万兵马无一人生还，全部被歼！

成吉思汗命令将士们查点人数，他损失了五六千人，这个数字也不算小！

塔塔儿四部首领的人头被割了下来，成吉思汗在一块高坡上双膝跪下来，对着苍天说道："报告列祖列宗：在你们的保佑之下，我已为你们报了世代之仇！我们的世代仇敌——塔塔儿人的四部联军已被我们完全、彻底地消灭干净！全赖神灵的帮助，才能取得的这一空前胜利！"

说罢，成吉思汗命令部下清扫战场，共得塔塔儿战马两千多匹，各种兵器不计其数。

对那些缺头少胳臂的尸体，成吉思汗让士兵的堆上朽枝枯木一火焚之，浓烟滚滚，直冲云天。

彻底消灭塔塔儿四部之后，成吉思汗面临着一个十分棘手的问题。尽管他在战前已经在"约法三章"中明确规定：战斗结束以后，才能论功行赏，共分缴获的财物。可是，他的叔叔答里台、堂兄忽察儿，还有阿勒坛亲王却不听军令，居然顶风抗令，在战场上私掠财物，影响极坏。显然，他们是自恃出身高贵，自以为可以不受"约法三章"的约束，觉得成吉思汗不会也不敢对他们怎么办。

成吉思汗反复考虑，觉得对如果有意违令的这些"近亲们"不予惩处，其他的人就会效尤，其危害太大了！

同时，这次他们能有意违犯他宣布的"约法三章"，以后他们就可以公开地背叛自己，不拿自己当一回事！想到这里，成吉思汗觉得，自古都是令行禁止，现在他们甘冒风险，向自己挑战，怎能再退缩？

于是，他当机立断，派遣哲别和忽必来前去，没收了他们三人私掠来的财物。

将士们见到那些私掠的财物被没收了，等于恢复了"约法三章"的尊严，大家欢呼起来，这使成吉思汗感到自己的行动受到广大将士的支持，心中立刻产生无比的喜悦和巨大的力量。

但是，阿勒坛、忽察儿、答里台三人却咽不下这口气，他们觉得自己的尊严受到了伤害，便乘机反叛而去，投靠了克烈部的脱里王汗。

塔塔儿部被征服之后，成吉思汗立即召开乞颜氏贵族的秘密会议，讨论对付塔塔儿众多百姓的方针。

经过议论，大家的看法很一致，决定："塔塔儿人乃杀害我父祖之仇人，今当为父祖报仇雪恨，杀之以报父祖之仇。凡身有车高之男子，尽杀之；其余妻子、儿女皆为奴仆。"

可是，散会以后，也速干、也遂的父亲也客扯连拦住别勒古台问道："会议上谈些什么？"

别勒古台已认出他是也氏二姊妹的父亲，只得隐而不露地对他说道："会上的事情与你们一家无关了，问它干什么！"

也客扯连仍然缠住不放地打听，别勒古台被迫无奈地把会上的决定告诉了他。也客扯连到底是塔塔儿人，居然跑去告诉了塔塔儿四部的百姓们了。

当时，那些百姓都在兴安岭的山沟里，他们钻入齐胸深的草中隐蔽起来。在遍地荒草中间，还长着一些小树，半山坡上还有大树，百姓们砍倒一些树，加上一些车辆做成了一些防御工事。

当天夜里，成吉思汗的军队对塔塔儿的百姓们开始了大屠杀。

那些塔塔儿人在袖子里藏着刀，见到成吉思汗的军队来了，就出其不意地抽刀便刺，使大屠杀行动遭到很大的阻力，并受到巨大的损失。

事后，经过多方查询，才知是别勒古台泄密了，成吉思汗十分愤怒，当即决定："从此以后，禁止别勒古台参加重要军情会议。"

成吉思汗从惨痛的实践中吸取教训，深感保守机密对军事、政治斗争的重要性，即使别勒古台是自己的亲兄弟也应给予严厉的处分，这对广大将士来说也是一个有力的警告。

塔塔儿人有的被消灭了，活着的全都成了成吉思汗及其部下的奴仆。为了庆祝这一巨大胜利，成吉思汗高兴地大开露天盛宴。

席上，堆积着大块的牛肉、马肉、整只羊儿，一坛坛马奶子酒排列在那里，成吉思汗及其众多的将领们，边吃喝边谈笑着。

蓦然间声乐并响，音韵迭谐，循声细瞧，有一群塔塔儿的少女，各执管笛琵琶等乐器，或吹或弹，或敲或击，铿铿锵锵，奏成一曲美妙动听的曲子。

随后，十分俏丽的塔塔儿美人，在场子中间袅袅婷婷地边歌边舞起来。

成吉思汗看了一会儿，不觉技痒起来，便起身离座加入舞女行列，摇摇摆摆地也跳起了他熟悉的蒙古舞。

接着，哈撒儿、博尔术等那可儿们也进入舞场，和着那动听的曲子，喝起来，跳起来了……

在这一片歌舞升平的背后，却发生了一件意想不到的事情。

原来，就在大家欢庆胜利之际，竟然有一个逃脱了大屠杀的塔塔儿部落将领哈儿吉勒失剌，因为饥饿而混进了成吉思汗的营区。他不认道路，竟然一路摸到了诃额仑夫人的帐篷前。其时，恰巧诃额仑正在沐浴，好在诃额仑夫人用计将他

稳在帐中，叫来者勒蔑和哲台才将哈儿吉勒失剌杀死了。

诃额仑对者勒蔑说道："请你将这小人的那两只眼睛挖下来！"

诃额仑出于一时气愤，把哈儿吉勒失剌的两只眼睛留下来，回到帐篷里去。在死去的丈夫也速该神位前，她把那两颗眼睛摆上，跪在地上，流着热泪说道："自你遭害以后，我几次被男人调戏，一次比一次严重。不过，每次我都躲过去，这是你的保佑与造化所致，我深感庆幸！为了惩治这塔塔儿的好色之徒，我把他的两只眼睛挖下来，放在你的灵前，让你也能了解我的痛苦，分享我的胜利与欢乐！"

接着，诃额仑又转悲为喜说道："值得欣喜的是，你的儿子已经今非昔比，害死你的仇敌——塔塔儿部已被彻底消灭了，儿子为你报了大仇，雪了大恨，你可以长眠地下了。如今的蒙古草原上，只剩下你儿子的乞颜部蒙古国、克烈部的脱里王汗和西部的乃蛮国。你的儿子成吉思汗占据了东方各部的牧场、水草丰美的呼伦贝尔草原，部众和牛羊马群都大大增加了，人力和物力都非昔日可比，真是一天天地向统一蒙古的方向迈进！愿你永远保佑你的儿子成吉思汗，早日成为整个蒙古草原上的一位名副其实的汗王！"

诃额仑祷祝完毕，仿佛卸下一副重担……

一代天骄：成吉思汗

# 【第五回】

# 忽都施法反害联军，桑昆用计终丧己命

这几年，成吉思汗与脱里王汗之间也产生了矛盾。

早在1199年秋高马肥的时候，成吉思汗派使者前往克烈部，约请脱里王汗一起派兵征讨乃蛮部。

起初，王汗有些犹豫，后来总算领兵前来，与成吉思汗一起，向居住在额鲁特地方的不亦鲁汗营地奔去。

不亦鲁汗自料不是成吉思汗与王汗联军的对手，主动撤退到黑辛八石湖。

王汗的兵马夺去不亦鲁汗众多的牲畜和部众，成吉思汗擒住他部中的头目也的脱孛鲁，不亦鲁汗难以抵挡，只好逃往更远的叶尼赛河上游去了。

但是，乃蛮部地广人多，仍有强大的反抗力量。在成吉思汗与王汗的联军踏上归程时，突然出现一队兵马——由乃蛮勇将曲薛吾撒八剌统领的一支重兵，挡住他们的归路，准备与联军决一雌雄。

但此时天色已晚了。两军只好宿营，按兵静守，待明日再战。次日天明，成吉思汗的队伍吃过早饭，准备与王汗的军队一起向薛吾撒八剌发起攻击，却不见王汗军内有行动。成吉思汗于是派人前去探看，探马回来报告道："王汗营地只留下许多堆篝火，帐内空无一人，军队早已撤走了！"

成吉思汗听了，十分生气地说："王汗怎能这样做？这是落井下石啊。"

随后，成吉思汗立即下令："如今我们孤军深入，不如暂时退兵，等到弄清情况后，再战也不迟。"

于是，成吉思汗便领着队伍从杭爱山的另一侧，渡过欲垤儿河，顺利回到了撒阿里平原。

王汗为什么会临阵撤兵呢？原来是札木合的谗言起了作用。

那位昔日成吉思汗的安答，今天却最敌视成吉思汗的札木合，见成吉思汗的势力一天天强大起来，又是嫉妒，又是愤恨，日思夜想纠合邻部能一举消灭他。

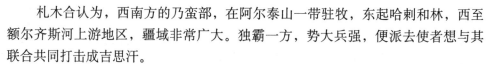

札木合认为，西南方的乃蛮部，在阿尔泰山一带驻牧，东起哈剌和林，西至额尔齐斯河上游地区，疆域非常广大。独霸一方，势大兵强，便派去使者想与其联合共同打击成吉思汗。

自从乃蛮国王亦难赤必勒格去世以后，他的两个儿子交恶，长子塔以布哈占领平原地区，被百姓尊为太阳汗；次子不亦鲁里占领山区，两人分部而治。

札木合的使者见到太阳汗后，送上礼物，提出联合结盟攻打成吉思汗，太阳汗迟疑不定；后来，使者又去了不亦鲁汗处，不亦鲁汗愿出兵相助，便与札木合结盟共同发兵。

可是成吉思汗早已收到消息，联合王汗的军队，由间道突袭不亦鲁汗，其被打得溃败不堪。

为了对付成吉思汗与王汗的联军，草原上的哈答斤部、山之昆部、朵儿边部、塔塔儿部、札答兰部等十二部的首领会于阔亦田，歃血为誓，共同推举札木合为联军的总指挥，然后，分头行动，准备合力偷袭成吉思汗。

可是，他们未能保守住秘密。当大家分头准备的时候，豁罗剌思部的一个名叫豁里歹的人立即去向成吉思汗告密。成吉思汗得到消息之后，连忙集合兵马，再次向王汗求救，希望"汗父速速出师"。

不久，脱里王汗率兵来到克鲁伦河，成吉思汗早已勒马以待。二人见面后，共议军情，王汗道："这次敌兵妄图偷袭我们，依我看，必须多派哨探为好。"

成吉思汗立即道："父汗放心，我已派阿勒坛、忽察儿、答里台三人做头哨了。"

王汗听了说道："我也应该派人前去方好。"

说罢，王汗遂派儿子桑昆为前锋，带领一队人马，分头打探消息，自己则与成吉思汗并马缓缓前进。

走着走着，王汗突然说道："看样子，这次联军来势汹汹，兵马众多，战将如云，不可轻敌呀！"

成吉思汗听出王汗的话音，忙笑道："父汗不必紧张，来敌多至十二部，却部部独立。本是乌合之众，各怀心事，定将是一盘散沙！"

话音刚落，阿勒坛来报："敌兵前锋离阔亦田不过八十里路了。"

成吉思汗征求王汗意见道："阔亦田离此不远，我们是否前去迎战？"

王汗没有回答，反问阿勒坛道："桑昆在哪儿？为何不来报告？"

阿勒坛答道："听说他已领兵前去迎战了！"

成吉思汗着急道："桑昆轻敌冒进，恐遭毒手，我们应该赶快去支援他！"

王汗却不急："料也无妨，我弟札合敢不与大将必勒格别乞也去了。"

成吉思汗道："有备无患，我们还是抓紧前进吧！"

于是，两支兵马疾驰，向阔亦田的旷野进发。

阔亦田位于阔连湖与捕鱼儿湖之间，老鲁伦河注入阔连湖的河口以南方向。

此时，札木合的联军沿着额儿古纳河而上，也抵达了这个地区。

两军距离不过数百步，成吉思汗质问札木合："我没有对不起你之处，你为何纠集十二部的人马来偷袭我？"

札木合冷笑一声，说道："你与脱里狼狈为奸，在草原上征伐不断，猖狂至极！你们的好战行为已激起众怒，大家推选我做联军总指挥，你还不立即下马伏罪？"

成吉思汗道："我们的兵锋总是指向仇敌，而不是像你那样的反复无常，诡计多端，挑拨离间，把枪头子对着自己人！"

札木合还想再辩几句，可此时已是日落西山，他只得说道："今日天色已暗，明日再刀枪相见。"

成吉思汗看了王汗一眼，答应明日再战，两军各自退去，围营休息。

一夜无事。第二天早晨，两军对阵，联军中的前锋泰赤乌部阿兀出要求出阵，被札木合用手一挡，说："你别急！蔑儿乞首领脱黑脱阿的儿子忽都能呼风唤雨，叫他施展法术，先迷住对方的兵马，然后我们再掩杀过去，一举消灭他们！"

札木合身旁的不亦鲁里也说道："这是一种巫术，我在乃蛮部曾经施展过一次，效果很灵验的。"

札木合听后，大喜道："那太好了！请你们两人快行快行！"

只见忽都与不亦鲁里让人端来一盆净水，从怀中取出数十个石子投进水中，然后两人口中念动咒语。

说来倒也奇怪，眨眼之间便狂风大作，天昏地暗，大雨倾盆。

札木合拍着手高兴地叫道："神了，真神了！连风师雨伯都听从我们指挥，成吉思汗性命休矣！"

这边阵上的成吉思汗与脱里正想冲过去，猛然间天光一闪，大地一动，一阵响雷过后，接着便是狂风夹着暴雨，哗哗地下起来了。

成吉思汗与王汗一时焦急，正准备把队伍撤到不远的林子里去避雨，蓦然间风向突转，豆大的雨点被大风一吹，向札木合联军飘过去。

札木合一下子傻眼了，忙要求不亦鲁里、忽都再次作法施术掉转风向。

怎奈他二人只能祈风祷雨却不能逆雨反风，只得呆呆地望着雨而束手无策。

成吉思汗与脱里眼睛一亮，下令："兄弟们！向那可恶的联军冲啊！杀啊！"数万骑兵乘着风势、雨势，一齐掩杀过来。

札木合恼恨不已，自语道："老天爷啊！你为何帮助成吉思汗，却不保佑我呢？"

话未落音，成吉思汗与王汗的兵马已冲杀过来。札木合见身后的队伍已在慢

慢退去，估计难以阻止得住了，便掉头拍马逃去。

各部兵马一见总指挥脱逃，立刻乱了阵脚，各部都在争着逃跑，一时之间，人马自相践踏，黑暗中又不识路径，十二部联军顿时溃乱不堪了。成吉思汗与脱里的兵马随后追杀，联军死伤无数。

狂风暴雨后，天又下起了一场大雪。

札木合的联军如鸟兽散了，成吉思汗想乘势灭亡泰赤乌部，便让脱里去追赶札木合。

身为联军总指挥的札木合，带头临阵脱逃。他在撤退途中，又趁机抢劫盟军，大捞一把，最后投降了脱里王汗。

札木合投靠脱里王汗以后，便有事无事地在王汗跟前说成吉思汗的坏话，竭力挑拨离间他们的父子关系。

那天晚上，札木合对王汗说："据我所知，成吉思汗以前就与乃蛮部有使者往来，明天这一仗他很可能不会与我们一起行动了！"

王汗听了，问道："难道成吉思汗会与乃蛮联合，共同谋害于我？"

札木合立刻说道："人心隔肚皮，以前我对成吉思汗差么？不讲义么？"接着，札木合又道，"王汗啊！我对您像守着故土的白翎茬儿，我的安答成吉思汗是远飞不归的告天茬儿。白翎茬儿不管寒冬酷暑都在北方，告天茬儿一遇寒冷就会飞向温暖的南方。"

据说，当时在他们身边有位品格高尚的克列亦惕部人，听了札木合的话后很是反感，很不客气地向札木合说道："你为什么要这样谄佞，中伤自己昔日的安答？"

照理说，这些话应该能提醒王汗。但是，王汗本来就不是一个正派人！生性残忍的王汗，时刻怀揣杀人之刀，无论亲疏、新旧，只要妨碍他，就毫无顾忌地向谁开刀。

1201年的春天，成吉思汗被邀在萨里河的原野上，与王汗举行会议。

会前，王汗已做了充分部署，准备在会上把成吉思汗抓起来杀掉，但这背信弃义的行为遭到他众多部下的反对。

会上，八邻部人阿速那颜不满王汗的险恶用心，便将刀子插在靴筒内，坐在王汗与成吉思汗中间，一边喝酒、吃肉，一边观察动静，使王汗未敢轻举妄动，成吉思汗躲过了这场劫难。

事后，王汗的部下纷纷议论，对王汗的背信弃义行为表示不满，他们说道："如今，他又忘记成吉思汗对他的恩德，又要以怨报德了。"

因为部下的反对，王汗才没敢与成吉思汗公开决裂，以后两人才联合起来打了几次胜仗。自从收降了札木合，在他的蛊惑之下，王汗渐渐中了他的离间之计。

在攻打乃蛮不安鲁汗归途中，王汗竟然在自己营地里虚设篝火，悄悄地把自

一代天骄：成吉思汗

己的军队转移到哈剌薛鲁河上游去了。这就等于把成吉思汗的孤军，暴露在乃蛮的强敌面前，用心十分险恶。

王汗自以为计谋得逞，满心欢喜地等待着成吉思汗被乃蛮人歼灭的消息。

不料，事与愿违，乃蛮部的勇将曲薛吾撒八剌的军队没有去追击成吉思汗，却紧紧盯着他的军队不放，一直尾随到乃蛮部的帖列格秃山口，然后发起突然袭击，先是抢掠了王汗的儿子桑昆的妻子、儿女和财物，接着又把王汗的部众和牛羊牲畜全都掠夺去了。

这消息传到成吉思汗营地，成吉思汗说道："谁让他胸怀害人之心？"

不久，侍卫来报："王汗派人请求援助，现在大帐之外。"

成吉思汗虽然满心不高兴，但还是说道："让他进来吧！"

王汗的使者进帐后，向成吉思汗详细叙述了被曲薛吾撒八剌的军队抢掠情况，然后传达了王汗的请求说："乃蛮的曲薛吾撒八剌抢劫了我的军队和部落，我请求我儿将你的四根台柱借予我，他们或许能从乃蛮人手中夺回我的军队和财物。"

王汗说的"四根台柱"，就是指成吉思汗麾下的四员猛将，即博尔术、木华黎、博尔忽、赤老温四人。

成吉思汗听后，禁不住笑道："昨天他故意抛弃我，今天又来向我求助，到底是何居心？"

王汗的使者也实话实说："那是王汗误信了札木合的谗言，才提前撤兵。这次贵部若不计前嫌，发兵相助，以后绝不会再发生这样的事了，即使有十个札木合在王汗身边，也不会再中他的离间计了！"

成吉思汗说道："我与你们的王汗情同父子，只是他误中奸人挑拨才对我生疑，我可是一直忠心于他的。既然他处在危急之中，焉有见死不救的？现在我就派那四位虎将前去救助你们，怎么样？"

使者高兴万分地说道："感谢大汗能宽宏大量，诚心待人。"

成吉思汗本不想派兵前去，但他冷静地分析当前形势，一旦王汗部被歼，乃蛮人就会集中兵力来攻打自己了。这种唇齿关系是明摆着的，成吉思汗哪能看不到？因而显出大度之态，派出自己最得力的干将博尔术、木华黎、博尔忽、赤老温四人领着八千最精锐的队伍前去援助。

当四位将领纵马驰骋到阿尔泰山附近时，远远地听到鼓角震天，呐喊声响彻山野，大家知道战斗一定打得很激烈。他们登上山坡一看，王汗的军队已被乃蛮人杀得七零八落、四下奔逃。

据说，曲薛吾撒八剌在突厥语中意为：因咳嗽与胸痛说话嘶哑的人。曲薛吾撒八剌本是乃蛮的一员勇将，两膀有千钧之力，又善用兵使谋略。由于他对王汗军队采用突然袭击的方法，已经连续杀死王汗两员大将斤一忽里和亦秃儿坚。

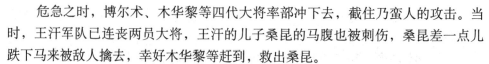

危急之时，博尔术、木华黎等四代大将率部冲下去，截住乃蛮人的攻击。当时，王汗军队已连丧两员大将，王汗的儿子桑昆的马腹也被刺伤，桑昆差一点儿跌下马来被敌人擒去，幸好木华黎等赶到，救出桑昆。

曲薛吾撒八刺的队伍被木华黎、博尔术等迎着截杀起来，不到半个时辰，乃蛮军气焰被压下去，慢慢向后退却了。

当四杰出发前，博尔术向成吉思汗要了一匹名为"只乞一不列"的名马，大汗对他说："当你想要它奔驰起来时，可用鞭子抚摸一下它的鬃毛，但不可用鞭子去抽打它！"

后来博尔术见桑昆的马腹受伤，有被擒的可能，便急忙驰马救他，把自己骑坐的战马让给桑昆骑，自己骑上"只乞一不列"。博尔术用马鞭轻轻抚弄一下它的鬃毛，那马就像闪电般的奔驰起来。

所谓一马当先，万马奔腾，博尔术等四位战将率领的这支生力军，生龙活虎般地杀入敌阵，横冲直撞，左砍右劈，见人就杀，逢马便刺，很快把乃蛮军杀败了。

曲薛吾撒八刺尽管勇猛，却挡不住四杰的顽强拼杀，为了保命，他们只得丢下抢掠下的牛羊牲畜与财物等人物。

桑昆领着残部回营，向王汗报告了被救情况，脱里王汗大喜道："从前，成吉思汗的父亲也速该曾经救助我于危难之中，不久前成吉思汗又把我从戈壁滩救回，助我恢复汗权；这次又派四杰来救我，这父子两代人真是天地间的好人！现而今我已年迈，此恩此德我怎么能报啊！"

说罢，遂命令部下前去召见四杰，只有博尔术代表四人前往，王汗夸赞他为人忠义，赠他锦衣一件，金樽十套，并向天地神灵发誓，一定要报答成吉思汗父子的恩德。

脱里王汗十分感慨地说："我已老迈了，不久就该升天了！我升天以后，这些百姓部队由谁来统领呢？我的兄弟多无德行，独子桑昆也是无德无才，你回去以后请向成吉思汗转达我的话：假如他不忘以前我们的父子情谊，肯与桑昆结为兄弟，让他作桑昆的哥哥，我作他们两人的父亲，若能这样，我就可以安心地升天了！"

当时，桑昆就在旁边，本来他就对成吉思汗有些猜忌，听父亲这么一说，更加担心自己的继承人位置受到威胁，而对成吉思汗恨得更加厉害了。

博尔术回到营地，向成吉思汗转告了王汗的话，成吉思汗当即说道："本来我就把他当作父亲一样，但是，他并未把我当作自己的儿子。如今，他真能有悔过之意，我也乐意与桑昆做兄弟相处。"

第二天，成吉思汗来到王汗的驻地黑森林，两人重温父子之情，再次盟誓确认父子关系。

酒宴之上，两人开怀畅饮，王汗又说了许多成吉思汗的好，一次次得流下眼

一代天骄：成吉思汗

泪，两人同道："与敌作战，共同讨伐；猎取野兽，一齐上前。假如有人忌妒我们的父子关系，用毒蛇般的嘴离间我们，切莫轻信上当，可以当面交谈，相互信任。如果以毒蛇的牙挑拨我们，切不可为其所乘，应当面核对，断绝疑问。和睦相处，勿损友谊。以此刷新旧日盟誓，重温往日情义。"

盟约已定，成吉思汗与脱里王汗于黑松林再次确定父子关系，桑昆为义弟，这是1202年秋天的事情。

成吉思汗为了进一步巩固他与王汗的关系，主动提出亲上加亲，他想让长子术赤聘娶桑昆之女察兀儿别乞，并将自己的女儿豁真别乞许配桑昆之子秃撒合为妻。

但是桑昆对父亲与成吉思汗之间的结盟极为反感。他一直认为，父亲收成吉思汗为义子，只会有损他这个合法继承人的利益。

在他看来，成吉思汗乐于这样做，完全是骗取继承权的一种手法，于是他表示反对两家结亲，反对这种双重婚姻的方案。因此桑昆当着成吉思汗派去的提婚使者的面，大大羞辱了成吉思汗一番。

成吉思汗遭到拒绝和奚落，深感受到侮辱，两部之间的关系又生裂痕。

1203年的春天，由于札木合从中挑拨与串联，策划阴谋的秘密会议在扯克彻儿山附近的别儿客额列惕地区举行。

在这个秘密会议上，许多人都尽情地发泄着长期积压在心中的对成吉思汗的仇恨。趁此机会，札木合又火上加油，竟然说道："据我所知，成吉思汗早与你们克烈部的宿敌——乃蛮部相互勾结了！"

桑昆一听，疑惑地问道："成吉思汗与汗父多次盟誓，此话不可妄议，得言之有据才行。"

札木合立即向阿勒坛等扬眉暗示，说道："这话确有证据，这几位亲王刚从成吉思汗身边来，他们就可以证实。"

阿勒坛等纷纷点头，都说成吉思汗早与乃蛮部使者往来频繁，札木合所言确实。

为了激起桑昆对成吉思汗的仇恨，札木合更加险恶地挑拨道："成吉思汗对克烈部的汗位觊觎已久，一旦王汗百年归天，你孤单一人是成吉思汗的对手么？"

说到这里，札木合顿了一下，看看桑昆的反应如何，又接着说下去："此时，若不及早除去这心腹之患，将来必受其害，到那时，悔之晚矣！"

这些危言耸听的话说得桑昆沉默不语，札木合等又接着怂恿道："假如你去攻打成吉思汗，我们将从侧翼协助你！"

其他人也竭力夸大言辞，纷纷表态说："我们都愿意帮助你杀死成吉思汗兄弟们，你就放心大胆地干吧！"

桑昆一见群情激昂，大为兴奋，立即派了几名特使去说服他的父亲，想让父亲也同意自己的看法，特使责备王汗道："成吉思汗口头说自己是你的儿子，暗中却与乃蛮勾结！你被他蒙在鼓里，看不透他的阴谋诡计！"

特使还危言耸听地警告王汗道："面对成吉思汗这样的危险人物，必须及时除掉他！当断不断，必遭其乱，必受其害！"

王汗不想与成吉思汗决裂，于是说道："成吉思汗既然与我确定父子关系，他是不会害我的。你们怎么能这样对他？我们正在依靠他，何况他多次救我于危难之中，如果反去谋害他，老天爷也不会保佑的。札木合这个人能说会道，口蜜腹剑，又善于拨弄是非，你们怎能相信他的话？"

桑昆几次派人劝说父亲，王汗都没有同意，他便亲自出马，振振有词地说道："你如今还健在，成吉思汗都不把我放在眼里，一旦您老人家有朝一日被白饭（指乳汁）呛着，被黑肉噎着（意为去世），他能让我来管理我们自己的部众与百姓么？想当年，我祖父忽儿扎忽思历尽艰难才创立的这个克烈国，将由谁来继承它呢？"

听完桑昆的话，王汗仍不同意与成吉思汗决裂，他还特别表示，他不愿意发动这场十分冒险的战争，他对儿子道："我已须发苍苍，老态龙钟了。我只想平平安安度此残生，可是，你听不进我的话，坚持要与成吉思汗为敌，你会后悔的。"

桑昆再三劝说、怂恿，王汗仍是执意不从，桑昆无奈，便愤然夺门而去。

此时，见到儿子如此又急又气地离去，老王汗的心软了，他想到自己只有这一个儿子，确实要为他的将来想一想。

于是王汗决定不再反对儿子的主张了，他召回儿子，表示同意他的请求，但却要桑昆承担背弃誓言的责任及其一切后果，他对桑昆说："我不能为了义子而舍弃了自己的亲生儿子，随你的便去做吧！希望你好自为之！不过，你要牢牢记住，这件事是你坚持要做的，不要牵连到我的身上！我认为，老天爷一定不会保佑你们这些人的。"

桑昆得到了父亲的允许之后，便与札木合等密谋杀害成吉思汗的计策。

在这之前，札木合早已派人前去放火烧了成吉思汗的牧场，觉得对成吉思汗影响不大。

经过反复计议，桑昆等人终于想出了一条佯为许婚、诱擒成吉思汗的毒计！

准备停当之后，桑昆派人前去向成吉思汗传话："桑昆接受大汗长兄提出的亲上加亲的要求，请于三日后来这里吃布混察儿（即定亲的宴席）。"

成吉思汗接到桑昆的邀请，丝毫没有怀疑其中有诈，十分高兴地带着十名随从，就要前往黑森林去。

博尔术、木华黎等前来送行时说道："王汗父子多次背信弃义，他们身边又有札木合、阿勒坛等人，不可不防啊！"

哈撒儿提议："让'四杰'带领五千轻骑跟随，以壮威势，以免他们生出歹意。"

一代天骄：成吉思汗

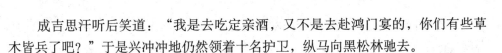

成吉思汗听后笑道："我是去吃定亲酒，又不是去赴鸿门宴的，你们有些草木皆兵了吧？"于是兴冲冲地仍然领着十名护卫，纵马向黑松林驰去。

当晚，成吉思汗等投宿于蒙力克老人家里，当这位处事谨慎的老人问明成吉思汗的来意时，立即指出他此行轻率，他说道："你以前向他们为儿子求婚，他们一直不答应，现在为什么突然又愿意了？不久前还是狂妄自大、目中无人，几天之后为什么又变得这样主动热情、特许自招呢？他们究竟是出于真心，还是另有打算？你应该认真想一想，派人去查一查，千万不可贸然前去！"

成吉思汗听了蒙力克老人的话，觉得甚有道理。想到王汗父子过去的一些所作所为，心中也着实犯起疑惑来了。

第二天，成吉思汗只派不合台、乞剌台二人去饮许亲酒，并转告桑昆："目前，正当青黄不接，马太瘦了，无力远出，等到秋高马肥时节再来吧！"

桑昆等人见成吉思汗找借口不来吃定亲酒，知道阴谋已经败露了，只好一计不成，再生二计，决定第二天一早派兵突袭成吉思汗！

成吉思汗从蒙力克老人住处回到营地以后，正在等待不合台、乞剌台赴宴归来，忽然侍卫进来报告："克烈部来了两个牧马人，有机密事要报。"

成吉思汗忙让他们进来说话。两人说道："我们是王汗部下的牧马人，名叫巴歹和乞失里黑。因为听说桑昆与札木合设下毒计，诱骗大汗前去赴宴，暗中将你擒杀，只因大汗未去，他们便扣留使者，准备明日早晨发兵来突袭你们！我们痛恨他们的为人阴狠，特冒生命危险前来告密，望大汗赶快整顿兵马，桑昆的军队快要到了！"

成吉思汗听后，十分感激这两个牧马人，立即让别勒古台带他们去休息，并好好款待他们。然后，他向部下命令道："叫醒所有的人立即行动起来，扔下一切妨碍急行军的东西。"

不大工夫，全体人马已轻装集合起来，成吉思汗也不说话，翻身上马，率领着他的军队，向东驰去——那里正是去年被他征服的塔塔儿人的住地哈拉哈河流域和大兴安岭山区。

成吉思汗领着大队人马继续东撤，来到卯温都儿山以后，派出一支部队充当后卫，由者勒蔑指挥。

次日，成吉思汗的部众在合阑真沙陀放马休息时，他的侄儿阿勒赤歹在山上发现远处尘土飞扬，原来是王汗的军队浩浩荡荡地追来，便急忙报告了成吉思汗。

为了抵御王汗、桑昆的军队，成吉思汗立即召集部下计议。大家群情激奋，纷纷请战，畏答儿奋然站起来说道："兵不在多，而在精；将不在勇，而在谋。依我之见，派一支部队从山后绕到山前，可以攻打王汗军队的背后；大汗亲自统帅大队兵马截杀其前，如此前后夹攻，王汗军将首尾不能相顾，必败无疑！"

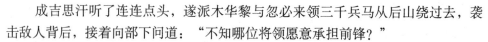

成吉思汗听了连连点头，遂派木华黎与忽必来领三千兵马从后山绕过去，袭击敌人背后，接着向部下问道："不知哪位将领愿意承担前锋？"

畏答儿立即应道："我愿前去！"

成吉思汗正要说话，畏答儿又道："阵前我若有个三长两短，家中还有三孩子，请大汗替我关照。"

成吉思汗听了，立即告诉他："这个你尽管放心吧，何况有长生天保佑着你，绝不会出意外的。"

畏答儿正要领兵之时，帐下又闪出一员大将术赤带，他说道："我亦愿去！"

术赤带是兀鲁兀惕部人，畏答儿是忙忽惕部，这两部落人英勇善战，拼杀顽强，是成吉思汗的主力。

未等成吉思汗表态，术赤带又说道："在大汗面前，我兀鲁兀惕部与忙忽惕部愿意同为前锋，共同迎击敌阵！"

成吉思汗听后，高兴地说道："有你们两部担任前锋，我更加放心了！"

此时，帐下将领个个摩拳擦掌，人人跃跃欲试，情绪十分高涨。

成吉思汗心中窃喜，遂让畏答儿、术赤带两部前行，自己领着大队押后，齐往山前立阵。

这时候，王汗的军队已到近前，王汗向熟悉成吉思汗军情的札木合问道："在成吉思汗军中，真正勇敢善战的是哪些人呀？"

札木合立刻告诉他道："兀鲁兀惕和忙忽惕两部族的人擅长拼杀，他们排军布阵，迂回包围，即使双方混战一起，他们也会从容不迫，个个武艺高强，人人都是刀枪丛中的高手。他们的旗帜是黑旗和花旗，王汗你得提防啊！"

听了札木合的话，王汗立即下令把军队组成四支梯队，先锋队是最勇猛善战的只儿斤人，其次是土绵土列人，三梯队是斡栾董合亦惕人，四梯队是王汗的一千名护卫军，由大将豁里失列的指挥，最后由王汗亲率大军压阵。

布置就绪，王汗向札木合说道："还是请你来当总指挥吧！"

札木合立即推辞道："您德高望重，我又是您的部下，您任全军统帅，再合适不过了。"

札木合心中明白，在历次战争中，自己从没有胜过成吉思汗。现在，王汗要自己代他指挥，可见王汗还不如自己，是平庸之辈！

后来，札木合居然把王汗的兵力部署情况派手下人转告成吉思汗，并且鼓励道："王汗本是无能之辈，不要怕他，认真打罢！"

然后，札木合便离开了战场，由此可见他的狡猾。起初，他通过桑昆怂恿王汗发动战争，后又鼓动成吉思汗放心大胆地打，其目的是坐山观虎斗，希望他们两败俱伤，自己好从中获利。

两军阵前，成吉思汗要王汗出阵说话，桑昆向父亲说道："既然刀兵相见，还跟他有何话说？别理他！"说罢，向先锋将领只儿斤大声说道："快！发起攻击，向成吉思汗发起攻击！"

一声令下，两军混战在一起，尽管成吉思汗的将士们能拼善战，可惜兵力太少。王汗以数倍兵马，仍不能取胜，桑昆焦急万分，大喊道："冲啊！杀啊！今天不活捉成吉思汗，绝不收兵！杀啊！活捉成吉思汗啊！"

恰在这时，王汗军队的后面猛然响起呐喊声，兵马也纷纷向两边逃避。

成吉思汗见是他的心腹爱将木华黎与忽必来领兵杀来，不由精神一振，手举大刀，向部下高声喊道："我们前后夹攻，冲啊！"

尽管成吉思汗兵力较少，但士气高昂；王汗兵力虽多，但见桑昆落马，又被前后夹击，便自相践踏，不战自乱了，最后四散奔逃而去。

1203年爆发的合阑真沙沱之战，成吉思汗以少敌众，带领他的部下对抗比他势力强大得多的脱里王汗并取得了胜利，这是很不容易的事情。

成吉思汗主动撤退，为了躲避王汗的再次袭击，他将队伍化整为零，分散活动，也便于围猎生活，使兵马很快恢复了体力。

当年秋天，成吉思汗的部属陆续回到身边。

由于呼伦贝尔草原气候湿润，是厉兵秣马的好地方，一段时间以后，成吉思汗军事力量迅速得到了提升。

一天，博尔术、木华黎前来报告："据哨探报来的消息，王汗在上个月领兵去金朝边界大肆掳掠，遭到金兵的伏击，损失不小，咱们可以乘机去袭击王汗，说不定能收到意外的成功！"

成吉思汗听了，立即点头说道："对，乘着王汗新败回营，士气低落时，突袭他一下，定能收到事半功倍的效果！何况主动出击，比被动防守要强哩！"

说罢，三人坐下来查看地图，密议进军的路线，具体制定突袭计划。

第二天，成吉思汗便调动全军，为了保守机密，防止被王汗获得消息，他们夜里行军，白天休息。

不久，他们便来到下克鲁伦河的河谷地带，扎营于阿儿合勒苟吉。

经过与木华黎等人的商议，成吉思汗决定夜间偷袭王罕。

于是，成吉思汗自己率领一队人马，绕到山后，扼守敌人的去路。木华黎与将领们则从前面向山上扑去！

此时，王汗与儿子桑昆，正在金碧辉煌的大帐里与部下纵情痛饮，一边观赏着轻歌曼舞，一边怀抱着女人调笑，一片的乌烟瘴气。

猛然听到山崩地裂一般的呐喊声之后，千军万马杀上山来，其势如暴风骤雨，迅捷异常。那些吃得酩酊大醉、酒意醺醺的将士们，一时吓得蒙头转向，不知怎么办了。

脱里王汗毕竟久经沙场，立刻清醒过来，急忙爬到酒桌之上，高声命令道："不要惊慌！各部自动集合到一起，各自为战。"

尽管王汗下了命令，各部仍然混乱不堪，将士们来不及披甲，战马也顾不上备鞍便纷纷向山后逃去。

谁知刚到山下，不料伏兵四起，喊杀声惊天动地，吓得王汗军队掉头又往山上逃去。

此时，桑昆指挥队伍向山下冲锋，妄图冲开一道口子，谁知他的兵马刚到山下，便被截住厮杀，或被围起来歼灭了，或是逃回山上去了。

桑昆急红了眼，一次次地驱兵往山下冲来。但是杀开一层，又上来一层，直到天亮，也未能逃走一人！

第二天，王汗让桑昆组织兵马下山，说道："要抓紧冲下山去，时间长了对我们更加不利，这山上没有水喝，人马缺水怎行？"

桑昆听了，眼一瞪说道："你那有情有义的干儿子成吉思汗能不送水给你喝么？"

王汗气得胡子都翘起来了，骂道："混账东西！他这样做，还不是被你逼的！当初，你能听进老子一句话，也不至于有今日之战了。"

桑昆听后，冷笑道："你已经死到临头了，还在替他说话。他若真是有情有义，能对我们突然袭击？"

王汗气得一时说不出话，停了一会儿，他才指着桑昆骂道："我们克烈部几经反复，都是成吉思汗父子帮助我们稳立于草原之上，由于你坚持与他为敌，把克烈部推入火坑，再也没有出头之日了！"

说罢，脱里王汗号啕大哭起来。克烈部里有名的大将合答黑吉过来劝道："这温都儿山上，只有南北两条道上下，东西两侧山崖耸峙，笔立如削，无路可走，历来被人们称为'蛇倒退'。可是，西面山崖上面有一棵百年老榆树，若用一根长绳拴在树上，人们抓牢绳索，顺崖下滑，就可以由那里下山。"

来到那棵老榆树下，只见山崖陡峭直立，上面平滑如镜，自上下望，深不可测，令人目眩神离，不敢靠近。

此时，合答黑吉从齐腰深的草丛中拽出一根又粗又长的绳索，在大榆树上拴牢以后，先让两个护卫队员试着下去。

于是，两人手抓绳索，顺着崖壁下滑，不一会儿，便缒到了崖下。接着，桑昆也下去了，王汗年岁老了，合答黑吉担心他两臂力会不够，便在他腰间再加一道绳索系上，不久也下去了。大约半个时辰，护卫队已下山一百多人，合答黑吉与众人高兴万分，觉得这是一条救命的活路！

护卫队正一个个手抓绳索，顺崖壁下滑之时，突然间那棵老榆树"嘎巴"一声竟被连根拔起，连人带绳索，加上这棵老榆树，一齐滚下山崖。崖上的合答黑吉与众护卫队员们，被吓得一时愣住，不知如何办了。

此时，成吉思汗大军的喊杀声已经隐隐可闻。王汗哪里还顾得上山上的残余部队，慌慌张张地率领着这百余人逃下山去了。

成吉思汗没有追上，只得将王汗的中军大将合答黑吉收入自己麾下，以供驱使。并将王汗的长女察兀儿别乞送回家中，嫁给自己的长子术赤。王汗的三个侄女则分给了自己的几个儿子为妻，而他自己则占有了十五六岁的亦巴合别乞那。

第二天，成吉思汗按功行赏，首先受到他犒劳的是巴歹和乞失里黑这两个牧马人。两人及时送来王汗突袭的消息，因而有救驾的大功，成吉思汗把王汗的金帐和帐内的酒具与器皿以及帐里的仆人，全赏给了两人。

两个牧马人还得到了"带弓箭"和"吃喝盏"的特权，以及战时可以随意取其所获战利品，猎时可以随意取其所捕之猎物的特权。

赏赐之后，成吉思汗说道："巴歹和乞失里黑有救我性命之功，因此我们才能击败王汗的军队，日后，我的子子孙孙都该照顾这两位有功之人。"

为报答畏答儿的捐躯，成吉思汗命令降将合答黑吉带领只儿斤部百人为畏答儿妻子效力，并要求合答黑吉的子孙为畏答儿的子孙永远效力，代代相传下去。

成吉思汗为了防止克烈部东山再起，有意拆散了它的氏族部落组织，把他们分配给自己的部下作属民，让他们融入蒙古族。

犒赏三军之后，成吉思汗如释重负，回到自己的营帐，亦巴合别乞那走了过来，替他宽衣解带，脱靴洗脚，成吉思汗问她："你愿意终生侍奉我吗？"

她抬起头来，双眼噙满泪珠，低声说道："我能终生侍候大汗，是我的荣幸！"

成吉思汗见她楚楚可怜的面容、窈窕的体形、雪白的皮肤，不由得把她揽在怀里吻着，扑到亦巴合别乞那的身上……

一番云雨之后，成吉思汗感到满身轻松，与王汗父子的这一场生死恶仗所带来的紧张劳累，全都烟消云散了。

克烈部被消灭之后，王汗、桑昆领着百十名护卫队一口气逃出数十里路，见后面无追兵赶来，才坐下休息。

这时，王汗不禁仰天长叹道："我们曾是多么好的一对父子！他硬是无端地怀疑人家，甚至兴兵置人于死地，现在老天爷报应我们了！被弄得身败名裂，国破家亡，成为无家可归的叫花子！这到底是怨谁呢？"

桑昆听了，只装作没有听到，后来见父亲唠唠叨叨没完没了，便瞪着两眼道："你就不能闭上嘴巴，安静一会儿！"

王汗怒气冲冲地说道："你闯下了这般大祸，使我狼狈成这样，难道你不觉得自己丧尽天良么？"

桑昆听后，恶狠狠地说道："我不觉得后悔，是老天爷太不公平了！"

王汗冷笑道："你死到临头还不认错！成吉思汗哪一点对不起你？偏要与他作对，如今弄到这山穷水尽的地步，让我怎么办？哎！"

桑昆吼道："你这个老不死的东西！既然你偏爱着成吉思汗，为什么你不去投靠他？从现在开始，我要与你长别了，你到成吉思汗那里养老去吧！"

说罢，桑昆带着他的几个心腹，拍马扬长而去，把自己年迈的父汗扔下不管不问了。

由于父子两人一路争争吵吵，原来的百十个护卫队早已借故溜了。桑昆一走，只剩下王汗孤零零的一个人，形影相吊。

王汗的这个独生儿子，从小娇生惯养，养成了自私残忍的劣招性格，成人后傲慢骄横，自以为是，听不进任何意见，终于走上这条绝路。作为父亲，王汗此时也是悔意顿生，但却又无能为力。

王汗十分难过地走着，一个人竟来到了乃蛮部的边界。他觉得饥渴难忍，桑昆走远了，只得自己去找水喝。

不料，乃蛮部的边将火力速八赤正领着一队人马正在巡哨，见到王汗后，问道："你是什么人？来干什么的？"

王汗立刻告诉他："我是克烈部的首领脱里王汗！"

火力速八赤笑了笑，说道："看你蓬头垢面的样，还说自己是大名鼎鼎的脱里王汗，真是不知羞耻！"

说罢，火力速八赤大刀一挥，竟把王汗杀了，然后又把王汗的人头砍下来，让部下送到太阳汗那里去，说道："我杀死了一个奸细，他自称是脱里王汗。"

这个在蒙古草原上称雄一时的脱里王汗，就这样稀里糊涂地结束了自己的生命！

他的独生儿子桑昆，扔下父亲以后，逃往东南方向的戈壁滩上，每日靠猎取野味充饥。

一天，桑昆发现了一群野马，便想去猎捕野马来吃。此时，他身边只有一个马夫名叫阔客出，随他流浪到此。阔客出见桑昆已穷途末路了，便乘桑昆下马去抓野马的机会，骑上他的马逃跑了。

桑昆一见，恨得咬牙切齿地骂道："真是狗眼看人低！"

骂归骂，毕竟没有马了，桑昆只得徒步流浪，经过艰苦跋涉，他来到西度地界，在那里靠掳掠生活。不久，他被西度人驱逐出境。

后来，桑昆又向西流窜到畏兀儿人居住的地方，因为他劫掠成性，终被畏兀儿人所杀。克烈部的最后一个汗位继承人，就这样在流浪中葬送了自己的性命。

一代天骄：成吉思汗

## 【第六回】

# 逢群狼少年用巧计，遭绑缚老友断衣袍

　　克烈部灭亡了，脱里王汗被乃蛮边将火力速八赤杀了之后，人头被送到太阳汗那里。此时又正巧札木合前来投诚。

　　经过札木合一番怂恿，自小娇生惯养、不识国事的太阳汗，竟然头脑一热说道："成吉思汗有什么了不起？看我起兵拿下蒙古草原。"

　　1204年的春天，成吉思汗在帖蔑延客额儿的骆驼草原召开了军事会议，商讨对付乃蛮部太阳汗的办法。

　　会议最后决定停止围猎，将营地迁徙到合勤河畔的克勤帖该合答地面，准备与乃蛮部决战。并且拟出了一个改编全军的具体计划。

　　第二天成吉思汗便下令对全军进行整编。他要求将军队按千户、百户、十户统一编组，由他任命战斗经验丰富、忠心耿耿、有威信的那可儿分别担任十户长、百户长、千户长，统率所有的军队。

　　第二项整编，是设立扯儿必官，由六人分别担任，他们是杂朵歹、多勒忽、斡格列、脱仑、不察兰、雪亦客脱。这六个扯儿必，常侍成吉思汗身边，处理各项事务，这便是后来元朝内府宰相一职前身。

　　整编的第三项内容，便是建立怯薛军，设八十人为宿卫，七十人为散班。宿卫负责巡夜，散班白天执勤，三昼夜轮换一次。

　　另从千户、百户那可儿子弟中精选出一千名勇士担当护卫，普通部民子弟中有一技之长，容貌英俊的少年也可能被选中。

　　整编精选一千名勇士，组成一支先锋部队，让哈撒儿担当队长，战时冲锋在前，平时则作为护卫军。

　　为了统一对军队指挥权，成吉思汗又宣布了扎萨克军中法令，使原先那个无秩序、无训练的游牧队伍，一跃而成为有铁的纪律和严密组织的钢铁之师。

　　这一年的4月16日，既望之时，成吉思汗决定举行庄严的出征祭旗仪式。

这个"旗"称为"秃黑",是成吉思汗家族的旗帜——九足白旄纛,旗边缀有九角狼牙,牙端悬有九条白色旄牛尾。

在信仰萨满教的人们心中,这种祭旗仪式具有重要意义。因为这种军旗意味着这个部族的保护神,所以在出征前要庄严地祈求保护神在战争中保佑攻战顺利。

成吉思汗出征时的祭旗仪式开始了。

全军有条不紊地整顿完毕之后,八名身着盔甲、双背弓箭的武士,牵来九匹儿马,分别拴在九个木桩上。

此时,成吉思汗全副盔甲,站在高大的汗车上。角号鸣响过后,只见他拔了佩剑,向天空一挥,那九匹儿马便"刷"的一声被劈下半脸,九股马血"哧哧哧"地冲上半空。

然后,再把马血涂在军旗上,祭旗仪式结束。成吉思汗一声号令,全军出发,沿走鲁伦河谷而上,浩浩荡荡向西进发。在成吉思汗的军队到达乃蛮边界的撒里一带时,已是当年的秋天。

这时候,太阳汗也早已率领军队,越过阿尔泰山,在杭爱山的萨里川扎下营盘。

主动前来为太阳汗助战的,有蔑儿乞部的原首领脱黑脱阿、少数的克烈部逃亡者、泰赤乌部的首领忽郝合、札答兰部的札木合,以及朵儿边、塔塔儿、合答斤、山只毗等部的残余势力。

表面上看,乃蛮部兵强马壮,人多势众,军威赫赫,又是以逸待劳,太阳汗自认必胜。谁料第一次与成吉思汗交锋,太阳汗便折了几千人马。

太阳汗本来认为胜败乃兵家常事,可是在后来的几次战役中处处失利,被成吉思汗的威武之师打得溃不成军,自己最终也命丧沙场。一个本来想吞并草原的乃蛮部,最后竟被这草原的天狼星反噬掉了。

成吉思汗经此一役,得到了乃蛮部的掌玺老臣塔塔统阿,并得到了乃蛮的皇后古儿别速。因为古儿别速死心塌地侍奉成吉思汗,后来被封为皇后,母仪天下。

灭了乃蛮部,成吉思汗正要领兵去追击蔑儿乞人,不想母亲诃额仑领着他的四个儿子,来到大帐里面。

从母亲的谈话里,成吉思汗知道四个儿子一定闹纠纷了,惹老人生气才来的。

孛儿帖生的这四个儿子,渐渐长成了大人,长子术赤二十三岁,次子察合台二十一岁,三子窝阔台十九岁,幼子拖雷十二岁。

成吉思汗见到四个儿子,一个个虎头虎脑,高大英俊,不由得心中一阵欣喜,向母亲说:"嗬!都成大人了,还都是一表人才呢!"

诃额仑听后,却说道:"外表上看,一个个人高马大的样子,一顿能吃两只羊腿,遇到事情又像个孩子,兄弟四人还常常闹别扭呢。"

成吉思汗是个孝子,听母亲这么一说,急忙走到母亲面前,伏在诃额仑双膝上，说道："这都是儿子不孝，让母亲操心了。"

诃额仑顺手抚摸着儿子脖颈上的箭伤留下的疤痕，一时又心疼起儿子来，说道："这也怨不得你啊！你在外面没日没夜的拼杀，这一箭射得也够狠的。"

听母亲这么说，成吉思汗忙说道："没有伤着喉咙，与其他将士比算是小伤了。"

这工夫，术赤兄弟四人悄悄地溜了出去，找好玩的去处玩去了，诃额仑趁这时间向儿子成吉思汗谈起了她来的缘由……

早在十三翼之战中，有一位泰赤乌人来投靠成吉思汗，他的名字叫秃撒勒孩儿。

成吉思汗见他人很老实，骑射功夫又好，刀马也纯熟，就让他担任儿子们的师傅，教授几个孩子武艺。

于是，秃撒勒孩儿日日领着术赤兄弟们在克鲁伦河畔，练习骑马射箭，使枪挥棒，有时也去附近林子里打猎，借以检查孩子们射击的本领。

四个孩子中间，长子术赤性格内向，平日寡言少语，待人不够热情，但做事认真，心地耿直，是一个外冷内热型的人。

察合台与窝阔台兄弟俩性格开朗，热情豪放，为人处世灵活多智，善与人交往，大有成吉思汗小时候的遗风。

他俩平时师傅长、师傅短的不离嘴，经常从祖母、母亲那里带一些肉类、水果等，送予秃撒勒孩儿，与他们的师傅关系特别好。

随着年龄的增长，术赤的武艺一天天地在提高，在与师傅的一次对练中，由于他态度认真，居然把秃撒勒孩儿打下马来，把他的脚摔伤了。

从那以后，师傅再不与他对练对打了，二人渐渐疏远起来。术赤并不在意，自己坚持苦练，对师傅还像往日一样不冷不热，处在若近若离状态。

一天，术赤不在，秃撒勒孩儿不经意地向察合台、窝阔台问道："你们兄弟二人的性格都像你们的父亲，为什么术赤不像呢？"

察合台看了看兄弟窝阔台，神秘地说："几年前我曾听叛逃出去的阿勒坛说过，术赤是蔑儿乞人的骨血，是我们的异父同母的兄长，他怎么能像父汗呢？"

窝阔台也说道："我也听到有人这么说，可是父汗把他看成自己的儿子一样，这事可不能乱说啊！"

过了一会儿，师傅又说："按我们蒙古人的传统，只有亲生儿子才有继续汗位的权利。"

察合台与窝阔台相互对视几眼，各自笑了一下，未等说什么术赤便来了，三人便缄默不语。术赤忙问道："刚才，师傅与你们讲些什么？"

察合台道："师傅什么也没有说。"

术赤又道："我远远看到你们有说有笑，来到近前，你们都不说了，这不是在瞒哄我么？"术赤以为师傅单独向他们传授武艺，对自己保密，心里十分不悦。

不久，秃撒勒孩儿又带他们去打猎，突然出来一只大灰狼，那畜生胆子特别大，一屁股坐在路中央，不给他们让路，态度极为傲慢。

窝阔台不管三七二十一，搭箭向狼射去，正中那狼的大耳朵，将其右耳射穿了。师傅一看，慌了，忙说道："狼群要来了，我们赶快跑吧！"

说罢，两腿一夹马肚子，便飞一般冲出林子，察合台与窝阔台紧随其后，跟着也往林子外面奔驰而去。

这时候，那只受伤的大灰狼，两只前腿伏在地上，撅着屁股，把头贴近地面，发出一声声凄厉的长嚎。

术赤与拖雷有些好奇地看着受伤的那头狼在叫着，哪里知道它是在向同伴呼救，在召唤狼群的到来。

术赤遂又取弓在手，搭箭正要向那嚎叫着的受伤的狼射去，忽见前面林子里"刷刷"地冲出来五、六头灰色的狼，它们跑到受伤的狼身边，又是用鼻子去嗅它，又是用屁股去抻它，嘴里不断发出"呜呜呜"的声音。

拖雷吓得想哭，忙说道："大哥，我们快走吧！"

术赤听后点点头，正要带马想走，不料那些狼猛地蹿跳过来，它们两耳高高耸立着，又长又大的尾巴在后面平拖着，两眼瞪着术赤与拖雷，发出莹莹绿色的光，龇牙咧嘴，一齐发出"呜呜呜"的吓人的声音。

看到这般情景，拖雷顿时就哭了："大哥！这可怎么办啊？"

术赤忙对幼弟拖雷说道："别怕，小弟！你把刀拿在手里，提防狼的袭击，让我来对付它们！"

术赤说罢，先握紧手中大刀，然后从怀里掏出一块红彤彤的绸子使劲一抖，那块红绸经风一吹立刻飘散开来，经阳光一照，如一团烈火，吓得围过来的狼群惊慌后退。

术赤把那绸子连抖几次，又在逃去的狼群后面追赶了一段路，才勒转马头回来。

此时，拖雷破涕为笑，对术赤道："大哥！你真有办法，若不是你有这块红绸子，我们兄弟俩都危险哩！"

术赤也笑道："我也是第一次碰到这场面，两手也在捏着一把汗呢！"

拖雷又问道："大哥，你这办法是谁告诉你的？"

术赤告诉他："这办法是祖母教给我的，她老人家担心我们打猎会遇到狼群，让我带上这块红绸子。"

拖雷又道："我怎么也没有想到狼会怕得那么狠，几乎是一见便跑了！"

术赤又对他说："狼再狡猾，毕竟是野兽，它把红绸子误认作是火了，再不跑走，被烧着了怎么办？只得逃命去了！"

一代天骄：成吉思汗

拖雷又问："那些老虎、豹子等怕不怕呀？"

术赤说道："所有野兽都惧怕火，也就惧怕红颜色了。不过其他野兽都是单独活动，不需怕它，只有遇上了狼群，必须用这办法才能吓退它们，否则会很危险的。"

兄弟二人一路说着，赶马往回走，在河边上遇到了他们的师傅秃撒勒孩儿。

术赤一见，气呼呼地上前质问道："你身为师傅，却把我们扔给狼群，你是何居心？"

秃撒勒孩儿两眼瞪住术赤好一会儿，说："当时，我喊你们数声，你们置之不理，难道要我去背你们回来不成？"

术赤立即反驳："你在撒谎！当时你连一声也没有喊就带头逃跑了，是不是这样？请拖雷说。"

拖雷立即点头，附和道："师傅根本没有喊我们，是想把我们兄弟俩送给狼群么？"

秃撒勒孩儿大声叫道："胡说！不许对我诬蔑！你们不走，能怪我吗？何况——"

术赤又追问道："何况什么？我看你……居心不良！"

这时候，察合台、窝阔台也来了，他们站在一旁看笑话，面带得意的微笑。

于是，秃撒勒孩儿胆子大起来，说道："要我喊你，你是什么东西？一个私……私生子，一点自知之明都没有！"

术赤一听，顿时火冒三丈高，因为在这之前他已隐隐约约听到有人这样说他，不过从没有人敢当他的面说，现在听到师傅竟然公开说出来，这更刺伤了术赤的自尊心。

只见术赤怒气冲冲，顺手抽出大刀，喝道："你算什么师傅，我今天跟你拼了！"

说着把马缰绳一带，直向秃撒勒孩儿冲去，吓得那位心亏理屈的师傅掉头就跑！

此时，秃撒勒孩儿既未骑马，手中又无兵器，他的两条腿怎能跑得过快马？眼看术赤就要赶上，秃撒勒孩儿情急生智，一头扑进克鲁伦河里。

术赤见秃撒勒孩儿跳进河里，便立马河边，弯弓搭箭，对准水中的秃撒勒孩儿一箭射去，不偏不倚正中他的后背，河水立刻冒出一股股红的血水。

术赤见他在水中挣扎，便一不做二不休，又取出第二支箭来"嗖"地一声射去，正中他的面门。尸身浮上了水面，术赤与拖雷并马往家里走去。

察合台与窝阔台早已跑回去报信，他们大声地向祖母诃额仑、母亲孛儿帖叫道："不好了！术赤杀人了！"兄弟俩一路跑，一路大声喊着，营帐里的人们不知发生了什么事，都匆忙出来打听。

诃额仑抓住察合台问道："术赤要杀谁？快说！"

"术赤要……要杀师傅！"

"他们在哪里？"

窝阔台急忙答道："他们在河边，在克鲁伦河边上！"

诃额仑与孛儿帖翻身上马，向克鲁伦河边飞驰而去，不多远便与术赤、拖雷相遇，未等她们张口，术赤便跑到祖母与母亲的马前跪下，先是号啕大哭起来，接着便高声问道："师傅说我是私生子，察合台与窝阔台也知道，请祖母与母亲告诉我，这是怎么一回事？"

她们一听，顿时愣住了。

诃额仑见孛儿帖只顾流泪，一句话说不出来，立即跳下马来，伸出双手把术赤拉起来，拥在怀里，对他说道："孩子，我的好孩子！别听他瞎说！你是我的孩子，是我的亲孙子！"

等孛儿帖下马以后，拖雷走过去，一手拉着母亲，一手拉着祖母，对她们说道："这事儿，我全知道，我全知道，走！我们回家里去说！"

当诃额仑、孛儿帖听完拖雷的叙述之后，都长长地出了一口气，心里在说："这该死的秃撒勒孩儿，自寻死路，罪有应得！"

当晚，她们把术赤、察合台、窝阔台、拖雷找到一块，反复说明，一再强调："你们兄弟四人是同胞兄弟，术赤是你们的亲大哥，切勿受别人离间！"

成吉思汗听完述说后，当着母亲的面，对四个儿子进行教育，特别提醒次子察合台、三子窝阔台，要他们擦亮眼睛，别轻信别有用心的人，随在别人后面乱撞！术赤、察合台被成吉思汗留在了军中，窝阔台与拖雷随他们的祖母回去了。

自此，"术赤是私生子，他不是成吉思汗的骨血"等议论不断，但是成吉思汗一直咬定："术赤是我的儿子，是亲生儿子！"

在纳忽崖激战中，蔑儿乞部首领脱黑脱阿见太阳汗必败，于战争结束前就领着部下逃脱了，他把军队领到合剌答勒忽扎兀河上游驻扎下来，派出人员将散居各处的蔑儿乞人聚在一起，决心与成吉思汗再决雌雄。

经过一段时间准备，原居住于色楞格河和鄂尔浑河下游一带的蔑儿乞人，大部分被脱黑脱阿聚集在一起。这些蔑儿乞人曾多次与成吉思汗作战，虽然他们性情骁勇，善于死战，其战斗力之强为草原各部落所畏惧，但是遇到了成吉思汗的队伍，便如遇到了克星，每战必败，越败越惨。

成吉思汗得到消息之后，便领着兵马赶往合剌答勒忽扎兀儿河上游地区，把队伍驻扎在附近一座山坡上。

经过哨探报告，脱黑脱阿从各处拼凑来的兵马人数众多，足有三、四万人，声势十分显赫，气焰极为嚣张。

成吉思汗把大部分兵力屯驻山上，让哈撒儿守住中军，自己与木华黎、者勒蔑、忽必来等，只领五千兵马，前来应战。

在两军阵前，成吉思汗见脱黑脱阿耀武扬威，傲气十足的样子，不由得用马鞭一指："你已是我手下败将，屡战屡逃，如今王汗、太阳汗相继灭亡，你再执迷不悟的话，能有好下场么？"

脱黑脱阿冷笑道："你也不必猖狂，难道我不知道你的老底么？起先你借着札木合的势力打我们，以后又借着王汗的势力四处征伐。你忘恩负义，又反过来打札木合，杀王汗，灭乃蛮，是个十足的小人！这次，我要替草原上的各部伸张正义，将你这个恶魔消灭在合剌答勒忽扎兀儿河上！"

说罢，脱黑脱阿的两个儿子忽都与赤剌温拍马前来，要与成吉思汗拼杀，木华黎、者勒蔑一齐上前，迎着二人厮杀在一块。

脱黑脱阿见两个儿子不能取胜，又派身边的大将巴桑帖速出阵，此人力大无比。巴桑帖速手使一根铁棍，重八十余斤，他握在手中如捏一根木棒似的。成吉思汗阵中的大力士兀鲁迎上去，二人战到一处，棋逢对手。

吉思汗见巴桑帖速勇猛，不由动了爱才之心。他对博尔术说道："能否用套马绳索将其擒住？"

博尔术从部下手中取过套绳，突然纵马过去，迅速把套儿扔向巴桑帖速的脖颈，说也真巧，那套儿正落在巴桑帖速的颈上。

巴桑帖速正在与兀鲁用力夺枪之时，冷不提防被套绳套住，急忙用手来解绳套，谁知博尔术早已用力拉紧绳索，猛然将其拉倒。

兀鲁虽然身高马大，动作却十分灵活，见巴桑帖速倒在地上忙蹿上去伸手将其按住。巴桑帖速刚想挣扎，博尔术早已跑到近前，三下两下便把这位大力士捆得结实，被兀鲁双手一擎，扛回阵中去了。

这件事发生得突然，等到脱黑脱阿等清醒时，他的大力士已被擒走了，一时气得他哇哇乱叫。

只见他扬起手中大刀，声嘶力竭地喊道："向前冲啊！活捉成吉思汗呀！"

洪水一般的蔑儿乞人，随着他们的首领一齐上前，冲向成吉思汗的阵前，两军立刻展开一场混战。

由于寡不敌众，成吉思汗的队伍眼看抵挡不住了，忽见蔑儿乞军队的后面人喊马叫，被一支队伍冲击得混乱不堪，纷纷向两边散去。

原来，木华黎见蔑儿乞人多势众，便悄悄领一支五千人的轻骑队伍，从侧面绕到脱黑脱阿的背后，发起突然进攻。

在前后夹攻之下，那些善于苦战的蔑儿乞人再也抵挡不住了，脱黑脱阿只得领着兵马向后撤退，且战且走，一直退到被称为"驴背草原"的撒阿里之野。

成吉思汗收兵回营之后，心情十分高兴，打了胜仗，又擒住了蔑儿乞的大力士，一边命令杀牛宰羊，犒尝兵马，一边坐堂升帐，准备亲自向巴桑帖速劝降。

这时候，大帐之内成吉思汗全身盔甲，高坐汗位之上，身后立着佩刀带箭的侍卫，两边坐着百户、千户官员，正气凛然，气势逼人。

这时候，巴桑帖速被侍卫押来。出身猎户家庭、成长于山林深处的巴桑帖速，哪里见过这般阵势？虽然他曾与凶猛的虎豹搏斗过，并亲手摔死过一头两百多斤重的大野猪，可面对这雄壮的军威，巴桑帖速不由得心胆为之战栗！

巴桑帖速正惊慌四顾之时，忽听成吉思汗朗声说道："巴桑帖速也是受苦人出身，快替他松绑！"

两个侍卫上前解下绑绳，他正在疑惧之中，兀鲁走过去，对他说道："刚才两军阵前，多有冒犯，请你原谅。"说罢，兀鲁伸出双臂，拥抱住巴桑帖速，大帐内顿时掌声四起，洋溢着一片欢乐的气氛，更使这位大力士不知所措了。接着，酒宴开始，兀鲁与巴桑帖速坐在一块，成吉思汗端起酒杯，向大家，特别看着巴桑帖速说道："今天，为勇士巴桑帖速的到来，干杯！"

接着，他又继续说道："其实，蔑儿乞人也是我们蒙古族人，只是脱黑脱阿这些首领一贯劫掠嗜杀，长期与我们作对，我们才派兵对他进行征讨，这是不得已呀！"

这时候，巴桑帖速站起来说道："脱黑脱阿杀我父母，逼我为奴，不把我当人看，其实他是我的仇人。今天，我被大汗的部下捉来，没有杀我，反待我为客，我感激不尽，我要永远为大汗效命，替大汗出力，以报答大汗的情义！"

众人对巴桑帖速的话报以热烈的掌声，成吉思汗十分高兴，让侍卫送两只烤得香喷喷的羔羊腿给兀鲁与巴桑帖速品尝。

此时，木华黎走到成吉思汗面前，对他耳语一阵，成吉思汗欣喜异常地说道："好计，好计！酒宴结束，我们立刻行动，你先领兵去依计行动吧！"

木华黎走后，成吉思汗对帐下将领们道："脱黑脱阿的队伍全部撤退到撒阿里之野，那里四面高岗，中间一块草原，若是趁夜将他们包围起来，烧起一把大火，敌人将不攻自乱，我们再一举将他们消灭！"

巴桑帖速立即请命道："大汗，请派我与兀鲁兄弟担任这次夜袭的先锋吧！我认识脱黑脱阿本人，一定把他擒来交给大汗处治！"

成吉思汗高兴地说道："好！我答应你，派你与兀鲁一起担任前导与先锋，望你把那作恶多端的脱黑脱阿父子一齐抓住，我将重重赏你！"

说完，他又向"四狗"与"四杰"分派了任务，将领们立刻回去集合队伍，准备出发。

蔑儿乞人撤退到撒阿里草原之后，脱黑脱阿当晚即召开各部首领开会，鼓励大家说："胜败乃兵家常事，何况我们今天不算打了败仗，明天只要发扬我们蔑儿乞人苦战到底的传统，仍然可以打败成吉思汗的。"

说罢，脱黑脱阿又派人去通知蔑儿乞的兀都亦惕、麦古丹、脱脱里、察浑等部，他们都驻在五十里外的台合勒山坡上。

为了调动各部的积极性，当晚他命令宰杀一百头肥羊，犒赏参战的将士。

他的长子忽都建议道："成吉思汗打仗善用谋略，为了防止被突然袭击，晚饭禁止将士饮酒。"

脱黑脱阿却不以为然道："酒能壮胆，能增强战斗的勇气，为什么怕将士们饮酒呢？我们蔑儿乞人是永远征服不了的！怕什么？让大家喝吧，喝个痛快吧！"

于是，这些蔑儿乞人大吃大喝了一个晚上，直到二更天才带着酒意，迷迷糊糊地睡去。

忽都却没有睡，他带领一支亲信队伍在驻地周围巡查。

三更天时，他忽然发现周围山岗林子里的宿鸟被惊得四处乱飞，立即警觉起来，便跑去喊醒父亲，并向他作了报告。

正当父子二人说话工夫，耳边传来急促的战马走动的声音。透过夜色向周围看去，只见人影幢幢，成吉思汗的军队确实来偷袭了。

脱黑脱阿立刻惊出了一身冷汗，酒也醒了，急忙下达命令让各部集合兵马，准备应战。可是，被马奶酒灌醉了的将士们，哪容易被喊醒呢？

就在这时，成吉思汗的军队已发起了进攻，在进攻的鼓角声中，蔑儿乞人匆忙应战。

脱黑脱阿已预感到不妙，他见周围全是成吉思汗的军队，他们手执火把，已把地上的野草燃着，在大风吹刮之下，火势越来越旺，正向自己的驻地烧来。

被喊杀声惊醒的人们，一见周围火光冲天，成吉思汗的军队正从四面包围而来，顿时慌乱起来，任凭脱黑脱阿父子再三命令，惊魂未定的兵马怎么也集合不起来了。

忽都观察了四周一会之后，对父亲说："周围的兵马只是拼命叫喊，却不向我们进攻，可是，大火越烧越近，继续蔓延下去，岂不把我们活活烧死！"

忽都又说道："再犹豫下去，恐怕就逃不出去了，趁着火势不烈，赶快突围吧！"

脱黑脱阿看看众多的兵马与部众，说道："这些兵马与百姓全是我们对抗成吉思汗的本钱啊！抛弃了他们，今后我们还能再与成吉思汗拼杀么？"

次子赤剌温说道："只要我们父子跑出去了，草原上的蔑儿乞人是杀不完的！"

此时，火势在风力相助下，越烧越旺，蔓延得越快，脱黑脱阿立即向部下命令道："突围！冲出去！向北，向北冲击！"

第六回

逢群狼少年用巧计，遭绑缚老友断衣袍

于是，脱黑脱阿让他的侍卫队作开路先锋，向外面冲去！

见到蔑儿乞人突围了，成吉思汗立即下令兵马迎头打击敌人，缩小包围圈，把敌人赶回去，让大火把这些顽固的蔑儿乞人活活烧死！

双方混战中，由于夜色的掩护，脱黑脱阿父子还是领着少数亲信逃了出去。

因为整个蒙古草原都是成吉思汗的天下，脱黑脱阿只得向北方逃去，准备去投靠北部乃蛮的不亦鲁汗。经过残酷的拼杀，被脱黑脱阿抛弃的蔑儿乞人，加上大火的威逼，只得放下兵器投降。天亮之后，撒阿里草原上一片狼藉，无数的蔑儿乞人的尸体躺在大火的余烬之中，其凄惨情景，目不忍睹。

在众多的俘虏包括脱黑脱阿的妻妾之中，他长子忽都的妻室——秃孩夫人和朵列格捏夫人容貌特别出众。

成吉思汗的次子察合台看中了秃孩夫人，他向父汗提出请求并得到允许后，便高高兴兴地将秃孩夫人领回去了。

那个朵列格捏年龄小，长得虽然不十分出众，但在其眉心却生有一颗红痣，按照蒙古人的风俗，这是大福大贵的福相。

因为她的年纪与三子窝阔台相近，成吉思汗便把她赐给了窝阔台。据说这女人为窝阔台生下了四个儿子，其中长子贵由便是未来的元定宗，这是后事，暂且不提。

对蔑儿乞人极端仇视的成吉思汗，把男子全部禁锢起来，强迫他们做一些又苦又重的劳动。

女人们则被作为战利品，赏赐给有功的将士们，去充当他们的妻妾或奴仆。

消灭了蔑儿乞部之后，从兴安岭向西，直抵阿尔泰山，整个漠北草原上，各部族全都归附到成吉思汗的大旗下。

为了庆贺胜利，成吉思汗命令杀牛宰羊，犒赏三军，并将战利品论功分赏给将士们。酒宴进行中，侍卫进来报告："巴阿邻族的首领纳牙阿回营来了！"

成吉思汗忙说道："他去追赶脱黑脱阿父子，太辛苦了！快让他进来参加宴会！"

纳牙阿进帐后，向成吉思汗报告道："蔑儿乞部的兀洼思族首领答亦儿兀孙，不愿意跟着脱黑脱阿反对大汗，主动领着部众来归附大汗，为了表示他的诚意，他把女儿忽兰献给大汗。我已将他们带来，请大汗处置。"

成吉思汗喝得醉意朦胧，说道："他的女儿在哪里？"

纳牙阿说道："他们父女都在外面。"

成吉思汗急于见到忽兰，忙道："快让他们进来吧！"

于是，纳牙阿带着答亦儿兀孙及其女儿忽兰一起走进大帐，父女急忙跪下，说道："我是蔑儿乞部兀洼思族的首领答亦儿兀孙，甘愿领着全体部众，前来投靠大汗，情愿为大汗效力，永远忠于大汗！"

成吉思汗高兴地说道："好啊！欢迎你来，我这里来者不拒，只要有诚意，我都一视同仁，绝不分亲疏远近，也不论来早与来迟。"

答亦儿兀孙又报告道："为了表示我对大汗的诚心诚意，我准备把这女儿献给大汗。"

成吉思汗听后，问道："你女儿多大了？"

答亦儿兀孙让女儿来回答大汗问话，只见忽兰抬起头来，说道："我今年十六岁。"

成吉思汗向她一看，不禁眼睛一亮，见是一个端庄秀丽的少女，相貌十分出众，急忙对他们父女说道："起来说话罢！"

趁这工夫，成吉思汗细看那女孩子，见她身材细长苗条，面庞清秀纤丽，举止娴雅文静，气质大方脱俗，处处显得妩媚动人。

看到这时，成吉思汗早已是意马心猿，欲火难禁，遂向帐下一挥手，侍卫们领着忽兰父亲答亦儿兀孙退出帐外，那些将领们早已知趣地散去了。

成吉思汗见帐中再无别人，便三脚两步走到忽兰近前，伸手将她抱在怀中，向后帐走去。

忽兰得到成吉思汗的特别宠幸，成为地位仅次于孛儿帖夫人的、得宠则有过之的女人。

这次讨伐乃蛮、打击蔑儿乞人的战斗中，成吉思汗喜得古儿别速、忽兰两个美女，心中十分得意，每晚由两人轮流伴睡，乐不可支。这些日子，他在与古儿别速、忽兰两个美女朝欢夜乐、温存绸缪之中，突然想到那些中原的皇帝，许多都是因为后宫女人太多，被这些红颜所害，落得国破身亡。

他联想到自己，虽没有三宫六院七十二妃，倒也很有几位美人了，先是结发妻子孛儿帖、患难夫人合答安，以后又获得两位战场上姐妹美人，如今又喜获两个美女——古儿别速与忽兰，若是把她们放到一块住着，难免将来不发生龃龉之事，怎么办呢？

成吉思汗考虑之后，向塔塔统阿说出了自己心里所担心的事儿。

塔塔统阿想了一下，告诉他道："我们是游牧民族，不像中原人那样居有定所，大汗不妨采取分帐藏娇的办法。"

成吉思汗听了，似乎领悟似的说："嗯，分帐藏娇。"

塔塔统阿说道："大汗的原配夫人已有安定的大帐居住，王汗的黑森林金帐，乃蛮太阳汗的兀里牙速秃的牙帐都可作为大汗的行宫，若是嫌少，还可以选择适当的处所，再建金帐，用这种分帐藏娇的办法，能避免许多纠纷，减少彼此间的矛盾。"

听了塔塔统阿的建议，成吉思汗不由笑道："好，分帐藏娇，不居一处，让她们相互不接触，彼此不粘连，太妙了！"

后来，成吉思汗让孛儿帖担任第一斡儿朵（金帐）的主持人，它的位置在克鲁伦河畔的库迭额阿速勒，是蒙古国的最重要的政治中心。

第二斡儿朵，是成吉思汗在灭亡乃蛮之后，命令工匠在喀罗台敖茂湖附近的萨阿里客额儿新建的一座金帐，让忽兰担任主持人，古儿别速也住在这座金帐里面。

第三斡儿朵在土拉河上游的黑森林，原来是克烈部脱里王汗的金帐。灭了克烈部之后，成吉思汗让也遂、也速干姐妹二人一同住在里面。但让成吉思汗想不到的是，同胞姐妹居然争风吃醋起来。

这也遂、也速干姐妹二人，虽然一母同胞，性格却大不相同。尽管她们外貌都十分美丽俊俏，但姐姐也遂心眼多，心胸狭隘，难与人相处，自恃长得花容月貌，常常看不起人。妹妹也速干性格爽朗，待人诚实善良，能忍辱负重，对姐姐极为尊重。也速干的谦让，使成吉思汗感到十分满意，并且更加欢喜她的善良与友谊。

成吉思汗虽爱美色，但他更重感情，重义气。在他看来，也速干这种"蛾眉让人"的品格，可以称得上是女中英杰，巾帼女侠。也遂的外貌固然美丽，但生性孤傲，过分矜持，又是结过婚的，成吉思汗虽然很欣赏她的美貌，总在心灵深处常有疙疙瘩瘩的感觉。

久而久之，也遂便产生了猜忌，见成吉思汗对自己不冷不热，对妹妹也速干却十分热情，便对妹妹产生怀疑。后来又由怀疑变成了嫉妒，最后对妹妹真的怀恨在心了。自古以来，女人的嫉妒之心害人误国的例子太多了，成吉思汗已看到了这一点。

在吞并了乃蛮部之后，成吉思汗让也速干与她姐姐也遂分开，搬到太阳汗的旧牙帐里去，这就是第四斡儿朵。

这座旧牙帐位于色楞格河支流伊德尔河畔，在兀里牙速秃地区，那里山林茂密，水草丰美，气候湿润，宜于定居。

成吉思汗深知也速干宽宏大度，待人热情，把自己儿时的恋人，患难中的情人——合答安也搬到这座牙帐里，让她与也速干同住。

斡儿朵，在汉语中被译为"宫帐、行宫，或王宫"意思，它是由数百、上千座营帐组成的帐幕群。

当时，成吉思汗虽没有都城，这四大斡儿朵便充当起了首都的作用，是他的指挥中心。

成吉思汗在撒阿里草原，采用火攻的计策，一举击溃了脱黑脱阿的各部联军，而狡猾的脱黑脱阿领着他的几个儿子又逃跑了。

一代天骄：成吉思汗

成千上万的蔑儿乞百姓们被成吉思汗俘获，但是这些蔑儿乞人难以就范，不容易控制。

为了便于统治这些蔑儿乞人，成吉思汗将他们化整为零，打散了他们的原先组织，把他们编入自己的百户、千户中去，分配他们在军中看守辎重。

可是，那些蔑儿乞人不甘心忍受这种亡国灭种、为人臣子的生活，他们暗中串联起来，于一天深夜，把那些由他们看守的辎重财物抢掠一空，悄悄地反叛而去。

他们又回到了自己的故土——贝加尔湖南岸的色楞河流域，在深山密林中立寨，准备与成吉思汗再行较量。

其中，兀洼思族蔑儿乞人立寨于忽鲁合不察儿山口，他们的首领名叫者秃里孩儿。

兀都亦惕人在台合勒山驻扎下来，他们砍倒树木，阻塞道路，准备顽抗到底，他们的首领名帖木里儿。

成吉思汗对他们的反叛十分恼火，当即派木华黎与者勒蔑率领五千兵马将两族叛军剿灭。

后来，成吉思汗用处理克烈部的办法，把这些喜欢造反的蔑儿乞人分散开来，分配给蒙古各级贵族。

从此，强大的蔑儿乞人土崩瓦解了，虽然脱黑脱阿父子几人逃脱了罗网，但他们借以反抗的基础——部落百姓已被活活拆散了。

蔑儿乞人的败亡已成命中注定，脱黑脱阿的寿命也就不长了。

当成吉思汗战败乃蛮、攻击蔑儿乞人之时，札木合所率领的札答兰部众百姓，也大都做了成吉思汗的俘虏。

札木合曾经作为成吉思汗草原上反对势力的主要首领，在草原旧贵族中享有较高的威信，成为他们势力的代表。可是，他为人狡诈，不讲信义，嗜杀成性，日益失去人心，成为孤家寡人。

在阔亦田之战中，札木合作为东方各部同盟的首领，在联军战败时，他居然指使部下抢掠同盟者，造成极坏影响。

札木合投降王汗以后，千方百计挑拨王汗与成吉思汗的关系，在合阑真沙陀之战、纳忽崖之战中，他都是在关键的时刻脱离战场，借以保存实力，另谋出路。

札木合一向心术不正，对部下与盟友也从不以诚待人，经常玩弄手腕，一切以个人利益为中心，因此，当他面临危机时，也只能出现众叛亲离的局面。

1204年秋末冬初的时候，札木合带领少数亲信躲进了倘鲁山中，靠狩猎为生。

在纳忽崖战斗中，札木合为了逃命，把辎重与粮草全丢光了，部下见他已是山穷水尽，便纷纷离他而去，使他失去了最后一点资本。

因为身边只有五个人，札木合见他们把那只珍贵的羱羊烧着在吃，又不招呼自己，心里很不高兴，挖苦他们说道："你们是谁的儿子，今天竟这样的排场，把那珍贵的羱羊烧着吃掉？"

札木合说完之后，由于自己也饿得肚皮贴着脊梁，闻着那羊肉味儿直淌口水，急忙走过去抢了一块，蹲在地上大嚼大咽起来。

五人中有一个名叫帖斡昆兀的侍卫，对札木合的话十分反感，冷笑道："你别不识时务了！现在已不是你作威作福的时候了，还摆什么臭架子？"

此时，因走投无路而性情更加暴躁的札木合，听了帖斡昆兀的讽刺，一股无名之火突然而起，怎能容忍这个一向百依百顺的奴仆这样说话，便把手中羊肉一摔，抽出佩刀刺向帖斡昆兀。

蹲在对面的撒金刺眼疾手快，一脚把札木合手中的佩刀踢飞了，大声说道："你要干什么？把我们杀了，还有谁来照顾你？"

札木合一听，更加恼怒起来，喊道："你们串通一气反对我，难道想把我送到成吉思汗那里去领赏？"

帖斡昆兀立即站起身来，对四人说道："这可是他自己说的，我们此时不动手，还要等到什么时候？"说罢，跳到札木合身边，一脚将他绊倒，四人上前，一齐按住他，把他捆得结结实实。

札木合仍在大声叫骂不止，撒金刺伸手从地上拽了一把青草，往他嘴巴里一塞，说道："你骂，还有能耐么？"

此时，成吉思汗正在胜利班师的路上，帖斡昆兀等把札木合交给蒙古的军队，接待他们的是成吉思汗的中军大将哈撒儿。

帖斡昆兀等向哈撒儿报告情况之后，说道："我们把一贯反对大汗的札木合送来，请求留下我们，我们从此将为大汗效力！"

哈撒儿说道："你们暂时去休息，因为你们是献主来降，这事并非一般，需大汗亲自批准后，我才能安排你们的事务。"

等五人走后，哈撒儿派人去带札木合。

这位曾在蒙古草原称雄一时的札木合，自知不免一死，这时候也不该再卑躬屈膝，于是昂然走进大帐里面。

札木合原以为是成吉思汗要见他，原来是他的弟弟哈撒儿，心中不免有些怅然，但转而一想，当年成吉思汗不就是派哈撒儿与别勒古台去请求自己发兵、与脱里王汗一起组成联军去攻打蔑儿乞部，为他夺回孛儿帖的么？正想之间，忽听哈撒儿大声说道："哎呀，老朋友来了，怎么还不松绑？"

两个侍卫忙上去为札木合解去绑绳，从他口中抠出那团青草，只见札木合立即颓然倒在地上，吓得哈撒儿不知怎么办了。

有经验的侍卫上前一摸一捏，报告道："他是饿晕了！"

哈撒儿忙吩咐道："赶快用马奶喂他，一定要抢救过来。"

说完，便去向成吉思汗汇报，问道："你是否要见他一面？"

成吉思汗说道："还是先由你出面为好，听听他的要求，然后我们再考虑对策吧！"

哈撒儿回到中军大帐，见到札木合已经醒来，正在喝马奶哩！

一见哈撒儿进来了，札木合立刻显出羞愧的表情，说道："请将军传话给你的大汗哥哥，黑老鸹逮住了野鸭子，下贱的奴仆捉拿了他们的主人，请问我那明智的安答，这应该怎么办呢？"

哈撒儿听了，忙说道："这话儿，我一定向大汗转告。"

说罢，他对身边侍卫说道："赶快备好酒、好菜来，我要款待老朋友！"

说话的工夫酒菜已摆出来，札木合因为饥肠辘辘，再也顾不得什么贵族的体面与架子，立即狼吞虎咽起来。

哈撒儿高举酒杯，说道："大汗事务缠身，不能前来与老朋友对饮，请予谅解。有何要求，可以向我提出来，一定如实转告，千万不要客气哟！"

札木合忙说道："谢谢！如今我是你们兄弟的阶下囚徒，已非昔日你们投附我时可比，能在死前有两顿可口的酒菜吃，已感激不尽了，哪敢有什么要求？"

二人边吃喝，边谈话，札木合仍然十分健谈，总是拐弯抹角地讲起往日他对成吉思汗兄弟们的好处，这是明显地在向成吉思汗请赦呢！根据成吉思汗的吩咐，暂时以贵族礼节招待札木合。

哈撒儿特别安排专人看管他，嘱咐道："他是大汗的贵客，一定要殷勤招待，不能怠慢他，更不能让他不辞而别了！"

第二天，哈撒儿来见成吉思汗，把札木合的话转告之后，冷笑道："此人一贯玩弄手段，这是他借刀杀人之计，想让我们把那背叛他的五个侍卫杀掉，替他出一口恶气哩！"

成吉思汗听了，开心地笑道："这要求我们可以满足他，他也深知我是十分重视对主仆关系的忠诚与服从，并且痛恨那种遗弃和背叛主人的恶劣行为。"

哈撒儿说道："像札木合这样的主子，让其部下仍然那么忠诚地效忠于他，实在是有点苛求了吧？"

成吉思汗立即说道："这一条是坚定不移的，而且是我多年来一直恪守不变的。否则，我们的部下能死心塌地效忠我们么？你不应该糊涂吧？"

哈撒儿忙表态道："这个道理我完全明白，只是觉得札木合这个人太坏了！"

成吉思汗打断弟弟的话，对他说："你呀你，有时幼稚得像个孩子！你往往把大小事情弄混了，那怎么得了呀？"

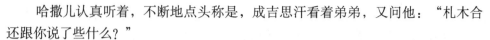

哈撒儿认真听着，不断地点头称是，成吉思汗看着弟弟，又问他："札木合还跟你说了些什么？"

"在喝酒中间，他有意提起过去对我们兄弟的帮助与照顾，好像我们对那些已经忘了，他是在故意提醒我们似的。"

成吉思汗听后，思索着，又问道："他对那些离间、敌视我们的往事，一件也不说，是不是这样？"

哈撒儿说道："是的，札木合一句也不提他后来干的那些不义行为，难道是希望你能放了他，念起过去的交情而不杀他？"

成吉思汗高兴地点头说道："对！这句话算是说对了！札木合这么说话，无非是要唤起我们对他的旧情，希望我们不要杀他。"

哈撒儿忙说道："我们怎么处置他呢？"

成吉思汗说道："札木合不是希望活下去么？我们要让他求死、自己提出速死！札木合不是回避那些他做过的坏事么？我们也要让他自己承认。总而言之，要让他口服心服，也让别人认为札木合真是罪该万死！"

哈撒儿又问道："还有那五个人呢？怎么处置？"

成吉思汗走到哈撒儿面前，对他耳低语了几句，又问道："该记得了吧？"

哈撒儿连忙点头，然后大步流星地走了出去，一直来到札木合的住帐里面，对侍卫说："快把那五个札答兰人带来！"

哈撒儿手指着坐在自己旁边的札木合，对帐下站着的五人问道："你们为什么背叛你们的主人？"

帖斡昆兀先说道："我们的主人为了当首领，他杀死他的祖父，奸淫他的祖母，把七个叔父家的男人全部杀光，女人全部奸淫，像这样的淫恶嗜杀之人，还能再效忠于他吗？"

哈撒儿听了，只得说道："无论怎么说，你们是他的奴仆，要忠于主人，不能背叛他。"

撒金剌又说道："我们不背叛他，难道要我们去帮他再杀那些无辜之人？他的残暴无人不知。"

哈撒儿立即说道："我们大汗最恨那些奴仆背叛主人的行为，他让我传达命令道：对那些背叛主人的奴仆，要一律处死！这些卖主求荣之辈，谁敢信任他们？"

听了这话之后，五个人一齐叫喊起来，特别是那个帖斡昆兀见到札木合洋洋得意地坐在凳子上，气得一步蹿过去，伸手抓住他的衣领，噼里啪啦地打了起来……

其余四个人也想动手之时，早被侍卫们将他们按住。哈撒儿把帖斡昆兀拉过去，说道："快把这些背叛主子的小人拉去砍了吧！"

侍卫们不顾五人的挣扎反抗，把他们一个个地拉出去了，还能听到他们断断续续地说："你们留着札木合，一定要……要上当的！"

哈撒儿转脸对札木合问道："你对大汗这样处置背叛你的人，满意么？"

札木合高兴地点头说："太好了！这样处理以后，你们大汗的部下谁也不敢背叛他了！"

哈撒儿听了，忙对他道："大汗这样处理，完全是为了你啊！他是为了答应你的请求，才如此做的。"

札木合说道："谢谢你们大汗的美意，不过，我非常想能与你们大汗能当面谈谈。"

哈撒儿告诉他道："我的大汗实在太忙，不过，我一定把你的请求向他转告。"

次日，哈撒儿向扎木合说道："大汗太忙，抽不出时间与你会面，他让我传话与你：想当年，我们两人亲密无间，结成生死不忘的安答，我确实得到你的帮助，至今我也没有忘记你的恩惠。后来，你忘了我们的誓言，无故与我为敌，我也可以把它全忘了。况且，我与王汗在合阑真沙陀厮杀时，你曾将王汗的计策告诉我；在纳忽崖与太阳汗作战时，你又替我吹嘘，吓坏了乃蛮人。这两次的恩德，我更是不会忘记的。如今，你来了，又能与我相合了，希望你不妨做我的助手，我不是记仇忘恩的人！彼此这么长时间没见面，我也常常惦念你，劝你不要多心，就安下心来，留在我的帐下吧！"

听了成吉思汗传过来的这些话，札木合又感动，又惭愧。过一会他对哈撒儿说："从前，我与你们大汗总角相交，何等亲密！后来，被人离间才产生怀疑，分道扬镳了。回想那时的誓言，我又后悔，又痛心！"

说到此处，札木合不禁号啕大哭道："如今，你的大汗不计前嫌，以大海一样的度量，提出愿意与我重归旧好，我深感内疚，实在没有脸面再与他见面了！我该怎么办啊！老天爷啊……"

哈撒儿见他哭得如此伤心，不由得动了怜悯之心，劝他道："我们大汗一向宽宏大量，既然诚心留你在帐下一同共事，你又何必拒绝呢？"

扎木合立即说道："我何尝不想做你们大汗的助手？如今你们大汗已收服了各部，从前该与他做伴时，我不与他做伴，眼前天下大事已定，还要我做什么伴啊！他若不杀死我，只会使他夜里睡不着觉，白天吃不下饭，好像背上生芒刺一般，岂不让他不得心安？"

哈撒儿又劝道："君无戏言呀！大汗已声言留你在帐下了，你又何必多生疑心呢？"

可是，札木合也预见到，即使自己活着，也永远不会得到成吉思汗的信任，与其奴颜婢膝地活着，还不如慷慨地死去！于是，札木合又说道："请你转告大汗，立即发布命令，让我快些死吧！他也心安理得了！大汗若是真的可怜我，那就不要使我流血而死，能给我一个全尸，我将感恩不尽了。"

哈撒儿把札木合的求死请求转告成吉思汗以后，只见他沉吟不语，认真考虑了札木合的意见，然后对帐下的将领们说道："回忆起来，札木合虽与我为敌多年，却不曾有真实的害我之心，还多次挽救我们。可是，他自己不肯再活下去了，我派人占卦又没有结果，他是草原上久负盛名之人，我们总不能无故害他的性命吧？请各位谈谈自己的想法，我们该如何处置他？"

过了一会儿，博尔术说道："当初，因为他弟弟的事情，札木合不该兴兵来攻打我们，后来又屡次挑拨离间，跟我们作对，给我们增加了那么多的麻烦，此人罪恶不小，杀他也是天从人意的。"

者勒蔑说道："此人在札答兰部作恶多端，一贯地嗜杀残暴，民愤极大，杀他是他罪有应得。"木华黎等也都纷纷提出理由，请求立即处死札木合，不能留下这条"暂时冻僵的毒蛇"。

听了众将领的意见，成吉思汗马上发下一道旨意："让札木合不流血地死去，不准抛弃他的尸骨，并以贵族礼节厚葬。"

中军哈撒儿把这个命令交给了堂兄弟额勒只带，几天后，他终于想出了处死办法。他把札木合喊到面前，对他说道："我们大汗要你做他的助手，你坚决不肯；想救你一命，你要求速死，而且请求不流血而死。我想，这东西正是你最好的归宿了！"

札木合一看，那是一条较大的牛皮口袋，心中立刻明白了，他是要把自己装进这牛皮袋中闷死。

札木合马上高兴地说道："这太好了！这种死法我的灵魂可以永远地保留在血液中。"说完，札木合向天拜了几拜，又说道："感谢我的好安答满足了我的愿望，将我安葬于高地之上，我的灵魂也将永远地保佑他的子子孙孙。"

然后，札木合一头钻入那牛皮袋中，额勒只带扎紧袋口，不到半个时辰，见到袋子里动了几下，便不再动了。

一年之后，在埋葬札木合的高地上，生长了一种草，幼时青青如翠，可以食用，牧民们称它叫"帖哈忽仑"，译为汉语是"鸡脚草"。这种青青如翠的鸡脚草，长大以后，浑身是刺，牛不吃，马不啃，人们更不喜欢它。当它枯老时，它又随风滚动，到处飘游，让人绊脚，扎手，是其能事。因此它所到之处，得到的除了谩骂以外就是路人的白眼。后来，有人说，这种草就是札木合的化身！时间一长，人们不再称它"鸡腿草"了，干脆就叫它"札木合"！

许多做父母的教育他们的孩子时，往往说："要学好啊，可不要像札木合那样，长大以后遭人谩骂，人人讨嫌啊。"

# 【第七回】

# 大汗立国万邦一统，草原射虎兄弟分别

1206年春天，成吉思汗领着兵马，从阿尔泰山前线胜利班师，回到了蒙古乞颜部的根本之地——斡难河上游地区。

早在1200年，成吉思汗与克烈部王汗的军队在萨里川会师，联兵讨伐东方各部以来，成吉思汗连续取得了一个又一个的辉煌战绩。

七年来，成吉思汗的队伍先后歼灭了泰赤乌部、塔塔儿部、克烈部、乃蛮部、蔑儿乞部、札答栏部等几个强大的部族。另外一些比较弱小的部族，如弘吉刺部、山只昆和合答斤部、杂儿边和汪右部等，多慑于成吉思汗的威力，已主动前来归附。自此，东起兴安岭，西迄阿尔泰山，南达阴山，北至西伯利亚泰加森林的深处，已经没有再与成吉思汗对抗的部族了，辽阔的蒙古高原完全是成吉思汗一统的天下。

随着地域的扩大，人口的增长，内部事务也更加繁多。为了适应新形势的发展，原先的乞颜蒙古国的职能与机构，都显得十分简陋与无力了。

四杰中的博尔术、木华黎前来求见，博尔术说道："如今的大汗，已是草原所有部族人的大汗，再不是当年乞颜蒙古一族的大汗了，应该正式建立大蒙古国，再行登基典礼！"木华黎则建议道："如今我们蒙古国地大人多，国力强盛，一切职能机构理应健全起来。"

成吉思汗听了，忙对二人道："我也正想找几个扯儿必与塔塔统阿、西里胡笑天儿一起商量呢！"

几天以后，一次具有历史意义的忽力尔台——盛大集会，在斡难河畔隆重召开了。

这一天，风景迷人的斡难河畔，穿着节日盛装的蒙古人熙来攘往，处处洋溢着喜庆的气氛。周围的群山也昂首挺立，斡难河水波光粼粼，万里无云的天空，有几只苍鹰在翱翔，处处显示出勃勃生机和盎然春意。

　　会场上有一面白色大旗，引人注目地在春风中飒飒飘扬，那是成吉思汗的九脚旄纛。这面九脚白旄的旗帜，原是孛儿只斤氏的标志。旗上绣有鹰的图案，旗边缀有九角狼牙，牙端是有表示力量的九条白色牦牛尾。蒙古人以"九"为吉祥数字，以白色为纯洁的象征。平日，只有大汗即位，或是大驾亲征时，才树这种旗帜。

　　1189年，成吉思汗首次称汗，那是蒙古乞颜氏族的大汗；这次称汗，则是成为大蒙古国的大汗了，犹如前次接位只是一个"诸侯王"，而这次即位则是成为"天子王"了，因此，要用这九脚白旄的大旄旗。

　　登基大典开始以后，鼓角齐鸣，琵笛同奏，一百多位各部首领和各级将领上前，一致推举成吉思汗为全蒙古的大汗。之后，成吉思汗发表了重要的演讲，他以"奉天承运"的人间圣主而自居，以"汗权天授"而自豪，他说道："今天，我依赖着长生天的力量，获得了天地的赞助，救助普天下的百姓，使之归于我的统一之制。今后，我们要依靠天地的赞力，承蒙黄天提名，一定能够逢凶化吉，遇难呈祥，百战不殆，无往不胜！"说完，成吉思汗带领大家向太阳行九跪之礼，来表示对上天的忠诚。

　　礼毕，成吉思汗又回到宝座之上，接受大家的进见与庆贺。此时，称为"通天巫"的蒙力克的儿子阔阔出上前说道："你现在是普天下万民之汗了，应该有一个王中之王的尊号，根据上天的旨意，你的尊号就叫'成吉思汗皇帝'！"

　　听了通天巫的话以后，成吉思汗踌躇不决，其二弟哈撒儿朗声说道："我大汗哥哥威德满天下，称这'成吉思汗皇帝'是再好不过了！"

　　众位首领，将士们听了，一齐鼓掌赞成，顿时欢声雷动，齐声高呼道："成吉思汗皇帝万岁！"

　　……

　　登基仪式结束之后，成吉思汗便大封功臣。

　　他每封一人，都要充分赞扬和肯定一番受封人的功绩和贡献。各位功臣都被荣誉感激励着。

　　此时，小时候被从战场上捡来，后被诃额仑收为义子的失乞忽秃忽担心自己不如博尔术、木华黎那样受宠于成吉思汗，便性急地首先表白自己的忠诚之心，他向成吉思汗说道："我的功劳难道比别人少么？为什么先赏赐他们？我出力也不少，为什么要降恩于他们？我还在摇车中时，就在你的国中了，直至额下生了这么多的胡须，从来没有三心二意，没有失误的地方。诃额仑母亲让我睡在脚后，当儿子般养育我，你让我睡在身旁，当弟弟般照看我。今天，我们建立大蒙古国，你打算怎么奖励我呢？"

　　成吉思汗听了之后，就先对失乞忽秃忽封赏："你是我的六弟啊，将与其他兄弟一样，有受封赏的权利，我们仰赖长生天的保佑才能得到这一统的天下，统治全国的百姓，以后仍希望你能做我的耳目呀！今后，你就为朕做判事官吧。"

封了失乞忽秃忽担任大蒙古国最高判事官之后，成吉思汗又一口气分封了九十五个千户，任了八十八人为千户长。

千户制是在1204年进攻乃蛮部之前的军制改革基础上建立的，这次重大改革是每一千户中由被打乱的、不同部落的人混合构成，这就彻底打破了旧的氏族制度，打破了由氏族首领管理本部事务的传统，而由军事首领按作战、生产分配的需要直接任命官吏。

这样就使原来的部落界限泯灭消失，瓦解了落后的、容易导致分裂的氏族部落结构，有利于加速各氏族的融合，促进蒙古民族统一体的形成与发展，同时，也有力地防止旧贵族势力的复辟。

千户的规模大小不一，因地制宜，有的千户长管辖多至四千户，有的还不足一千户。每个千户下面，又设百户、十户，所有的蒙古百姓都被纳入其中，统统置于大汗的严密控制之下。

这种十进位的组织，便是蒙古国家统治下的各级军事、行政机构，从而形成一个显著特点：军事系统和行政系统相结合、相统一，平时与战时结合，寓兵于民，全民皆兵。

平时，蒙古百姓按指定的编户，在划定的牧地上放牧、屯驻，不准擅自离开，并向长官提供各种实物贡赋。

战时，所有十五岁至七十岁的成年男子必须服兵役，由十户长、百户长率领出征，还要自备马匹、武器和粮秣。

这样，每个蒙古牧民都成了上马能战斗，下马能牧养的人，这就大大增加了国家的兵员储备，动员起来也极为迅速。

根据成吉思汗的法令，如果十户长不能统帅其十人作战，将连同妻子儿女一并定罪，然后另选十户长。对百户长、千户长、万户长的规定也是如此。

战争时期，军队以千户为单位征调，每千户要提供一千名战士，千户长既是军事统帅，又是地方行政长官。

成吉思汗任令的千户长，大多是在对敌战争中功勋卓著的将领，千户长是世袭的军职，他们是高踞于牧民之上的统治者，掌握着分配牧地、征收贡赋、差派徭役和统领军队的大权，拥有大量财富和奴隶。

在千户上面还设有四个万户。博尔术被封为右翼万户长，管理西方直至阿尔泰山方面的各千户，他是成吉思汗封的第二号万户，还特许他九次犯罪不罚，后又让他兼任怯薛军的队长。

成吉思汗封木华黎为第三号万户，并任令他为左翼万户，管辖东部直至大兴

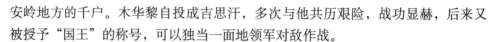

安岭地方的千户。木华黎自投成吉思汗，多次与他共历艰险，战功显赫，后来又被授予"国王"的称号，可以独当一面地领军对敌作战。

对沉毅多智略、猿臂善射、挽二石强弓的木华黎，成吉思汗让他居于上位，直至子子孙孙，并享有九罪不罚的特权。

成吉思汗任命纳牙阿为中军万户。成吉思汗对纳牙阿格外信任，认为他忠心不贰，是个顶天立地的男子汉，这次也封他为万户，统帅保卫大汗的怯薛军。

第四位被封为万户的人是豁儿赤，由于他很早以前就预示了神言，并立有战功，让他管理沿也儿的石河一带地方的林木中的百姓，另外又允诺他从投降的百姓中可以挑选三十名美女为妻。

对蒙力克老人，成吉思汗把他封为第一号万户，为了表示对老人的尊重，成吉思汗特在自己座位旁边设一位子，请蒙力克坐在那里共议军国大事。

为了鼓励部下多提建议，敢于劝谏，成吉思汗还特别分封了四位直言敢谏的人——忽难、阔阔搠思、迭该、兀孙老人，并表彰道："他们四个人，凡是看见的不曾隐瞒，听见的不曾隐讳，凡是他们想到的从不埋藏在心里面，而是直面告诉我。"

成吉思汗分封他们专做谏官，他对忽难道："你在黑夜里像凶狠的野狼，在白天像粗暴的乌鸦，迁移时不遗一物，留守时决不移动，对于敌人冷若冰霜，在仇人面前不为私利动心。"

成吉思汗还封忽难为管理格尼格思的千户，并且任命他为代管大汗长子术赤所属百姓的万户，实际上是辅佐皇子的"王傅"。

对于兀孙老人，成吉思汗任命他为"别乞"，这是对氏族首领的尊称，后演变成宗教领袖，允许他"穿白色的衣服，骑俊白的骟马，坐在众人的上座，评讲年月里的吉凶祸福。"

当年，札木合、王汗都知道成吉思汗身边有"四杰""四狗""二勇将"之说，成吉思汗也确曾说过这么一段话："忽必来，你与者勒蔑、哲别、速不台，有如四条猛犬，听我发令指示，无坚不摧，无险不破，深水不能阻挡，所以每次厮杀，皆教你们做先锋；而博尔术、木华黎、博尔忽、赤老温四杰在我左右；又有术赤带、畏答儿二人立我之前，我就十分放心了。"

这次分封时，畏答儿已经牺牲了，成吉思汗仍追封他为千户，让他儿子继承。

成吉思汗也封术赤带为千户官，命令他管理兀鲁兀地方四千户。为了表彰他的功绩，成吉思汗又把自己的次妻亦巴合赐给他为妻，也能看出对他的重视了。

接着，成吉思汗开始分封他的"四狗"为千户，并赞扬这四员大将说："你们四人曾为朕压强者之颈、劲者之臀而使之不得动弹。每当争战之日，只需朕一声号令，你们便勇往直前，所向披靡，破敌有如坚铁之岩石，断敌有湍急难涉之深水。"

成吉思汗说到这里，情绪激动，又提高声对众人说道："无论敌人如何强大，兵力如何众多，只要有他们四人立于阵前，朕即可心安神定，对敌人毫不畏惧。"

成吉思汗就这样一一表彰他的众多的有功之臣，对所有被他点到的将领，他都首先赞扬一番，历数其功绩与贡献，然后再给予封赐，使会场里不时爆发出欢呼声。

第二天，分封功臣之后，成吉思汗又当着母亲诃额仑的面，将自己所有的妻子一一分封。

他册封原配妻子孛儿帖为大皇后——协助诃额仑主管后宫大小事宜，册封合答安为皇后，其余各人皆有不等的册封。

册封完毕后，诃额仑看着眼前的儿媳们，便以长辈的口吻说道："依照长生天的安排，我们从草原的各个角落走到一起来了，成为一家人，这也是很不容易的啊！希望各人珍视自己的前程，爱惜宝贵的青春，遵守各项规矩，做一个让蒙古人尊敬的，大汗满意的好皇妃！"

皇太后说到此，又指着孛儿帖说道："你们的大皇后孛儿帖嫁来二十多年，宅心渊静，禀德柔嘉，十分贤惠，与大汗相敬如宾，感情融洽，可以作你们的榜样啊！"

孛儿帖也不得不说道："皇太后讲我们是一家人，那就该彼此间亲密坦诚，亲如姐妹，共同尽心竭力地侍奉好大汗，请姐妹们牢记这一点。当着皇太后的面，我讲一句不该讲的话，我这个大皇后，年纪也老了，又有四子五女需要操心，以后侍奉大汗，要多仰仗各位妹妹了。"

孛儿帖说完之后，皇太后又说道："四个斡儿朵的主持人，要严于律己，宽以待人，要给皇妃们做个好样子，当个好的带头人。不久前，听说也遂、也速干姐妹俩闹矛盾，这就太不应该了！当姐姐的要像个姐姐，处处给妹妹做个好样子，就不会有纠纷了。"

听到皇太后的责怪，也速干、也遂急忙低下头来，特别是也遂的头低得更狠，她明显觉得皇太后有意在教训自己。

为了建立一支强大的武装力量，以维护汗权的权威，成吉思汗立即着手扩建了中军护卫，对原先组建的怯薛军进行了改组和整顿。

早在1189年，成吉思汗就派遣自己的那可儿充当侍卫，他们的作用正相当于当时各部落的亲兵或是警卫。

1204年，在与乃蛮部交战前夕，成吉思汗对军队进行改编时，把侍卫分为宿卫和散班两个部分，这可以说是怯薛军的前身。

根据成吉思汗的提议，明确地规定了怯薛军的人数："先前，我只有八十人

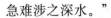

做宿卫，七十人做护卫、散班。如今天命众百姓都归我管，我的护卫、散班等，于各万户、千户、百户内，可以造一万人组成怯薛军。"

按照成吉思汗的要求，宿卫由八十人增加到一千人，分作四队，轮流执勤，每三天轮班一次。要求宿卫夜间睡在帐殿周围，交接班时在门前移交符证。夜间有急事禀报应先告知宿卫，然后和宿卫一起在帐后禀报。任何人未经宿卫许可，不得进入大汗的帐殿，不准打听宿卫人数，不能混杂行走在宿卫队伍之中。日落之后，如有人在帐殿前后行走，宿卫立即逮捕，如有胆敢撞帐门的人，要"砍断他的肩，斩掉他的头"。

还有带弓箭的教班，又名"弓箭手"或"箭筒士"，成吉思汗命令从原先的四百人增加到一千人，他们与那些教班一起值白班，以护卫大汗的安全。

对原来的教班，由原先的七十人增加至八百人，分作八队，分别由八位千户长率领，让他们听从命令，调动行事。

成吉思汗对怯薛军的要求也很严格，要他们"在阴风里，经常守卫我的有门的帐房，使我平安地睡眠""不分昼夜，保卫我的帐房，不合眼睛地护卫我的身躯""一听到我的桦皮筒哗啦啦地响，便不停地跑来"。

成吉思汗要求宿卫们必须尽心尽责按规定做事，否则严惩不贷。若是有人误了班，不按时到达时，第一次鞭打三下，第二次鞭打七下，第三次鞭打三十七下，并被流放远方，等于被开除了。

这支精锐的怯薛军有着严格的纪律，同时也享有非同一般的特权，一个普普通通的怯薛队员的地位和待遇，甚至高于千户官。

对这支亲军的每个成员，成吉思汗都要亲自从"各官并白身人儿子内"挑选，在入选条件上特别严格，首先是忠于大汗，同时要武艺高强，长相威武英俊，还要有一技之长。这说明成吉思汗十分注意怯薛军的出身，规定主要从各级那颜贵族及有较高社会地位的自由民中选择，目的是保证这支队伍的政治可靠性。

依据成吉思汗的规定，护卫是从万户、千户、百户、十户的儿子及白身人的儿子中有技能、身体健壮者来挑选。千户那颜的儿子可带七个伴当和兄弟一人；百户那颜的儿子可带五个伴当和兄弟一人；十户那颜的儿子和白身人的儿子可带三个伴当和一个兄弟。

成吉思汗要求挑选来的队员，要自备乘马，所需物品由所属千户管区内征用。

在这支怯薛军中拥有大量的万户、千户、百户等各级那颜官员的子弟，成吉思汗是有其十分深远的用意，这表示他对各级官员的信任，也可以通过日常观察、锻炼和培养一批出身贵族的将领，并与这些官员继承人建立世代相承的主奴和师徒关系。

更重要的是通过这些官员子弟，成吉思汗可以了解和控制各地方和出征在外的各级官员、统帅们，使他们不敢轻易生出叛心，即使为自己和子弟的前途着想，也要自觉自愿、忠心耿耿为大汗效力。因此，有人干脆把这支怯薛军称之为"质子兵"，可见成吉思汗为建立这支亲军的良苦用心。

对这支重要的亲军，成吉思汗任命自己最亲信的"四杰"世袭担任四怯薛之长，他们是博尔忽、博尔术、木华黎、赤老温。

据史书记载，成吉思汗当时的军队总计十二万九千人，其中属于成吉思汗直接统率，后由少子拖雷继承的，包括中军和两翼，共为十万一千人。

这里说的"中军"，即是指怯薛军，其万户即纳牙阿。其"两翼"是指右手军和左手军。右手军的万户即博尔术，副帅为博尔忽，兵马共三万八千人，二十九个千户。左手军的万户为木华黎，副帅为纳牙阿，兵马共六万两千人，三十六个千户。

其余的军队分给了成吉思汗的子侄、诸弟及其母亲，共两万八千人。分给长子术赤、次子察合台、三子窝阔台、五子阔列坚（皇后忽兰之子）各人军队四千人。分给四弟斡惕赤斤的军队五千人。幼弟，即分给哈撒儿的儿子也苦、脱忽、移相奇的军队为一千人；分给哈赤温的儿子额勒只带的军队三千人。成吉思汗分给母亲诃额仑皇太后军队一千人。

至于哈撒儿、别勒古台等，在军中都有任职，这里没有另分军队给他们了。

因为怯薛军在整个军队中享有特殊的地位，使怯薛军队员及其家属，甚至其仆从都产生一种崇高的荣誉感、责任感和使命感，鼓舞他们绝对忠于大汗，坚决执行大汗的命令，抛头颅，洒热血，万死不辞。因而各级官员总想让自己的子弟能成为怯薛军中的一员，才易于被大汗发现才干，早日获得信任与提拔。

由于这支军队是成吉思汗个人的亲军，是他对内镇压贵族复辟阴谋，制约各路军事指挥官的行动，对外进行掠夺和扩张战争的强有力工具，所以，他多次公开说道："这一万名怯薛军是朕的福神，我的子孙对待他们也要像我对待他们一样，给予特殊优待，千万不能忘啊！"

成吉思汗统一蒙古草原上的各个部落之后，又建立了大蒙古国，使历史上一直处于分裂混乱状态的蒙古族形成了一个民族共同体。

随之而来的是蒙古社会经济的大发展，人们越来越觉得，没有本民族的文字，无论是公文往来、传达大汗的命令旨意，还是民间的文化交流以及与周边邻国的外交来往，都很不方便。

塔塔统阿也曾向成吉思汗说道："大汗已经统一了草原各部，偌大的一个蒙古族，仅有语言，没有文字，这哪成呢？好像一只鸟儿，没有翅膀是飞不起来的，又如一猛兽，没有眼睛，怎能捕获猎物呢？"

成吉思汗越听越感兴趣，忙问道："文字既然如此重要，你能替我们创制蒙古文字吗？"

塔塔统阿说道："现在当着大汗的面，不是我夸下海口，创制蒙古文字对我来说，正像大汗领着兵马一举打败太阳汗那么容易。"

成吉思汗听了，兴奋得拍着手站起来，他走到塔塔统阿面前，笑着说："你真是草原上的瑰宝啊！人们通常把金银、珠光玉器当作宝贝，那真是陈腐、浅陋之见，像你这样的有才、有识的文人，才是国之瑰宝呢！"

说罢后，拉着塔塔统阿坐下，接着刚才的话题又谈了一会儿，成吉思汗说道："你看，听你说了这么多知识，使我大开眼界，心里一高兴，连肚子饥饿也忘了！"

他立刻向身旁的侍卫命令道："快拿吃的来！要多拿些好吃的，好喝的来，我要与塔塔统阿边吃边谈哩！"

当晚，两人直谈到深夜才各自休息。

第二天上午，成吉思汗又让侍卫把塔塔统阿请来，具体研究创制蒙古文字的事情。

塔塔统阿说道："听说西里胡笑夭儿也来了，他是乃蛮部的老臣可克薛兀撒卜剌里的儿子，与我同学、同事多年，我可以与他一起合作，为大汗创制蒙古文字。"

成吉思汗听了更加高兴，于是派侍卫去把西里胡笑夭儿请来。两人一见，自然高兴，他们用维吾尔语对话，使成吉思汗感觉到如同在云里雾中，忙问道："你们在说些什么呀？"

塔塔统阿告诉他道："我俩说的是维吾尔人的语言，决心共同为大汗效力，一定创制出蒙古文字，报答大汗对我们的知遇之恩。"

成吉思汗心中十分喜悦，不禁说道："我有了你们两位名人，比得到两件珠宝还要高兴。从此，我们蒙古人像长了双翅的鸟儿，就能飞起来了。"

塔塔统阿说道："自古以来，打天下要靠兵马，要靠武将，治理天下则要用文人呀！"

不久，两人决定用维吾尔文字母拼写蒙古语，维吾尔文只有二十一个字母，其余便利用偏旁凑成，终于创制了以维吾尔字母为基础的蒙古文。

成吉思汗又让他们两人担任教师，教太子、诸王学习这种文字，这就是被人们称道的"维吾尔字书"。

之后，成吉思汗又下令召来其他一些深知维吾尔文字的人，让他们专门做各级官吏子弟的教师，由此便形成了一个传统，从蒙古大汗到万户、千户等都用维吾尔人掌管文书印信。

接着，成吉思汗正式下令，要求用这种文字发布命令，登记户籍，编制成文法等。

随着蒙古帝国的扩张，这种维吾尔字的蒙古文不仅通行于蒙古，而且通行于金、夏、宋各国，大大便利了书信往来与信息的传播。

维吾尔字蒙古文的出现，结束了蒙古民族没有文字、"刻木记事"的历史，对蒙古民族经济、政治、军事、文化、外交等各个方面的发展都产生了重大作用。

早在建国之前，成吉思汗就意识到律令的重要性。经过多年的战争实践，他亲身体会到当时社会秩序紊乱，诸部落各自为政，有利则合，无利则离，人们缺乏道德观和纪律性。

为了加强汗权的无上威信，为了增强民族的团结，建立秩序和纪律，必须制定法律。

1202年击败塔塔儿之后，成吉思汗就任命别勒古台为断事官，让他处理，审问那些斗殴、偷盗和欺骗的案件。

别勒古台为人忠厚老实，办事认真，不徇私情，他惩治这些违犯纪律的方法也比较严厉，有些近于残酷。对那些无故斗殴者，他多以罚交牛羊的方式，来儆戒他人。

别勒古台自己一向声言"饿死不当贼"，因此对偷盗行为十分痛恨，处罚得很严厉。

对首次偷盗者，除归还原物外，他罚以鞭笞七下；第二次偷盗者则被砍去左手拇指；第三次偷盗者则被砍去左手。由于惩罚得严厉，很少有人敢连续偷盗两次以上的，成吉思汗对此比较满意。

不久，成吉思汗让次子察合台担任这个断事官，直到建立大蒙古国，成吉思汗在开国大典的忽勒里台大会上，任命他的养弟失乞忽秃忽为大断事官。

此时，塔塔统阿与西里胡笑夭儿已经创制了蒙古文，失乞忽秃忽在他们两人的帮助和指导下，把成吉思汗平日的"讲话、命令、规则"等记录下来，定名为《大札萨》。

这里的"大"是强调其重要性，"札萨"在蒙古语里，意思为法度、法令，主要是指成吉思汗的命令。

成吉思汗对这位大断事官养弟十分信任，赋予他至高无上的权力，他可以自己立法，自己执法，自己判决。失乞忽秃忽也没有辜负大汗的信任，办案十分认真与公正，而且忠心耿耿，廉洁自律。

在蒙古社会中，大汗是最高统治者，享有至高无上的权威。按照当时的习惯，大汗的言论、命令就是法律。成吉思汗在《大札萨》中，规定了各类人员的权利义务以及违反规定时的处置办法。

他规定万户官、千户官和百户官们，要在年头与岁尾前来听他的训诫，回去以后才能实行奉行，管好自己的军队。"如果他们住在自己的营帐里，不听训诫，就像石头沉没在深水中、箭头射入芦苇丛里般消逝得无影无踪，这样的人就不适于当首长。"

成吉思汗要求他的"万户官、千户官和百户官们，每一个人都应将自己的军队保持得秩序井然，随时做好准备，无论诏令和指令在任何时候下达，都能及时出征"。因此，他规定人们必须留在指定的十户、百户、千户之内，不准转移到其他地方，迁移者要被处死，收容者也要受到严惩。

同时，《大札萨》中要求人们为统治阶级竭忠尽力，平时"应像牛犊般地驯顺"，战时投入战斗时"应像扑向野兽的饿鹰"。

成吉思汗在军法方面规定得更具体、严厉。"临阵先退者处死，出征逃匿者处斩，死于军中者，若其奴仆驮尸而还，即以死者之富产给予其奴仆；若他人驮尸以归，则可得死者之妻奴富产……"

还规定：十户长不尽职者，可以另选；出一令，发一言，必须三人说对，然后可行，否则，令勿出，言勿发。

札萨中还规定保护私有财产，"奴盗他人财物，此奴及其主人皆当杀；逃奴及收留逃奴者皆死；盗马者必须赔偿，被盗马匹在破获之后，应以九匹相同毛色的马匹归还原主。如无赔偿能力，可收其子女相抵。若无子女，应处死刑。"

在札萨中，成吉思汗还根据游牧民族的生活、生产的需要，对保护草场、保护牲畜、生活禁忌等方面做出了种种规定，禁止草生时锄地，不准污染水源；对通奸、鸡奸、谎言、私斗、间谍行为等都有严厉的处罚规定，有的要处以死刑，特别是因遗火而烧毁草原的，要杀死全家。

成吉思汗在其律令中，还保留了一些蒙古部落中一些落后的习惯和宗教色彩。蒙古人平日不许洗涤衣物，认为洗后晾晒，会使天将发怒，引起雷击等。对吃食，不能说食物是不清洁的，什么东西都可以吃。吃饭时被噎住了，要拉出去惩处。严禁在水中小便，或在灰烬上撒尿，不准跨火、跨桌、跨碗、跨碟等。父亲死后，儿子有权决定其庶母的命运，除生母外，可将其庶母收为妾或是送给他人为妻、作妾等。

在《大礼萨》中还规定了那颜贵族享有"九次犯罪，不要罚"的特权，他们还可以对其部下"随意处分财产，且得处分其身体"的权利。

对各级官员，成吉思汗都要求他们认真遵守、努力贯彻《大札萨》，他说道："我使用了这些法令，并推行了这些必里克，因此使我们的安宁、欢乐和自由的生活一直继续到现在，将来，直到五百年、千年、万年以后，只要嗣承汗位

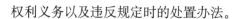

的后裔们依然遵守并永不改，在全民族中普遍沿用它们，上天将佑助他们的国家，使他们永远欢乐。"

一天，成吉思汗的三弟哈赤温在斡难河边碰见一个卖鹿皮坎肩的猎人，他见那坎肩做工精细，皮毛质地也属上等，就买了两件。当时，天色已晚了，那猎人说道："这两件坎肩算我送给大哥穿了，请你赏给小弟一顿饭吃，再让我住上一夜，我心里就感激不尽了。"

蒙古人一向有热情待客的习惯，哈赤温见此人也还老实，就把他领回自己的大帐，用酒肉招待他，并让他住了一夜。

第二天，哈赤温见那猎人要走，又拿出银子付给他两件鹿皮坎肩的钱，可是那人死活不收，并说道："大哥热情待我，怎能再收你的银子？"哈赤温见他坚持不受，只好说道："你若不见外，下次再来时还可以来我这里住宿。"

那人走后，过了半个月左右，真的又来了，并给哈赤温家里送来了好几件鹿皮坎肩，有女人穿的，还有小孩子穿的。

当晚吃饭时，那人从怀里掏出两只晾干的熊掌，双手交给哈赤温道："我见大哥是个善良人，这一点小礼物实在拿不出手了，请大哥无论怎样也要收下它。"

哈赤温见这人也是真的相赠也就收下了，并用好酒好肉招待他，二人直喝到深夜方散。

以后，这个猎人又来了两次，每次都要带一些猎物送给哈赤温，两人渐渐熟悉了。

开国大典之后，这位卖坎肩的猎人又来了，晚上喝酒时，他突然向哈赤温问道："不知三王爷可记得小时候的好朋友燕札鲁儿了？"

哈赤温一听，不禁一愣，这燕札鲁儿是阿勒坛的小儿子，与自己年龄相当，曾在斡难沙中救过自己的性命，后来阿勒坛背叛了汗兄，投靠了王汗，以后又去了乃蛮部，在太阳汗死后，就不知去向了。

现在听他突然相问，便意识到此人可能有些来历，顺口答道："我怎能忘了他？在斡难河里，他救过我的性命，是我的恩人呢！"

那人听了，面露伤感之色，说道："燕札鲁儿如今可吃苦了！"

哈赤温忙问道："他在那里？请问你是他什么人？"

那人说道："他正过着非人的日子，我……我是他的异母兄弟，名叫札兀也帖。"

这个札兀也帖说完之后，从一个鹿皮袋中掏出一个小包袱，是一件镶满珍珠的鹿皮坎肩，他把这件宝物双手捧着，对哈赤温说道："这是我们家的祖传宝物，燕札鲁儿要我代他送予三王爷，请务必收下吧！"

哈赤温听了他的话，又看着那件宝物，心中十分惊奇，只得装作什么也不懂地推辞道："我不能不明不白地收下他这件珍贵的礼物，请你不妨把话说清楚，他有什么要求，尽管说出来。"

札兀也帖立即微微一笑，说道："三王爷果真是个好人，又是一个明智之人！说起来，我们都是那颜的子孙，只是因为我们的父亲阿勒坛一时糊涂，背叛了大汗，弄得众叛亲离，死无葬身之地，撇下我们兄弟五人钻在山洞里，过着野人一样的生活。"

哈赤温说道："你们为什么不来投靠大汗呢？"

札兀也帖忙答道："因为父亲得罪了大汗，我们害怕遭到大汗的报复，不敢来呀！"

哈赤温摇头说道："你们看错人了，我的汗兄是个很宽厚的人，他绝不会对你们进行报复的，何况你们与他又没有结怨。"

札兀也帖又说道："燕札鲁儿想请三王爷替我们兄弟五人向大汗求情，让我们回来吧！为了表示我们的真心实意，我将这件珍藏多年的宝衣献给你。"

哈赤温立即说道："明天我就去向大汗提出来，他不会反对你们回来的，更不会对你们进行报复，你就放心吧！现在，我们只管喝酒，别想得那么多了。"

于是，哈赤温与札兀也帖重又大吃大喝起来。

其实，这个札兀也帖的话全是耍的花招，他们请求回来的目的不是要真心归顺，而是想借着归顺的幌子，找机会刺杀成吉思汗，为他们的父亲报仇。

早在乃蛮部的太阳汗被成吉思汗的大军打败之时，阿勒坛一见大势已去，便领着亲信与五个儿子仓皇逃走了。后在成吉思汗兵马追杀当中，他的部下有的战死了，有的离开了他，最后只剩下他们父子六人躲进了一个山洞里，才没有被成吉思汗的追兵发现，活了下来。

后来阿勒坛病死，他的后人决意去刺杀成吉思汗为父报仇。最后，兄弟五人中的燕札鲁儿与札兀也帖单独商量出一个办法，向三位兄长一说，他们只得同意让札兀也帖带着那件家传的珍珠坎肩，送去给哈赤温，请求成吉思汗答应收留他们，然后再伺机刺杀成吉思汗。

现在，札兀也帖见到哈赤温以后，通过几次交谈，内心深受教育，觉得为父亲报仇的想法实在荒唐。

次日上午，哈赤温带着札兀也帖去见成吉思汗，把他送给自己的珍珠坎肩拿出来，献给成吉思汗后说道："阿勒坛叔叔已经病死了，他的五个儿子想来投靠大汗，请汗兄决定是否收留他们？"

成吉思汗立即说道："阿勒坛叔叔主动离开我，不是我抛弃他的，他自寻死路怪不得我呀！他的五个儿子与我无冤无仇，又是我的堂兄弟，什么时候回到我这里来，我都欢迎他们！"

一代天骄：成吉思汗

札兀也帖听了更受感动，忙跪下说道："大汗宽宏大量，不计前嫌，使我感激涕零，我一定回去让我的兄弟们及早前来，并永远记住大汗的恩情。"

成吉思汗忽然说道："我记得你们的五弟燕札鲁儿曾经救过哈赤温的性命哩！有过这件事吧？"说完，他转脸看着自己的三弟哈赤温，见到哈赤温连连点头之后，又对札兀也帖说道："燕札鲁儿是哈赤温的救命恩人，他忘不了，我也忘不了。你父亲对我也有恩，他是最先站出来提议让我担任大汗的，可是后来他主动离开我，走进反对我的敌人的阵营中去了！"

哈赤温说道："自古以来，恩要结，仇要解，何况我们之间只有恩，没有仇怨呢！"

后来，成吉思汗把珍珠坎肩交给三弟说："你留着，作个纪念吧！"

哈赤温忙说道："感谢汗兄的惠赠。"

成吉思汗转脸对身边的护卫道："快送两只羔羊、两桶马奶酒给哈赤温，要热情招待札兀也帖兄弟的归来。"

札兀也帖谢道："我心中十分感激大汗的仁慈，明天我就去把兄弟们领来，决心永远为大汗效劳！"

成吉思汗说道："好！什么时候回来，我都欢迎！"

过了几天，阿勒坛的五个儿子全都回来了，成吉思汗对木华黎说道："他们五人全交给你，由你安置他们吧！"

成吉思汗立即派人准备一桌丰盛的酒菜，热情欢迎他们兄弟五人回来投靠自己，不料他感染了风寒，身体不适，未能亲自参加宴会，只让三弟哈赤温代表自己前去，使兄弟五人不同程度地都受到了教育，一时安定下来了。

为了报答救命之恩，哈赤温向木华黎请求，将燕札鲁儿要到自己属下，两人常常在一起骑马射箭，习武练艺。

这燕札鲁儿的视力特好，射箭的本领也特强。有一次，哈赤温与燕札鲁儿正在帐中饮酒，忽听帐顶木梁上发出吱吱的叫声，他们抬头一看，见是两只又大又肥的老鼠在相互追逐着。

哈赤温正在惊诧之时，燕札鲁儿已取弓在手，不慌不忙"嗖"的一箭射去，竟一下子穿透两只老鼠的肚子，从帐顶上一齐坠落下来。

不久，成吉思汗来到哈赤温的大帐之内，向他们两人说道："我们一起到草原上遛马去！"

其实，成吉思汗是想亲自见识一下燕札鲁儿的射箭本领。

成吉思汗从小喜欢射箭，那时候在斡难河边，与童年的札木合便是从射箭、习武上结识，并建立了兄弟情谊。

如今，成吉思汗早过了不惑之年，在战场上已经拼杀了二十余年，他与三弟

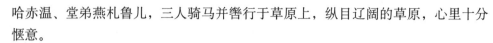

哈赤温、堂弟燕札鲁儿，三人骑马并辔行于草原上，纵目辽阔的草原，心里十分惬意。

这时候，草丛中突然冲出了两只兔子，从他们的马前蹿过，成吉思汗对二人说道："这两只狡兔跳出来，是公然向你们挑战哩！"

哈赤温忙取弓搭箭，大喝一声道："我先射前面那只！"随着他的话音，"嗖"的一箭飞去，正中那兔子的屁股，可是，那又肥又大的兔子只跟跄了一下，竟带着那根箭矢，继续没命地狂跑了，引得成吉思汗哈哈大笑，对三弟戏说道："好三弟啊！你这是赔了箭矢又闻兔子屁！"

这工夫，燕札鲁儿也弯弓搭箭，说道："我射后面的那只兔儿！"

他的话音未落，那箭矢"嗖"的一声飞去，只见后面奔逃的那只兔子一个跟头翻过去，四只腿儿一蹬，立刻不动了。接着，燕札鲁儿又向那只带箭奔跑的兔子射了一箭，它也是翻了一个跟头，倒下来四条腿儿乱蹬，一会儿也死了。

三人拍马来到兔子近前，下马捡起兔子一看，燕札鲁儿的箭矢全射中兔子的头部，成吉思汗有些惊讶地称赞道："你这射法倒也神奇！据我所知，兔子跑时，全靠后面两只长腿蹬起来的力气，往前蹿去，他的头颅只在两只前腿裆里伏着，边向前跑，边向后面窥看，你怎能全射中它们的头部呢？"

燕札鲁儿忙说道："是呀，大汗说得对，兔子跑时头在前腿裆里夹着，可是，它每向前蹿跳一次时，它的头部总要迅速地昂一下，以免弄错方向，我就利用它昂头的工夫射它的。"

成吉思汗听后，不由说道："你真是一个细心人啊！你的射箭本领已完全够得上一个神射手的称号了！"

燕札鲁儿急忙说道："感谢大汗的夸赞，但是我离神射手还差得很远、很远哩！"

成吉思汗喜悦地说："有你这精湛的射技，加上这么谦虚的态度，完全可以称为神射手了。"

话音刚落，只见半天空中，在那蓝天与白云之间，有一只大雕在翱翔，有时俯身下冲，有时箭一般冲上云端，它正在搜索猎物哩。

成吉思汗一时兴起，伸手取出弓箭，仰首望去，只见那只雕正飞在自己的头顶，便说道："看我射它下来！"说话之间，一箭射去，只见那矫健轻捷的雕一头坠下来，它那翅膀都没来得及拍打一下，便死了。

哈赤温急忙下马把死鹰捡来，大声说道："正中头部，正中头部，这才是神射手呢！"

成吉思汗一听，立即哈哈大笑起来，他看着那只死雕，意味深长地说："我已二十多年没有射过雕了！想当年，我在王汗的黑森林中，见到一只大雕抓走一只怀崽的母羊，许多人射它不中，我一时争强好胜，竟一箭把那大雕射落下来，引得众人的齐声喝彩，连王汗也来向我祝贺，他的儿子桑昆却十分嫉妒。这一晃十几年过去了，真是岁月催人老啊！"

三人边走边说，把后面一队护卫拉得好远，不知不觉便进了山林里面了。

这里是大兴安岭向西延伸的部分，山高林密，自然风光十分优美。林子里山鸡、野兔随处可见，野鹿也时常成群地跑过。不过，黑熊、老虎以及花斑豹虽不常见，却也有咬伤猎人的事情发生。

成吉思汗好长时间没有出来打猎了，这一次机会难得，有这兴致，见到林中景色优美，空气清新，心情更加舒畅，便纵马向林子深处驰去。

三人在林子里转悠了半天，打到许多山鸡，还打死了一头小鹿，仍不见护卫队赶来。

哈赤温说道："大汗，天色晚了，我们回去吧？"

成吉思汗看看西天的太阳，又望望周围茂密的树木，特别是遍地的山花野草，似有恋恋不舍的样子。

就在这个时候，一只吊睛白额猛虎，挟带着一阵狂风，从山坡上蹿下来了！

成吉思汗急忙取弓在手，正要向那猛虎射箭之时，不料坐下的战马一见猛虎冲来，吓得又叫又跳，连尥了几个蹶子，把成吉思汗掀下来。

那猛虎吼叫着，向落马的成吉思汗扑来，哈赤温急忙跳下马来，站到他的汗兄前面，挡着扑来的老虎。燕札鲁儿忙弯弓搭箭，对准那猛虎的脑门，用力射去一箭。

因为猛虎正向前蹿来，被这一箭正中脑门，疼得大叫大吼，在地上翻了几个滚身，那支箭也没有被抖落，仍然深深地扎在脑门里面。

这畜生本是凶残的野兽，此时更是狂吼一声，继续向前扑来。

哈赤温手执佩刀，站在成吉思汗前面，燕札鲁儿见那猛虎未死，便又射一箭，正中猛虎的前胸，它当即仆倒在地上，一动也不动了。

成吉思汗手执弓箭，说道："未想到我被战马掀下来，差一点遭到这猛虎的伤害！"

燕札鲁儿忙说道："大汗受惊吓了吧？只怪我的动作慢了一点。"

成吉思汗说道："幸亏你这两箭，如此凶恶的猛虎才倒在我们面前，应该感谢你才对！"

这工夫，哈赤温走到那猛虎的尸身前，用脚踏着它，又伸手拔去它脑门上的箭矢，不料那头猛虎从昏死中醒来。

它见到哈赤温立于面前，便一下子蹿将起来，伸出双爪，用力往他胸前连扑带抓地一击，立即把哈赤温击倒在地，张开血盆大口，把他的脖子咬断了。

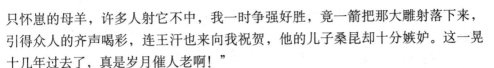

第七回

大汗立国万邦一统，草原射虎兄弟分别

145

等成吉思汗与燕札鲁儿赶到时，哈赤温早已气绝身亡，那老虎也倒在地上，死了。

原来，那猛虎被燕札鲁儿射了两箭，虽中要害却没有完全死透，哈赤温去把它脑门上的箭矢拔下时，把它震醒过来，于是便出现了那意想不到的一幕惨剧！

成吉思汗一见，顿时号啕大哭起来，燕札鲁儿也抚尸大哭不止。直到这时，那些护卫队才赶上来，气得成吉思汗暴跳如雷，后悔出发时自己命令他们不要紧随其后，只要远远跟着。

现在，一切都晚了，人死不能复活，成吉思汗只得被燕札鲁儿扶上马背，护卫队抬着哈赤温的尸体，还有那只死虎，一起回营了。

由于燕札鲁儿的护卫，成吉思汗才没有被猛虎所伤，他心中十分感激，便命令道："哈赤温的妻妾全都赏给燕札鲁儿，并让他永远侍奉哈赤温的几个儿子。"自此，燕札鲁儿深受成吉思汗的信任，成吉思汗还把他看作自己的亲弟弟一般。

阿勒坛五个儿子前来报仇的幻梦逐渐破灭了，一个个成了这位大汗的忠诚卫士，这是成吉思汗怀柔政策的胜利。

三弟哈赤温死后，成吉思汗甚为悲痛，一连几天吃不下饭，睡不好觉。一天夜里，他心里烦闷异常，见月色尚好，便带着几名护卫，走出大帐。

快到斡难河边时，忽听河滩上一阵嘈杂声传来，前面的一个护卫回来报告道："河滩上有两个年轻人在打架！"

成吉思汗说道："这深更半夜的，在河滩上为了什么事啊？"

护卫把两人带到，成吉思汗问道："你们是谁的儿子？叫什么名字？"

一人忙说道："报告大汗！我们是里孩答儿的儿子，我名叫脱虎立，他是我弟弟，名叫采莫儿。"

成吉思汗说道："里孩答儿作战勇猛，是我的好伴家，不久前战死了，你们是他的儿子，怎么来到这河滩上，摸着黑打架呀！"

脱虎立便将兄弟俩因分财产而发生争执，发展到殴斗的情况向大汗报告，成吉思汗说道："兄弟之间本不该为了一点财产而发生纠纷，既然有了矛盾，可以去找断事官处理，为什么要摸黑到河滩上打架呢？"

兄弟两人都不说话了。成吉思汗对护卫道："送他们去大断事官失乞忽秃忽那里。"

恰巧，这位大断事官也还未睡，正在审理一个人命案哩！一见成吉思汗到来，忙说道："汗兄有何急事，深夜来我这里？"

成吉思汗说道："未曾想到你这衙门里也能忙到深更半夜哩！"

失乞忽秃忽笑道："汗兄恕我直言，你在前方拼杀，这后方若不安定，你能放心么？"

成吉思汗说道："是呀，现在人多了，矛盾也多了，就显出律令的重要，你这大断事官也更忙了！连兄弟争吵的小事也要你管，真是太麻烦了。"

失乞忽秃忽又说："我这里案子连手，大到人命关天，小到夫妻打架，一案接着一案，真是案案不断！"

成吉思汗很想看看这位大断事官是如何审问案子的，便对护卫说道："让那打架的两兄弟进来！"

只见失气忽秃忽往审判台后面一坐，把手中惊堂木向台面一击，对两位兄弟说道："你们说是同胞兄弟，因为什么事情打架？"

脱虎立先说道："父亲死后，留下三个小妾，九匹马；弟弟采莫儿要留下两个小妾和五匹马，我一时没有同意，他便跟我打架……"

失乞忽秃忽听了，又问采莫儿道："刚才你兄长说的，全是事实吗？"

采莫儿说道："他说的基本是事实，因为我是少子，按我们蒙古人的习俗，我应该留守，是合法的继承人，分财产时应多分一些。"

失乞忽秃忽又说道："分财产是你们两兄弟打架的缘由，各人还有什么话说吗？"

脱虎立说道："别的事没有了，请大断事官为我们处理一个公道。"

弟弟采莫儿也点点头，表示没有什么话要说。成吉思汗正要说话，见失乞忽秃忽摆手示意，便不吱声了，心里说道："我看你如何为他们把财产断公道？"

谁知失乞忽秃忽向随从们喊道："快把这兄弟二人一起关押起来！"

说罢，又叮嘱随从："要用铁链子将他们锁在一起，中间留下两尺长的距离，铁链子外面再用毛竹筒子套住，让兄弟二人吃饭、睡觉、大小便时都无法分开，一定要照这样去办！"

两兄弟被带走后，成吉思汗不悦道："这是什么断案？你分明是在折腾人嘛！"

失乞忽秃忽对成吉思汗笑道："请大汗别性急，三天后再来看我如何审理这场兄弟纠纷，我现在手里还有一个人命大案要办呢。"

成吉思汗见到他那成竹在胸的表情，不好细问，出门时又说道："三天后我一定来，你可不能让我失望啊！"

三天后，成吉思汗来到了失乞忽秃忽的审判大帐之内。未等大汗说话，失乞忽秃忽向随从吩咐道："快去把那兄弟两个押来！"

不一会儿，脱虎立与采莫儿全被押到，失乞忽秃忽向二人问道："这三天之中，你们有什么想法，能够说出来让我们听听吗？"

脱虎立先说道："经过这三天的关押，我们兄弟二人已经想通了，家产也分好了，从今以后要相互帮助，不再闹纠纷，更不会再打架了！我们盼望大断事官相信我们，尽快放了我们吧！"

弟弟采莫儿也说道："刚才我哥的话，也代表我的意思，请放我们回去吧。今后，我们兄弟二人一定友爱互助，决不再吵架斗殴了！"

失乞忽秃忽看一眼成吉思汗之后，说道："这就奇怪了！关了你们三天，自己商量妥了，也不要我判决了，你们说的是真话吗？"

兄弟二人齐声说道："全是真话，我们绝不再打骂斗殴了！请大断事官释放我们回去吧！"

失乞忽秃只得按他们的请求，把兄弟二人一齐放了，然后看着成吉思汗说道："大汗，这案子真容易判啊！"

成吉思汗不解地问道："你这葫芦里到底卖的是什么药呀？"

原来，关押初期，兄弟二人都气呼呼地扭着脑袋，谁也不看对方，又过了一天，或许是火气消了一些，或许是老是扭着头憋得难受，就渐渐回转身子，面对面坐卧。

又过了一天，两人都开始唉声叹气，而后各自落泪，渐至号啕大哭起来。

到了第三天，两个一度反目成仇的同胞兄弟，便自悔自责起来，相互取得了谅解。

成吉思汗听了这一段叙述，不禁感慨万千，他深情地看着失乞忽秃忽，称赞道："你这里也是战场，是教育人、改造人的战场，当然也是惩治那些恶人、坏人的战场！"

失乞忽秃忽说道："感谢大汗的夸赞，也感谢大汗的理解与支持！为了保卫我们大蒙古国的安定，为了让广大草原人们过着和平幸福的日子，少不了法律啊！"

成吉思汗接着说道："你说得很对，法律固然不可少，但也少不了你这个公正无私的大断事官啊！"

自此，成吉思汗对失乞忽秃忽更加信任，对法律也更加重视，他不仅设立了大断事官，还在大断事官之下设有若干中下级的断事官。

成吉思汗规定，这些中、下级断事官为其僚属、下级、诸王、贵戚、功臣有分地者，也各置断事官分别管治其本部百姓。

也正是在失乞忽秃忽担任大断事官时，蒙古国才颁布了户口青册等各项典章制度。

大断事官失乞忽秃忽不仅公正廉洁，还制定了一套审理案情的办法，规定道："犯罪者除现行犯外，非自己承认其罪者，不准处刑。"

失乞忽秃忽在蒙古国中享有很高威望，老百姓对他十分信赖，赞扬他是一位非常公正的大断事官，说他坚持秉公办案，给很多犯人以帮助和恩惠。

# 【第八回】

# 通天巫师三施毒策，蒙古大汗一扫叛凶

　　在成吉思汗建国之后，大封功臣之时，蒙力克首登榜首，被封为第一万户。他有七个儿子，长子豁里剌儿、次子答里伯儿、三子桑比剌兀、四子阔阔出也、五子朵里也列、六子帖比格剌、七子蒙人阿兀。

　　其中，第四子阔阔出也是个巫师，为了显示他的神力，阔阔出也曾经在大雪纷飞的雪地中裸身行走，从此声名鹊起。

　　阔阔出也从小生得瘦弱矮小，在兄弟七人之中经常遭受欺侮，每天吃饭时，身材高大的兄弟们总是让他吃剩的。母亲伐果木见阔阔出也只啃骨头，吃不到肉，便常常偷着留两块肉给他。

　　可是身材瘦弱的阔阔出也很聪明。有一次，阔阔出也把一块母亲给他吃的牛心，偷偷填进一只母羊的肚子里，然后装着白日做梦一般，一觉醒来立即跪在地上，向天地拜谢道："感谢长生天的恩惠，赐给我以神的智慧，能预知人间的过去未来，吉凶祸福。"

　　之后，他不停地打着哈欠，伸着懒腰，两眼瞪得滚圆，口中念念有词，不时发出"咿咿唔唔"的怪声怪调。

　　兄弟们见到阔阔出也这般情状，一个个吓得不敢吭声，等了一会之后，阔阔出也装着一副刚清醒的表情，向周围的兄弟们吹嘘道："上生天派了一位身披金甲的天神，把我接到天庭之上，让我喝了圣水，吃了仙果，赋予我预卜的头脑，能够传达天意的本领。"

　　他的大哥豁里剌儿生性狡诈，问他道："能够证实你有预言的本事么？"

　　阔阔出也一听，立即两眼瞪得溜圆，连续伸起懒腰，打着哈欠，嘴里发出咿咿唔唔的怪声，突然说道："长生天派天神赠送一个牛心给我了，请大哥快到那只母羊肚子里取来！"

　　豁里剌儿为了证实他的预言的准确与否，便把那只母羊杀了，果见羊肚子里有一块很完整的牛心。

这时，豁里剌儿正想张口吃那牛心，阔阔出也大声制止道："呔！你乃尘世庸俗之人，怎配吃那天神赏赐之物，只有我这个传达天意的帖卜腾格理，才能有资格享用呢！"

说罢，阔阔出也一步蹿过去，从大哥豁里剌儿手里一把夺过牛心，大嚼大咽起来，在场的众人一时竟看得呆了！

从此以后，阔阔出也常常变换花样，如法炮制出形形色色的"预卜"，久而久之，阔阔出也成了一位巫师。

经过人们的传扬，他被吹嘘得神乎其神，被说成拥有巨大的神奇的"权力"，预卜能力准确无误，是个真正能传达天意的帖卜腾格理，于是，阔阔出也的名字变成了"通天使者"，人们干脆喊他"通天巫"。

后来，阔阔出也常大模大样地骑上带有灰白斑点的大马，穿着一身雪白的衣服，说是长生天招他去天庭谈话等，以此在草原人的中间招摇他那"通天使者"的特殊身份。

也有少数巫师确有些医术，能够治疗一些常见的头痛脑热的小毛病。但是，不少的巫师把驱魔赶鬼一类迷信的行为用在治病当中，给草原上那些穷困的牧民们带来了极大的灾难。

成吉思汗也信奉萨满教，并把它作为支撑蒙古国家的精神支柱。他把萨满教当作一种宗教工具，利用它在蒙古人中的威望，宣称自己的统治是合法的"天意"。

早在第一次称汗前，巴阿邻氏族的萨满教巫师豁儿赤便假借神意，大谈天命，并以此为借口投靠了成吉思汗，要下了半世的荣华富贵。

这次建立大蒙古国，在开国大典的忽勒里台大会上，成吉思汗再一次被部下尊为"大汗"时，阔阔出也早已看准了风向，便摇身一变，以神的使者身份——通天巫的面目，郑重地对成吉思汗说道："如今，地上称古儿汗的诸国国君都被您征服了，他们的领地也都归您统治了，因此，您应该有一个普天下万民之汗、王中王的尊号。我根据上天的旨意，传达给您吧，您的尊号就叫成吉思汗大皇帝。"

后来，在大封功臣之时，成吉思汗却独独没有对通天巫封赏，甚至连个千户都不给他。

不仅如此，成吉思汗封巴河邻氏族的兀孙老人担任萨满教巫师的首领，对老人说道："你可以骑白马，着白衣，坐在上面主持祭礼，还可以在岁中、月中提出问题，发表议论，对国家大事发表你的看法。"

自以为有"拥立之功"的通天巫，对成吉思汗让兀孙老人当萨满教首领而不封自己，心中深为不满。这其中有什么原因吗？

原来，分封功臣之前，成吉思汗来到母亲诃额仑的大帐之内，向母亲问道："母亲对分封功臣上有什么指点么？"

诃额仑想了一下，说道："对蒙力克的分封不要给予太多的实权，他那七个儿子，个个如狼似虎般的凶狠，不能不防啊！特别是那个通天巫，已多次扬言说，他对你有'拥立之功'，十分狂妄。"

由于母亲的提醒，加上通天巫平日的狂妄言行，以及他的特殊身份，成吉思汗逐渐对他产生了疑惧与警惕。

巫师豁儿赤则恰好相反，成吉思汗知道此人胸无大志，所求不过万户之名和美色之欲，因此给予厚赏，以满足其欲望。

这些无疑都刺激了通天巫及其众多的兄弟们。

一天，蒙力克长子豁里剌儿对父亲说道："他封你第一万户，只是名义上好听，并无实权，又搞什么设座虚待、参与军机等，全是要花腔，只不过是虚情假意罢了！"

他的第六子帖比格剌对通天巫挖苦道："你像个吹鼓手一样，整日绕着人家转，替人家预言，上尊号，人家根本不领你的情，连一个芥菜籽大的封号也不给你，你到底图个什么？"

通天巫本来就有气，听他的六弟这么连挖带刺地一激，更是怒火满腔，立即说道："别急嘛！君子报仇，十年不晚！看吧，我这口气暂时先咽下，有朝一日……"

老三桑比剌兀打断他的话，问道："你能怎么样？人家的护卫军就有一万人！我们无权无势，缺兵少将，再有能耐，又能有什么结果！"

只有老七蒙卜阿兀说道："恕我直言，我不赞成兄长们的意见，成吉思汗是一个十分重义气的人，这次分封别人都说好，为什么我们要有看法？以四哥为例，你即使不预言，成吉思汗不是照样要当汗王么？人家的汗王是拼杀出来的，是那些功臣领兵拼杀出来的，你有多大的功劳？"

通天巫气得二目圆睁，大声喝道："你给我住口！你怎么能替他说话？"

老大豁里剌儿说："老七是胳膊肘子朝外弯，替人家说话，成吉思汗为什么不封你一个万户？"

此时，蒙力克说道："现在整个草原上的蒙古人，谁不赞颂成吉思汗？就你们几个，能成气候么？别在那里说狂话，干蠢事，这是自找麻烦，自寻死路！你们都不如老七脑瓜子清醒！"

老人蒙力克说完，便气呼呼地走了。兄弟几人你看我，我看你，老大豁里剌儿又说道："从明天起，兄弟们无事别乱跑，都在家里练习武艺，成吉思汗兄弟四人已经死了一个，我们兄弟七人，怕他什么？”

通天巫忙说道：“大哥说得对，你们练武，我在外面舆论，来个双管齐下，先干着再说。”

在兄弟七人中，只有老七蒙卜阿兀不赞成他们的做法，又劝阻道：“你们这是叛乱行为！这样下去，会给全家带来毁灭性的灾难！”

通天巫警告老七道：“你要不干，别妨碍我们，更不准你在外面乱说乱道，一旦说了出去，我饶不了你！”

从此，豁里剌儿真的领着几个兄弟认真练武了，而自负傲慢的通天巫，利用普通牧民的迷信心理，到处吹嘘自己，企图使人们信仰他，投到他的门下。

有一天，通天巫对围着他的一群人说道：“我是天神的使者，因为我的预言，成吉思汗才能当上全蒙古的大汗！”

恰好这时候，哈撒儿从这里经过，听了之后，气愤地向通天巫问道：“你的预言有那么大的威力么？我问你，脱里王汗是你的预言打败的？太阳汗也是你的预言打败的？”

通天巫听了，很是不屑。

哈撒儿又说道：“你贪天之功为己有，你再胡说八道，我掰掉你的牙！还不快给我滚开！”

通天巫只得急急忙忙走开了，但是他仍然利用他的巫师身份，到处去宣扬自己的神奇力量，贬低成吉思汗的威信。

哈撒儿回去向成吉思汗报告了这件事，但成吉思汗并没在意，反而说道：“你别多管闲事！这种人不可得罪啊！”

哈撒儿不服气地说道：“他在到处吹嘘自己，说他功劳大，若没有他的预言，你是当不了蒙古汗王的。”

成吉思汗劝他说：“这种人不可得罪！”

说到这里，他低声对自己的弟弟道：“我们要利用他为自己树立威信，这些巫师在牧民中有一定号召力，我们要借助他的宣传来增强内部的团结，不可打击呀！”

哈撒儿见到他的汗兄不理解自己的心情，有些赌气似的走了。

当天晚上，哈撒儿从自己的户帐营地回住地的途中，突然遭到了偷袭。当时，哈撒儿的马前有两个随从正骑马走着，忽听前面响起弓弦之声，立刻大喊道：“前面有贼人！”

刚说罢，便有一人坠落马下，在后面的哈撒儿立刻把身子伏在马上，向前飞驰过去，只见他手举明晃晃的大刀，冲杀过去。

埋伏在路旁的贼人，慌忙向林子逃去，哈撒儿这才回转来看那落马的随从。

由于射得不重，箭头未能穿过胸腔。

第二天，哈撒儿又把被袭之事向成吉思汗作了汇报，成吉思汗问道："怕是你得罪了什么人了吧？"

哈撒儿立即说道："我只得罪了通天巫。"

成吉思汗听了，耸耸肩膀说道："此人是不会暗算你的，你再想想吧！"

其实，偷袭哈撒儿的"贼"，正是通天巫派人干的，只不过未得手罢了。

自从那天当众被哈撒儿训斥之后，通天巫一直怀恨在心，便让自己的一个用人，埋伏在哈撒儿经过的路边上，想把他射死。

通天巫一计不成，又生一计，他指使自己的六弟帖比格刺借着请哈撒儿喝酒为名，想把哈撒儿诳到家里，灌醉后，再狠狠治他。

早在阔亦田之战中，帖比格刺腿部中箭，幸亏哈撒儿将他救回营地。帖比格勒向哈撒儿说道："你曾救我一命，一直未能报答，我已备下酒菜，请到我家当面酬谢。"

哈撒儿却说道："战场上相互营救，本属寻常之事，不需酬谢，何况我已因功受赏了。"

哈撒儿婉言拒绝了，通天巫并不死心，把兄弟们召集一起，商量整治哈撒儿的办法。

老大豁里刺儿说道："哈撒儿是成吉思汗的同胞兄弟，此人力大无比，又是他的得力干将，若能制服这个人，对我们今后的行动，定将大有帮助。"

老六帖比格刺说道："哈撒儿是神射手，弄不好反被他所害，我看还是算了吧，捅这个马蜂窝干什么？"

哈撒儿自小饭量极大，十几岁时就能吃掉一只整羊。平日他尤喜吃肝，无论是羊肝、牛肝，还是鸡鸭鹅肝，全是他爱吃的食物。

因为肝是造血的器官，肝能补血，明目，所以哈撒儿气力大，视力好。十二岁那年，他随母亲去山林里采蘑菇，在山坡上遇见一只豹子。

正当诃额仑惊慌失措之时，哈撒儿趁那豹子跳起冲来的刹那工夫，纵身蹿到豹子背上，用双腿紧紧钳住豹子的腰身，双手死死扼住豹子的颈项不放。

豹子被哈撒儿压得上气不接下气，直喘粗气，急得不断发出"唔——唔——"的叫声，后面长尾巴直竖竖的，像一根毛竹。

诃额仑走到近前，手拿绳子问道："把它捆住吧？"

哈撒儿摇着头，让母亲走开，并对她说："不用捆了！我要它立刻就死！"

说罢，双手猛一用力，把豹子的颈骨夹断，凶猛一时的豹子不动弹了。

由于哈撒儿的视力好，加上两臂有千钧之力，他的射箭技能高。有一次，诃额仑便秘了，要哈撒儿为她猎一只斑鸠来，因为便秘病因起于肠道有热，斑鸠在飞禽中是清热的最佳野味。

临走时，母亲嘱咐他说："最好不要把斑鸠的头弄碎了，它那脑子的药用价值更高！"

哈撒儿在林子里转了半天，才发现斑鸠，由于斑鸠体形矫健玲珑，不易射中，很少有人能够猎到。可是，哈撒儿一箭竟然射中了两只！

哈撒儿也像蒙古其他将领一样，有众多的妻妾，但他对第一个妻子贝拉古情有独钟。

在他十六岁那年的春天，他从克烈部回来路经塔塔儿部境内，忽听前面人声嘈杂，一阵"劈劈啪啪"的声音传来，他到近前一看，见是一群男人围着一个少女在打斗。只见那少女手持一根木棍，在七八个男子中间，把棍子舞得闪电一般，忽上忽下，忽左忽右，把周围的男子一个个地打得满地乱爬乱滚。

不料此时，对方又搬来了救兵，八个彪形大汉个个手提木棍，赶了过来，把那少女紧紧围住，一齐举棍就打。尽管那少女勇猛顽强，毫不怯战，但打了半个时辰之后，眼看她已力不能支，手中的棍子已挥动无力了。

就在这时，突然一声尖叫，少女手中的棍子被打落了，正处在危急之时，哈撒儿一个飞跃，如天兵天将一般立在八个大汉当中，未等他们清醒过来，他便迅速把大汉们手中的棍子夺下来，扔在地上，大吼一声："你们算什么男子汉！竟然在光天化日之下欺侮一个女孩子，我真替你们惭愧！"

此时，未等八个大汉说话，从旁边蹿过来一个青年人，用手指着哈撒儿骂道："从哪里钻出来这么一个黑小子，你是狗逮耗子——多管闲事！给我打！"

那八条大汉急忙弯腰正要捡起木棍工夫，哈撒儿身子向下一蹲，伸出右腿，向大汉们一个横扫，那八个汉子全倒在地上了。

趁这工夫，哈撒儿又一个纵身，蹿到那青年身边，像老鹰抓小鸡一般，把青年提了起来，对他说道："你还敢欺侮人么？"

"不敢……不敢，再也不敢了。"

正在这时，少女的父亲走了过来，劝道："请这位小兄弟放了他吧！"

哈撒儿把手一松，那青年便跌在地上，爬起来后一声也不敢吭，头也不回地跑走了。

少女父亲把哈撒儿请回家中，方知少女名叫贝拉古，她从外面狩猎归来，被那青年拦着，想调戏她，被她打了一顿。那青年乃部落长之子，便喊来亲兵围打，不料被哈撒儿撞上，贝拉古方才得救。

当晚吃饭时，少女的父亲当面提出，要把贝拉古嫁与他为妻，哈撒儿告诉老人说："等我回去向母亲说过，再来迎娶吧！"

夜里一觉醒来，哈撒儿觉得身边有一个人躺着，伸手一摸，竟是那少女贝拉

一代天骄：成吉思汗

古！贝拉古十七岁，两个年轻人的心渐渐靠近了，一个童男，一个处女，如鱼得水，情欢意浓，再也不愿分开了。

第二天，两人双双骑上骏马回家了，诃额仑见了欢喜不尽，二人感情十分真挚、热烈。哈撒儿共有四十多个儿子，单贝拉古一人就生了八个，夫妻二人一直是相敬如宾，情意绵绵。哈撒儿出征归来，总是先到贝拉古那里住上一夜，然后才去其他女人处。

哈撒儿生性耿直，看重信义，疾恶如仇，对人、对事不像成吉思汗那样具有策略的灵活性，因此，他常常被人误解为固执己见。

对于当年蒙力克一家先是主动离开、后来又自己前来归顺这件事，哈撒儿就不同意。

一是自小看到蒙力克对母亲不怀好意便产生了不满情绪；加上他对蒙力克在他们困难时离开，壮大后又归来的投机行为深为反感。

为此，哈撒儿曾向成吉思汗建议道："蒙力克这种人，只能与之共欢乐，不能与他共患难，是个十足的投机分子，不可不防啊！"

成吉思汗说道："那也好办，我就只与他共欢乐，不与他共患难就是了！"

哈撒儿说道："对蒙力克这种人，我就是看不惯，不愿意与他接触，当年他对母亲的态度，难道你不清楚么？为何还那么尊重他？"

成吉思汗笑道："你这个人，一点弯儿也不拐，你就不能有点灵活性么？"

说到这里，他叹了口气，只得说道："怎么就教不会你呢？你这直筒子脾气就不能变一变么？"

这最后一句话，被走进帐来的诃额仑听到了，她面对哈撒儿，亲切地说道："我这儿子的直筒子脾气，我就是喜欢，你别让他改了，他真改了就不是哈撒儿了，我倒不希望他改！"

成吉思汗见到母亲来了，忙说道："都像二弟这么直来直去地待人处事，我们能有这么多的人来归顺吗？"

诃额仑笑道："正因为他改不了那秉性，所以他当不了大汗，这大汗的位子只能由你坐呀！"

成吉思汗听后，连连摇头，连声大笑道："母亲真会说话，我还得向您老人家学习，不然，这做人的道理还没有悟透哩！"

说罢，母子三人一齐哈哈大笑起来。

一天，通天巫指使自己的小妾朵朵丽去勾引哈撒儿，谁知朵朵丽却背叛了她的丈夫——通天巫。

她觉得，与通天巫两年多的夫妻生活，抵不上自己与哈撒儿的一次欢爱。于是，她把通天巫的阴谋，教她勾引哈撒儿的计划，全部倾吐出来，并对他说道：

"我从现在开始，不再回去了，我要永远留在你的身边。"

哈撒儿劝道："这不行呀！你不回去，不正中了通天巫的奸计吗？他会说我勾引他的女人，把事情闹大了，对你、对我都不好呀？"

经过哈撒儿再三劝说，朵朵丽才恋恋不舍地回去了。刚走进家门，她便遭到通天巫及其兄弟们的一顿痛打，并把她吊在大帐里，一边打骂，一边审问，通天巫说："我让你去做什么的？"

"你要我去与哈撒儿睡觉呀，我不是去了吗？为什么又对我打骂？难道你说话不算数？"

听她这么说，通天巫更加恼怒，举起马鞭，狠狠抽打朵朵丽。

正打着，他的五弟朵里也列匆匆跑来，与他耳语了几句后，通天巫道："好，我们兄弟七人全去，把他拖来再说！"

说罢，通天巫扔下马鞭，对朵朵丽骂道："等到我们把哈撒儿抓来，再一起治你们这一对奸夫和浪妇！"于是，他招呼着兄弟们一起出去了，只有老七蒙卜阿兀没有去，他一直反对通天巫等公开与成吉思汗对着干。

老六帖比格剌走到半路就回来了，因为哈撒儿曾经救过自己的性命，总觉得不该忘恩负义，便不顾几位兄长的警告，主动退了回来。

通天巫兄弟五人，突然赶到哈撒儿的大帐，见他正在床上休息，一下子扑上去按住他，用绳子绑了起来，又用毛巾塞住他的嘴，把他带回去，与朵朵丽吊在了一起。

通天巫兄弟五人轮流用鞭子抽打，一边骂："你胆大包天，敢勾引我的女人！"

朵朵丽听了，立即大叫嚷道："不对！是你让我去的，你要我勾引他的！"

通天巫一听，气得暴跳如雷地说："这个骚女人，你吃里爬外，我打死你，看你还叫，看你还敢替野男人讲理！"

兄弟五人决心把哈撒儿活活打死，老七蒙卜阿兀来了，对他的兄长们劝阻道："你们这是无法无天的行为！即使哈撒儿勾引朵朵丽，他也不该被打死！你们这样做，将会给我们全家带来灾难的！"

但是，通天巫等根本不听，反说道："不要你管！我们一定要打死他！他仗着成吉思汗的权势，勾引女人。"

正在这时，哈撒儿的妻子贝拉古手持木棍，领着一群年轻的女子，一路打进来了。

贝拉古抢起棍子见人就打，通天巫一见，忙向众兄长们喊道："赶快抄家伙！狠打这伙骚娘们！"

贝拉古领来的那一群年轻女人，有十多个是哈撒儿的小妾，其余的都是女用人，各人手里都拿着棍子，与通天巫兄弟五人乒乒乓乓，展开了一场恶战。

一代天骄：成吉思汗

贝拉古的木棍挥舞得闪电一般，通天巫本不是对手，稍不留神，被她一棍扫在腰上，疼得他满地打滚。

贝拉古一步跨过去，一脚踏住通天巫的胸脯，用棍子敲着他的光头，大声喝道："快让他们住手，不然，我就捅死你！"

通天巫急忙对兄弟们说道："快，快住手吧！我……我快被踩死了！"

豁里剌儿等这才停止了打斗站到一边去了，哈撒儿、朵朵丽被救了下来，贝拉古说道："你们凭什么绑他？又吊打他？"

说着，她用力踩着通天巫的胸口骂道："你们这些狗东西，老娘不会跟你们善罢甘休的！告诉你们，血债必须用血来还！"

贝拉古提着木棍，领着那群女人，扶着哈撒儿往回走，刚走不远，听到身后有脚步声追来，她转脸一看，见是朵朵丽赶来了。她心里一阵厌烦，气呼呼地问道："你来做什么？你把他害得还不够么？"

朵朵丽一边哭着，一边对她说道："是通天巫他们逼我那样做的，我早已后悔，我对不起他，不过，我已离不开他了！"

贝拉古正想拦住她，忽听哈撒儿说道："她也是受害者，就让她来吧！"

快到家时，贝拉古忽然想起一件事，忙说："我们先去见大汗，总不能白白地被他打一顿！"

其实，早有人向成吉思汗报告了，他正在左右为难，对通天巫借着神的使者身份，曾经为自己大造舆论，他很感激。而哈撒儿是自己的同胞兄弟，处置不好，会让自己失去威信的。

贝拉古等扶着哈撒儿，向大汗哭诉一番，不料，成吉思汗却冷冷地说道："你平日不是说自己天下无敌么？今天为什么被打得这样狼狈？"

贝拉古十分不满地瞪住成吉思汗，大声道："未曾想到身为大汗，对自己的兄弟会如此薄情薄义，我们太失望了！"说罢，转身架着哈撒儿，气呼呼地走了。

正当通天巫兄弟五人吊打哈撒儿之时，蒙卜阿兀便去找他的父亲蒙力克，将事情经过叙述了一遍，老人匆匆赶来，哈撒儿已被救走了，老人发怒道："你们这是胡闹！大汗知道了这事，能饶了你们么？"

他正在训斥通天巫等，忽见一个用人走了进来，在通天巫的耳边低语几句，这位巫师兴奋得一拍大腿，高声说道："好，太好了！我早就估计到成吉思汗也得让我三分哩！不然，我这个神的使者岂不是白当了么？"

说完，通天巫把哈撒儿向成吉思汗报告，反遭到他汗兄的奚落与挖苦的经过情形，添油加醋地叙述一遍，然后高兴地说道："这是初战告捷，我们要好好庆贺一番！"

然后转脸对他的兄弟们高声地叫道："走，我们喝酒去！"

老六、老七没有参加他们的聚会，自动走开了。

通天巫在酒桌上兴奋得眉飞色舞地说："这只是给哈撒儿一点颜色看看，让他知道我通天巫不是好惹的，等着吧，过不多久我还要治他。不过，我不需要动手了，我要让他们兄弟之间……"

通天巫留下半句不说了，只是用两手比划着，意思是让成吉思汗与哈撒儿之间同室操戈。

老大豁里剌儿说道："那太好了，让他们兄弟之间相互残杀，我们可以乱中夺权，来个取而代之，太妙了！"

通天巫接着说道："成吉思汗怕我出头，我偏要出头！凭我的功劳，我应当与他地位相等，平起平坐。按说，一切军国大事的决定，都应当事先与我商议和讨论，因为我是上天派来的，是神的旨意的代表，也就是说，我是帖卜腾格理——通天使者！不久之后，我要把这些话告诉他。"

豁里剌儿高兴地说："对，应该告诉他，要他按你的话做。"

老五朵里也列问道："成吉思汗不愿接受怎么办？他的亲信可不少呢！"

通天巫立刻说道："为了让成吉思汗就范，听从我们的指挥，我想了一下，当前有两件事你们要做。"

他的三位兄长和五弟一齐看着通天巫，于是，通天巫煞有介事地说道："根据上天的旨意，我们要抓紧机会除掉成吉思汗的有力臂膀哈撒儿！根据我的估计，哈撒儿已对成吉思汗心怀不满了，他必然有所行动，我想让五弟朵里也列去察访哈撒儿的活动情况，及时向我报告。"

老五朵里也列听了，忙表态道："请放心吧，我明天就开始行动。"

豁里剌儿等得不耐烦了，忙问道："还有什么事？你快说出来，我和二弟、三弟也可以出面去干！"

通天巫看着三位哥哥，点点头说道："部众百姓乃国之根本呀！没有他们的支持拥护，谁也成不了气候。所以，当务之急是我们要倾尽所能，与成吉思汗争夺部民，让广大牧民倾向我们，追随我们，让他成吉思汗成为一个空杆司令，到那时，他就只得把汗权拱手交到我的手里了！"

第二天，通天巫的五弟朵里也列派自己的亲信也别儿朵去找他的弟弟也剌古，也剌古在哈撒儿部下担任护卫。

也剌古来了之后，朵里也列先送给他两块银锭，然后问道："我想向你打听一下哈撒儿的情况，请你说实话，你不必担心，这里只有我和你，你的主子哈撒儿是不会知道的。"

也剌古忙道："凡我知道的事情，我都可以告诉你。"

一代天骄：成吉思汗

朵里也列立即压低声音，说道："这两天，哈撒儿在家做什么事？有没有开会商议什么事？可向谁说什么话吗？"

也剌古忙说道："我们的主子哈撒儿因为身上有伤，先是在床上躺着，后来他要搬家，提出搬到自己的领地去，他妻子贝拉古不同意去，后来就不知怎么决定了。"

朵里也列又问道："哈撒儿为什么要搬到领地去住？他的妻子贝拉古又为什么不愿意去？这些你听说没有？"

也剌古只得说道："报告老爷，这些我都没听见，因为他们说话的声音很小，我也不能瞎说呀！"

朵里也列得到这个消息，如获至宝似的忙着去向他的四哥通天巫报告。

听到了这个好消息，通天巫大喜道："太好了！哈撒儿搬到自己的领地里去，这等于砍掉了成吉思汗的一条臂膀！"接着又说道："成吉思汗的兄弟、儿子都搬到自己的领地去住，那就更好了！对我就更有利了！"

成吉思汗的家族，是大蒙古国的最高统治集团，被称为"黄金家族"。他把天下视为自己的家产，被他分封的那些万户、千户等大小官员，都是这个黄金家族的"臣仆"。

按照蒙古人自古以来分配家产的传统，成吉思汗把大蒙古国的领土和牧民，分给自己的弟弟和儿子们，并划定了各自领有牧地范围。为了帮助弟弟和儿子们治理各自广阔的领地，成吉思汗培养和教育他们治国必备的才能，同时也加强对他们的控制，防止他们作乱与内讧，又给他们派去许多自己的亲信，去充当他们的"王傅"，既是辅佐，又能监督他们执行自己的旨意。

在分封功臣之后不久，成吉思汗就开始了分封家族，其领土以蒙古高原为主，东有兴安岭、西有阿尔泰山，南有阴山，形成自然疆界。

实际上成吉思汗是以自己直接控制的蒙古高原中部为中心，沿兴安岭一带地区分封给他的兄弟们，被叫作"东道诸王"，或称"左翼诸王"；沿阿尔泰山一带地方分封给他的儿子们，被称为"西道诸王"，或称"右翼诸王"，成吉思汗以它们为大蒙古国的两翼。

在东道诸王中，成吉思汗十分重视他的二弟哈撒儿，由于他身强力壮，又善于骑射，就任他为"云都赤"——带刀护卫。

以后，在历次战役中，哈撒儿屡立战功，被封为四千户，比其他弟弟都多，封地在兴安岭以西、额尔古纳河、海拉尔河及库伦山环绕的地区。

三弟哈赤温死后，他的嗣子阿勒赤歹自幼随成吉思汗征战，被封为两千户，其封地约在兴安岭以西，贝尔湖南方，乌里勒吉河流域。

幼弟斡赤惕斤，比成吉思汗小六岁，当年与札木合联营时，札木合常说他好睡懒觉，每天早眠晚起，但是，成人后"临敌独不后人，"深受成吉思汗喜爱。

根据蒙古的惯例，长子虽然地位很高，却未必是父亲的法定继承人，特别是汗位继承，必须经过部族大会忽勒里台的选举。可是，幼子则可以继承父母的财产，诸子长大以后均须自立门户，唯有幼子婚后仍可与父母同住，守住父母的炉灶和产业。因此，斡赤惕斤与母亲诃额仑在分封时，共分得一万户，在诸子中实力最为雄厚。

他的领地在呼伦贝尔地区，直到兴安岭以东，洮儿河，嫩江流域等广大牧区。

成吉思汗的异母兄弟别勒古台，秉性敦厚，与其兄妹友爱情深，并能识大体，顾大局，因而成吉思汗常常委以重任。据说别勒古台有百妻百子，被封为一千五百户，其领地在斡难河，克鲁伦河之间的广大地区。

在西道诸王中，成吉思汗长子术赤，起先封为九千户，其封地是在阿尔泰山到鄂尔齐斯河流域，以后又逐步扩大其领地。

次子察合台因沉湎酒色，被成吉思汗多次训诫，封八千户，领地是原乃蛮部阿尔泰地区的一部分国土，以后他又向伊犁地区发展，设大帐于阿力麻里的忽牙思。

三子窝阔台起初封他五千户，领地原在乌伦古河流域，后来向额敏河、喀巴河地区发展，并于当地设立大帐。

幼子拖雷，起初封五千户，按照幼子继承的惯例，拖雷将要继承成吉思汗直接领有的军队十一万多户和他直接统治的蒙古高原中部地区，因此以他的领地范围为最大。

哈撒儿在成吉思汗那里遭到冷遇之后，回到大帐觉得十分伤心。他本是一个秉性忠厚又比较内向的人，因为保卫汗兄而受到通天巫的忌恨，在被其众兄弟殴打之后，汗兄非但不同情反而奚落，内外相逼使这位正直的汉子实在受不了了！

于是，哈撒儿准备搬到库仑山下的领地去，妻子贝拉古却不赞成这种躲的办法，她说："我们一搬走，通天巫认为我们怕他，他会更加猖狂，更会变着法子诬陷你；你汗兄对你也会产生怀疑，这会造成兄弟之间矛盾加深，有害而无一利呀！"

可是哈撒儿坚持要走，他恼怒地说："看样子，他对通天巫的惧怕已超过对我的信任，我暂时回避一下，有什么不好呢？"

贝拉古知道丈夫话中的"他"，就是指他的汗兄成吉思汗，但是她仍不愿搬走，于是又劝道："让我去太后那里一趟，看她老人家态度如何，然后再决定是否搬走吧！"

哈撒儿听后，连忙摆手说道："千万不能去向她老人家去说，近年来母亲得了一种怪病，不能生气，她一旦生气了，轻则头晕眼花，四肢发颤，心跳加快，寝食不安；重了，会立刻晕倒，脸色发青，手脚冰冷。你可不能去啊，若是让老人家有个好歹，你我会后悔一辈子的，那就更会遭到汗兄的责怪了！"

贝拉古知道哈撒儿是个孝子，不由得说道："那我去找孛儿帖，让她出面找大汗谈谈，总不能白受通天巫的辱打，就这样一声不吭了？"

哈撒儿又制止道："不必了！孛儿帖是个富有正义感的女人，你去一说，她必然会帮我们，岂不让他们夫妻不和么？"

贝拉古不再说话，随着哈撒儿一起，搬到库仑山下的领地里去。

谁知哈撒儿刚一搬走，通天巫得到消息，立即换上那套白色的巫师礼服，骑上自己那匹带有灰色斑点的骏马，来到成吉思汗的大帐里，对他说道："我以神的使者名义特来向陛下转达长生天的旨意：成吉思汗继续统治大蒙古国，但是，长生天也说哈撒儿将来可以做大蒙古国的大汗。依我之见，陛下若不尽早除掉哈撒儿，任其发展下去，岂不是留下一个祸根，那将后患无穷啊！"

成吉思汗听后，犹豫地说道："不会吧？他那么忠厚，不至于来争夺……"

通天巫又说道："陛下可记得'画人画虎难画骨，知人知面不知心'这句话？何况这是长生天的旨意，你忘了我是代神预言的通天神者了！"

通天巫说完，见成吉思汗迟疑不定，便走上前去，进一步劝道："陛下有所不知，我根据长生天的旨意，已经得知你的胞弟哈撒儿，为了便于进行颠覆汗位的活动，已经带着妻妾子女搬到自己的领地去了，请陛下派人去查证吧！"

成吉思汗听说之后，身子猛地震颤一下，他怎么能相信哈撒儿会不告而别呢？在成吉思汗心目之中，这位憨厚、耿直、一向对自己俯首帖耳、唯命是从的胞弟，绝不会做出这样的事情来的。

通天巫再次催促道："大汗若不相信，派人去查问一下嘛！不过，他是你的亲兄弟，我不好多说了，只是因为这是长生天的旨意，我作为神的使者，也不好不说与你知道，让你有个防备。"

通天巫说完就跨马而去，成吉思汗只得派人去看，方知哈撒儿真的搬到领地去了。

此时，他不由得怒火中烧，自言自语地说："为什么要不辞而别？难不成心中真的有鬼吗？"

正想着，博尔术、木华黎走了进来，成吉思汗便将通天巫的话说给他们听，问道："请你们说说，我该怎么办？"

博尔术立即说道："按说这是大汗兄弟之间的家事，我们不便多话，可是，这里有通天巫，又涉及大蒙古国的江山社稷，我不能不向大汗讲讲自己的一点感受！"

成吉思汗说道："论交情，我们之间比亲兄弟还亲呢，有话你就直说罢！我能择善而从的。"

博尔术立即说道："凭着通天巫的几句话，就断定哈撒儿有谋叛之心，我以为不合适呀！比方说，通天巫要说我和木华黎有谋叛之心，大汗陛下，不知你可听从他的预言？"

木华黎接着说："报告大汗，对通天巫的言行不可不察啊！昨天下午，通天巫的长兄豁里剌儿跑到我的营帐前面，当着那么多的人居然扬言：'没有通天巫的预言，成吉思汗做不成蒙古国的大汗，因此通天巫对大汗有拥立之功，以后通天巫要成为大汗的助手，与大汗平起平坐'等。"

成吉思汗听了，急忙问道："这个豁里剌儿为什么要到你那里去胡言乱语？他与通天巫之间可没有联系呀？"

木华黎又说道："当时，我让人把豁里剌儿带到帐内，问他说这些话有何目的？他根本不理我，我警告他，不准再来这里大放厥词。后来，听侍卫们说，豁里剌儿到外面还说大话哩，认为他是通天巫的大哥，没有人敢对他怎么样的。"

这时，"四狗"之一的者勒蔑来报告："今天上午，桑比剌儿到我的营地里，鼓动部民到他们晃豁塔部里去，并扬言他的晃豁塔部也是'黄金家族'。"

成吉思汗急忙问道："这桑比剌儿是谁？"

木华黎答道："他是通天巫的三哥。"

博尔术立即说道："这桑比剌儿与豁里剌儿是否为了一个目的在四处活动，企图煽动部民们动乱呢？"

成吉思汗立即感到事态的严重性了，他坦然地看着眼前的三位亲信，对他们说道："几条泥鳅在阴沟里也翻不起大浪来的，只要我们自己不乱，各自把住阵脚，谅他们也成不了什么大气候。"

说完，成吉思汗让博尔术、木华黎各自守住左、右两军，自己带着者勒蔑一道，连夜去哈撒儿的领地，要亲自与这位妄图篡夺汗权王位的同胞兄弟当面交谈。

成吉思汗、者勒蔑带着一百多名护卫军，一路奔驰，凌晨时刻来到哈撒儿的大帐前。

哈撒儿一见汗兄气呼呼的表情，知道大难将要来临，便也横下心，沉着地问道："连夜驰骋而来，不知有什么要事？"

成吉思汗目光如炬，瞪着哈撒儿道："你身为中军，为什么不辞而别？"

哈撒儿冷笑道："难道为了这点小事，也值得你如此大怒？"

成吉思汗见他态度傲慢，不由得大喝一声："既然你知道不单是为了这点小事，那就老老实实地招了吧！"

哈撒儿愣了一下，只得问道："要我老老实实招什么？我到底犯了什么错了？你……你怎么能这样对待我。"

成吉思汗气得大吼一声："你在给我装糊涂！来人那！快把他捆起来，看他招不招？"

几个护卫上前，把哈撒儿捆在一根帐柱上，并摘掉了他的帽子和腰带。

此时，哈撒儿的妻子贝拉古知道成吉思汗连夜赶来，必有重要原因，情急之中她派人找到了老太后诃额仑的两个养子曲出和科阔出，并悄悄对二人说道："大汗此来必有原因，可能有人从中挑拨他们兄弟之间的关系，请你们快些赶到斡难河老营向老太后回报，务请她老人家前来，搭救她的儿子哈撒儿。"

曲出与科阔出一直与哈撒儿在一起，深知哈撒儿的为人，听了贝拉古的盼咐，立即上马往斡难河驰去。

这边成吉思汗在严刑审问哈撒儿道："你为何阴谋篡夺汗位？"

哈撒儿听了，气得一句话也说不出来，过了好长时间，才以蔑视的口吻说道："当了这些年的大汗，你算是白当了！这些年来，我出生入死，在刀丛枪林中拼杀，你如今做了大汗，竟然说出我要谋叛！你还有一点人性么？"

成吉思汗又逼问道："我问你，为什么要私自搬到领地来？"

"难道这是我谋叛的罪证吗？你还有什么证据，快些说出来吧！"

成吉思汗听了，更加生气："别以为你是我的胞弟，也别以为你过去立了大功，我就不敢怎么样！只要你谋叛，我绝不轻饶！"

哈撒儿冷笑道："可能你又听了那个通天巫的鬼话，连人世间最真挚的兄弟之情都不顾了！我告诉你，你上了他的当了！"

成吉思汗正要发作，忽见贝拉古领着十几个年轻女人，身后跟随着二三十个年龄大小不一的男孩、女孩，一齐跪下了。贝拉古说道："这谋叛之事，非同一般，请大汗想一下，哈撒儿一人能谋叛吗？他的同谋者是谁？有谋叛的计划吗？"

贝拉古的质问使成吉思汗哑口无言，他恼羞成怒地说道："我在审问哈撒儿，你领着这些女人、孩子来做什么？"

贝拉古毫不示弱地说道："女人怎么了？女人就不能来说理么？"

成吉思汗越听越气，大声喊道："这还得了？连他的女人也不把我放在眼里，快把这女人也绑起来！"

听说要绑贝拉古，那些跪着的女人、孩子一齐号啕大哭起来，几十人的哭声汇合在一起，形成一股巨大的声流，直向库仑山下传去。

成吉思汗见到眼前的情景，心中又急又乱，一时也无主见了。正在着急的时候，者勒蔑慌慌张张地走了进来，向他报告说："老太后来了！"

诃额仑老远就看见哈撒儿被绑在一根帐柱上，帽子、腰带全被解下了。在距离哈撒儿不远的一片空地上，贝拉古也被绑着，跪在地上，身后还有黑压压的一群女人和孩子，也都跪在地上，呜呜咽咽地发出一阵阵的哭声。

诃额仑看在眼里，气得血直往上涌，一步跨下车子，往哈撒儿身边走去。

成吉思汗猛一抬头，看见母亲气势汹汹，脸色阴森可怕，三脚两步地走来，顿时倍感窘迫。

他正想上前去问候母亲，谁知这位皇太后竟然把头一扭，径直走到哈撒儿面前，亲手给哈撒儿解开绑绳，又把帽子和腰带还给他。

然后，她怒不可遏地盘腿往地上一坐，三两下解开自己的胸襟，伸出颤抖的两手，掏出一对干瘪的乳房，使其垂于双膝之上，大声对成吉思汗等人说："你看见了没有？这就是你们所吃的奶！你的兄弟哈撒儿有什么罪，你要骨肉相残？在你小的时候，你能吃尽我的一个乳。你的弟弟哈赤温、斡惕赤斤两个人不能吃尽一个乳，唯有哈撒儿能够吃尽两个乳，使我胸怀宽舒。为此，你铁木真有才能，有心计谋略；哈撒儿有力气，他能百射百中。他有力善射，曾使敌人胆寒，他为你执弓矢，讨叛捕亡，降服众敌。今天，飞鸟已尽，你就想毁掉良弓；消灭了敌人，你眼里就容不下哈撒儿了！"

成吉思汗也是一个事母至孝的人，听完母亲的斥责，十分惶恐不安，急忙向母亲赔罪认错说："这是我的错，我很惭愧，也很害怕，我不该惹您老人家生气，请母亲原谅，以后再也不会这样了！"成吉思汗又羞又惧，不敢正视母亲燃烧着怒火的眼睛，慌忙退走了。

可是，成吉思汗仍对哈撒儿放心不下，他并没有因此而忘记通天巫对他说过的关于哈撒儿欲谋篡位的诽谤之词，那些话仍然萦绕在他的脑海里，纠缠着他的心。

回来之后，成吉思汗一连多日陷入极度苦闷之中，恼得帐门不出，任何人不见，一个人在大帐里……

在他看来，对通天巫的所谓"预言"，不可全信，但也不可不信。何况，蒙古人谁不信仰萨满教？

自从成吉思汗第一次称汗以后，萨满教便成为支撑草原牧民的精神支柱，利用它宣称自己的统治是合法的"天意"。

多年来，成吉思汗总是利用萨满教使自己成为牧民们崇拜的偶像，利用它在即位、战争或其他重要场合进行祈祷，求得天神的保佑。

利用萨满教，成吉思汗成功地树立了在草原牧民中的权威与形象，加强了同一祖先的血缘意识，并以此团结号召群众，鼓舞战斗的决心与士气，终于统一了草原各部，建立了大蒙古帝国。在这过程中，萨满教的作用是不可忽视的。

一代天骄：成吉思汗

因此，对通天巫的预言不能听而不闻，对哈撒儿的处置也不能完全听命于母亲的一味偏袒与保护，而且古往今来的历史经验提醒这位大汗：后宫的女人是禁止参政的！

连续几天的思考，成吉思汗重又恢复了聪睿果断的性格与作风，立即动手做自己已经决断了的事情。

于是，成吉思汗背着母亲剥夺了哈撒儿的大部分封地及特权，原来分给哈撒儿的四千户牧民，也被剥夺得只剩下了一千四百户。

哈撒儿并未介意，他的妻子贝拉古仍然咽不下这口气，又亲自跑到皇太后诃额仑那里去，把这事告诉了这位高贵的老妇人。当时，她未说什么，只是听后冷笑几声，过了好一会儿，才对贝拉古说道："别再理论了。"

从这以后，诃额仑皇太后的健康状况日益恶化了。不久，她开始卧床了，三个儿子一起来到了病床前，她让哈撒儿、斡惕赤斤坐在身边，一手拉住一个，唯独对做了大汗的成吉思汗表现出异乎寻常地冷淡，自始至终不看他一眼，也不与他说一句话儿。

通天巫陷害哈撒儿的阴谋没有完全成功，只使成吉思汗疏远了自己十分得力的同胞兄弟哈撒儿，使哈撒儿失去了成吉思汗的宠信。实际上，通天巫达到了分裂皇室的目的。

很显然，成吉思汗是顺从了通天巫的意愿，向这位神的使者作了让步，因为，他惧怕得罪了这位通天使者以后，会影响自己的权力。

在这件事情发生之后，险恶的通天巫所拥有的"精神权力"得到了巩固，他的世俗的威望也因此而进一步提高了。

被这小小的胜利冲昏了头脑的通天巫，又变本加厉地借助神意，让他的兄弟们四处活动，公开扬言说："长生天赋予通天巫至高无上的权力，他可以代表神预言成吉思汗登上宝座，当然也可以用他的咒语使成吉思汗下台。"

他的兄弟们在广大牧民中公开宣称道："长生天已下达了旨意，要成吉思汗在研究决定军国大事时，一定要让通天巫参加，使通天巫处在与成吉思汗同等地位。"

由于通天巫及其兄弟们的频繁活动，一些不明真相的牧民受到了迷惑，许多原是成吉思汗的属民，纷纷跑到通天巫那里去，一时之间，通天巫的属民人数成倍地增加。

他们企图通过争夺部民来扩大权势，削弱成吉思汗的势力。由于利令智昏，通天巫居然将各支贵族的操九种语言的百姓陆续收集到自己的麾下，其人数之多超过了成吉思汗的聚马处，甚至斡惕赤斤的牧民们也被骗去了。

斡惕赤斤得到消息之后，就去找通天巫讲理。谁知不但没有要回自己的属民，反而被通天巫几个兄弟给污辱、毒打了一番。

根据《大札萨》规定，无论何人，收留别人属下的部民百姓不立即归还的，都要被判死罪。

斡惕赤斤是成吉思汗的幼弟，名为"守灶"之人，因此成吉思汗在分配百姓时，把他和诃额仑母亲的份额分配在一起，共分给他们一万户的百姓。如果谁收留了斡惕赤斤的百姓，也就是收留了皇太后的百姓，按常理推断，这也得罪加一等，这可是所有蒙古人都熟知的一件事。

可是，自认是天神使者的通天巫，竟肆无忌惮，不但无视大蒙古国的法令，而且根本不把成吉思汗的幼弟和皇太后放在眼里，还公开殴打、围攻和侮辱斡惕赤斤，其气焰之嚣张已到了无以复加的地步。

斡惕赤斤回到自己的大帐，悲愤填膺，几乎一夜未曾合眼，无论如何也咽不下这口气，决心与通天巫势不两立！

第二天清晨，斡惕赤斤径直撞入大汗的金帐之内，去向成吉思汗喊冤叫屈。

当时，成吉思汗还没有起床，斡惕赤斤突然走进他的金帐，"扑通"一声跪在大汗的床前，一五一十地叙述了自己的遭遇，并把通天巫的一些狂话与对成吉思汗的不敬之词，全都叙述一遍，说完之后放声大哭起来。

听了斡惕赤斤的叙述，成吉思汗一言不发地沉吟着，他似乎被猖狂的通天巫的行为所震慑，而变得谨小慎微了！

这时，成吉思汗的大皇后孛儿帖挺身而起，流着眼泪对成吉思汗说："他们晃豁塔人究竟要干什么？那个通天巫为什么会如此放肆呢？前些时候，他们兄弟几人捏造罪名，合伙殴打哈撒儿，这次又让斡惕赤斤跪在他们面前，这是要干什么呢？如今，你这位大汗还健在，他们就任意欺侮你的弟弟们，假如以后你这大树一样的身体一旦倾倒，这些像绩麻、飞鸟一样的百姓，他们能让你那弱小的儿子们管束吗？他们对你如松如桧的弟弟们尚且如此，等我们那三、四个幼小的孩子长成后，他们能让我们做主吗？他们晃豁塔人究竟有什么了不起？那个通天巫到底有什么可怕的？你身为大汗，为什么眼看着他们欺辱自己的弟弟而不闻不问呢？"

大皇后孛儿帖一边说，一边哭，气愤极了。

看到孛儿帖泪珠涟涟、啜泣不止的样子，听完她这一番言辞，成吉思汗心里感到十分震动，他如梦方醒，感到了萨满势力对黄金家族成员的伤害，甚至觉得他的王朝的命运正在受到威胁。

成吉思汗倏然而起，两眼光束如炬，双手一挥，决定向通天巫开刀，他简短地对幼弟斡惕赤斤说道："等一会儿，通天巫就要来见我，你打算怎么处置他，我想听一听你的计划。"

一代天骄：成吉思汗

没等斡惕赤斤说话，大皇后孛儿帖先说道："干掉他！别让这个祸根再兴风作浪了！"

斡惕赤斤双拳一握，脑海里立刻闪现出一个惩治通天巫的计策。他走到成吉思汗面前，在汗兄的耳朵上轻轻地说了一会儿，成吉思汗说："好！任凭你处置了，不过，一定要干得利索，别拖泥带水的。"

无需更多的旨意，仅此一句话就足够了。斡惕赤斤满意地依言起身，擦干眼泪，走了出去。

斡惕赤斤找来三位大力士，向他们低声地嘱咐着，一切安排妥当之后，专等通天巫的到来。

过了一会儿，蒙力克老人带着他的七个儿子拜见成吉思汗，通天巫走到台案的两面，刚刚坐下，斡惕赤斤就走上前去，一把揪住他的衣领，吼道："昨天你逼我跪下求饶，现在我要与你认真较量较量！"

通天巫也不相让，反手揪着斡惕赤斤的衣领，两人搏斗在一起。

在二人搏斗的过程中，通天巫的帽子坠落在炉灶边上，其父蒙力克老人若无其事地捡起了儿子的帽子，凑到嘴边用鼻子嗅了嗅，放到了怀里，对两个年轻人的争斗并未介意。

此时，成吉思汗也听之任之，并趁势说道："你们别在这里搏斗，到外面去较量身力罢！"

斡惕赤斤立即拖着通天巫往帐外走去。

这工夫，斡惕赤斤事先安排在门外的三个大力士正站在外面等着通天巫出去呢！

当通天巫被斡惕赤斤拖出帐门，三个大力士就扑上来，抓住他，通天巫正要喊时，其中一个力士一把拽住他的脖颈，他再也喊不出来了。

通天巫心知不妙，便拼死挣扎，由于两手被大力士抓住，只能用两条腿乱踢乱蹬，嘴里发出"咿咿唔唔"的声音。

眨眼间，通天巫已被拖到离大帐较远的一片篱笆墙边，一个大力士踩住他的两条腿，另一个大力士用脚踏着他的腰背，第三个大力士双手钳住他的脖颈，正要往后推时，忽见斡惕赤斤摆手示意，让他稍等一下。

这时候，斡惕赤斤走到通天巫眼前，用手指着他的额头，对他说道："你装神弄鬼，招摇撞骗，还想谋篡汗位，真是不自量力，你的死期已到，还有什么话要说？"

只见通天巫的眼里闪出一丝乞求的目光，正要喊出声来，那位大力士已等得有些急了，稍稍用力一推，忽听"咯吱"一声，通天巫腰骨被折成两截，通天巫的人头与两肩已平展展地靠在自己脚后跟上，气绝身亡。

三个大力士按照斡惕赤斤的吩咐，将通天巫的尸体扔在东厢的一个角落里。

然后，斡惕赤斤以一个胜利者的姿态走进大帐，用不屑一顾的口气说道："通天巫昨天逼着我服罪，现在我想与他比试一下，他一再推辞，还故意躺在地上不肯起来，真是一个把门框子的家伙，有什么可吹嘘的！"

蒙力克老人听了斡惕赤斤这么说着，已经料到自己的儿子在搏斗中死于非命了，当即老泪纵横地对成吉思汗说道："啊，我的大汗，怎么该有这样的结果？想当年，在大地还像土块那样大，江海只有小溪一样小时，我老汉已跟随你了。"

蒙力克的言下之意，是埋怨成吉思汗兄弟不讲情义，随便杀了他的儿子，这是卸磨杀驴的忘恩负义行为。

可是，他的话音刚落，他的那几个如狼似虎的儿子们却不像其父那样顺从忍耐，立刻"哗啦"一下子站起来，拦住帐门，气势汹汹地把成吉思汗围在中间。

通天巫的大哥豁里剌儿挽袖攘肩，伸手抓住成吉思汗的衣领，大声责问道："你耍什么阴谋手段，为什么要杀害他？"

老三桑比剌儿一手抓住成吉思汗的衣袖，一手指着他的脸质问道："你的兄弟无故杀人，你怎么处置他？快说！"

通天巫的二哥答里伯儿却在一边揪住斡惕赤斤的衣袖，撕扯在一起，喊声不绝。在双方叫嚷声中，通天巫的六弟与七弟用自己的身体护住成吉思汗，力劝他们的兄长住手，可是，豁里剌里举拳大声嘶叫着说："我们不会与你善罢甘休！"

正在这时候，忽听帐门口大喊一声道："住手！看谁敢围攻大汗！"

众人向门口一看，见是者勒蔑横眉立目地站在那里，一下子愣住了！

趁这工夫，者勒蔑大手一挥，喝道："全都抓起来！"

他的话音未落，从门外一下子进来十几个护卫队员，把通天巫的兄弟们一个个捆了起来。

成吉思汗这才挤出众人，走出帐去，见到通天巫已经死了，立即让人把他的尸体放在一个帐篷之内，命令关好帐篷的门和天窗，并且派专人在帐篷的周围看守着。

布置完毕，成吉思汗坐上车子，去了黑森林金帐，让忽兰与古儿别速两个皇后陪着自己喝酒寻乐，直至深夜方歇。

到了第三天，成吉思汗回到老营大帐，看守通天巫尸体的卫士前来报告道："今天凌晨，帐篷的天窗突然打开了，通天巫的尸体竟然站起来，自己从天窗里走了出去，慢慢升入空中，不见了。"

此时，萨满教巫师的首领兀孙老人来了，他向众人解释道："通天巫身为神的使者，却不遵循长生天的旨意，他诬陷哈撒儿亲王，又殴打斡惕赤斤亲王，无

稽谗谮，胡作非为，所以得不到神的佑助，长生天一怒之下，把他的性命和躯体一并收回天府去了！"

原来，成吉思汗担心通天巫死后，会有一些曾受过通天巫迷惑的牧民们为他鸣不平而生叛乱之心，便让者勒蔑把兀孙老人接到黑森木蒋斡儿朵里，经过精心策划，演出了这一幕"通天巫尸体登天庭"的闹剧。

那时的蒙古人，对萨满教相当迷信，因此对巫师更加崇仰与信赖，通天巫在草原牧民中的声望甚高，由于他的猝死，必然会产生一些猜测与非议。

成吉思汗为了防患于未然，便让当时担任萨满教巫师首领的兀孙老人出面，精心炮制出通天巫违背天意，自取灭亡的神话，来弥息蒙古百姓的疑虑，从而达到其安定内部的意图。

接着，成吉思汗让人找到了蒙力克老人，又派人把他的六个儿子押出来，并亲自为通天巫的六弟帖比格剌、七弟蒙卜阿兀解去绑绳，然后对蒙力克说道："你这两个儿子能顾全大局，在他们的兄长围攻本汗之时，能挺身护朕，竭力劝阻其兄长的反叛行为，实在是难能可贵的。今后，我要重用他们。"

接着又谴责蒙力克老人道："你教子无方，岂不闻'养不教，父之过'么？通天巫整日胡作非为，你不加劝诫，他妄想与我平起平坐，还阴谋篡夺汗位，难道你都不清楚吗？这次他触怒了长生天，把他收进了天庭，也是他的幸运了！"

蒙力克老人听了，自知理亏，只能连声认错，并向成吉思汗请求道："我这四个儿子无视大汗的权威，居然围攻大汗，实在是罪莫大焉，请求大汗看在我的面子上，饶他们一死，我当感恩不尽，并教育他们终生侍奉大汗。"

说罢，老人泪流满面地看着成吉思汗。

因为通天巫已除，成吉思汗不愿再去杀害蒙力克的这四个儿子，现在捆押他们，只不过警告他们，让他们老实服罪，不再有非分之想，断绝谋叛之心而已。

看到老人伤心的表情，他说道："你过去对我的帮助与情义，我终生不忘，并教育子子孙孙牢记在心的。你这四个儿子本应当与札木合等谋叛的人一样处死，但我有言在先，答应你九罪不罚的，假如我朝令夕改，人们就会耻笑我，因此，这次我就免他们不死了！"

蒙力克老人及其儿子们立即匍匐于地，再三叩谢不杀之恩，保证永远忠于大汗，侍奉大汗了。

这时候，成吉思汗口气缓和下来，要蒙力克父子，立即放回被通天巫收集去的别人的属民百姓。

作为一个天生的政治家，成吉思汗的手腕是十分灵活而高明的。他心中非常明白，尽管手中的汗权无限，但是，不能无谓的滥杀，特别是不能随意地处死那些一直与自己的家族有着紧密联系的人们。

169

现在，成吉思汗又可以表现出宽容大度了。

因为自从萨满教通天巫处死以后，晃豁塔部的气焰已被压下去，其影响已一落千丈，一蹶不振，再没有人敢像通天巫那样对成吉思汗指手画脚，横生非议了。

在这场汗权与神权的拼死斗争中，成吉思汗取得了完全的胜利。从此，萨满教成为他驯服的工具，并成为他维护帝国统一的强大精神纽带。同时，通过这场斗争，成吉思汗不仅除掉了一个极有野心的巫师，而且铲除了巫师干预部落事务的制度，这是成吉思汗巩固大汗的最高权力、加强君主集权的又一个重要步骤。

清除了通天巫的邪恶势力之后，成吉思汗召集博尔术、木华黎、者勒蔑等亲信，以及塔塔统阿、西里胡笑天儿一起，研究兵伐中原的大事。

忽然卫士进来报告说："西伯利亚大森林中的秃马惕部派使者来了，他要求大汗接见，正在大帐外面呢。"

成吉思汗听后，对大家说道："这秃马惕部是西伯利亚大森林中势力比较强大的一个部落，在阔亦田之战中，曾参加过札木合的联军，至今没有降顺我们，这次派使者来，必有要事，各位别走，不妨一起听听，看他的使者说些什么。"

不一会儿，一个身穿兽皮缝制的衣服、年约四十的秃马惕人走进大帐，向成吉思汗施礼后，朗声说道："尊敬的大汗，我们秃马惕部首领歹都忽勒莎豁儿派我来拜见你，向你通报：我们秃马惕部已联络了森林中的斡亦刺部、不里牙惕部、巴儿忽惕部以及吉儿吉思部等一起归顺大蒙古国，并献美女南西儿思，三天后歹都忽勒莎豁儿与各部首领，将于原乃蛮部北边小金山下，恭候大汗圣驾光临。"

成吉思汗问道："既然要归顺我，你们为什么不到我斡难河边，却要我去小金山下呢？"

使者立刻解释道："大汗有所不知，我的秃马惕部全是森林中的部落，穿的衣服都是用兽皮缝制的，一旦走出林子，来到草原上，多感不便，因此各部首领一致请求大汗枉驾屈就，恳请应允。"

成吉思汗沉吟一会儿，向部下们看着，只见木华黎点头示意，要他接受下来。

于是，成吉思汗微微一笑，对使者说："好吧！你回去代我向你家首领歹都忽勒莎豁儿以及其他各部首领转告，三天后我一定到小金山下与各位聚会。"

秃马惕部的使者答应一声，便高高兴兴地告辞而去。

成吉思汗对部下们说道："既来归顺，又不到我的汗国治所，反邀我去他们边境相会，难道掩盖着诡什么？"

一时间众将议论纷纷，最后成吉思汗决定留下博尔术守营，让木华黎与"四狗"领两万人马前往小金山赴会。

　　木华黎立即派出数十名哨探，前往小金山周围侦查情况，又把熟悉那里地形特征的塔塔统阿与西里胡笑天儿请到自己的大帐里面。

　　西里胡笑天儿曾随他父亲——乃蛮部的老臣可克薛兀撒卜剌里到小金山一带去过，他说："小金山周围山冈耸立，地势险恶，又到处覆盖着参天的树木，人马行走不便，骑马行动更是不方便。"

　　塔塔统阿说道："在小金山的南面有一块平地，我们的军队可以在那里扎营，大汗可以深居营帐之中，他们既来归顺，让他们来营中朝拜，不要轻易出帐，这就可以避免许多麻烦。"

　　木华黎又问道："从小金山通往秃马惕部的道路上，是否有藏兵的处所？"

　　西里胡笑天儿说道："在小金山北面不远的地方，有一座山冈，在山冈林子里可以埋伏兵马，一旦有仗打，那里可是出入秃马惕部的咽喉要道哩！"

　　塔塔统阿说道："只有秃马惕部与小金山距离最近，约有二十里，快马不过几鞭的工夫，只要守住那山冈，进可以攻，退可以守，确是一块要地。"

　　木华黎对二人道："既然是去赴宴，大汗不出帐也说不过去，只要安排妥当，加上严密监护，谅也无妨，充其量是有惊无险罢了！"

　　第二天的傍晚，哨探陆续回来报告道："秃马惕部首领歹都忽勒莎豁儿已多次扬言了，这次要活捉成吉思汗。""小金山上林子里埋伏了不少兵马，林子里各个部落都派了军队，可能有数万人呢！"

　　木华黎把这些情况向成吉思汗做了汇报，又把自己的计划说给大汗听，并建议道："这次去小金山赴会，非同寻常，大汗带个皇后在身边，还是很有必要的。"

　　他想了想，对木华黎说："那就让古儿别速去吧！这女儿办事精细，又会察言观色，一旦碰上意外，她会见机行事的。"

　　出发的日子到了，博尔忽主动对成吉思汗说道："这是一次危险的行动，为什么不让我跟随在你的身边呢？"

　　成吉思汗说道："好吧！你也去，加上'四狗'我的胆子就更大了，就是美女蛇也会闻风丧胆的！"说罢，周围的护卫人员们一齐笑起来。

　　这秃马惕部在小金山以东，色楞格河流域一带，距离吉尔吉思部不远，地域广大，主要以牧放牛羊为职业，过着森林中的狩猎生活。

　　其首领歹都忽勒莎豁儿，长得身材高大，自小习得一身武艺，训练了一支能征善战的军队，把周围的一些弱小部全都征服了。

　　林木中几个较大部落——吉尔吉思、斡亦剌、不里牙惕、巴儿忽惕等部，都愿意臣服于他，对他"年年进贡，岁岁朝拜"，日子久了，歹都忽勒莎豁儿居然自己称汗了。

在秃马惕部里有一个将领名叫沙陀里，此人足智多谋，善施阴谋诡计，歹都忽勒莎豁儿十分信任他，并封他为军师。

沙陀里向歹都忽勒莎豁儿建议道："南边草原上的各部落全被成吉思汗统一了，我们派使者去蒙古，假借投顺他的名义，将他骗到这里，宰了他，整个蒙古草原就全归我们了！"

歹都忽勒莎豁儿听了，当即对他说："这事就交给你办吧！让吉尔吉思、斡亦剌、不里牙惕等部都参加，人多力量大啊！"

歹都忽勒莎豁儿原来没有正式的妻子，他经常大言不惭地说道："部落里所有的女人，都是我的妻子。"

按照当地的习俗，部落首领对部民的人身与财物拥有绝对的占有权利，因此，歹都忽勒莎豁儿这话说得一点也不过分。

于是，部落里年轻人结婚时，初夜权必须让给歹都忽勒莎豁儿，平日，他喜欢哪个女人了，便可以带回来过夜，她的丈夫不敢阻止。

不过，一年前吉尔吉思部的首领拉齐列夫送一个美女给他，歹都忽勒莎豁儿被深深地迷住了。

这个美人的名字叫孛脱灰塔儿浑，长得十分标致俊俏，还有一身武艺，没多久，她却与沙陀里勾搭上了。

这次小金山聚会的计策，便是她与沙陀里精心策划，要献给成吉思汗的美人南西儿思，也是她挑选出来并一手调教的。

经过孛脱灰塔儿浑的亲自训练，沙陀里早在歹都忽勒莎豁儿面前夸下了海口，保证这美人计的绝对成功。

按照沙陀里的通知，林中各个部落首领全来参加聚会，并带一千人马，加上秃马惕部的五千人马，共有军队一万余人，大部分埋伏在小金山树林中。

为了掩人耳目，沙陀里在小金山脚下搭了一个高大的台子，台上摆着整齐的桌椅，并准备了音乐歌舞，借以增强欢乐的气氛。

在成吉思汗到来之前，歹都忽勒莎豁儿见到各部首领大部分都来了，只有斡亦剌部首领忽都合因病未来，让其儿子瑚亦兀来了。

这时候，有人来报告说："成吉思汗的大队兵马已经来到，他们在小金山南面的平地上扎下了营盘。"

众首领一听，急忙走到台后的山坡上，向南一看，果见黑压压的一大片，不久，一个个蒙古式的营帐搭起来了。

尽管有那么多兵马，却没有吵嚷之声，可见成吉思汗的军队确有良好的纪律。

不一会儿，有个侍卫前来向歹都忽勒莎豁儿首领报告道："成吉思汗派人来了，指名要见秃马惕部的首领，那人正在台上等着呢！”

于是，歹都忽勒莎豁儿领着各部首领，来到台上，高声对来人问道：“你是什么人？来见我有什么事？”

那人朗声答道：“我名叫阿儿孩一经，奉大蒙古国成吉思汗大皇帝之命，前来通知各位首领，大汗要召见你们，请现在就去！”

未等歹都忽勒莎豁儿答话，沙陀里抢先答道：“为了迎接你们大汗的到来，这里已搭下高台，请他来这里与各位首领见面，岂不更好？”

阿儿孩一经立刻说道：“这话说得就不对了！你们派使者向大汗请求归顺，难道要大汗屈驾来拜会你们么？现在大汗既然要召见各位首领，你们应该立刻前去才对！”

听了这话，各首领无言以对，只得一个个跟随着阿儿孩一经，下了离台，往蒙古大营走去。

歹都忽勒莎豁儿领着众首领走进大帐，只见全身盔甲的成吉思汗端坐在一把黑漆木椅上，头戴汗王冠，红脸，大脸盘，鼻直口方，身材高大结实，年纪不过四十岁。

在他的身旁，站满了佩刀带剑的卫士，一个个手按着刀剑柄，真是威风凛凛，气吞万里如虎。

此时，歹都忽勒莎豁儿不由得心里有些发怵，两腿一软，给成吉思汗深施一礼，道：“秃马惕部首领歹都忽勒莎豁儿拜见大汗！”

其他各部首领也一个个自报家门，对成吉思汗深施拜见之礼，然后站在一边，等候这位相貌堂堂、气宇不凡的大汗发话。

成吉思汗两眼放出锐利的亮光，在各位着领的脸上扫视一遍，然后在秃马惕部的歹都忽勒莎豁儿的脸上停了下来，注视良久，然后温和地说道：“各位请坐，我向来宽容大度，对归顺者来者不拒，一视同仁；假如怀着二心，玩弄伎俩，我也决不轻饶！”

这时候，者勒蔑上前对首领们问道：“各位投靠大汗，贡献何物作为进见之礼？”

歹都忽勒莎豁儿忙起身答道：“我们向大汗敬献林木中最有名的美女南西儿思，正在妆梳，不要多久，即可前来拜见大汗，现在请大汗去高台赴宴！”

博尔忽走过来向歹都忽勒莎豁儿问道：“你们既来投靠大汗，为什么在小金山上的林子里埋伏了那么多人马？”

成吉思汗一听，二目一瞪，从他眼中喷出两股亮光，逼得歹都忽勒莎豁儿的身子一颤，正想解释时，大汗对他质问道：“果有这事么？”

歹都忽勒莎豁儿急忙答道：“报告大汗，那是前日各部举行狩猎时，集中在山林中的，一时未能撤走，务请大汗原谅，我们并无其他意思。"

这时候，塔塔统阿上前说道："既然一时没有撤走，现在就请你下令把山林中的队伍尽快撤走罢！"

歹都忽勒莎豁儿只得对身边的沙陀里看了一眼，向他说道："快些回去，把狩猎的军队撤回去。"

沙陀里不敢不去，但是，这位诡计多端的军师只让其他部落的队伍撤走了，秃马惕部的几千队伍仍然留在小金山的顶上，只是隐蔽得更深一些了。

成吉思汗又问道："你们声言归顺于我，既不举行宣誓仪式，又迟迟不把献给我的美人送来，到底是何居心？"

歹都忽勒莎豁儿立即说道："请大汗息怒，原准备在酒宴之后举行对天盟誓，现在就请大汗去参加酒宴吧！"

者勒蔑问道："你们献给大汗的美人呢？"

歹都忽勒莎豁儿忙说道："快送来了！快了，快来了！"

塔塔统阿笑道："这叫作光听楼梯响，不见人下来！该不是一个骗局吧？"

歹都忽勒莎豁儿一时急出汗来，正要派人去催，只见自己的军师沙陀里急匆匆跑来说道："南西儿思已送来，一切准备就绪，可以请大汗前去赴宴了。"说完，又向歹都忽勒莎豁儿挤挤眼。

可是两人的微妙动作早被塔塔统阿看在眼里，他立刻对者勒蔑耳语了几句。

者勒蔑又对博尔忽耳语了几句话。这时，装着美人南西儿思的花车已到大营前面，皇后别儿古速早领着一群女用上前去接。

别儿古速对这项特别任务十分乐意，她对成吉思汗说道："无论她是美女蛇还是美人鱼，我都要让她变成一头温顺的小绵羊，请放心吧，今夜你又可以当一次新郎了！"

歹都忽勒莎豁儿再次邀请成吉思汗前去，者勒蔑先对博尔忽、哲别、速不台、忽必来等使了一个眼色，然后对塔塔统阿说道："我们一起陪大汗前去赴宴！"

于是成吉思汗这才起身走出大帐，者勒蔑与塔塔统阿在大汗的两边，博尔忽紧紧随在歹都忽勒莎豁儿的身后，哲别、忽必来两人一起跟在各部首领的身后，大家走上了高台。

高台上酒菜、果品早已摆得整整齐齐了，秃马惕部军师沙陀里正忙着对他的卫士们说话时，成吉思汗的"四狗"之一的速不台领着一队护卫军突然来到，他走到沙陀里面前说道："你去宴会上喝酒去吧！这高台的警戒任务就交给我们了！"

说着，他连推带搡地把沙陀里送上了台子，转身对秃马惕部的卫士们说道："那边已经准备好了酒菜，你们随着他一道去开怀畅饮吧！"

这时，速不台护卫队中的多朵朵立即走到那些人面前，用手一抬，说道："走吧，你们都随我喝酒呀！"

秃马惕部的卫士们在这些身高马大的护卫队面前，不敢拒绝，只得随着多朵朵走了。

沙陀里见台上台下全是成吉思汗的护卫队员，心里叫苦不迭，但又无可奈何。

在酒宴开始之后，沙陀里几次借故离去，都被速不台用少有的热情拦住了。

后来，歹都忽勒莎豁儿借口到台下小便，博尔忽也随后跟到台下，与他搭讪道："我今天的小便也多得很！"

秃马惕部的首领有些急了，他走到沙陀里面前，故意吃惊地问道："啊呀！你怎么也在这里参加宴会？快去让人再送些酒来！"

沙陀里这才找到机会脱身，博尔忽心想道："让你去引蛇出洞也好，不然的话，怎能把他们一网打尽呢！"

酒宴上，成吉思汗与各部首领谈笑风生，从札木合讲到王汗，又从桑昆讲到太阳汗，趁机向他们宣传了大蒙古国是在既有长生天的佑助，又有广大草原牧民的支持的情况下诞生的。

歹都忽勒莎豁儿也只得耐着性子听，不过，他总是向成吉思汗劝酒，希望他能喝醉就好了。因为他喝醉了，他的美人计就可以让这位蒙古国的大汗人头落地呀！

其实，他哪里知道他的美人计早已流产了！

原来，古儿别速早把南西儿思给感化了过来。得知她也是被人逼迫才来刺杀成吉思汗的，几番言语之后，二人便已姐妹相称。

谁知就在古儿别速疏忽之际，南西儿思竟被同她一起前来扮作侍女的两个奸细给勒死了。古儿别速忙派人捉拿凶手，最后将这两个人以火刑处死。

再说沙陀里，他从酒席宴上偷偷摸摸地跑到山顶，把埋伏在林子里的军队带下来，准备突袭宴会上的成吉思汗及其部下。

可是，自己的首领歹都忽勒莎豁儿仍在陪成吉思汗喝酒，一旦打起来，他更脱不了身，成吉思汗的部下能放过他吗？

沙陀里想来想去，没有好办法，突然，他的脑子一闪，不禁笑道："我真是笨如牛哪！这不是除掉这个绊脚石的极好机会么？借成吉思汗的刀，把歹都忽勒莎豁儿杀掉，他的妻子孛脱灰塔儿浑也不会埋怨我的，事成之后，我与她还不是名正言顺的夫妻？这真是老天来助我，心想事就成！"

想到这里，沙陀里把手中大刀一挥，喊道："兄弟们！杀上高台，活捉成吉思汗去呀！"

沙陀里一声吼叫之后，秃马惕部的队伍立刻潮水般向山下冲来，他们呐喊着，这声音在山谷间回荡。

者勒蔑立刻伸手拔出大刀，一手抓住歹都思勒莎豁儿的衣领，一边对各部首领高声说道："从现在开始，谁动就杀死谁！"

博尔忽等早已掏出怀中的绳子，把歹都忽勒莎豁儿与其他各部首领一个个捆得结结实实，并抓了一把青草塞在他们的嘴里。

此时，台上台下的护卫队员已经手执兵器，在严阵以待，准备与冲下山来的敌人拼杀。

者勒蔑带了几个护卫队员保护着成吉思汗、押着歹都忽勒莎豁儿等，准备回营里去。

博尔忽大声地对他说道："你放心地保护大汗回营去吧！这里由我们顶着，我估计，过不多久，木华黎的队伍就会来的！"

成吉思汗看着博尔忽、哲别、速不台和忽必来等，用赞许的口吻说道："我等待你们的捷报啊！"

说完，成吉思汗翻身上马，与者勒蔑军一起，押着歹都忽勒莎豁儿与各部首领回营。

走不多远，路过一座石桥时，那个秃马惕部的首领歹都忽勒莎豁儿心知活不了，便趁着护卫队员不注意，一头扑进桥下的水中。

者勒蔑取出了箭，说道："这坏蛋是想死在水里了，好吧，我成全他！"

说完，水面上冒出一朵水花，便一箭射去，水里连续扑扑腾腾地响了几声便静下来了。

成吉思汗派一名护卫队员到桥下一看，那位秃马惕部的首领已四肢张开，漂浮在水面上，被射死了。

者勒蔑说道："把他的人头割下来，免得他装死跑掉了！"

成吉思汗笑道："难道他像猫狗那样，能有七条命么？"

大家听了，不由哈哈大笑起来。

次日凌晨，小金山下的战斗才结束。由于木华黎的大军及时赶到，沙陀里的兵马被包围起来，全部消灭，直杀得尸横遍地，血流成河，沙陀里也被乱刀砍死，数千秃马惕人大部分被杀，只有极少一些人逃了回去。

此时，吉尔吉思、不里牙惕、斡亦剌等部首领一致请求成吉思汗准许他们投降。

数年以来，成吉思汗对于周围的一些弱小部落，一贯使用两手政策：对于真心投降的人，他热情欢迎，大加奖赏；对于坚持反抗的人，他从来不吝惜自己的武力，派兵镇压。

后来，成吉思汗命令放了这些部落的首领，要他们回去之后，奉献贡品，诚心屈服。

一代天骄：成吉思汗

# 【第九回】

# 献牛羊笑后藏利剑，索猫燕计中隐奇谋

维吾尔族乃回纥族的后裔，它以族名为国名，其国土东至伊州（今新疆哈密），西至龟兹（今新疆库车），北至今天的准噶尔盆地的边缘，与原乃蛮部为邻，南到鄯阐（罗布泊附近）、酒泉，与吐蕃接壤。

维吾尔的国王称"亦都护"，在汉语中意为"幸福之主"，实际上应为"神圣陛下"。

由于维吾尔又被称为阿萨兰回纥，所以维吾尔国王也称阿萨兰汗王，汉语意思为"狮子王"。

维吾尔人认为，他们的祖先是松树、桦树的后代，是大地和上天的儿子，因为，这里还有一个古老的传说呢——

据说，维吾尔人的祖先最早兴起于斡儿寒河畔（今鄂尔浑河）。

那里有一座哈剌和林山，有三十条河从那里发源，每条河的两岸都居住着不同的部族，维吾尔人则在斡儿寒河岸边形成了两支。

当他们人数增多时，维吾尔人也仿效其他部落，推举一个首领。这样一直过了五百年，维吾尔出现了一个神话般的领袖。

从哈剌和林山发源的三十条河流中，有一条叫做秃忽剌的河（今图拉河）一条叫作薛灵哥的河（今色楞格河），两河中间的土地上长了两棵紧靠在一起的树，一棵称为忽速黑，即西伯利亚杉，形状像松树，树叶在冬天像柏叶，果实的外形和滋味都与松仁相同。另一棵树称为脱思，即桦树。

一天，两树中间突然冒出一个土丘，有一束神光自天而降，落在土丘上，而且土丘日益增大起来。

大约过了九个月零十天，那土丘犹如孕妇分娩，裂开一个洞，呈现出五间像营帐一样的石屋，而且每间石屋里坐着一个小男孩，每个男孩嘴里含着一个吸奶管，帐篷上则盖有一张银网。

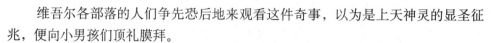

维吾尔各部落的人们争先恐后地来观看这件奇事，以为是上天神灵的显圣征兆，便向小男孩们顶礼膜拜。

微风吹到这五个孩子身上，他们很快就强壮起来，并且开始走动。过不多久，他们便走出了石屋，被人们交给乳母照看。

他们长大以后，询问谁是他们的父母时，人们就带着他们来到那两棵树前，对他们道："它们便是你们的父母。"

五个孩子听了，立刻跪倒在树前感谢父母的生育之恩。此时，奇迹出现了，忽然两棵树说话了："聪慧孝顺的好孩子们，希望你们常来此走动，尽为子之道，愿你们长命百岁，平平安安，幸福无边，名垂千古！"

当地的维吾尔人十分尊重这五个人，称他们为"山岳巍峨的斤"，意为"君主"或"诸侯"，为他们修建了五座城。

五子中，唯第五子品貌皆优，才智出众，胜过其他四子，而且通晓各族的语言文字，因此大家推举他为汗，号称"不古可汗"。

不古可汗一直传了三十多代，到了成吉思汗时代，维吾尔人已经历了好几百年，并成为西辽国的藩属国。

西辽国是契丹族的一支——哈剌契丹在东突厥斯坦建立的一个国家，又被称为哈剌契丹或里契丹，它征服了周围的一些国家，并强迫他们缴纳贡品。

西辽的国王把一名"沙黑纳"派到维吾尔国。"沙黑纳"相当于突厥语的"八思哈"，蒙古语的"达鲁花"，在汉语中是"少监"的意思，实际上相当于维吾尔的"监国"。

这位监国平日负责征收贡赋，时间久了，就开始作威作福，对维吾尔国的亦都护和他的将官们百般凌辱，对维吾尔人民进行残酷地压迫，是维吾尔国共同憎恨的对象。

此时，维吾尔国在位的亦都护号称巴尔术阿尔忒的斤，四十五岁，生性懦弱无能，又昏聩好色，娶妻八人还嫌不足，嘴里经常喊着"家花没有野花香"呢。

这些日子里，他多次遭到监国的训斥。监国说他玩弄欺骗手段，把一个已经被人睡过的女人冒充处女送给自己，十分恼怒，要他把自己的女儿送来赎罪，否则，就回西辽国领兵来打维吾尔国。

这位西辽国的监国名叫狄里帖迈尔，是个好色之徒。

据说，狄里帖迈尔每夜睡觉，都得伏在女人的身上才能睡着，没有女人他就会失眠。

半月前，巴尔术阿尔忒的斤在狄里帖迈尔的再三催促下，把表弟的女儿黎德里娜送到了狄里帖迈尔的住处。

两天后，狄里帖迈尔就以十分不满的语气对他说道："你那黎德里娜早不是处女了，为什么要把她当成黄花闺女送给我？"

巴尔术阿尔忒的斤忙说道："请原谅，过些日子我一定再选一个绝色美女给监国老爷送来！"

"不行！我不要你再选了，你把女儿兀儿佳思送来就可以了。"

巴尔术阿尔忒的斤听了，大吃一惊道："啊？我女儿兀儿佳思年纪太小哇，今年她才十四岁。"

未等他说完，狄里帖迈尔就说道："太好了！我平生最喜欢小妞儿，何况兀儿佳思已经十四岁，不算小了，就尽早送来罢！"

巴尔求阿尔忒的斤被逼无奈，只得说道："那好吧！我回去就……送给你！"

可是，巴尔术阿尔忒的斤回到家里，不舍得把女儿兀儿佳思往火坑里送，想了一个通宵，也没有想出一个救女儿的办法。

最后，他也只有用拖的方法，跑去向狄里帖迈尔说道："兀儿佳思正患伤风，头疼不止，过些日子身体康复了，我再送她来。"

狄里帖迈尔一副急不可耐的样子，笑道："伤风头疼不算病，来我这里以后，替她冲冲喜，搂住她睡一夜，发发汗，就好了。"

巴尔术阿尔忒的斤满心愤怒，也不敢发作，只得忍气吞声地回去了。

巴尔术阿尔忒的斤拖了几天，正在左右为难、苦寻应对良策的时候，国相㘞俚伽向他报告道："草原大蒙古国成吉思汗派兵马五千人，前来征讨，前锋距离国都奎毕维尼伦城只有八十多里路了。"

巴尔术阿尔忒的斤一听，大吃一惊："这怎么办？那蒙古的军队英勇无比，成吉思汗足智多谋，我的小小的维吾尔国怎敢与他对抗？"

二人正在商议之时，西辽国派来的监国狄里帖迈尔走了进来，他是来向巴尔术阿尔忒的斤讨要他女儿兀儿佳思的。

狄里帖迈尔一坐下便问道："你身为维吾尔人的首领，为什么言而无信？"

巴尔术阿尔忒的斤急忙说道："你这位监国老爷只知道要女人，成吉思汗的队伍快要打来了，我哪有心思哟？"

狄里帖迈尔听了，心里也不由一惊，但立刻镇定下来，不在乎地说："你维吾尔人善于骑马射箭，那蒙古人有什么可怕的？"

巴尔术阿尔忒的斤急忙说道："我们维吾尔国一直是你们西辽的属国，现在成吉思汗的兵马快要打来了，难道你们能坐视不管，见死不救么？"

狄里帖迈尔立即说道："杀鸡焉用牛刀？成吉思汗只来了五千人马，我略施小计，就可以杀他们一个片甲不留，哪里需要我们西辽国派兵呢？"

维吾尔国相听后，忙问道："监国老爷说话要算数，军中无戏言，你若有退兵之策，我们全体维吾尔人将感激不尽。"

狄里帖迈尔遂说道："只要你把兀儿佳思送到我那儿，我就立马告诉你们退兵之策！"

巴尔术阿尔忒的斤与他商议道："请监国老爷放心，蒙古兵马被击败之后，我立即亲自送兀儿佳思去你那里。"

"那不行！你得先送兀儿佳思给我，不然，我将一言不发，一计不出！"

国相忕俚伽对巴尔术阿尔忒的斤说道："为了全体维吾尔人，你就答应了吧？也许，他真的有退兵之策。"

巴尔术阿尔忒的斤道："他是色迷心窍，言过其实了！"

狄里帖迈尔听后，不高兴地站起来就走，国相忕俚伽忙上去向他解释道："请监国老爷留步！我想了一个折中的方式，明天上午我们来个一手交人，一手交计，这样好不好？"

狄里帖迈尔当即答应了。忕俚伽又劝了一会儿巴尔术阿尔忒的斤，他无奈地接受了这意见。第二天上午，双方兑现承诺。

狄里帖迈尔高高兴兴地领着兀儿佳思回去了，忕俚伽按照狄里帖迈尔的计策，得到巴尔术阿尔忒的斤的同意之后，派人去山上采集菅草，并准备了牛二十头、羊五十头。

两天之后，国相忕俚伽领着三十名维吾尔人赶着吃了菅草的二十头牛、五十头羊，迎着成吉思汗的兵马走去……

1209年，成吉思汗的大蒙古国已经建立四年了，派兵追击蔑儿乞、乃蛮余部，消灭了脱黑脱阿之后，又赶走了太阳汗的儿子曲出律。

成吉思汗派长子术赤降服了北部林木中的狩猎部落，解除了后顾之忧。

为了征服西部的维吾尔族人，成吉思汗又派次子察合台领兵马五千人，攻打维吾尔国。

察合台初次领兵，派遣他的亲信朵朵木齐儿带领一千人马作前锋，一路浩浩荡荡地向维吾尔国都奎毕维尼伦城杀来。

在相距奎毕维尼伦城三十里处的盎格玛山下，维吾尔国相忕俚伽与察合台的前锋朵朵木齐儿相遇了。

忕俚伽主动走到朵朵木齐儿的军前，说道："我是维吾尔国相忕俚伽，奉巴尔术阿尔忒的斤国王之令，前来降附，并献上牛二十头、羊五十头，以作慰劳大军之礼，请收下。"

朵朵木齐儿听了，立即派人向察合台报告，一边接见维吾尔国相忕俚伽，一边收下献来的牛、羊。

第二天，察合台领着大队人马赶到了盎格玛山下，听说维吾尔国已经来降附了，心中十分兴奋，立即命令宰杀维吾尔人贡献来的牛羊，以犒赏军队。

一代天骄：成吉思汗

谁知全军将士吃了那牛羊肉之后，头晕目眩，四肢无力，昏昏欲睡。

身为全军统帅的察合台，由于心情愉快，吃的牛羊肉最多，中毒也最深。他倒在中军帐中，沉沉大睡，若不是嘴里还有一口气，人们还真以为这位二王爷死了呢！

维吾尔国相怷俚伽一见，欢天喜地地回到奎毕维尼伦城里，向巴尔术阿尔忒的斤报告了这情况，这位国王欢喜得合不拢嘴，忙命令道："你立即带领一千兵马，前去盎格玛山下，把成吉思汗的儿子察合台以及他的将士们全都捆起来！"

怷俚伽国相刚走，西辽的监国狄里帖迈尔便来了。

他得意洋洋地对巴尔术阿尔忒的斤说："怎么样？我略施小计，蒙古军队就全部被擒，我没有说狂话吧！不过，对那些俘虏来的蒙古将士，应该全部杀死，成吉思汗听到这个消息，就更不敢轻易派兵来了。"

巴尔术阿尔忒的斤忙说道："我不赞成杀死那些将士。仇恨宜解不宜结，何必结怨太深？"

狄里帖迈尔不以为然地说："成吉思汗有什么可怕？下次再派兵来，我要他们站着来，躺着回去！"

巴尔术阿尔忒的斤问道："不知监国又有什么妙计？"

狄里帖迈尔笑道："成吉思汗若是再派兵马来，我把他的军队引到死谷里去，不费一兵一卒，管教他一个个束手就擒……哈哈哈！"

巴尔术阿尔忒的斤忙问："那死谷在什么地方？"

狄里帖迈尔神秘地答道："那死谷是人迹罕至的地方，早在八百多年前，中原的唐朝皇帝派一员大将前来，由于不识路径，误入死谷，差一点儿全军覆没，幸亏遇到当地一个老人救了那位将军，才侥幸逃出来，以后唐朝皇帝不再派兵来打，只派使者前来议亲，双方关系也好了。"

这时，国相怷俚伽进来说道："蒙古的将士们刚被绑住便醒了，要关押他们，得用很大的屋子才行，怎么办呢？"

狄里帖迈尔又说道："几千人要吃要喝，还要给他们住的地方，太麻烦了，不如杀了，倒真是减少许多麻烦呢。"

巴尔术阿尔忒的斤又问道："你那法术只能有效两天？"

狄里帖迈尔立刻笑道："那不是什么法术，我是用菅草麻醉他们的。"

原来，这菅草的根茎里含有一种麻醉素，吃起来又脆又甜，人与牲畜都喜欢吃它，可是，吃过以后，都会因为麻醉而昏迷不醒。

这次狄里帖迈尔让牛羊饱吃了菅草的根茎，然后把那些牛羊作为礼物送给察合台的军队。

蒙古的广大将士吃了浸透着麻醉成分的牛羊肉，不到两个时辰，一个个东倒西歪，如醉汉一样昏沉地睡去，眨眼之间，如狼似虎的蒙古军队，全都变成了俘虏。

这消息很快传到成吉思汗那里，他大吃一惊，说道："这还了得，五千将士全部被俘，我就不信维吾尔人能比王汗、太阳汗厉害？我要亲自领兵前去征讨，誓要踏平维吾尔国的都城奎毕维尼伦城！"

木华黎说道："据说，二王爷中了维吾尔人的奸计，接受了他们的诈降，又吃了维吾尔人献给军队的慰劳品——有毒的牛、羊肉，因而中毒被俘。"

博尔术说道："二王爷与将士们虽然被俘，谅它小小的维吾尔国也不敢怎么样的，请大汗放心，让我领兵前去解救二王爷回国吧！"

塔塔统阿说道："维吾尔国相似俚伽是一个极正派的人。据我所知，维吾尔是西辽国的属国，西辽王还派一个大臣到维吾尔担任监国，这里是不是那个监国起了作用？单单一个维吾尔国是不会、也不敢与我们大蒙古国对抗的，请大汗让我去一趟吧！我想去见见似俚伽，争取招降他们，不知大汗觉得怎样？"

成吉思汗听了，十分高兴地说："那太好了！能不动刀枪地招降，岂不更好？"

木华黎又说道："塔塔统阿师傅去，固然万无一失，不过，还得再派一支人马去，文攻武卫嘛！"

塔塔统阿立刻笑道："那样，我的腰杆更硬、理更直、气更壮了。"

成吉思汗看了博尔术一眼，说道："那就让右翼万户长博尔术将军领一万人马，作为塔塔统阿的坚强后盾，一旦不听从劝降，就以武力征服他们。"

博尔术接受命令之后，问道："对西辽国应持什么态度？是现在打他，还是等以后再打？"

成吉思汗说："这次派兵是征服维吾尔国，西辽国不出兵阻止我们的行动，你就别与它发生军事冲突；一旦它要出兵阻拦，那就打它！"

第二天，博尔术与塔塔统阿带领一万人马，浩浩荡荡地赶去维吾尔国。

塔塔统阿本是维吾尔人，其父燕帖罕里是维吾尔国的重臣，国王列托阿尔坤让他担任太子阿帖尔巴夫的老师。

列托阿尔坤晚年的时候，宠爱一个妃子兰帖尔列，她生了一个儿子名叫正吉武阿巴亥里夫，尽管已经十四岁，还是个顽皮的孩子。

由于兰帖尔列在列托阿尔坤的耳边老是吹枕头风，这位年老的国王便想改立正吉武阿巴亥里夫为太子，继承维吾尔王位。

他曾经为这件事多次与部下商量过，但是大臣们都反对，特别遭到原太子阿帖尔巴夫的老师燕帖罕里的反对。

可是，列托阿尔坤架不住兰帖尔列的蛊惑，终于不顾大臣们的反对，把原来的太子阿帖尔巴夫废掉，正式立正吉武阿巴亥里夫为太子了。

为了消除阻力，居然下令说原太子想谋反，把阿帖尔巴夫杀了。

而后，又诬陷燕帖罕里帮助阿帖尔巴夫策划谋反，把他关起来审问，不久也将他杀了。

为了斩草除根，列托阿尔坤又下令捉拿燕帖罕里的独生儿子塔塔统阿。

维吾尔国的大臣仳俚伽十分同情燕帖罕里一家的不幸遭遇，便把塔塔统阿悄悄藏在自己的家里。

半年以后，国王列托阿尔坤病危了，把大臣们召到病床前，请他们辅佐正吉武阿巴亥里夫承继维吾尔王位。

正吉武阿巴亥里夫当了国王以后，由于年幼无知，那位老国王的宠妃兰帖尔列就名正言顺地代国王执政了。

她为了巩固自己的权力，有意派遣自己娘家的兄弟、侄子等协助她管理政事。

后来，有人向兰帖尔列偷偷报告："燕帖罕里的儿子塔塔统阿被大臣仳俚伽藏在家里。"

兰帖尔列立即派人到仳俚伽的家中去搜查，由于仳俚伽事前已得到消息，早让塔塔统阿逃走了。

兰帖尔列抓不到人，没有证据，对仳俚伽也没有办法，只得派人四处追捕塔塔统阿。

为了活命，塔塔统阿只得白天躲起来，夜里赶路，经过长途跋涉，终于逃出了维吾尔国，来到了乃蛮部，被太阳汗收留。

由于他精通维吾尔文，又勤奋老实，太阳汗让他担任儿子曲出律的老师，并替他执掌大印，成了一名掌印官员。

成吉思汗灭了乃蛮部，太阳汗死了，曲出律逃跑了，他被俘虏以后受到成吉思汗的热情欢迎，仍让他担当了掌印官。

在这之前，塔塔统阿已经知道早在两年之前，维吾尔国的大臣们，在仳俚伽的指挥下，发动了宫廷政变，杀死了前国王列托阿尔坤的宠妃兰帖尔列，又废了她儿子正吉武阿巴亥里夫，让原太子阿帖尔巴夫的弟弟巴尔术阿尔忒的厅继承了王位，成了维吾尔国王，仳俚伽担任国相。

塔塔统阿一路回忆着往事，想着怎样劝说仳俚伽，让他帮助自己去说服国王，尽快降附成吉思汗，不知不觉便随大军，进入了维吾尔国境。

从小生长在维吾尔国土地上的塔塔统阿，知道与盎格玛山齐谷的鲁不亦惕山下，有一块死亡山谷，那里寸草不生，树木不活，鸟儿不敢落，野兽不愿去，人若走进那片谷地，立即头昏脑涨，四肢无力，不久便会倒下死去。

在距离盎格玛山二十余里的一个小山坡上，塔塔统阿建议博尔术把军队驻扎下来，他自己则带了十名侍卫，从鲁不亦惕山脚下绕过死亡谷地，向维吾尔都城奎毕维尼伦城驰去。

来到都城，塔塔统阿担心凭借大蒙古国使者身份会招来麻烦，便灵机一动，仅以国相忕俚伽老朋友的身份出现，请求通报说："故人塔塔统阿求见！"

国相一听说塔塔统阿回来了，急急忙忙走出来。他们热情地拥抱在一起，拉着他问道："这些年音讯全无，未曾想到你还活着，真是老天有眼啊！"

当他得知塔塔统阿在成吉思汗麾下任事时，便立刻明白了他的来意，对他说道："你不说我也清楚了，你是来替成吉思汗当说客的。"

塔塔统阿立刻说道："不过，我是维吾尔人，我不能不替维吾尔人着想，我不能眼睁睁地看着维吾尔人面临亡国灭种的危险。"

忕俚伽却说："成吉思汗的儿子及其五千将士全在我们手里，我们还有西辽国的支持，不怕成吉思汗再派兵马来！"

塔塔统阿向他详细讲述了成吉思汗的为人情况，介绍了这位大汗统一蒙古的经过，尤其是成吉思汗伟大、坚强、慷慨好义、爱惜人才的种种高尚的人品，使忕俚伽深受感动。

可是，国相忕俚伽面露难色，说："这事不能我一人说了算，要与国王巴尔术阿尔忒的斤商议后，他同意了才能定。"

塔塔统阿忙说道："他虽是国王，还不是听你的，当初没有你的支持，他怎能当上国王？"

"这话可不能这么说，他现在毕竟是国王，一旦他不答应，还真不好办！"

"还有西辽国派来一个监国呢！你该不会去与他商量吧？"

忕俚伽听了，忙笑道："别开玩笑了，这事怎能与他商量？他若知道你来劝降，立刻就会杀你了，我能出卖老朋友吗？"

说完，忕俚伽便去向国王巴尔术阿尔忒的斤报告，经过忕俚伽再三劝说，国王无奈地对他说："是你把我推上维吾尔国王的宝座，今后只要你支持我，我全听你的，一切由你安排吧！"

于是，巴尔术阿尔忒的斤接受了国相忕俚伽的建议，决定借助蒙古的力量，乘机摆脱西辽国的控制，不再充当那屈辱的属国。

忕俚伽领着一支兵马，把西辽国派来的监国狄里帖迈尔的住处团团包围起来。可是，狄里帖迈尔把大门关得严严的，企图负隅顽抗。

忕俚伽派人向他喊话道："狄里帖迈尔，你主动出来投降，可以不杀你。"

士兵们喊了一会儿，见狄里帖迈尔置之不理，便冲进去了。

狄里帖迈尔躲到楼上，被士兵们搜了出来并砍了脑袋，忕俚伽命令士兵放火烧了那座房子，又把狄里帖迈尔的尸体扔进火里。

接着，忕俚伽又派人把察合台与那五千蒙古将士全部放了出来，亲自将二王爷察合台请到自己的家里，让他与塔塔统阿见面。

经过国王巴尔术阿尔忒的斤同意，仳俚伽把兀儿佳思从烈火中救出来，送给察合台了。

察合台大难不死，又得佳丽，心中十分高兴。他非常高兴地对塔塔统阿说道："你们维吾尔族的女人确实长得美貌，头上的辫子为什么那么多呢？"

塔塔统阿告诉他说："我们维吾尔族的少女头上的辫子数，就是她自己的岁数；每个维吾尔族少女，自一岁起，每年增一岁，就多结一根辫子。"

察合台听了，哈哈大笑道："若是有个维吾尔少女不结婚，她的辫子将有无数根了，也太多了呀！"

塔塔统阿也笑道："我们维吾尔少女不仅长相俊美，风姿俏丽，而且活泼多情，能歌善舞，哪有不结婚的？"

察合台很有同感地说："请师傅帮忙，为我多选几位少女来，我确实被这些维吾尔女人迷住了！"

维吾尔国王在国相仳俚伽的劝说下，公开与西辽国决裂。

为了表示自己诚心归顺，巴尔术阿尔忒的斤国王立即派出使者，去觐见成吉思汗。

那使者带给去一份国书，表示自此永远臣服于成吉思汗。

成吉思汗接到这分国书，让塔塔统阿连续读了好几遍给他听，非常高兴，十分赞许巴尔术阿尔忒的斤的举动，对使者优礼相待。

事后，成吉思汗也派出使者对巴尔术阿尔忒的斤进行慰劳，并下诏说："如果巴尔术阿尔忒的斤真诚地为我们效忠，可让他从他的财产和帑藏中拿出一些东西来进贡。"

巴尔术阿尔忒的斤接敕书后，立刻打开金库的门，取出一些自以为很适当的财物，亲自向成吉思汗进送贡品。

1211年的春天，维吾尔国王留下国相仳俚伽在国内主持政务，自己领着一支送贡品的队伍，到克鲁伦河的大斡儿朵里去朝见成吉思汗。

当送贡品的队伍到达盎格玛山以东啃特儿山口之时，忽听一阵角号鸣响，接着鼓声、锣声一齐响了起来，随后在山口两边的山坡上突然蹿下来数千士兵，高声呐喊着冲了过来。

巴尔术阿尔忒的斤吓得一步也不能走了，顿时被五花大绑起来，见送贡品的士兵全被杀死了，他抖抖索索地问道："你……你们是什……什么人？"

"我们是西辽王派来的队伍……走，到我们的西辽王面前说去！"

原来，维吾尔国王巴尔术阿尔忒的斤让国相仳俚伽杀死西辽王派来的监国狄里帖迈尔之后，西辽王狄朵里拜尔非常气愤，要立即发兵攻打维吾尔国，军师古且昂也克在旁边连忙劝道："请大王息怒，目前蒙古的军队仍在维吾尔境内，我

185

们的军队一去，岂不要与成吉思汗打起来，不如……"

古且昂也克走到狄朵里拜尔面前，低声在他耳边说了一阵，那位西辽王听了十分高兴，说道："妙计，妙计！等把那个可恶的维吾尔王子捉来，看我怎么处治他！"

就这样，古且昂也克派出一支人马，把巴尔术阿尔忒的斤的进贡队伍全部截获了。

巴尔术阿尔忒的斤被押到了西辽王狄朵里拜尔面前，吓得不敢抬头，西辽王问道："你为什么忘恩负义，背叛我西辽国？"

巴尔术阿尔忒的斤一听到"忘恩负义"四个字，立刻气愤起来，不再害怕了，反道："我不知道你们西辽国给过我们维吾尔人什么恩、什么义、我为什么不可以投靠成吉思汗？"

狄朵里拜尔对巴尔术阿尔忒的斤的回答感到有些出乎意料，于是说道："嗬！你们维吾尔原是我们属国，为什么要去投靠蒙古？"

"原因很简单，你们西辽国对我们不好，成吉思汗是一个伟大的君主，我们情愿去做蒙古国的属国。"

"胡说！我们西辽国特别派了一个人到你们维吾尔担任监国，帮助你们管理政务，有什么不好？"

巴尔术阿尔忒的斤听了，更生气地说："算了吧！就是你们的那个监国，在我们那里作威作福，对我们的官员百般凌辱，对维吾尔人任意敲诈勒索，干尽了坏事，我们实在受不了他的欺压，才不得不投靠成吉思汗。"

狄朵里拜尔说道："难道你归附了成吉思汗，蒙古人会对你们好么？"

这时候，西辽国的军师古且昂也克来了，走到狄朵里拜尔身边，悄悄对他说："依我之见，不如放他回去吧！"

"那样的话，就太便宜他了。"

"他既投降了蒙古，如果杀了他，不仅得罪了维吾尔人，也会得罪成吉思汗的。"

西辽王狄朵里拜尔却说道："成吉思汗又能把我怎样？我们堂堂西辽国，能怕他们蒙古人么？"

古且昂也克劝道："他们的贡品被我们劫了，送贡品的人也被杀了，留下他没有大用，杀了他，只会惹麻烦，还是放了他吧。"

狄朵里拜尔只得说道："好吧！我也不杀你了。你投靠成吉思汗以后，不要挑动蒙古人来打我们西辽国，否则，我饶不了你。"

说罢，就让古且昂也克带他出去了。

可是，过了半个时辰工夫，古且昂也克又十分懊恼地来向国王报告道："我

一代天骄：成吉思汗

给他一匹马，让他骑上回维吾尔国去，谁知道他刚骑到马上，被狄里帖迈尔的儿子胡剌也帖尔一箭射中面门，当即栽下马来，死了。"

狄朵里拜尔幸灾乐祸地说："胡剌也帖尔射死杀他父亲的仇人，也是应该的，一报还一报嘛！"

古且昂也克说道："巴尔术阿尔忒的斤对维吾尔人干尽了坏事，死在维吾尔人刀下，也是应该的。我只担心巴尔术阿尔忒的斤死后，会给西辽国带来战争，那成吉思汗可不是好惹的，他比当年的太阳汗不知厉害多少倍哩！"

狄朵里拜尔立刻对他的军师说道："既然如此，你就派个人到维吾尔国去，向他们的国相怴俚伽解释一下，说明我们无意劫夺了他们的贡品，巴尔术阿尔忒的斤是自己不慎摔下马来，摔死的。"

古且昂也克只得说道："也只好这样做了，我现在就派人去！"

维吾尔国相怴俚伽听了西辽国使者的话，虽然心知肚明，也无可奈何，因为人死不能复生，事情已经过去了，便召集维吾尔大臣们商议，让巴尔术阿尔忒的斤的长子底斯留朵木承袭父位，当了维吾尔国的国王，这件事也就算过去了。

1212年的春天，底斯留朵木又带着丰盛的礼物，用三千人马护送这支进贡的队伍，前往克鲁伦河成吉思汗的行宫——大斡儿朵去朝见成吉思汗，向这位至尊高尚的蒙古大汗表示臣服，并进献了礼物。

这位年轻的维吾尔国王底斯留朵木见了成吉思汗之后，拜奏道："若蒙大汗垂青，顾念臣下不远千里而来，赐给我以红袍金带，让我做大汗四子以外的第五子罢！我将更加顺从，更愿为大汗竭诚效忠。"

成吉思汗被底斯留朵木的忠心所感动，当即答应收他作自己的第五子，并决定把自己的女儿阿勒阿勒坛嫁给他。

从此，维吾尔国王底斯留朵木也成为蒙古国的贵戚，维吾尔与大蒙古国的关系日益密切，所谓"宠异冠于诸国"。

败降了维吾尔国之后，成吉思汗十分高兴，他对部下说道："维吾尔国是西辽国的右手，我们征服了它，就等于砍掉了西辽国的右手；现在，西辽国还有一只左手，那就是原乃蛮部的西邻，维吾尔国北面的哈剌鲁国，若能把它也收降了，就等于砍下了西辽国的左手了。"

木华黎接着说道："再把哈剌鲁征服了，我们大蒙古国的西部后方就安定了，再南下中原时，也将无后顾之忧了。"

"四狗"之一的忽必来说道："请大汗派我领兵前去征服哈剌鲁吧！"

成吉思汗高兴地说道："你能领兵前去，我就放心了。"

他答应了忽必来的请求，让他带领一万兵马，前往哈剌鲁国征讨。

哈剌鲁国，本为西突厥的一部。

据历史记载，哈剌鲁与维吾尔具有同一的族源关系。当他们的祖先乌古思放弃佛教，改信伊斯兰教时，内部发生了战争。

对那些归附于他，并成为他的协助者的人，乌古思便赐以维吾尔之名。

乌古思在一次战争中，从战场返回老营时，途中经过一座大山时，下了一场大雪，有几个家族因为雪地所阻，落在了队伍的后面。以后，乌古思便给这几个家族起名为哈剌鲁，意为"有雪者、雪人"，后来的哈剌鲁诸部全都出自这些人。

在西辽国的武力征服下，哈剌鲁与维吾尔一样，成为西辽国的附属国。

哈剌鲁的版图，包括阿尔泰山以西，伊犁西北，巴尔喀什湖东南一带，主要包括三座城：它们是"海押立""阿力麻里""不剌城"。

成吉思汗兴起之前，哈剌鲁有两个国王，分别驻在海押立和麻立里城。

驻在海押立城的哈剌鲁首领称为阿儿思兰汗，这是一个世袭的称号。西辽国的古儿汗派了一个名叫沙木朵儿的人，到海押立城担任监国，此人好事不干，坏事做绝。

沙木朵儿任监国期间，不准阿儿思兰汗组织军队，只让他建立一支不足百人的侍卫队。沙木朵儿在哈剌鲁作威作福，地位如太上皇一般。

他向哈剌鲁征收的贡品十分奇特，每年要阿儿思兰汗交给西辽国晾干的牛马驴肾各一千只，他自己一日三餐只吃鸡脑子和鸭鹅的翅与掌，其他肉食一概不吃。

在哈剌鲁，沙木朵儿还规定了一条不成文的法令，所有哈剌鲁人结婚时，新娘子的初夜权都属于他，谁若不听事后必遭惩罚——对新婚男女施以"腐刑"。

这种刑法，指的是阉割男女的生殖器，而断绝男性生殖器，又叫作"宫"，施之于女性的，则叫作"幽闭"。

可见这种做法既野蛮又惨无人道，常常激起哈剌鲁人的群起反对。

有一次，数十名妇女联合起来，拥入沙木朵儿的住处，把他捆起来，扒掉他全身的衣服，挖去他的双眼，割下他的生殖器，然后把这位监国吊在竖起的一根木杆上，活活地吊死了他。

这迫使古儿汗狄朵里拜尔不得不废除了那项不成文的法令——初夜权，后来的监国胡台底儿也不得不收敛了他的残暴行为。

阿儿思兰汗死后，他的儿子承继了哈剌鲁王称为马木笃汗，对监国胡台底儿极端不满。

1211年春天，马木笃汗听说维吾尔人杀死了西辽国的监国并降服于蒙古国，便也像维吾尔人那样，亲自带领侍卫队，把那可恶的监国胡台底儿杀死，号召哈剌鲁人团结起来，并立即组建了一支五千人的队伍，准备与西辽国对抗。

与此同时，马木笃汗又派人去迎接蒙古军队的到来，把忽必来请到海押立城里，热情犒赏成吉思汗的兵马。

不久，西辽国王狄朵里拜尔死了，他的儿子古儿汗接了王位。古儿汗比他父亲狄朵里拜尔更加阴险与残忍，他见哈剌鲁投降了蒙古，就派国相古且昂也克领一万兵马前来攻打哈剌鲁。

在这一年的秋季，忽必来把兵马埋伏在伊犁河东岸的密林中，等西辽兵马刚渡过伊犁河立阵未稳之时，忽必来命令军队发起突然进攻。

当时，蒙古军队从高高的河岸上向聚集在伊犁河边的西辽兵马猛冲过去，古且昂也克料难抵敌，慌忙命令退军。

这一退，西辽的兵马死的死，伤的伤，有的想从河里逃命，又被水淹死了。古且昂也克若不是先过了河也难逃活命。

伊犁河边这一仗，西辽国一万军队，逃回去不足两千人。

忽必来指挥兵马清扫战场时，得马匹五千，各种兵器与盔甲不计其数。

几天后，马木笃汗随忽必来一起去觐见成吉思汗，带了许多礼物贡品，表示臣服。

成吉思汗也非常满意，把长子术赤的女儿脱烈公主嫁给马木笃汗为妻，哈剌鲁从此便降服于成吉思汗，成为蒙古的属国。

为了与西辽国对抗，成吉思汗派人到哈剌鲁，帮助马木笃汗组建军队，并对他说："你的哈剌鲁虽是小国，也应有自己的军队，不能事事依靠别人，要自尊自重。西辽国虽大，却不用惧怕它，只要团结全体百姓，也可以打败西辽国。"

马木笃汗问道："请大汗也为我们派个监国罢。"

成吉思汗答道："我一向不赞成这种做法，这是轻视、欺压属国的不良手段，不值得效仿。"

后来，哈剌鲁国的马木笃汗回去之后就组建了军队，成为大蒙古国对抗西辽国的前哨阵地，与维吾尔国一左一右，成为成吉思汗对付西辽国的两个拳头。从此，西辽国对成吉思汗的大蒙古国，再也不敢轻视了。

哈剌鲁的另一个首领叫作斡匝儿，治所是阿力麻里城。

斡匝儿原是哈剌鲁一般的老百姓，后来励精图治当上了阿力麻里城的首领。他手下有一名汉族的国相叫葛云飞。

斡匝儿曾以葛云飞为使者向成吉思汗献降，表示永远臣服于蒙古。成吉思汗很高兴地接收了这支部族。

1211年，在成吉思汗的邀请下，斡匝儿领着一支庞大的进贡队伍去朝见成吉思汗，经过长途跋涉之后终于来到了蒙古。

成吉思汗见到那进贡的礼单上写道：

马六十匹

牛八十头

羊二百头

骆驼四十头

毡毯一百条

帐布二千尺

花布八十疋

……

　　见到这么多的贡品，成吉思汗非常满意，立刻吩咐杀牛宰马，大摆宴席，热情招待哈剌鲁国王斡匝儿。

　　在酒宴上，成吉思汗答应把术赤的女儿龙梳梳公主嫁给斡匝儿的儿子昔格纳黑的斤为妻，双方结成了姻亲。

　　两年后，曲出律篡夺了西辽国的王位，多次派兵骚扰斡匝儿的阿力麻里城。国相葛云飞把兵马埋伏在阿力麻里城外的秃盖里山下的林子里，当曲出律的兵马经过时，突然将其包围起来。

　　双方苦苦拼杀了一天一夜，曲出律在身负重伤之后，终于突围逃了回去，他的兵马损失大半，从此再也不敢来攻打阿力麻里城了。

　　一年后的一天，斡匝儿出外打猎，因为毫无防备，在猎场上被曲出律的士兵捕获了。

　　曲出律命令部下用铁链子拴住斡匝儿，将他带到阿力麻里城前，企图让他叫开城门，好占领这座城市。

　　国相葛云飞站在城头上，听到斡匝儿喊道："千万不可打开城门，不能中他的奸计！"

　　曲出律一怒之下，当场杀死了这位阿力麻里城的国王，命令士兵猛烈攻城。

　　由于城里军民奋起反抗，连续攻打三天，也没有打下来。

　　突然，传来了蒙古军队前来支援的消息，曲出律的军队听到之后，犹如惊弓之鸟，急忙撤军，逃回西辽去了。

　　国相葛云飞又辅佐斡匝儿的儿子昔格纳里的斤继承了王位，该国受到成吉思汗的特别恩宠，一直与蒙古国保持着良好的关系。

　　西夏国源流甚远，其始祖名叫拓跋思恭，乃北方党项部的后裔。

　　唐朝末年黄巢起义时，由于拓跋思恭带领兵马，帮助镇压起义队伍立下了大功，被唐朝皇帝封为"夏国公"，又赐姓"李"。

　　到宋太祖赵匡胤时，党项首领李继迁叛宋降辽，此后又利用宋辽矛盾，谋求独立发展。

李继迁的孙子李元昊是一位杰出的政治家和军事家，他先后开拓疆土，达到凉、甘、肃、瓜、沙等州，于1038年称帝，始定国号为"大夏"。因为它的位置是在华夏中原的偏西方，故又名"西夏"。

西夏的首都在兴庆府（今宁夏银川市），当时国力强盛，有雄兵五十万，屡次攻掠宋朝的边境地区，长年发动战争。

金朝兴起以后，西夏国势日渐衰弱，而且内部争权夺利，上层人物奢侈腐化，国力更弱。

李仁孝嗣位时，奸臣擅权当道，国势岌岌可危，幸亏金世宗发兵扶助，剿平了乱党，西夏才避免了亡国灭种的命运，但从此以后，西夏也就长期沦为金国的属国了。

李仁孝死后，其子夏桓宗纯祐接位，当时西夏建国已经快有两百年的历史了。

随着封建社会经济、文化的发展，统治阶级生活日益腐化，内部争权夺利的斗争十分激烈。

同时，西夏作为一个小国，长期处于辽与北宋、金与南宋等大国之间，在夹缝中生活，巧妙地使用降服和对抗的方针，有时联辽抗宋，有时联金抗宋，但有时又对周围的强国同时表示降服。

这时候，成吉思汗的蒙国已经兴起，对蒙古政权应持何种态度呢？

在西夏内部没有统一的认识，以国相唐行章为首的大臣们主张联蒙抗金，以桓宗的堂弟李安全为首的皇亲国戚则坚持联金攻蒙，两派对抗激烈，斗争相持不下。

先前，夏桓宗父亲夏仁宗在位时，宠爱后妃罗欣欣，此女十四岁入宫，生得风流俏丽，聪慧异常，遇事善用心计。

后宫里数千名宫妃中，李仁孝得罗欣欣之后，立即把罗欣欣封为桂妃。

因为罗欣欣性喜桂花，在她住的地方，所有的空地都被她种上桂花，真是遍地桂花树，芳香处处闻。

夏仁宗为迎合她的喜好，在她住的地方，命工匠新建了一个亭子，亲自题名为"桂亭"。

在桂花开放的时候，罗欣欣常常伴着桂花到深夜，还徘徊在花下而不忍离去。

这段时间，西夏国事安定，与周边国家未发生战事，仁宗皇帝多次召集子侄们来宫中嬉戏玩乐。每次子侄们宴饮时，皇帝都要桂妃参与。

一日，仁宗分西瓜时，让桂妃一一赐予诸位兄弟。等到她走到成王李安全身边时，成王偷偷用脚踩踏桂妃的鞋子。

送完西瓜，桂妃当即退回自己的卧室去了。

仁宗再三召请她出来，桂妃回答说："鞋上珠子脱落，等缝好了就来。"

又过了很久，仁宗亲自去请，桂妃用手牵着衣裳迎接皇上，推说肚子有些不舒服，不能奉召，终于没有去。

这成王李安全，是皇帝的堂弟李仁莆的儿子，自小聪明顽劣，尚武爱斗，与太子李纯祐常在一起狩猎、赛马，有时进宫后背着皇帝与宫女们偷情取乐。

一天，仁宗皇帝正搂着桂妃取乐，忽然发现她两乳之间长着一颗豆粒大的黑痣，上面生了一根很长的红色汗毛，他伸手一量，足有一尺半长，不由得又惊又奇，顺口问道："这黑痣生得不凡，上面的毛却是红色，又这么长，真是少见少见！"

桂妃向皇上说道："我这黑痣长的是红毛，但我妹妹这地方生的却是一颗红痣，那上面居然长出一根白毛，你说怪不怪？"

李仁孝一听，顿时来了兴趣，急忙道："你把你妹妹请进宫来吧。"

"不久前妹妹已经嫁给你的堂侄李安全了！"

"啊！她……已嫁人了，是嫁给了他！"

李仁孝听后，有些失望地叹息道："为什么要嫁给他人？一起来宫里多好？"

桂妃听了，已领会皇帝的意思了，便说道："皇上别难过呀！普天之下，莫非王土；率土之滨，莫非王臣。皇上真想见我妹妹，让她明天来宫里好了！"

李仁孝却为难地说："不过，她现在是李安全的妻子，是我的侄媳妇，我与她……见面，可要避……嫌呀！"

罗欣欣立刻出主意道："皇上别担心，这事只要你如此如此……"

李仁孝听了之后，上前搂住桂妃说道："你真是我的知音啊！事成之后，我定当重谢；不过，这事可千万别让他人知道啊！"

罗欣欣将杨柳腰儿一扭，问道："先说说看，你要如何重谢我？"

仁宗想了一会儿，对她说道："你要吃什么，穿什么，戴什么，我全都依你，这可行了吧？"

罗欣欣把嘴一撇，腰儿又一扭，不屑地说："我才不稀罕那些身外之物呢！"

仁宗又对她说道："你要到哪里去玩，我都陪你去。"

罗欣欣更加不屑一顾地打断皇上的话，说道："我哪里也不想去玩，只要住在这宫里！"

仁宗听了，急忙走过去，对她说："我实在猜不透你的心思，你就自己说罢，反正你提出来，我都答应你，满足你，这可行了吧？再别跟我打哑谜了！"

罗欣欣看着皇上，紧盯着仁宗的双眼问道："君无戏言啊！我一旦提出来，你不答应可不行！"

仁宗等急了，忙答应道："我几时骗过你？说罢，我一定满足你的。"

罗欣欣却一头扑进皇帝的怀里，伸手拉住皇帝的双手，把它放在自己的胸口

一代天骄：成吉思汗

上，娇声说："我要你答应我，如今，皇后已……已老了，又在病着，我想等她死后，请皇上一定封我做……做皇后！"

"那……好吧！到时候，这事再定。"

罗欣欣立刻不高兴了，又追问道：

"你刚才已经答应过了，怎么又说到时候再定呢？难道你在哄我？"

仁宗见她真的生气了，急忙松口道："放心吧！我不会骗你的，因为这是……大事！只能到时候再……再定嘛！"

……

第二天，由罗欣欣出面邀请，她的妹妹罗向荣真的来到宫里并被姐姐骗上了仁宗的床。

后来，夏仁宗把罗向荣留在宫里过了半个多月才放她回去，恼得成王李安全咬牙切齿，狠狠地骂道："这老不死的！我绝不会与你善罢甘休！"

罗欣欣见皇上把妹妹罗向荣留在宫里，整日与她亲亲热热，竟把自己撂在一边了，心里顿起了醋意，便狠狠地说道："你能拢住我的男人，我也去勾引你的男人！"

何况罗欣欣还记忆犹新，成王对自己早有意了，那次宴饮时不是踩过我的脚么？

于是，她派了一个心腹把李安全喊进宫里，成王本是好色之徒，一见罗欣欣忙说道："桂妃召我来，有何事吩咐？"

罗欣欣立刻对他说："我打开窗户说亮话吧！如今皇上不像皇上，大白天搂住侄儿媳妇睡，我们这些宫妃却整年整月地守活寡，还为皇帝守何贞节？"

说罢，便拿出生平伎俩，挑逗得渔色成性的成王顿时燃起了欲火，遂顺口说道："桂妃若不嫌弃，我情愿替你消烦解闷，与你一起，共度良宵！"

成王毕竟年轻力壮，罗欣欣经历了一夜的欢爱之后，再也不让成王下床了。

不久，成王弄来了毒药，与罗桂妃一起，派心腹毒死了皇后，仁宗迫不得已，封了罗欣欣为皇后。

不久，宫里传出皇后病死的消息，接着夏仁宗便真的封罗欣欣为皇后了。

半年后，夏仁宗李仁孝又突然死了，太子李纯祐承继了王位，即夏桓宗，年号"天庆"。

这位桓宗皇帝为人忠厚老实，虽有富民强国的良好愿望，却没有得力的股肱亲信去协助，只能是空有一腔抱负了。

一天上朝时，国相唐行章向皇上建议道："如今，成吉思汗已统一了蒙古，国力强大，兵马众多，为长远计，不如派使者去蒙古，争取与成吉思汗结成联盟，共同对付金国。"

成王李安全听后，不以为然地说道："那蒙古乃游牧民族，整日带着帐幕，东游西走，飘忽不定，怎能与他们联合？我们是农业区域，长年不动，还是投靠金朝合适吧！"

唐行章又说道："成王有所不知，金国这些年来'不治戒备，俗日侈肆，亡可立待'，哪还有力量照顾我们？一旦成吉思汗派兵来袭，我们无力抗敌，金国又不能来援，岂不危险么？"

李安全不耐烦地说道："你别把金国看扁了，何况我们西夏与金朝也是世交了！"

这时候，大臣汪力先说道："我以为，世代的交情不能代替实力！如今的蒙古，正是一个新兴的国家，成吉思汗很讲信义，又兵多将广，像初升的太阳，朝气蓬勃；而金朝国力衰弱，正像西下的夕阳，余晖能有多少光亮？"

李安全很不高兴地说道："这西夏是我们李家的江山，你们外姓人未必真心爱国，还是让我们自己当家做主吧！"

听了成王这么说，满朝大臣纷纷议论起来，有的高声质问道："太飞扬跋扈了！我们连爱国的权利也没有了！"

这时候，国相唐行章说道："成王这么说了，我们这些外姓人还在这里干什么？别自讨没趣，不如走吧！"

说完，他便领着大臣们要走，忽听夏桓宗大声喊道："站住！你们往哪里去？成王的话并不代表我的意见，有话慢慢说嘛！"

听桓宗这么说，唐行章等一班大臣这才回来重新坐下，可是成王李安全等一些皇室成员却有意见，只见成王站起来，气愤地说："我们走！让他们去空口说白话罢！"

成王一走，那些皇亲国戚们一个个站起来，气呼呼地拂袖而去。

夏桓宗看着，心中十分气恼，无力地说："不成体统！这不是意气用事么？"

桓宗气得两手哆嗦着，也下朝回宫里去了，这一次朝议不欢而散。关于联蒙抗金，还是联金抗蒙，朝中两派各持一端，相持不下，只得暂时搁置下来。

不久，成吉思汗领十万兵马来攻的消息传来了，西夏国满朝文武，一片惊慌。桓宗正准备召集大臣们再议联蒙还是抗蒙的大事，不料成王李安全与罗欣欣皇太后勾结在一起，向文武大臣们通报说："……李纯祐身为皇帝，却无德无能，轻信朝中奸佞小人，误国害民，现咨议废除，拥成王李安全为帝，改元应天，是为夏襄宗。"

李纯祐听说之后，先是一怔，然后哈哈大笑起来，过了一会儿，拿了一根绳子上吊而死。

国相唐行章听说桓宗被废自杀之后，自知成王不会容他，连夜悄悄溜出城，投蒙古成吉思汗去了。

一代天骄：成吉思汗

这时候，夏襄宗主政了，他主张联金抗蒙，派人向金章宗上书，要求册封。

金章宗也顺水推舟，封李安全为西夏国王，算是承认了李安全的合法地位，至此，西夏与金朝联合起来，共同对付蒙古。

为了抵抗成吉思汗的兵马，李安全立即命令西夏大将高令公抓紧组建军队，修补都城的城墙，厉兵秣马，积极备战。

其实，早在公元1205年，成吉思汗以王汗之子桑昆逃入西夏为借口，曾派兵马攻破西夏边境上的两座小城，掠走一批财物。

这次试探性的进攻，使成吉思汗了解到攻城作战的艰难，但为大规模入侵坚城深垒的农耕国家锻炼了部队，积累了经验，因此这等于是一次实战演习。

成吉思汗第一次攻打西夏时是夏桓宗李纯在位，夏桓宗还没有来得及部署反击，蒙古的骑兵已经大掠而退了。

后来，夏桓宗下令修复各地被蒙古骑兵破坏的大小城堡，并大赦天下，又把国都兴庆府改为"中兴府"。

这中兴府作为西夏的国都，在当时是当之无愧的。它位于黄河岸畔，在贺兰山与鄂尔多斯草原之间，是一片绿洲。

在中兴府周围，勤劳的西夏人民在这里修建了布局巧妙的灌溉网，到处栽植了婀娜多姿的柳树、亭亭玉立的杨树、果实累累的果园、水草丰美的草地、丰收在望的庄稼。

同时，中兴府还是一个重要的商业区，这里的驼毛纺织业很发达，每年都有大量的毛织品向东西方出口。

经过整修，国都中兴府的城墙又高又结实，城外又挖了护城河，这是防止成吉思汗的骑兵的重要设施。

1207年秋天，成吉思汗领兵马十万人，派大将忽必来任先锋，由西夏原国相唐行章带路，开始了第二次征讨西夏的战争。

从克鲁伦河流域到西夏国，相距一千余里，由北而南，要通过广大的戈壁滩。

在荒凉的戈壁滩上，蒙古骑兵纵马奔驰着，成吉思汗及部下放眼望去，到处是砾石、沙和黏土构成的坚硬而平坦的地面，活似一片无边无际的跑马场。

在这片干旱的荒野上，只有浅灰色的蒿类植物和鸢尾草等植物。

在戈壁滩上，经过长途奔驰，成吉思汗的队伍进入西夏国内，直抵兀拉海城下。

这个兀拉海城位于狼山隘北口附近，是西夏国防御北方敌人的一个军事重镇。

成吉思汗指挥队伍把兀拉海城四面包围，一面派人进城劝降，一面把西夏国前国相唐行章与塔塔统阿找到帐内，与他们讨论攻城的策略。

成吉思汗首先说道："我们蒙古的骑兵，一直奔驰在广阔的大草原上，比较擅长的是运动战，靠的是在运动中围歼敌人。如今要攻城夺隘，对我们的骑兵队伍倒是一个新问题，想请教二位对这攻坚战有何高见？"

西夏国前国相唐行章说道："兵书说：以己之长，攻敌之短。大汗可以用诱兵计，将城里敌人诱引出城，再以骑兵在运动中围歼他们。"

塔塔统阿说道："一旦敌人不出城呢？他们死守不出城，怎么办？咱们还得强攻，还要有攻坚战的准备。"

唐行章又说道："历来的攻城手段，都是利用云梯，或是用炮石，把城墙轰倒，才能消灭城里的敌人。"

成吉思汗向唐行章问道："兀拉海城的守将你认识吗？"

"此人名叫罗学友，是夏王李安全的内侄，他是年轻人，我不认识他，据说这人比较愣，用激将法很容易使他上当。不过，他有个副将很不好对付，名叫周家驹，是个足智多谋的人。"

第二天，成吉思汗派唐行章负责制造云梯，自己领着将领们登上城外土山，察看兀拉海城周围地形。

远远向城里看去，城墙又高又厚，城上的守兵严阵以待，四座城门紧紧关闭。回到营帐里，成吉思汗对木华黎、博尔术等说道："明天开始，从四门同时攻城，先让士兵们在城下叫骂，激城里将领出城交战。"

当晚，被派进城去劝降的人回来了，说城里的守将罗学友拒绝投降，并说了一些难听的话，成吉思汗问道："罗学友说了一些什么难听的话？"

"他骂我们是鞑子兵，说我们是癞蛤蟆想吃天鹅肉，还说我们的骑兵再厉害，也跳不过他们的城墙等。"

成吉思汗听后，冷笑道："那就等着瞧吧！"

第二天太阳一出来，攻城便开始了，尽管角号与战鼓齐鸣，城下叫喊声震天动地，蒙古军队既没有向城里开炮，也没有架云梯攻城。

攻打南门的大将木华黎，让士兵向城上的守兵传话说："让你们的守将罗学友上城答话。"

不一会儿，城上有人大声说道："蒙古将领听着，罗将军忙于公事，抽不出时间与你们说话，要是攻城，请便吧！"

木华黎却耐心地问道："你们的副将周家驹呢？他出来说话也可以。"

只听城上有人说道："我就是周家驹，有什么话你就说吧！"

木华黎立即对城上说道："听说周将军是个明智的人，应该了解当今的天下大势，金朝、蒙古与西夏三足鼎立，而金朝已处腐朽没落之势，如西下的夕阳，没有生命力了；你们西夏内乱刚才结束，又是将寡兵弱，经不起战争了；只有我们蒙古国，兵强马壮，国力雄厚，加上成吉思汗得到上天的赞助，人又宽宏大量，看重义气，爱惜人才，大兵到此，应该……"

一代天骄：成吉思汗

那周家驹听到这儿，立即截住话茬说道："你讲的这些话虽有不少全是事实，可是两国交兵，怎能未打就让我们投降呢？"

木华黎又说道："周将军既然想跟我们较量一番，那就领着兵马，出城来交交手，我木华黎情愿奉陪，不知周将军有没有胆量出城？"

城上的周家驹听后，哈哈大笑道："你这激将法对我无用，你们蒙古军队善于平地作战，我才不上你的当呢。不过，兀拉海城已被你围得水泄不通，你们来打就是了！"

木华黎见他软硬不吃，只得命令攻城，他挑选出五百名身体矫健的士兵，让他们抬着云梯攻城。

可是，城上的弓箭如雨点一般射来，加上檑石、滚木一起打下，士兵们抬着云梯很难接近城墙，即使把云梯搭到城墙上了，城上的守兵也不让蒙古兵顺着云梯爬上去。

当晚，成吉思汗召集四门攻城的将领开会，许多人提出"围而不攻"的建议，木华黎说道："城里的守将凭借坚城固垒，既不愿归附，也不出城交战，我们一味强攻，只会损失更多的兵马，不如暂时围着敌人，以消磨敌人的锐气，然后再慢慢寻求破城的计策。"

成吉思汗听后，觉得只有这么办了，他说："虽然暂时围而不攻，仍要密切注视城上敌人的动态，哪怕是一点细微的变化，也不能放过，发现了就及时报告，不能贻误了战机，更不能粗心轻敌，放跑了敌人。"

七八天过去了，将士们也没有想出攻城的妙计，成吉思汗有些急了，他再次召集将领们开会，向大家说道："请各位回到队伍里去，向全军讲明，要求人人献计，谁能提出破城计策，将受到重赏。"

于是，成吉思汗在十万军中掀起一个人人献计的群众运动，士兵们一齐动脑子，想点子，广大将士都在围绕攻城破敌这一中心紧张地思考着。

不久，有一个士兵来向成吉思汗报告："我发现燕子从城里飞出来，觅到食以后又飞回城里去了。若能捉到众多的燕子，在它们的尾巴上拴上浸过油的麻、絮等物，点着火以后，再放它们飞回城里去，必定能引起房子起火，城里人一乱，我们可以趁势攻城……"

成吉思汗听了，觉得这办法很好，只是怎么才能捉到那么多的燕子呢？

他看着这个士兵问道："你想出的这个计策很好，只是还不够全面，我要奖赏你，你叫什么名字？"

那士兵回答道："我名叫哈里木，是博尔术帐下的。"

在蒙语里，"哈里木"的意思是智慧的人，成吉思汗十分赞赏地看着他，并对他道："哈里木，从现在开始我提拔你担任百户之长，仍在博尔术帐下听用。"

这消息不胫而走，很快传遍全军。于是全军将士，特别是广大的士兵们都积极开动脑筋，争先恐后地献计献策，争取能像哈里木那样得到重赏。

过了两天，者勒蔑来报告说："我的帐下有个士兵建议道：城里的猫每天夜里出来找食吃，若能捉住，在它的尾巴上拴上燃烧的东西，然后再将它放回城里去，将能使城里房屋失火。"

成吉思汗听了，笑道："这计策与哈里木的那个燕子燃火计有异曲同工之妙，只是怎能捉住许多猫呢？"

过了一会，他又对者勒蔑说："这个士兵也该奖励他，也让他做你的百户之长吧？他的名字叫什么？"

者勒蔑道："他叫吉里裘儿，是乃蛮部人，在维吾尔语里，意思是'肥胖的猪'。"

成吉思汗听了，一阵哈哈大笑，说道："别看他是肥胖的猪，脑子倒很好使，是一个很聪明的人呢！"

连续奖赏了哈里木与吉里裘儿之后，全军将士热火朝天地提建议，献计策，有的说："用挖地道的办法，从城墙下边挖过去，然后从地道里进城。"

还有的士兵建议用挖墙脚的办法，先把城墙根掏空，等城墙倒了，再从缺口冲进城去。

……

面对着将士们提出的大量建议，成吉思汗兴奋异常，禁不住向部下说道："这才叫作'众人拾柴火焰高'哩！人多，智慧也多了。"

大将木华黎说道："现有这么多的计策，我认为用燕子和猫的办法比较简便，也能避免人员的死亡，只是哪有那么多的猫与燕子呢？"

西夏前国相唐行章说道："城被包围一月有余，城里缺粮缺柴，可能早就焦急了。依我说，就派人进城提出来：若能交出一千只猫，一万只燕子来，我们马上就撤兵解围。"

成吉思汗听后，说道："人家真的交出了猫与燕子，我们再去攻城，是不是不讲信义，会被他们耻笑呀！"

博尔术立刻说道："孙子兵法上说'虚虚实实，乃用兵之道'，战场上哪能讲什么信与义？"

木华黎也在旁边附和道："'兵不厌诈'，也是孙子的话，只要能攻进城去，管它用什么方法？"

成吉思汗立即批准了这个方案，并派人进城去向罗学友通报，要求他在三天内交出一千只猫和一万只燕子，不然将继续围城，直到他们投降为止。

据说，城里的守将罗学友听说成吉思汗的这个要求之后，一直笑到直不起腰

一代天骄：成吉思汗

来，并说道：“这鞑子兵提出这么一个奇怪的要求，真是意想不到呀！可能是蒙古的老鼠太多了，虫子太肆虐了，不然要那么多的猫与燕子干嘛？”

可是，他的副将周家驹却提醒道：“请不要轻视成吉思汗！此人用兵一向好用谋略，他手下又有那么多的能征惯战的将领，都是很厉害的人！”

罗学友却不耐烦地讥讽道：“我看你是被成吉思汗吓破了胆了！那些猫与燕子身上他能做出什么文章来？真是草木皆兵。”

周家驹又说道：“知己知彼，百战不殆。对那猫和燕子的用处还未弄清楚之前，就是不知彼，怎能随意武断地作出结论？那不是轻敌么？”

这可把罗学友气恼了，他大怒道：“住口！你说谁不知彼？谁轻敌？你算什么东西！竟敢任意教训我？”

周家驹被骂之后，不敢再坚持意见了，急急忙忙想溜走了事，刚迈几步，又被罗学友叫回来，并对他吩咐道：“我命令你，限你在两天之内，在城里捉到一千只猫与一万只燕子，到时少了一只我都拿你是问，决不轻饶！”

周家驹听了之后，吞吞吐吐地问道：“这……这事要我去……去办，那……那守城怎……怎么办？”

罗学友很不高兴地说道：“守城的事，不……不要你管，你快去……把猫和燕子的……数目替我弄……弄齐！”

周家驹不敢怠慢，立即走了出去，他想道：“这么多的猫与燕子，怎……怎么弄齐？”

他回到住处，把几个心腹找到一起，说道：“请大家帮我这一次吧！”

周家驹便把那猫和燕子的事情向这些哥们说了一遍，请求他们立即分头想办法，一定要在两天之内凑齐这一千只猫，一万只燕子。

其中，有一人说道：“对于燕子，城里人家家户户房梁上都有，只是要捉住它就不易了，要活的就更加不易！至于猫，全城可有一千只猫？一旦不够数，又怎么办？”

周家驹听后，不高兴地催促道：“别说废话了！你未干事就告艰难了，有什么用？若是完不成任务，我杀头时，你们也得陪着！”

于是，全城百姓都被动员起来了，凡是有猫的，都把猫逮住拴起来，送到周家驹那儿。

家家户户关起门来捉燕子，有的人说：“只要成吉思汗撤军，要我干什么都行。”

两天的期限到了，周家驹一点数，送来的猫加在一起是一千零两只，燕子共一万零四只。

罗学友立即派人到城外向成吉思汗报告：“你们要的一千只猫，一万只燕子全都备齐，请派人来验收罢！"

成吉思汗十分高兴地答应了，他立即派出唐行章与塔塔统阿领人前去接收，同时又向四门的攻城将领们交代了任务，要他们按原先的计策执行。

在兀拉海城外，当成吉思汗一声令下，一千只猫，一万只燕子被放出之后，立即出现了一个奇怪的场面：那一千只猫的尾巴上拖着燃烧的麻絮扎成的火把，没命地蹿上城墙，奔向它们的主人家里，顿时房子便着了火……

那一万只燕子带着火飞回它们的住处，立刻把房子点燃起来了……

于是，兀拉海城立刻变成一片火的海洋，处处火光冲天，烟雾弥漫，大火映红了半个天空，可把全城的人吓坏了！

说来也巧得很，那天的风也刮得很大，火被风一吹，势头更旺！整个兀拉海城，被火焰吞噬着。

城里的百姓呼天喊地，哭爹喊娘，一片混乱，一片狼藉！

城上的守军惊呆了，有的急忙跑回家去救火救人，有的高声骂着，有的大声叹息着，谁也无心守城了！

于是，成吉思汗立即下令："立刻攻城！四门同时进行，不得有误！"

顿时，战鼓角号响了，蒙古的士兵叫喊着抬着云梯，飞快地架到城头上，迅速攀着云梯，登上城头，高举着大刀，冲进城去！

不到半个时辰，兀拉海城被攻破了，成吉思汗的十万人马刹那之间杀进城里，他们见人就杀，那些被大火烧得焦头烂额的人们，有的被大刀砍死了，有的被骑兵的战马踩死了。

城里的几条道路上尸身堆积如山，血流成河，叫喊声、呼救声、呻吟声混成一片。

这时候，守城的将领罗学友与周家驹躲避在马棚里。

本来他们见到城已攻破便想骑马逃跑，可是进入马棚以后，见到蒙古军已冲进城里，想逃已来不及了，便想在夜里伺机再逃。

成吉思汗被部下簇拥着进入城里，生平第一次接触到了定居民族的文明，对一切都觉得新鲜。他对塔塔统阿与唐行章说道："在我们蒙古境内也能建一座这样的都城么？"

唐行章立刻说道："当然可以！西夏的都城中兴府是我祖父亲自设计督建而成，费时三年零四个月完工，可容纳数十万户居民，比这座兀拉海城大十倍以上。"

成吉思汗又说道："等把全国收服之后，我要在和林建造一座比中兴府大一百倍的都城，到那时就由你们两人为我设计、督造，好不好？"

塔塔统阿与唐行章齐声说道："好啊！到那时我们一定为大汗设计、建造一座当今最大、最美观、最坚固的都城。"

这时候，护卫进来报告说："马棚里有两个西夏人在打架被我们抓到了，现在带来了，都在门外哩！"

原来罗学友与周家驹在马棚里藏着，不甘寂寞，说起了闲话，周家驹埋怨道："一开始我对成吉思汗向我们要猫与燕子，心里就怀疑，现在你该后悔了吧？"

罗学友听了，只得说道："人哪能长前后眼呢？我要是能看透他的诡计，当时我怎能……"

说到这里，他忽然想起那时候周家驹向他提醒，与他争论的事来，便不再往下说了。

可是，周家驹仍然耿耿于怀，说道："你还张口骂人！"

"我骂人？我没有杀你算便宜了你！"

周家驹一怒之下，伸手把他按在地上，抓了一把马粪填到他嘴里，骂道："你狗仗人势！现在还不认哩！我要你尝一尝马粪的滋味，看你能怎么样？"

由于周家驹力气大，罗学友被按在地上，无论怎样挣扎也起不来，嘴里填满了马粪，一时直想呕吐，又急又恨，便拼命尖叫。

他这一喊，被外面的蒙古士兵听到了，因为两人都穿着将领的服装，所以就被送到成吉思汗这里来了。

两人走进屋子，唐行章便立刻认出了周家驹，他正想报告，成吉思汗已向二人问道："你们为什么躲在马棚里打架？叫什么名字？"

周家驹首先说道："他是兀拉海城守将罗学友，我是周家驹。"

成吉思汗一听，立刻哈哈笑道："好啊！你们不好好守城，却躲在马棚里打架，夏王若是知道，能饶恕你们吗？"

周家驹忙说道："他是夏王的内侄，有靠山。"

成吉思汗对周家驹问道："我们的木华黎大将劝你投降，你为什么不听？"

"大汗哪里知道，是他坚持不愿归顺，我有什么办法？"

罗学友想辩驳，因为嘴里有马粪，手又被捆着，只能摇头，口里发出唔唔的喊声。

成吉思汗见到之后，立即笑道："怎么？饿极了也不能吃马粪呀！"

这么一说，又引起哄堂大笑。正笑着，木华黎等将领走了进来，对成吉思汗耳语了几句，然后转身看着周家驹说道："你是不是周家驹？可认识我？"

这一问吓得周家驹连忙跪下，说道："只怪我一时糊涂，那时未能接受将军的劝告，以致落到今日的下场！"

木华黎伸手把他拉起来，说道："这也不能全怪你，你又不是守城的主将。"说到这里，木华黎看一眼罗学友说道，"这一位莫不是李安全的内侄罗学友？"

罗学友急忙答道："我就是罗学友，只怪自己没能认清形势，未能主动投降，才有这一步……"

成吉思汗说道："李安全搞宫廷政变夺取了王位，居然向金朝请求封赏，又不向我大蒙古国告表，真是岂有此理！这次，我攻下这兀拉海城，算是给你们报个信，我也不杀你们，放你们回去向李安全报告，要他立即向我纳贡称臣，否则我将再领兵马，踏平你们的中兴府！"

周家驹立刻跪下道："报告大汗，我情愿留在大蒙古国，不愿再回西夏了。我若回去，定被他们杀掉，务请大汗留下我吧！"

成吉思汗听后，看了木华黎一眼，说道："就让他在你的帐下听用吧！"

木华黎就走上前去，把周家驹扶起来，说："前次，我对你说大汗是个宽厚大度的人，现在你该信服了吧？"

周家驹又立刻在成吉思汗面前跪下，说道："感谢大汗不杀之恩，我当终生为大汗效力！"

成吉思汗急忙说道："起来吧！听说你也是一个智士，只是李安全任人唯亲，不能用你，来到我这里，你随着木华黎将军，一展你的才华吧！"

后来，成吉思汗的队伍在兀拉海城里住了两个多月，把城里的财物掳掠一空，又到附近的村庄、集镇大肆抢劫一番，前后共五个多月，方从西夏撤军，满载而回。

一年半之后，由于西夏仍然不向蒙古纳贡称臣，成吉思汗十分恼怒，便于1210年第三次出兵攻打西夏。

成吉思汗率领兵马十万人，命木华黎为前锋，从克鲁伦河出发，再次穿过戈壁滩，大军直向兀拉海城逼近。

消息传到西夏国，襄宗李安全立刻召集群臣，愤怒地大声说道："成吉思汗两次派兵来侵，我们都没有反击他，因为我们是'顺天应人'的文明国家，怎能与他一般见识？现在又第三次领兵来侵，简直是奇耻大辱，是可忍，孰不可忍！这次，我们再不能按兵不动，任其肆意地掳掠了！我们要反击，要让蒙古人知道：我们西夏人绝不是好惹的！"

于是，夏襄宗任命太子李承桢为元帅，右丞相高令公为副元帅，领兵八万人迎敌。

军队出发前，李安全再三叮咛，要他们采取开关迎敌的战略，企图通过野战来挫败蒙古的军队。

李承桢、高令公领着八万人马，越过兀拉海城，来到西夏与蒙古交界的狼山口驻营。

成吉思汗得到情报之后，向唐行章问道："李承桢为人怎样？"

"庸懦无能之辈！"唐行章说道，"有一次，李承桢与其弟李遵顼一起在山林中狩猎，正行之间，李遵顼突然喊道：'哎呀！前面来了一头狼！'李承桢听了，吓得连看一眼也来不及了，勒转马头就往回跑，边跑边喊道：'狼来了！快跑啊……'他的兄弟李遵顼在后面乐得哈哈大笑，随从们也都跟着笑起来。"

成吉思汗又问道："听说高令公是将门之后，此人乃文武全才。"

唐行章立即说道："这个高令公，名叫高良惠，是西夏国的右丞相，被人们称为'高令公'。其父高逸，曾任西夏大都督府尹，确是出身将军，他虽是文臣，但也有一身武艺，不可轻视。"

前锋大将木华黎问道："依你之见，这狼山口第一仗，应如何打？"

唐行章毫不犹豫地说："西夏的兵马多年不加训练，又是平原作战，怎能经得住大汗铁骑的冲击？别看他们气势汹汹地领兵前来，只不过虚张声势罢了！"

第二天，双方的军队在狼山口外的一片平地上相遇了，成吉思汗领着部下将领，立马阵前，举起马鞭一指，向西夏军喊道："让李承桢出阵说话！"

不一会儿，只见李承桢由高令公陪着来到阵前，右丞相高令公先责问道："成吉思汗，你也太霸道了！两次入侵西夏，我们夏王遵循'顺天应人'的宗旨，不予反击，现在又无端挑起战争，真是欺人太甚！"

成吉思汗说道："自古以来，强国为王，弱国称臣，小小的西夏还妄自尊大，真是自不量力！多年以来，你们不向我大蒙古国纳贡称臣，却去联络金朝，一起反对蒙古，我怎能容你？"

高令公也据理不让地说："西夏国与谁结盟、联络，这是我们自己的事，与你成吉思汗无关，你无权干涉我们的内部事务。"

成吉思汗非常生气，问将领们道："谁先出阵把那李承桢擒来？"

大将忽必来举刀跃马，请战道："报告大汗，让我去活捉李承桢吧！"

见成吉思汗一点头他便拍马来到阵前，举刀飞快杀过去，李承桢见来将勇猛异常，便勒马退回阵中，高令公正想迎战，身后的年轻将领左林许催马上前厮杀。

二人各举大刀，用力砍杀，只见刀光闪闪，碰撞得丁当乱响，火星直飞。

约战了二十多个回合，忽必来突然把大刀一横，便将左林许的砍刀架在空中，只见他伸手抽出肋下钢鞭，猛地向对方的面门打去。

那左林许发出"哎呀"一声，被钢鞭击中面门，当即坠马而死。

西夏军中，高令公忙把令旗一挥，他身后的八万人马一齐呐喊着，冲向前来。

成吉思汗听得清楚，看得分明，立即把马鞭向前一指，喊道："冲啊……"

年近五十的成吉思汗，手举大刀，带头杀入西夏军中，只见他左砍右劈，上

遮下提，一路砍杀过去，一个个西夏人马在他的刀下丧命。

此时，在成吉思汗的两边，左边是博尔术、者勒蔑等将领，右边是木华黎、忽必来等，紧紧随着他们的大汗，齐心向前，奋勇拼杀。

西夏的兵马很快便被这种集团式的冲锋乱了阵脚，他们再也阻挡不住，开始节节败退。

成吉思汗一见，忙向身边的亲信们大声命令道："冲过去！消灭他们！"

博尔术、木华黎等领着他们的铁骑，高声喊叫着，怒吼着冲了过去。

蒙古的骑兵，早已是身经百战的了，只见他们如风卷残云一般，奔驰着，跳跃着，冲向前去，杀向前去！

马上的士兵们，手挥大刀，向着马前的西夏人左右开弓，一阵乱砍乱杀，杀得西夏的兵马纷纷溃退。

由于西夏的军队长期缺乏严格的训练，军中又没有严格的纪律约束，立即溃不成军，四下里逃命去了。

这时候，成吉思汗又把手中的大刀一挥，向周围的将领们下达了命令："围过去，消灭他们！"

只见蒙古的骑兵像天兵天将一样，突然拔地而起，风驰电掣一般，追上西夏人。有的战马快如流星，疾如迅风，竟飞到西夏人的前头，阻住他们。

西夏国八万人马很快被截断，被蒙古的骑兵一小块、一小块地包围起来"吃"掉了！

那个西夏军的正元帅，太子李承桢早已吓破了胆，逃得不见踪影了。

副元帅高令公虽然文武双全，遇到英勇善战的蒙古兵也被杀得晕头转向，又不忍心像太子李承桢那样弃众保命，孤身逃去，只得拼力反抗，妄想作垂死前的挣扎，结果被大将军忽必来活捉。

成吉思汗领着兵马，穷追残敌，乘胜前进，直抵兀拉海城下。

为了防止敌人逃走，他对将领们命令道："立即包围兀拉海城！不准放走一个敌人！"

此时，那个被俘的高令公良惠丞相见蒙古军队忙着围城，便趁机挣断绳索逃走了。

忽必来一见，立即跨马追去，在后面喊道："快下马受缚，不然，我放箭了！"

高良惠根本不听，依然向前逃去，并快马加鞭，忽必来大声对他喊道："你不想活了，我就成全你吧！"

说完，"嗖"的一箭射去，正中他的后心，高良惠在马上晃了一晃身子，如树上的落叶一般，轻飘飘地坠下马来，死了。

兀拉海城被四面包围了，成吉思汗下令让者勒蔑领一支人马清扫战场，收集敌兵丢弃的战马、兵器与甲胄。

此时，木华黎领着前次攻打西夏时归降的周家驹，来向成吉思汗报告道："城中的守将武廷略是我的表兄，还有一个太傅名叫讹答，他是被李安全派来协助守城的，此人身为文职，并无武略，只是为人比较正派，深得李安全的信任。"

成吉思汗问道："你能否派人与你表兄武廷侠联系，让他与我们合作，献城投降呢？"

周家驹说道："我明天领兵到城下，等见面再说吧！"

次日天明以后，木华黎与周家驹带领人马来到城下，木华黎对他说道："我为你略阵，你先去向城上挑战。"

周家驹得令上前，到城下大声喊道："我乃大蒙古国成吉思汗帐下前锋将领周家驹，要你们的守城主将武廷略上城说话。"

不一会儿，只见武廷略立在城头向下观望，周家驹立即高声说道："表兄一向可好？我有几句话要对表兄说，请你领兵出城，找一方便处叙谈。"

武廷略与周家驹本是姑表兄弟，二人的父祖辈全是西夏的功臣宿将，由于西夏王室内部争权夺利，武廷略也身受排挤，来兀拉海城担任主将，却被文职官员讹答监视，怀愤不已，隐忍未发。

表弟周家驹弃夏降蒙以后，他装作不闻不问也不知的样子，李安全也抓不住把柄，但总是放心不下，便派太傅讹答来任监军。

现在，表弟在城下叫阵挑战，讹答又不在身边，武廷略立即领一支人马出城了。

武廷略为了做做样子，忙把手中大刀一指，高声向周家驹喊道："来将休得猖狂，我要与你大战三百回合！"

说罢，举起大刀就向周家驹砍去，两军士卒齐声呐喊助威，伴着咚咚的战鼓与角号，阵地上汇成一曲战争交响乐。

周家驹见表兄如此表现，心中窃喜，便也装作气愤激动的样子，边挥刀迎战，边说："我们蒙古大军到此，应开城投降，免得打进城里，让你们鸡犬不留！"

表兄弟俩一边大声叫喊，一边举刀拼杀，大约战到十五六个回合时，武廷略虚晃一刀，对周家驹挤了挤眼，高声喊道："量你也不敢追我！"便拍马向西逃去，周家驹稍微迟疑一下，便也催马追去。

不一会儿，表兄弟俩在林子里一起下马，武廷略首先说道："你要说老实话，成吉思汗对你可好？"

周家驹便一五一十地介绍成吉思汗的为人，叙述自己在木华黎帐下的情况，最后说道："来吧！西夏国该亡了，蒙古国要兴了，迟来不如早来，请表兄以前程为重啊！"

武廷略叹息一声道："李安全对我不放心，在我身边安个钉子哩！"

"那就更应该及早做出决断，还有什么留恋？"

周家驹忙接着说道："当断不断，必受其乱！此时，正是你开城献降，立功赎过的机会呀，再也不要犹豫了！"

表兄弟两人说了一会儿，周家驹又嘱咐道："你若愿意，今夜三更天，把兀拉海城的北门打开，你就没事了，这可是你立功的时刻！"

武廷略迟疑一下，说道："这事等我回城里再定，有那老东西在旁边哩，得相机行事，到时我可以派人出城与你们联络。工夫不小了，我先走了！"

说完，武廷略把手一扬，拍马从林子里驰出，回到城下兵马前，兴奋地说道："那位蒙古的将领已被我杀死在林子里了。"便领兵回到城里，太傅讹答迎过来问道："蒙古军四面包围，将军出城交战，岂不是太冒险了？"

武廷略答道："这是文人的见识！敌兵围困，只是死守孤城，有何裨益？今日出城迎敌，已杀死敌将一人，有何不好？"

讹答也不便再说什么，只得讪讪地走了，武廷略喊住他，说道："这样吧！北门和东门由我守着，你负责西门和南门的安全。"

讹答不情愿地说道："那怎么行？我是个监军，怎能来守城？"

武廷略冷笑道："城若守不住，还要你监军做什么？我是守城的主将，你要听我的命令！"

讹答听后，不好再拒绝，只得说道："那……让我试试看，只怕不能胜任啊！"

说完，便心事重重地走了。

武廷略看着他的背影，心里说道："今天夜里，我就要让你这监军当俘虏了！"

于是，他把几个亲信召集到一起，准备了一桌丰盛的酒菜，饱餐一顿之后，把归顺蒙古的计划一说，大家都支持，并各自分头准备去了。

夜里二更多天，周家驹接到城里送来的消息，便与木华黎一起向成吉思汗报告，立即整顿兵马，准备先从北门进去，然后再分别打开其他三座城门。

城里的太傅讹答倒确实负责，当晚一直在西门和南门巡查守城情况，大约三更三时，突然听到北门和东门那边人声喧闹，一片呐喊声传来，心知不好，急忙带着一支队伍，前去北门查看。

刚走到城内中心街道，与冲进城的蒙古军队迎面撞上，他那支数百人的队伍很快被消灭了，这位讹答太傅也当即被俘。

次日天明，成吉思汗领着他的大军，几乎没有遇到抵抗，便攻下了西夏国北部靠近边境的这座边城重镇——兀拉海城。

经过一天的洗劫，蒙古兵把城内的财物掳掠一空。当晚成吉思汗令杀牛宰马，犒赏将士。

在庆功宴席上，他对武廷略说道："你立了大功，应受到重赏，与你表弟一起，都在木华黎帐下听用吧！"

成吉思汗十分爱惜人才，对归附人员，不拘出身，不论民族，不计来早与来迟，他都能做到唯才是举，选贤任能，实在是一个英明的可汗。

蒙古军队连续取得了胜利，特别是占领了兀拉海城之后，成吉思汗的铁骑简直如入无人之境，一直进军到中兴府外围的要塞——克夷门。

这克夷门是贺兰山的一处关口，是从蒙古草原进入银州的一条重要通道，地势险要，大有"一夫当关，万夫莫开"之势。

镇守克夷门的是西夏的宗室重臣，人称嵬名令公，派这么一位出身名门显贵，又担当丞相（令公）之职的人来防守，足见西夏王李安全十分重视这个地方。

成吉思汗领兵在距克夷门十里处安下营帐，领着众位将领登上一座小山，观察克夷门。只见这座克夷门建在两山之间，地势十分险要。

两边的高山峭石嶙峋，真是壁立千仞，又高又陡，难于攀登，只能从中间的克夷门通过，实为天险。

成吉思汗看后，问身边的几位西夏降将唐行章、周家驹、武廷略等人："守克夷门的这位嵬名令公是个什么样的人？"

周家驹说道："这人出身名门，其曾祖父原是西夏开国皇帝李元昊的重臣，在襄桓宗时，嵬名得不到重用，因为他藏匿了桓宗的一个宠妃，差一点被处死。后来襄宗李安全救他出狱并委以丞相重任，这次又让他把守克夷门，可见对其信任。"

唐行章接着说道："嵬名基本上是个文人，但是这克夷门地势险峻，是个易守难攻的隘口，即使用少量兵马守着，想从外面强攻，也非易事。"

成吉思汗听后，心中略有不快，便问部下们："难道这克夷门能挡住我的铁骑？"

西夏降将武廷略说道："请大汗放心！据我所知，在克夷门的东边，大约十五里路远，有一条羊肠小道可以过去，再由里往外攻，对它里应外合，何愁攻不下呢？"

"好！车到山前必有路哇！"成吉思汗又说道，"你领一支人马，从那条羊肠过去，去抄嵬名的老窝吧！"

武廷略又说道："报告大汗，这次去不用马匹，只选五百精干士卒随我步行，今夜就可以出发了！"

成吉思汗让木华黎从军中挑选五百士卒，让武廷略领着这支精干的队伍，抄近路偷袭克夷门。

第二天中午时分，忽听克夷门关里人声喧闹，喊杀声惊天动地，成吉思汗与部下们知道武廷略已经得手了，便立即下令攻关。

此时，克夷门守关将士两面被攻，首尾不能相顾，尤其是成吉思汗的蒙古兵个个如猛虎下山一般，英勇无畏，很快攻进关去。

克夷门被攻破了，守关的五千士兵死的死，伤的伤，余下的数百人被围在关里，一个也逃不出去，只得放下兵器投降了。

就这样，嵬名与太傅讹答都成了成吉思汗的俘虏。

克夷门失守以后，西夏所凭借的险塞要隘也随之尽失了，蒙古十万大军以席卷之势，直逼国都中兴府城下。

在中兴府外，有一座西夏的先王庙，成吉思汗观察地形时曾进入这座庙中，目睹里面的件件陈迹，他不禁发思古之悠情，无限感慨地对其部下说道："当年，李元昊创建这西夏国，也历经大半生的戎马拼杀，何等辉煌，何等不易啊！未曾想还不到两百年的时间，其子孙就如此腐败，竟把这大好的江山糟蹋成这样，实在是让人心痛啊！"

当天夜里，成吉思汗失眠了，尽管身边有掳来的西夏美女陪着，也提不起精神，脑海里总是盘桓着一句话："打江山不易，守江山更难啊！"

成吉思汗的十万大军兵临城下，国都中兴府被围得水泄不通，西夏国政权也岌岌可危了。

国王李安全急得如热锅上的蚂蚁——团团转，他歇斯底里对部下们喊道："当前，我要兵无兵，要将无将，可恶的金朝皇帝又见死不救，怎么办哪？"

其实并非金国不念唇齿之义，只是此时金国也是自身难保。金章宗因为沉湎于酒色，弄得身体孱弱不堪，死在爱妃的肚皮之上。

他的儿子卫王永继刚刚继位，他拒绝大臣们提出的"联夏抗蒙"的主张，居然扬言："蒙古与西夏相互厮杀，必然是两败俱伤，对金国有百利而无一害！自古道：'鹬蚌相争，渔翁得利。'"

因为李安全一直坚持联金抗蒙的战略，大臣们眼见都城危在旦夕，也无人敢建议向成吉思汗讲和，更不敢言及投降二字。

次日，李安全向满朝官员下达了命令，要全城十岁以上、六十岁以下的男人全部上城抗敌，各家各户要把旧房子拆掉，砖石、木料运到城头，当作滚木檑石用。又把文武官员按城区划分，各人分片负责守卫，日夜值班巡查，有不负责任的，一经查实，轻者杖责五十，重者砍头示众。

布置完毕，李安全亲赴城头检查督促，谁敢不负责任呢？

于是，中兴府里形成了人人抗敌、家家守城的联防热潮，城头上滚木檑石堆积如山，只等蒙古军队来攻了。

这座中兴府城高池深，其坚固程度远远超过兀拉海城，加上防守严密，成吉思汗连续发动了几次攻城战斗，都没有成功，反而损失了许多人马。

这时候，秋雨连绵，黄河水猛涨起来，成吉思汗在无计可施情况下，想求助于滔滔的黄河之水，引水灌城。

木华黎等劝说道："中兴府城外地势平坦，城墙又高又厚，只怕河水冲不进城里去，反而淹了我们自己的兵马。"

可是，成吉思汗坚持要干，他们只得派军队掘开苍河堤坝，那滚滚的苍河水冲向中兴府城，眨眼之间周围一片汪洋。

果然不出木华黎所料，因为城墙又厚又坚固，河水灌不进城中，反而冲毁了堤防，眼看就要把蒙古军队的阵地淹没了。

成吉思汗一看，又急又气，只得命令部队撤到周围山坡上面，派人把太傅讹答和嵬名令公带到大帐里面，向他们问道："我想放你们回去，你们有什么打算？"

嵬名令公立刻问道："是真的要放我们回去？不杀我们了？"

成吉思汗笑道："这还有假？你们也是迫不得已，属于无辜的。何况杀了你们也是无益的。"

讹答太傅大着胆子说："大汗的为人果然宽宏大量，使我深受感动。我回去以后，一定主动劝告夏王改弦更张，与蒙古建立友好睦邻关系，永远不对抗。"

成吉思汗又问嵬名令公："你呢？回去以后有何打算？"

"俗话说：'滴水之恩当涌泉相报。'大汗不杀我们，算是给了我们一条性命，怎能不报呢？"

说到这里，他看了成吉思汗一眼，又说道："我们西夏国处在强国之间，只有妥善地处理好与邻国的关系，西夏才能生存下去。过去，我们未能尽到臣子的职责，认真劝说夏王与大汗的蒙古结成联盟，这次我和太傅回去，一定劝说夏王，做好这件事。"

成吉思汗高兴地说道："好！希望你们代表蒙古去说服夏王，尽快做出决断，只有归降蒙古，西夏才有出路，不久之后，我要带兵去攻打金国。"

接着，木华黎也对二人说："你们想联合金朝与蒙古对抗，这次金朝为何不愿出兵援助你们呢？金朝内部矛盾重重，国力衰弱，他们哪有力量支持你们？"

太傅讹答和令公嵬名再三向成吉思汗表示决不负大汗希望，回去一定不辱使命，说服夏王降附蒙古。

两人离开蒙古大营，回到中兴府里，对夏王李安全分析了当前的天下大势，再三晓以利害，对蒙古、对金国都做了认真分析。

李安全被迫无奈，终于答应归附蒙古，每年向成吉思汗纳贡称臣。

后来，太傅讹答又建议道："为了加深两国关系，不如趁机与成吉思汗联姻，使西夏与蒙古进一步和好，岂不美哉？"

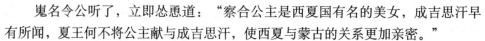

嵬名令公听了，立即怂恿道："察合公主是西夏国有名的美女，成吉思汗早有所闻，夏王何不将公主献与成吉思汗，使西夏与蒙古的关系更加亲密。"

李安全马上打断嵬名的建议，不高兴地说："胡说！我的女儿察合公主乃金枝玉叶，怎能嫁给蒙古人？"

讹答太傅立即答道："大王不要太固执了！当今世界，蒙古国兵强马壮，国力雄厚，正处于兴旺发达时期，成吉思汗威名显赫，是当代叱咤风云的帝王，许多人想巴结还高攀不上呢？"

嵬名令公又劝道："为了西夏国的长治久安，也为了察合公主的美好前程，劝大王忍痛割爱吧！"

夏王李安全只得忍痛把心爱的女儿察合公主嫁给成吉思汗，同时送去的还有西夏盛产的白骆驼、毛毯、鹘鹰等贡品。

成吉思汗自然高兴，便劝说太傅讹答和令公嵬名留在蒙古，不要再回西夏去了。

太傅讹答指着嵬名令公说道："令公年轻有为，留在大汗帐下还能有所作为，我已老迈，无大用处，还是让我回西夏去吧！"

后来，嵬名就留在蒙古，成为成吉思汗智囊团里面的中心人物之一，这是后话了。

见了察合公主，成吉思汗欣喜异常。当时的察合年仅十六岁，生得花容月貌自不必说了，她还识汉文和维吾尔文，又善诗画，一夜风流之后，成吉思汗第二天就宣布封她为皇后了，这便是后来人们称道的"察合儿皇后"。

成吉思汗的第三次攻夏，使西夏国王李安全赔了公主又折兵，联金抗蒙的政策彻底失败。

因为"老子无能，太子无用，将相非死即降"，全西夏国一片沸沸扬扬，真是怨声载道，民怨沸腾了。

1211年，李安全被废而死，其宗室内部推拥李道顼继位为夏王，是为夏神宗。

李道顼是西夏齐忠武王之后，早年曾考中状元，后充任大都督府首领，雄心勃勃一心想振兴西夏。

他当上国王之后，改年号为光定元年，并彻底改变了李安全联金抗蒙的路线，不久即派兵攻占了金朝的邠州、泾州，并领兵围攻平凉府和东胜州，正式宣布与金朝断绝关系，完全实行联蒙抗金的路线。

通过三征西夏国，成吉思汗不仅掠夺了大量奴隶、财物，以及众多的骆驼、战马、牛羊等，而且迫使西夏称臣纳贡，献女求和；在政治上又拆散了西夏与金朝的联盟，从而解除了后顾之忧。

成吉思汗的战略目的达到了，为南征金朝创造了良好的条件，特别是他那先弱后强、各个击破的战略思想的实用性得到进一步的证实，这确是难能可贵的。

# 第十回

# 蒙古王抽刀退使者，辽太后驱车谒可汗

　　早在三次征讨西夏国的之前，成吉思汗已经充分做好了南下伐金的准备工作，不仅制盾造箭，厉兵秣马，而且制定了周密的作战计划，真是万事俱备，只待发兵了。

　　1208年11月下旬的一天，金章宗病死，因为他没有儿子，便传位于他的侄子卫王永济。他就是以后的金帝卫绍王。

　　永济接位以后，让大臣给蒙古下了一份诏书，并派了一名使者到成吉思汗处通报。

　　当时，那位使者要求成吉思汗跪拜接诏，这位草原上的大汗心中很不高兴，便问道："新君是谁？"

　　那使者立刻回答道："卫王。"

　　"是不是那个卫王永济？"

　　"正是。"

　　这时候，成吉思汗对着南面金国的方向，连续吐了几口唾沫，然后大声地轻蔑地说道："我原以为中原皇帝是人间俊杰，是天上的人所做，没想到竟是他卫王！"

　　说到这里，他扭头看一下那使者，又说道："像卫王永济这般庸懦之辈，也可以称帝么？哼！"

　　说完之后，又面向南方接连吐了几口唾沫，然后抛下金国使者，上马扬鞭而去。

　　也许这使者过于愚直，回国前又借着告辞为名，对成吉思汗训诫说："你曾受我大金国皇帝的封赏，这次诏书到此，理应竭诚拜受，怎么说出那许多无理的话儿。"

　　成吉思汗听了，大怒道："少废话！你们金人害死我父祖，这血海深仇我怎能忘？我正要发兵报仇雪耻，你反要我跪受诏书，真是混账，赶快给我滚出去！不然的话，老子就宰了你！"

　　说罢，"刷拉"一声，他竟抽出了那把雪光闪亮的佩刀，吓得金使者抱头鼠窜而去。

原来卫王永济本是章宗的侄儿，是个性情软弱的人，以前他曾代表金朝到净州去接受蒙古的贡品。

那时，成吉思汗见永济长得一表人才，穿着又很体面，大高个儿，又长又好看的胡子，风度翩翩，可谓是一位美男子。

可是，一接触，便发现他不过是个无能的贵族后代，要文无文，要武无武，仅是生就一副好皮囊而已！

精明强干的成吉思汗自然不把他放在眼里了，见了他也不屈膝下跪，不按属国的礼节对待他，这使卫王永济心里很不高兴。

卫王永济虽然生性愚笨，他也有自尊心啊！回到国都就来了个公报私仇，当着金章宗的面说了成吉思汗许多坏话，讲他相貌不凡，面露杀机，野心勃勃等，若不早点出兵讨伐，就会养虎遗患，请求章宗及早动手。

金章宗整日沉溺于酒色之中，又被病魔缠身，已自顾不暇了，哪里能想得那么远，没有答应卫王永济的请求。

这次当着金国使者的面，成吉思汗之所以如此翻脸，固然有瞧不起卫王永济的因素，但真正的原因还是自认为羽翼已经丰满，有资格、有实力与金朝决一雌雄了。

早在成吉思汗刚刚崛起之时，他念念不忘的一件大事便是进攻金国，因为蒙金之间结怨甚深，为世代的仇恨。

金国是女真族首领完颜阿骨打（后来被尊为金太祖）于1115年建立的国家，最初偏居于北方的安屈虎水地区，后来逐渐强大，不断向南发展势力，又把宋朝赶到了长江以南，统一了中国北方。

金熙宗在位时，常常酗酒失政，耽于声色。1149年被完颜亮驱赶下台，完颜亮自立为帝。

为了稳固帝位，完颜亮不得不屠杀宗室，排除异己，并于1153年把国都从上京的会宁府迁到燕京，改称为中都（北京）。

完颜亮又连年征兵，大举侵略南宋，弄得民怨沸腾，最终被部下所杀。完颜雍便在东京（辽阳）称帝，庙号世宗。

金世宗在位三十年，内外安定，他也被人称为"小尧舜"，兵力达到百万人以上，可以说是金朝历史上的鼎盛时期。

到了金章宗时期，国势开始走下坡路，统治集团腐朽糜烂，各级官吏营私舞弊，腐败之风充斥朝野上下，全国反抗呼声遍起。

金朝的军队也日益失去旧日的尚武精神，纪律涣散，将无斗志，兵无战心，毫无战斗力了。

由于各族人民不断起来反抗，金章宗接受佞臣惟襄纯的建议，把军队划分开来，以猛安（千户）和谋克（百户）为单位分迁各地，与百姓杂居，称为军户，便于监视和镇压人民的反抗。

这样一来，军户们在各地兼并土地，高额征租，逐渐形成一个既不务农，又不习武的特殊阶层。加上将帅们多是自幼骄惰的世袭贵族，打起仗来，心胆怯懦，带头先跑，毫无战斗力。

因为女真统治者离心离德，甚至连边防的城镇也无人防守，变成了"无防之边"。

另外，金章宗时期，国内又连续发生自然灾害，除水、旱、蝗灾之外，黄河又三次决堤，朝廷里无人过问，国内一片混乱。金国这种内外交困的局面，在客观上也为成吉思汗伐金提供了极为有利的时机。

早在八十年前，成吉思汗的曾祖父合不勒统治时期，蒙古与金朝就曾发生冲突。

好酗酒的金熙宗派人邀请合不勒汗到金朝作客。在宴会上，合不勒汗担心金人在食物中下毒，喝酒中间多次借故走出去呕吐，然后再回到宴席上继续大吃大喝。

金熙宗酒量大，最终把合不勒汗灌醉了。合不勒汗在宴会上手舞足蹈、唱唱跳跳，出尽了洋相，甚至走到金熙宗面前，伸手揪住他的胡子说："我只见到羊的胡子如此模样，未见过皇帝的胡子也能长成这般模样。"引起宴会上的大臣们一阵哄笑，当时的熙宗皇帝不但没有怪罪他，反而赏赐他许多金玉衣物。

后来，合不勒汗告辞以后，金国的文武大臣一起向熙宗建议道："合不勒汗太放纵了，应该惩罚他，他的行为是对金朝大国皇帝的不恭！"

金熙宗出于无奈，只得派人去追赶，想把蒙古的大汗捉回来治罪。

谁知蒙古的大臣们早有防备，把派去追赶的人全杀了，从此两国断绝了来往。

金熙宗天会十五年，即1135年，金朝大将胡沙俘奉皇帝之令，领五千兵马攻打蒙古，结果"粮尽而返"，被合不勒汗追击四十余里，并在蒙金交界处的怀雁岭下大败，胡沙俘差一点被活捉，五千兵马只回去了数十人。

合不勒汗死后，泰赤乌部俺巴孩继承了蒙古汗位，当他送女儿出嫁到塔塔儿部时，被塔塔儿人捉住，塔塔儿人为了讨好金人便把俺巴孩汗押送到金朝皇帝那里，俺巴孩最终被金人用极其残酷的刑法——"钉木驴"刑杀害了。

这位蒙古的大汗俺巴孩宁死不屈，在临死前派人向自己的儿子与族人传话道："我是蒙古万民的大汗，竟因为送自己的女儿出嫁被塔塔儿人擒拿。今后，你们要以我为诫！你们就是把自己的五个手指甲磨掉，十个手指头都磨坏了，也要给我报仇啊！"

俺巴孩死后，合不勒汗的儿子忽图剌继位为蒙古大汗，此人骁勇无比，声音洪亮，一顿饭可以吃一只五十斤重的整羊！

为了替俺巴孩汗报仇，他领着蒙古人与塔塔儿大战了十三次，又进兵金国。

虽然没有为俺巴孩汗报了血仇，但是蒙古人在战争中得到了锻炼。

成吉思汗的父亲也速该就是在忽图刺汗的帐下，在与金人、塔塔儿人的战争中屡立战功，从而被蒙古人称为"把阿秃儿"（勇士）。

忽图刺汗死后，也速该又被塔塔儿人毒死，蒙古各部落陷入群龙无首的混乱状态。

此后，金国便采取挑拨煽动、分化瓦解、以夷制夷等手段，常常是拉一部，打一部，再辅之以武力征服相配合。

成吉思汗刚刚崛起之时，虽然他没有忘记金朝的杀父、害祖之仇，并对其多年来欺凌蒙古人的行为表示痛恨，可是，为了减少敌手，发展势力，不得不委曲求全，保持对金的臣属关系，甚至主动出兵协助金军来攻打塔塔儿部。

在这一点上，也充分显示出成吉思汗作为政治家的头脑，这项聪明的策略，使自己一举两得：一是借助金朝的势力，打击和削弱了最危险的仇敌塔塔儿部；二是获得了金朝皇帝封授的"札忽惕兀里"的官号。

这样一来，成吉思汗就抬高了自己的身价，树立了威信，还可以利用金朝命官的身份，"挟天子以令诸侯"，在草原上合理合法地扩大自己的势力，谁也奈何不了他！

因此，在以后的十余年中，成吉思汗年年向金朝进贡，表现出一副臣服的谦逊态度，同时又利用各种渠道和手段，刺探金国的政治、军事和经济等方面的情报。

早在统一蒙古草原之前，成吉思汗在王汗部里就曾结识过一位金国派来的使者，他名叫耶律阿海。

通过调查得知，成吉思汗认识的这位原是契丹人的金国使臣，他的祖父曾做过桓州府尹，父亲是尚书奏事官。

作为契丹（即辽国）的遗民，他对灭亡辽国的金朝有着一种本能的仇恨，所以他虽身为金国的使臣，内心里却并不忠于金国的皇帝。

经过分析，成吉思汗觉得此人可以利用，便主动去找这位耶律阿海使臣，二人一见面，谈得十分投机，大有相见恨晚之意。

耶律阿海十分佩服地说道："对你胸怀高远的志向、宽宏大量的为人、重义重节的品质，我早有耳闻，也早已心向往之，只是无缘见面，今天能当面促膝谈心，我觉得十分荣幸！"

于是，耶律阿海敞开心扉，向成吉思汗详细介绍了金国内部的情况，诸如皇帝的昏庸，朝廷中的明争暗斗，各族军队之间的矛盾，军事部署漏洞百出，将帅沉迷酒色、不治边防等，他都介绍得十分详细、全面。

后来，成吉思汗问道："你怎么知道有朝一日我要攻打金朝呢？"

耶律阿海说道："中原人有两句名诗说：'身无彩凤双飞翼，心有灵犀一点通'呀！"

两人一阵会心地大笑之后，他又道："我不仅能预计到你在将来必然要攻打金朝，而且能估计到西夏、金国，甚至宋朝，都将灭亡在你的手里！"

成吉思汗十分激动地说道："可惜我现在连蒙古草原上的各个部落也没有统一哩！至于你谈的那些，只能是可望而不可即的空中楼阁了！"

"不！那只是时间问题，"说到此，耶律阿海又压低声音，附在成吉思汗的耳上，小声说："我可以断定：金国之亡，指日可待！如果你将来领兵攻打金国时，只要事前给我信息，我愿意为你作内应，并给你提供金国各方面的情况。"

成吉思汗兴奋不已，二人分手前，耶律阿海亲手绘制了一份金国的地形图，并把金国的军事部署与重要城镇等交代得一清二楚。

成吉思汗根据这件事，大量接纳那些反金的有识之士。多年以来，在成吉思汗的蒙古军帐中，有许多来自各国的政治流亡者、商人、读书人，使他对各国情况了如指掌。

成吉思汗对契丹人的招降纳叛特别成功，因为契丹人所建立的辽国被金朝所灭，幸存下来的契丹人又受到金国残酷的民族压迫，吃尽了亡国奴的苦头。所以成吉思汗便利用各种渠道，策动契丹人叛离金国，投靠蒙古。

有一次，成吉思汗从来降的契丹人口中，听说有一位移拉捏儿，他是汉化了的契丹人。他家居霸州（今河北省霸县），熟知中都及周围特别是关塞的形势，是个难得的人才。

由于移拉捏儿遭到金章宗佞臣惟襄纯的迫害，正称病在家，闭门不出。

成吉思汗得知此事之后，多次派人去金国私见移拉捏儿，但他一再推说自己生病，谢绝了邀请，没去蒙古。

后来，成吉思汗听说金章宗生病，便派遣札八儿以使者的身份去看望，并带去了丰厚的礼品。札八儿向章宗说："听说大王龙体欠安，我们大汗派我送来这些礼物，来慰问大王。"

金章宗听了，十分高兴，说道："你们蒙古人远在塞北，很少有机会到中原地区来，这次不要急着回去，可以到各处走走、玩玩，观赏我们大金国的美好河山。"

于是，札八儿便以国宾的身份在金国住了下来，他借着游历金国山川河道的机会，把沿途所经过的道路、山川、险隘等军事部署与地形、地势情况全都记录下来。同时，札八儿又悄悄打听移拉捏儿的情况，想找机会亲自拜访这位有识之士。

其实，札八儿本是成吉思汗的情报队长，一直担任蒙古的"特工人员"，是长期跟随成吉思汗的亲信。

札八儿聪明能干、足智多谋，来到金国几天之后，他按照成吉思汗的指示，找到了耶律阿海，得知了移拉捏儿的住处。

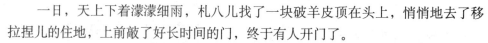

一日，天上下着濛濛细雨，札八儿找了一块破羊皮顶在头上，悄悄地去了移拉捏儿的住地，上前敲了好长时间的门，终于有人开门了。

可是，看门人不耐烦地问道："你老是敲门，干什么呀？"

"我是来看望移拉捏儿的，请你……"

未等札八儿说完，那看门的人便"吭"的一声关上了大门，回去了。

札八儿只得回到住处，心里说道："只要功夫深，铁杆磨成针。只要我多去几趟，总会能见到他的！"

于是，札八儿连续几天去移拉捏儿的门前转悠，有一次，见那看门人出来倒粪便，他便闪身进了大门。

走到院子里，札八儿见到一个中年人蹲在一棵很大的树下面，两眼瞅着面前的一摊沙子发愣。他悄悄地走过去，站在那人的背后，向那一摊沙子一看，只见沙地上星罗棋布地放了一些大大小小的石子。

起先，札八儿还以为这人是在研究棋谱。

后来，他看到这人一边移动石子，一边用箭头标示大小石子的方位与路线，渐渐地看出了一些门道，突然脑子一亮，才悟出这人是在一幅地图前，制定和完善一套作战方案。

再细看那石子的方向、位置，札八儿断定此人正在演习蒙古与金国发生战争的一个场面。

于是，札八儿认定这人就是自己要找的移拉捏儿，他便轻声地"咳"了一声，那人立刻回过头来，吃惊地瞪大眼看着他，问道："你是谁？"

"我是特来拜访阁下的。"

"你到底是什么人？"

移拉捏儿一边问，一边忙用脚把那砂地踏平，把石子儿踏得乱七八糟的。

札八儿只得如实相告道："我是成吉思汗派来的使者，特意前来看望阁下，请你不要见怪……"

移拉捏儿急忙打断他的问候，推辞说："我与你们大汗既不认识，也无交情，请你走吧！"

说完便转身要走，札八儿三步两步抢到他的前面，十分恭敬地对他说："我们大汗非常同情你的遭遇，又十分仰慕你的才干，很想让你……"

"别说了，你快些去吧，我是一个无用的人！"

说完了这话，移拉捏儿又转身走了，像是躲避瘟疫一般，匆匆离去。

札八儿哪肯放过机会，便又追上去，说道："我们大汗十分同情你们契丹人，他与耶律阿海是好朋友，我来就是经耶律阿海的指点，请你不要多心。"

这时，移拉捏儿突然停下了脚步，问道："你已见过耶律阿海了？"

一代天骄：成吉思汗

"是呀，就是他指点我来的，为了避嫌，他才没有和我一起来。"

听了这些话，移拉捏儿看了札八儿一会儿，又转身向门外看了看，问道："你来这里，没有被人看见吧？"

"放心吧，没有人看见我来你这里。"

于是，移拉捏儿这才转身邀请道："好，我们进屋里说话吧！"

二人进了屋子，移拉捏儿又说道："谢谢你家大汗，承蒙大汗厚爱派你来看我，实在不敢当！我本一介书生，无才无德。"

札八儿听到这里，立即插话说："你过谦了！我们大汗尊重你的人品，仰慕你的才识，同情你的处境，渴望能早日见到你。请阁下认真考虑，能够尽快离开金国，随我到蒙古去！"

移拉捏儿听后，长叹一声，为难地说道："我会让你们大汗失望的。何况我在此处境艰难，想离金去蒙，比登天还难哩！"

札八儿急忙说道："事在人为嘛！只要阁下答应去，这事由我安排。"

移拉捏儿又说道："请别急，这事再让我想想吧。"

札八儿立刻劝说道："当断不断，必受其乱。你是一个明智之人，这金国有什么让你留恋的吗？到了我们蒙古，你可以施展抱负，发挥才干，那里才真是'海阔凭鱼跃，天高任鸟飞'的地方呢！"

经札八儿一说，移拉捏儿沉思了一会儿，然后两眼看着他，提醒着说："这事儿要做得十分隐蔽才行，一旦皇上知道，不仅去不成，恐怕连性命都会搭上的，请你慎重啊！"

札八儿连连点头称是，并告诉他说道："当前，皇上染疾，国内一片混乱，皇亲国戚都明争暗斗，觊觎那皇帝的宝座，哪有人会想到你会出走？"

移拉捏儿笑道："但愿如你所说，还是小心谨慎为好，一点也大意不得啊！"

札八儿回来以后，来到耶律阿海家里，两人整整讨论了一个晚上，终于想出了一个计策。

过了几天，札八儿派随从向金章宗报告："札八儿不慎从马上摔下来，跌伤了腿，不能行走，也不便于骑马，请求皇上准许坐车回蒙古国去。"

章宗准奏，札八儿便买了一辆马车，告别了耶律阿海，坐车离开了金国。

当时，耶律阿海也想到蒙古，札八儿说："你暂时安心留在这里，大汗届时会召请你去的，何况你在这里有重任在肩，能为我们提供那么多情报也确实不易啊！"

当马车走出了金国地界，札八儿才把车厢的夹板取下，移拉捏儿出来兴奋地说道："从今以后，我再不会受金国女真人的欺侮了，这亡国奴的滋味我算是尝够了！"

札八儿向他祝贺道："离开了金国，你像鸟儿飞出了樊笼。来到了蒙古，你

217

又像苍鹰回到了无际的苍穹，可以自由地搏击万里长空，尽情地翱翔！"

成吉思汗召见移拉捏儿，高兴地对别人说："我有了移拉捏儿，如鱼得水！"

后来，成吉思汗封移拉捏儿为灞州元帅，留在身边，让他参与军机，深为信任。

成吉思汗广纳降人，深得其利，从而形成了他不计民族，不问国别，不拘一格重用人才的用人路线，对他的统一大业起到不可估量的作用。

对于南下攻打金国，成吉思汗未敢掉以轻心。虽然在战略上，他藐视金国统治集团的抵抗能力，树立了必胜的信念；但在战术上，在战前的准备工作上，成吉思汗竟花费了四、五年的时间，十分重视。

成吉思汗清醒地看到，金国毕竟是一个有着近百年历史的中原大国，在当时，它统治着大半个黄河流域，全国人口近五千万人，有支上百万人的军队。而那时的蒙古，人口不过一百多万，兵力也只有十多万人，这就是说，金国人口比蒙古多四十多倍，兵力也在蒙古的十倍以上。当时金国有人对蒙古人说："我们金国如海，你们蒙古只像一捧沙，想动摇我们，比登天还难呢！"

可见，成吉思汗要进行的这一场征服金国的战争，就是要用"一捧沙"去动摇"大海"，并想填平这"大海"，是何等的艰难！

成吉思汗不仅仅是一位军事家，更主要的他还是一位政治家。为了夺取这场战争的主动权，在出兵之前，他对将领们说道："对我们蒙古牧民来说，这是一场非同小可的大规模战争，金国的军队，那些昔日的女真人，尽管已被中原化，但他们至今仍然保留着他们的祖先通古斯森林狩猎民族所特有的骁勇彪悍的武士特点。因此，这次同金人的作战，要比不久前在西夏国内的战斗更艰难，更复杂。因为，我们的军队将要对付防守坚固的要塞，对这种攻坚战，我们的经验还不充足，也没有足够的条件。另外，在金国的边境上还修有长城，长城的脚下又修筑有许许多多的防御据点。"

说到这里，成吉思汗环顾一下在座将领们，换了一种语气，大声说道："当前的金国正面临着一种内外交困、危机四伏的形势。好比一棵百年的老树，树身已被虫子蛀空了，根须周围的土地早已板结，没有水分，更没有营养，因此枝叶干枯，一副黄巴巴、皱蔫蔫的半死不活的样子。如果刮来一阵大风，这棵大树很可能就会倒下的。

"我们蒙古铁骑就是快如闪电的疾风，我们有英勇善战的勇士，有足智多谋的将领，只要大家齐心协力，攥成一个拳头打击敌人，外表强大的金国定会在我们的马蹄下面屈服！

"我们不但要当草原的主人，我们还要做中原的主人。"

正说到这儿，护卫进帐报告道："汪古部首领阿剌兀思惕吉忽里派人来了，说有机密要向大汗报告。"

成吉思汗急忙吩咐道："快让来人到内帐里去，我要见他。"

在内帐里面，汪古部来人报告道："金国新接位的皇帝卫绍王完颜永济已作了布置，专等大汗去金国入贡时，埋伏重兵，狙击大汗。"

原来，完颜永济的使者回到金国的大都，把成吉思汗不但不跪拜受诏，反而面南而唾、辱骂新皇帝的情况，添油加醋地报告给永济皇帝，永济皇帝的旧恨新仇一齐涌上心头，对成吉思汗更加恼恨，咬牙切齿地说道："小小的蒙古有什么了不起，敢于和我们泱泱大金国作对？等到下次成吉思汗再来朝贡时，一定要把他拿住，碎尸万段，才解我心头之恨！"

不料皇帝的这些话被大臣们听到了，特别是那些非女真族出身的大臣们知道以后，立刻传扬出来。汪古部的首领阿剌兀思惕吉忽里探得了这消息，便立刻派人向成吉思汗报告了。

这个居位于长城北侧的汪古部，早就是蒙古国的最忠诚的盟友了。

汪古部的首领阿剌兀思惕吉忽里，于1204年就曾为成吉思汗立过大功。

那时，他曾拒绝参加乃蛮人策划的反对成吉思汗的联盟，并且派人把乃蛮人拼凑这一联盟的情报，及时地送到成吉思汗的手中。

为了酬谢阿剌兀思惕吉忽里的这一功绩，也为了进一步笼络汪古部，在1206年举行的即位大典上，成吉思汗分封他为五万户，并把自己的亲生女儿阿拉海公主嫁给了他。

这是成吉思汗与汪古部的首次联姻，由于有了这种合亲关系，成吉思汗得到很多好处。

每年春天，成吉思汗总欢喜到这个塞外的江南来春游，因为汪古部地面的自然条件可以使所有的蒙古人感到就好像在自己的家乡一样自由自在，丝毫没有身处异域之感。

另外，给成吉思汗带来更大好处的是汪古部所据地盘在地理位置上的重要地位。

原来，汪古部同金国早有契约关系，是中原长城的守卫者，是金国部署在长城外侧的哨兵。把汪古部笼络到手，就等于在攻打金国之前，成吉思汗就已摧垮了敌人的前线防御，不费一弓一箭将自己的势力扩展到了对方的防线——长城的脚下。

这次汪古部首领阿剌兀思惕吉忽里派来的人还告诉成吉思汗一个消息，金国守卫西北长城一线的边防军队——乣军，其主要将士都是各少数民族人员。

由于金国统治者对他们不信任，对他们另眼看待，常常不按时发给他们粮饷，所以乣军很有怨气，乣军的头目伊尔古克常在阿剌兀思惕吉忽里面前发牢骚。

成吉思汗听说之后，高兴万分，急忙找来自己的情报队长札八儿，要他带着大量的金银财物，随汪古部的来人一起去做乣军的策反工作，并要求阿剌兀思惕吉忽里从中斡旋。

在札八儿等走后，成吉思汗想来想去，总觉得汪古部对蒙古太重要了，尤其是这次攻打金国的战争，这汪古部正变成了蒙古军队的排头军了。

阿剌兀思惕吉忽里一旦能劝说金国的乣军归降，对自己不是更有利乎？

想到这里，成吉思汗觉得机不可失，失不再来，应该抓住当前大好的机遇，紧紧地抓住汪古部不放。

成吉思汗历来是说干就干，雷厉风行，他当即对护卫队喊道："来人！"

这一晚是哲别当班，他进帐问道："现已深夜，大汗有何事吩咐？"

成吉思汗对哲别说道："你派人去把移拉捏儿喊来。"

大约过了半个时辰，移拉捏儿来了，成吉思汗急忙上前，拉着他的手，带着歉意地说道："深更半夜把你找来，实在不好意思，难为你了，不过，这事儿重大，非得你去方能完成任务呢！"

移拉捏儿立即说道："大汗太客气了！当国君的能如此体恤臣下，我们上刀山，下火海，也心甘情愿！"

成吉思汗忙笑道："这次攻打金国，非同一般战争，我想让你送三公主阿剌合别姬到汪古部去，把她嫁给阿剌兀思惕吉忽里的长子为妻，并与汪古部再次约为世代友好，世代通婚。"

移拉捏儿是个聪慧之人，便立刻说道："我完全理解大汗的用意！"

成吉思汗赞许地点了点头，又要他向汪古部尽可能多了解金国西北的边防情况，最好是让阿剌兀思惕吉忽里派汪古部人深入金国去刺探军事情报。

移拉捏儿不禁说道："大汗不愧是一位明君，一位高瞻远瞩的统帅！这汪古部本是金国在北部防范蒙古的边将，这样一来，金国的边将就变成了大汗的部将了！这次战争，金国必败，蒙古必胜无疑！"

次日，成吉思汗又把木华黎、博尔术找来，对出兵攻金再作计议，三人关起帐门，整整商讨了一天，这真是万事俱备，只待出兵了。

1211年2月，成吉思汗在克鲁伦河的河畔举行了独特的战争动员。按照蒙古人的习惯，他独自一人登上山顶，摘下帽子，把腰带挂在脖子上，恭恭敬敬地向上天叩头三次，然后起来祷告道："长生天在上，我决意整顿军马，为被金王残害致死的合不勒汗与俺巴孩汗报仇。天若许我复仇，则请助我一臂之力，命下界所有人神齐集助我一战！"

祈祷完毕，下山后成吉思汗又进入宫帐，闭门三天不出。在这三天里，蒙古的军民都围绕在那宫帐的周围，齐声高呼道：

"天神！天神！佑助蒙古！"

"天神！天神！惩戒金国！"

直至第四天，成吉思汗才从宫帐中走出来，对欢腾的军民大声宣布道："长

一代天骄：成吉思汗

生天，赐给我们胜利吧！现在，我们蒙古军队要出征，去惩罚金人！"

这种带有浓厚宗教意味的战前动员仪式，使广大蒙古军民备受鼓舞，因为他们坚信："由长生天派来的神的使者成吉思汗一定会率领蒙古人击败金人，打赢这场战争。"

于是，成吉思汗亲自带领蒙古十万大军，让那面九足的旄纛的大旗在前面引路，他的四个儿子、几个弟弟，以及其他所有将领都随军参战，浩浩荡荡地向中原的金国开去。

军队出发之前，成吉思汗深怕那些溃散的诸部落会重新联合起来叛乱，便首先派出自己的亲信——弘吉刺部人脱忽察儿，带领两千人马，到尧鲁纹河的下游去担任巡哨，并负责守护成吉思汗的那四个斡儿朵宫帐。

大军离开尧鲁纹河大营南下，越过大沙漠向阴山进军，首先来到塔勒湖，占领了大水泺，进入汪古部驻地。汪古部首领阿剌兀思惕吉忽里带领全部落大小头目，夹道跪迎成吉思汗。

不久前被成吉思汗派到汪古部来的札八儿、移拉捏儿等，也在欢迎的队伍中。

当晚，汪古部大摆宴席，用"百牛宴、百马宴、万羊宴"慰劳蒙古的十万将士，成吉思汗十分兴奋地拍着汪古部的首领阿剌兀思惕吉忽里的肩头，哈哈大笑道："金王完颜永济哪里知道，他的守边大臣在他的防地之内，杀牛宰马，大摆筵席欢迎蒙古大军呢？"一句话惹得全场一片哄笑声。

由此可以看出成吉思汗实在不愧是一位天才的军事家、政治家，他与汪古部的结盟与联姻，充分表现出他敏锐的战略眼光！

与之相反的，倒是金国"不治戎备"的腐败与无能，汪古部不仅不替金国防守外长城，反而把边城要塞拱手相送于蒙古，而金国朝廷上下却对此一无所知，毫无一点防范与察觉，足见其轻敌大意到何等地步了！

成吉思汗的大军来到汪古部，正当三、四月份，天气已经转暖，大将木华黎建议道："我们的骑兵不适宜在炎热季节作战，这里的草原牧草肥美，正是战马养精蓄锐的好地方，是否等秋凉后再进军更好些？"

成吉思汗接受了这个意见，只派大将哲别率领一千骑兵，在金国西北边防线上游弋，进一步侦察金军的动向，选择战机。

其余的大队人马，由成吉思汗亲自督导下，在汪古部驻地消夏，休养士马，整军训练，等到秋高马肥时，再大举南下。

这时候，金帝永济才得到蒙古入侵的消息，一时朝野上下，惊恐不安，一片混乱。

永济皇帝不得不向大臣们问道："蒙古大军压境，满朝大臣谁有良策退敌，能为我大金国排忧解难？"

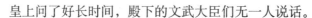

皇上问了好长时间，殿下的文武大臣们无一人说话。

那永济皇帝眼见朝廷中如此情况，非常恼怒，不由得眉头紧皱，正要发作时，忽见殿下闪出一人，只听他慢慢地说道："依臣之见，那蒙古兵来犯我大金，无非是想讨些便宜，不如趁势送他们一些牛羊、马匹，以及绸缎布匹与谷物粮食，与成吉思汗讲和，也就万事大吉了。"

皇上一看，这说话的是西北路招讨使、老臣粘合合打，心中觉得还是年老的臣子关心国事，不由激动地说道："刚才老爱卿粘合合打提出自己的看法，其他大臣还有什么计策，请快些说出来。"

皇帝说完，平章政事独吉思忠出班奏道："据臣所知，这成吉思汗野心勃勃，想侵犯大金，已非一日了，不如派出大军惩治他一下，以灭其嚣张气焰，也好扬我中原大国之威望，令其臣服，更为恰当。"

永济皇帝听了，正合心意，成吉思汗与他早已结下了旧恨新仇，何尝不想一举击溃呢！于是，立即高声说道："这意见甚好，对成吉思汗是该用武力教训，让他知道：我大金绝不是好惹的！"

此时，永济的叔父完颜承裕亲王说道："文兼武备，先礼而后兵。不如先派老臣粘合合打带着礼物前去议和，同时让平章政事独吉思忠领兵御敌，双管齐下，有备而无患，更为稳妥。"

听了这位亲王的建议，独吉思忠忙说道："皇上若派我领兵前去，请委派完颜承裕亲王充任我的助手。"

永济皇帝听了大臣的建议，立即下令道："请西北路招讨使粘合合打带牛羊马各二百，绸缎布匹各二百疋，粮食谷物二百石前去议和；另请平章政事独吉思忠为主元帅，亲王完颜承裕为副元帅，领兵马二十万前去西北抚州一带抗敌，不得有误。"

听完皇帝的命令，西北路招讨使粘合合打急忙走下殿去，准备牛羊等礼物与成吉思汗议和了。

只有平章政事独吉思忠又向皇帝奏说："西北抚州一带的城堡等，因多年未修，早已残破颓败，不能御敌，请皇上拨些银钱，趁机抓紧修整。"

皇帝一听，当然乐意，只要有大臣领兵前去抗敌，若能把蒙古军队击退，打败成吉思汗，拨多少银子他都愿意的。于是，皇帝御笔一挥，批给白银三万两，作为修城补堡费用，独吉思忠与完颜承裕才兴冲冲地满意而去。

那位送礼求和的西北路招讨使粘合合打最有意思，他让人赶着那么多的马牛羊，又带着布疋、粮食，一路风尘仆仆地来到汪古部，请求成吉思汗接见他。守门的侍卫对他说道："大汗正在议事，请你稍等一会儿。"

可是，那些马牛羊却不愿等，齐声叫唤起来，很快传到了成吉思汗的会场

上，他问道："这是什么声音？"

护卫报告道："金国来了一个议和的大臣，带来好多马牛羊、布匹、谷物等，已在帐外等候多时了。"

成吉思汗听了，笑道："真新鲜！带着礼物来，这不能叫'议和'，只能说是来'求和'，那也好，只要金王答应投降称臣，我们就退兵。"便对护卫说道，"让那金国的大臣来吧！"

粘合合打便走了进来，对成吉思汗抱拳作揖，说道："我乃金国西北路招讨使粘合合打，奉皇帝之命前来议和，并赏赐马牛羊各二百。"

成吉思汗立即说道："我先问你，见了本大汗，为何不跪？"

"我乃中原大国的重臣，怎能向属国行大礼？"

成吉思汗十分生气，又问道："你带着礼物来求和，谁是属国？"

粘合合打还要争辩，两边的护卫队已走上前来，按着他跪在地上，要他叩头跪拜，他还是不肯。成吉思汗又问道："永济皇帝既然派你带着礼物来求和，就是向蒙古投降，你为何不跪拜称臣？"

粘合合打说道："我是奉命来议和，不是来求和，更不是来投降，你们若不答应，我便回去复命了。"

成吉思汗听后，答道："那永济如此糊涂，怎能当皇帝？派大臣带着礼物来议和，真是今古奇闻！看你也是个老实人，不为难你了。快回去告诉永济，他若投降称臣，我就退兵；不然，我的兵马将打到中都去！"成吉思汗不愿求和，金国只得派兵抗敌。

两天后，独吉思忠主帅、完颜承裕亲王带领全国兵马十万人，进驻抚州（今兴和县境内）。

二人一到任，便抓紧时间在边境一线修筑了乌沙堡，并派出一支军队驻守乌月营，同时又任命西京（即大同）留守绍石烈胡沙虎，负责据守西北重镇西京大同。

成吉思汗得到消息之后，立刻召集将领开会，请大家发表攻敌意见。大将木华黎提出用"围城打援"的计策，他说道："金兵主力在抚州，若是先用兵围住抚州，驻守在乌沙堡、乌月营的兵马必然来救援，这时先消灭这两支援军，然后集中兵力攻打抚州，就可一举破城了。"

此时，成吉思汗向移拉捏儿问道："驻守西北长城的糺军可会援助抚州？"

移拉捏儿立即报告："军首领伊尔古克已经答应归降，近两日，他会亲自前来拜见大汗，并请求让他的军队参战！"

成吉思汗听了，高兴地说道："这太好了！等伊尔古克来时，一定要盛情款待，不可马虎随便，这事就由你办了！"

移拉捏儿听后，连连答应，随即安排接待糺军及其首领的事情。

成吉思汗根据各方面情况，立即制定出作战方案，自己带领四万大军包围抚州，命令木华黎与博尔术各领三万人马，分别围歼乌沙堡与乌月营来的援军。

这天，正是天高气爽的中秋之日，经过近半年的厉兵秣马，蒙古军队正是人强马壮之时，成吉思汗一声令下，三支部队如离弦之箭，迅速扑向指定地点。

大军出发之前，耶律阿海领着弟弟耶律秃花自金国悄悄来投，成吉思汗非常高兴，遂让耶律秃花充任怯薛军的宿卫，并把耶律阿海留在身边，参与军机，出入战阵。

在塔塔统阿建议下，一个参谋、智囊班子成立了，他们全是各国来附的有识之士，其中有嵬名令公、移拉捏儿、耶律阿海等，由塔塔统阿担任头目，在成吉思汗直接领导下参与军机大事的商议与决策。

十天之后，大战开始。

成吉思汗领四万大军，让大将哲别为先锋，先将抚州围得水泄不通，实行围而不打的计策。

大将木华黎领三万骑兵，日夜兼程，赶到重镇乌沙堡至抚州的一个山口，命令士卒抓紧砍伐山上的树木，并运到两边崖壁上。

为了歼灭援军，木华黎组织了四千名弓箭手，埋伏在山口两边，等待敌人到来。

次日，天色微明，乌沙堡守将郭宝玉得知抚州被围，主帅平章政事要他领兵来援，便带着两万人马急急赶来。快到山口时，郭宝玉命令队伍停下，派哨探先去山口察看有无蒙古军队埋伏。那哨探走到山口，随便张望一下，便回去报告道："山口并无敌军埋伏。"

郭宝玉这才命令人马继续前进，心想："都说成吉思汗用兵善使谋略，以此看来，不过徒有虚名罢了！这山口乃乌沙堡通往抚州的要塞之处，若在此埋伏一支人马，我的队伍就万难过去。"

当郭宝玉的两万人马进入山口之后，木华黎一声令下，山口两边的蒙古军队喊杀声骤起，将崖壁上的树木推下来，带着呼呼风声，一齐砸向金兵，打得死伤一片。

郭宝玉知道中了埋伏，忙令撤军，后路又被大小树木挡住，人马一时不能通过。

等到金兵下马清道时，木华黎又命两边弓箭手一齐放箭，突然之间万箭齐发，射得金兵纷纷倒毙。郭玉玉见到自己的军队前后受阻，只得向将士们大声命令道："想活命的随我冲杀出去！"说罢，郭宝玉大刀一挥，一马冲过去，领着残余队伍想冲出山口。

木华黎在山崖上看得真切，只见金兵主将身材壮实、膂力过人，厚实的大刀在他手中，被挥舞得如车轮一般。他那大刀挥向哪里，哪里便倒下一片。由于他勇猛异常，蒙古军队已被他冲杀得纷纷后退，眼看快到山口了。

木华黎不敢怠慢，心想道："若是再让此人冲杀下去，我的伏兵计策就要毁在他的手里了！"

想到这里，木华黎取过弓箭，正要放箭时，又觉得与其射死他，不如俘获他，人才难得呀！

心意已定，遂对准他的战马头部，"嗖"的一箭射去，郭宝玉被撂在了一边。

这时候，木华黎忽然大喊一声道："杀呀！冲啊！把金兵消灭在山口里！"

一边喊着，一边带头冲下山口，蒙古的三万人马，从山崖上、树林中、草丛里、乱石缝中一齐跳出来，杀向山口，冲向惊惶万状的金兵，把他们杀得人仰马翻，哭爹喊娘。

半个时辰之后，战斗结束了，郭宝玉被俘。他带领的两万人马死伤半数以上，其余的全部当了俘房。

这时候，百里之外的西南方向，却是火光冲天，烟雾弥漫。原来，大将博尔术领着三万人马，也在攻打乌月营里援救抚州的兵马。

这乌月营位于乌沙堡的东北方向，也是金朝的边防要塞，与抚州相距一百五十余里。两地之间多为平川之地，只有一片地势起伏的丘陵地带，博尔术当机立断：用火攻！

于是，他命令士卒收集枯枝干草一类的引火之物，限令每人四十斤。之后，大军便埋伏在大道两旁的起伏地带，要求士兵挖好掩体，把自己隐蔽起来。

为了把金兵引诱到埋伏圈里，博尔术派火列来领一支骑兵到乌月营周围游弋，见到金兵就将其诱来。

火列来问道："金兵若是不来，我该怎么办？"

博尔术脸色一变，警告他道："这一仗，只许败，不许胜；虽说是佯败，要做得像真败一样，金兵才会追赶你；一旦敌人没有追赶你，说明你没有完成任务，我就要治你的罪！"

火列来领兵而去，大约在傍晚时分，乌月营中的金兵才出动。

金兵将领薛成兴，为武状元出身，曾任过都统、监军等职。他出身低微，父亲原是金国某亲王家里的佣工。但薛成兴从小苦学武功，后来居然考中一个武状元，家庭地位才渐渐显贵起来。

这次跟随平章政事独吉思忠前来抗敌，命令他领一万兵马驻防乌月营，中午接抚州来人的报告，要他火速领兵去抚州救援，便匆匆命令士卒吃过午饭出发。

谁知这些金兵多年不加训练，纪律涣散，行动迟钝，集合命令下达之后，仍在拖拖拉拉，气得薛成兴大声骂道："这哪里是军队，简直是一群乌合之众！"

队伍出发后，他心里怎么也不能平静。这些年来，军队从不训练，有的兵器都生锈了，大刀连青草都割不断，怎能去杀敌人？

225

薛成兴曾与耶律阿海一起共过事，知道蒙古军队纪律严明，将帅同心，战斗力很强。

不久前，耶律阿海投奔成吉思汗前夕，悄悄来到薛成兴住处，毫不隐晦地对他说道："蒙古与金国打仗了，金国必亡，蒙古必胜，我不愿意当金朝的殉葬品，我要去充当成吉思汗的向导！"

薛成兴听后，问道："这事为什么要对我说？不是让我为难么？"

耶律阿海笑道："你有什么为难的？朝廷上下，一片混乱，处处预示着亡国的迹象，因为我们是朋友，我才来给你一个忠告。"

"什么忠告？我一定洗耳恭听！"

"一旦有机会，就离金投蒙，可别忘了！"

说完之后，耶律阿海便匆匆离开了金国，投奔成吉思汗去了，直至现在也没有消息。

薛成兴一路想着，突然从路旁闪出一支人马，拦住去路，那将领一身蒙古人的装束，手握一柄大刀，向他大声喝道："蒙古大将火列来在此已等候多时了，金蛮子还不赶快下马投降，免得枉送了一条性命！"

薛成兴听后，先是一愣，随即镇定地说："要我投降？怕是我这把大刀未必答应呢！"

说罢，就催马前去，把手中大刀一挥说道："来吧！我看你有些什么本事。"

只见火列来在马上举起大刀劈来，薛成兴举刀迎住。

约战了十几个回合，火列来心里觉得金国这名将领刀马纯熟，武艺高强，若是真打下去，自己未必是他的对手，不如按照博尔术的指示，来个佯败而逃吧！

想到这里，火列来虚砍一刀，拍马而逃，薛成兴一见，立即哈哈大笑道："才战几个回合就逃跑了？"说罢，扭头对身后的士卒们喊道："蒙古将领已败，随我追杀呀！"

薛成兴一马当先，领着一万兵马紧紧在后面追赶，快到前面那片丘陵地带了，他突然收住缰绳，正当他举目向前察看时，火列来又勒马回头，挥舞着大刀重新杀过来，口中还说道："谅你不敢再追，待我将你活捉罢了！"

薛成兴也不搭话，又举刀迎住厮杀起来，不过，这次他故意在刀法变换上下功夫，多用些力气，使火列来更无还手的机会。只斗了七、八个回合，火列来便又拍马逃去。

薛成兴有些生气，大喝道："看你往哪里逃？"

说罢，又领着人马飞一般追上来了，不多一会儿，已完全进入那片丘陵地带，火列来等忽然不见了，薛成兴立马四处张望，正在疑虑之间，突然听到一声呐喊道："杀啊！别放跑了金兵呀！"

薛成兴心知中了埋伏，急忙对士兵喊道："现在停下来就是死，只有冲杀出去才能有活命！随我向前冲吧！"说罢，便催马向前驰去。刚跑了不远，前面忽然冒出来成千上万的人马拦住，只见那些蒙古士兵手里都举着火把，向自己步步逼来。

薛成兴忙又转回身来想从来路返回，但是来路早被截断。四面全是蒙古兵马，他们手握火把，将地上的枯草燃着，经风一吹，遍地是火了。

此时天色已黑，已分辨不清方向，战马一见大火都吓得咴咴乱叫，军队乱成一锅粥了。

薛成兴急忙向身边士卒们高声喊道："冲出去才能活命，冲啊！"

蒙古兵像一堵墙似的拦住去路，又举着火把向他们逼来，薛成兴一急之下，挥舞着大刀，杀入蒙古军中，金兵紧紧地跟在他身后，向外杀去……

博尔术站在一处高坡上，指挥着他的兵马，在火光中见这位金国将领武艺不凡，便向身边的火列来轻轻说道："快去，砍断他的马腿，活捉他！"

尽管薛成兴骁勇异常，他的大刀挥过，蒙古兵就倒下一片，但是后面的士兵又拥上来了，东砍西杀，总是冲不出包围，他身后的金兵早已为数不多。正当他又举刀砍杀时，战马"轰"的一声倒下，他也被甩了下来，蒙古士兵一哄而上……

乌沙堡、乌月营的两个战役取得了完全的胜利，金国的数万兵马大部分被歼灭，两员主将全部被俘，在抚州城下，成吉思汗召见了他们。在耶律阿海的劝说下，郭宝玉与薛成兴便一起归附了蒙古，成为成吉思汗帐下的干将。

抚州已成孤军，成吉思汗派一个金兵进城，去劝说独吉思忠与完颜承裕投降，但他们依仗城墙坚固，决心对抗到底。

耶律阿海建议道："抚州城周围多为沙土层，易于挖掘，不如运用挖沟开渠之法，直通城下，沟上可用木板盖住，金兵既不能发现，又不妨碍抬土，我们人多势众，不愁挖不通。"

成吉思汗觉得此计可行，便命令蒙古军队从四面一齐挖掘，不过两天两夜的工夫，已顺利地挖到城下。

第三天夜里，蒙古士兵从地下进入城里，对城上的守兵发起突然袭击，占领了城头，打开了城门，与金兵在城里展开了巷战。

次日，成吉思汗指挥兵马血洗了抚州城，两个守城的金军元帅独吉思忠与完颜承裕，于头天夜里逃出城去，跑回中都去了。

头一仗，成吉思汗旗开得胜，极大地鼓舞了蒙古军队，也使蒙古将领认识到堂堂的大金国的边防之固不过如此，于是坚定了胜利的信心，增强了斗志。

金国皇帝永济听到战败的消息，一怒之下，以失机战败的罪名将独吉思忠撤职问罪，又下诏书命令完颜承裕担任主帅，带领军队抵御蒙古军队。

完颜承裕乃是一个胆小庸懦之人，他见蒙古军队骁勇顽强，势如狂风袭来，便不敢正面抗击，节节后退，以求保全性命。

完颜承裕手下有两员大将，一叫巴古失，另一叫桑臣，全是足智多谋之人，他们建议道："野狐岭乃西北的要塞，暂把兵马屯驻那里，凭险而守，先阻止蒙古军队继续深入，然后再寻找机会击败成吉思汗。"

完颜承裕便听取他们的建议，把四十万金兵驻扎在野狐岭，终日闭关不出，无论蒙军在关外怎么挑战，金兵就是置之不理，急得蒙古将士无计可施。

成吉思汗无奈，便召集智囊团开会，要大家献计献策，移拉捏儿建议说："大汗可在被俘的金兵中，挑选出二三十狡黠能言之人，许以重赏，放他们回到金都去，教他们四处散布……金王必然令完颜承裕开关迎战，然后凭借蒙古骑兵的优势，则可一举击溃金兵，野狐岭何愁不破？"

成吉思汗一听，立即心领神会，赞许道："此计甚妙，不知派谁去挑选金兵最为合适呢？"

移拉捏儿又说道："让郭宝玉去最好。"

不久，那三十名金兵扮成在乌沙堡战役中幸存下来的人，在中都扬言道："蒙古军太强大，守野狐岭的完颜元帅准备投降成吉思汗了，不久蒙古军队就要来攻中都了！"

这消息很快在中都城里传扬开了，不过两天的工夫，皇帝永济便听到了，急急忙忙下诏道："完颜承裕抗敌不力，有负皇恩，宣撤职查办，现遣招讨使完颜建纠任主帅，鄂诺里纳任监军，速去野狐岭开关迎战，击溃蒙古军，方能扬我国威……"

皇帝的一纸诏书送到野狐岭，完颜承裕立即把兵权交给完颜建纠，心惊胆战地回中都等待"查办"去了。

这新上任的主帅完颜建纠马上命令开关迎战，大将巴古失急忙劝阻道："蒙古军士气正旺，不如再等一段时间，等其锐气受挫时，再出兵也不迟！"

完颜建纠两眼一瞪说道："我奉金王之命前来退敌，你却要我等待，难道要我像完颜承裕一样回中都等待皇上查办吗？"

巴古失不敢再说，另一个大将桑臣又说："古人兵法上说：避敌锐气，击其惰气。当前，成吉思汗的队伍……"

完颜建纠打断他的话，生气地说道："你别说了，听了我就来气！皇上派我退敌，我不出战，怎么退敌？"

于是，完颜建纠立即召开全体将领开会，说道："我们野狐岭有骑兵二十万，步兵二十万，这四十万大军，难道害怕蒙古的十万军队么？胆子太小了吧。这次我一定要大开关门，与成吉思汗决一死战！请各位将领振作起来，争取

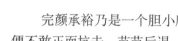

一举击溃蒙古军队！"

当日会后，完颜建纠让巴古失以特使身份，去蒙古军营会见成吉思汗，劝其退兵，否则来日开关交战。

谁知这巴古失到了蒙古军营，见了成吉思汗以后却说道："我请求投降蒙古，愿为大汗效力！"

成吉思汗十分高兴，又向他问道："你们的皇帝永济为什么连续临阵易帅？"

巴古失回答道："这些天来，中都城里到处传扬完颜承裕要投降蒙古了，皇上听说了这消息便要查办他，另派完颜建纠到野狐岭来了。"

成吉思汗听后，又问："听说这个完颜建纠一到任，就要出兵与我交战，是真的如此吗？"

巴古失一边点头，一边把金军内部的虚实情形一一详细报告，使成吉思汗十分高兴，他看着移拉捏儿，夸奖他说："你这离间计，一箭双雕，果然高明！"

一句话说得大家哄堂大笑起来，巴古失这才知道中都城里的消息来自蒙古军营，说道："我有一计，愿向大汗报告。"

成吉思汗立刻笑道："好呀，这里没有外人，请不妨明说。"

巴古失便说道："大汗的骑兵擅长野战，明天完颜建纠必然出关交战，让我领一支人马把他诱至埋伏处，便可围而歼之，野狐岭必将一战而捷了。"

成吉思汗听后，对木华黎说道："明天这一仗仍由你指挥，也让他到你帐下去吧！"

于是蒙古君臣上下一心，计议已定，到了第二天，木华黎早早起来，吃罢早饭，便带着蒙古骑兵，埋伏在野狐岭关外的一个山沟里，然后派巴古失领一千骑兵前去挑战。

野狐岭关上的守兵忙向完颜建纠报告："我国的大将巴古失已投降蒙古了，他正领兵在关外挑战呢！"

完颜建纠一听，气得乱蹦乱跳道："这还了得！我派他去劝成吉思汗退兵，他竟然投降了，现在又来挑战，真是狗胆包天！这等不义之人，不杀他难泄我心头之恨！"

他立即大声喝道："全体将领随我出关应战，一定要活捉巴古失，不杀此人，我决不回来！"

于是，四十万大军一齐出关，骑兵在左，步兵在右，浩浩荡荡开出了野狐岭。

这时候，巴古失领着蒙古骑兵也来到阵前，完颜建纠一见，恨不能上前一口咬死他，便把手中大刀一举，大喝一声道："巴古失，你这金国的叛贼，老子砍死你才能解心头之恨！"

说罢，一马冲向前来，对准巴古失的人头一刀砍下。只见巴古失并不生气，反而笑嘻嘻地举刀迎上去，挖苦地说道："金朝该亡了，谁像你这个愣头青，还死抱住僵尸不放，去充当它的殉葬品呢！"

完颜建纠听了，气上加气，嘴里不停地骂骂咧咧，手中的大刀连续又砍又劈，恨不得一刀把他杀死。

巴古失见他气鼓鼓的样子更觉好笑，本想再讽刺他一番，但一想到诱敌之计，巴古失不紧不慢地说道："你的刀功厉害，我斗不过你，走了！"

完颜建纠见他逃走，急忙拍马追来，大声骂道："你这混账的叛贼，老子非活捉你不可！"

巴古失见他追来，心中暗喜，一边打马快跑，一边回头挑逗道："你猴子不知脸瘦！想追上我比登天还难！"

两人一前一后地向关外奔驰而去，金军中的鄂诺里纳监军也急忙把令旗一挥，领着大队人马向巴古失的那一千骑兵冲杀过来。

谁知蒙古骑兵行动敏捷，未等金军近前便飞速向关外跑去，鄂诺里纳随后便追。

完颜建纠眼看就要追上巴古失了，转过一个山坡，却不见他人马的影子，正立马四下张望时，监军鄂诺里纳也领着人马追来了，二人正要说话，忽听有人笑道："你们两个蠢猪，已经死到临头了，还不快快下马投降。"

两人抬头看是巴古失，立刻大怒，便拍马追过去，一齐举刀向他砍去。

巴古失仍然笑嘻嘻地说道："我才不跟你们快要死的人交手呢！"

说完拍马扬长而去，直气得完颜建纠哇哇乱叫，也拍马随后就追，鄂诺里纳忙向他提醒道："别追了，免得中了蒙古的埋伏！"

猛然间，从周围的山坡上，大石头后面，冲出来手执兵器的蒙古士兵。北边林子里忽啦啦一阵响，手举大刀的蒙古骑兵冲了出来，冲向金朝的军队。

完颜建纠一见，心想，我这四十万大军怕他什么？难道四个打一个，还不能取胜么？他见鄂诺里纳正在发愣，便大声说道："别担心，我们人多势众，跟他们拼！"

二人正要指挥骑兵、步兵拼杀，又见大将桑臣走过来对他们说道："在平地作战，我们军队不如蒙古，还是把队伍撤回关里去吧！"

一听他这么说，完颜建纠正是气不打一处来，立刻两眼一瞪，对他吼道："你真是一个怕死鬼！要撤，你一个人回去！我正想利用这机会，把十万蒙古军队一举歼灭，活捉成吉思汗呢！"

说完，头也不回地指挥兵马去了，监军鄂诺里纳见桑臣被骂得两颊飞红，忙上前解释道："你也是，不该再说那泄气的话了！到这地步，不打不拼能行么？"

桑臣又说道："我是为大金国着想呀！这四十万大军可是全国的主力，若是凭借野狐岭固守，成吉思汗再有本事也万难进关。"

一代天骄：成吉思汗

鄂诺里纳忙拦住劝道："别再讲这样的话了。"

金国的军队被冲得七零八落，那些蒙古的铁骑左砍右劈，顿时杀得金兵尸横遍野，血流成河。

完颜建纠再想指挥他的兵马还击已经不可能了，那些胆战心惊的金兵队不成列，四散奔逃，只顾逃命去了，哪还有一点反抗的能力！

监军鄂诺里纳惊惶万状地找到完颜建纠，指着溃乱不堪的队伍，大声说道："撤吧，快撤到关内去吧！否则——"一句话还未说完，只听"呼"地一声，一个蒙古骑兵冲过来，一刀砍掉他的脑袋，尸体倒挂在马鞍子上。

完颜建纠不忍再看，急忙向周围的金兵大声命令道："快撤，快撤回关内去！"

他自己拍马驰去，后面的残余兵马紧紧地尾随着，匆匆赶到野狐岭的关前，只见关门紧闭，忙命士卒喊关上守兵开门。

不料，关上一员将领哈哈大笑道："蒙古大将火列来已等你多时，完颜建纠还不快快下马投降，否则我就一箭射死你！"

完颜建纠一听，一时又急又气，两眼一黑，差一点摔下马来，只得急转马头，往南逃去。此时，四十万人马剩下不到二十万了。

原来，在完颜建纠带领金兵出关被蒙古军队包围时，木华黎已命令火列来领五千精兵突袭野狐岭。由于关上守军人数太少，终因寡不敌众，被火列来攻进关去。

金军失去了野狐岭之后，完颜建纠不得不领着溃不成军的残余兵马，一路逃到会河堡。

木华黎、博尔术以及术赤四兄弟，在后面穷追不舍，在这广阔的华北平原上，正是蒙古骑兵发挥野战特长的好时机。

年轻勇猛的术赤策马横刀，大声叫喊着冲入金军之中，杀伤金兵无数；成吉思汗的少子拖雷也领着一支人马，突入敌阵，在金兵溃退的队伍中往来驰逐，只杀得尸横遍野，惨不忍睹。

孤立无援的会河堡，在蒙古骑兵的铁蹄下被夷为平地，从中都带出来的四十万金军人马，一败于乌沙堡和乌月营，二败于抚州，三败于野狐岭，最后又败于会河堡。

如今只剩下一些残兵败卒，已无法指挥，完颜建纠只得一个人逃进宣德城，再从宣德城逃回中都，被皇帝永济大骂一顿，将他免职查办。

同年九月，成吉思汗指挥大军攻占宣德之后，直达居庸关北口（今北京八达岭）。此时，先锋大将哲别见金兵守关甚严，关隘险峻难攻，遂灵机一动，采用调虎离山之计。他先是指挥人马猛攻关门，死伤了不少士卒，接着佯装撤兵，领着军队往回走。关上的金兵守将石抹明安见了，以为蒙古军队败走了，急忙整顿兵马，开关跟踪追击。

哲别见金兵已被调出关来，心中不禁大喜，突然向自己的兵马命令道："金兵已出关，是我们蒙古骑兵大显身手的时刻到了！大家要振奋精神，回去歼灭他们！"说完，哲别返身回马，领着他的骑兵突然冲入金兵之中，经过一个多时辰的拼杀，石抹明安的人马全部被杀，他只身逃到鸡鸣山嘴，被哲别俘获。

于是，大将哲别顺利地攻进关去，成吉思汗的大队人马也随之进关，驻跸于昌平西二十余里的龙虎台，距离金朝都城——中都，已是近在咫尺了。面对着高大的城墙、坚垒和深池，特别是中都那屹立着的宫殿和城楼，成吉思汗深深地叹息着，感到一筹莫展。

大将哲别向成吉思汗报告道："大汗，我们已兵临中都城下，怎能不攻呢？还是让我领一支人马去攻打吧！"

成吉思汗看看自己的爱将，嘱咐道："也好，你去攻一下，试试看，不过，千万要小心谨慎，别被城上的大炮击中！"

哲别答应一声，带领五千步兵来到中都的北门外，未等他下达攻城的命令，城上的大炮已经连续轰击，士卒死伤甚多，只得撤退。

成吉思汗眼看攻下中都的希望渺茫，便立即下令：兵分两路，对中都周围的平原地区继续作战，掳掠人畜、马匹和财物。

第一路由成吉思汗及少子拖雷等带领人马相继攻占了昌州、桓州等地；第二路由术赤、察合台、窝阔台等率领军队，在汪古部首领阿剌兀思惕吉忽里的引导下，包抄金军的后路，迅速攻下金国的净、丰、云内、东胜、武、朔等州县。

蒙古军队所到之处，村庄腾起浓烟，屋舍化为灰烬，迅如疾风的骑兵在庄稼地里纵横驰骋，美丽的果园一片狼藉……

至此，成吉思汗第一次攻打金国的战争宣告结束。这一次可谓战果累累，不仅掠取了大批财物，而且从金国各地抢走了战马几百万匹，使金国重建骑兵队伍的可能化为泡影。

金国在这一次战争中损失了近五十万兵力，众多的将领降附了蒙古，变成了成吉思汗的智囊与干将。金国朝廷上下一片惊恐。

担任西京留守的胡沙虎向皇上建议道："这次蒙古攻我大金前后，契丹人主动投降成吉思汗的很多，有的当了蒙古军队的带兵将领，有的成为成吉思汗的谋士，不能不注意这些契丹人啊！"

永济皇帝说道："是啊，这是个大问题，国内的契丹人各地都有，有什么对付他们的办法呢？"

胡沙虎立即献计说："为了防止这些契丹人作乱，可以命令每户契丹人由两户女真人夹居，这样可以监视他们平日的行动，一旦有事，朝廷马上就能知道，还可以防其变，逼其就范。"

永济皇帝本是无能之人，对胡沙虎的意见既不详察，也不加分析，更没有与其他大臣们商量，便立即下令去办了。

对于这个带有侮辱性的命令，契丹人再也接受不了，住在辽东的隆安、韩州等地的契丹人，纷纷举起反金的旗帜，拥护一个名叫耶律留哥的契丹人当首领，起兵造了金国的反。

耶律留哥本是契丹亲王，他是辽国灭亡以后留在金国的少数几个亲王之一，为人慷慨好义，乐于助人，深得契丹遗民的尊敬。

金国皇帝为了笼络耶律留哥，封给他一个千户的地方小官，全家住在咸平（今辽东开原）的近郊，日子倒也过得安闲。

永济皇帝颁发的那项"每户契丹人由两户女真人夹居"的号令，把契丹人推到自己的对立面去了。耶律留哥认为起义的最好时机来了，便在隆安——契丹人聚居的县城，宣布与金国决裂，高举义旗，起兵反抗金国的统治。

消息传扬开以后，韩城等地，在很短时间里，不堪忍受金人欺侮压榨的人们便纷纷参加起义，队伍很快发展到十多万人。

耶律留哥派人与成吉思汗联系，表示了归降蒙古的意愿。此时，金国朝廷本来对他起兵反金已经十分恼火，又听说他与蒙古联盟，投靠了成吉思汗，更加愤恨，于1213年5月，派大将胡沙虎带领二十万大军前往镇压。

为了支持耶律留哥的起义队伍，帮助他打击金军派去镇压契丹人的胡沙虎军队，成吉思汗派遣部将李都欢、阿鲁都罕率领五千人马，从侧翼袭击胡沙虎的队伍，以配合耶律留哥抗金。

趁此机会，成吉思汗又开始了第二次伐金。

这次仍然是分兵两路，行军路线也大体上与第一次伐金时相同，但是，两路军队的主帅却换了。

成吉思汗亲自统帅西路军，向西京扑去（今山西大同），东路军由哲别率领，直指辽东，主要目标是攻取金朝的东京（今辽宁省的辽阳）。

出兵之前，成吉思汗召开将领及其智囊团开会。谋士们对出兵路线有两种意见，一派认为集中兵力围困金朝的都城中都，然后进行强攻，决心把中都攻下来。

另一派人认为，先留下中都不围，也不打，而是攻其两翼，以分散消耗其全国的兵力，为以后进攻中都创造有利条件。

成吉思汗采用了第二种意见，他说道："现在还不是灭亡金国的时候。"

因为他从第一次攻金战争中，已经得到了一条经验，不必去占领金国的城市和土地，只需大量地掠取财物和人口，把这个中原大国一次次掏空，直至无力抵抗，只有束手就擒。

成吉思汗亲率西路军，越过阴山山脉，一路打去，再次攻进桓、昌、抚各州

县，再次包围西京。

长子术赤两次请求攻城，均遭其父的训斥，成吉思汗当着众将的面教育他说道："用兵打仗，要靠谋略，不能仗着血气之勇，去硬拼兵力。"

说完之后，成吉思汗只留一部分兵力围城，仍然是围而不打，却把主力埋伏于西京东北方向的一座被称为密谷山的山林中。果然，在西京被蒙古军队包围之后，金国元帅左都监奥屯襄带领两万人马前来援助西京，恰好经过密谷山口。

成吉思汗一声令下，他的四万骑兵如天兵天将一般自山林中冲出来，把奥屯襄的两万人马团团围住，经过不到一个时辰的拼杀，将这支援军歼灭，仅奥屯襄带领数十人逃出，回到中都去了。

在将领们纷纷提出攻城的请求之后，成吉思汗才开始命令军队攻城。可是面对高大而坚固的城墙，军中缺乏攻城的器械，城中守军抵抗顽强，尽管蒙古军队英勇战斗，却收不到良好的效果。成吉思汗在城下督战反被流矢射中左臂，不得不下令撤围。

蒙古的广大将士逐渐明白，他们的铁骑只是善于在野战中歼灭敌人，攻坚破城需要用大炮，或者是用计谋，否则，只能望城兴叹。

大将哲别攻打东京时，觉得城墙比西京更加坚固，不得不佯装"败逃"五百里之外。

东京城里的守将夫察罕以为蒙古人真的败逃而去，便派人去中都报捷，皇上自然欣喜万分。因为西京的守将抹然尽忠，被赏赐进官三阶。

为了鼓励东京的守城将士，永济皇帝派一名传诏使到东京去，并带去大量的犒赏将士的财物与食品。蒙古的侦探得知这一消息之后，立即报告，哲别亲自带领一支人马，埋伏在那传诏使必经的道路上，轻而易举地俘获了他。

当夜，哲别又把人马领到东京城外埋伏起来，第二天让蒙古士兵巧装成传诏使，来到城下诈传朝廷有旨。城上的守将夫察罕信以为真，便命令开门迎接使者入城。

哲别急忙领着兵马，紧随在那"传诏使"的身后冲进城去，夫察罕还未清醒时，他的人头已被蒙古人砍下来了。东京城里十万金兵被俘，哲别取得攻城的巨大胜利。

在这之后，哲别又让队伍在东京周围大肆掳掠财物，并把东京城交给了耶律留哥，成为这位新"辽王"的治所。

哲别在回师途中，遇到了金国将领胡沙虎的残余人马。胡沙虎原本奉金王之命，领兵去镇压契丹耶律留哥的起义队伍，中途遭到成吉思汗派来的李都欢、阿鲁都罕的袭击，等到胡沙虎的军队赶到咸平时，人马已损失一半了。

耶律留哥乘胡沙虎立脚未稳，以逸待劳，立即打开咸平城门，领着他的起义队伍呐喊着冲向金兵。

由于一路行军劳累，又曾遭遇过蒙古军队的打击，所以面对起义的契丹人，金兵顿时被杀得溃乱不堪，四散逃命去了。胡沙虎的队伍一路连遭打击，早已失去战斗能力。只得把无数的辎重丢弃给了蒙古军队和耶律留哥，胡沙虎只带几个随从逃回中都去了。

成吉思汗的第二次伐金，虽然身受箭伤而归，但仍然大有收获，不仅掠得了大量财物，还消灭了金军的有生力量，特别是哲别的东路军夺取东京对伐金战争有着十分重大的意义。

辽东乃女真民族的发祥地，历代的金国皇帝都十分重视这个大后方的安宁稳固。这次东京被哲别轻易夺取，对金国朝廷上下震动很大，尤其是耶律留哥起义，辽东大地上的契丹遗民群起响应，他们脱离金国，归附了蒙古，成为一支不可忽视的力量。

耶律留哥在蒙古的支持下，于1213年3月称王，定国号为"辽"，意在以灭亡了的辽朝为号召，史称"东辽"，定都城于咸平（今辽宁开原县北老城镇）。

为了表示对成吉思汗的感激，耶律留哥带着儿子耶律薛阇，还有九十车的礼物，赶往蒙古，去拜会成吉思汗。

当时，在众多的拜会者中，成吉思汗将耶律留哥父子安排在第一个接见，可见对其重视程度。

在接见过程中，成吉思汗与这位东辽王谈得十分投机，并破例下令，把耶律留哥贡献来的礼物，陈列于汗廷前的白毡之上，展示七日后，方收入仓库。

成吉思汗又赐给耶律留哥金虎符，仍然委任他为辽王，两人关系更加亲密。

不久，咸平传来消息说："耶律斯不杀死军师耶律行玉，自称辽王。"

耶律留哥立即辞行，成吉思汗派吉剌齐领三千人马前往咸平帮助平叛，并说道："这支队伍就留在你那里，归你指挥了。"

耶律留哥千恩万谢地告别了成吉思汗，领着那三千人马，星夜赶往咸平去。

原来耶律留哥的弟弟耶律斯不郡王与军师耶律行玉为争一个女人，闹得相互反目成仇。

这女人名叫宇立齐，原是咸平留守阿古台的小妾。阿古台死后，麻庚友把她弄到手里。耶律留哥起义后，杀了麻庚友，将她赏给了军师耶律行玉。

可是，其弟耶律斯不早就垂涎宇立齐的美貌，心里怀着嫉妒，总想找军师耶律行玉寻衅。

耶律留哥称王后，为了加强防卫力量，便让军师耶律行玉与弟弟耶律斯不一起组建军队，训练兵马，准备与金国的军队相对抗。

谁知遇事意见不合，两人多次闹到耶律留哥那里，辽王无奈，索性把他们分开，让耶律行玉负责步兵训练，其弟耶律斯不负责骑兵的训练。

这次耶律留哥到蒙古拜见成吉思汗，让军师耶律行玉在国都主持一切事务，使耶律斯不更加不满，把一肚子的怒气全发到军师耶律行玉身上。

经过周密策划，郡王耶律斯不在一天深夜，派兵包围了军师耶律行玉的处所，借口他想谋反，将其绑缚。正要杀他之时，辽王的皇后姚里斯突然赶来，劝阻郡王耶律斯不道："请问郡王，你说耶律行玉要谋反，可有证据？"

耶律斯不被问得张口结舌，只得说道："证据是有的，等王兄回来时我一定交给他！"

姚里斯对他说："那也请你暂时不要杀军师吧！即使论罪该杀，等辽王回来后再杀也不迟。"

郡王不高兴地说："什么时候杀他我说了算！"

这辽王的皇后姚里斯也是一个有头脑、有见识的女人，她立刻说道："郡王这么说，不太合适吧？没有确凿的证据，就把一个大臣杀了，何况辽王又不在国内，这怎么行呢？"

可是，耶律斯不郡王根本不把皇后姚里斯的话当一回事，蛮横地说道："这国家大事，你们女人不要过问。"

说完，便向他的亲信们命令道："把阴谋叛乱的耶律行玉拉出去处死！"

皇后姚里斯气得无法，便上前拦住行刑人员，想阻止他们的行动，不料耶律斯不却说道："把这个女人也捆绑起来！"

杀死耶律行玉之后，耶律斯不派兵包围了辽王耶律留哥的宫室，把耶律留哥的儿子、女儿和皇后姚里斯关在一起，然后自称辽王。

耶律斯不把支持耶律留哥的人全都杀死，连成吉思汗派来援助新辽国的将士，他也不信任，竟被他杀死三百多人，整个起义队伍被弄得分崩离析，一片混乱。

耶律留哥回到咸平之后，其弟耶律斯不早领着一队人马逃走了，他让蒙古将领吉刺齐领兵前去追赶。此时，耶律斯不的叛乱队伍发生内讧，在逃跑中耶律斯不被其部下乞奴杀死，金山又杀死乞奴，最后罕舍又杀死金山，这样地杀来杀去，这支契丹人的叛乱队伍最终回到耶律留哥的帐下，叛乱总算平息了。

后来，吉刺齐领着人马，帮助辽王耶律留哥逐步统一了辽东，把金国的势力赶出了辽东。自此，辽王与蒙古的关系日益密切。

两年后，辽王耶律留哥病死，皇后姚里斯亲自主政，自己统领军队，显示出非凡的才能。

为了继续与蒙古保持良好的关系，皇后姚里斯携带着两个儿子与几个孙子，长途跋涉，前去拜见成吉思汗。

两人见面后，成吉思汗赞扬她说："健壮的鹰也飞不到的地方，你一位妇女竟能到此！你真了不起，确是一位巾帼英雄。"当即摆下丰盛的酒宴来款待她，

一代天骄：成吉思汗

两人谈笑风生，推杯换盏，气氛热烈而又融洽。

皇后姚里斯说道："我是一个女流之辈，怎能长久地主政呢？我们的长子早被阿古台害死了，次子耶律薛来到大汗帐下几年了，我想让他回去继承辽国的王位，不知大汗以为如何？"

成吉思汗听了，立即动了怜才不舍之意，看着姚里斯说道："耶律薛在这里数年，已经成为一个名副其实的蒙古人了！他在战场上数次立功，我的长子术赤在一次战争中被敌人包围时，幸亏他率领军队及时赶来救援，身负流矢而不退，论其功绩，已成为我军中的一名勇士！依我看，你那辽王的王位让三子耶律善哥继承吧！"

皇后姚里斯又说道："大汗的心情我了解，只是耶律薛是辽王前妻之子，是嫡长子，而耶律善哥为我所生，如果立他为王，不是显出我有私心吗？说不定国人会有议论的，又是违背旧例，不合天道吧！"

听了这些话，成吉思汗深感她说得有理，不由得肃然起敬，忙说道："好吧，你真是一位识大体、顾大局的贤妻良母，也是一个很有政治头脑的女杰呀！"

皇后姚里斯又问道："大汗的夸赞使我感受到无上的荣幸，让耶律薛回辽国去继承王位一事，你答应了么？"成吉思汗立即笑道："答应了，答应了！"

姚里斯立刻站起来，举起酒杯，说道："感谢大汗的理解与支持，让我为大汗的龙体健康、长寿，干杯！"说完，她离开座位，来到成吉思汗面前，与他碰了杯，然后一饮而尽。

这时，成吉思汗忽然闻到她身上有一股异香，不觉心底涌起一股情潮，想扑过去一把搂住这个半老的皇后，好好地闻一闻。但是，他控制住自己那奔放的激情，灵机一动，对那边的护卫们说道："皇后如此海量，又是豪饮之人，不用大杯，岂不是太不恭敬了么？"话刚落音，两个如碗一样的玉杯里，倒满香醇诱人的美酒，被端了上来，成吉思汗伸手接过去一杯。

姚里斯稍微迟疑了一下，说道："恭敬不如从命，我只能舍命陪君子了！"说完，她接过酒杯，二人相视一笑，连续碰了三大杯，成吉思汗打着趔趄，回到自己的座位上。

平日，成吉思汗很少饮酒。今天，遇到这么一位巾帼女杰，他心中特别高兴，又见此女虽是中年半老，且已寡居数年，依然风姿绰约，端庄娇艳，实在是罕见的世间尤物！

这时，姚里斯皇后早已醉得沉沉大睡了。于是，成吉思汗向护卫队点一下头，说道："快把皇后抬到帐后床上去！"

等人们走了之后，他来到后帐，见姚里斯仰面躺在床上，正想扑过去与她亲热之时，忽见她身子向上一跃，竟从床上弹了起来，双手勾住成吉思汗的脖子，轻声地说："天下的男人都好色！连你这个大汗也不例外，难道你那斡儿朵里的

237

女人还少么？为什么对我这个……"

成吉思汗顺手搂着她的细腰，说道："天下好色的男人不少，但是，好色不淫的男人也不多！"说着，他抚摸着她的润滑的皮肤问道："你孀居这些年了，为何还能保持这么端庄美丽的容貌？"

姚里斯听了，笑而不答，过一会儿才说："这……这就是为了等着这一天呀。"

成吉思汗听她这样说，便立即哈哈大笑起来，忽然又向她问道："难道你没有喝醉？"

"为了与你过这难得的良宵，我怎能喝醉？"

说完，姚里斯主动替成吉思汗宽衣解带，二人……

在成吉思汗一再挽留下，这位辽王的前皇后姚里斯连续过了半个多月，才恋恋不舍地告别了成吉思汗，带着新立的辽王耶律薛阇，以及赠给她的良马四十匹、白金九键、美女九人，回辽东去了。

在成吉思汗两次旋风般地征讨打击之后，金国女真统治者内外交困，处于一片混乱状态，大批契丹、汉族出身的将领弃金降蒙，军队分崩离析。

辽东的契丹人起义，拥立耶律留哥建立了辽国，与蒙古结盟，共同打败金国朝廷派去镇压的军队。

这个新崛起的契丹势力，占据着女真族早年的发祥地，依靠蒙古人的支持，处处与金朝作对，大大牵制了金朝的兵力。

正是祸不单行，这几年金人统治地区又连续发生天灾，河北、山东等地的汉族人民又不堪忍受女真族的压迫，纷纷效法契丹人耶律留哥造反。他们杀死地方女真官吏，或聚众山林，或占据城镇，其中比较著名的是杨安儿、李全领导的"红袄军"。他们赶走女真官吏，攻占了山东的许多州县，影响甚大。

在这同时，当年的盟国西夏也趁火打劫，他们配合成吉思汗的征讨，多次进攻金国的边境，消耗与牵制了金军的有生力量。

元帅胡沙虎借卫绍王永济游猎之际，刺王杀驾于军营中，自己则摇身变作了"受命大臣"挟持朝政。但是满朝文武都不服此人管辖，隐隐间竟有清君侧之意。胡沙虎恐犯众怒，于是在1213年9月，迎立皇帝永济的侄子完颜珣继承帝位，这就是金宣帝。

金宣帝接位以后，面对内外交困的局面，仍然束手无策。他慑于胡沙虎的权势，只得事事依附于他，并封他为太师、尚书令、都元帅、监修国史，封泽王、授中都路和鲁忽土世袭猛安等官衔近十余个。对胡沙虎弟弟、儿子、政变党朋也都分别加官晋爵，使得胡沙虎在朝中位极人臣，权倾朝野。

这段时间，金国成为自完颜阿骨打建立金朝以来，政治上最黑暗、最腐败的一个时期，这就为成吉思汗的第三次攻金提供了良好的条件。

# 【第十一回】

## 居庸关关下酿血海，中都城城外列兵山

　　金朝宫廷政变的消息，很快传到蒙古，聪慧睿智的成吉思汗当机立断，抓住金国内部混乱的良机，于1213年的秋天又亲自率领十万大军，对金国发动第三次进攻。

　　出征之前，成吉思汗在全军将领参加的大会上宣布这次攻金的主要任务，他说道："这第三次攻金，仍然沿用我们草原牧民掳掠作战的方式，不重一城一地的得失，而以劫杀反抗者、掠夺财物为主要目的。"

　　接着，成吉思汗又重申了军队的纪律，他严肃地指出：纪律是完成任务的绝对保证。军队没有纪律，如同人没有骨头一样。因此，军中人人都要遵守纪律，谁违反了都不行，轻者受责打，重者砍头，绝不姑息。

　　最后，成吉思汗说道："'夫天时者，兵之助也。'这是汉人兵法家说的一句良言。我们要抓住金国政变后一片混乱的这个'天时'，发挥我们草原骑兵'来如疾风，去如闪电'的特点，去夺取这次攻金的全面、巨大的胜利！"成吉思汗说完，就命令大军出发。

　　由于金国的北部边防无兵守卫，蒙古骑兵进入金朝国内如入无人之境，长驱直下，顺利地洗劫了宣德、德兴等州城，并迅速进军至中都附近的怀来（今河北省怀来县）。

　　这时，金宣宗的太师胡沙虎才派出金军统帅术虎高琪前来迎敌，准备与蒙古军决战。

　　趁金军动作迟缓，立阵未稳之时，成吉思汗已命令他的铁骑冲杀过来，很快把术虎高琪的十万人马杀得七零八落，溃不成军。术虎高琪见此，急忙退入居庸关内，准备凭关据守，与蒙古军对抗。

　　术虎高琪手下有一员将领，名叫斯提忽来，此人足智多谋，头脑特灵活，面对骁勇善战的蒙古骑兵，他向统帅术虎高琪建议道："我以为，凭借险峻的居庸关抗敌还显不够，不如派工匠把铁熔化，封固关门，让这天险的居庸关，变成真

正的铁关，蒙古骑兵冲得再厉害，也只能望关兴叹了。"

术虎高琪一听，兴奋地说道："好啊，真是将铁熔化封固关门，这居庸关就可更名叫'铁门关'了，再也不怕蒙古骑兵的横冲直撞了。"

之后，术虎高琪就派斯提忽来指挥工匠熔铁封门，将士们兴奋得很，都说道："这下子可好了，有了铁门关，再不怕蒙古骑兵打来了！"

这斯提忽来聪明伶俐，遇事好用计谋。

有一次与宋朝的军队作战，术虎高琪带着一百多个骑兵去追赶三个宋兵，一直追了几十里地才追上。他们射死了两个，又把第三个活捉了，正准备回营，远远望见有几千名宋朝的军队赶了上来。

术虎高琪吃惊不小，正要领兵逃跑，斯提忽来立即劝阻道："千万跑不得！我们离开大营几十里地，如果往回跑，宋兵追上来，我们就全完了。不如干脆停下来，宋兵也不知虚实，还以为我们是来引诱他们的，一定不敢来攻击我们。"

术虎高琪接受了他的建议，按照斯提忽来的意见，把队伍停下来，还让士卒一齐下了马，又把马鞍子全卸下来，就地休息。

士卒们又怕又急，忙说道："宋兵这么多，又这么近，要是他们知道我们的底细，打过来，我们一个也逃不走！"

斯提忽来却说道："最危险的地方最安全。我们这么做，使宋兵相信我们是被派来诱骗他们的，宋兵就更不敢来打我们了。"

半个时辰以后，果然不出斯提忽来所料，宋兵不声不响地撤走了。

从这以后，斯提忽来的名声逐渐大起来，被术虎高琪提拔为副将，两人结下很深的情谊。

这次领兵与成吉思汗对敌，斯提忽来建议术虎高琪要慎用兵，不要与蒙古骑兵野战。但由于他立功心切，改变了斯提忽来的防守部署，被成吉思汗抓住立阵未稳、调整不及的机会，打了一个措手不及。

斯提忽来急忙命令撤退，才避免了全军被歼的命运。但由于蒙古骑兵的乘机掩杀，还是损伤了十几万人。

在他提出严守居庸关、铸铁为门之后，又针对蒙古骑兵的特点，建议在关外布设铁蒺藜一百余里，用来专门迟滞、伤害蒙古骑兵，使之无法靠近关门。

这铁蒺藜，又名三爪锥，把它扔到地上，总有一个铁锥朝上，一旦骑兵马蹄踩上去，便会一头栽下，再也不能走了。

术虎高琪领着全军将士，在居庸关上看着铁门，又指着关外的百里之内布设的铁蒺藜，兴奋地对大家说道："让成吉思汗的骑兵来罢，来尝尝我们为他的骑兵准备的铁点心！"

将士们听后都开心地笑了，有的说道："我们有了这座铁门关，加上关外遍

布的铁蒺藜，再也不怕蒙古的骑兵了。"

斯提忽来却提醒道："大家不可粗心大意，成吉思汗用兵如神，往往出奇制胜，不可不防啊！"

可是，术虎高琪不以为然地说道："你也别把成吉思汗估计得过高，不能只长敌人的志气，灭自己的威风，这次我们一定要在关下消灭他！"

将士们一齐说道："对！我们在关下击溃蒙古骑兵之后，就可以跟踪追击，一直打到蒙古去了。"

斯提忽来见众人头脑发热，也就不再争辩，只是在心里考虑着一个问题："成吉思汗攻关受阻，一定会另寻攻关道路，但是，他会从哪里进攻呢？"

斯提忽来陷入深深的思索之中……

成吉思汗从侦探口中得知居庸关的防御情况，特别是了解增强抵抗能力的加固措施之后，立即有针对性地召开军事会议，让将领们对攻打居庸关提出稳妥方案。

契丹人移拉捏儿首先说道："这居庸关位于怀来西南部，又名南口峡谷，是一个荒凉阴森的山峡谷地，长有二十二里。两边是峭拔突兀的山崖，那里修筑有一整套防御工事。金人设重兵固守这一天险，目的是阻止我们从这里进攻中都。

"据我所知，大汗用兵善于避实就虚、避强打弱，关上防守加固，可以不从正面攻关，采用迂回战术亦可，请大汗定夺。"

成吉思汗听后，笑道："知我用兵者，移拉捏儿也！"

木华黎说道："其实，我们这些将领都在学习大汗的用兵之法，在实战中向大汗学习哩！"

此时，成吉思汗帐前一直负责侦探情报的札八儿，对攻关提出了自己的看法，他说："对居庸关周围地形、地势的特点，我了解得很清楚，既然正面不好攻关，不如绕道西南方向。偷越五回岭、突袭紫荆关，进入中原以后，再从西南方向夹击，何愁不破。"

博尔术接着说道："留少量兵力，虚张声势作攻关姿态，然后再领兵绕道西南方向，这是万全之策！"

札八儿又说道："大汗若是批准这个迂回攻关的方案，我还可为绕道的队伍提供一个好向导哩！"

成吉思汗听到这里，高兴地说道："太好了！就这么办吧，明天出发！"

次日，成吉思汗避实就虚，闪电迂回，首先命令部将怯台、薄察等率五千兵马，屯兵关前，在北口虚张声势作佯攻姿态，来牵制关上的金军。成吉思汗自己则带领大队人马，从右翼悄悄绕道居庸关西南方向。当偷越五回岭（今河北涞源东），向紫荆关进发时，突然在大道边上路过一座大寺，部下向他说道："大汗，据当地百姓说，这寺里的菩萨很灵验，凡求卜者无不得到神灵的佑助。"

成吉思汗听了，不由得心中一动，立即吩咐部队停止前进，要亲自进到寺里祈祷。

　　进到寺里，焚香祷告之后，成吉思汗又要护卫从袋里取出一百枚铜币来，捧在手里，在菩萨面前虔诚地说道："长生天在上，一切过往神灵、寺里菩萨恭请明鉴：我把这一百枚铜币抛洒在地上，如果全部是正面朝上，那就证明这次出征定能大获全胜。"

　　古代的铜币，一般都是正面铸字，反面铸上图案，即两面各有不同。这一百枚铜币一下子抛洒出去，落在地上的时候，要求全部正面朝上，这几乎是不可能的事。

　　可是，成吉思汗硬要占卜，这不是太冒险了吗？万一做不到，岂不动摇军心？

　　这时候，成吉思汗的四个儿子一齐上前，劝阻他们的父汗。大汗的二弟哈撒儿也上前阻拦，周围的将领们也都为成吉思汗捏着一把汗，希望他不要冒这个风险。

　　成吉思汗爽快地说道："吉人自有天相，别担心嘛！"

　　成吉思汗屏声息气，突然把手中的铜币全都抛洒了出去。一百枚铜币，完全都是正面朝上！刹那间，寺里寺外，群情振奋，广大将士齐声欢呼跳跃，军威大振。

　　成吉思汗也喜形于色，当即吩咐部下道："快去拿一百枚铁钉。"

　　在他指挥下，按照那些铜币落地的部位，依照原状将铜币钉在地上。

　　成吉思汗看后，又吩咐说："再取一只大青纱笼。"

　　他让将士们把青纱笼盖在铜币上面，保护起来，然后告诫寺中和尚道："这青纱笼不许任何人挪动，里面的铜币也不准随意观看，一旦少了，将来一定追究！"

　　布置之后，成吉思汗又向菩萨祷告说："等到大军凯旋之日，再来谢天谢地谢神灵。"说完，成吉思汗站起身来，走出寺门之外，翻身上马，雄赳赳，气昂昂，挥师上路。

　　队伍到达一个三岔路口，成吉思汗又派遣具有攻城经验的智勇大将哲别，让他带领一万轻骑，由札八儿作向导，乘着夜色，走小道，通过黑树林的涧道，绕至居庸关的南口。

　　驻在南口的金兵做梦也没有想到蒙古军队突然来袭，尚未穿好衣服便一个个做了哲别及其部下的刀下之鬼。

　　当哲别夺得南口之后，遂与北口的怯台、薄察台的队伍合兵一处，形成夹击之势。

　　成吉思汗的大队人马经过飞狐道，击败金宣宗派来阻挡蒙古军前进的金国将领奥敦的队伍，南入紫荆关。

　　这紫荆关守将名叫阿萨乞夫，是耶律阿海的朋友，成吉思汗不费一兵一卒，轻而易举地就进了紫荆关。

　　至此，居庸关处在北口与南口蒙古军队的夹击之下，成吉思汗占据紫荆关之后，又从西南方向对这座雄关形成俯攻之势。

当夜五更时分，三路人马一齐攻关，不到一个时辰，被金兵誉为"铁门关"的居庸关，便被蒙古军队攻破了。

至此，成吉思汗好像拿到了一把钥匙，通过这座雄关之后，就可以自由驰骋于中原各地，快要打通进入中都的大门了。

金宣宗的元帅右监军术虎高琪与蒙古军作战，屡战不利，因此遭到金国太师胡沙虎的批评。

当成吉思汗攻陷居庸关后，中都城里一片惊慌了，胡沙虎对术虎高琪说道："这次中都城北之战，关系着国都的安危，你若再败于蒙古人手下，当以军法处治。"

术虎高琪忧心忡忡地回到军营，私下里与他的副将斯提忽来谈到这事时，不满地说："他胡沙虎自己也多次败在成吉思汗手下，我又怎能保证战争的胜利呢？"

斯提忽来说道："胜败乃兵家常事。怎能要求只准胜，不许败呢？若是逼急了，会发生兵变的！不可大意啊！"

二人经过认真谋划，把三十万金兵集阵于城北老军营附近，企图与蒙古军队决战。

成吉思汗得到消息之后，立刻派长子术赤、次子察合台等四个儿子领两万铁骑，为中路大军；左右两军分别派大将木华黎、博尔术各领两万骑兵，协助中路军冲杀；成吉思汗带领其余人马作后队。

蒙古骑兵以狂风席卷之势，向金军冲杀过去。善于平原野战的蒙古骑兵，在金军中纵横驰突，杀得金兵溃乱不堪，四下里逃去。

由于蒙古军队大肆杀戮金军，在中都城北数十里之内的大地上，血流遍地，腥气袭人！

据史书记载，数年后，这一片土地上仍然是白骨满地。每到夜深人静之时，阴风怒号，令人毛发生寒。

这一仗，术虎高琪的三十万人马死伤大半，将领也战死了许多，他的副将斯提忽来也差一点被活捉。

两人领着残余兵马，处在进退两难之中，术虎高琪生怕回去被杀，他对斯提忽来说道："与其被胡沙虎杀了，不如我先杀了他！"

斯提忽来说道："事已至此，也只有这一条道了！"

二人计议已定，遂领金军进入中都城，首先包围了胡沙虎的住宅，抓住胡沙虎之后，术虎高琪对他说道："我是在替皇帝完颜永济报仇。"

术虎高琪杀死胡沙虎之后，手持他的人头向金宣宗请罪说："叛逆胡沙虎弑君篡权，罪在当杀，请皇上饶恕我先斩后奏之罪。"

软弱无力的金宣宗只得赦免了他，并当场任命他为左副元帅。

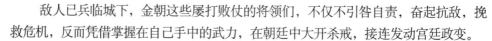

敌人已兵临城下，金朝这些屡打败仗的将领们，不仅不引咎自责，奋起抗敌，挽救危机，反而凭借掌握在自己手中的武力，在朝廷中大开杀戒，接连发动宫廷政变。

对摇摇欲坠的金朝政权来说，这如同雪上加霜，使它变得更加岌岌可危了。

成吉思汗的大队人马兵临中都城下，部下将领纷纷请求攻打金国的这座都城，但是他的头脑非常清醒，针对诸将急于攻城的急躁情绪，及时召开会议，他明确地指出："中都城虽在眼前，但城防坚固，我们的军队还没有足够的装备去轻而易举地攻下这座城池。如用强攻，伤亡太大，即使攻下来，也是得不偿失。不如留一支队伍继续包围中都，以牵制金国的兵力，让大队人马去扫荡金国的腹地，更为有利。"

其实，成吉思汗坚持不争一城一池之得失，意在消灭金朝有生力量，大量掠取金国的财力、人力和物力，掏空敌人，让偌大的金国只剩下几座空城，最后再迫使金朝向蒙古投降。于是，成吉思汗命令大将怯台、哈托台等领五千人马，继续围困中都，皇子术赤、察合台、窝阔台为右军，沿太行山南下；哈撒儿、斡陈那颜、拙赤逮、逮剌为左军，沿海东下。他自己与幼子拖雷等为中军，自易州南下，长驱直入，至山东登州一带，直抵海滨，攻掠山东全境，踏遍山东境内的广大肥田沃土。

成吉思汗攻陷了山东首府济南，这座建于13世纪的中原大城市，让他大开了眼界。

山东的这个首府，水源充足，文化发达，城内有湖泊，湖中有巨大的睡莲。城内还有"千佛山"，山上有无数塑于7世纪的佛像，城中生产华美的丝绸，这些丝绸远销东南亚和中亚。成吉思汗看到这些，由衷地发出赞叹，未曾想到东方的古老文明会如此辉煌。

他下令大肆抢掠财物，对无辜的百姓残酷地屠杀。

蒙古军队在攻城时，还是按照他们一贯使用的方法，迫使俘虏和农村的百姓包围城市，让他们走在蒙古军队的前列。

这样，被围城市中的军民，见到自己的同胞被驱赶在敌人冲锋队伍的前列，在抵抗时也只好克制。就这样，除了几个真正无法攻破的城池之外，大部分城市都相继陷落了。

成吉思汗的狂掳强掠，使他的队伍获得大量的金银财富、丝绸牲畜以及成千上万的童男童女。有一位诗人目睹了当时的惨状之后，悲愤地写道：

白骨纵横似乱麻，
几年桑梓变龙沙；
只知河朔生灵尽，
破屋疏烟却数家。
……

一天，成吉思汗领着中路大军来到山东与江苏的交界处，见道旁有一凉亭，亭下有一很大的水塘，水塘里的水清澈见底，游鱼可数。

成吉思汗一时兴起，率领几位将领走入亭中，坐下休息。就在众人闲谈之际，突然响起了震天动地的喊杀声：

"杀蒙古人呀！"

"别让蒙古人跑了！"

成吉思汗与众将士吃了一惊，忙向四周一看，见有一支由老百姓组成的队伍，已冲进自己的军队，他们用手中的斧头、铁杈、大刀等兵器，把措手不及的蒙古骑兵杀得人仰马翻。

有些骑兵来不及上马，便被砍死了。成吉思汗见自己的兵马被冲得一片混乱，顿时大怒起来，立刻从腰间拔出佩刀，向部下命令道："快回去指挥自己的队伍，消灭他们！"

可是，那些百姓们的队伍冲杀了一会儿，砍杀了一些蒙古骑兵之后，一声铜锣响过，很快飞跑进一片林子里去了。

成吉思汗一向主张"打死老虎"。何况这些老百姓胆敢反抗，公开杀死那么多蒙古人，说什么也不能放过他们。于是，他立即下令自己的兵马追赶，一定要消灭这支不知从哪里冒出来的队伍。

原来，这支队伍正是杨安儿的起义军，他们见蒙古军队到处烧杀抢掠，连老人孩子也不放过，便瞅准这个机会，来突然袭击成吉思汗的骑兵。

当蒙古军队追进林子里一看，那些义军队伍早已不见踪影。他们穿过树林，见前面一片沼泽地，过去便是无边的苇子林了。

成吉思汗对部下说道："他们就躲在那苇子林里，可以过去用火烧死他们。"

谁知蒙古骑兵走进沼泽地之后，越走越陷，越陷越深，连人带马一起陷进泥沼里，既不能进，也不能退，吓得后面的兵马再也不敢前进了，只是站在沼泽地的边沿上叹气。

这时候，忽听苇子林里"刷拉拉"连声响，猛然间冲出来上千名踏着两块滑板的义军队伍，他们滑到蒙古骑兵附近，一阵砍杀，把陷进污泥里的蒙古人全都砍死了。

成吉思汗看后，气得暴跳如雷，命令士兵放箭，由于距离太远，命中率太低，只得撤兵回去，一查点人数，两次竟损失人马三千多。

不久，夕阳西下，黑夜来临，成吉思汗正在担心义军来袭，不料一声呐喊之后，四周呐喊声又起，数千名义军一齐冲杀过来。

那些百姓仗着熟悉环境，勇猛地在蒙古骑兵队伍里杀出杀进，把蒙古军队冲得混乱不堪。等到成吉思汗组织反击时，义军又随着一声铜锣，飞快地向林子里逃去。

这一夜，连续四次被偷袭的蒙古军队，一夜未能休息。成吉思汗十分恼火，不得不找史秉直问计，他说道："我们的军队在这里两眼一抹黑，处在明处，他们是在暗处，总是被动挨打，这怎么能行？你有什么高见？"

史秉直说道："这个杨安儿是大宋杨家将的后代，很会打仗。前一段时间，金国的地方军队已陆续被义军消灭了数万人，杨安儿的矛头是对着女真人的，只是……"

成吉思汗说道："你继续说下去，我不会怪罪你的。"

史秉直这才又说道："大汗，请恕我直言，杨安儿的义军见蒙古军队烧杀过于厉害，激起民族义愤，才把矛头转向蒙古军队。"

成吉思汗说道："我们能否与义军谈判，争取让他们归附蒙古，你以为有可能吗？"

史秉直说道："想与义军谈判，可以的；要他们归附，可能还不到时候，因为金国尚未灭亡呀！"

成吉思汗又问道："派你去与义军谈判，你愿意代表蒙古去吗？"

史秉直说道："我以为谈判没有必要，因为大汗的队伍劫掠之后，很快就要回去了；若是在此久驻，可以同他谈判。"

成吉思汗认为他的话有理，便不提与义军谈和之事，立即命令队伍返回中都城下。

在成吉思汗的中路大军洗劫华北大平原的同时，他的三个皇子率领的右路军，循太行山向南进攻，一路劫掠抢掳，无论金帛子女、牛马羊畜，皆席卷而去，不能带走者，尽行焚毁。因此，所到之处，全都变成焦土。

1213年12月7日，蒙古军攻进保州（今保定）后，命令城内百姓齐集广场之上，蒙古将士把杀人当做娱乐的活动。

两天后，术赤等又下令把所有的老人与小孩全部杀死，唯独留下工匠不杀。

当时，有一个姓杨的人，为了保住性命，冒充自己是工匠出身，才没有被杀。

蒙古军队里有人提出要检查一下这些自称是工匠的人，吓得他不知所措。

这时候，旁边一个人低声对他提醒道："会拉锯的，就算是木匠了。"

那位杨某人总算是渡过了难关，当时凡冒充工匠的人，都得到了幸免。

由此可见，多亏蒙古人看重手工业技术，那些有一技之长，或是冒充有一技之长的人，才得以死里逃生。

镇压愈甚，反抗愈烈。

当术赤兄弟三人带领士卒在保州对百姓进行残酷屠杀之时，他们的马厩着了火，而马厩的四周又洒满了铁蒺藜。这一场大火烧死战马两千多匹，被铁蒺藜扎伤了马蹄、被迫杀掉的战马，也有数百匹。

冲天的大火，并没有使蒙古人的头脑清醒多少，其他将领在攻陷的城市后，也采取类似的大屠杀，甚至包括木华黎，在攻占密州（河北诸县），还军霸州

（河北霸县）、涿州（今涿县）时，也是将"人民杀戮几尽，金银财物席卷而去，屋庐焚毁，城郭丘墟"。

成吉思汗的二弟哈撒儿等率领的第三支队伍，也是从中都出发，先攻下蓟州，然后循海向东，过平州，攻陷山海关和涿鹿。

在涿鹿城里，蒙古军队纵情洗劫、屠杀百姓、焚烧房屋，跟随哈撒儿的将领薄刺与他的副将卜谷也怯在一户人家调戏妇女时，被人抓住，活活吊死在树上。

哈撒儿得知消息以后，部将斡陈那颜提议对附近百姓进行报复时，哈撒儿说道："杀死反抗的百姓再多，也能说得过去；他俩侮辱妇女，那是违犯军纪的行为，大汗知道了，也不会饶恕的。"

哈撒儿最终没有答应他们要进行报复的请求，这说明野蛮地屠杀与奸淫行为，在蒙古将领中也是不得人心的。

哈撒儿的这支左路军，接着又攻入了辽宁地区，占领了女真族的发祥地，即上满洲的洮尔河、纳水（即嫩江）、松花江，直至阿穆尔河即黑龙江流域的广大地区。

这时候，金宣宗将主要兵力集中在中都城里，无力保护地方州县，各地的金朝将领，只好自谋出路，纷纷向蒙古军队投降。

1214年的春天，三支大军在横扫中原，满载而归之后，会师于中都城北老军营。

近一年的时间，成吉思汗的兵马攻下了金国的广大领土，但并不驻兵占领，在劫掠之后，给金国留下一座座空城。将领们一个个志骄气盛，将夺取中都视为囊中取物，又纷纷要求乘胜攻城。

可是，聪明的成吉思汗再一次拒绝了将士们的请求，他耐心地对他们说："这中都城墙体坚固，守城的将士人数又多，尽管金朝内部矛盾重重，但是百足之虫，死而不僵，仍然还有一定的抵抗能力，不如先兵临城下，争取一些实际利益为好。"

其实，从战略的角度来说，成吉思汗深知金国地广人多，单靠自己的十三万蒙古军，即使能一举摧毁金朝的统治政权，也无法控制中原这偌大国土，所以不如采用消耗战术，逐步劫掠，然后再探索灭亡金国以后的统治方法，也为时不晚。

在这种思想支配下，成吉思汗立即派遣使者阿剌浅进入中都城。阿剌浅向金宣宗说道："我奉成吉思汗之命，向大金国皇上转告给你的话：当今之际，山东、河北的州、县，均已归蒙古所有，你所守住的，不过是中都一座孤城而已。上天已使你衰弱了，我也不再逼迫你。我们现在就撤军，难道你不打算犒赏我的将士，平息他们的愤怒吗？"

成吉思汗这些冠冕堂皇、软中带刺的话，无疑是给金宣宗一个台阶下，以媾和为名，行胁迫金朝投降蒙古之实，确实又是一招绝妙之举。

金宣宗立即召集有关文武大臣到尚书省商议和战之策，术虎高琪说道："据我了解，蒙古军队已是人困马乏了，不如乘他们疲累之时，与之决一死战。"

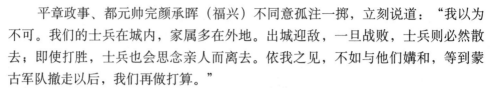

平章政事、都元帅完颜承晖（福兴）不同意孤注一掷，立刻说道："我以为不可。我们的士兵在城内，家属多在外地。出城迎敌，一旦战败，士兵则必然散去；即使打胜，士兵也会思念亲人而离去。依我之见，不如与他们媾和，等到蒙古军队撤走以后，我们再做打算。"

这段话把金国全军将士斗志全无、人心思散的情况，说得十分生动，言下之意："仗是无法打的，无论打胜、打败，将士都是思念亲人，总要开小差逃回家去。"

完颜承晖清醒地看到金朝统治者已经丧尽民心，士兵与老百姓都不愿意替他们卖命了，还怎能开城作战呢？

金宣宗本来就畏敌如虎，见将相们拿不出什么好主意，只好同意完颜承晖的意见，接受了成吉思汗提出的议和条件。

这年的三月，金宣宗派遣完颜承晖为议和使者，带去的礼物是战马三千匹、绣衣三千件，还有大量的金帛财物。

成吉思汗收下这些礼物之后，问道："金珠财帛，我军已经够用了；你们大金国皇上应该有子女的，为什么不派他们来侍奉本大汗呢？"

完颜承晖听后，唯唯听命，立即回到中都城里，向宣宗皇帝转告了成吉思汗的要求。经过反复商议，便将完颜永济的女儿打扮一番，冒充是皇上完颜珣的女儿，送与成吉思汗，这便是历史上有名的"公主皇后"。

与歧国公主同时送去的，还有童男、童女各五百名，以及大量的陪嫁礼物。

这位歧国公主，芳龄十六岁，自小聪慧伶俐，爱读经史，琴棋书画，无所不精。她面有异相，生得前额突出，鹰眼，钩鼻梁，高颧骨，厚嘴唇，说话声音洪亮，身材修长，一头又细又黑的长头发。

据她的母亲袁氏夫人说："歧国公主生下之后，来了一个和尚，送给她一个很小的银锁，让她挂在胸前。那和尚临走时叮咛道：'你女儿面有异相，将远嫁大富大贵之人。这银锁只有公主丈夫才能打开'。"

歧国公主来到蒙古大营里，成吉思汗一见，立刻被她那奇异的外貌所吸引，不由问道："你的相貌为什么与其他汉人女子的长相不同呢？这里必有什么原因吧？我的汉公主！"蒙古人对汉族、契丹、女真等人统称之为汉人，所以成吉思汗喊她为"汉公主"。

听了成吉思汗的问话，歧国公主没有立即回答，而是从脖子上解下那个银锁，交到大汗手里，并把那和尚的话转告于他。

成吉思汗听后，觉得有些奇异，便把银锁放在手里，反复审视了很长时间，然后把它打开，见到银锁的内壁上有两行小字。

成吉思汗是一个不识汉字的帝王，他让歧国公主读那锁上的小字给他听，原来那两行字是："以德服人者，得天下；以力服人者，失天下。"

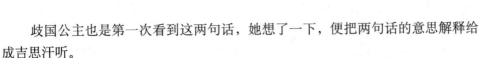

歧国公主也是第一次看到这两句话，她想了一下，便把两句话的意思解释给成吉思汗听。

蒙古人特别崇拜天地神灵，成吉思汗历来相信天佑神助之说，今见歧国公主这银锁的神奇来历，不由得在心中产生了虔诚之情，对公主更加敬重了。

此时，成吉思汗已经五十二岁，他把十六岁的歧国公主搂在怀里，温存地说道："我有了一个精通汉文的公主皇后了！"

这一夜，成吉思汗又恢复了青春活力，像年轻人一样，与歧国公主恩爱情浓。

成吉思汗胜利地结束了第三次攻金，满载而归，不仅再次扫荡了金国的中原腹地，还攻破了金国的地方政权。许多民间反金势力纷纷举旗造反，使金国政府焦头烂额，疲于奔命。

金国由于城乡经济遭到破坏，百姓流离失所，财源、兵源已近乎枯竭了，国力受到严重摧毁，在短时间内要恢复到战前的水平，已是没有可能了。

尤其严重的是战争之中，蒙古军队所到之处，广泛实施"抵抗者杀，投降者免"的政策，一方面有不少顽强抵抗的将领被杀，另一方面是更多的将领投降。

对投降的契丹、汉族将领，成吉思汗往往授以旧职，甚至加官晋爵，给予种种优厚待遇。

蒙古军队退走后，他们多留在原地，拥兵割据，又成为金国的心腹之患，有的公开与金军对抗，使金王朝处于分崩离析状态。

面对危机四伏的全国形势，金国朝廷不得不考虑今后的出路问题……

与金王朝恰好相反，成吉思汗领着兵马回到克鲁伦河老营，连续庆功分赏，几堆小山一般高的战利品，被分得一干二净，将士们欢天喜地。一连几个晚上，克鲁伦河畔到处是载歌载舞的人群，大家围着篝火，弹着冬不拉和六弦琴，在庆贺胜利……

几天之后，成吉思汗召集将领开会，他说："这三次连续攻金，将士们都认为中原大地像一块肥肉。其实，中都城里的金银财宝固然不少，但若是到了宋朝国内，那长江两岸更加富庶哩！上有天堂，下有苏杭。这'苏杭'就在宋朝境内，宋朝的都城不就在杭州么？有朝一日，当我们亡了金国，再南下攻打宋朝时，你们就能大开眼界呢！

"不过中原各国到处都有墙体坚固的城市，单靠我们的骑兵去攻打，短时间内很难攻破，最好的攻城武器是炮，可是我们没有。我想建立一支炮兵队伍，特请诸位发表意见。"

大将哲别首先发言道："要建立炮兵队伍，我赞成。那次攻打金国时，在中都城下我军被金国的大炮炸得可惨了！士兵被炸得缺臂少腿，有的连囫囵尸首都找不到，不仅城未攻下来，连大汗也被流矢所伤。最后无可奈何，只得撤退。

"后来再攻金，虽然大军屯于中都城下，却缺乏攻城能力，说得清楚些，就

是我军没有大炮，不然，有十座中都城也早被攻下来了。"

此时，部将安木海说道："我以为，攻城应以大炮为先，因为它威力大，一颗炮弹能炸一大片；又能攻得远，那炮弹打去，敌人还未见到我们，就被炸死了！"

成吉思汗赞许地说道："这话说到我心里了！大炮的这两大优点，一是威力大，二是射程远，是我们的铁骑所无法做到的。不过，这大炮离开能工巧匠不行，一要会造，二要会放，三要会修，都是不易做到的。"

安木海又说道："只要大汗一声号令，大炮一定能造出来！"

大将博尔术说道："前年攻金时，我曾经活捉一位金国的造炮师傅，他名叫贾塔剌浑，当时对他优待，没有关押他，让他逃跑了。听说此人逃进太行山里，说在林县住着，因为当时另有军务，未能把他抓回来。"

金国的降将奥屯世英说道："这位造炮师傅贾塔剌浑，是金国有名的炮师，与我有过一面交情，请大汗派我去林县一趟，把他请来吧！"

成吉思汗听了，立即应道："好！你去请他来，我们一定重用他，要他过得比在金国好上十倍！"

大将木华黎提醒道："建议你装扮成商人模样，让随行人员带些礼物钱财，他答应来时，最好把他全家都搬来，岂不更稳妥？"

成吉思汗又补充说道："为了路上安全，让大力士凡鲁随你一起去，他是一名很好的护卫哩！"

奥屯世英遂向成吉思汗告辞，准备到太行山里林县的礼物去了。

这时候，金朝降将赵珪说道："据我所知，金国懂得制炮技术的人还有不少呢！抚州的薛塔剌海、昌平的张拔都，这两个人都在原地住处，请大汗派人去请他们来，岂不是好事？"

成吉思汗听了，忙问道："不知大家可有人认识他两人的？"

史秉直与田清和一齐站起来，说与两个炮师认识。成吉思汗立即派二人回去准备，速去抚州与昌平邀请两人来蒙古。

成吉思汗的二弟哈撒儿说道："在我的队伍里，有个名叫张荣的清州人，他不仅懂得造炮的技术，还会造船、架桥，我回去再问问他。"

成吉思汗忙埋怨道："你何不早说哩！他有技术，我们不用他，岂不是埋没了人才么？你快些回去问他，让他速来见我！"

哈撒儿走后，成吉思汗无限感慨地说道："告诉你们吧！有人把金银财物当成宝贝，那是目光短浅、胸无大志之人！世间最好的宝贝，是人！"

说到这里，他又加重语气，即像命令，又像嘱咐一般，向自己的部下说道："以后，凡是归降的能工巧匠和懂得各种技术的人，都要给予特殊优待；凡攻破城市以后，对一切能工巧匠，一律给予赦免，不准杀害；凡是俘虏中的工匠，都要单独挑出来，另加任用。"

第二天，成吉思汗又与大将木华黎商议，提出建立炮军的大事。

木华黎说道："我们的铁骑，再有大炮协助，那真是如虎添翼，无往而不胜啊！"

成吉思汗一阵哈哈大笑道："我们所见略同，只是距离这一天的到来，还有一段日子，还需我们去努力呀！"

木华黎立即说道："请求大汗让我负责建立这支炮兵队伍吧！我一定竭尽全力，争取早日让我们的大炮发出怒吼，如有差谬，甘愿受罚！"

成吉思汗听后，立即上前紧紧握住木华黎的双手，亲切地对他说道："你能挑这副担子，我自然放心了。不过，你军务已够繁忙，再操劳这事，把你的身体累坏了，我怎能忍心呢？"

木华黎激动地说道："大汗说哪里话！能替大汗分忧做事，是我木华黎的无上荣幸！我早已立下誓愿了：大汗派我往火里去，我一定毫不犹豫地冲进火里；大汗派我往水中去，我也会义无反顾地冲进水中！"

成吉思汗听了，激动得抱住这位部下，亲切地说道："谢谢你，谢谢你！上天把你送到我身边，成为我有力的臂助，这真是天意啊！"

成吉思汗始终把关心爱护部下作为首要的大事，在他心中有一条用人的原则——如欲取得领导其人之权，必先取得其人之心。足见这位大汗的聪明过人之处了。

次日，成吉思汗便任命木华黎负责筹建炮兵队伍，这里包括大炮的制造、炮兵队伍的组成等项工作。

在成吉思汗的直接关怀下，木华黎先将从西夏和金国缴获的大石炮运来，加以修复。

又派降将张荣与安木海一起挑选五百名精明强干的士兵，集中训练，学习炮兵技术，用那些缴获来的大石炮当教材，一边学习、试验，一边实践、提高。于是成吉思汗的第一支炮兵队伍就这样诞生了。

不久，几位知名的炮师都陆续被请来了，成吉思汗欢喜得笑逐颜开，立即命令杀牛宰马，又特别关照部下说道："要烤五十头羔羊，隆重款待造炮师傅！"

在这次盛大的宴会上，成吉思汗激情满怀，面对着济济一堂的造炮能手们，他举起酒杯说："在上天关怀佑助下，地无分南北东西，人无分种族你我，大家都是华夏的子孙，让我们共同举杯，祝愿我们的大炮早日制造出来，干杯！"

在宴席上，那些炮师们被马奶酒的醇香、烤炙羊羔肉的美味所吸引与诱惑，个个酒足饭饱之后，纷纷自报家门。

曾经担任过大金国造炮技师的贾塔剌浑，他这次到蒙古来，居然在他的家乡招募善于用炮、造炮的壮士数百人，他首先说道："请大汗放心，我可以造出木炮、石炮。只要条件允许，我带来的数百人员，在一月之内就能为大汗制造上千个木炮、石炮！"

成吉思汗听后，忙问道："但不知你说的'条件'是指什么，请不妨明说。"

贾塔剌浑涨红着脸说："生活上，要供应及时；工作中，即制造大炮时不受外界干扰，让我专心一致地埋头于制炮。"

成吉思汗听了，笑道："这是合理要求！放心吧，我一定会让你满意的，一定为你们创造一个良好的环境。"

说罢，他转脸对木华黎说道："这些事，全仰仗你了！"

木华黎点头。另一个炮师薛塔剌海说："我会制造大炮，也会修理大炮，如果有铁的话，我还能制造铁炮！"

木华黎向成吉思汗悄悄说道："就是这个薛塔剌海，他居然把金军中的炮手三百多人，全带到我们蒙古来了！"

成吉思汗一听，立刻啧啧称赞道："真不简单！真了不起！一定要善待他！是宝中之宝啊！"

这时候，塔塔统阿说道："我们也要学会挖矿炼铁，自己能生产出铁来，不仅能制造箭矢、盔甲，还能制造大炮。"

大将者勒蔑的父亲便是一个老铁匠，他专门打制大刀、铁枪等兵器，这工夫，者勒蔑说道："以前，我父亲打造兵器所用的铁，全是从外地买来的，价钱贵，质量又差。我们能自己挖矿炼铁，那就太好了！"

者勒蔑又说道："这挖矿炼铁的事，请大汗派我去负责吧！"

成吉思汗笑道："你是铁匠世家出身，负责这事当然好，可是，你是一员大将啊！"

"四狗"之一的者勒蔑，已跟随成吉思汗南征北讨数十年了，其功绩真有山一般高了。现在，他又自告奋勇要求去带头挖矿炼铁，为大汗分忧解难，实在感人至深。

此时，金国的降将吴连成说道："报告大汗，我有个表兄原是金国金山（即辽宁鞍山）铁矿的技师，派我去把他请来，为我们挖矿炼铁，岂不更好？"

成吉思汗听了，十分欣喜地说："那太好了！只要能把你那会炼铁的表兄请来，我不光要重用他，也要厚赏你！"

吴连成听后，又说道："大汗放心，我准能请来！因为我表兄早对女真人歧视汉族人不满了。"

成吉思汗立即派吴连成带着礼物，扮作商人模样，去金山铁矿招附他的表兄了。

成吉思汗凭借着宽宏大量、真诚信义，把各种能人都吸引到蒙古来，让他们发挥自己的一技之长，为己所用。

成吉思汗的可贵与伟大之处，不仅是爱才，而且能知人善任，使人才发挥作用。他曾经深有体会地说过："……智勇兼备者，使之将兵；活泼矫捷者，让之看守辎重；愚钝之人，则付之以鞭，让他去看守牲畜……"

他在对待博尔术、木华黎、哲别、者勒蔑、塔塔统阿、移拉捏儿等人的态度上，都说明了这一点。

一天午后，木华黎请成吉思汗到造炮的场子里去视察，成吉思汗看到一大堆榆木炮的壳子时问道："这是木炮吗？"

贾塔剌浑伸手拿着一个榆木炮的壳子，说："报告大汗，这叫榆木炮，先将这一截一截榆木胚子，用凿子把它掏成一个筒子，装上火药，封住上口，就算做成了。"

成吉思汗又问道："这木炮能炸死人么？"

贾塔剌浑严肃地说道："大汗可别小看这木炮。它在一群人中爆炸了，会是少死多伤，可厉害哩！"

说完，又指着一堆石头说道："这石炮的威力更大，制起来也更费工费时。"

成吉思汗伸手拿起一个未装火药的石炮，反复看着，见那石炮里面空子甚大，不由问道："这里面也是全装上火药么？"

贾塔剌浑说道："先是装进火药，在火药外头再装上铁碴子、铁蛋子，一旦爆炸，里面的铁碴子、铁蛋子飞向四处，比木炮的威力要大数十倍。"

成吉思汗看着，想着，又问道："这石炮能打多远路程？"

"这石炮能飞出去好几里路呢？比木炮的射程也要远三十多倍。"

"用石炮攻城，能把城墙炸倒么？"

"当然可以！即使在石头上爆炸，也能把坚硬的石头炸烂！"

贾塔剌浑说到这里，对二人提议道："我们去试验场炸几个，让大汗亲眼看一看，也可以提出改进意见，再提高嘛！"

木华黎笑道："好啊，让大汗检阅一下你们的成绩。"

成吉思汗忙点头，一起来到了试验场。

所谓试验场，原来就是一片山坡，坡下是一块稍微平坦的山地，每次试炮时，就在这片山地上。坡上面有几块又大又平展的石头，观察的人就坐在大石头上俯视。

为了安全起见，平日试验场也有人值班巡逻，不准闲杂人员到那里去，更不让儿童到那里嬉戏玩耍，也算是一块禁地了。

按照成吉思汗的吩咐，先试爆榆木炮，然后再试爆石炮。

这时候，另一个炮师薛塔剌海也来了，他带来的技术人员工具齐全，专门制造石炮。于是，贾塔剌浑对他说道："我先试爆榆木炮，然后石炮由你试爆。"

薛塔剌海答应了，只见贾塔剌浑立即走向试验场一角，把五枚榆木炮交给引爆人员，随后拿起角号一吹——这是试爆的信号。

顿时，一股浓烟腾起，立刻传来"咚——叭！"的一声，榆木楂儿被炸得四下里飞去。

253

一代天骄：成吉思汗

接着，又连续爆炸了四颗榆木炮，效果都很好。在爆炸现场，有一棵拳头粗的小树，竟被飞过去的木片拦腰切断，可见威力之猛。

贾塔剌浑拿着那半截树干，走到成吉思汗面前，递到他手里说道："报告大汗，这棵小树被炸断了，若是人被炸着，是断难活命的。"

成吉思汗接过那小树干，在手里掂来掂去地看了一会，心里想道："真是百闻不如一见！这木炮的威力确实不小哩！若用它去攻城，一颗木炮弹准能炸死一大片守城士卒，有了它，何愁攻城呢？"

想到此，他走过去拉着贾塔剌浑的手说道："望你们再接再厉，争取多多制造这样的榆木炮，以备下次攻金时用。"

贾塔剌浑说道："请大汗放心，再过一个月，我们就可以造出一万枚榆木炮了！"

成吉思汗听了，欣喜地说道："一万枚！啊，那太好了，到时候中都的城墙即使再坚固，只要榆木炮一爆炸，它那城头便立刻变成无兵防守，还愁攻不破吗？"

木华黎说道："石炮的威力更大，它能把城墙炸倒，至少能炸开一个大口子。"

说完，只见薛塔剌海把手一举，吹响了角号，眨眼之间，山崩地裂般地"轰隆"一声，那头一枚石炮在一堆乱石窝里爆炸了！

随着那一声巨响，石块被炸得满天纷飞，有的竟飞到半空中，落到坡地上，砸成一个盆口大小的坑。

接着，又连炸了四枚石炮，试验场上空浓烟滚滚，一股很重的火药味儿，随风飘来，令人感到窒息。

成吉思汗扭头对木华黎说道："走！我们去到近处看，这……这石炮的威力一定更大，杀伤力一定——"

这句话尚未说完，便被贾塔剌浑的喊声停了下来，他又重复着喊道："请大汗不要下来，石炮还有一枚没有爆炸，正在检查原因。"

此时，试验场上空的浓烟已经散去，炮师薛塔剌海与几个引爆手正在围看那枚石炮，仔细地查看着原因，突然，"轰"的一声巨响，一股浓烟拔地而起，在浓烟中冲出一道火光，巨大的气流向四周发散，薛塔剌海与几位引爆人员一个也见不到了。

成吉思汗大喊一声："哎呀！出事了！"

贾塔剌浑急忙说道："他们太粗心大意了，应该有个防备的！"

木华黎说道："我们快去看看，也许……不至于——"

刚才几个人还在围着那石炮查看、分析，研究它没有爆炸的原因，此刻，他们已倒在血泊中，一个个被炸得血肉模糊，有的竟四肢不全了！

炮师薛塔剌海被炸得最惨，半张脸没有了，两只手也炸断了，两只手掌飞到几十步以外的一块大石头上面。

还有四个引爆的技师也同时被炸死，他们之中有的胸脯炸开了一个大洞，有的

254

额头开了花，有的喉管被炸断，还有个技师的肚子被炸开，肠子、内脏流了一地。

面对着鲜血淋漓的场面，看着五个人的被炸惨相，成吉思汗目瞪口呆地伫立在试验场上，默默地低下头来……

过了一会儿，他突然转过身来，看着贾塔剌浑和木华黎，激动地说道："他们是勇士！是了不起的勇士！我们要记住他们的功绩，永远不能忘记他们！"

木华黎对身后的护卫吩咐道："快来人，把五个勇士的遗体收拾起来！"

成吉思汗流泪了。

次日，成吉思汗下令厚葬这五位勇士，并发给五位勇士的家属大量的银钱，作为对他们的抚恤与关怀；又让薛塔剌海的子孙也世代子承父业，永远受到赏赐。

可是，这事刚处理完，成吉思汗突然病倒了。他觉得胸口闷，一天不吃不喝也不觉得饿。

大汗一病，急坏了帐下的将领，他们四下求医问药，蒙古的几名御医来看过了。吃了他们的药，病未见好，反而加重了。成吉思汗说道："再吃他们的药，非把我吃死不可！以后坚决不要他们看病了。"

蒙古的几位巫师也来为他驱鬼赶邪，接连鼓捣了好几天，也未有好转，病情倒是一天天地加重了，急得众将领如热锅上的蚂蚁——团团乱转。

一天，来了一个游方的汉人医生，自称"包治百病，专治疑难"，木华黎、博尔术等见到之后，向医生问道："你叫什么名字？在哪里行医看病？"

那医生毫不含糊地答道："本人家住亳州府，是华佗侄孙的侄孙。"

将士们听说他是神医华佗的后代，便让他为成吉思汗看病，只见他把了把脉，又摸了摸大汗的心口，然后看了看舌苔之后，便走了出去，对将士们说道："你们大汗劳累过度，病情不轻哩！"

木华黎忙问道："先生既能诊断病情，不知能治与否？"

那医生立刻说道："据我诊断，大汗的肚子里积聚了很多淤血，一时吐不出来。我这里虽有些药物，却没有能治这种病的药。"

这时，成吉思汗的长子术赤一听，大怒道："你既没有药，还自吹什么能'包治百病，专治疑难'，岂不是蒙骗人么？"

说罢，从腰间拔出佩刀，就要杀那医生，被博尔术等拉住。又听那医生说道："你别性急，让我把话说完，真杀了我，谁替你们大汗治好病呢？"

术赤把刀收回鞘中，催促道："快！有话快说！"

那医生接过术赤的话头，接着说道："现在只有一个办法可以试试了。"

木华黎又问道："什么办法，不妨明说，我们绝对不会讳疾忌医的。"

那医生慢悠悠地说道："我想了解一下，大汗这些年来干了哪些坏事，请各位全部说给我听听。"

"胡说！"术赤一听，火冒三丈地喝道，"此人不是医生，可能是金国派来的奸细，先把他拿下再说！"

说到这里，术赤大声喊道："快来人！"

只见帐外进来了两个怯薛队的护卫队员，他们走到术赤面前，正要说话，被木华黎用手制止住，让他们退出去，然后又问那医生："你要说实话，不知你了解大汗的那些……那些隐私做什么用？"

"治他的病呀！否则，别无他用。"

那医生斜着眼看了术赤一下，又说："你们杀我容易，不过，等我治不好大汗的病，再杀也不迟呀！"

木华黎立即说道："你说得对，你治不好我们大汗的病，一定要杀你！"

这位足智多谋的大将，拉着成吉思汗的长子术赤，又把博尔术等主要将领也喊来，大家商议一下，为了给大汗治病，只归纳了几条常在人们口头上议论的，什么杀人如麻呀、狡诈残忍呀、高傲狂妄呀、忌妒偏狭呀……

到这时候，术赤觉得为了给他的汗父治病，也只得容忍了，不再坚持，由着木华黎去向那医生去说了。

说起来也很有意思，那医生听后竟说道："好吧！我来给大汗开一张特殊的药方，大汗看了之后，一定会发火，不过，火发得越大越好，最好是大发雷霆之怒，病好得就快了！"

众人听了，倍觉新奇，都惊异地看着医生。只听那医生继续对众人说道："我还要提醒各位，大汗见了我的药方，他一定要发脾气的，务请各位不要理睬他，更不能听从他的指挥，这样，大汗的病好得就更快了。"

听了医生的话，术赤只好点头应允，其他的将领也一一答应了，这都是为了给大汗治病！

于是，那医生提笔写了一张药方，交给术赤，转身就走，并叮咛术赤道："你要亲自念给大汗听！"

术赤无奈，只得走进大帐，告诉成吉思汗："医生为汗父开的药方，我来读给汗父听吧！"

成吉思汗听儿子念道："……呸！你这个杀人如麻的暴君，今天也害病了？真是现世现报啊！我提醒你，好好地手摸心口想一想，你这几十年干了多少昧良心的事？杀了多少无辜的百姓？你残忍，狡诈，嗜杀成性；你阴狠，虚伪，诡计多端；你无耻，卑劣，假仁假义！你是独夫暴君，绝没有好下场，阎王爷要你到阴间地府去算账，要我给你治病，是痴心妄想！"

接着，又把他杀人的事情一一罗列在后面，未等听完，成吉思汗便气得大叫一声："来人哪！把这个混蛋医生抓起来！"

一代天骄：成吉思汗

谁知护卫队员被术赤挡在了帐外，大汗不禁气上加气，气急败坏地吼道："好你个术赤！你敢这样对我！"

喊罢，成吉思汗挣扎着站起来，想到帐外去，谁知一阵头晕眼花，竟跟跄着向地上倒去，立刻觉得嗓子眼里有东西堵着，便大声一咳，就一口连一口地吐起血来，一面吐一面骂："混账东西，气死我了！"不多时，成吉思汗竟吐出一大摊黑黢黢的淤血，血腥气相当地浓。

这工夫，那医生才从帐外慢慢走进来，看着那一大摊淤血，对术赤等说道："好了，好了，这下该好了！快去舀些水来，让大汗漱漱口，喝些茶水，再睡下休息两天，就好了。"

木华黎走到成吉思汗面前，问道："大汗的胸口可觉得闷了？"

成吉思汗伸手摸了一下胸口，说道："现在不闷了，感觉轻松多了。"

术赤走过来，像对木华黎，也像对他汗父："这医生倒真有两下子啊！治病不用药，以骂治病，少见，少见！"

木华黎若有所思地说道："这叫作因病而异，对症下药。非高明的医生，不敢这么治病的。"

说罢，他转身来找医生，谁知那个"包治百病，专治疑难"的游云郎中早已出帐，不知去向！

成吉思汗在床上躺着休息，回想着这番经历，深感这次治病，倒是受到一番教育哩！

想到这里，他认为医生开的那个药方，把自己骂得够呛，可是骂的倒是事实啊！从这一点来看，它真是一个治病的"药方"呢！

成吉思汗急忙站起来，去找那药方，却不见了；又喊来护卫帮他寻找，也没有找到。他心里嘀咕起来："这医生来得蹊跷，那药方也丢得怪异，难道真有报应之说不成？"

成吉思汗一边想，一边嘀咕着。见大将木华黎走了进来，不禁报然一笑道："这场病对我真像是一场梦啊！"

木华黎听后，不置可否地笑道："是啊，大汗也太劳累了，以后要注意休息，珍重龙体才是呀！"

成吉思汗却突然说道："我想，今后军队出征，必须强调纪律，一定要有约束，不准随意杀人，对嗜杀者应严加惩处。因为我们的军队是王者之师，要以德服人，以仁慈为本，不能凭借武力去征服人心。自古以来，以力服人者往往潜伏着危机。"

这时候，成吉思汗禁不住把歧国公主那银锁里的两句话说给这位亲信听，两人又针对军队前一段在征金过程中的滥杀无辜之事议论了一会儿。这当儿，忽然走进一个人来，大声说道："报告大汗，我们用自己炼的铁制造的铁炮已经成功

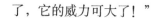

了，它的威力可大了！"

这是对造炮有极大热情的安木海。成吉思汗任命他为随路炮手达鲁花赤，让他成为新建立的炮兵队伍的指挥，听了他的话，笑道："铁炮既已制造成功，那就大量地生产吧！"

安木海接着说道："炮师们已向我说了，现在有制造铁炮的技术，还可以同时制造震天雷、飞火枪之类，它们的威力更大哩！"

成吉思汗听了，兴奋地问道："什么？震天雷？飞火枪？它们的威力比铁炮更大么？"

安木海说道："那震天雷，是装满火药的铁罐，爆炸时其声如雷，受震面积达半亩以上，罐中的弹子能将人的盔甲穿透，威力巨大无比。"

"啊！这震天雷如此厉害，制造时你们可得小心，别再发生像薛塔剌海那样的事了！"成吉思汗听说震天雷如此厉害，不由得提醒安木海注意安全。然后又问道："那飞火枪是什么武器？"

安木海说道："飞火枪是把火药装在枪膛内，打出去时一团火球，在数十步远处中标，立即燃烧成一大片，可厉害了！"

成吉思汗兴奋得双手一拍，大声说："好！你们干得好！我们有了炮，又有震天雷、飞火枪，再也不怕那坚固城墙了！"

说完，他转头对木华黎说道："为了多造一些铁炮、震天雷、飞火枪之类的兵器，是否多拨给他一些士卒去？"

安木海立即说道："报告大汗，不必再派人了，因为制造兵器是精度很强的细活儿，必须由能工巧匠去干，人多了反而碍手碍脚呢！"

成吉思汗又说道："不派人去也好，希望你们抓紧时间，争取多制造一些铁炮之类的兵器，我一定会重赏你们，给你们特殊的待遇。"

安木海走后，成吉思汗说道："我们的铁骑善于平原野战，对攻坚破城不行，现在有了各种炮弹，就弥补了这个短处，再也不怕攻坚打城了！"

木华黎建议道："有一件事我想请求大汗注意，我们现在的制炮技术人员，全是从金国来的，为了从长远利益着想，我们也该培养我们自己年轻的一代能工巧匠，这样才能持续大批地制造各种炮弹。"

成吉思汗连连点头，很有同感地说道："对，你说得对！这是当务之急呀！"

不久，成吉思汗下令，从全军中抽出一大批年轻能干的士卒，集中起来，请几位造炮的师傅为他们上课，教给他们技术，后来这些人都成为新一代的炮师。

成吉思汗以他的远见卓识，发现和重用中原大地上各种技术人才，创立并发展了强大的炮兵队伍，使他那天下无双的骑兵队伍，如虎添翼。

成吉思汗以其敏锐的眼光与头脑，吸收当时世界上最先进的科学技术，不仅

一代天骄：成吉思汗

直接满足了战争的需要，还间接提高了蒙古民族的科学文化水平。

此后，在蒙古草原上人们不仅能够制造弓箭、盔甲、攻城机械，大量地生产木炮、石炮和各种铁炮，而且造出更先进的车辆和各种手工业制品，并且建立了采矿、冶铁业，促进和带动了农业、牧业和商业的发展，加快了城市建设。

金王朝被蒙古军队三次劫掠之后，国内被掏空，经济凋敝萧条，百姓流离失所，军队兵将离心，朝廷上下，笼罩在一片悲观情绪之中。

1214年6月的一天，金国皇帝完颜珣经过长时间的考虑，决定迁都，躲避蒙古军队的侵扰。他对文武大臣道："自蒙古三次入侵之后，国力衰弱，兵无斗志，财乏民穷，想固守中都已不可能了，不如迁都到汴京（今开封市）去吧！"

一石激起千层浪。金宣宗的一句迁都之语，顿时引起满朝文武的议论，许多大臣反对这种逃跑主义的行为。

左丞相徒丹益当即提出了抵抗蒙古的上、中、下三策意见。他对宣宗皇帝道："前不久，我国才与成吉思汗讲和。如今之计，我们应该厉兵秣马，聚积粮草，固守中都，这才是上策；万一中都不能固守，我们可以退守辽东，因为辽东乃我大金的根本。那里依山负海，凭险据守，一方面可以阻止蒙古人的进攻，另一方面也有复兴、后图的希望，这是中策；至于南下迁都，那汴京地处平原，四面受敌，无险可守，易为鞑军所破。迁都到那里，岂不是下策么？"

金宣宗听不进徒丹益的"三策"建议，说道："朕已决意南迁，请大臣们勿议了。"

这时，太学生赵昉等见朝中能坚持正确主张的人太少了，只好集体上书请愿，尖锐地指出迁都的种种害处，希望宣宗放弃这个错误的主张，不再迁都。

可是，庸懦无能的金宣宗，竟说什么大计已定，不能中止，便对反对迁都的人慰谕一番就算完事了。

次日早朝时，一向忠直耿介的徒丹益再次向皇帝提出他那"三策"建议，最后说道："我们大金国自从海陵王把国都从上京会宁府迁到中都来，已经快八十年了。如今的大金，国土广大，人口众多，只要励精图治，国力不难恢复，不能因为蒙古人的入侵就自暴自弃，一蹶不振。"

金宣宗听得很不耐烦，连连挥手说道："别说了，别说了！迁都之事已定，再说已无用，何况你那意见支持的大臣也不多呀！"

徒丹益一气之下，竟在朝堂上痛哭流涕，手指着宣宗说道："泱泱大金，被你们这些无能的昏君败坏得国将不国。我们当臣子的哪有颜面还活在世上，与其屈辱地苟活，不如堂皇地死去，倒还留下一个清白的美名！"

说完，这位左丞相站起身来，对准朝堂上的大木柱子，一头撞去，死在了朝堂之上。

259

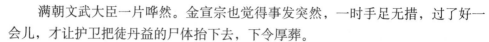

满朝文武大臣一片哗然。金宣宗也觉得事发突然，一时手足无措，过了好一会儿，才让护卫把徒丹益的尸体抬下去，下令厚葬。

尽管徒丹益对迁都进行了死谏，仍然改变不了金宣宗迁都的决定，因为这位皇帝早被蒙古的骑兵吓破了胆，也早已拿定了这个逃跑主意了。

不久，金宣宗便任命完颜承晖为尚书右丞相，抹然尽忠为左副元帅，让他们辅佐太子完颜守忠留守中都，自己却带着文武百官、嫔妃宫女逃向汴京。金国从此走上了一条加速灭亡的道路。

宣宗任命之后，术虎高琪说道："我原是左副都元帅，本有禁卫中都的职责，皇上为什么不派我留在都城，辅佐太子？"

金宣宗对术虎高琪早有看法，加上他带领的那支纠军，全由女真人以外的契丹、汉人组成的，担心这支军队会随时叛金降蒙而去，便不敢将它留在中都。这时听到术虎高琪一问，只得敷衍道："朕想让你随行护驾，与朕一起到汴京去。"

术虎高琪不好强求留在中都，只得怏怏地接受了宣宗的意见。

三天后，金宣宗迁都准备就绪，遂领着一行人马，望南迤逦而走，来到涿州良乡住下。

当晚，随行护驾的术虎高琪在纠军中与部下饮酒时，他的副将斫答借着酒力，建议说："据我观察，皇上对你早有戒心，不如在途中趁势将其废了，以免后发被其所治。"

术虎高琪说道："废了他，再立旁人，又当怎样呢？"

纠军中另一名将领比涉儿也劝道："废了他之后，我们去投成吉思汗，或是去辽东，与耶律留哥一起联合，也比在这里受排挤要强十倍呢！"

术虎高琪说实话道："你们是契丹人，可以去投成吉思汗，或是去降耶律留哥，而我是女真人，怎能去归附他们呢？"

这时候，军中又一个将领说道："如今，大金国已是日落西山了，你怎能再当它的殉葬品呢！听说成吉思汗是个豁达大度之人，对投降他的人不分种族，一律一视同仁，女真人出身的将士到蒙古去的也不少，你又担心什么呢？"

术虎高琪听了之后，沉吟一会，又说道："让我再想想吧！反正距离汴京远着哩，两天后我再答复你们吧！"

他们的议论全被术虎高琪的一个马弁听到了。

这马弁名叫保纹怀种，曾因一件小事被术虎高琪责打过五十大板，便记恨于心，听到这些议论之后，觉得报仇的时机来了。

当夜，保纹怀种偷偷逃出军营，跑到皇帝那里，把术虎高琪与几位将领的议论，一一详述一遍，吓得金宣宗六神无主。

过了好一会儿，宣宗才缓过神来，当即派人找来随驾的翰林大学士完颜素兰、尚书左丞相古鲁亦先等，金宣宗一时竟流下眼泪，说道："术虎高琪本嗜杀之徒，他曾亲手杀死胡沙虎，今又掌握乣军，其叛意已明了，若不及早除之，终成后患呀！"

完颜素兰说道："皇上不必慌乱，术虎高琪还在酝酿计议之中，我们可以如此如此……"

左丞相古鲁亦先忙点头道："此计甚好，最好明天就动手，免得夜长梦多。一旦他们先动起来，就不好办了。"

果然，第二天上午金宣宗就派人去把术虎高琪招来，对他说道："有人报告乣军阴谋叛乱，你身为主帅，为何不主动来向朝廷奏明？"

术虎高琪一听，心中不由一惊：昨晚上的事情，今早皇上就知道了，这不可能吧？或许是皇上怀疑，故意来向自己试探的，便说道："皇上怎么能轻信他人？这样重大的事情可不能轻信啊！"

这时候，左丞相古鲁亦先冷笑道："你装什么正经？快把你们的叛乱计划老老实实向皇上奏明，争取立功赎罪，不然，当罪灭九族！"

术虎高琪两眼一瞪，大声说道："别逼我！想给我捏造一个叛乱的罪名，我那两万乣军可不是吃素的！他们绝不会坐视不管的。"

完颜素兰气愤地说道："你这是不打自招了！难怪你把乣军带在身边，原来是想让它充当你叛乱的资本啊！"

这时候，宣宗的胆子也大起来，高声说："看来，你是不见棺材不掉泪的了！"

说完，连拍了几掌，这工夫，从屏风后面闪出一个人来。他就是那个来告密的保纹怀种，只见他对着术虎高琪说道："你还想隐瞒么？昨天晚上，你们在酒桌上不是订好叛乱的计划了么？"

术虎高琪一听，立刻明白了，原来是这人来报告的，一时气得咬牙切齿地喝道："你报告的是实情么？"

术虎高琪一边说，一边就想上前去厮打保纹怀种。忽听宣宗皇上大声喊道："来人！快把术虎高琪给朕拿下！"

于是，门外走进四、五个护卫，正要上前去抓捕术虎高琪之时，不料他双拳紧握，叫道："你们好大的胆子，看谁敢来拿我？"一向胆小怕事的宣宗皇上，见到这场景，居然一时愣住了，一言不发地坐在那里。

此时，还是左丞相古鲁亦先反应快些，立刻大声对几名护卫喊道："你们连皇上的话也不听了吗？快把这个叛贼术虎高琪拿下！"那几名护卫才一齐上前，把术虎高琪按在地上，用绳子牢牢地捆住了。

完颜素兰对宣宗说道："留着这叛贼干什么？拉出去杀了吧！"

术虎高琪还想争辩，皇上已向护卫说道："拉出去处死吧！"

左丞相古鲁亦先忙与完颜素兰低声说了一会儿，然后对皇上说道："抓紧时间按原计划行事，防止乣军生变。"

金宣宗听了，向二人问道："派谁去传达旨意呢？"

古鲁亦先说道："让传令官兀台希去最为合适！"

未等皇上开口，兀台希已先说话了："这样的大事该由你们大臣亲自去传达，我去恐怕压不住！"

皇上听了，一时没有了主见。古鲁亦先说："你传令官不去传达，让谁去？别推辞了，快去吧，时间长了，会生变的。"

传令官兀台希只得到乣军中传达皇上的旨意，要他们立刻交出铠马器械，不得拖延。

乣军将士们一听，顿时嚷起来："为什么要收缴我们的铠马器械？"

"我们是军队，怎能交出兵器？"

"这是不信任我们的表现！"

……

在一片喧闹声中，主要将领斫答问道："谁让你来的？"

"是皇上派我来的，我怎敢不来呢？"

"我们是军队，为什么要交出兵器？为什么要交出战马？为什么要交出铠甲？"

"这我不知道，你去向皇上问吧。"

这工夫，有人来报告说："今天早上，元帅术虎高琪被皇上诏去，至今也未回来，可能凶多吉少啊！"

于是，札剌儿立即向传令官问道："我们的元帅术虎高琪呢？皇上诏他去做什么的？"

正问着，有人急急忙忙地跑来报告道："大事不好了，元帅被皇上杀了！"

这消息如一声炸雷，立刻在乣军中传开了。士卒们蜂拥着来找札剌儿、比涉儿和斫答，一见到皇帝的传令官，便上前厮打他、质问他。

斫答想制止已来不及，那传令官兀台希早被打得躺在地上，说不出话来了。

副帅详衮走来，对斫答等说道："皇上让我们交出兵器、甲杖等，怎能违抗圣上旨意呢？"

札剌儿说道："军队交出兵器、甲杖，还成什么军队？要是那样的话，还不如把我们遣散呢！"

详衮大声说道："这是皇上的旨意，你敢违抗么？"

札剌儿也针锋相对地说道："什么皇上的旨意？这是对我们乣军的歧视！凭什么杀死术虎高琪？凭什么要我们交出兵器、甲杖？"

详衮又大声道："谁敢违抗皇上的旨意，谁就是叛贼！"说罢，抽出佩刀，大声叱责："不准再胡言乱语，谁敢违抗命令，我这大刀可不饶他！"

一代天骄：成吉思汗

这时候，斫答一声不响，趁详衮不注意时，一步跳过去，伸手夺过他手中的大刀，问道："干什么？舞刀弄枪，耍什么威风？有本事怎么不去跟蒙古人打？"

这个女真人出身的副帅详衮，恼羞成怒了，他手指向斫答，大声叫喊道："好啊，你敢夺走本帅手中的大刀，你要造反么？我告诉你们，皇上就是担心你们叛乱，才让你们交出兵器、甲杖的。"

斫答一听，愤怒地说道："这不是逼着我们起来造反么？"说完，对准详衮的肋下，一刀刺去。

札剌儿、比涉儿一见，趁机说道："我们干脆反了罢！"

周围的士兵们一齐拍着手喊道："我们反了吧！我们再也不愿受女真人的气了！我们投靠蒙古人去！"

札剌儿与比涉儿一齐对斫答说道："你当首领，我们拥护你，这是皇上逼的！"

斫答儿想了一下，说道："我们不反也是死，不如跟他们拼了，把队伍带出去，投奔蒙古人去！"

于是，三人把军中的小头目全召集起来。经过认真商议，大家推选斫答儿为首领，札剌儿与比涉儿为副首领，向全军讲明情况，立即打出叛金降蒙的旗号，回军向中都进发，又派人分别去联络成吉思汗与耶律留哥。

这两万乣军在斫答等人带领下，脱离了金宣宗的迁都队伍，正式走上了叛金降蒙的道路。这使宣宗皇帝更加被动，急忙派人向中都送信，命令驻守中都的右丞相完颜承晖与左副元帅抹然尽忠派兵拦截乣军。

次日中午，两军在卢沟桥相遇，斫答见金军驻守桥上，阻止自己的队伍通过，便与札剌儿、比涉儿商议道："当前，天气炎热，河水又不深，你们领兵从正面进攻，我领一支队伍潜水过河。从两面夹击桥上的守军，定会将守军消灭在桥上。"

札剌儿二人便带着兵马虚张声势，显出要正面攻打桥上的守军的样子。斫答趁着金军集中兵力防守正面之时，很快从桥的下游地区潜过河去，迅速赶到金军的背后，一声号令，向桥上的守军发起攻击。

在两面夹攻之中，金军首尾不能相顾，纷纷跳到桥下，有的摔死在河里，有的被河水淹死。数千名金军被乣军杀得只有很少一部分侥幸逃走，逃进中都城里报信去了。

斫答的乣军消灭卢沟桥上的金军之后，长驱直入，从中都城的边儿上绕过去，向蒙古人占领的汪古部迈进。

这时，成吉思汗正在蒙古境内的鱼儿泊避暑。在三面环山、一面临水的斡儿朵里，忽然听到金朝皇帝坚持把国都迁到汴京去的消息，他十分恼怒，对部下们说道："刚与我们签了和约，又忙着南迁国都，这明显是对我们不信任！可见金国朝廷早对我们有疑心了。他与我们和解，只不过是缓兵之计，麻痹、欺骗我们罢了！"

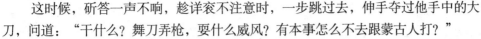

大将木华黎说道:"当前,我军已有了炮兵队伍,中都城里又有我们的一部分兵力,正是我们攻打中都的良机,请大汗发兵吧!"

就在这时,糺军的首领斫答派来请降的使者也到了,成吉思汗听到这一消息,兴奋地说:"天助我也!这一次中都城必被我们军队攻破!"

成吉思汗立刻召开军事会议,说道:"金朝皇帝既与我和好,决定友好相处,现在又违约南迁国都,公开破坏和议,我师出有名;何况金国的糺军又来归附,中都城内空虚,人心惶惶,正是我出师的良机。"

于是,成吉思汗又派使者阿剌浅出使金朝,质问迁都的原因。

阿剌浅快马加鞭,赶到河北的内丘县才见到金宣宗,传达了成吉思汗的质问:既然讲和,便不该迁都,迁都之举就是不信任我们大汗的表现。

金宣宗听了,再三解释,但仍然继续向汴京前进,南迁之意已不可能改变了。

这样,战争的乌云再次笼罩于金国上空,成吉思汗从来不会让良机从自己的眼前划过。更何况去年撤离中都,就是专候良机的到来。现在求之不得的良机来了,他心中喜不自胜,口中却怒责对方不该南迁国都,因此要兴师问罪。显然,这只是为第四次攻打金国寻找借口而已。

1215年3月,成吉思汗命令大将木华黎率领大军六万人,第四次伐金。

这次攻金,蒙古军中除了勇猛善战的骑兵,还有刚建立不久的炮兵队伍以及新投降蒙古的糺军——这支糺军大部分由契丹人和汉人组成。他们英勇善战,很有战斗力。

这时候,金宣宗也听到了蒙古军队第四次伐金的消息,便立刻派人召太子南逃。

应奉翰林大学士完颜素兰当即反对,说道:"中都乃大金的国都,蒙古军队还在数百里之外,皇上却把太子召回,这样做的后果,必然造成军心不稳,让留守将士如何坚守?"

宣宗听了,沉默不语。丞相古鲁亦先说道:"皇上已撤离国都,太子也应该随侍左右,你不让太子撤离,能保证中都不被蒙古人攻破吗?到那时,太子怎么办?"

完颜素兰坚持道:"能不能保证国都不被攻破,我怎能断言?不过,太子在中都城里不走,金军的士气肯定会高涨得多;一旦太子撤离,对守军的士气必有影响,你能否定这一点吗?"

接着,这位大臣又列举唐朝李隆基当年为避安禄山之乱,逃离都城去四川的往事,那位唐明皇却把儿子留在灵武坐镇,与安禄山对抗,起到了稳定军心的作用,最终平定了那次叛乱,使唐朝度过了危机。

可是,讲这段历史给金宣宗听,简直是对牛弹琴。早不把国事放在心上的金宣宗,考虑的只有骨肉亲情和个人的性命安危。他仍然一意孤行,坚持召回太子。

不久,金宣宗召回太子之后,中都城里一片哗然。将士恐慌,百姓更加畏惧

一代天骄:成吉思汗

不安，人人处于惶惶不可终日的境地。

木华黎侦得这个消息之后，心中窃喜。将士们纷纷提出大军可以长驱直入，围攻中都。

可是，足智多谋的木华黎却说："再瘦的骆驼比马大。中都城好比一棵大树，大树周围盘根错节，想砍倒这棵大树，必须先将它的周围清除干净。"

接着，这位智勇双全的大将又说道："在中都城周围，还有大大小小数十座城镇，全有兵将驻守，要攻破中都，必须先收服这些地区。"

于是，木华黎先派大将三木合拔都、石抹明安等领两万兵马，由长城古北口攻入，另派大将哲别领兵马两万人，进攻辽东，切断东北的金军对中都的支援。

木华黎自统两万人马，随后会同降蒙的斫答带领的木华黎，日夜兼程，向中都进发。

不久，三木合拔都与石抹明安的队伍，陆续攻占了中都外围的景州、蓟、檀、顺诸州县。许多将领提出大屠杀的政策，石抹明安对他们说道："我军出发时，大汗已再三明令不准滥杀无辜；木华黎也有明令：一旦屠城，杀了无辜者，其余的人就会望风而逃。"

将领们不敢违抗军令，成吉思汗听说此事之后，厚赏了石抹明安。从此蒙古军队伐金的战争，逐渐变杀掠为招降了。

同年夏天，三木合拔都与石抹明安的兵马围攻通州，久攻不下。通州守将为金国的元帅蒲察七斤，镇守不降。

后来，木华黎领大队人马赶到。当晚，他向炮兵首领安木海面授机宜。天黑之后，炮兵队伍集结在通州北门外，突然之间，木炮、石炮一齐打向城头，顿时，响起震天动地的"轰轰"声，城上一片浓烟滚滚，火光漫天。守军有的被炸死，有的被烧死，其余的都吓得跑下了城墙。

此时，木华黎对斫答说道："指挥你的士卒攻城吧！不会遇到多少反抗了。"

只见那些纠军搭着云梯，一声声呐喊，不到半个时辰，已攻上城头。打开城门后，放大队人马进去，其他三个城门守将只得率兵投降。

安木海兴奋地说道："我们只用了木炮和石炮，铁炮还未用，城上的守军就已经死的死，伤的伤，其余的人吓得屁滚尿流地逃下城去。"

木华黎说道："我们的炮弹数量不太多，要省着用，特别是中都城墙坚固，非用铁炮不能攻破。"

安木海与众将领听了，认为大元帅木华黎深谋远虑，更加敬重他了。

这时，三木合拔都、石抹明安押着守城的金国元帅蒲察七斤来了。木华黎问道："你为什么不早日开城投降？"

那蒲察七斤不慌不忙地答道："我身为大金的将领，食着大金的俸禄，怎能不替大金守城呢？"

木华黎听了他的话，认为他忠心报主，便接受了他的投降请求，并对他说："城里城外，尚有金军万人以上，你能将他们招集到一起么？"

蒲察七斤答道："可以，请元帅给我两天时间。"

木华黎又说道："你若把逃军重新集结来降，我会重赏你，但是，你说话要算数！"

蒲察七斤立刻表态道："元帅请放心，男子汉一言既出，驷马难追。何况，军中无戏言，到时我若做不到，甘愿受罚！"

两天后，蒲察七斤把逃散的金兵招回来，计有一万两千余人。

木华黎当即宣布：让蒲察七斤官复原职，继续领兵驻守通州城。

之后，蒙古大军进驻京南建春宫，距离中都城已近在咫尺。

此时，中都城外一些零散的军队，在一个名叫银青的将领集结之下，竟有二十万之众，扬言要与蒙古军决一死战。

这股抗蒙势力，依山固守。他们用强弓硬弩在前，把包着铁皮的战车连接在一起，构成坚固的营寨，以对抗蒙古骑兵。

木华黎领着众将领反复侦察周围地形地势。很多人建议用炮攻击，但是他却说："野战对我们蒙古骑兵来讲，是个长项，何必用大炮呢？让我们的铁骑去消灭他们吧！"

当天夜里，木华黎先让石抹明安领五千步兵，抄小路绕到金军的背后，叮咛道："见到前面拼杀时，从敌军背后冲入。"等石抹明安领兵走后，木华黎又命令纠军与三木合拔都两支人马从左右两侧袭击金军。

约在三更时分，木华黎向众将领说道："敌军二十万之众，而我军原来只有六万人，加上纠军两万人，以及沿途收降的人马，也不超过十万人。虽然是以少击多，我们仍有战胜敌军的把握。因为敌军乃乌合之众，而且军纪松弛，战斗力很弱。只要发扬我军的勇猛拼杀的精神，定能一举击溃敌军！"

说罢，木华黎翻身上马。一声命令，数万铁骑迅速冲向金军营地，那些正在呼呼大睡的金军将士惊慌失措，仓促应战。

营前的攻杀一开始，金军的背后也遭到了突袭，左、右两侧的蒙古军队也呐喊着冲杀过来，四面围攻，喊杀声惊天动地，吓得金军将士晕头转向，一时不知蒙古军队到底有多少人马。金军的统帅银青急忙指挥军队反击。他发现蒙古军队从前到后，自左而右，从山崖与谷地，从树林与草丛，像天兵天将一样冲过来，尤其是蒙古的铁骑狂风般席卷而来。金军的弓弩手们还没有取出箭矢，人头就已被砍掉了；那些战车也未禁住蒙古铁骑的冲击。

不到一个时辰，银青的二十万兵马已被冲得七零八落，溃不成军了。

银青见败局已定，慌忙领着残余兵马逃跑。木华黎领着人马紧紧追赶，一直追到易州城下。银青败退回城，紧闭城门不出。

　　这一仗打得异常惨烈，放眼看去，平地，山坡，谷地，草丛，全被金军的尸体塞满了，空气中散发着一阵阵血腥味，还有一些受伤的士卒，拼命地大声叫喊，夹杂着哭声、骂声与痛苦的呻吟声，令人耳不忍闻。

　　次日，从易州城里逃出来的士卒向蒙古军投降，并报告说："银青回城后，夜里被其部下乌古伦寅答虎所杀，城里将士人心惶惶。"

　　针对这一情况，木华黎立即领兵把易州城四面包围起来。要士兵向城上喊话，命令城内守将赶快投降，以免城破人亡。

　　不久，乌古伦寅答虎主动打开城门，请求投降。木华黎气愤地说道："为什么迟迟不肯开城献降？"

　　乌古伦寅答虎急忙答道："军中人多嘴杂，意见不一，以致延至今日才献城归降，请大元帅息怒。"

　　木华黎问部下道："不如把那些迟迟不愿归降的人集中起来活埋！"

　　石抹明安听后劝阻道："这里距离中都太近，人家投降了，再把人家活埋，以后谁还会来投降呢？"

　　木华黎听了，当即表示了谢意，说道："谢谢你的提醒，我出于一时气愤，说了错话，差点做了一件错事。"

　　木华黎派乌古伦寅答虎担任易州的留守，仍让他领兵驻守在城里。

　　不久，大军将向兴中府进发，木华黎向降将石天廷问道："据说兴中府城虽不大，却很坚固，是个易守难攻的小城，城里的守将是什么人？"

　　石天廷回答道："别看兴中府城小人少，那可是个藏龙卧虎之地哩！城里的守将田雄与他的乞丐女婿，在方圆数百里之内，真是无人不知！"

　　原来，这田雄自小父母双亡，跟随祖父母长大，从少年时起就在祖父身边工书学画。祖父临死时，拉住田雄的手，殷殷嘱咐道："孩子，要……要做大事，不要做大官！"

　　田雄听了，流着眼泪对祖父说道："不，祖父说得不对，我自然要做大事，我还要做大官呢！"

　　祖父听后，笑着点点头，便去世了。

　　以后，田雄发奋读书，中了进士，当时的金章宗要封他官职，田雄辞谢道："祖母年事已高，无人奉养。"

　　田雄不受皇帝封敕，回到兴中府靠卖字画为生，奉养祖母；府尹杨连杰招田雄为婿，田雄祖母死后，杨连杰也已老迈，上报皇上之后，府尹便由田雄担任。

　　田雄当了府尹，领着全城百姓，重建兴中府城，对百姓轻赋薄敛，励精图

治，深受全城人民的爱戴。

一天，夫人杨氏气呼呼地对他说道："用女小玉竟与一个乞丐私通，令人可气！"

田雄忙说："不会吧？小玉聪明伶俐，处事谨慎，她怎么会与一个乞丐干那种事？其中定有蹊跷。"

原来，两年前的一天，小玉随田雄夫人杨氏回娘家，她携着首饰匣跟在后面，中途上厕所，出来后把首饰匣忘了。

走了一段路才想起来，赶快返回厕所去找，只见有个乞丐守在那儿，那首饰匣仍放在原处，见有人来找，就抱首饰匣给了她。

小玉有些吃惊地问道："你怎么没把这匣子拿走？"

那乞丐回答得十分有意思："我已穷到这个地步，还怎么贪这不义之财呢？"

小玉听后，大喜过望，立即从匣中取出一支银钗交给他，以表谢意。

谁知那乞丐见了，急忙挥手说道："匣子里那么多的首饰我都不贪，难道我会要你这一支银钗吗？"

乞丐说完就想走，又听小玉说道："你不能这么说。如果我丢掉了这匣子首饰，怎么回去见我的主人呢？那我只有死路一条了。现在你把匣子还给了我，不只是给了我一匣子金银首饰，还给了我一条性命啊！照理说，我也该报答你呀！"

说罢，小玉又把那根银钗交给乞丐，可是他仍然坚持不受，不高兴地说道："你不能这么看我。我不贪你这匣子，并不是想得到你的报答，而是遵守我的做人原则——不见财起意，不做伤害他人之事。"

小玉打断乞丐的话，说道："既然你不图报答，难道我可以忘记你的恩德吗？这样吧，我就住在前面不远的一个巷子里，以后每天早上、中午，你到门口来，我可以把自己的饭菜分给你吃。"

乞丐听了，为难地说道："你住在深宅大院之中，我怎么才能见到你呢？"

小玉想了想，对他说道："我的住处门前有一根很高的竹子，到时候你把竹子摇一摇，我就知道你来了。"

二人商定以后，分手而去。

后来，那乞丐果真每天到这家门口，小玉见到竹子一摇动了，就把饭食拿出来给他吃。日子长了，家里的其他仆人便都知道了这件事情。

这一天，田雄与夫人杨氏把小玉喊到面前，问起那件事情。田雄说："只要你说实话，我们会宽待你的。"

小玉听后，便把这件事情的前因后果，详详细细地讲了一遍。田雄与杨氏夫人都深受感动，认为这个乞丐的品德好，干脆把他收养在家，再后来就将小玉嫁给他做了妻子。

田雄与杨氏膝下又无子女，就把乞丐与小玉收作养子，又为乞丐取了一个名

一代天骄：成吉思汗

字，叫田尚义。因他头脑聪慧，在田雄身边耳濡目染，居然也学会了认字，并能写一手的好字，深得田雄夫妇的喜爱。

听到这里，木华黎问道："看样子，这田雄与田尚义都是汉人了？"

石天廷点点头说道："他们都是汉人，我与田尚义曾有一面之交。"

"那好啊，派你去兴中府走一趟，能招降他们父子，岂不更好？"

木华黎说完之后，看看石天廷又道："像田雄、田尚义父子这样的人品，对金朝女真人的态度不会好的，说不定他们早有投附我们蒙古人的意思呢！"

石天廷去了兴中府，果如木华黎所料，田雄与田尚义立即答应，并让田尚义送来丰厚的慰劳品：牛五十头、羊一百头，还有粮食谷物以及果品等。

木华黎看看这位昔日的乞丐，不由得联想到自己的出身，觉得两个人入世前的遭遇何其相似！

由于这种与自己相似的经历，木华黎盛宴款待田尚义，后来又让他与田雄一起仍然任兴中府尹，寄予深切的信任。

木华黎在这次征讨金国的战争中，采纳了石抹明安的建议，正确执行成吉思汗"不准随意嗜杀"的命令，对降附者不杀，重用降将，起到了瓦解对手的作用。

正当木华黎在中都外围攻城略地、收降金朝兵将的战斗中高唱凯歌时，大将哲别领兵进军辽西，协助耶律留哥作战，已尽取辽西和辽东之地，使金军首尾不能相顾。

从此，金朝的龙兴之地——东北地区出现了三个半独立的政权：一个是辽宁开原的耶律留哥，一个是辽东的蒲鲜万奴，一个是锦州的张致。

这三个半独立的政权，先后都与金朝脱离了关系而依附蒙古，成为成吉思汗的属下了。

在宴会上，木华黎高擎酒杯，为哲别的凯旋、为将士们在中都外围战中的辛劳而共同干杯！他环顾在座的将领，欣喜地说道："我们遵循大汗的旨意，进行第四次征伐金国的战争，虽然只历时一个多月，但由于各位的奋力拼杀，我们已基本扫清了中都外围的敌对势力，使中都城变成一个孤岛。"

说到这里，木华黎停下来环顾一下，又说："也许有的将领又要提出攻打中都城了，认为时机已经成熟，我以为，最好的攻城机会还没有到来，因此，我们下一步的行动，将是围城打援！"

三木合拔都立即问道："为什么现在不是攻打中都的最好机会？"

木华黎笑道："据侦探报告，中都城外金朝还有数十万兵力，我们一旦攻城，他们准来援助，会干扰我们攻城，不能速战速决；另一方面城内的金军见我们围城，时间一长，必然生变，到那时，中都便唾手可得，岂不更好？"

众将听了，都由衷地表示钦佩之情，一齐喊道："我们谨遵元帅将令，听从指挥。"

次日，木华黎命令三木合拔都、石抹明安等领兵四万人，包围中都，并叮咛道："一定要围得水泄不通，让城里逃不脱一人，城外进不去一人。出了纰漏，将逐层追查责任，并按军法处置！"

军队出发前，木华黎又把三木合拔都与石抹明安留下来，详细地嘱咐他们说道："中都城门多，每座门都应有将领负责，白天值班，夜间巡逻，用明察暗访的方法时时督促。"

木华黎又要他们安排好将士的生活等，才放心地让两人回去，然后与大将哲别带领兵马，与两万乣军会合，驻军于中都城北老军营附近。

为了掌握金朝军队的动向，木华黎派出他的侦探，四处打听，了解敌情，并要他们随时回来报告；同时又命令部队时刻保持戒备状态，随时准备打击援助中都的金兵。

而中都城里的留守主将完颜承晖，正与他的副帅抹然尽忠为了一个女人在明争暗斗呢！

金宣宗撤离中都的前夕，封平章政事完颜承晖为右丞相、定国公，让他担任守卫中都的大元帅，主持城内军政事务。又封尚书左丞抹然尽忠为申国公，任副元帅，协助完颜承晖守卫中都城。

后来，金宣宗撤离中都，逃到汴京不久，太子完颜守忠也相继撤离中都。太子临走时，将自己的一个爱妃碧玉琬儿赐给了完颜承晖，希望他为大金国守住这座都城。

完颜承晖忠心有余，才气不足，尤其在军事上是个外行。而抹然尽忠本是武状元出身，又久在军旅，对排兵布阵、用兵打仗自然是内行了。

为了合力守卫中都，完颜承晖在太子走后的次日晚上，办了一桌丰盛的酒席，派人把抹然尽忠请来，想在酒桌上加深情谊、融洽关系，期望两人同心协力，共守中都，完成宣宗皇帝交给的重任。

酒宴中间，完颜承晖想借机显示太子对自己的信任，便让碧玉琬儿出来斟酒。

谁知抹然尽忠虽是行伍出身，却是一个好色之徒，一见这女人长得婀娜美丽，如花儿一般，不由得两眼发直，竟忘了去接她手里的酒杯了。

这时候，碧玉琬儿娇声说道："请大将军饮酒！"

抹然尽忠这才醒悟过来，急忙从她那双玉一般白皙的小手里接过酒杯，一饮而尽，说道："多谢美人！"

说完，又盯着碧玉琬儿上看下看，问道："你今年多大了？"

"到下个月的今天，我整整十八岁。"

"你叫什么名字？"

"我的名字是太子所赐，名叫碧玉琬儿。"

听了这个美妙的名字，粗通文墨的抹然尽忠借着七分的酒意，夸奖道：

一代天骄：成吉思汗

"好，好，这个名字太好了！确实是一块稀世罕见的碧玉啊！"

说完，抹然尽忠就想扑过来搂住她，温存一番。

恰好这工夫，完颜承晖朗声说道："太子离开中都时，把她赐给了本帅，目的还不是希望我们合力同心。"

抹然尽忠听到太子把这美人给了完颜承晖，而不是自己，下边说些什么他根本听不进去了，心里嘀咕着："太子把这美人给了你，那你就去领兵打鞑子去吧！这话到底是真是假，还难说呢！"

想到这里，抹然尽忠不由问道："太子真是把她给了你？此话……当真？"

完颜承晖一听，心中很不高兴，但是他克制住自己的情绪，说道："这能有假么？不信，让她自己说！"

那碧玉琬儿听了，却忸怩作态，过了好一会儿，才含糊不清地说道："是……是那么说，太子要你们两人携手合作，共同把中都守住呢！"

这碧玉琬儿实在不想与完颜承晖在一起。使她难以忍受的是，这位老朽的口臭与狐臭，几乎熏得她整夜难以成眠！

现在，见到抹然尽忠年轻力壮，又是一表人才，心里更增加了对完颜承晖的厌恶。

可是，当着完颜承晖的面，她又怯于权势，不敢说出心里的想要说的话来，只得含糊其辞。抹然尽忠虽有醉意，头脑还是清醒的。他立刻看出这碧玉琬儿对自己有点意思，不便明说罢了。

于是，抹然尽忠把酒杯一撂，说道："好了，那就让你们去携手合作，守中都吧！"

说完，双手一挥，向完颜承晖告辞道："感谢大帅的盛情款待，告辞了！"

完颜承晖向碧玉琬儿狠狠瞪了两眼，忙上前拉住抹然尽忠，劝阻道："别急着走呀！菜还未上齐，酒也未喝好，怎能走呢？"

他又扭头对碧玉琬儿吩咐道："还不快留住大将军！"

碧玉琬儿听了，慌忙走过来，拦住抹然尽忠，对他嫣然一笑，说道："请大将军再喝几杯，天色还早哩！"

就这一句话，把抹然尽忠喜得心里直痒，他立即转怒为喜道："既然美人留我，我就不走了。"

他一边说着，一边陡地转过身，面对碧玉琬儿，迅速在她那丰满坚挺的胸脯上抓一把。只见碧玉琬儿慌忙退后一步，掩饰说："请大将军坐下再喝两杯吧！"

经过这么一折腾，完颜承晖已看出抹然尽忠的心思了。他也感觉到碧玉琬儿对自己冷淡，而对那位大将军却卖弄风情，有意挑逗。

完颜承晖十分后悔，不该让这个女人出来斟酒，如今弄得进退两难。若是把

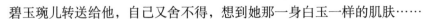

碧玉琬儿转送给他，自己又舍不得，想到她那一身白玉一样的肌肤……

完颜承晖坐在酒桌边默默地想着，猛一抬头，见抹然尽忠正与碧玉琬儿喝得热闹哩。二人眉来眼去，他心里很不自在。

又过了半个多时辰，见抹然尽忠真的喝醉了，完颜承晖才不得不笑着下逐客令了："大将军今晚喝得不少了，我们下次再……"

未等他说完，抹然尽忠打断他的话，说道："我没有喝多少酒，你若不信，让碧玉美人说！请……请让……美人，美人……"

碧玉琬儿也喝得酒意朦胧，只见她两颊红晕，小嘴儿"嘿嘿"地笑着，露出两排糯米牙，胸脯一起一伏，令人一见，欲念顿生。

这工夫，抹然尽忠借酒壮胆，猛然走到碧玉琬儿近前，伸手搂住她的细腰，另一只手按在她的胸脯上揉了几下，说道："我未喝醉，我还要你陪我喝。"

完颜承晖一见，心中非常生气，但又不便发火，立即对门外的侍卫命令道："快！快送大将军回府里去！"

两个侍卫费了九牛二虎之力，才把抹然尽忠送走。完颜承晖总算松了一口气，他转身再看那美人碧玉琬儿时，只见她伏在桌子边上，已呼呼大睡。

完颜承晖立即走过去，提起精神，拦腰把碧玉琬儿抱起来，把嘴巴凑到她的又白又嫩的脸颊上去亲了几口。

忽然，她举起小手，在他脸上打了几巴掌，说道："你那臭嘴别碰我！"说完，一使劲，从他怀里挣脱出来，飞也似的跑进里屋去了，接着便传来"砰"的一声关门的闷响，使完颜承晖不由一惊！

过了两天，抹然尽忠的副将完颜师姑来了，他向完颜承晖说道："大将军派末将前来请元帅到城上视察，对城上的防守情况、人员分配等，提出意见。"

完颜承晖说道："军事上的事情，大将军可以做主的，我去看了也无多大用处，也提不出什么意见，不必去了吧？"

完颜师姑却坚持要他去，并对他说道："你是元帅，怎能不去呢？又是大将军请你去，你若不去，既辜负了大将军的心意，我也要遭惩罚呀！"

于是完颜承晖只得随着抹然尽忠的这位心腹将领，一起走上城头，忽见一个士卒走上前来，向两人报告道："大将军有些急事等着处理，稍晚一会儿再来，请元帅先到城上视察。"

完颜师姑便一边陪着这位对军事一窍不通的文官元帅视察，一边向他汇报城头布防的情况，还不时地指指点点，介绍哪儿是重点防守的地方，哪儿是暗防……

不知不觉，两人已走完了两处城门，还不见抹然尽忠来，这位大将军到哪里去了？

原来，抹然尽忠那晚回去之后，总是想着碧玉琬儿，吃不下饭，睡不着觉。

一代天骄：成吉思汗

这事让他的亲信完颜师姑知道后，两人便定下这计策，将完颜承晖调出来，由完颜师姑陪着到城上视察，他自己好去与她幽会。

这时候，抹然尽忠已来到碧玉琬儿的住处，两人一见面，如同干柴烈火，再也不想分开了。

抹然尽忠色胆包天，竟然让碧玉琬儿穿上男装，随在他后面大摇大摆地走出府去。

完颜承晖回府听说这事之后，起先气得火冒三丈，打算派人去向抹然尽忠讨回碧玉琬儿，但是转念一想，在此国难当头，正当用人之际，为了一个女人与自己的主将闹翻，岂不让人耻笑？

想来想去，只怪自己当初不该引狼入室，如今女人被他夺去，再去得罪他，更不值得了，不如顺水推舟，由他去吧！

过了几天，抹然尽忠主动上门，表面上是来商讨守城事情，实际是来探听口风。两人都对碧玉琬儿只字不提，但各自心照不宣。

完颜承晖表现出十分大量的样子。对他说："守卫中都之事全仗大将军鼎力负责，不可大意啊！"

抹然尽忠说道："城内兵力不足，请你向皇上告急，希望急调兵马前来救援，以解城下之围。"

于是，完颜承晖立即派人向金宣宗告急，谁知城下蒙古军队围得铁桶一样，送信人刚出城就被抓住了。

完颜承晖的告急文书送到木华黎那儿，只见奏书上写道："……中都周围大山城镇多被蒙古人占领，中都城已变成一座孤岛了。我等虽然决心以死守城，又岂能久长？唯望速遣兵力，信道来援，或许可以内外联合，迫使蒙古退军……"

木华黎看后，心生一计，与哲别、斫答等商议，立即物色一名头脑灵活的士卒，让其扮作城内送信人模样，急速把这告急文书送与金宣宗，然后再如此如此……

不久，金宣宗接到完颜承晖的告急文书，立即向各地下达诏书，督促发兵援助中都。

此时，金朝元帅左监军永锡率领中山、真定的兵马一万五千人，元帅左都监乌古论庆寿带领大名兵马一万八千人，还有西南路步骑一万一千人，河北兵一万人，合在一起大约有六万人之多，分别向中都开进。

为了补充中都城内军队和居民粮食，金宣宗又命令参知政事、大名行省孛术鲁德裕从各地调集粮饷，解救中都缺粮的危机。

金宣宗派御史中丞贾英俊任运粮特使，要他赶赴大名，尽快把粮食送到中都去。

这位逃跑到汴京的大金皇帝，为了鼓舞中都军民的士气，特地颁发一份诏书，其中说道："……本想到中都亲临慰问，奈因战事不息，祸祟不绝，加上路途遥远，诸多不便。"

金宣宗父子既不肯"朝暮矢石"，又不愿"暴露风霜"，在大难临头时，相继南逃，却用一纸诏书安抚民众，要求中都的官吏军民"忠心报国，无有二心"。这不过是故作姿态，自欺欺人罢了。

对金国朝廷的一举一动，木华黎侦察得再清楚不过了，他见将领们听说支援中都的金军有六万人之众，有的不免露出惊吓的表情。

久经战阵的木华黎深知在统帅军队、迎击敌军的临战之时，一定要激励将士的士气，鼓舞他们的斗志，让他们对眼前的战斗抱必胜的信念十分重要。更为重要的是，要向将士们分析军事形势，把战争的主动权交给自己的将士，让他们发挥自己的聪明才智。

于是，木华黎说道："你们不必担忧！我们的军队将以逸待劳，凭险待战，诱敌深入，各个击破他们。"

接着，木华黎又提醒将士们，不要被所谓六万大军的气势所吓倒，他向将士们指出："别看金朝来了六万援军，其实没什么了不起，因为他们来自各地，首领多，指挥不一，纯粹是一群乌合之众。一旦两军对阵，必将退缩不前，各部会互相观望，彼此推诿。那领兵在前的，必定是头目。我们的原则是伤其头目，一旦头狼受伤，狼群必然溃败而逃。"

最后，木华黎又向将士们指出具体打法："别以为我们的军队数量上少一些，可是，只要我们集中兵力，出其不意，攻其不备，各个击破，必能大获全胜。"

木华黎向将士们分析了己之所长，敌之所短，他又宣布了这次打援的战术原则："据险诱敌，伤其头目，集中兵力，奋勇合击，重在招降，不准滥杀。"

根据侦探报来的消息，来自中山、真定府的一万五千兵马正昼夜兼行，往中都赶来，已相距不过一百里路。

为了打好这第一场阻击战，木华黎认真察看地形，很快将兵力部署就绪，静待敌军的到来。

带领中山、真定府一万五千兵马的统帅，是金朝的元帅左监军永锡，此人是文官，又自以为是。他的队伍到达雁翎山下时，手下的将领纷纷向他建议道："这里山势险要，地形复杂，大军不可贸然前进，不如先派一支兵马先去探路，然后再让大队人马通过。"

永锡却冷笑道："蒙古军队远在百里之外的中都城下，他们不可能在这深山里埋伏军队的。"他不听将领劝告，坚持让队伍继续快速进军。谁知走不多远，便发现山路不仅难行，而且路上障碍太多，人马不得不拥挤着行进。

这时候，将领们又来劝阻，反被永锡叱道："我们既来援救，怎能贪生怕死，拖延时日呢？"

一代天骄：成吉思汗

谁知他的话音刚落，忽听山坡上一声呐喊，大大小小的石块从山坡上飞滚下来，砸在金军的队伍里，金军顿时死伤一大片。

　　接着，山坡上的蒙古军队万箭齐发，高声叫喊着冲下山来，把永锡的队伍截成几段。

　　金军刚想反抗，只见前面有一支蒙古军队拦住去路，路旁的石头后面、草丛中，刷啦啦一下子冲出成千上万的蒙古军队，他们手执大刀，在惊慌失措的金军里乱砍乱杀。

　　未经历过战阵的永锡早吓得抖作一团，躲在一块大石头后面，动也不敢动了。

　　金军中的几名将领想带着自己的人马夺路逃走，但是，前有阻拦，后有追兵，两侧全是蒙古军队，哪里逃得出去？

　　忽听山坡上有人大喊道："别替金朝卖命了，赶快投降吧！"

　　"投降才有活命，反抗死路一条！"

　　于是，金军只有放下兵器投降。

　　木华黎命令清扫战场之后，一查点人数，这一万五千金兵除死伤两千多人以外，竟俘虏了一万两千多名，而蒙古军队只死伤了不到二百名士卒。

　　这头一仗打援，竟取得如此巨大的胜利，使蒙古将士深受鼓舞，更加相信他们的统帅——木华黎用兵如神了。

　　因为金朝还有三路援军，木华黎对将士们说："骄兵必败。虽然这一次我们打胜了，但是金朝还有三路援军呢！因此我们不能轻敌，一定要把他们全部消灭。"

　　根据侦探报来的消息，木华黎立即命令兵马分头埋伏起来，自己则领着一支队伍堵截贾英俊运粮队伍。

　　这个贾英俊，本是一个驸马，这次从山东大名府凑聚到八十余万斤谷物、粮食，其运载任务是不轻的。

　　当时金宣宗派他负责护送，就有大臣提出反对意见："贾驸马虽然为人正派，也很有见识，但是他只是一个文臣，没有指挥军队的作战经验，一旦途中遇到战事，那就……"

　　可是，金宣宗既无能，又刚愎自用，听不进劝言，坚持让他的驸马担当这个护粮官。

　　这八十余万斤粮食要一下子运走，尤其是送到千里之外的中都去，可不是一件简单的事。

　　贾驸马来到大名府，凭借着钦差大臣的令牌，立即征集到两万六千多士兵，一千五百辆送粮的牛车，并向将士们下令道："因为粮食太多，牛车装不下，要求全军将士每人背粮三斗，若有违抗，按军法处置。"

　　这一声号令，引起全军议论纷纷，将士们都不愿背粮。有个叫何由札儿的将领前来劝阻道："自古以来，军队中有专职的运粮军队。我们既要打仗，又要运粮，不伦不类，岂不大大削弱军队的战斗力？"

贾驸马听他说得有理，但又无法完成运粮任务，只得好言安慰何由札儿说道："当前，国难当头，困难太多，何况命令已经下达，不好收回了，只得委屈一下，把粮食送到中都，也算是对大金的一份贡献了！"

可是，何由札儿根本不听，坚持着说道："军队尚未出动，就发错号令，又不更改，必然引起将士们的不满，一旦闹起事来，岂不耽误运粮任务的完成？还是及早纠正为好。"

贾驸马本是个文官，早已看出将士们对自己有不满情绪，这时听了何由札儿的话中带着刺儿，便恼羞成怒，想趁机来个杀一儆百。只见他脸色一变，两眼一瞪，大喝一声道："你是有意来刁难本帅，带头违抗号令！"

说完，他把皇帝老丈人赐给自己的尚方宝剑一挥，竟让侍卫把何由札儿拉出营门之外，一刀砍了，并把那鲜血淋漓的人头挂在旗杆上示众。

这一招"杀鸡儆猴"果真有效，全军将士立刻吓得大气也不敢出了，只得老老实实地背着三斗粮食，赶着那一千多辆装满粮食的牛车，吱吱嘎嘎地出发了。

这消息很快被木华黎侦察清楚，立即命令大将神撒等率领五千骑兵，前去截击；自己带着五千骑兵去拦劫另一路从涿州出发的运粮队伍。

三天后，贾驸马的浩大运粮队伍，在霸州青戈一带被神撒的骑兵截住，遭到冲杀。那些运粮的士兵都未经训练，纪律涣散，又怎能抵挡得那狂风般袭来的铁骑呢？

在蒙古铁骑的冲击下，金军顿时变得溃乱不堪，士兵丢下粮袋，抛下运粮车，四下里逃去，把那数十万斤粮食全都丢在了路上。

这工夫，贾驸马刚喝了酒，正神志不清，躲在营中向侍卫问道："外面人喊马叫的，出什么事了？"

那侍卫正在收拾自己的行装，准备逃跑，听贾驸马向他问话，不好明说，便撒谎说道："将士们休息，闹着玩的，你躺着吧！"

说完，提起小包袱卷儿，一溜烟儿地跑走了，把大金国皇帝的钦差运粮官、贾驸马一个人扔下不管了。

后来，蒙古骑兵冲进营帐，把贾驸马抓住，送到神撒将军处，被问道："你是什么人？"

"我是贾……贾驸马！这……不是假的，是……是真的，真……驸马呀！"

他的醉梦中的呓语般的答话，引来一阵哄堂大笑。神撒大声说道："看来，大金的气数已尽，不然，怎么用这些废物。"

说完，大刀一挥，示意他的部下杀了这个金王的运粮官。

不久，另一支运粮队伍也在中途被木华黎带领的骑兵队伍截住，被杀得大败

一代天骄：成吉思汗

而逃。

金国的两路送粮队伍全在中途被截，军粮也成了蒙古人的军粮，中都城里一颗粮食也未得到。因为得不到消息，军民仍在望眼欲穿地盼着他们的皇帝送来救助哩！

木华黎一边派人押着粮车，送往蒙古，一边把队伍带回中都城下，与另外两支打援的兵马汇合一起，准备攻打中都。

木华黎在"围城打援"中，除伤亡者以外，共俘获了金军近两万人，还成功地截获了救援中都的八十余万斤军粮并及时地送往蒙古，这是一个巨大的胜利，因此得到成吉思汗的赞扬。

这时的中都城，正处于粮尽援绝状态，到处出现了人吃人的现象。完颜承晖找到抹然尽忠，指着城内满街躺着的饿莩说道："蒙古军队兵临城下，救援迟迟不至，城破之日将在眼下，你我同食大金俸禄，理应同死社稷，誓死保卫国都。"

抹然尽忠听言，连忙点头说道："这个自然，请元帅放心，我一定坚持守到底，决心与国都共存亡！"

可是，他暗中却在准备逃跑，心里说道："去你的吧！你愿意做大金国的殉葬品，随你的便，何必在临死前还要拉住我垫背哩！"

想毕，他便去找自己的心腹完颜师姑："现在摆在我们面前两条道路，一条是守在城里，最终也死在城里；另一条是逃出城去，或许能侥幸逃出，捡得一条性命。你以为怎样？"

完颜师姑担忧地说道："逃出去当然好了，只怕是逃不出去，还落个罪名呢！"

抹然尽忠叹息着说道："人快死了，还操那么多心干什么？什么罪名不罪名，只要能让我逃出城去，什么内奸、叛逆的罪名我都愿意承担！"

完颜师姑听了，眉头一皱，计上心来，道："后宫里那么多鱼饵，为何不用呢？"

猛然听到这位亲信的什么"钓鱼计"，抹然尽忠一时还弄不明白，想了一会儿，才恍然大悟，他哈哈大笑道："啊，我懂了！她们确实是现成的钓饵，为什么不用呢？"

二人相视开心地大笑起来，然后又低声合计了一番，便分头去准备。

原来两人准备开城逃跑，又担心城外蒙古军队围得里三层外三层的，怎么能逃得出去？一旦逃不出去，准被蒙古人杀死，到那时落得个身死名无，太不值得了！

于是，完颜师姑提醒他的主子，让他利用金朝皇宫里的几百名宫女，让她们打头阵。那些蒙古人一见那么多美女出来了，准忙着去抢女人了，他们便可以趁机逃出去，这不是一个很好的"钓鱼计"么？

当晚，抹然尽忠派人去把守卫皇宫的禁卫军头目希然列拉找来，对他说道："当前，人无粮食，马无草料，士兵不能饿着肚子守城，你看怎么办？"

希然列拉说道："听凭大将军指挥，我没有好的办法。"

抹然尽忠告诉他说："你眼皮子底下就有救命草，为什么看不见呢？"

希然列拉不禁一怔，问道："在这节骨眼上，大将军何不明说？"

抹然尽忠遂将他与完颜师姑的"钓鱼计"说与他听，最后又提醒道："眼下只有这一条路，只有利用这个办法，否则，你、我，还有全城军民，都将被蒙古人困死在城里，一个也不能活着出去。"

希然列拉也只得同意这个逃跑计划。二人又密议了一番，决定次日夜里行动。

这个禁卫军头目回到皇宫里，心里说道："我整年整日地守着皇宫，里面关着那么多的美女，我却没有机会碰过一个，这也太冤枉了！"

想到这里，觉得明天夜里她们要被送去引诱蒙古人了，那可是肉包子打狗——有去无回的；自己也要去逃命，再也没有机会见到她们了！何不借此机会，闯进宫里去，与她们亲亲热热地玩个痛快？

希然列拉遂大吃大喝一顿。他深知酒能壮胆，酒醉饭饱之后，向守门的士卒叮咛一番，便跟跄着脚步，闯进宫里去了。

按照规定，没有皇帝的命令，或是后宫太后、皇后的准许，任何人都不能进入后宫的。

当晚，希然列拉便闯进宫里。那些宫女们一见，真像饿狼猛虎一样地扑过来，七手八脚地一齐上前，连拉带推地把他拖进房里，不由分说，先扒下他的衣服，然后，一个个地向他怀里扑去……

这时候，宫门前的守卒见到希然列拉长时间不出来，便在外面议论起来了，有的说："宫禁重地，平日我们看一眼都遭叱责，现在他可好，居然在里面过夜了！"

"真是只许州官放火，不许百姓点灯了！他是不要命了，连皇帝的妃子也敢——"

正议论着，有一个胆子大的，说道："他如此胆大包天，公然违抗宫令，我们若不报告，也会被判个'知情不报'的罪名，一样要杀头的。你们在这守着，我去向大元帅府里告发他去！"

这守卒径直跑到完颜承晖那里，把希然列拉闯进后宫的事情，详述一遍，气得这位守城的大元帅当即昏倒在地。

经过急救，完颜承晖才缓过气来，他大哭道："反了，反了，他反了！真是色胆包天，色胆包天，色胆包天啊！"

完颜承晖号啕大哭了一会儿，他心里也清楚，如今兵权在抹然尽忠手里，这个希然列拉也是他的心腹爱将，自己手下无兵，又能奈他几何呢？

但是，这伤风败俗、有关大金荣辱的事情，怎能不管呢？

完颜承晖越想越气愤，越气越坐不住了，他在屋子里急得走过来，走过去，犹如笼子里的一头猛兽，嘴里不时发出呼哧呼哧的喘气声……

一代天骄：成吉思汗

突然，他站住了，大喊一声说："人活一世，草活一秋。我身为大金的重臣，怎能眼看着不管呢？"

喊罢，完颜承晖就气呼呼地往外走，刚走到门口，忽听他的侍卫对他说道："请大元帅留步，你这么一个人去，岂不是自讨没趣么？"

完颜承晖立即停下脚步，瞪住两眼问道："此话怎讲？"

"据我所知，抹然尽忠大将军正在调兵遣将，准备开城门逃跑呢！"

"你从哪里听到这消息的？"

那侍卫不紧不慢地告诉他："大元帅还蒙在鼓里哩！这城里无人不知，早人心惶惶了！"

完颜承晖一听，顿时立住不动。过了好一会儿，他才一屁股跌坐在椅子上。

那个侍卫见他可怜的样子，走过来说道："大元帅，我倒有个主意，不如派人去把大将军喊来，逼着他……"

"他若不来呢？"

"大将军不来，就证实了他要逃跑的事实。到时候，我们再想办法呀！"

完颜承晖一听，不禁眼睛里一亮，说道："未曾想，你倒是个人才呢。一旦有机会，本帅一定要提拔你做个谋士！"

那侍卫听了，有些受宠若惊地说道："请大元帅做好准备，我现在就去请大将军！"

那侍卫走后不久，抹然尽忠未来，却让他的亲信完颜师姑来了。完颜师姑进门就问道："这深更半夜的，大元帅有何急事？大将军身体不适，让末将来这里问问。"

完颜承晖心中很不高兴，立即打断他的话，狠狠地看着他，问道："你老实告诉我，听说你们商量着要开城逃跑，这是真的吗？"

完颜师姑是抹然尽忠的心腹，平日他仗着抹然尽忠的权势，根本不把这位不懂军事的文官元帅放在眼里，这工夫更加肆无忌惮。

他毫不隐讳地告诉完颜承晖说道："事已至此，我只得如实报告给大元帅了，大将军已经决定，明天夜里就……"

完颜师姑把他们的出逃计划，一五一十地向完颜承晖叙述一遍，最后又劝说道："大元帅也不可太死心眼了！如今，大金王朝如大厦之将倾，已岌岌可危！纵有千斤之手、万斤之躯，也难擎得住、顶得起了！不如顺其自然。"

"胡说！"完颜承晖恼怒地盯着他，大声地说道，"这是谁替他出的主意？不久前，他抹然尽忠还对我信誓旦旦地表示'要誓死守卫国都，将与城内军民共存亡'，怎么这么快就变卦了？出尔反尔！"

接着，完颜承晖竟急步上前，伸手抓住完颜师姑的衣领，问道："告诉我，是谁替他出的主意？难道是你？"

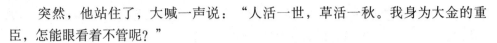
279

完颜承晖疯狂的举动，声色俱厉的质问，竟震慑住了完颜师姑，他不得不如实相告："是……是我替他出的主意！"

完颜承晖一听，气得大吼道："你们这样做，要把国家社稷置于何地？"

完颜师姑用力挣脱他的手，也激动地说："即使不这样做，国家社稷也救不了，你、我、他，还有全城军民，谁也活不了！"

完颜承晖听后，更加怒不可遏："住口！精忠报国，为国而死，虽死犹生；叛逆逃跑，临阵怕死，苟且活着，则猪狗不如！"

完颜承晖叫喊着，叱骂着，如疯子一般。吓得完颜师姑浑身颤抖，说道："请大元帅暂息雷霆之怒，有话好好商量，事已至此，只……只有按计行事了！"

完颜承晖大喝道："大元帅，大元帅，你们眼里还有我这个大元帅吗？"

说到这里，完颜承晖脸涨得血红，两眼喷着怒火，大声说道："好吧！我这大元帅最后一次行使大元帅的职权罢！"

说到此，手向外一挥，叫道："把这无耻的叛贼——完颜师姑拉出去，立即斩首！"

他的话音未落，门外已蹿进七、八条大汉，上前按住完颜师姑，将其捆住。完颜师姑被拉出去砍下了脑袋。

此时，完颜承晖觉得自己独木难支，便决心以死报效国家。

他写下了遗表，服毒自杀。临死前，还到家庙祭奠一番，沉痛地说道："……不能保全都城，是自己的罪过啊！"

完颜承晖死了，虽说他没有能够力挽狂澜，守住中都。但是，他已尽到责任，做到仁至义尽，死而无憾了！

为将如斯，夫复何言？

第二天夜里，抹然尽忠按计划领军出城，他把皇宫里的宫女们集中起来，对她们说道："城外的蒙古军队早已撤走了，我们要抓紧时间出城，皇上在城外等着你们呢！"

说完，他急忙命令士卒打开城门，让宫女们走在前面，自己则带着他抢来的那个美人碧玉琬儿，和他的一班亲信领着一支拼凑起来的兵马，一起出城了。

原来，把守南门的蒙古将领石抹明安，这些天见城上守军无精打采的样子，便向木华黎作了汇报，估计城内缺粮，说不定狗急跳墙，伺机逃跑，于是各门都加强了警戒。

这天夜里，石抹明安照常出来巡营，忽听城内有人马出动的声音，立即命令各营兵马做好准备。

就在这时，城门开了，冲出来一群年轻貌美的女子，蒙古士兵乐得一齐拍掌大笑，有人说道："城里的男人都饿死了吧？不然，怎么有这么多的女人往城外跑？"

石抹明安急忙命令士兵向后撤退，放那些女人过去。突然，紧随在女人后面的一队人马高声叫喊着冲了过来。

"这支人马要逃跑！得赶快拦住他们！"石抹明安一边向士兵们下着命令，一边拍马上前，手执大刀，拦住抹然尽忠的战马说道："想要活命，就下马投降！"

抹然尽忠也不搭话，举着大刀砍来，连砍几刀拍马便逃。石抹明安指挥兵马在后面紧追不舍，终因那些宫女在前面挡道，抹然尽忠越跑越远了。

快到中山时，抹然尽忠见后面的蒙古军队没有追来，便放心了，对他的亲信说道："若不是那些宫女在前开道，我们万难逃出蒙古人的包围，真是幸运啊！"

谁知他的话音刚落，蒙古大将哲别领着一支人马从斜刺里冲出来，拦住去路，大喝一声："还想往哪里逃？下马投降才饶你不死，否则只有死路一条！"

说罢，哲别大刀一挥，蒙古骑兵刷的一声将抹然尽忠一行人围在中间，他们插翅也难逃了。

"快下马投降，不然，我们就放箭了！"

抹然尽忠向周围一看，蒙古人个个把弓弦拉得紧紧的，透明闪亮的箭矢在夜色里泛着光，他不由打了一个寒战，心里说："蒙古人不会放过自己的，还是逃罢！"

想到这里，举起刀来，一声大喊："冲啊！冲出去才有活命。"

只见他挥舞着大刀往外冲杀，身后的金兵也随后呐喊着往外冲。但是，蒙古骑兵的弓箭一齐射向他们，金兵顿时倒下一大片。抹然尽忠最终没脱逃出去，死于乱箭之下，他那个美女碧玉琬儿也未能幸免。

哲别的这支队伍是木华黎事前让他埋伏在这里，因为这里是中都通往汴京去的要道，若有逃兵，必经这里，真是神算啊！

其实，石抹明安也知道这里有哲别的兵马埋伏，他见到抹然尽忠从这里逃跑，便故意放他一马，没有继续追击，无非是想麻痹他们。

后来，石抹明安领兵回去，与三木合拔都合兵一处，见中都城上群龙无首，便一声令下，不费一兵一矢，就攻进了中都城。

这时是1215年的5月，木华黎自三月出征，仅用两个月时间，先是扫清中都外围的金兵势力，接着利用"围城打援"，消灭了金兵的有生力量，然后不费一兵一卒攻下了中都城，圆满取得了第四次征金的巨大胜利。

木华黎派遣石抹明安、三木合拔都领兵进城，在城内安民禁掠，允许士兵将掠取的粮食、牲畜等在城内贸易，这样一来，既让饥民得食，又让士兵获财，这一举两得之计，使中都百姓安定下来了。

接着，木华黎派人向成吉思汗报喜说："全军将士托成吉思汗的齐天洪福，攻下了大金国都中都城。"

成吉思汗接到报告，欣喜万分，多天没有饮酒的他当即满饮三大杯，以示庆贺。

当时，成吉思汗正在桓州的凉泾避暑，他立即派遣大断事官失乞忽秃忽、汪古儿与合撒儿三人前往中都慰劳将士，并负责清理府库财产。

那时候，环绕中都城的周围城墙长达八十余里，城门有十二座，城内分为四个"小城"。

金朝的皇宫设在今日的天坛附近，同时还有一个夏宫，靠近今日"紫禁城"之"北海"的白塔寺一侧。

这座供金王驻夏的宫殿及其周围地域，就是今天北京的内城。在当时，这是一个供金王休闲娱乐的巨大公园。

成吉思汗担心金朝军队卷土重来，思虑再三，又派人向木华黎传达了摧毁中都的命令。

于是，蒙古军队立即放火，烧掉了皇宫，熊熊大火竟燃烧了一个多月。

成吉思汗只关心在占领中都之后，如何去接收金朝府库里的珍宝，即黄金、白银、珠宝、丝绸等。

当时，金国管府库的一个将官，名叫合答，他听说蒙古派来三位将官接收财宝时，急急忙忙亲自跑去迎接他们。

为了讨好这三位将官，他取了几件绣金的丝织品，作为个人战利品赠送给他们三人。这种绣金丝织品相当名贵，无论在当时，还是在今天，都是价值连城的珍品。

哈撒儿与汪古儿被这种名贵的丝织品所吸引，便收下了礼物。但是，身为大断事官的失乞忽秃忽却表现得很正派，他严词拒绝这种贿赂似的礼物，对那位合答说道："以前，这中都城里所有的珍宝，全部属于金王所有；如今，中都已被我们蒙古人占领，一切财产都是属于成吉思汗的了。你身为降将，怎敢擅自支配这些本已属于成吉思汗的财物？又把这些财物任意送给我们，真是胆大包天！我决不稀罕这些财物，你拿回去吧！"

失乞忽秃忽的这一席话，吓得合答拿着那件绣金丝织品屁滚尿流地逃回去了。

不久，三人回到成吉思汗处交差时，成吉思汗是很了解人的心理的，见到他们三人以后，便问他们道："那位合答向你们赠送了什么礼品啊？"

哈撒儿、汪古儿只得如实相告，并把那件绣金的丝织品拿出来，送给成吉思汗看。

大汗一边看着，一边连声赞叹道："好，真是巧夺天工，价值连城啊！"

忽然，大汗见失乞忽秃忽两手空空，问道："合答送给你什么礼物呀？"

失乞忽秃忽只得说："他也送这绣金丝织品给我，我拒绝了，没要。"

成吉思汗听了，很感兴趣地问道："你为什么拒绝收他的礼物呢？"

失乞忽秃忽当即回答道："我以为，在攻下中都城之前，府库里的一根绳子、一块手帕都是金国皇帝的。现在城已被我们拿下，一切东西都应该归于大汗

一代天骄：成吉思汗

所有，其他人怎么能随便占有？"

成吉思汗听了，不由得从内心深处喜爱这位义弟，非常佩服他的正直廉洁的人品和异常高洁的节操。

成吉思汗脱口赞道："好一个失乞忽秃忽！你真是识大体，慎职守，乃朕之忠臣也！……希望你永远成为我的眼睛、耳朵。"

为了固守中都城，成吉思汗命令札八儿火者、石抹明安等守中都，又加派耶律阿海、耶律秃花协助，并学习中原王朝，设立"中都行尚书省"，封耶律阿海为太师，行中书省事。

同时，成吉思汗利用攻陷中都的有利形势，立即派使者到金朝的新都汴京，提出撤兵的条件："……主动献出河北、山东尚未被蒙古军队占领的城市；金宣宗亲自去帝号，称河南王等。"

这条件实际是逼迫金国宣布不战而亡，金宣宗怎能答应？于是拒不接受这投降的条件，使者回到蒙古一报告，成吉思汗立即下令突袭金国的汴京。

可是，汴京有黄河天险防护，蒙古骑兵要想渡过黄河，除非有大量的船只，否则，只能望河兴叹了。

与众将领磋商后，成吉思汗决定采取迂回进攻的战略，从西面陕西一侧进攻河南。

1216年的秋天至1217年的冬天，成吉思汗命令大将三木合拔都带领蒙古骑兵一万人，经过西夏国，突袭了京兆（今西安市），并血洗了这座有"中国的罗马"之称的古城。然后，挥军南下攻打潼关。

这座建于后汉的雄关，西临华山，北距黄河，东接桃林，位于黄河与渭水的汇合处，是阻挡蒙古军队进入河南的重镇。

因为攻不下潼关，三木合拔都只得顺华山一侧继续向南，来到嵩山下，终于攻下了洛阳南面的汝州。

通过这片黄土高原，三木合拔都带领他的骑兵横扫了河南，直达金国的新都汴京（开封）。

但是金王在汴京周围部署了数万兵力，三木合拔都久攻不下，只得撤兵，从结了冰的黄河上经过，才把军队撤回蒙古。

这时候，由大将脱仑率领的一万蒙古骑兵也攻克了真定，放黄河水淹了东平，把东平洗劫一空。

史天倪等率领的一万骑兵则取兵东道，攻取平州，在广宁遇到了阻力，连攻多日才攻下广宁城。

在短短的几个月之内，蒙古的骑兵以摧枯拉朽之势，几乎把中原大地扫荡一遍，攻下了金朝八百六十二座城池，黄河以北大都成了蒙古人的天下。

# 一代天骄

## 成吉思汗

田芳芳◎著　　下册　　中国铁道出版社有限公司
CHINA RAILWAY PUBLISHING HOUSE CO., LTD.

图书在版编目（CIP）数据

一代天骄：成吉思汗：全二册 / 田芳芳著. —北京：
中国铁道出版社，2017.3（2021.9重印）
（中国历代风云人物）
ISBN 978-7-113-22657-2

Ⅰ.①一… Ⅱ.①田… Ⅲ.①成吉思汗（1162-1227）–
传记 Ⅳ.①K827=47

中国版本图书馆CIP数据核字（2016）第321213号

书　　　名：一代天骄：成吉思汗
作　　　者：田芳芳

责任编辑：刘建玮　　　　　电　　话：（010）51873038
封面设计：MXK DESIGN STUDIO　电子邮箱：liujw0827@163.com
责任印制：赵星辰

出版发行：中国铁道出版社有限公司（北京市西城区右安门西街 8 号，100054）
印　　刷：三河市燕春印务有限公司
版　　次：2017年3月第1版　2021 年 9 月第 2 次印刷
开　　本：787mm×1092mm　1/16　印张：32.5　字数：618千字
书　　号：ISBN 978-7-113-22657-2
定　　价：82.00元（全二册）

## 【第十二回】

## 关儿彭情急误施药，涂乃明势危错用兵

成吉思汗取得了第四次攻金的巨大胜利之后，把金国朝廷的势力赶到了黄河南岸，他对此已感到满足，也就不大关注在中原进行的战争了。

此后，他再也没有认真地发动攻势逼迫金王。即使在黄河以北，除了蒙古军队牢固控制的中都地区以外，他几乎只是把被他占领的中原土地看成是一块空地，一块供他留下的军队进行劫掠的地区。

成吉思汗之所以持这种看法，大部分是由于当时的蒙古人还不懂得城市生活方式。

在这段时间，蒙古军队每夺取一个城市，就进行洗劫，随后就放弃，离开城市。

而蒙古军队一旦离开，金国皇帝便派兵来收复这些城市；到了第二年，一切又从头开始。

双方就这么攻陷、收复，收复、攻陷着，如此拉锯似的蹂躏中原大地，造成百姓流离失所，饿殍遍地，原是沃野千里的华北大平原，因此而变成了荒芜的不毛之地。

1218年的秋天，成吉思汗已意识到金王朝不再是心腹大患了，便把主要精力转移到经略西方，而中原的广大战场便由木华黎大将主持。

木华黎，是被成吉思汗称为"车之有辕、身之有臂"一样关系密切的股肱之臣。

这位大将木华黎是札剌亦儿氏人，其祖父帖列格秃伯颜在成吉思汗消灭主儿乞人之后，率三子五孙来投。

后来，在一次与乃蛮人的作战中，帖列格秃伯颜的长子、木华黎之父古温兀阿掩护成吉思汗撤退。突然飞来一箭，眼看那箭矢将要穿向成吉思汗的胸膛，说也奇怪，那匹颇有灵性的战马突然奋起两只前蹄，头一昂，咴咴一叫，整个身体直立起来。就在这一刹那间，无情的箭矢竟射中了那匹战马的脑袋，战马当即倒毙死亡，成吉思汗侥幸获救。

但是，敌人已认出成吉思汗，继续对他进行围追堵截，欲置他于死地而后快。

在此危急之际，古温兀阿不顾个人安危，跳下马来，让成吉思汗骑上自己的战马迅速逃离危险。

而他自己只能步行作战，最终没能逃脱敌人的追击，惨死在敌人的战刀之下。

在后来的征战日子里，木华黎深受成吉思汗的器重，不仅由于他的非凡才干，也因其父为救自己而壮烈战死在沙场之上。

成吉思汗本是一个重义气、讲报答的明主，他对古温兀阿的救助之恩感念至深，对木华黎的才干又欣赏有加，于是在他们之间便建立了肝胆相照、荣辱与共的手足之情。

据说，木华黎出生时，有一股白气从帐中冉冉升起，神巫惊异地说道："这孩子出世不凡，将来必成大器！"

木华黎长大后，身高七尺，虬髯黑面，猿臂善射，性格沉毅，智谋过人。

在跟随成吉思汗征战的日子里，他也曾多次救过这位大汗。有一次，成吉思汗只率领三十人骑行于溪谷之间，突然，他向木华黎问道："如果在这里遇到了敌人，你怎么办？"

木华黎听后，不假思索地答道："我将以身体挡住射向大汗的敌箭！"二人正说话的工夫，敌人果真从树林深处冲出来了，向他们乱箭齐发。

此时，木华黎不慌不忙地取弓在手，瞄准追来的敌兵，连续射出三箭，结果是三发三中，而且个个被射中面门。敌首害怕地问："请问刚才射箭的将领叫什么？"

木华黎不紧不慢地答道："本人名叫木华黎，谁若不怕死，敢再上前的，定教他有来无回，死无葬身之地。"

数百敌人匆忙吓得退回林子里去了。成吉思汗夸赞道："你已经令敌人闻风丧胆，真是一员勇将啊！"

木华黎的威名早在蒙古草原上就如雷贯耳了，他跟随成吉思汗浴血奋战，从蒙古草原直到中原战场，或独率一军，主持方方面面；或辅佐大汗，运筹帷幄。战则必胜，谋则有功，他已成为成吉思汗的副帅和助手。

现在，成吉思汗在经营西方，踏上征途之前，须委托他人主持与金国战争的全局，继续维护蒙古在中原的统治地位，木华黎自然是最合适的人选了。

用人不疑，疑人不用，是成吉思汗用人的高明之处。多年以来，他对待部

一代天骄：成吉思汗

下，一旦看准了人，总是绝对信任他，大胆放手，只交任务，不干涉具体行动，从而使其及时到位，有职有权，这才能让其充分施展才能。在对待木华黎的任用上，充分体现了这一点。

早在1217年8月，成吉思汗封木华黎为"太师""国王"，并赐誓券金印，上刻"子孙传国，世世不绝"。

这里所谓的"国王"，实际只是爵位，并没有国土。以前成吉思汗曾将木华黎派到全国边境地区去，那些女真诸部就称他为"国王"，意即"一国之君"。

成吉思汗听说之后，对他说道："这个称号是个幸福征兆，真是太好了！"

于是，成吉思汗又在"国王"之前，加封了"太师"的职位，把全国战争的大权授予木华黎，可以"承制得专封拜"。凡攻金战争中的一切事宜，无需请示报告，皆可自行决策处理。当时，他说了一句流传很广的名言："太行之北，朕自经略；太行以南，卿其勉之。"

为了进一步提高木华黎的威信，体现他充分的指挥、生杀大权，成吉思汗还特地赐给他九尾白旄纛的大旗，并告诉诸将道："木华黎凭借这面大旗，以出号令，如朕亲临，军中所有将士，一律谨遵勿急，如有违拗，可以先斩后奏……"

这样的安排颇似中原帝王的尚方宝剑，可以看出成吉思汗对木华黎的依重，而金朝人甚至把木华黎称之为"权皇帝"，这里的"权"，意思是"代理"。

木华黎的政治地位虽然如此崇高，成吉思汗留给他统率的南征军，却不是蒙古军队的主力，也不是他原来统帅的左手军，而是一支名副其实的编师。

这支编师中有汪古部的骑兵一万名，蒙古探马赤军一万二千名，总计两万多人。

所谓"探马"，在汉语中是军队中的侦察人员；"赤"蒙语意为人。"探马赤军"，指的是打先锋的军队，它是以弘吉剌、札剌儿、幻军等五部为核心，由若干统帅将领参加指挥的一支杂牌人马。

这五部的先锋官是笑匿歹、阔阔不花、孛罗、怯烈台、按察儿以及不里合拔都儿军。

当时，木华黎就是依靠这些屈指可数的将帅、为数不多的军队，去对付拥有几十万大军的金朝的。

所以成吉思汗给木华黎比较宽松的"政策"，这位大汗语重心长地对他说道："为了西征，主力军都被我带去了，只给你留下很少的兵马。不过，你可以收服、招集各地豪强，以为己用，勘定未下城邑。"

木华黎听后立即表态："既然大汗如此器重于我，我将竭尽全力，完成所托，以至鞠躬尽瘁，死而后已！"

287

成吉思汗又说道："中原的城市墙体坚固，非用炮火难以攻下，新建的这支炮兵队伍也由你带去吧！但愿它能够助你一臂之力！"

木华黎立即辞谢道："大汗的关怀爱护之情意我早已领受了，只是西征任务也很繁重，这支炮兵队伍还是随大汗去西征吧！"

成吉思汗急忙摆手说道："不，不！我已说过，留给你指挥了！"

他说到这里，立刻对炮兵队伍的总指挥耶律阿海及其兄弟耶律秃花说道："以后你们就随木华黎南下征金了，让你们的大炮发挥威力，对中原大地上的坚城猛烈地开炮吧！"

耶律阿海兄弟答应之后，便向木华黎说道："这支炮兵队伍本来就是在你的指导下创建起来的，如今只不过是又回到你的麾下。"

木华黎插话道："不能那么说，那是在大汗的亲自关怀指导下，才创建了这支炮兵队伍，我怎敢贪功呢？"

木华黎的谦虚谨慎、不为名利的埋头苦干精神，给众将领留下深刻的印象。

当木华黎受命之时，长城内外、黄河流域到处一片混乱。

蒙古军队的主力一撤走，金朝的军队便陆续收复了黄河以北广大地区，蒙古军队只控制中都等少数战略要地。

与此同时，各地农民起义军、地主武装也乘乱而起，纷纷割地自保，金国朝廷还以封官许愿进行收买，利用地主武装与豪强势力，妄图借他们来对抗蒙古人。

南宋政权也乘机向北拓展势力，招降纳叛。长城内外形势变得错综复杂，极为混乱。

木华黎立即招来全军将领，说道："有人以为这次南下攻金，兵少将寡，担心完不成任务，我不这么看。自古以来，兵法家曾说过：兵不在多，而在精；将不在勇，而在谋。中原古代的姜子牙，年过古稀，手无缚鸡之力，却能登台点将，帮助周武王定天下。三国的诸葛亮，一个文人，儒雅风流，却用兵如神，往往以少量兵力，杀得曹操丢盔解甲、望风披靡。再说，我们的大汗从蒙古草原打到中原大地，几乎每一仗都是以少胜多，以弱胜强，逐渐消灭了敌对势力，而壮大了自己。为了不辜负大汗的期望，胜利完成这次南下任务，请各位将领献计献策。"

耶律阿海道："当前的金朝如同一棵被蛀空的大树，大风一吹，要不了多久，准会倒下的。表面上看，它还有数十万军队，实际上，将士离心，各有各的心事，没有多少战斗力。只要我们采用正确的招降政策，几十万军队会很快土崩瓦解的。"

听了耶律阿海发言之后，木华黎忙问道："什么是正确的招降政策，不妨直说。”

未等耶律阿海回话，史秉直立即说道：“我以为正确的招降政策，就是指要进行一系列政策上的调解，如禁止随意杀戮，改变动辄屠城的政策；禁止剽掠，注意保护百姓的生命财产；宽大地对待那些反复者；注意对占领地区的治理，巩固后方基地等。”

木华黎听后，连连点头：“很好，这些意见都是对的，在不久前攻打中都的战斗中就有了体会，我们一定把这些作为军令传达下去，如有违犯，用军法处治，才能逐步改变抢掠人口、财物的坏习气。”

这时候，五部先锋官的参谋不里合拔都儿针对改变蒙古军队的旧习气，提出了意见：“多少年来，我们蒙古民族以骑马立国，历来是夺地不守，以抢掠财物、人口为主，因此连年征战不息。这种游牧国家的指导战争的思想与定居国家的战争环境相比是很不适宜的，必须加以改变，应该把物质丰富、人口众多的城市和丰腴的土地作为永久性的征税源泉，而不是一时的掠夺对象。”

史秉直又说道：“改变游牧民族的战争模式，转变方向，学习宋金制度，采取攻一城，占一城，保一城的战略，是我们这次南下的任务之一。不然，我们花了很大的代价，获取了城邑，随即离开，又不派兵戍守，岂不是劳而无功，至少是劳而少功啊！”

由于木华黎虚心接受部下的建议，采取正确的招降政策和策略，不出几年工夫，便在中原广大地区打开了局面，并扎下根来。

1218年的秋末冬初，木华黎重点进攻山西，准备夺取太原。太原的守将名叫完颜行玉，是金宣宗的侄子。一番激战，太原城被木华黎攻下了。

木华黎命令史天倪、刘黑马等在城内四处张贴安民告示，打扫战场，查点府库财物。

为了运用攻一城、占一城、保一城的战略，木华黎委任老将军刘伯林及其长子刘黑马为太原城守，要他们按照中原人统治城市的方法，负责管理太原城。

接着，木华黎乘胜攻陷了离太原不远的平阳，又用不到两个月的时间，横扫山西全境，不久又向河北进军。

1219年，木华黎的大军占领山西、河北之后，收降了汉族将领董俊、董文炳父子以及李庭植家族，军队的声势更加壮大。

木华黎根据成吉思汗的一贯思想与策略，充分利用金朝境内的各种矛盾，先后招降纳叛，重用许多汉族、契丹人，甚至还有女真人出身的金朝将领，所以仅用了不到五年的时间，已基本平定了辽西、河北、山西、山东等地，攻城七十余座，使蒙古军队在金朝的广大地区打开了局面，扎下根来。

木华黎派遣使者去向成吉思汗告捷，向大汗报告五年来的辉煌战绩，受到特

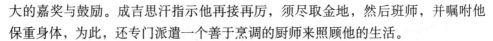

大的嘉奖与鼓励。成吉思汗指示他再接再厉，须尽取金地，然后班师，并嘱咐他保重身体，为此，还专门派遣一个善于烹调的厨师来照顾他的生活。

这个厨师名叫兀鲁也，他善于做一种食品，名叫活烫羊羔。成吉思汗最喜这种吃法，便派兀鲁也到木华黎身边，专做这活烫羊羔的食品给他吃，以加强他的营养，可见成吉思汗对木华黎真是体贴入微、关怀备至了。

由于木华黎的步步进逼，金国只得节节退让，不得不龟缩退守到黄河南岸，将兵力集中于潼关附近，北沿黄河两千余里，分为四段，派几十万大军分段坚守。于是形成了蒙、金隔黄河对峙的局面，为以后蒙古灭金奠定了基础。

木华黎接到成吉思汗继续进军的命令，趁着天寒地冻，率领大军涉冰渡过黄河，进入陕西，先占领同州（今陕西大荔县），再攻克蒲城，然后直抵京兆府城下。

京兆古称长安，宋称京兆，设府尹，位于渭河平原中部，为历史悠久的古城。完颜合答奉命防守，他先是在京兆周围实行坚壁清野策略，要求五十里之内不留一人一畜，连一间草屋也不给蒙古人留下，并在主干道上遍设障碍物，给蒙古骑兵的行动带来麻烦。

由于城墙坚固，城上防守严密，完颜合答又紧闭城门，不出城交战，蒙古军队久攻不下。此时又正当严寒酷冻，人缺食品，马少草料。木华黎见攻城无望，心急如焚，便领着众将到周围山坡上侦察地形，不想染上风寒，回营之后竟发热头痛起来。

当时的蒙古医生多是巫师出身，往往在治病中夹杂着迷信行为，有时又夹杂上医生对病人的恩怨感情在内，使治病变得扑朔迷离起来。

这个蒙古医生名叫关儿彭，本是太阳汗的御医，乃蛮部被灭亡以后，变为成吉思汗的随军医生。后为木华黎治疗腿疼时，用蚂蟥吸脓，居然有两条蚂蟥钻进木华黎的肉里去了。

蚂蟥在肉里乱拱、乱咬，疼得木华黎叫喊不已。成吉思汗知道以后，一气之下，非要杀他不可，还是木华黎救了他，替他求情道："关儿彭用蚂蟥吸脓，仅是医术不当，用意在治病，不是要害人，不该被处死，就留在我这里吧！"

成吉思汗答应之后，要他立即想办法把钻进肉中的蚂蟥取出来，抓紧治好木华黎的腿疼，不然，还是要处置他。

几天后关儿彭终于想出一个引出蚂蟥的办法：他将烤烟放在水里煮开，等到放凉后，把木华黎的疮腿浸入那烟水中，半个时辰以后，两条蚂蟥便爬出来了，并死在烟水里。

因为烟水有毒，木华黎腿上的脓疮，经烟水一洗，很快便起到了以毒攻毒的作用，没过多长时间，竟然痊愈了。

以后，关儿彭便留在了木华黎军营里。

谁知关儿彭竟有龙阳之癖。每每借着为士兵治病为名，对那些相貌端正、长相好看些的士兵格外热情，想方设法地为他们检查身体，仔细地看一看，摸一摸，甚至在无人的情况下，搂着亲嘴，干那男女之间的性爱之事。有时遭到某个士兵的反抗，当面对他使脸色，发脾气，以至辱骂他，他也吃得下，忍得住，处之泰然，事后仍然不改。

不久，木华黎便得知此事，将关儿彭喊来狠狠训斥一顿，警告他道："若再恶习不除，继续干那苟且之事，定当处治，绝不轻饶！"

关儿彭表面上唯唯诺诺，一旦遇到面貌姣好的士兵，他又含情脉脉，竭尽曲意逢迎之能事，并把木华黎的呵斥当作仇恨深埋心底。

这次趁着木华黎生病，关儿彭便生着法子整治他，说他冲撞了山神，要他蓬头赤足在雪地上向山神跪拜，祈求饶恕。又说木华黎身边有恶鬼缠身，为了替他驱鬼，关儿彭把冷水和着甘霜往他身上淋洒，浇得木华黎浑身湿漉漉的，冻得抖作一团。

经过如此折腾，木华黎的病体不但未好，反而愈加沉重。张柔等将领建议道："只听说用草药治病，未见过敬神驱鬼治病的，不如请汉人医生治一下看罢！"木华黎答应之后，吃了汉人医生的草药，果然见效，热退了，渐进饮食，病体不久便康复了。

由于京兆府久攻不下，木华黎只得命令撤兵，转而向西，对凤翔进行突然袭击。

凤翔守将是金国有名的大将完颜伯嘉，此人足智多谋，也是紧闭城门，拒不出战，在城上日夜加强防守，蒙古军队围攻了一个多月，仍然攻不下来，只得撤兵。

木华黎连急带恼，加上气候寒冷，操劳过度，原本虚弱的身体坚持不住，又病倒了。

一直是常胜将军的木华黎，在南征受挫之后，对部下大发感慨地说道："我受命专征，几年内便攻取辽西、辽东、山东、河北。如今面对京兆府，特别是小小的凤翔却久攻不下，难道我已智穷力竭，生命快要完结了吗？"

木华黎率领军队回到山西，至闻喜（今属山西）患病不起，溘然而去，享年54岁。

临死前，木华黎对其弟带孙说道："我为蒙古帝国披坚执锐四十年，东征西讨，数立战功，今天虽死也无遗憾。我感到所恨者，只是未能打下金朝的新都汴京，实在有负成吉思汗对我的期望，愿你今后为此而努力！"

人才难得，将才更难得，帅才尤其难得。

论文化程度，木华黎识字不多，但是，他独当一面，面对千军万马，指挥若定；并能以极少数兵力，在很短时间内占据华北大片国土，堪称军事天才。

也许他是从战争中学会了战争，在实践中积累了经验，经受了锻炼，特别是追随在成吉思汗周围，再加上他的忠诚、勇敢和自信，当然还有善于听取各种意见，争取并团结各民族降附的首领，使他在众多的部下面前受到尊重；他对降附的汉族、契丹族甚至女真族将领一律大胆重用，并能委以重任，因而大多数人一降之后，即死心塌地，勇往直前地去拼杀，竭忠尽智地献计献策。

木华黎一生忠心耿耿，英勇奋战，真正做到了席不暇暖，身不解甲，一生遗憾乃是金国未灭，不愧被成吉思汗视为"车之有辕，身之有臂"的股肱之臣。

木华黎死后不久，金宣宗病死，其子完颜守绪继位，即金哀宗，第二年改年号"正大"。

上任不久的金哀宗雄心勃勃，任用比较有见识的胥鼎、张行信等担任丞相之职，对抗蒙有功的完颜合答、完颜伯嘉等人，授以金虎符，并加官晋位，让他们手握军权，继续与蒙军对抗。

1224年10月，夏国派遣使者与金朝修好。次年6月，金夏议和，从此，金国又把主要兵力集中于黄河岸边，以对抗蒙古。接着，金哀宗又派重兵攻取山西、河北一些州县，原先降附木华黎的一些地方武装势力，在金朝强大兵力威慑下，重又归附金国。

河北真定在张柔归附蒙古以后，木华黎留张柔在身边，派史天倪与张柔原副将武仙管理真定。但木华黎死后不久，武仙便露出反相，暗中与金朝勾结，将坚持反金的史天倪害死，公开叛蒙，投降了金国。一时之间，"河朔诸郡，十九俱叛"，使蒙古失地折将，木华黎的几年经营几乎丧失殆尽。成吉思汗得到消息之后，立即诏令木华黎之子孛鲁袭承父职，坚持与金军及降金势力展开斗争。

孛鲁从小聪慧，成人后善骑射，对人宽厚，性格沉毅多谋，精通诸国语言，27岁承继其父遗志，袭领国王位，带兵攻金，收拾中原残局。针对金朝的复辟势力，孛鲁一到任，便团结坚定附蒙的汉族、契丹族将领，对金展开强大攻势。

武仙叛变以后，占据真定府与蒙军对抗。孛鲁命令被武仙杀死的史天倪之弟史天泽担任前锋，率领兵马攻打真定府。

1225年7月，两军在真定府城下对峙，武仙依恃金朝的强大兵力，带领十万兵马，扬言一举歼灭蒙古的孛鲁军。

为了击败武仙的强大攻势，孛鲁挑选了一千多头牛，把它们打扮起来。在牛身上披上一块毡毯，上面涂满花花绿绿的稀奇古怪的花纹。在每头牛的牛角上捆上两把尖刀，牛尾巴上系着一捆浸透了油的苇束。当天午夜时分，孛鲁命令部下把牛队赶到阵前，在牛尾巴上点着了火。

牛尾巴一烧着，一千多头牛被烧得性子发作起来，朝着武仙的兵营猛冲过去。

孛鲁领着五千精锐骑兵，手执大刀，齐声呐喊着，紧跟着牛队，冲杀过去。

这时候，一阵震天动地的叫喊声，吓醒了武仙兵营里的士兵。十万人睡眼惺忪，只见火光冲天，成百上千个脑袋上长着刀的怪兽，排山倒海般冲了过来，士兵们顿时吓得腿都软了，哪里还敢抵抗呢？

别说那一千多头牛角上的刀扎死了多少人，那五千名蒙古铁骑砍死了多少人，单是武仙的军队乱窜狂奔，相互被践踏、踩死的人都不计其数。

武仙吓得光着脊背，领着他的亲信五百人，左冲右突，费了九牛二虎之力才冲出牛阵，只身逃往汴京去了。

十万人马大部分被歼，其余的全部当了俘虏，蒙古大军缴获了战马一万余匹。

孛鲁的头一仗——火牛阵，一举消灭武仙的叛军十万人马，引起了巨大震动和反响。

于是，孛鲁乘胜反攻，整个黄河以北的广大中原地区，立刻响应起来，那些被金朝重新征服、占领地方的将士、百姓又都纷纷起来，杀了金朝的将领，迎接孛鲁军队。

武仙虽败逃汴京去了，他的干将葛铁枪仍盘踞在中山府，并伺机进攻蒙古军队。

孛鲁立即召集将领开会，征求破中山之计。他对全体将领说道："据说，葛铁枪勇猛异常，仗着他那杆铁枪打遍天下无敌手。我以为，这不过是匹夫之勇，不足畏也。只要我们运用计谋，准能打败他，不久前打败武仙的火牛阵便是最好的证明。请各位去掉'怕'字，换上'敢'字，积极开动脑筋，献计献策，争取早日攻占中山！"

董俊首先说："中山府背靠五平山，若能挑精干士卒千人，趁夜从后山坡突入城内，四处放火，内外夹攻，城虽坚固，不难攻破。"

降蒙的女真族将领奥屯世英说道："中山城里街巷甚深，又多为石墙瓦屋，放火较为困难；一旦误入死巷之中，很难走出。听说葛铁枪防守很严，单靠放火，恐难破城。"

原乣军将领肖札剌儿说道："葛铁枪曾两次派人来劝我降金，不如我派人前去向他诈降，何愁中山不能攻破？"

耶律阿海说道："我以为前面诈降，后面突袭，使葛铁枪首尾不能兼顾，他必然出南门逃跑，然后围而歼之，准能擒获葛铁枪。"

孛鲁听后，兴奋地说道："各位将领多是家父生前的臂膀，也是我的长辈，能够亲聆前辈的教诲，我深感荣幸！只要我们心往一处想，劲往一处使，对大汗竭忠尽智，即使葛铁枪有三头六臂，又何足惧呢？"

孛鲁遂听从众人的建议，依计吩咐人马，让他们各自分头去准备，自己则领着队伍埋伏在中山城南门外的树林深处。

次日，肖札剌儿派遣他的儿子胡齐兀儿去了中山城下，城上守军问道："你是什么人？敢来叫门？"

胡齐兀儿说道："我是肖札剌儿的长子胡齐兀儿，快去向葛铁枪将军报告，就说我有要事报告。"

不一会儿，城门"吱呀"一声开了一道缝，胡齐兀儿急忙挤了进去，被守门士卒带到葛铁枪面前。只听他高声问道："你有什么紧要事报告，快说罢！"

胡齐兀儿立即答道："我奉家父之命，前来归降。"

未等他说完，只见葛铁枪两眼一瞪，脸色一变，厉声大喝道："谎话，全是谎话！蒙古军队未攻打中山之前，肖札剌儿不接受我的劝降。如今，孛鲁的大军已兵临中山城下，他却派你来投降，这是诈降！能瞒得了我么？"

说到这里，他连看也不看胡齐兀儿便高声喝道："把他拉出去砍了！"

胡齐兀儿听后，一阵哈哈大笑道："难怪蒙古人说你是个只会耍弄铁枪的草包，今日一见，果不其然！"

葛铁枪不由喝道："等一下，你说说看，我怎么是个草包？若是说不出道理来，今天非杀你不可！"

胡齐兀儿紧盯着他问道："若是让我说出道理来呢？"

"那我就放了你，快说！"

胡齐兀儿立即说道："这是明摆着的道理，你听清楚了：在蒙古军队未来攻打中山时，家父若来投降，能有立功的机会么？如今，孛鲁的军队来了，家父本是带兵的将领，难道没有立功的机会吗？"

葛铁枪一听，觉得他的话有些道理，便让士卒放了胡齐兀儿，笑着说道："请不要见怪，两军阵前，我怎敢轻易相信呢？我对你父亲肖札剌儿曾两次劝降，他都没有答复我，刚才若不是你提醒我，险些杀了你，误了大事哩！"

说完，葛铁枪忙请胡齐兀儿坐下细谈。

这时，胡齐兀儿才说道："木华黎已死，其子孛鲁为人刚愎自用，心胸狭隘，火牛阵一仗取胜了，正在忘乎所以呢。家父对将军的神勇仰慕至极，早想归附，只是机会未到，如今只需……便可一举击败蒙古军队，活捉孛鲁。"

葛铁枪一听，兴奋得手舞足蹈起来，忙说："这太好了！真是'踏破铁鞋无觅处，得来全不费工夫'！我真一时糊涂，千万别见怪！"

胡齐兀儿又说道："请将军想想，家父若是诈降，能派他的儿子亲自前来么？"

葛铁枪要留胡齐兀儿喝酒，庆贺一下。胡齐兀儿推辞道："这几日正是孛鲁头脑发热之时，连续宴饮庆贺火牛阵的胜利，正是内应外合的极好时机，我得赶快回去向家父复命尽快行动，时间长了会打草惊蛇的。"

葛铁枪立即答应，约定当夜三更之时领兵出城，对蒙古军展开突然袭击，肖扎剌儿父子作内应，活捉孛鲁。

胡齐兀儿回到军营，把情况汇报以后，孛鲁十分高兴，表扬他说："攻占中山之后，为你记头等功！"

接着，孛鲁按原订计划命令各路兵马，分别到达指定位置，只等葛铁枪出城。

此时正是8月，当晚月明星稀，天清气爽，大地万籁无声，战斗打响之前的气氛异常紧张，令人窒息。

午夜时刻，忽听中山城里人马走动的声音传来，孛鲁对胡齐兀儿挥了挥手，吩咐道："你可以去了！"

胡齐兀儿带着两个随从，骑马往城下驰去，老远就听到城门"吱呀"一声开了，只见黑压压的一队人马，静悄悄地出了城。

胡齐兀儿忙令随从点起火把，连续晃动了几下，忽听对面葛铁枪说道："怎么样？孛鲁没有发觉我们的行动吧？"

胡齐兀儿立即答道："没有，孛鲁正在睡大觉哩！放心吧，守营的士卒全被我杀了。"

"你父亲现在哪里？"

胡齐兀儿听到问他父亲时，便向营里一指，轻声笑道："为你看守着孛鲁呀！"

葛铁枪笑道："捉住孛鲁，我们要好好庆贺一番，更要给你记头功啊！"

胡齐兀儿未等他说完，装着很急的样子道："你快进营里去捉孛鲁，我的肚子不好受，得赶快去厕所，等会儿我父亲会与你接头的。"

说完，提着裤子头也不回地跑了，很快便消失在夜色里。

有个将领走过来悄悄地说道："怎么兵营里这么安静，连一个守营的士卒也见不到？难道……难道这是一座空营？"

"刚才胡齐兀儿不是说了么，守门的士卒全被他杀了，我们杀进去吧！"

说罢，葛铁枪手举大刀，拍马向营里驰去，他身后的将士们也跟着葛铁枪，大声呐喊着，冲进营里："杀啊，活捉孛鲁呀！"

可是，空荡荡的一座兵营里连一个人影儿也见不到，葛铁枪先是大吃一惊，接着就勃然大怒，然后破口大骂道："好一个肖札剌儿父子！你们胆大包天，竟把老子给耍了！看我捉住你们，不扒你们的皮，我就……"

忽然四周响起呐喊的声音，喊得最清楚的是："活捉葛铁枪呀！别让葛铁枪逃跑了呀！"

转眼之间，兵营里火光四起，喊杀声此起彼伏。那蒙古的营帐全由毡绒做成，非常容易烧着，夜风一吹，火势更猛，熊熊的火焰烧红了半个天空。

葛铁枪只领了一千人马出城，在大火中散去了一半；又被蒙古军队冲杀，仅剩下数十人在身边。

他向周围一看，全是蒙古骑兵围着，便准备冲出重围，回到城里再作打算。

想到此，他手中铁枪一拧，双腿猛夹马肚，大喝一声："不怕死的，来吧！"

葛铁枪一边高喊，一边挺起铁枪率先杀入蒙古骑兵当中。

只见他手中的铁枪上下翻飞，如一条出水蛟龙，杀得蒙古骑兵纷纷倒退。

他身后的数十名将士，也随后奋勇拼杀，人数虽不多，却勇猛异常，以一当十，两军顿时展开了残酷的肉搏战。

这时，肖札剌儿拍马上前，对葛铁枪说道："你还逞什么英雄？我劝你下马投降吧！识时务者为俊杰！"

葛铁枪一听，气得大叫一声道："好个肖札剌儿，今天我跟你拼了！"

说着就挺枪刺去，肖札剌儿不急不躁，笑眯眯地举枪顶住，两人便杀到一处。

大约战到二十多个回合，肖札剌儿的身后突然蹿出一员将领，他是李庭植的弟弟李守贤，手使一把大刀冲上来说道："什么铁枪鸟枪的，让我来活捉他！"

葛铁枪一听，立刻被激怒起来，便丢下肖札剌儿，挺枪来刺李守贤，二人又杀了十几个回合。李守贤的两个弟弟李守正、李守忠一齐上前，高声喊道："你们都下去吧，让我们来对付他！"

于是，两人举刀，一前一后，拼力夹攻葛铁枪，又杀了十几回合，突然李氏家族中的李伯通、李伯温也从两侧分别杀来。

尽管葛铁枪武艺高强，勇冠三军。但经此一番车轮战术，早已汗流浃背，加上又急又气，直累得呼呼喘气。

又战了一会儿，葛铁枪猛然醒悟，应立即冲出重围，回城要紧！

他抖擞精神，紧拧手中铁枪，终于杀开一条血路，向城下冲去。

谁知，他向城头一看，上面飘拂着一杆九尾旒纛的蒙古军旗！

他一时愤怒，热血上涌，差点儿晕倒。正在这时，忽听上面有人喊道：

葛铁枪，

一代天骄：成吉思汗

真荒唐，

劝人来投降，

自己先灭亡！

葛铁枪仔细一看，那城头上站着的不是别人，正是向他诈降的胡齐兀儿！顿时气得他大叫一声，一口鲜血从口中喷出，随着一头栽下马来，气绝身亡。他身边的那十几名将士，一见主将身亡，又见蒙古骑兵蜂拥而来，想逃已无路可走，只得下马投降。

孛鲁攻占了中山，消灭了武仙的干将葛铁枪，随后又乘胜夺取了无极城，接着又一举占领了赵州城。

1225年的9月，河北东平一带的地方豪绅头目彭义斌占领了东平城，并与金朝的将领严实合兵一处，公然扬言要与蒙古军队决一死战。

此时，金哀宗又派遣大将完颜合答领兵马五万向真定靠近，准备与彭义斌联合起来，共同抵抗蒙古军队。

孛鲁得到这一消息，立即召开会议，他首先对将领们说道："金国朝廷先是利用地方势力与我们对抗，如今又公开派兵前来，其野心不小呀！这彭义斌的为人不知怎样，能否派人去招降他？"

李庭植说道："彭义斌是武仙的女婿，为人狡诈，难以驾驭。武仙的势力已被我们歼灭，想收服他，可能不易呀！"

董俊建议道："如今，彭义斌的军队占据着东平，金朝完颜合答的队伍远在百里之外的魏县，不如派两支队伍，分别对他们……"

孛鲁听了，笑道："先让他们对立起来，狗咬狗一番，以削弱他们的力量，然后各个击破，是不是？"

董俊又说道："最起码让他们不要走到一起，我们倒可以坐山观虎斗，收渔人之利嘛！"

众将领听了都抚掌大笑，认为此计甚妙，孛鲁也点头表示同意，遂派史天泽、李守正领五千铁骑，星夜赶往东平。

孛鲁又派遣肖札剌儿、李伯温二人领轻骑三千，昼夜兼程赶往魏县，并嘱咐他们要依计而行。

两支兵马走后，孛鲁对李庭植说道："请你率领李氏家族众将领，前往魏县，协助肖札剌儿围歼金朝完颜合答的人马。"

孛鲁则带领人马前往东平助战。彭义斌原是武仙手下一员将领，因在一次战斗中救了武仙的性命。为了报答他，武仙就招他为女婿，并让他独领一支人马驻守东平。

严实为武仙手下一员将领，曾建议武仙弃金降蒙，武仙没有答应，虽与彭义斌合兵一处，但两人始终面和心不和。

史天泽、李守正的兵马在离东平十里多的一个林子里隐蔽下来。当晚一更天时，派一个机灵的士卒到东平城下叫门，守门军问道："你是什么人？夜里来找谁？"

那士卒立即答道："我奉蒙古国王孛鲁之命，有要事见严实大将军的，请你赶快通报。"

那守门军向彭义斌报告之后，立即引起彭义斌的警觉，他随即来到城头上问道："你有什么急事要找严大将军？"

那士卒说道："孛鲁国王让我见了严大将军再说，你是什么人？胆敢冒充严大将军？"

未等彭义斌答话，他身边的士兵忙说道："他是我们的彭大将军，你也可以说给他听！"

城外的蒙古士卒听了，急忙说道："严大将军既然不在，那我就告辞了！"说完，转身就翻身上马，奔驰而去。

彭义斌一见，忙令士兵开门追赶，等到打开城门时，早不见那蒙古人的影子了。

对严实本来就有怀疑的彭义斌，这下更加断定他与蒙古人已暗中搭上了关系，但是又无确凿的证据，怎么办呢？

他立即通知自己的亲信开会，将这事说予部下，让他们提高戒备，暗中注意严实的行动，及时向自己报告。

世上没有不透风的墙。没过两天，严实便得到消息，心中十分愤慨。

于是，严实也把亲信找来，研究对付彭义斌的对策。他的部下中不少人说："金朝政治腐败，官贪吏昏，已腐朽不堪，有什么好留恋的？蒙古人国力强盛，兵壮马肥，对外族人员一视同仁，不如一不做，二不休，干脆投过去，有何不可？"

严实听了也有同感，他心里想道："与其这样窝窝囊囊地被怀疑，受监视，还不如归附蒙古，堂堂正正地做人呢！"

散会以后，严实便派心腹与蒙古人联系。谁知那心腹刚出城，便被彭义斌派人追了回来。经过严刑拷打，那心腹只得道出真情，承认了去找蒙古人的事实。

这事很快被严实的其他亲信得知，立刻建议他早拿主意，先下手为强，后下手遭殃，若不及时行动，恐遭彭义斌所害。

经过密议，严实准备第二天借着出城狩猎的机会，将自己的军队拉出城去，正式与彭义斌决裂，直接去找蒙古人。

一代天骄：成吉思汗

彭义斌也在观察严实的动向，并时刻防备严实对他采取突然袭击，于是调兵遣将，加强岗哨，命令自己的军队随时处在战备状态。

当天晚上半夜时分，史天泽、李守正各带两千五百人马，分别从东西两面偷袭东平。

彭义斌得到消息以后，害怕严实为蒙古人做内应，便马上派军队包围了严实的住处，双方都有准备，立即厮杀起来。

严实在马上对彭义斌说道："蒙古人兵临城下，你不去抵抗，却来包围我的住宅，难道你要为蒙古人做内应么？"

彭义斌冷笑道："你这是贼喊捉贼！你早已派人与蒙古人联系，被我人赃俱获，没有及时处治你，反来诬陷我，真是罪不容赦！"

严实听了，也不争辩，二人各举兵器，拼杀起来。

由于主将相互争斗，城墙上无人指挥，史天泽、李守正攻城中又使用了木炮与石炮，东、西两城门均很快被攻破。

此时，孛鲁的援军也已赶到城下，三路兵马一起杀进城里，他们对反抗的兵民一律杀死。

彭义斌只顾与严实拼杀，不料城被攻破，喊杀声由远及近地传来，他不敢恋战，便虚晃一枪，拍马逃去。严实怎肯放过他，大喝道："看你往哪里逃？"遂挺枪催马追赶，彭义斌发觉城南门没有动静，便向南门逃去，心里说道："只要出了南门，就可以直向汴京驰去。"

于是，他狠抽战马三鞭，把身后的士卒丢得远远的，匹马单枪逃命去了。

不料快到南门时，忽有一支队伍拦住去路，只见一员大将立马横刀，大喝一声："来人可是彭义斌？我董俊在此等候多时，赶快下马投降，方可免你一死。"

原来董俊奉孛鲁之命，在南门里面守候，防止彭义斌脱逃。彭义斌说道："请求董将军放我一马，咱们都是汉族人，何必相煎太急呢？"

董俊立即驳斥道："你说得不对，咱们本井水不犯河水，但是现在各为其主。"

彭义斌立刻从怀中掏出两大锭黄锃锃的金子，近乎哀求道："请董大将军收下，放彭某一条生路吧！"

董俊双目一瞪："你真是门缝里看人！我劝你还是下马投降吧！这是你唯一的出路。"

彭义斌伤感道："你们能向蒙古人投降，而我不能！因为我的父亲、母亲、两个哥哥、三个弟弟，全被蒙古人杀害了，仇恨太深，怎能向仇人乞降，唯有一死！"

董俊听了，不由得动了恻隐之心，说道："这样吧！你可以用带子将自己勒死，留一个全尸，我负责安葬你，这该可以了吧！"

彭义斌死后，董俊将情况向孛鲁作了汇报，然后以将领的规格安葬了彭义斌。

东平城被攻占以后，严实降附了蒙古，孛鲁十分高兴，任命严实继续驻守东平，负责管理东平的政务。

肖札剌儿、李伯温带着三千轻骑兵，昼夜兼行，几天工夫便赶到魏县城北五十里外蚂蚁山脚下，驻扎下来。

这蚂蚁山形似一只蚂蚁，一条大道恰好从蚂蚁的细腰处穿过，而大道两边的山坡上，怪石嶙峋，长满了树木，是藏兵设伏的极好场所。

肖札剌儿与李伯温商量后，立即派胡齐兀儿前往魏县送信，然后各领一千五百轻骑隐蔽在蚂蚁山腰两侧的树林里。

此时正是1225年10月，完颜合答奉金哀宗之命，领五万人马前往真定，援助武仙，可是兵到魏县时，他听到的是真定失守、武仙逃往汴京的消息，便将兵马驻扎下来。

这位完颜合答是金朝有名的大将，两年前他领兵守卫京兆府，有效地阻止了木华黎的东进，迫使他撤兵而回。他驻营在魏县，金王向他下诏道："可继续进军东平，与彭义斌汇合，击败蒙古军，夺回真定。"

但是，完颜合答老谋深算，他知道蒙古骑兵威力无比，不好对付，便驻扎在魏县，借口军队休整，迟迟不肯北进。这一天，侍卫进来报告道："东平彭义斌派人来了，要见大帅。"

完颜合答立即说道："快让他进来说话。"

胡齐兀儿大摇大摆地走进客厅，说道："我奉彭大将军之命，来请大元帅率兵马前往东平，合击蒙古的孛鲁军。"

完颜合答问道："孛鲁的蒙古军有多少人马？"

"不过三万人，而且多是拼凑起来的队伍，其中大部分士兵未经过认真训练，战斗力都很差，只有五、六千骑兵，又多是成吉思汗的哨探，不足惧也。"

完颜合答听了胡齐兀儿的介绍，又问道："既然战斗力差，武仙的军队怎么那么快就被孛鲁击溃了？"

胡齐兀儿说道："大帅哪里知道，武仙太粗心大意，防守松懈，被孛鲁钻了空子！"

完颜合答又说道："轻敌为兵家大忌，尤其是对蒙古的骑兵不可忽视，不知你们的彭大将军可吸取了教训？"

胡齐兀儿激道："彭大将军早向我们介绍了完颜大帅善于用兵，特别是在京兆府驻守时，击败了蒙古国王木华黎的队伍，使这位蒙古人十分尊崇的成吉思汗的爱将，终因败在大帅的城下含恨死去，所以彭大将军派我前来请大帅领兵前去，都以为击败孛鲁者非大帅莫属了。"

完颜合答高兴得眉飞色舞道："知彼知己，才能百战百胜。蒙古骑兵长于野战，短于攻坚，只要凭城固守，孛鲁再有能耐，也只能望城兴叹！"

胡齐兀儿忙说道："大帅居高临下，看得真切，所以才能击退号称常胜将军的木华黎，其子孛鲁将会与他的父亲一样遭到失败。"

完颜合答又问道："东平城里有多少人马？"

胡齐兀儿想了想，报告道："东平城里的兵马约有一万余人，若能与大汗的五万精兵联合，超过孛鲁军队的一倍以上，何愁打不赢这场战争？"

完颜合答忽然想起了一件事，忙问道："东平城里的物资丰富吗？"

胡齐兀儿立即答道："这一点请大帅放心吧！我们已准备了两千头牛、上万只肥羊，粮食谷物不计其数，彭大将军还挑选出五十多名美女，留作届时侍候大帅的。"

完颜合答听了，笑道："好啊，有美味佳肴吃着，又有美女夜里陪着，这样好的待遇怎么能不去呢？明天咱们就出发去东平。"

果然，第二天完颜合答便领着五万兵马，让胡齐兀儿在前面领路，浩浩荡荡地向东平进发。

当天下午，这支队伍来到蚂蚁山下，胡齐兀儿手指着山腰上的树林说道："请大帅细心观察一下，这里距离蒙古孛鲁的大营有五百余里，他该不会在那蚂蚁山腰的林子里埋伏兵马吧？"

完颜合答不假思索地笑道："我也不是轻视蒙古人，孛鲁的才智没有这么高吧？那山腰我曾走过，若是在那里埋伏一支兵马，倒是果真厉害哩！"

胡齐兀儿听后，忙说道："请大帅让队伍暂时停下来，我先探个清楚，然后再进兵吧？"

完颜合答冷笑道："你去侦查一下也好，不过我这里仍然继续进军，即使孛鲁有兵马在那里埋伏也不要紧，我的兵马不是武仙的军队，谅那孛鲁小子不会也不敢在我们的眼皮子底下设伏，你放心大胆地去吧！"

胡齐兀儿见完颜合答已经中了孛鲁的诱兵之计，便兴奋异常地拍马驰上山坡，消失在那黑压压的林子里面。

完颜合答一边指挥他的兵马，大摇大摆地登上山，一边尽情地欣赏十月的山景，心中憧憬着到达东平以后，可以从彭义斌准备好的五十名美女中，至少要挑选出三至五人，陪自己快活一番，以解这许多日子里的寂寞与孤独。

此时，完颜合答的兵马已有半数以上登上山腰，他的坐骑踏着积石，来到树林边上，他便下令："在这幽静的山林里休息半个时辰吧！"

于是五万兵马停下来，就地休息。不少将士把汗湿的盔甲脱下来，挂在树枝上晾着，士兵们散乱地坐在山坡上，有的干脆躺下来休息，有的三五成群地聚集在一块儿，说说笑笑，山南海北地闲扯着。

突然间，一声炮响，蒙古骑兵从林子深处冲出来，他们手执大刀、长枪，冲进散乱的金兵之中，吓得金兵惊慌失措。

那些蒙古的铁骑，在金兵中乱砍乱杀。冲过去，一大片金兵倒下；杀过来，又是一大片金兵倒下，叫喊声震荡着山谷，一声声地回音更令人觉得毛骨悚然。

完颜合答见自己的队伍被冲杀得七零八落，急忙命令道："快上马应战！快上马应战！"

可是，他的声音早已被呐喊声淹没了，他的将士们四下奔逃，谁也听不到他的命令。这位不久前才被金哀宗大加封赏的大将军，急忙攀鞍上马，手执大刀，准备与蒙古人拼杀一番。

尽管完颜合答有五万兵马，但是在仓促之间，被有备而来的三千蒙古骑兵冲杀得如鸟兽散，跑得满山遍野。

完颜合答心中知道中计了，面对迅猛无比的蒙古骑兵，他匆匆地拍马挤进逃窜的兵马之中，保命去了。

蚂蚁山一战，蒙古军队获得了巨大的胜利。当李氏家族的队伍赶到时，金兵早已纷纷溃退，满山尸积成堆，血水顺着山石往山下流去，那一阵阵的血腥气味，被山风吹刮着，几十里路以外都能闻到。

河北地区平定之后，孛鲁立即指挥兵马向山东进军。1225年年底，蒙古大军进入山东，益都守将李全拥兵数万。孛鲁对部下说："咱们还是那条'以不变应万变'的战略，坚持先礼后兵。听说李全很有儒将风度哩！"

众将领听了，哄的一声都笑了。董俊说："说得准确些，李全是个回头的浪子。"

原来，李全是山东聊城一个大财主的儿子，长得一表人才，风度翩翩，听说济南大名府是个山清水秀的好地方，就带了一大笔钱财到济南来学做生意。其实，学做生意是假，游山玩水是真。

这一天，李全走过一条大街时，从街道旁一座高楼上掉下一个核桃壳，正落在他的肩头上。李全抬头一看，原来楼上有个绝代佳人，正在朝他笑呢！

过后，李全的魂像被那女子钩去了似的，他成天吃不安、睡不宁。经过打听，才知那女子是个妓女，名叫吴若兰。

因为她身上时时散发着一股悠悠的兰香，一些浪荡公子便替她起了"吴若兰"这么一个名字，引得许多年轻男人拜倒在她的石榴裙下。

不久，李全整天泡在吴若兰身边，一个恋色，一个爱钱，两个人各得其所，久而久之，好得一时也不愿分开了。

一代天骄：成吉思汗

好在李全有的是钱，十分慷慨豪爽，那妓院上上下下都把他当作摇钱树，一片奉承拍马声，哄得他团团转。可惜好景不长，李全带来的钱财怎能经得起他这般大手大脚地任意挥霍，转眼之间就花得两手空空了。

李全却满不在乎地对吴若兰说："别怕，我聊城老家有的是钱，等我回去再多带些来，何愁没钱花？"

这天中午，吴若兰为他钱行，眼泪汪汪地说："你这一去，不知何日才能回来？请你给我留下一样东西，作为信物，也算作个纪念吧！"

李全笑着说道："我从聊城带来的钱财都进了你的口袋，现在我两手空空，如此狼狈，哪里还有什么好东西可以送给你呢？"

吴若兰听后，立即对他说道："那你就拔下一颗牙齿给我吧，让我一看见牙齿就可以想起你了。"

李全担心拔牙太疼，就不愿意，那吴若兰就伤心得哭起来了，说他不诚心爱她，骂他是负心汉子，连拔一颗牙齿给她都舍不得。

被她缠得无法，李全只好忍着疼痛拔下一颗牙齿送给她。吴若兰这才破涕为笑，当即把这颗牙齿藏进了她的梳妆盒里。

随后，吴若兰又再三叮咛，要他回聊城后，要抓紧时间带钱回来，替自己赎身，两个人才能结成夫妻，白头偕老云云。

李全回到家里，欺骗父母，说是遇到一个官宦人家小姐，非要招他为婿不可。父母听了十分高兴，一下子拿出三千两银子来，让他到济南大名府去迎娶新媳妇回来。

李全高高兴兴地带着三千两白花花的银子，准备了一份丰厚的聘礼，又备办了一套奢华的嫁妆，打算在大名府里摆摆阔气，抖抖威风。

此时，李全的几个知心朋友得到消息之后，都规劝他道："那妓女送旧迎新，爱的是钱财，靠不住的。"

还有人说得更直接："那个吴若兰看中的是你的钱，根本不是你这个人！这只是钱财与肉体的交易，哪有感情可言？"

可是，李全哪里听得进去？

不过，李全到底没忘掉朋友们的叮嘱，他多了一个心眼，找来一套破衣裳，把头弄得乱糟糟的，脸上也抹得一塌糊涂，挂了一根竹竿，提了只竹篮，将自己装扮成乞丐，准备去妓院，试探试探吴若兰。

到了吴若兰的住处，只见她正在跟一个又胖又老的男人正亲亲热热地喝酒呢！

吴若兰见来了一个乞丐，头也不回地就叱责用人道："你们都瞎了眼了么？竟然放一个讨饭的进来，快把他打出去！"

李全一听，慌忙喊道："不能打，不能打，我是李全呀！"

吴若兰听了，仔细看去，果然是李全，脸色却更加难看了，道："哎呀！你怎么弄成这副样子了？"

　　李全装作可怜兮兮的样子说："我在半路上遭遇了强盗，金银财宝被抢得干干净净，总算留下了一条命，只好沿路乞讨来到大名府。"

　　吴若兰听后，冷笑一声，问道："那你来找我做什么？"

　　李全一本正经地道："你与我不是早就约好了么？"

　　吴若兰把嘴一撇，嘲笑道："死了你那份心吧！如今你已成了乞丐，连自己都养不活，又怎能养得起我呢？回你的老家去吧，别癞蛤蟆想吃天鹅肉了！"

　　李全仍然不走，又哀求道："难道你对我一点情义也没有了？难道你过去说的那些山盟海誓全是空话？"

　　吴若兰不耐烦地打断他的话，说道："我这里干的是送往迎来、见钱眼开的肉体买卖，讲什么情义？你有钱我就有情义，你无钱我就不认识你，你快走吧，别再痴心妄想了，我不会收留一个乞丐的！"

　　李全装作非常伤心的样子，号啕大哭起来："我也知道不能娶你了，但是我这么一个文弱书生，身上又无分文，眼看就要饿死在这异地他乡了，你就不能可怜可怜你过去的情人，发点慈悲，赐给我一口棺材！"

　　哪知吴若兰听后，冷冰冰地说道："谁见过妓院施舍棺材的？大概你是饿昏了，说胡话吧？"

　　李全听了她的话，看着她那冷若冰霜的面孔，气得直咬牙："好吧，算我瞎了眼，看错了人，不过，我还有一颗牙齿放在你这儿，请你把它还给我！"

　　吴若兰听后，不屑地站起来，转身进屋，捧出一只大盒子，递给李全道："给你，你自己去拿吧！"

　　李全接过那只大盒子，打开一看，不禁目瞪口呆，气得半晌说不出一句话来。

　　过了好一会工夫，他才缓过神来。原来那盒子里竟有大大小小数十颗牙齿！

　　李全生气地把那只大盒子往地上一摔，头也不回地走了。

　　第二天一大早，李全把备办好的聘礼、嫁妆等，全部抬到妓院门前，一路摆开，足足摆满了一条大街，然后放上一把大火，将它们统统烧成了灰烬。

　　此时，济南大名府许多人都跑来看热闹。吴若兰知道了这件事，又后悔又惭愧，恨自己太不讲情义，感到无脸见人，便上吊死了。

　　这件事一传十，十传百，大名府尹刘石新听说了这事，便派人把李全找了去，见他仪表堂堂，便招他为婿，留他在府里当了参事官。

　　后来，金宣宗得知这个浪子回头的故事，便让他全到益都当了太守。金哀宗接位之后，李全在益都势力更大，成为抵抗蒙古人进入山东的一股不可低估的力量。

董俊讲完后，建议道："我手下有个谋士李喜孙，他与李全是同乡，先派他去益都招降李全，若能不战而攻取益都，岂不更好？"

孛鲁立即赞成，于是派李喜孙带着许多礼物，前往益都去说降李全。

李全手下有一将领名叫田世荣，此人身材高大，力大无穷，他除了跟常人一样生有两只眼以外，在眉心处，另生一只又圆又大的眼。

在两边腋下，也另生了两支长臂，厉害无比。

为此，金宣宗对田世荣特别恩宠，曾敕封他为"四手将军"，并封他为"勇武侯"，派他到益都协助李全守城。

因为李全不谙军事，田世荣平日往往不把他放在眼里，城中的军队多由自己统帅，而李全也不计较，反觉无事一身轻。

这次李喜孙一来，李全听了李喜孙的劝告以后，便想归附蒙古，但是田世荣得到消息之后，跑到馆舍里把李喜孙杀死后跑到李全那里，对他说："蒙古人有什么可怕的？怎能未打一仗，就举手投降呢？"

李全只得说道："河北的武仙势力那么强大，都被孛鲁歼灭了，若不是逃得快，就被活捉了。金朝的大将完颜合答五万人马全军覆没，我们这小小的益都城，怎能守得住呢？"

田世荣说道："与蒙古人打仗的事，你就别操心了，由我来对付他们吧！那位来劝降的蒙古使者，已被我杀了。"

李全听了，十分害怕地说道："蒙古人绝不会善罢甘休的。"

田世荣说道："天塌下来，由我顶着。"

当时，天寒地冻，积雪又深。孛鲁得知李喜孙被杀之后，非常生气，但天气不便行军，才没有派兵来攻益都。

1226年3月，华北大地冰消雪融之后，孛鲁立即领兵直抵益都城下。

田世荣自领兵马三千，出城交战，孛鲁派遣李氏家族迎战。李庭植领着众弟侄出阵，尽管田世荣勇不可挡，终因寡不敌众，吃了败仗，逃回城去。

从此，他紧闭城门，不敢出战，依恃城墙坚固，不愿归降。

孛鲁无奈，与众将商议后决定强行攻城。蒙古军队借助炮火的威力，把城墙炸开了一个缺口，然后凭借铁骑冲进城去，斩杀七千余人，生俘了李全。田世荣在逃跑中被蒙古骑兵砍掉了一只胳膊，终因流血过多，昏倒于马下，也被俘获。

李全、田世荣被押来，孛鲁问道："为何不早降？"

李全答道："我们是金朝的臣子，食着金人的俸禄，怎能背主投降？"

孛鲁又问道："你们已被擒获，现在愿意归降么？"

李全想了想，说道："我们战后被俘，若是不杀我们，愿意投降，并将报答不杀之恩。"

可是，众将领却坚持要杀他们。有人说："李全、田世荣是俘后方降，不是出于自愿，未必心服口服，今若不杀他们，恐后为患。"

孛鲁对大家解释道："我不这么看。杀一个人太容易了，不就是一刀结果了他的性命吗？可是，请大家想一想，山东未降的人还多着呢！何况李全与田世荣又素得人心，杀了他们也不足以立威，徒失民望罢了！"

经过孛鲁苦口婆心规劝，最终没有杀他们，反而任命李全为山东淮南楚州行省，田世荣任副职，仍让他们两人共同管理益都。

这样，山东各地的郡县、城镇争相前来归附。老百姓苦于战争的残害，箪食壶浆，来迎接孛鲁的蒙古军。

由于孛鲁大军的节节胜利，震动了金朝内外，金哀宗十分恐慌。丞相胥鼎献计道："孛鲁的帐下李庭植兄弟数人，全在军中担任要职，其表弟涂乃明现在朝中任参知政事，可以派他前去联系，若能劝说李氏家族归降我大金，何愁孛鲁不败？"

哀宗一听，十分喜悦，忙对胥鼎说道："这事就由丞相去办吧！涂乃明若能办成这件大事，他与李氏家族均是大金的有功之臣，可加官晋爵，受到重赏。"

胥鼎便与涂乃明认真计议一番，准备了一份礼物，离开了汴京，前往孛鲁的蒙古大营。见到李庭植以后，他痛哭流涕地说道："因为表兄一家归附蒙古，朝廷差点儿杀了我全家，我们被关了两年多，若不是哀宗接位，还不知关押到几时呢。"

李庭植忙说道："金朝已像老迈垂危的病人，正气息奄奄，朝不保夕了。表弟何必还在那里为其送葬呢？不如干脆过来，一起为蒙古帝国效力吧！"

涂乃明听后，立刻叫苦不迭了，心里说道："未等我对他劝降，他却先劝我归降，这可怎么办？我这说客怎么当啊？"

他忽然灵机一动，说道："蒙古人爱吃牛肉、羊肉和马肉，整年整月整日地不洗澡，还不准洗衣服，我可受不住他们身上的膻气。"

李庭植听了，不禁哈哈大笑道："表弟真会说笑话，你对蒙古人的偏见太大了！拿我来说罢，我归附蒙古已十多年了，并且一直生活在蒙古人当中，曾到鱼儿泺朝觐过成吉思汗，得到这位蒙古大汗的赏识，还被委以重任，并且一直保留着我们汉族人的生活习惯，你看我有什么变化吗？"

涂乃明又说道："我总以为蒙古人野蛮、嗜杀。"

李庭植的二弟李守贤道："当初金人入主中原时，何尝不是如此？"

李庭植的堂弟李惟则接着说道："当今的世界，蒙古骑兵，无敌于天下，成吉思汗大仁大义，中原志士趋之若鹜，表兄何不弃暗投明，早日归附蒙古，还愁没有官做？"

李庭植早已察觉表弟涂乃明的来意，听了兄弟们的你一言他一语的劝说，不禁暗中喜悦，说道："好了，你们的表兄本是明白聪慧之人，何去何从，他再清楚不过了。快去安排一下，今晚我们表兄弟俩痛痛快快地喝上一杯。"

李庭植说完，一挥手，他的胞弟、堂弟们都知趣地出去了。他又对涂乃明说道："表弟，你先休息一会儿，我要出去办一点事，晚上咱们再细谈，好不好？"

涂乃明忙说道："恭敬不如从命，表兄自便。"

李庭植去了孛鲁的大帐，向他汇报了涂乃明的事情，笑道："看样子，他是来对我劝降的，刚开口说话，还没有亮出主题，就被我那些兄弟们堵住口，挡回去了，现在反过来是我劝他归降蒙古，你一句，他一句，说得他无言以对，真是有意思！"

孛鲁却说道："你也可以将计就计呀！"

李庭植听后，一拍大腿，后悔地说道："是啊！我怎么未想到这条计策呢？不过，现在还来得及，我可以另辟蹊径。"

二人坐下来，小声地商议了一会儿。临走时，孛鲁叮咛道："此事就我们两人知道，在你表弟走前，别告诉他人，免得走漏了消息。"

李庭植说道："这个自然，一切按计划行事。"

当晚，表兄弟二人推杯换盏，边喝酒，边叙谈别后情景。后来，涂乃明见左右无人时，起身说道："表兄，这次我来要送给表兄一件礼物。"

说罢，遂解开带来的一个提篮，从里面取出一个精制的木盒，打开以后，从盒里捧出一个碗口大小的象牙雕刻。

李庭植仔细一看，那是一辆马拉的小车，无论是马，还是车，全用象牙雕成，而且雕得精细，活灵活现，跟真的一样。

涂乃明指着那马拉车说道："这马拉的小车不仅形象逼真，而且还有一奇，在那马身上还暗藏机关呢。"

李庭植听后，问道："马身上能有什么机关？请表弟指点。"

涂乃明遂在马尾根部轻轻一捏，一摇，只见那匹马头一昂，四条腿立即活动起来，鸣叫一声，竟然拉着小车前行了。

李庭植深深地被吸引了。那匹马一边向前奔走，一边不断地咴咴长啸，身后的小车也陆续发出"吱吱嘎嘎"的车轮滚动的声音。

他越看越觉得神奇，赞叹道："这真是巧夺天工啊！未想到人世间还有这样心灵手巧的人啊！"

涂乃明立刻说道："表兄既然欢喜，就请收下吧！"

李庭植急忙问道："表弟把这么珍贵的东西送给我，一定有什么原因吧？请你不妨明说，否则，我不会收的。"

涂乃明听了，先站起来走到门外看了一下，见外面无人，便关上房门，神秘地说道："这马拉小车价值连城！它是金王皇宫里面的宝物，是十年前宋朝皇上送给金国皇帝的贡品。"

李庭植忙问道："你是怎么弄到手的？该不是从小道弄来的罢？它若来路不明，我怎么能要？"

涂乃明忙低声地说道："表兄放心吧！这宝物从大路来，非我所送，它的主人——也并非凡夫俗子！"

"那他——到底是谁？"

涂乃明停了一下，两眼一眨也不眨地看着他的表兄，然后才慢慢说道："他是当今大金的皇上，新继位不久的金哀宗派我送给表兄的礼物！"

李庭植一听，虽在意料之中，仍然不禁一怔。过了好大一会儿，才装着战战兢兢地问道："你别弄错啊！大金的皇帝我又不认识，你……你是在……在开玩笑吧？"

涂乃明见表兄未表现出反感，便放下心来，把头向前凑了凑，继续说道："一点不错，这珍贵的贡品确确实实是我们大金的皇帝让我专程带来送给表兄的，你就收下吧。"

李庭植装出很不理解的样子，再次问道："我无功不受禄，你们皇上无缘无故送这么珍贵的宝物给我做什么？"

"表兄是明智之人，当前的蒙古，成吉思汗带兵西征去了，国内空虚。木华黎又死了，其子孛鲁的兵马数量也不多，不过几万人，这无异于两个拳头打人，违反了集中兵力作战的原则。表兄的李氏家族人多势众，在孛鲁军中举足轻重，若能对孛鲁取而代之，与金军联合起来，骑兵北上，定可一举端掉成吉思汗的老窝。"

李庭植听到这里，忙打断他的话道："你别说了，即使我能将孛鲁取而代之，你那金朝的军队一点战斗力没有，又怎能上阵打仗呢？"

涂乃明立即说道："表兄别以老眼光看待金朝了。自从金宣宗死后，哀宗继位，早已着手更替了朝廷中的人事，改变了宣宗晚年软弱无力的政策，任用了一批贤人，并且与西夏、南宋相继议和。摆脱了昔日三面受敌的被动局面，完全可以集中兵力来对付蒙古了。"

李庭植问道："你们准备何时反攻蒙古？能集结多少兵马？"

涂乃明笑道："只要表兄愿意与我们合作，时间问题等都好商量，至于今后表兄的去向，金王也有明确的指示，你完全可以放心的。"

李庭植装作十分关心地问道："你们金王是如何替我考虑的？"

涂乃明急忙说："一旦表兄起事成功，想留在金朝，将不失元帅之职，原班兵马不动，永久驻兵于中都。若想归宋，也不予阻拦。"

李庭植听后不语，装作沉思的样子。涂乃明见了，又趁热打铁地说道："一旦表兄与金军联合起来，前途不可估量，表兄将是第一功臣，无论对金对宋，还是对大汉民族，都是千秋留名之举，何乐而不为呢？"

过了好一会儿，李庭植才说道："孛鲁虽然年轻，但其机敏不亚于其父木华黎，在他周围更有一批亲信，想取代他，又谈何容易啊！"

涂乃明建议道："他在明处，我们在暗处。猫儿再有能耐，也有打盹儿的时候，只要我们手脚干净利索，何愁不能置孛鲁于死地？"

李庭植听后，急得抓耳挠腮，表现出十分焦急的表情，突然进来一个侍卫报告道："国王派人来向将军传达命令，是否让他进来？"

李庭植看看表弟涂乃明，果断地说："这里没有外人，让传令官进来吧！"

不一会儿，孛鲁的传令官进来道："国王于后日去郜县迎娶张柔之女为妻，命令李将军率领兵马护送，希望抓紧做好准备工作，不得出现疏漏。"

那传令官说完便走了，涂乃明立即兴奋地一拍大腿，说道："这真是'踏破铁鞋无觅处，得来全不费工夫'。也许是老天开眼吧，孛鲁该死了，妙计一下子送到面前，岂不美哉？"

李庭植忙装作不解地问道："你这话是什么意思？什么妙计啊？"

涂乃明笑道："刚才那传令官让你三日后护送孛鲁去郜县迎娶新娘子，我们何不在途中动手？"

说到这里，他伸出两手，作个弧形动作，再向胸前一收，继续说道："在途中选择一个合适的地方，一举消灭他，然后你就领兵北上，不是极好的机会么？"

李庭植马上说道："不行！军队的数量太少了，成吉思汗留守的军队都是精兵呢！"

涂乃明遂劝道："你不必担心，我回去让皇上多派些兵马来，事成之后，金兵也交给你指挥，何愁兵力？"

"那好，请你说话算数，兵马不能少于三万，事成之后全交给我。"

"那自然，一言既出，绝不反悔。不过，我们要在途中哪一地段动手，得赶快定下来，时间太紧迫，我要连夜赶回去才行。"

李庭植想了一会儿，说道："从山东通往河北的途中有一个琅琊山口，地形极为险要，山口两边能藏数十万兵力，就在那里动手吧！"

"好，我得赶紧回去，再拖延下去就不能在三天后赶到琅琊山口了。"涂乃明说完，就准备出门，忽然又站住道："请表兄替我换一匹快马，我得连夜赶往汴京，向哀宗汇报情况！"

李庭植等他走远了，才去孛鲁那里："在到琅琊山口之前，还有一个尉迟山谷，这是当年唐朝大将尉迟恭的避难地，后人为了纪念这位忠臣义士，便把这山谷起名为尉迟山谷。此处也是理想的设伏之地。"

孛鲁笑道："也好，未等他们到达琅琊山口，就将其歼灭在尉迟山谷，这次行动就由你指挥吧！"

李庭植推辞说："不，还是国王自己指挥好，我只想提个建议，为了确保这次行动的胜利，争取迅速、彻底地消灭敌人，兵力不能少。不如把全军都派去。"

"对，我们不仅在士气上，在数量上也要压倒敌人，把金军的有生力量一举消灭掉！"

孛鲁说完，让李庭植回去休息，第二天命令李氏家族成员担任前锋，自己带领全军将士随后，悄悄地向尉迟山谷驰去。

涂乃明连夜快马加鞭，次日傍晚时便赶到汴京，先向丞相胥鼎作了汇报，两人一起去见金哀宗，皇上高兴地说道："李氏家族若能归附，真是中原大幸，金国大幸啊！但他不会使诈吧？"

涂乃明听了，心中很不高兴，便说道："李庭植与我是姑生舅养的表兄弟，他又为人忠厚，怎会欺骗呢？不过，皇上若不相信，也可以另派人去察访一下嘛！"

金哀宗笑着对他说："这次突袭若能成功，你与李庭植都是头功，朕一定要重赏你，让你披红挂彩，在汴京城里游城三日！"

涂乃明忙说："我不求有功，但求无过，能为皇上分忧，为大金贡献微薄之力，是我的荣幸！只是派兵之事，请求皇上速速进行。"

丞相胥鼎说道："这次行动对我们来说，是天赐的良机，若能成功，既可解中原之围，又能削弱蒙古力量，为攻打蒙古提供良好的条件。"

金哀宗说道："这事就由你去安排吧！要尽量多带些兵马去，也让蒙古骑兵领略一下被伏击的滋味！"

当天午后，丞相胥鼎派遣自己儿子伍西魁与涂乃明一起带领兵马四万人，前往琅琊山口，昼夜兼行。

第三天临近中午时分，金军赶到了尉迟山谷，伍西魁对涂乃明说道："昨天出发前，家父曾嘱咐我，说尉迟山谷形势险要，谨防蒙古人在这里埋伏兵马，通过山谷时应轻装简从，避免被敌军伏击。"

涂乃明冷笑道："丞相也真是过于小心了！我们是来伏击蒙古人的，怎么能反被蒙古人伏击呢？还是抓紧过山谷吧，离琅琊山口还有好几十里路呢，一旦孛鲁走过去了，岂不是前功尽弃了吗？"

可是，伍西魁抬头向山谷周围一看，果然四周山势险恶，自己的兵马好像置

一代天骄：成吉思汗

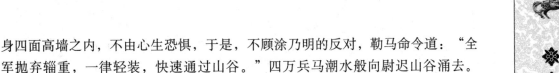

身四面高墙之内，不由心生恐惧，于是，不顾涂乃明的反对，勒马命令道："全军抛弃辎重，一律轻装，快速通过山谷。"四万兵马潮水般向尉迟山谷涌去。

当全军将士进入山谷之后，涂乃明举目向周围山崖望去，只见峭石耸立，崖壁千仞，一阵阵冷风吹来，更增加了山谷阴森的气氛，他心里不由得说道："孛鲁正在想着去迎娶新婚的妻子，怎么会想到在这里设伏兵马呢？"想到这里，便对伍西魁冷笑道："你家丞相也太多心了，蒙古人的才智本来就不高，何况孛鲁一心去迎娶新婚妻子，哪还顾得上在这里埋伏兵马？"

谁知他的话音刚落，山谷里便响起了震天动地的喊杀声。

只见周围山崖上人群涌动，随着喊杀声，乱石纷纷落下来，砸到正在仓促行进中的金朝军队中间。

伍西魁气得铁青着脸，对涂乃明说道："你到底是何居心，硬说这里蒙古人不会埋伏兵马，千方百计将我们引到这儿来，难道是偶然的吗？"

涂乃明自知理亏，仓皇间只得提醒道："别再说了，快些命令兵马迅速撤离山谷，退出去才能保住军队，防止全军覆灭。"

伍西魁怒不可遏地吼道："到这时候了，应该积极组织军队与敌人对抗，抓紧时间冲出山谷，怎么能撤退呢？"

涂乃明极力争辩道："蒙古人既在这里埋伏兵马，想冲出去是比较困难的，倒不如撤退容易。"

话未说完，四周呐喊声一阵紧似一阵。在纷纷砸来的乱石间，还带着哨音飞来的弓箭，金军死伤惨重，许多人被石头砸得头破血流。

伍西魁看到冲出去已很困难，只得命令兵马后撤。但是，将士们前来报告道："谷口已被蒙古人堵住，已难冲出去了！"

此时，李氏家族的将领们，把谷口堵得密不透风，孛鲁高坐在北边的山崖上，指挥兵马伏击金兵。正当金兵进退维谷之时，蒙古的骑兵如猛虎下山，向溃乱不堪的金军冲过来了。

蒙古铁骑手执大刀，如狂风般冲进金兵中间。一阵乱砍乱杀，加上马蹄的冲撞与践踏，四万金兵被冲杀得四散奔逃，争相逃命去了。涂乃明忙对伍西魁喊道："你领着队伍在前，我随后跟着，一起冲出去吧，不然，会全军覆没的！"

伍西魁气愤地大喊道："你为何不在前呢？真是居心不良。"

他的话还未说完，只听山崖上有人喊道："看你们往哪儿冲！"

二人急忙抬头一看，正是李庭植站在那里。伍西魁不认识，忙问道："他是孛鲁么？"

"不是，他是……他是李……庭植！"

"啊，他就是你的表兄啊！快，快向他说，放我们撤出山谷！"

涂乃明听了，不得不硬着头皮喊道："表兄！快放我们出山谷！"

李庭植听后，也大声说道："表弟！快下马投降吧，你们出不了山谷的！"

此时，伍西魁已急红了眼，他两目圆睁，怒瞪住涂乃明，用刀逼住他道："快走！在前面领路，不然我就先杀了你！"

涂乃明被逼无奈，只得硬着头皮走在前面，谁知山谷的狭口早被横七竖八的大树堵塞得密不透风了。他正犹豫时，伍西魁在后面骂道："还迟疑什么？快下马，把大树都替我搬掉。"

涂乃明一时恼羞成怒，也大声地说道："别太过分了！你不能把我当成你的士卒呀！"

伍西魁把大刀一挥，蛮横地骂道："你与你表兄一起诓骗我们到这鬼地方，还不赶快下马，争取立功赎罪的机会，磨蹭什么？我这把大刀可不是吃素的！"

涂乃明也气愤地说道："你怎么能这样血口喷人？这次突袭行动是皇上批准，你父亲一手安排的，要追查责任，你父亲倒是头一个！"

伍西魁一听他把责任推到父亲身上，更加怒火满腔起来，立刻举起大刀，对着涂乃明喊道："我没有时间与你啰嗦，再不下马，我就一刀劈了你！"

这时候，涂乃明的二弟涂乃喜实在听不下去了。他挺身拍马走过来，对伍西魁说："你别欺人太甚！你自己为何不下去？要想动武，老子奉陪！"

说罢，两人各不相让，竟然各挥兵器，相互拼杀起来。

此时，孛鲁见金军溃乱不堪，便指挥兵马从四面八方杀向谷中，那些如狼似虎的铁骑横冲直撞，金军一片片地倒下，一群群地东奔西窜，涂乃明被乱刀砍死，涂乃喜与伍西魁也被冲得各自散开，领着自己的亲信，夺路而逃。

孛鲁站在高崖上看得分明，命令弓箭手道："射死他们！"

于是，那些强弓硬弩，一阵乱箭齐发，涂乃喜与伍西魁眨眼之间便身中数箭，一头栽下马来，死于非命。

那些金军一见主将身亡，又前进不得，后退不能，便纷纷放下兵器投降。

这一仗，孛鲁获得了全胜，金朝的四万兵马全军覆没对金朝朝廷震动很大，金哀宗慌忙调动军队，沿黄河南岸设防，企图与孛鲁的大军相对抗。

正当孛鲁犒赏全军将士、休整兵马、准备继续南征时，由他叔父带领的另一支兵马，也攻占了彰德、灌州、曹州、楚丘、定陶、上党等地，完成了荡平山东的任务。

# 【第十三回】

# 争汗位兄弟终反目，论继统父子互交心

早在攻打中都之时，成吉思汗就听说有个耶律楚材学问甚大，便向几位出身女真族的金国降将乌古伦、寅答虎、攸哈剌拔都等询问，得知此人确实是个杰出的人才。

耶律楚材字晋卿，号湛然居士，是契丹贵族的后裔，世居漆水（今陕西邠县附近）。他是辽太祖阿保机的长子东丹王耶律倍的八世孙，其父耶律履博学多艺，在金章宗时位至副宰相——尚书左丞，汉化程度已经很深。

耶律楚材生于金章宗明昌元年，即1190年，此时耶律履已是花甲之年了。深通术数、会相面算命的父亲对亲人们说："我年已六十才得此子，他将是我们家的千里驹啊！我相其面，此子他日必成伟器，而且当为异国所用。"因而，他为儿子起名为"楚材"。

这是他根据《左传》"楚虽有材，晋实用之"的典故，给小儿子起名为"楚材"，字晋卿，似乎他早已看到金朝必然灭亡，自己老来所生的宠子必将成为异国的名臣。

楚材三岁丧父，少年时由母亲杨氏教授学业；其母杨氏，名杏新，乃隋朝杨坚的后代。

耶律履在一朋友处喝酒，酒后偶然见到一位面貌清秀、知书达理的少女，立刻被其温良大方的风度所倾倒，就向朋友问道："此女是什么人？"

那朋友长叹一声，说道："此女是隋朝皇帝杨坚的后代，只因其父嗜酒好赌，把家产荡尽。为还赌债，不得不卖掉妻女，妻子不甘被卖，跳水身亡，女儿被其朋友领回家来，认作干女儿。"

耶律履听到后，十分同情她的身世，请回家里一叙谈，才知她从小读书识字，是个学识渊博的女子，便收在房中做妾，不久，便生下了耶律楚材。

杨氏还善于弹琴，楚材自襁褓中就受琴声熏陶，成人后亦喜爱弹琴作曲，深得其母天赋。

1206年，成吉思汗建国称帝时，耶律楚材17岁，"书无所不读，为文有大家气概……"。24岁时，被金王封为开州同知，名声已经很大了。25岁那年，金宣宗南逃时，蒙古军队围攻中都正紧，楚材之兄辨材与善材都随宣宗护驾南逃去了，楚材则奉命留守中都，被完颜承晖选拔为尚书省左右司员外郎。

耶律楚材从小博览群书，尤通经史，旁及地理、天文、律历、术数及释老、医卜之说。

在童年和青年时代，他目睹了连年战乱给人民带来的巨大苦难，因此在中都被围期间他主动拜万松老人为师，皈依佛教，企图从佛学理论中寻求精神寄托。

后来，耶律楚材眼看金国大势已去，自己回天无力，从佛学中也没有找到出路，便弃官出走，悄悄隐入燕山林木深处居住下来，静心读书，自耕自舍，过着半农半隐的生活。

成吉思汗得知耶律楚材的学识与才能之后，多次派人寻访他的去向，半年后才知道他的住处，立即派遣奥屯世英、奥屯世保兄弟俩前去诏请。

二人费了很多周折，终于找到耶律楚材的住处，叫喊了半天，却无人出来开门。

兄弟俩无奈，便推门进屋，只见一张床上睡了一个小童，便问道："耶律楚材在家吗？"

那小童听了，不肯定，也不否定，只是说："这是湛然居士的住处，他出门已经多日了。"

奥屯世保问小童："你可知道湛然居士什么时候回来？"

那小童模棱两可地回答道："少则五、七日，多则十天、半个月，时间不定，有时能在外面过半年！"

兄弟俩听了，心里很憋气，不高兴地回来，把情况向成吉思汗汇报了。

过了两天，成吉思汗又派三子窝阔台前去诏请，在场的将领们有人建议道："一个读书人，派兵去把他抓来就是了，何必要一次次地派人去请呢？"

成吉思汗解释道："你们这么说就不对了！三军易得，一将难求。何况耶律楚材有经天纬地之才，非一般人可比！"

窝阔台临走前，成吉思汗叮嘱道："一定要谦恭有礼，他是当代的贤人，切不可有粗野的言行，否则，必定重责。"

窝阔台带了几个侍卫，来到耶律楚材的门前，正碰上一个大胡子在园子里，为他的青菜浇大粪水呢！窝阔台见那大胡子旁若无人地只顾浇粪水，连眼角也不瞟他一下，就未敢上前，只是站在园子栅栏外面看着。

大胡子好像根本未看见有人站在那儿，仍然只顾浇他的粪水，当他浇到栅栏边上的时候，居然把大粪舀子扬得高高的，猛地一拨，那臭烘烘的大粪水一下子浇了窝阔台半身。

这时候，窝阔台的随从们正想发火，但见三王爷连续摆手示意他们不要说话，才好不容易忍住了。

窝阔台正想上前搭话，不料大胡子却丢下大粪舀子，从地上捡起一把砍刀，径自去屋后林子里去砍柴了。窝阔台无奈，只得耐着性子又随后跟进林子里，然后走上前去，恭恭敬敬地说道："老人家，想必您就是耶律楚材先生了！"

那位大胡子听了，不禁哈哈大笑道："我算什么'老人家'呀，我今年才二十五岁！"

说到这里，他扭过头来看看来人，"刚才，我只顾浇粪水，未曾想洒你身上了，实在对不住，冒犯了，你居然不生气，使我很觉内疚，请到草屋一坐。"

说完，他放下砍刀，领着窝阔台回到屋子里，有个随从趁机告诉他说："这是我们的三王爷窝阔台，特地奉大汗之令，前来诏请先生的。"

耶律楚材这才转过头来，看了看窝阔台说："三王爷？大汗？难道你们是……"

窝阔台急忙说道："我的汗父成吉思汗久闻先生大名，知您才识过人，特派我前来相请，望先生切勿拒绝，尽快随我前往蒙古吧！"

耶律楚材又是一笑，说道："成吉思汗是马上皇帝，要我这一介书生有什么用处？"

"先生知识博大精深，才智聪慧过人，声名远扬，久居山林，如明珠暗藏，于世无益，何不出山，辅祐大汗，建功立业，也不枉平生所学。"

"我乃辽王后裔，现在又是金国的亡臣，恐怕不宜去做蒙古大汗的臣下吧？"

窝阔台的一个随从立即说道："我们的大汗对外族的将领，历来是一视同仁，大汗早就盼望见您了！"

经过再三劝解，耶律楚材终于跟随窝阔台来到蒙古，其时为1215年的夏天。成吉思汗正在金莲川避暑，听说耶律楚材来了，兴奋异常，亲自接见。

多少年来，在许多契丹人面前，成吉思汗一直灵活地把自己扮演成被金朝灭国的契丹人的复仇者。这次，他接见这位契丹人的大才子、辽国的皇帝后裔耶律楚材时，并没有忘记他所坚持的这个带有鼓动性的观点，直接对耶律楚材说："辽国王族与金王族素为仇敌，朕今日已经为你们契丹人报了仇，雪了恨了！"

"报告大汗，我的祖父、家父以及我本人，"耶律楚材回答说，"都早已入朝侍奉金王了，成为金国朝廷的臣仆。既然我已成为金王的臣仆，靠金王赐给的俸禄生活，如果再对金朝怀着敌意，岂不是犯下欺君之罪么？"

成吉思汗听后，问道："既然你忠于金朝，为何又弃官出去，归隐山林，终

不为金王竭忠尽智呢？"

耶律楚材又直言答道："请大汗明鉴，如今的大金王朝已是千疮百孔、将寿终正寝了，我一人无力回天，又不能公然背叛，只能暗中归隐，敬而远之了。"

众所周知，成吉思汗历来非常重视一个人的忠君情操的，即使这个人是敌人营垒中的人。

因此，耶律楚材的这一番答话使成吉思汗十分满意，特别使他高兴的是眼前的这个上知天文、下知地理的饱学之士，身材魁梧，语气庄重有力，令人肃然起敬。

平日，成吉思汗最讨厌的就是那些背主忘恩、不讲忠义的人。耶律楚材表示出的忠君思想，正是成吉思汗要大力提倡的。从此以后，他们两人常在一起谈今论古，成吉思汗每次出征都把他带在身边。

由于耶律楚材知识丰富，成吉思汗每有咨询，他无不知晓；令他占卜，尤为奇验。因此大汗公开称他为"天赐"。

其实，耶律楚材之所以为成吉思汗所器重，最主要的原因是他深谙星历卜筮之术。

耶律楚材凭借着看星相、卜卦来测吉凶，在形式上要比萨满教徒烧验羊骨深奥和神秘得多。因此，很受成吉思汗的信任。

成吉思汗对耶律楚材很亲热，从不直呼其名，而喊他"吾图撒合理"，意思是"长髯者"。"长胡须的男子汉"，正合汉语中的"美髯公"之意。

自此，成吉思汗十分信赖他，整日与他在一起坐谈经国大计。无论大汗有什么不解的问题，耶律楚材都能滔滔不绝地回答，深入浅出地让他明白。

成吉思汗从耶律楚材的身上，逐渐了解到了中原文化。这对蒙古帝国的命运将会产生重大影响，特别是对蒙古军队的政策影响极大……

1218年，蒙古国的商队被花剌子模国的边将抢劫了。这种杀人越货的行为，激起了成吉思汗的愤怒，立即决定亲自领兵西征花剌子模国。

早在1215年至1216年之间，成吉思汗在中都停留之时，花剌子模国的使团曾万里迢迢地来到中都。

花剌子模国王谟罕默德从伊斯兰商人那里听说当时的宋朝十分富庶，又听说蒙古在东方兴起，为了得到真实的情报，于是便派遣了这个使团。那时，成吉思汗以友好的态度接待了这批外国使者，明确地告诉他们说："我成吉思汗是东方的统治者，而你们的谟罕默德则是西方的统治者，希望我们双方能够建立和平友好的关系，应该准许两国的商人自由往来。"

花剌子模国的使者听了，十分高兴，也表示希望与大蒙古国友好交往，并向成吉思汗介绍了花剌子模国的情况。

一代天骄：成吉思汗

花剌子模国位于阿姆河下游，是当时中亚细亚的一个大国。它东北至锡尔河，东南至印度河，北至咸海、里海，西北至阿塞拜疆，西临巴格达，南滨印度洋，几乎占有中亚细亚的全部。

"花剌子模"在波斯语中意为"低平之地"，古代中国人称其为"火寻""货利习弥""火辞弥"等；在玄奘《西域记》中，称它为"货利习弥迦"；蒙古人称它为"撒儿塔兀勒"。

这里的"撒儿塔"是商人的意思，"兀勒"人具有伊朗和土耳其混血人的特征。这个国家商人较多，也经营农业与畜牧业。

早在7世纪时，阿拉伯人穆罕默德创建伊斯兰教（回教），统一了阿拉伯。他死后，经选举产生的继承人被称为哈里发。因此，哈里发即是国家元首，又是伊斯兰教的最高教头。哈里发君临于伊斯兰教诸国之上，各国国王接位时，须由哈里发册封、任命。于是后代为争夺教主而相互残杀，内乱不止。哈里发为了保持地位，便非常重视军队，却又常常受到带兵将领的挟制。

11世纪初，来自中亚吉尔斯草原的塞尔柱土耳其人兴起。他们信仰回教，以拥护哈里发为名，消灭中亚阿富汗、波斯等国，重新把阿拉伯东帝国统一起来。

哈里发将塞尔柱人视为救星，于1055年封其酋长托格如为"苏丹"。"苏丹"的本意为"摄政"，或"世俗之主"，后因沿用已久，特别是在哈里发之后，才逐渐具有政教合一的元首含义，故有人译为国王，或是皇帝。塞尔柱人便以苏丹名义发号施令，哈里发仍处于傀儡地位，史称塞尔柱王朝。花剌子模的开国国王原是塞尔柱王朝苏丹的宫廷奴隶，名叫纳失的斤，因屡立战功，被封到花剌子模为王。这花剌子模既是其首都（后改称玉龙杰赤），也是国名，当时只占有珂姆河下游里海与咸海之间的一小片地区。

自1124年起，花剌子模国长期臣服于西辽。直到1192年，纳失的斤第五代孙塔哈施（又称塔哈夫·帖乞失）才逐渐使国家强大起来。

塞尔柱王朝当时处于衰弱中，1180年，纳昔尔接哈里发位。他与历代的哈里发一样，也想恢复权力，便策动花剌子模国进攻塞尔柱王朝，终于灭亡了塞尔柱王朝。于是，塔哈施将攻占的几个省归还给哈里发，纳昔尔便封塔哈施为帝国东部的最高统治者，但未封其为苏丹。

1200年，塔哈施死了，其子谟罕默德接任花剌子模国王。此人野心勃勃，刚上台，便开始东征西讨，吞并征服邻近的许多国家，使花剌子模国进入全盛时期。

此时原乃蛮王太阳汗之子屈出律已篡夺了西辽王位，担任了西辽国王，这使成吉思汗坐立不安起来。他把这情况告诉了耶律楚材，想听听这位大学问家的意见，顺便也想考察其分析、判断问题的能力。

耶律楚材听后，稍作思索后说道："屈出律本是大汗的宿敌，很难变成朋友了，就以对待敌人的办法去对它吧！至于花剌子模国，原与蒙古无冤无仇，何不与它结盟呢？千万不能让它与西辽联成一体，变成我们仇敌的朋友！"

成吉思汗笑道："你是说对他们是一打一拉，区别对待，是吧？"

"大汗比我清楚，花剌子模国土辽阔，物产丰富，人口众多，产品精致，可与之通商，搞贸易往来，何必与之树敌呢？"

"好，这意见甚好，能交朋友的绝不能让它变成仇敌，对屈出律要一打到底。"

耶律楚材又提出新的建议道："从地理位置上看，从蒙古往花剌子模国，中间的通道被西辽挡得严丝合缝，对两国之间的来往阻碍得厉害。若能消灭屈出律，占领西辽国，打通这条通道，对蒙古与花剌子模国的商贸往来，岂不更加便利？"

成吉思汗不禁赞许道："这真是英雄所见略同！你这建议已在我心中埋藏很长时间了，这西辽国像一块绊脚石一样，挡在我们去西方的大道上，只有搬掉这块绊脚石，我们蒙古人与西方的贸易往来才能自由、便利。"

两人谈话后的次日，成吉思汗立即派出花剌子模人麻哈茂德、不花剌人阿里·火者，以及诋答剌人玉素甫、砍哈等为使节，携带着成吉思汗的书信和驼峰大的一块金子，还有许多昂贵的毛纺织品，去见花剌子模国王谟罕默德，作为对该国的回访。

不久，蒙古使团来到花剌子模国，使节团长麻哈茂德将成吉思汗的书信交给谟罕默德，并代表成吉思汗致意说："我知道您的国家势力强大，您统治着广阔的土地，管理众多的百姓，我愿意和您修好，我看待您，就好像对待心爱的儿子一样。也许您早就知道我已征服了中原大地，想必您也知道我国的军队如蚁之众，财富如银矿之丰，实在没有觊觎他人领土之必要。我所希望的，不过是彼此臣民之间得以通商贸易，互通有无，对大家都有好处。"

谟罕默德听完之后，不高兴地说道："既然两国交好，应是平等关系，两国的国王也是平等的兄弟相称才对，你们的成吉思汗为什么把我当作他的儿子呢？"

麻哈茂德立即解释道："在我们蒙古，年长者对年轻人总是以父辈自居，表示关系更亲昵，情感更真挚。我们的大汗已年过半百，而大王你的年龄还不到40岁呢！"

谟罕默德仍然想不通，又说道："你们蒙古的习俗，不能适用我花剌子模国，若是强加在我们头上，岂不是欺负我年轻么？"

麻哈茂德又解释说："其实尊老爱幼之风，本是人间的共性，难道贵国不是这样么？请大王不必在细枝末节上过于计较，若是对那称呼不愿接受，就当作那句话没说吧！"

这时，花刺子模国的几位大臣也过来劝说，谟罕默德才不再言语，算是接受下来了。

麻哈茂德趁机又说道："蒙古与花刺子模两国永结盟好，这是两国百姓的福份，是两国政治生活中的大事。从此以后，两国人民之间可互相往来。为了保证通商贸易的安全，我们应建立和平友好关系，并缔结盟约，以示郑重。"

谟罕默德正在国内厉兵秣马，整顿队伍要去攻打巴格达，一时无暇东顾，也想借助蒙古的力量牵制西辽，以解除后顾之忧，于是便接受了成吉思汗的建议。双方立即签订了和约，确立了两国和平相处的睦邻友好关系。

可是，谟罕默德于夜间又单独召见麻哈茂德，拉拢他说："你本是我花刺子模国人，不应该胳膊肘往外弯呀！经过这两天的接触，我见你为人忠诚可靠，如果没有忘记你是一个花刺子模人，还应多为你的祖国效力！"

麻哈茂德说道："正因为我没有忘记我是花刺子模国人，才努力促成两国能够友好相处，而且世代相好，永远不要发生战争。"

听完之后，谟罕默德国王指着窗外的明月说："今晚明月当空，不可不赏！"

说完，双手连拍几下，整整一桌酒菜上来了，便拉着麻哈茂德一齐入席。酒过三巡之后，这位国王笑着问道："据说，蒙古的骑兵所向无敌，不知你们的骑兵到底有多少？"

麻哈茂德不便直言相告，只得说道："大王兵多将广，蒙古的骑兵哪能比得上大王的军队？"

谟罕默德见问不出什么名堂，便又从旁说："听说成吉思汗有四个斡儿朵，里面美女如云，说有四百个妃子，这是真的吗？"

麻哈茂德说道："这有什么稀奇的？中原的皇帝，后宫的佳丽有三千人呢！"

此时，谟罕默德趁着酒意说道："既是赏月，有酒岂可无歌舞？"

说罢，向门外高声喊道："歌舞伺候！"

话音未落，只听一阵脚步声传来，先是进来一队手持各种乐器的少女，随着一阵悠扬的乐曲声，一队袅袅婷婷的少女，踏着细碎的舞步，飘然而入，边唱边舞。

那些弹琴、跳舞的少女，年龄都是十四五岁，花一样的面容，穿着宛如蝉翼一样的绸衣，那苗条的体形，全都清清楚楚地显现出来。她们婉转地唱着那些俗调艳曲，不时用淫邪的目光对麻哈茂德进行挑逗。

谟罕默德笑眯眯地指着那些歌女说："怎么样？她们比起蒙古女人，吸引力要大得多吧？"

麻哈茂德却答非所问道："这些歌舞对我来说，真是对牛弹琴呢！"

谟罕默德立即大声说道："别跳了！"

于是琴声、歌声戛然而止，他又向那些美如鲜花般的少女一招手，她们立即像蝴蝶一般翩然拥到两人面前，个个深情地看着他们。

谟罕默德指着面前那些如花似玉的少女说："随便挑吧！三个、五个都可以，她们全都是雏儿呢！"

麻哈茂德本是一个十分正派的人。三十年前，他才十几岁时随父亲到蒙古经商，用花剌子模人生产出来的手工制品，到蒙古换回一大群牛羊。在回国途中，遇到成吉思汗兵败无粮、饥渴难耐，父亲便将那一大群牛羊无偿地送给了成吉思汗的队伍。从此，十分看重义气的成吉思汗便把他们父子留在了身边，当作亲人对待。

这次到花剌子模国出使，成吉思汗派他担任使节团长，临出发前大汗对他说道："虽然花剌子模是你的祖国，可是，我早就把你看成是我们蒙古人了，望你代表蒙古国，代表我去完成使命。"

麻哈茂德向成吉思汗说道："请大汗放心，虽然我生在花剌子模，却长在蒙古，我知道自己早已离不开蒙古，离不开大汗了！"

麻哈茂德面对自己的拉拢、引诱，他心中很清楚，时时提醒自己说："成吉思汗把我当成蒙古人，我可不能有辱使命，辜负了大汗对自己的信任啊！"

于是，麻哈茂德向那些美貌的少女挥了挥手，又对国王谟罕默德说道："这些女孩子都是我的同胞姐妹，我实在不忍心伤害她们，何况我在蒙古已有几个妻子，请大王让她们回去休息吧！"

谟罕默德见一计不成，便又施一计，从自己怀中取出一副明光闪闪的宝石手镯送给他，并对他说道："这是花剌子模人生产的手工艺品，若论价值，在蒙古市场上，它可以换取一万头牛羊，或是八千匹良马，请你收下吧！"

麻哈茂德立即拒绝道："我是蒙古大汗派来的使节团长，怎能收受大王的馈赠呢？"

谟罕默德却坚持说："你是花剌子模人，现在你回到了故乡，故乡送给你礼物，你怎能不受呢？"

麻哈茂德只得收下，准备带回蒙古交给成吉思汗，于是他说道："感谢大王的馈赠，我代表蒙古大汗深表谢意。"

谟罕默德见他收下宝石镯了，便说道："你是花剌子模人，蒙古人对你再好，你终究还要落叶归根的。希望你今后不断地把成吉思汗的情况，特别是军事行动，及时派人向我报告，我一定会重赏你，花剌子模人也不会忘记你的！"

麻哈茂德听后，模棱两可地答道："今后怎么办，我会处理好的，不劳大王吩咐了！不过，有一条我不会忘记的：不利于两国关系的事，我一定不做；有利于两国关系的事，我要多做。"

后来，麻哈茂德回到蒙古，把出使情况一一作了汇报，引得成吉思汗哈哈大笑起来，说道："谟罕默德利令智昏，并不是真心与我结成盟友，我们不可不防啊！"

麻哈茂德忙说道："也许眼前不会发生战事，因为谟罕默德正忙于对西方的战争，而无暇东顾。"

成吉思汗当机立断，马上派长子术赤和大将哲别、速不台等领兵马两万，前去攻打西辽。这不仅是为了歼灭残敌屈出律，而且是为西征扫清征途上的绊脚石。

早在十四年前，乃蛮部太阳汗兵败身死之后，成吉思汗多次派兵去追击屈出律，都让他溜掉了。

后来屈出律在也儿底斯河又被击败，仓皇间逃往别失八里，从那里抵达苦叉，在苦叉山里东游西荡，既无粮食，又乏给养，而跟随他的那些部下早已作鸟兽散了。此时，屈出律几乎陷入了绝境，从1204年至1208年，他在别失八里、苦叉一带流亡了四年，整日在山林里靠狩猎为生。

一天，屈出律正在林子里转悠，想打点猎物充饥，忽听有人喊："救命啊！救命啊！"

他仔细听后，发现是个女人的声音，便有些好奇，手提弓箭向喊声处跑去。

跑不多远，他便看到一个少女骑在马上，那马直在地上打转转，他正在想着，忽听不远处传来一声熊吼。循声看去，在距离那姑娘不远的地方，有一只又肥又壮的熊坐在路中间，挡着去路，并不时对着姑娘发出令人恐怖的吼叫声。

看到这里，屈出律心里想道："这姑娘可能是离这里不远的西辽国人，我何不救她一命呢？"

只见他弯弓搭箭，"嗖"的一箭射去，正中那熊的要害部位。熊立即倒在地上翻滚起来，一边滚着，一边吼叫，吓得姑娘的那匹马又是扬蹄，又是尥蹶子。屈出律三蹿两跳地跑到姑娘马前，伸手一把抓住马的缰绳，那马才安定下来。不料，那熊忽然跳起来，大声吼叫着，向屈出律奔过来。屈出律毕竟是经历过战阵的人，见那受伤的熊奔向自己，心中却不慌张，伸手从背后抽出砍刀，迎着熊走上去。

其实，再凶猛的野兽也是怕人的。熊见屈出律手执大砍刀向自己走过来，便停下了脚步。就在这时，屈出律把身子向前猛地一蹿，趁着那熊发愣之时，一步跳到近前，一刀刺进那熊的胸膛。

那熊尽管中了一箭，又被刺了一刀，血流如注，却忽然立起来，用它那两只前爪用力抓住屈出律的双肩，然后张开血盆大口就要撕咬他！屈出律顾不上疼痛，急忙举刀刺进那熊的大嘴里去，那熊轰然倒地，死了。

见那凶猛的熊终于死了，姑娘才长出一口气，放下心来，于是翻身下马，不顾少女的羞涩，赶忙向屈出律道谢，只见她红着脸说道："感谢大哥的救命之恩，我……一定要……要禀报父王，报答你。"

屈出律一听，便问道："你是谁家的姑娘？"

那少女正要回答，忽见跟随她来的那些侍女们一个个红着脸，有些尴尬地向她走过来。少女狠狠地瞪着她们道："等我回去，向父王报告，非打死你们不可！"

这时，屈出律听出她口口声声说到"父王"，知道这少女非一般人家出身，心里说道："这下我也有救了！"

这姑娘原是西辽国王菊儿汗的独生女儿，名叫浑忽，是这位西辽王的掌上明珠。菊儿汗把她顶在头上，怕掉下来摔了她；含在嘴里，又担心热气哈了她；揣在怀里，唯恐捂了她！

不久前，她突发奇想，向父王提出要去古列忒尔河上去划船，菊儿汗就派了许多人，护送着这位公主去百十里外的古列忒尔河边，还特地打造了一只木船，一起送去。谁知浑忽在河上划船时，一不小心，连船带人一起翻入河中，若不是及时抢救，她肯定淹死在古列忒尔河里了。

这次又要去苦叉一带的山林打猎，只带了一群侍女随去，不要士兵保护。菊儿汗既心疼，又不放心，便等浑忽走后，另派一支人马远远地尾随着，以防止发生意外的事情。谁知在林子里竟遇上了熊。若不是屈出律及时赶到，射杀了那凶猛的熊，浑忽弄不好就会丧命。

这时候，浑忽已恢复了神智，见到这位救自己性命的年轻人，不仅英勇胆大，武艺高强，而且长得高大英俊，一表人才！心中不由得暗自高兴起来，便顺口说道："大哥还不知道哩，我乃是西辽国王菊儿汗的公主，这里离西辽不远，你是我的救命恩人，我要告诉父王，一定要好好报答你。"

屈出律听了，真是喜出望外，暗中想道："这西辽国也是西方的一个大国，曾听父亲说过，国王本是辽朝的后裔，若能得到辽王的信任，有朝一日领兵回去找成吉思汗报仇，岂不是天大的喜事！"

他又仔细端详了那公主的长相，虽不是貌美如花，却也娇俏动人，尤其是那一双水灵灵的大眼睛，眼珠儿却是黄的，与她那雪白的皮肤十分协调。比起中原的女人，这公主的体形稍微丰满一些，但更显出她的曲线美。

公主见他注视着自己，大方地说："大哥是我的恩人，我一定要报答你，不知大哥从哪里来，姓啥名谁？"

屈出律回答道："我是乃蛮国太阳汗的儿子屈出律，因为蒙古人的入侵，使我国破家亡，孤身一人，流浪在这异国土地上，今遇公主也是三生有幸！只因我是亡国丧家之人，不宜到贵国去，免得会给你们带来麻烦，就此告辞！"

说完，屈出律便起身离开，正抬腿要走，那浑忽公主急忙上前，伸手拉住他的胳膊说："请大哥，不！请恩人别走，我还要报答你的救命之恩呀？何况你还是乃蛮国的王子呢！"

这浑忽公主从小娇生惯养，在西辽王宫里长大，生就的一副骄纵自傲、目空一切的性格，很少与男子交往，如今十六岁了，虽是情窦初开的年龄，却没有尝试过谈情说爱！

自与屈出律一见之后，不仅感激他对自己的救命之恩，而且对这位失去祖国的异国王子产生了爱慕之情，想带他回去，让父王与母后见见他。若能博得他们的欢心，那么婚事不就成了么？

菊儿汗的皇后名叫古儿比术，这女人不仅美貌无比，而且诡计多端。在她生下浑忽之后，接生婆悄悄对她说道："你的子宫已失去功能，再不能生育了！"

古儿比术如闻惊雷似的昏了过去。但是，严酷的事实她不得不接受，尽管心里有万分的不情愿。

一个女人，尤其是一个皇帝的后妃，一旦不能生育，这将给自己带来什么样的后果？

于是，古儿比术终于想出了一个办法，派人买来了青粉，偷偷地放进菊儿汗的饭碗里。

据说，人吃了青粉之后，就不能再生育了，无论是男人，还是女人。

从此，菊儿汗再不能令任何女人怀孕，浑忽也就成为这位西辽王唯一的公主了。

屈出律随着浑忽公主来到西辽国，见了菊儿汗与古儿比术，受到热情的款待。西辽王对他说道："你是公主的救命恩人，如果愿意的话，你可以长期在我这里住下去。"

不久，浑忽公主便向菊儿汗提出要嫁给屈出律。在父王面前，一贯是说一不二的浑忽公主，很快便与屈出律办了喜事，从此，屈出律便成为西辽国菊儿汗的驸马和亲信。

当时，菊儿汗统治着突厥斯坦和诃中的各国与地区。他拥有大量的军队、武装、人民和土地，连花剌子模国也是他的属国。

屈出律与浑忽公主婚后，整日玩玩乐乐。一天晚上，屈出律突然不高兴了，

浑忽公主问道："你怎么了？是病了么？"

她急忙上前询问，摸着他的额头说道："头上没有热呀！到底怎么啦？"

经过再三盘问，屈出律才告诉她说："今天午后，我躺在床上睡着了，做了一个梦，使我心里很难受。"

"什么梦啊？你说出来给我听听，我还可以替你解解呢！"

"算了吧！我要是说出来，怕惹你不高兴呢！"

听他这么说，公主立即说道："说吧！我们既是夫妻，应该有福同享，有难同当，我怎会不高兴呢？"

屈出律又对她说："这梦与你有关，说出来了，你可要帮助我圆了这个梦啊！"

浑忽公主立即拍着胸脯保证说："放心吧，你不仅是我的驸马，还是我的救命恩人呢。"

屈出律见她态度诚恳，便慢慢说道："你已知道，我的父王太阳汗是被蒙古的成吉思汗逼死在纳忽崖上。"

"是啊，我知道这事，你的梦与他老人家的死有关吗？"

屈出律连连点头，说道："是的，人常说'日有所思，夜有所梦'，这些天来，我一直心神不宁！"

"你快说呀，你到底梦到什么？"

浑忽公主的再三催问，屈出律才说道："我见到父亲满身鲜血，大声责问我道：'你这不孝之子，竟把国仇家恨、父死母亡的仇恨全忘了！'"

浑忽公主听了，流下了眼泪，忙说道："现在怎能去报仇呢？我们才度过蜜月不久，何况我也……也舍不得放你走呀！"

屈出律一见，慌忙把公主搂进怀里，温存着，替她抹去泪水，然后对她说道："我离开我的国土已经很久了，但是我的人民不会忘记我的，他们也不会忘记国仇家恨的。如今，成吉思汗的军队都在中原打仗，他的后方空虚，军队的数量不多。我已听说了，我的许多部落和军队，正等着我去呢！"

浑忽公主听到这里，双手搂住屈出律的脖颈，连续在他脸上亲着，"你不能去，不能去，我不让你离开我，你现在是我的驸马，无论如何，我不放你走！"

屈出律又说道："据说，我的那些部落与军队，他们流落、分散在叶密力、海亚力，以及别失八里的境内，他们聚集起来要反抗蒙古人的统治，到处打探我的消息。"

浑忽公主仍然喋喋不休地说着："你不能去，我不放你去！你走了我怎么办？"

屈出律只是装作未听见她说的话，一边抚慰着，一边继续对她说道："你父王菊儿汗若能放我回去，我就可以去把他们召集到一起，去找蒙古人报仇，一定要活捉成吉思汗，重建我的乃蛮国，你就是我的皇后了。"

浑忽公主忙说道："父王就我一个女儿，他怎么舍得放我们俩去呢？何况父王已经老了，我们一走，他不是后继无人么？"

屈出律立刻说道："请你放心吧！在我困难的时候，你们帮助了我；有朝一日，菊儿汗他老人家一旦有难，我一定会帮助他的。只要我活在世上，我将对他老人家竭诚效忠，听他吩咐，决不违言！"

浑忽公主架不住他的反复解释，终于答应向父王与母后请求，尽快放他回去收集原乃蛮的残部人员。

后来，心地单纯的菊儿汗终于相信了屈出律的花言巧语，赠送给他许多贵重的礼物，并且封他为"屈出律汗"，对他说道："祝你早日重建乃蛮故国，尽快报仇雪恨。"

于是屈出律如鸟儿飞出了牢笼，迅速回到叶密力、海亚力以及别失八里境内，将其残部收集到一起，很快组建成一支万人的队伍。

此时，西辽国军中有一股反对菊儿汗的势力，他们的头儿名叫庞斯里胡，立即派人到屈出律那儿，对他说道："你若能把菊儿汗赶下台，我们愿拥戴你当西辽国王，并把西辽国的美女乌姜送给你做皇后。"

屈出律自然高兴，便准备领兵回去对菊儿汗发难，其部下葛里高里劝他说："此事不能做，菊儿汗在你困难时招你做了驸马，并帮助你重新建立军队，怎能做那不忠不义的事情？"

屈出律却不以为然，反说道："我是菊儿汗女儿的救命恩人，他帮助我做了一些事，也是应该，这等于扯平了，谁也不欠谁的。何况他已年老昏庸，让我当西辽王有什么不妥当呢？"

于是，屈出律坚持与庞斯里胡联合起来包围了王宫，逼着菊儿汗交出王权，立即让位于自己。菊儿汗年老体衰，无力抵抗，只得说道："我答应让你继承西辽王位，但是你得撤兵，将军队领回去。"

屈出律于是把队伍撤走，并将乌姜接到身边，立她为皇后。这消息传到浑忽公主耳里，她立刻派人找到她的表弟龙格丁里，要他起兵围歼屈出律的兵马。

龙格丁里与庞斯里胡同是西辽国的带兵将领。经过一番策划，龙格丁里杀死了庞斯里胡夺得军队的指挥权，趁夜偷袭了屈出律的队伍，仍然拥戴菊儿汗做西辽王。

后来，屈出律听说花剌子模国王谟罕默德不满再做西辽的属国，准备派兵攻打菊儿汗。便立即派人前去，与谟罕默德结盟，双方经过反复磋商，签下决议：

谟罕默德从西边攻打菊儿汗，屈出律自东面进攻，谁先歼灭菊儿汗者，就将得到西辽国的大部分领土。

花剌子模国王谟罕默德说道："我只要从珂力麻黑、忽炭，以及可失哈尔为止的这一大片土地和人民。"

屈出律立刻答应了他的要求。谁知龙格丁里带领西辽兵马突然包围了他的队伍，杀得屈出律大败而逃，只得返回到别失八里去重新整顿兵马。

这时候，花剌子模国王谟罕默德联合撒戚耳干国，从西辽国的西部边境展开了进攻，菊儿汗的大将塔阳右因为指挥失误，战败被俘。

1211年的夏天，屈出律趁菊儿汗兵力分散之际，突然领兵向他进攻，将他包围起来，出其不意地将其俘获。屈出律想杀死菊儿汗，宣布自己为西辽国王，葛里高里又劝说道："对一个年老体弱的人何必要杀他呢？何况他有恩于你。为了缓和西辽人民的反抗情绪，留下他，尊他为'太上皇'的虚名，不是更有利么？"

屈出律见他说得有理，便接受了这个建议，对菊儿汗说道："我愿尊你为太上皇，把你当作父亲一样看待，尽管你女儿浑忽公主已离开我，做了她表弟龙格丁里的妻子。"

于是，屈出律便名正言顺地把菊儿汗统治下的突厥斯坦地区以及他的王位，完全夺到自己的手中。从此，契丹族的西辽国名存实亡，屈出律在喀什噶尔、和田等地，西辽锡耳沙河岸地区，重新建立了乃蛮国。

屈出律颠沛流离了四年多，现在当上了西辽国王，又有美女乌姜陪侍身边，真是志得意满。

于是，说话气粗了，脾气更大了，动辄就要杀人，他以为这样才像一个国王的样子！

皇后乌姜固然长得美貌无比，但是性格怪僻，经常提出一些稀奇古怪的要求。平日，乌姜要求用牛奶洗澡，羊奶，马奶也不行，迫使西辽国的百姓按时交送鲜牛奶到王宫里。她的吃食也特别，爱吃牛蹄子。她要求厨师把牛蹄子去掉外面的甲壳，放在锅里清炖，直到炖得软烂为止。

乌姜非常喜欢打扮，特别重视脸面的保养，要侍女每天清晨替她美容——打脸。

据说，打脸是面部美容的最好方法，那些侍女们往往不敢打，但在她的吩咐下，谁能不打呢？于是，在打脸美容中常常出现一些事情，有的侍女打重了，便被拉去杀头；有的打得轻了，或是打得位置不对，也要受到惩处。

更有甚者，乌姜信奉偶像教，她要屈出律强迫全体人民都皈依偶像教。乃蛮人原本大多数人信奉基督教，西辽国的百姓则信奉伊斯兰教的居多。

屈出律为讨得乌姜的欢心，竟下令道："全体西辽国人，要么信奉基督教，要么信奉偶像教。"屈出律想用暴力改变当地人的宗教信仰，不准伊斯兰教徒和信士们进行礼拜，把伊斯兰教徒的聚居场所封闭起来，或是干脆拆毁。加上向百姓征收牛奶、牛蹄等，横征暴敛，进行残暴的压迫。

为了逼迫老百姓就范，强迫他们服从统治，防止人们起来反抗，屈出律居然异想天开，在每一户百姓家里都派一个士兵居住。谁知那士兵与百姓共居一堂，竟变成这个家庭的"太上皇"了，奸淫烧杀之风遍起，给当地人民造成极大的灾难。

屈出律却不顾人民的疾苦，依然实行残暴的手段，动辄以杀头相威胁。他哪里知道自己正像是坐在一堆柴薪上面，只等一个火星飞来，那堆柴薪便会立刻燃烧成冲天的大火，将他烧死在熊熊火光中。

1218年秋天，成吉思汗派出的军队，在其长子术赤，大将哲别、速不台等带领下，越过维吾尔地区，翻越天山，进入屈出律统治下的西辽国境内。

当时，在天山以西的伊犁河上游固尔札附近，蒙古骑兵拥有一个活动据点，那就是阿力麻里国。这里盛产苹果，被人们称为"苹果园之国"。

在阿力麻里，到处长着绿荫如盖的苹果树，人们以苹果为主要食品，据说当地人均寿命竟达到七十岁以上。许多家庭不仅是四世同堂，就连五世齐昌、六代同乐、七代齐福也不鲜见。

因为阿力麻里早已归附了成吉思汗，蒙古骑兵可以自由自在地在绿阴遍地的苹果园里徜徉，呼吸着新鲜空气，尽快地恢复体力，养精蓄锐。术赤等主要将领一边嚼着又脆又甜的大苹果，一边拥着国王奉献来的阿力麻里姑娘，尽情地调笑、戏乐……

从阿力麻里出发，蒙古军队只需顺着伊犁河西下，就可以进入宽广的略有起伏的伊犁河平原，从而进入七里河流域。在这里，水源丰富，农田灌溉渠纵横密布，这里盛产粮食，新鲜蔬菜与水果也很多。这里山清水秀，当地的女人长得特别俊美，肤色白嫩，一眼看去，浑身水灵灵的，似乎捏一下就能流出水来。

七里河人热情好客，按当地风俗，贵客临门，在丰盛的酒宴之后，主人要让家中最年轻、最漂亮的女人现场表演裸体舞给客人看，这是最高的礼遇了。

由于当地的人民受尽了屈出律的残酷压迫，听说成吉思汗的军队来了，都把蒙古骑兵当作救星一样欢迎，用最好吃的食品慰劳他们。术赤等对这里的风土人情简直着了迷，甚至忘记了来这里的任务了。

一天，哲别听到侦探报告来的消息："屈出律征集了上千头的骆驼，准备要与蒙古骑兵决一死战！"

他立即去向术赤做了汇报，谁知术赤听后哈哈大笑道："屈出律乃是父汗的手下败将，他用骆驼能挡住我蒙古的铁骑么？"

此时，屈出律领四万兵马驻在喀什噶尔城里，准备与蒙古军队对抗。喀什噶尔城建在一处高岗上面，前面是一片广阔的草原，另外三面全是峭拔的高山峡谷，山上长着茂密的原始林木。

哲别见术赤轻敌，便提醒道："喀什噶尔城墙全用大条石垒砌而成，坚固异常，不易攻破，不可轻敌啊！"

术赤不耐烦地说道："喀什噶尔的西南部还有一座兀里嘎拉城，你领五千兵马去攻打吧！"

哲别忙又问道："喀什噶尔城怎么办？"

术赤只得说道："这里由我与速不台来负责了，明天我们就去攻打喀什噶尔城，你就别多操心了。"

哲别只得转身去领兵马，但他仍然不放心，又找到速不台，嘱咐他道："屈出律阴险狡猾，多次从我们的眼皮子底下逃跑，这次可不能大意啊，一定要活捉他！"

速不台忙说道："你的建议大王爷都不听，我能有什么办法？"

哲别叹息一声，忽又想起屈出律征集骆驼的消息，他不由得提醒速不台："不管怎样，你得多长一个心眼，不可低估了屈出律的反抗能力。所谓兔子急了也会咬人呀，他若真用骆驼在队前冲锋，不可粗心啊！"

哲别说完，带领五千兵马往兀里嘎拉城驰去，他知道这座城的守将名叫葛里高里，是个很有头脑的将领，比屈出律更难对付哩。

经过三天两夜的行军，哲别的人马才赶到兀里嘎拉城下，队伍扎营下来。哲别心想道："连续行军几天，城内的敌人若来夜袭，岂不糟了？"

他立即找来士兵中的百户长、千户长商议："我们长途行军，又疲又累，敌人以逸待劳，要是夜里来劫营，怎么办呀？"

经过他耐心启发，部下的思想通了，认识一致了，都愿意听从哲别的计策——留下空营，把兵马埋伏起来，等待敌人出城……

果然不出哲别所料，葛里高里于半夜时领着一千精锐人马前来偷袭蒙军。他们高声叫喊着杀进营帐，发现军营里空无一人，知道中计，急忙撤军。就在这时，哲别指挥人马拦住去路，把葛里高里的一千精兵包围起来。经过一番拼杀，葛里高里被乱刀砍死，他的一千人队伍无一逃脱。

第二天清晨，哲别让部下高挑着葛里高里的人头，到城下喊话道："城上的守军听着，你们的主将葛里高里已死，屈出律的小命也不久长，你们赶快投降吧！我们蒙古军队一向宽待俘虏。"

听了城外的喊话，未等守军答应，城内的百姓争先恐后地跑到城下，打开城门，欢迎蒙古军队进城。哲别领着人马，在城内百姓的夹道欢呼声中进了兀里嘎拉城。

为了让城里的百姓真心实意地拥护蒙古人，哲别干了一件更加漂亮的事，那便是宣布取消屈出律采取的一切摧残伊斯兰教的措施，明确地允许穆斯林从事所有的宗教活动。这真是明智之举，城内的居民大部分是伊斯兰教的信奉者，因此大家十分欢迎蒙古人的到来，就像欢迎救世主一样。

哲别以迅雷不及掩耳之势，凭借着自己的聪敏智慧，很快占领了兀里嘎拉城之后，命令他的副将帖尔泰领一千人马守城，叮咛他说："一定要尊重城里百姓的宗教习俗，处理好军民关系，才能立于不败之地。"

哲别惦记着喀什噶尔城的战斗情况，第二天便带领剩余的人马，昼夜兼程地赶回到蒙古大营，谁知术赤、速不台正在帐内叹气呢！

原来屈出律真的用骆驼在队前冲锋，把蒙古军队冲得七零八落。随着又驱兵掩杀，把术赤、速不台杀得大败而回。这时，两人见哲别胜利归来。速不台说道："果不出你所料，屈出律真的驱赶骆驼队在前面冲锋，把我们的骑兵冲垮了。"

哲别听了，忙说道："胜败乃兵家常事，我们总结经验教训，再跟他较量，来日再打败他！"

术赤却丧气地说道："谈何容易呀！你哪里知道那些骆驼像疯了似的，横冲直撞，我们的骑兵哪能阻挡得住？"

哲别又说道："请大王爷放心吧，在我们蒙古铁骑面前，没有闯不过的关口！"

术赤却不以为然地摇着头道："那上千头的骆驼猛然冲过来，有多么大的冲击力啊！自我打仗以来，还未经历过那场面呢！"

哲别看看速不台，又对术赤说道："在返回途中，我一直在思考这个问题，用什么办法去阻止骆驼队向前冲锋呢？"

速不台忽然接过话头说道："我想，用火……用火攻也许能击退的。"

术赤马上反对道："用火也难以阻止那些骆驼，何况在瞬息万变的战场上，未等你把火点着，那些疯狂的骆驼早已冲过来，把你撞倒，或是踩死了。"

哲别却沉思着，然后说道："可以用类似火一样的东西，让骆驼见了觉得害怕，不但不敢再向前跑了，反而会掉头逃跑呢！"

"哪有这样的好事？你真是异想天开！"

术赤嘲笑着，不料哲别道："许多事情起初都是异想天开，然后才慢慢变成现实，最终取得成功的。"

此时，坐在旁边一直在思索的速不台说："用红布，用连在一起的大块的红布，迎头向骆驼一展开，骆驼必然害怕，很可能会掉头往回跑，冲向屈出律自己的队伍！"

哲别听后，笑道："红布能吓跑骆驼，也能把战马吓退，若无什么意外事件，这办法准能成功的。"

术赤却又说道："这里哪有红布呢？"

哲别笑道："这次攻破兀里嘎拉城时，缴获了许多大红的绸缎，比红布更鲜艳，更有光泽，远远看去，红得闪光透亮，人看了都觉得刺眼，那些骆驼见了能不觉得害怕么？"

速不台听后，十分佩服哲别的智慧。他不仅想到了红布，在未提出建议前便都做齐了准备工作，真是一个有心人啊！难怪大汗特别看重他！

术赤听了哲别的话后，虽然还在心里持怀疑态度，但是口中已不好再阻拦。他只得说道："现在口说无凭，明天阵上才能见分晓呢！"

哲别又道："我想请求大王爷派我带兵担任前锋，我好先与那些骆驼队迎头对阵啊！"

术赤立即应道："可以。我与速不台守大营，作你的后盾。一旦挡不住骆驼队，咱们就后撤。"

速不台对哲别说道："明天阵上，你一个人可行？不然的话，我去协助你，怎么样？"

哲别胸有成竹地说道："不必了，我希望你能在我的队伍后面，一见到骆驼往回跑，就指挥铁骑冲过去，随后追杀，定能大获全胜！"

速不台说道："这次若能成功，一定要抓住屈出律，不能再让他逃掉了，我已在军队悬赏了：捉住屈出律者赏银一百两，并提升一级。"

哲别说道："好呀，重赏之下必有勇夫。"

三人一直议论到深夜才各自回帐休息。

次日，蒙古大军再次兵临喀什噶尔城下讨战。不一会儿，城里便传来了兵马出动的声音。

哲别立即指挥队伍做好准备，过不多久，城门大开，一群骆驼昂着头颅，四蹄扬起，对着哲别的阵前冲来，被他们那碗口大小的蹄子带起来的尘土，随着风声一齐卷过来。这时候，只听哲别一声大叫："迎上去！别怕它。"

突然间，在哲别队伍的阵前"刷啦啦"一声响，一块偌大的红绸子展开了。红布迎着旭日，闪着刺眼的红光，像一片红色的火光，对着奔驰而来的骆驼，迎过去，迎过去……

就在这时，奇迹出现了！那些正在向前奔驰的骆驼，一见眼前的红光，以为

一代天骄：成吉思汗

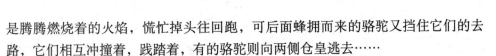

是腾腾燃烧着的火焰，慌忙掉头往回跑，可后面蜂拥而来的骆驼又挡住它们的去路，它们相互冲撞着，践踏着，有的骆驼则向两侧仓皇逃去……

于是，哲别指挥兵马乘势冲上去，叫喊声、喊杀声惊天动地。屈出律见骆驼往回跑，冲乱了自己的队伍，心知不妙，急忙命令撤兵。可是，那么多的骆驼往回跑，把屈出律的兵马冲撞得死的死，伤的伤，争着向城里逃去。由于城门太窄了，骆驼要进城，人马也要进城，一时间，城下拥挤不堪，吵闹声响彻云天。

哲别、速不台一见，带领蒙古铁骑冲进城去。屈出律一见，不敢进城了，慌忙领着残余的队伍，落荒而逃。

哲别急忙对速不台说道："你指挥兵马进城，回头向大王爷说一声，我领队伍去追赶屈出律，纵然他逃到天边，我也要把他抓回来！"说完，大刀一挥，对身后的兵马喊道："随我去追赶屈出律！"

哲别拍马如飞，他身后的铁骑也紧紧跟随，沿着屈出律逃跑的路线，飞驰而去！

屈出律从喀什噶尔城下逃走之后，心中明白自己的处境，这一片地方的老百姓全是信奉伊斯兰教的，他们对自己全都恨之入骨，若是逃到他们中间，准是有去无回的。屈出律觉得与其被那些伊斯兰教徒捉住送到蒙古人手里，还不如逃进深山野林里去呢！

为了保住性命，屈出律拍马奔驰，把身后的随他逃跑的将士远远地抛在了后面，悄悄地潜入穆斯塔山脉一侧的崇山峻岭中。

哲别领着他的蒙古骑兵，驰过山口，绕过悬崖，来到冰川脚下，继续追击。此时，惶惶如丧家之犬的屈出律，好不容易爬上了海拔三千米的撒里黑山谷，钻进一片林子里藏了起来。

智谋过人的哲别，在追击屈出律的途中，通过传令官，一路向当地人宣传："每个人都可以有自己的信仰，保持自己祖先的宗教规矩。"

这日，他又向沿途百姓宣传："我们蒙古骑兵除搜寻屈出律外，绝不侵扰当地百姓。"

哲别一路宣传宗教信仰自由的政策，得到了沿途老百姓的热烈拥护。他们提着食品，端着奶浆，真诚地迎接蒙古军队。

许多白发老人拉着哲别的马缰绳，哭诉屈出律的暴虐与残忍，控诉屈出律军队烧杀奸淫的罪行，有的人说道："你们蒙古人早该来了！不然的话，我的儿子也不会被屈出律杀掉，我的女儿与媳妇也不会被屈出律的军队糟蹋了！"

……

沿途的西辽国人民把蒙古人当作天神救星一样欢迎，他们积极协助哲别的

军队去对付屈出律的士兵。原来那些被屈出律派住在穆斯林家的士兵，在蒙古军队到来之后，一个个被处死。屈出律及其士兵们逃到哪里，蒙古的军队就追到哪里，屈出律的数万军队，除少部分投降外，大部分都被蒙古军队追杀，其中有许多人是被当地的穆斯林所杀。后来，屈出律在撒里黑山谷迷了路，再也逃不出去，就一直躲在林子里。

当时，一些巴达哈吾的猎人正在山中打猎，发现了他们。屈出律主动向猎者说道："请给我们送一些食品来！"

那猎人反问道："你们是什么人？"

屈出律不敢说实话，便骗他道："我们是追赶屈出律的蒙古人，赶快为我们送一些食品来。"

"既是蒙古人，为什么还要藏藏躲躲，害怕被人看见呢？也不需要把食品送到这深山野林来，快随我到家里去吧！"

屈出律听后，恼羞成怒，想杀死那个猎者。但由于他的战马早被吃掉了，赶不上骑马的猎人，只得眼睁睁地看着那猎人跑远。

哲别正在焦急地寻找屈出律的下落，听了那位猎人的报告，很快指挥军队包围了撒里黑山谷。哲别命令士兵向屈出律喊话，要他出来投降，可是，屈出律就是不出来。

那些巴达哈吾的猎人们对哲别说道："这个活捉屈出律的任务，让我们的猎犬去完成吧！"

说罢，他们连吹了几声口哨，然后向屈出律及其部下隐藏的林子里一指，只见十几条猎犬，飞快地钻进林子里去了。过不多久，林子里传来一片人喊狗叫的声音，那些猎人们拍着手笑道："屈出律再也逃不掉了！"

不一会儿，一条猎犬拖出一个浑身是血的人。大家上前一看，是屈出律的一个士兵。接着，每一条猎犬都拖着一个人从林子里出来，众人前去辨认，直到最后，有一条身材高大的猎犬，才把屈出律拖出来。

此时，屈出律浑身鲜血淋漓，身上的衣服被猎犬撕咬得稀巴烂，露出流着血的肌肉。

哲别看着屈出律问道："还想逃么？"

屈出律听了，无力地摇了摇头，但似乎还不想死。

哲别果断地说道："此人坚持与我们的成吉思汗为敌，一贯仇视蒙古人；近两年又在西辽国犯下了新的罪恶，不杀他不足以平西辽人民的愤恨。"说完之后，便下令当即处死，并割下屈出律的人头，让部下提到附近的可失哈尔、忽炭等地示众。

于是，附近一带的大小各城相继降附了蒙古，老百姓都跑来向蒙古军队表示感谢，有的人热情地请求哲别留下来，做他们的国王。

在不到两个月的时间里，哲别就征服了整个前哈剌契丹帝国，征服了整个东突厥斯坦。术赤吃惊不小，立刻派人把消息送到他的父汗那里。

成吉思汗不禁担心自己的这位鼎鼎大名的勇将，会因取得如此赫赫战功而骄傲，从而滋生叛离之心。于是，他立即派人警告哲别说："不可学克烈部的王汗，不可学乃蛮部的太阳汗以及他的儿子屈出律那样地骄傲自大，他们三人全因狂妄自大而相继败亡。"

哲别听后，对着来人微微一笑道："我哲别过去是大汗的忠实奴才，今后仍然是大汗的忠实奴才，我哲别的忠心唯天可表！"哲别嘴里这么说，心中却十分苦恼，以为大汗是听信了别人的议论，不然怎么会对自己这般猜忌。

在回喀什噶尔城的前夕，哲别再次想起那件射伤战马的往事，立即下令在忽炭、可失哈尔等地，征收一千匹白栗色战马，带回去献给自己的大汗以求赎回往日箭伤大汗的过错。

后来，成吉思汗得知此事之后，深感错怪了这位智勇双全的部下，特地请哲别到自己的大帐里去，向他道歉，说了许多内疚的话。从此，成吉思汗不再对哲别心存猜疑了，两人的私交也更深厚了。

花剌子模国王谟罕默德获得西辽被蒙古灭亡的消息，立即指挥兵马东进，企图乘乱瓜分西辽的国土。这时候，术赤与哲别、速不台已杀死了屈出律，离开了喀什噶尔城，正准备班师回国。

谟罕默德闻讯后，便急急忙忙领着兵马，从奥尔达东南部的毡的北进，连续尾随数日，终于在七里河与哈建黑河之间追上了要回国的蒙古军队。

谟罕默德依仗兵多势众，蓄意挑衅，摆开战阵，派人前往责难蒙古军："西辽乃我邻邦，你们蒙古人为什么无故兴兵消灭它？这是我们花剌子模国无法容忍的。"

术赤不愿与他纠缠，只好解释道："我们是来追击仇人屈出律的，对贵国并无侵犯之意，请你们不要多心。"

谟罕默德的使者却蛮不讲理地说道："西辽国与我们花剌子模国之间早有盟约，如今它受到侵犯，我们怎么能坐视不管呢？"

术赤说道："我们蒙古国与你们花剌子模国之间，也有盟约，并无仇怨，成吉思汗命令我们来追击仇人，并没有让我们要与贵国为敌。"

术赤为了表示对花剌子模国的友好态度，只得把战斗中缴获的财物送一些给谟罕默德，算是犒劳其军。

那使者去后，哲别立即建议道："谟罕默德来者不善，抓紧做好战斗准备，以免仓促应战，吃亏上当！"

术赤却说道："已送给他那么多财物，该不至于来动武吧！"

速不台立即说道："有备无患呀！那谟罕默德的胃口大得很呢！"

于是，哲别与速不台各自负责左、右两军，让术赤坐镇中军，命令兵马严阵以待。

半个时辰以后，忽听喊杀声由远而近，花剌子模国的兵马果然打来了。

原来那使者回去向谟罕默德报告之后，又把蒙古人赠送的财物指点给他看，并转告了蒙古人的愿意交好的传话。可是，这位狂妄好战、脾气暴戾的花剌子模国王自恃兵多国强，说道："给这么一点财物，算什么犒军？难道我们是叫花子么？"

那使者又提醒国王道："蒙古人确实不想与我们为敌，这是事实，请大王考虑。"

谟罕默德却说道："蒙古这支人马不过一两万人，消灭他们还不容易么？"

于是，谟罕默德不顾部下的反对，坚持要消灭这支蒙古队伍。于是率领四万人马，气势汹汹地杀向蒙古军队。

在两军阵前，术赤高声质问道："我们两国已有盟约在先，为什么要无故兴兵？我们的大汗只派我们前来追击仇人，没有命令我们要与贵国交战。"

谟罕默德却蛮横地说道："成吉思汗虽没有命令你攻打我，但是上帝命令我进攻你。今天，我要消灭你们这些偶相教徒，以顺天意！"说完，他大刀一挥，向身后的士兵喊道："冲啊，杀死这些蒙古人！"

花剌子模的数万兵马，随着谟罕默德的喊声，一齐杀向蒙古大营。此时，哲别与速不台交换一下眼色之后，要术赤坐镇中军，两人各带左、右两军以闪电之势，突然冲杀出去，把花剌子模的兵马截成几段，然后包围起来，经过一阵砍杀之后，很快地将其左、右军歼灭。

谟罕默德的左、右两军被击溃，如人的两臂被折断一样，其中军显得十分孤立，正与术赤的中军对峙着。不料，哲别与速不台又返身杀回来，像两把铁钳紧紧地夹住他。他吃惊不小，若不及早撤军，必遭围歼，忙大声喊道："快撤，快撤！"

可是，眼看蒙古军队蜂拥而来，旋风般地杀过去，谟罕默德害怕极了，他目睹自己的兵马被杀得张皇失措，毫无招架之力，心中万分焦急。

正在这时，有一员蒙古大将身材高大，面色红润，浓眉大眼，手执一把大刀，威风凛凛地向谟罕默德冲来，听他高声喝道："呔！你这个混账国王，我们成吉思汗刚与你缔结盟约，你就无故兴兵，太不仗义了！现在你已被包围，插翅难逃，还不快快下马受缚，免得被乱刀砍死！"

谟罕默德听了，慌乱间不由问道："你是什么人？"

一代天骄：成吉思汗

"我乃成吉思汗帐下大将哲别。不久前，活捉屈出律的正是本人。"

谟罕默德已经听说过哲别的战绩，正在惊慌之时，忽见对面杀进一彪人马，为首的将领正是自己的长子札兰丁。他便立即抖擞精神，指挥残余兵马，与札兰丁的队伍汇合一处，使出浑身的力气，才冲出蒙古军队的包围。

谟罕默德一口气逃出八十余里之外，才慢慢放松战马的缰绳，转头向身后看去，跟自己逃回来的兵马稀稀落落，不过一千余人罢了！他既后悔又恼怒，仍然心有余悸地说道："自用兵以来，我曾经历过无数次大战，但从未见过像蒙古人这么不怕死、打起仗来这么凶狠的。"

札兰丁赶上来，劝道："胜败乃兵家之常，父王为何只长蒙古人的军威，而要自轻自贱，灭自己的志气？"

谟罕默德却说道："我算领教了蒙古骑兵的厉害了！不是我看不起自己，蒙古军队中不光是将领善于指挥，那些兵马也是如狼似虎，凶猛无比！"

这次意外冲突，给花剌子模的国王谟罕默德留下极为深刻的印象，使他一想起来便胆战心寒。尽管如此，花剌子模国的这位猖狂好战的国王谟罕默德并未收敛他的扩张野心，他派人打听到蒙古军队确实班师回国之后，仍然派兵占领了原西辽国的一部分国土，以满足他那瓜分西辽国土的欲望。

击败花剌子模国军队的挑衅之后，哲别立即建议术赤尽快领兵回国，免得谟罕默德再派兵前来报复。他说道："这里地处花剌子模国土的大门边上，说来就来，说退就退；而我军孤兵深入，远隔国土，正是远水不救近渴，不如趁早班师凯旋，所谓见好便收吧！"术赤遂接受意见，命令军队即日回国。

成吉思汗对这次出征感到非常满意，杀了屈出律，消除了他心中的遗患；灭了西辽国，打通了去花剌子模经商贸易的通道。从此，蒙古的商队到西方各国去贸易，更加便利了。

只是中间出现的小小的插曲，即与花剌子模国发生了一场冲突，使成吉思汗十分不快。

成吉思汗本是一个耿直重义的帝王，平日与人交往最重视信义二字，经过反复询问术赤与哲别、速不台，对冲突的前因后果了解清楚之后，也就不怪怨自己的儿子与部下了。

起初，他对谟罕默德国王的蛮不讲理，深为不满，便问术赤等："他们军队的作战能力怎样？"

术赤摇了摇头，笑道："那国王有些狂傲自大，仗着兵力众多，指挥打仗如驱赶羊群一样，怎能不败？"

听了儿子的话，成吉思汗大笑不止，他看着哲别、速不台两人，教训儿子道："你也别轻视人家，若没有他们两人在你左右，恐怕你未必能轻易取胜。"

速不台立即说道："这全是哲别的功劳，不过那国王是有些目空一切，这次教训他一下，也许以后会老实一些，不敢再妄自尊大了！"

但是，成吉思汗提醒部下说："不管怎样，还是要以大局为重，我们的目的是与他们经商，要贸易往来，何况两国才刚签订了友好通商条约，对这样一起偶发事件，不必去计较，正好借经商来化解。"

成吉思汗以容忍的态度看待这次冲突，是十分恰当的。因为，当时的蒙古草原统一不久，加上片面的游牧、狩猎经济不能满足众多牧民的生活需要。在蒙古草原上既缺乏衣物，又缺乏其他许多生活日用品。商人们到蒙古草原来做买卖，就备受草原牧民的欢迎了。

花剌子模人以经营商业著称于世，东方蒙古的广阔市场自然是他们心驰神往的地方，所以许多花剌子模的商人也欢喜到草原牧民中做生意，可以从中获得几倍的利润。

为了促进西方各国与蒙古的经贸往来，成吉思汗主动提出了与花剌子模国建立友好关系，并在商人来往的大道上设置了保卫商人安全的哈剌赤，并特地颁布了一条札撒："凡进入蒙古国内的商人，应一律发给凭照，而值得大汗受纳的货物，应连同货主一起送到大汗那里，接受隆重的接待。"由此可见，成吉思汗把与花剌子模国进行通商往来，看得何等重要。

此后不久，成吉思汗便派遣了一个庞大的商队前往花剌子模国进行贸易。他还命令诸王、诸那颜贵族、诸将领，以及诸后妃们各自挑选出两、三名亲信，随着商队前往花剌子模购买珍品。

这一次商队的领队人，仍是从居住在蒙古的穆斯林中挑选，他们是：讹答剌的剌麻儿、蔑剌合的哈马勒、不花剌的法合鲁德等。除了这些人以外，成吉思汗还派了一位名叫兀忽纳的蒙古人作为他个人的代表，让他带着"国书"跟随商队一齐前往。

成吉思汗的商队顺利地穿过北亚，来到锡尔河畔花剌子模国的边界讹答剌城。这讹答剌城的守将名叫亦纳勒术，是花剌子模国王谟罕默德的表弟。一见蒙古商队的大批财物，居然起了歹心。

亦纳勒术找来自己的亲信维那索思问道："你见到蒙古商队载有什么货物？"

"唉呀！全是金、银、珍珠，还有大批的绸缎以及各种珍贵的皮毛。"

"眼前这么多的财物，我们也该弄点下来，不然也太可惜了！"

"这还不容易吗？给他们捏造一个罪名，向国王一报告，要他们多少都行，何止弄一点呢？"

亦纳勒术听了，兴奋得瞪大眼睛问道："罪名能随便捏造吗？"

维那索思眨了眨小眼睛，悄声道："不久前，我们国王被蒙古军队打败了，

一代天骄：成吉思汗

心里正恨着蒙古人哩！我们就如此如此地向国王报告，何愁金银不能到手！"

亦纳勒术听了，非常高兴地说道："好，你先去向国王报告，这边我就下令关押他们。咱们齐头并进，双管齐下！"

两人商议妥当后，亦纳勒术立即派军队包围了蒙古商队，把所有人员全都关押起来，劫下了所有财物。

这时，蒙古商队中的成吉思汗派来的代表兀忽那请求面见亦纳勒术，被关押他们的人员拦住，并训斥他道："你们借着贸易为名，来做间谍勾当，我们的守将怎能见你？"

兀忽那再三请求，没有人搭理他，只好与商队中的人商议，恰好有一个商人是印度人，名叫尼赫楚，他从前在讹答剌城做生意时，认识不少城里人。兀忽那对他说道："今天夜黑我们设法送你出去，找到熟人以后要千方百计把我们大汗写给花剌子模国王的国书送给谟罕默德国王，请国王立即下令释放我们，并归还我们的全部财物。"

那个印度商人尼赫楚又问道："要是谟罕默德不答应释放，怎么办？"

兀忽那立即对他说道："那就请你立刻想办法回蒙古，去向我们的大汗报告。"

当晚，商队人员用人顶人的办法，让尼赫楚由屋顶的天窗中爬出去。不料第二天谟罕默德竟下命令："……蒙古商队人员是间谍，可就地处死，并没收其财物。"

亦纳勒术接到这项命令，喜出望外，立即派出军队，把蒙古商队的四百五十人全部处死。

在行刑前，尽管商队人员再三申辩，亦纳勒术充耳不闻，可怜那四百五十人无一幸免，只有那个印度商人逃了出来，回到蒙古向成吉思汗详细报告了实情。

花剌子模国的边将亦纳勒术这种杀人越货的敌对行为，使成吉思汗忍无可忍。

为向花剌子模人讨还血债，成吉思汗在全军将领大会上，愤怒地说道："花剌子模人剥夺了那四百五十人的生命和财产，是残暴的野兽行为。我们要以血还血，以牙还牙，决不手软！为偿付他们的每一滴血，我们要让花剌子模人的鲜血流成整整一条乌浒河；为偿付他们的每一根头发，让花剌子模的每个十字路口都要有千万颗人头落地。要让花剌子模人知道，谁要是种下怨仇的苗，谁就将摘取悔恨的果实。这次西征让他们血债血偿是注定无疑了！"

其实，在成吉思汗的一生中，对花剌子模的战争是一个新阶段的开始。在这之前，他几乎还没有走出蒙古的范围，因为他曾征战的中都地区，在当时不过是蒙古草原的延伸罢了。

现在，他将进入伊斯兰教盛行的土地，进入一个未知的世界。当时，统治着突厥斯坦、阿富汗和波斯的花剌子模国的势力还是很强大的。实际上，花剌子模国的军队在数量上占着优势。因此，在成吉思汗周围的人中，存在着一种无法掩饰的不安情绪。

他的二弟哈撒儿在会上说道："汗兄一贯坚持集中兵力打击敌人的作战原则，这次你带领主力西征，只留下少数军队让木华黎对付金朝，西夏又拒绝出兵，这无异于两个拳头打人呀。"

大将博尔术说道："西夏国拒不出兵援助，似有谋叛之心，不如派兵攻打，既可削弱它的力量，也可以解除西征时的后顾之忧。"

术赤说道："花剌子模杀我使臣，屠我商队，又侵占我们征服了的西辽国土，真是可恶至极。那个混蛋国王谟罕默德的气焰又十分嚣张，实在欺人太甚，不消灭他怎么行？"

成吉思汗指着大将哲别说道："有人担心花剌子模国国力强大，军队人多，害怕我们打不过它。你是与那个谟罕默德打过仗的，最有发言权，你谈谈吧！"

哲别听后，便对大家说："花剌子模国土辽阔，人口众多，军队的数量也多，那个国王谟罕默德趾高气扬的，很猖狂，乍接触怪吓人的，像只老虎。不过，它不是真老虎，而是一只纸老虎，豆腐老虎！"

听到这儿，众人都哄笑起来了，成吉思汗也笑了，哲别又继续说道："我以为，只要按照大汗平时教给我们的作战原则，再加上自己的勇敢，不怕死地去拼杀，就可以战胜它！"

这时，速不台也说道："前次在毡的，花剌子模国王谟罕默德领着好几万人马，见我们只有一、两万人便狂妄得不得了，紧紧跟在我们后面，向他说好话不行，给他送去礼物也不行，硬是要消灭我们！逼得我们没办法了，打就打吧！谁知道他把几万人马一下子扑过来，排山倒海似的，真多呀，也怪吓人的。后来，哲别向我使个眼色，我们各领左、右两个军一下子冲出去，用穿插、包围战术，把他的人马截成几段，各个围歼，他慌了，人马立刻崩溃了。"

大家听故事似的，听得十分有兴趣，连成吉思汗也听得津津有味，他又问速不台道："听说那个屈出律的骆驼阵怪厉害呢！"

速不台忙说道："是啊，屈出律征集了好几百头骆驼，把它们驱赶到队前，让它们冲锋，头一仗把我们冲垮了。后来，哲别回来以后，用一块很大的红布在队前一展开，那些骆驼一见误以为是火呢，吓得扭头就跑回去了。"

他说到这儿，自己也笑起来，众将领也随着哄堂大笑，然后他又接着说："我想，有两条很重要，一是对大汗的忠诚，二是动脑筋。有了这两条，才能出智谋，打胜仗，这是我从哲别身上学来的，总结出来的。他就是这么一个人！"

一代天骄：成吉思汗

速不台的话很耐人寻味，说得通俗，又十分中肯，对众将很有启发，大家的目光一齐投向哲别，那目光里蕴含着敬佩、羡慕之情，看得这位大将反倒有些不好意思了。

这番话对成吉思汗的触动更大。由于哲别的战果辉煌，曾一度使他生怀疑之心，几乎做出伤害这位对自己赤胆忠心的爱将。现在想起来，这位顶天立地的大汗不禁赧然，深感对不起他！于是，他在心里暗暗决定了："这次西征要让哲别肩负重任，挑大梁！以此来弥补那件憾事！"

为了做好西征的准备工作，成吉思汗连续召开忽勒里台，让将领们出谋划策，集思广益，制定一系列战略决策。

其实，花剌子模国在当时貌似强大，但它的国土多为新征服地区，统治基础尚不稳固；国王自大狂妄，将士骄纵，兵马纪律涣散；国内民族混杂，各自为着本民族利益着想，凝聚力很差；民族与宗教矛盾突出，是长期得不到解决的历史问题，这严重削弱了战斗力，因而最容易突破。

成吉思汗广纳将士们的意见，在西征之前认真制订切实可行的战略计划。他根据路途遥远、悬师万里、情况不熟的实际情况，决定不打旷日持久的消耗战，必须用奇袭战、速决战，将敌人一举全歼。他说："这次西征与攻打金朝的打法截然不同，每一仗必须速战速决，不能拖泥带水；每次歼敌，必须全歼，要穷追到底，不留余孽，免得死灰复燃，留下祸根。"

在作战的准备上，成吉思汗总结攻打金国的经验与教训，进一步改进部队编制、装备，广泛动员蒙古及各地兵员。

成吉思汗经过反复考虑，认真筛选，确定参加作战的除蒙古骑兵外，还有钦察、维吾尔、玛力麻里、哈剌鲁、契丹等族的军队。汉人的部队以炮、工兵为主。

在花剌子模国内，布列着几座坚城，要想迅速攻破那些坚城，单靠骑兵是不行的，非用大炮不可！于是成吉思汗说道："我们的大炮要在西征中发挥作用了！谟罕默德肯定要固守城池，妄图以逸待劳，让我们被迫打消耗战。有了各种火炮，他就固守不住，我们便可以速战速决了。"

成吉思汗命令大批技师、工匠随征，并制造了大量的投石器、倾城器、火焰发射器、弩炮等。在攻金、伐西的战争中缴获来的大炮，经过炮师的修复，也让它随军出征；加上自制的大炮在内，数量已超过百十门了。成吉思汗兴奋地对众将说道："别看谟罕默德趾高气扬的，当他听到我们的大炮轰隆隆怒吼时，就蔫了。"

因为是长途行军，成吉思汗接受将领们的建议，命令每个战士携带三、四匹从马（即预备马）、两套兵器，还配备了军医、军需等。

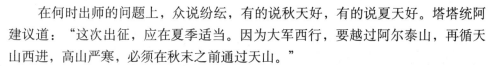

在何时出师的问题上，众说纷纭，有的说秋天好，有的说夏天好。塔塔统阿建议道："这次出征，应在夏季适当。因为大军西行，要越过阿尔泰山，再循天山西进，高山严寒，必须在秋末之前通过天山。"

善于听取建议的成吉思汗，立即决定在来年春天集结部队，休整一段时间之后，到夏季来临后再出师。

在成吉思汗积极为西征花剌子模国作充分准备的时候，他的四个皇子中有两个人也在暗中策划，四处活动，千方百计想争当继承人呢！

他的长子术赤，自出生以来关于他究竟是不是成吉思汗的亲生骨肉问题，一直是人们议论的焦点话题。可是，成吉思汗确实没有对他另眼相看，而且在任何场合、任何时间从未有过任何怀疑言论的流露。

术赤从小就随成吉思汗征讨四方，骁勇善战，屡立战功，深得其父的信任。若论术赤的表现，勇武可嘉，诚实可信，只是性情急躁，缺乏政治才能。为了培育他的才能，成吉思汗让老臣赤留也帖儿担任术赤的师傅，帮助他立德树人。

早在十几年前，术赤与二弟察合台发生纠纷，被察合台骂为"蔑儿乞的野种"，事后察合台虽遭祖母的训斥，但在术赤的心灵深处已留下难以驱走的阴影。后来，师傅赤留也帖儿曾婉转地将其母被蔑儿乞人掳去的前因后果说与他知道了，并谆谆教诲术赤道："你是大汗的长子，应该从严要求自己，在是谁骨血的问题上，应以大汗的态度为准。"

术赤诚恳地告诉他的师傅道："父汗从未对我有任何歧视的表现。"

赤留也帖儿趁势说道："这就够了！你是大汗的长子，别人议论不必介意，由他们去说就是了，只要大汗不说！"

术赤又问师傅道："像我这样，能不能继承大汗的王位？"

赤留也帖儿对他说："蒙古人没有嫡长子继承汗位的传统，蒙古大汗的王位继承，是由那颜贵族推选的，因此你要多立战功，锻炼自己，增长才干，不能庸庸碌碌，无所作为。遇事要胆大心细，不能像妇人那样优柔寡断。"

听到这儿，术赤便想起了一件往事：那是在自己与察合台十几岁的时候，有一次父汗让侍卫拿出两笼小白鼠来，要他们兄弟俩各做一个游戏，比一比谁玩得更有趣。

术赤想了一会儿，就把笼门打开，那些小白鼠立刻从笼子里跳出来，四下逃命去了。

这时候，术赤看着跑走了的小白鼠说道："父汗，这小白鼠关在笼子里太可怜了！把它们放出去，也让它们和我们一样自由自在，欢蹦乱跳，岂不更有趣吗？"

当时，看着术赤那天真的笑容，成吉思汗也不由得笑了起来。

而察合台却拎来一壶开水，向笼内的小白鼠猛浇下去，那些小白鼠在笼子里被烫得吱吱叽叽地乱叫乱跳，东逃西窜，煞是可怜！此时，察合台见了，不禁拍着小手，高兴地大叫着喊道："父汗，快来看呀，小白鼠跳得多高！"

成吉思汗看在眼里，却笑不出来，他说道："你这孩子！小小年纪就这么残忍，长大以后，若是管理国家大事，岂不是一个暴君么？以后可别这样了！"

察合台听到父汗的训斥，哭着跑走了。术赤站在那里发怔，父汗又对他说道："你又有些过于仁慈，也未必是个大材！身为一个男子汉，不应该像妇人那样优柔寡断，光有一副菩萨心肠是办不成大事的。"

听着赤留也帖儿师傅的教诲，联想到儿时的往事，术赤总想纠正自己的软心肠，培养自己办事果断、雷厉风行的作风。

不管怎样，出身问题在术赤的内心深处已留下创伤了，何况在叔侄兄弟之中，甚至在将领们之间，时有议论。

对汗位继承最关心的当是二王子察合台了。此人从小聪明伶俐，只是因为他顽皮淘气，常常受到责罚。成人后又好色成性，整日在女人堆中厮混。

在黑森林的斡儿朵中，他曾与也遂皇后勾勾搭搭，因此事被皇太后祖母狠狠训斥过。可是两人一直旧情不忘，常常幽会。后来成吉思汗也有耳闻，一方面由于戎马倥偬，无暇过问，另外，对女人的偏见，也使这位大汗睁一只眼，闭一只眼。

在蒙古的传统习俗中，父亲死了，儿子有权利娶后母为妻，正是因为这种"妻后母"习俗，使成吉思汗既没责怪察合台不孝与无礼，也未加罪也遂皇后的不贞，而采取不闻不问的回避态度。

不过，也遂皇后的大帐，成吉思汗已经很长时间不去了。为了此事，也遂怀疑是她的妹妹也速干告了她的状，她与也速干大闹一场，姐妹俩从此反了目，成为仇人。

近些年来，在成吉思汗面前最受宠爱的要算忽兰皇后了。忽兰容貌俊美，聪慧过人，性情温和，善良宽厚，在成吉思汗如云的后妃行列中，备受尊重与羡慕。

于是察合台与也遂私下密议，要在忽兰皇后身上下工夫，有意去讨好忽兰。

在忽兰生子阔列坚时，也遂忙前忙后地照看，生活上殷勤侍奉，使忽兰深为感动。

察合台也专程去林中猎取斑鸠，亲自送到忽兰的斡儿朵中，为其补养身子。

生性善良的忽兰皇后，也真的劝告成吉思汗，要他去也遂大帐中过夜。但是，这位大汗一直未去，总是笑一下算了。

这次西征的决定公开之后，也遂花了好多天的功夫，亲自为成吉思汗缝制了一件狐皮护心兜儿，送到忽兰皇后处，请她转交给大汗。

忽兰皇后对她说道："你亲手缝制的，若亲自送到大汗手里，岂不更好？为什么还要我转手呢？"

也遂听后，伤心地哭了，向忽兰央告道："大汗已多年不进我的大帐了！我哪有机会见到大汗呀？"

忽兰见她伤心的样子，只得收下那件护心兜儿，并将它转交给成吉思汗，对他说："汉人讲'一日夫妻百日恩，百日夫妻似海深'。也遂皇后如此关爱大汗，请大汗过去看看她吧！"

成吉思汗听后，不由得心肠软了下来，又想起往日也遂的好处，便真的去了她的大帐。

这一夜，也遂极尽温存体贴，对大汗百般殷勤侍奉，使成吉思汗十分满意。不过，已经年近花甲的成吉思汗，情趣已大不如前了。

也遂是个聪明的女人，她灵机一动，以关心的口吻向成吉思汗提出了汗位继承人的问题，她委婉地说道："过不多久，大汗要翻越巍峨险峻的山岭，渡过宽阔汹涌的江河，踏上万里征程，去平定众多的国家。可是，自古以来，凡是生在这个世界上的人没有长生不老的，人的一生好比蜉蝣一样在天地间，难以久留。倘若有那一天，大汗像大树般高大的身躯万一倾倒下来，那些像乱麻一样的民众，到时候有谁来治理呢？另外，大汗那四个英杰的儿子，究竟由谁来继承你的宝座呢？你应该及早定下这种大事，让你的诸子诸弟、众多的臣民，以及我们这些软弱愚昧的妇女们也能知道你的旨意吧？"

也遂皇后的这一席话，使成吉思汗陷入了沉思。他不但没有发怒和责怪这女人大胆放肆，而且还十分赞赏她的勇气和智慧，把几年来对她的愤怒一下子忘得干干净净，不由得对她说道："谢谢你的提醒，你的话很有道理。"

次日，成吉思汗立即召来诸子弟、诸万户、千户，对他们说道："也遂皇后虽是一个妇人，却向我建议汗位继承人的问题，她的话确有道理。而你们当中，不论何人都未曾提出这样的建议。这些年来，只是因为我不是继承先祖的汗位，而是我自己打出来的天下，也就没有想到确定继承人的问题，更没有想到自己百年以后怎么办，因此忽略了这件大事。"

说完，成吉思汗看着面前的四位皇子，首先问长子术赤道："你是我的长子，请你先说说，这件事应该怎么办？"

察合台向来厌恶术赤，也许是因为他是长子，在汗位继承上，本能地产生出一种嫉妒和担心。见父汗先问术赤，察合台便一时性急，沉不住气了，便大声嚷道："父汗先问术赤，莫不是想立术赤为太子么？"

察合台接着又以粗暴的态度特别强调术赤的出身有疑问。他指出，术赤究竟是成吉思汗之子，还是曾掳掠母后的蔑儿乞人之子，这还是个问题。于是，他补充道："他术赤不过是从蔑儿乞部一个私生子罢了！我们怎能让这样的人登上汗位？"

察合台作为弟弟，他生在术赤之后，关于术赤的出身血统问题，察合台自然没有多少发言权的。但是，多年以前察合台已经当面提到过这件事，二人曾闹得很厉害。这次又在确定汗位继承人的大会上，当着汗父与众人的面，公开提出这个十分敏感的问题，它说明在长时间内，不少人对这一问题都有怀疑，都有议论，甚至有人干脆认定术赤就是蔑儿乞人的后代。

因此，这既是有关术赤的地位和前途的问题，又是有关其生身之母孛儿帖的声誉问题。

在这种侮辱之下，术赤忍无可忍，他跳起来，一把揪住察合台的衣领，怒气冲冲地大声吼道："我从来没有听到父汗有什么异言，父母都没有对我另眼相看，你凭什么胡说八道！你有何德何能，自以为比我优越，比我高贵吗？其实，你不过是个性情暴烈、行为专横的好色之徒罢了！"

术赤气愤地说着，便要与察合台比个高低。他对察合台说道："现在，我要与你比赛射箭，假如在远射中我败在你手里，我就砍断自己的拇指；然后，我再与你比赛勇力，假若在决斗中我败在你的脚下，我就倒在地上永远不再爬起来了！不过，这必须让父汗来裁定！"

帐下诸将你看我，我看着你，没有一个人说话，大家都不知所措。博尔术、哲别见大家不动，便只好站出来解劝，博尔术拉开术赤的手，哲别拉开察合台的手，但两人仍然像两只好斗的公鸡一样，挣扎着扑向前去。

成吉思汗万万没有想到会发生这场突然的冲突。他面对两个儿子的争斗，耳闻其言，眼观其行，一时又急又气，恼得说不出一句话。过了好一会工夫，才从牙缝里冒出两句话："混账！太不像话了！"

这时候，原是成吉思汗的老将之一，察合台的师傅阔阔搠思从东厢的诸将群中走了出来，责备察合台道："察合台，你怎么这样性急呢？在你们兄弟当中，你父汗本来就指望着你。当你们还没有出生时，蒙古地面充满混乱，各部落之间相互争战不休，邻里相劫，人们不得安生，真是天下扰扰，无处没有掠抢之事，有人即有杀戮之举。"

阔阔搠思对成吉思汗家族秩序建立前的蒙古混乱情景的描绘确属真切之极，这种大混乱可以充分说明孛儿帖皇后当初被蔑儿乞人掳去的原因。这位老武士为了打动察合台及其兄弟们的心，说了一番充满盛情和令人激动的话："在那混乱的年月，你母亲不幸被人掳去，是不幸的遭遇；她不是偷偷摸摸去私下约会，而是战争所造成的无可奈何的事情；不是因为相爱而做的过格举动，而是互相残杀所招致的。你怎么可以如此胡言乱语呢？这如何对得起你慈爱的母亲呢？这岂不令人寒心吗？"

为了提醒察合台尊重他的母亲，阔阔搠思说他们的母亲："你们的母亲心像油一样温柔慈爱，灵魂像乳汁一样纯洁。难道你们不是一母同胞的兄弟吗？不是孛儿帖皇后一腹所生的孩子吗？你怎么可以责怪你的生身之母，刺激她的感情呢？怎么可以报怨自己的母亲，指责她终身悔恨的事情呢？"

阔阔搠思的一席话使冲突的双方安静下来，接着，他又回顾了那些艰难困苦的岁月，继续对他们说道："当你们的父亲建立这个国家时，在东征西讨当中，流的血不可计量；夜寐之时，无以为枕，只靠着衣袖垫头；渴极之际，无以为饱，只能吞下涎水来止渴；饥饿之时，没有一点吃的，仅用磨牙来充饥；每日征战，总是用汗水洗面、洗足……那时候，你母亲同你父亲一样辛苦，他们同生死，共命运，互相体贴，相依为命。你母亲紧裹姑冠，严束衣带，宁肯自己忍饥挨饿，空腹而行，也要让你们吃饱穿暖；从你们不会走路时起，一天天将你们养育成人，她如此辛劳，无非是希望你们成为一个好男子，希望你们不断上进。可见你们的孛儿帖母亲，她那一颗晶明透亮的心啊，明清得如有经天日月，深厚得又有如无涯大海！你怎么可以乱说呢？好好地想一想吧！"

阔阔搠思的这一席话，无疑是为孛儿帖皇后做的一个全面的辩护，字字句句，铿锵有力，都是铁一般的事实，谁也颠覆不破，否定不了的。

此时，面对着老师傅语重心长的教诲，察合台纵然是心烈如火，也无言以对；而对孛儿帖辩护，无疑对术赤有利。因此，术赤自然也会不置一词。

成吉思汗发现矛盾已经缓和了，也一改沉默的态度，警告察合台安分守己，不得胡言乱语，过于放肆。他说道："你怎么可以说出这样的话来伤害你的兄长术赤呢？难道他不是我的长子么？从此以后，再不可以说出这种话了！"

听到父汗的训斥，察合台终于流下了悔恨的泪水，并对父汗说道："请父汗放心，以后我不再这么说了。术赤的气力、技能，也不用争，用不着和我比试。在我们兄弟之中，术赤和我年龄最大，我们两人应该一起在父汗近前效力。如有不履行职责的，另一人当以刀斧打破他的脑袋；谁要是畏缩不前，或有意躲避的，就可以砍断他的脚后跟，绝不手软。"

为了摆脱眼前的僵持局面，察合台提议他和术赤都服从他们的弟弟窝阔台的命令，即拥护窝阔台承继汗位。于是，察合台对他的父汗说道："三弟窝阔台为人老实，我愿意听从他的调遣，让他在父汗大位的近旁，接受继位者的教育，我想术赤该不会反对吧？"

成吉思汗的第三子窝阔台素以头脑清醒、慷慨敦厚而闻名，从小就受到父汗的赏识。在自己的四个儿子中，成吉思汗心里早已有了底，他认为长子术赤少智，次子察合台少德，幼子拖雷遇事过于谨慎，唯三子窝阔台德才兼备，胸怀磊落，是个能担重任之人。

知子莫若父。成吉思汗听到察合台的推荐，正中心意，但又担心长子术赤有意见。于是，他用温和的目光看着术赤，又用亲切的口气向术赤征求意见道："术赤，你看怎么办？"

其实，术赤已在心中拿定了主意，他认为察合台的提议，使汗位的继承权从他身上落到了他的三弟窝阔台的身上；不过，人们在他的出生问题上所持的怀疑态度，也不允许他此时采取另外的立场。

听了父汗的问话，术赤立即答道："刚才察合台已经说了，我们两人合力同心，共同支持三弟窝阔台承继汗位，让您老人家亲手打下的江山社稷，千秋万代，永远屹立在蒙古草原上！"

成吉思汗决定防患于未然，先采取措施，预防几个儿子之间今后发生纠纷，他说道："你们没有必要都在我的眼皮子底下效力，世界大得很，地面辽阔，江河众多，正是海阔凭鱼跃，天高任鸟飞，你们每个人都可以有自己的封地，只怕你们没有本事去治理哟！"

说到这里，成吉思汗看见二人没有什么异样的表现，便又告诫他们说："希望你们说话算数，言而有信，不要违背自己的誓言，做出令人耻笑的事情。以前阿勒坛、忽察儿的教训应该记取，不要重蹈他们二人的覆辙啊！"

接着，成吉思汗又叫来刚才被指定为汗位继承人的窝阔台，其实，在他的四个嫡出儿子中，他最喜欢的也就是这个第三子窝阔台。无论是外表，还是精神素质方面，窝阔台也最似其父汗。他像他的父汗一样稳重沉着，头脑清醒。当然，在雄才大略、聪明睿智方面，他也可能不及其父汗。

但是，尺有所短，寸有所长，窝阔台也有胜过其父汗之处，那就是他为人比较善良淳朴，平易近人。他慷慨大度，但嗜酒成癖——不过，这也是所有的蒙古人的共同嗜好，也许这两点之间有一点联系。于是，成吉思汗向窝阔台问道："窝阔台，你的两位兄长已经说了，你有什么想法，也说出来吧！"

听到父汗问自己抱什么态度，窝阔台想了一下，只简单而实在地回答说："父汗降恩让我说话，我能说什么？既然我不能拒绝这一荣誉，我能说自己不行吗？今后也只好尽我的能力，勉为其难吧！争取不辱使命，不负众望。"

说到这里，窝阔台迟疑一下，又接着说："有一点我要说在前面，将来我的子孙中，如果出现一些无才无能之辈，裹在草里牛不食，涂上脂膏狗不理，野兽敢在他面前横越，老鼠也敢在他背后穿行，这样的不肖之辈如何付以重任呢？我最担心的是这件事，其他还有什么可说的呢？"

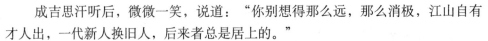

成吉思汗听后，微微一笑，说道："你别想得那么远，那么消极，江山自有才人出，一代新人换旧人，后来者总是居上的。"

几句话说得窝阔台含笑不语了。成吉思汗又说道："窝阔台既如此说，就是答应了。自古以来，打江山不易，守江山更难呀！你们兄弟之间能心往一处想，力往一处使，我就放心了！"

说完，成吉思汗又扭头看着小儿子拖雷，也问他道："你也说几句，讲讲自己的意见和态度。"

拖雷立即说道："我同意立窝阔台为父汗王位的继承者，并在今后的日子里，始终站在窝阔台的身旁，提醒他忘掉的事情，弥补他熟睡时的疏忽，愿做他应声的随从、策马的长鞭，做到应声不落后，前进不落伍。愿为他长行征进，愿为他短兵争战，赴汤蹈火，在所不辞！"

成吉思汗听完，立刻赞许地点头说道："说得好，能做到这些，也不枉我的一番苦心了！"

此时，成吉思汗面带微笑，见四个儿子都能正确对待这个古往今来历代帝王最感棘手、最为难办的事情，欣喜之情不由得袭上了心头。他微笑着向诸王、诸将领看了一下，然后亲切地对大家说道："就这么办了罢！我以为，诸王位下也请确定一位继承人，免得再发生争言吵吵的现象，岂不更好吗？"

说到此，成吉思汗尚感意犹未尽，遂又说："大家如果不违背我的旨意，不撕毁今天的协议，那你们就可以无过错、无失误。窝阔台的子孙中假如真生了那种'藏于草中牛不食、裹以脂膏狗不理'的无才无德之人，难道成吉思汗的子孙中就不会生出一个英雄吗？"

1219年的夏天，按照预订计划，成吉思汗在也儿底斯河畔举行了盛大的出师动员大会，来自蒙古国各地的各民族军队汇聚一起，场面极为盛大壮观。

成吉思汗对西征的准备工作做得非常充分。他向来不打无准备之仗，尤其是要长途奔袭花剌子模这样一个大国，成吉思汗做得更是周密、完善。

成吉思汗依例检阅完毕，最后决定留其最小的弟弟铁木格斡赤斤守卫蒙古大营，命最年轻的忽兰皇后伴驾西征，给他在征战中消愁解闷。

在大会上，成吉思汗又宣布让木华黎继续攻打金国，派二弟哈撒儿领兵对付西夏，采取围而不打，监视其动向为主的策略。

然后命令在历次征战中表现杰出的几位将领带领前队人马，以大将哲别为先锋，继哲别之后是速不台的人马，再后面是脱忽察儿所率的队伍。

成吉思汗自率四子及众将领带领十万人马为后应，排齐队伍，祭旗启程。

浩浩荡荡的大军刚走不远，忽然狂风骤起，黑云密布，转瞬间大雪飘飘，飞舞而下，不到半个时辰，地上竟积雪数寸了。

成吉思汗一见，不禁怏怏不乐地说道："现在正当夏季，天应炎热，为什么下起大雪来了？"

此时，忽有一人从旁走出来，说道："大汗勿疑，盛夏时候骤遇严寒，这是上天的肃杀气象，正说明我蒙古大军是奉天申讨，岂不是大吉大利的征兆？"

成吉思汗见是耶律楚材，知道他博览群书、学识渊博，又旁通天文气象，便深信不疑了。

他欣喜地看着耶律楚材，又说道："那花剌子模人倒行逆施，妄杀无辜，理应征讨，我们此举是替天行道，这仁义之师自然得到长生天的佑助了。"

成吉思汗把这场大雪看作"瑞雪征兆"，便兴冲冲地指挥大军西征了。

十多万骑兵、数十万匹战马，外加运输的牛车，构成一支浩大壮观的队伍，远远看去，铺天盖地，令人生畏！

大军来到金山（阿尔泰山）脚下，尽管山上飞雪漫舞，积冰千尺许，山谷里却布满了奇花异草，真是神奇的地方。

为了行军需要，成吉思汗命令凿冰开道。他让三子窝阔台负责领工兵在阿尔泰山铲冰修路；派次子察合台领兵修筑栈道。光是桥梁就架设了四十八座，其道路之艰险，不亚于蜀道。

尽管道路艰险，蒙古大军却以惊人的毅力，克服了重重困难，翻越了阿尔泰山，越过了帕米尔高原和天山之间的谷地，经过长途跋涉，在罕无人迹的冰山雪岭中开拓出一条行军道路，创造了人间奇迹。

当时，成吉思汗的行军，多以宽正面前进，据说从左翼到右翼需要三天行程，可见其行军序列之幅宽。每一纵队都要提前派出先遣部队，远距离搜索和警戒。其活动区域往往涵盖一、二百里之大。

这样大规模地长途奔袭作战，部队的给养除用传统的驱赶羊群随军前进（这是蒙古军队历来的做法）以外，原则上各部队均依赖路经所征服之地供应军需。

蒙古战马虽然体型较小，但是能吃苦耐劳，不挑饮食，也是一大优势。

当大军到达原西辽国的都城虎思城时，成吉思汗把部队分成三路人马：

第一路军先对锡尔河全线施行正面攻击，吸引敌人注意力，又分为三个兵团：

术赤兵团（包括维吾尔族的一万骑兵），以毡的为第一目标，并扫荡锡尔河的下游地区，然后再溯河而上，与其他兵团会合。

察合台与窝阔台兵团，以讹答剌为第一目标，再溯河而上，扫荡锡尔河中游地区的敌兵。

阿剌黑、速亦客秃、塔孩兵团，沿拔汗那河谷，顺锡尔河上游而下，进攻浩罕城（忽毡）。

以上三个兵团在忽毡城附近会合后，向西南前进，参加对花剌子模国首都撒马尔干的全面围攻。

第二路军由大将哲别率领二万五千人马，秘密越过葱岭（帕米尔高原），从阿姆河上游顺流而下，自东南方向迂回包围撒马尔干，从而与第一路军形成钳形攻势。

这么做，就可绕至敌人后方，切断花剌子模与南方的阿富汗、呼罗珊地区的联系，使敌人腹背受敌。

因此，哲别兵团要秘密行军，且路途艰险，其困难之大，是难以想象的。

出发前，成吉思汗于大帐中备酒为哲别饯行，深情地对他这位智勇兼备的大将说道：“这路兵马道路艰险，任务繁重，环顾众将，非你不能胜任，望你能顺利完成。”

哲别回答得十分果断：“大汗派我火里去，我就去；大汗派我水里去，我也去！”

第三路军是成吉思汗和幼子拖雷率领的中军主力，先隐蔽于吹河南方，休兵养马，待正面部队吸引敌人之后，再秘密渡过锡尔河，穿越广阔难行的红沙漠，自西北方向奇袭不花剌城，以切断敌人新旧两京城的联系，其间要在沙漠中艰苦行军半个多月。

为了防止玉龙杰赤的敌人从背后袭击，成吉思汗还做了一次离间工作，利用谟罕默德母子间的矛盾，派遣使者至玉龙杰赤对太后说：“我们蒙古军队无意进攻玉龙杰赤，等到各地平定以后，当以呼罗珊地区奉献给太后。”

太后虽然置之不答，但也没有自玉龙杰赤派兵从背后攻击成吉思汗，这说明离间计已经起到了作用。

成吉思汗的大军越过阿尔泰山之后，他便派遣使者前往谟罕默德处告知说：“……今钦兵马二十万，欲与阁下会猎于讹答剌城下，以清算杀害我商队人员之账。”

谟罕默德当即把军队分散布置于锡尔河一线和东部边界的主要城市。

不久，谟罕默德派出去的侦察人员便回去向他报告了蒙古军队的情况：“成吉思汗的军队像蝗虫遮天、蚂蚁出巢一样无数。他的战士像狮子一样勇敢，战争的疲劳和危险，对他们来说不在话下。他们不知休息，不知退却。他们在出征之际，将必需品全部随身携带。他们以干肉、酸奶充饥，凡动物肉都吃，猪肉、狗肉无所谓……他们切开马的血管吸血，他们的战马不需要谷草和燕麦，而是用蹄子刨开雪啃草吃……任何大山大河都挡不住他们前进，什么样的山隘险路也能越过，遇到大河使马游渡，人则抓住马鬃、马尾渡过河去。”

得到这些消息之后，谟罕默德吃惊不小，他记得不久前在毡的曾与蒙军发生

一代天骄：成吉思汗

过一次冲突，因此他不敢轻视。

为了对抗蒙古大军，谟罕默德立即召开军事会议，分析成吉思汗的战略意图，研究对策。

讹答剌城守将亦纳勒术首先说道："蒙古兵马的声势不小，这是表面现象，经过万里行军，又翻山越岭，必然是人疲马乏。只要我们坚守城池，他们能长久战吗？何况他们人地生疏，粮草也不能携着来，加上水土不服，要不了多久，就会不攻自退了。到那时我们就可以一举击溃他们。"

谟罕默德的长子札兰丁说道："只要我们坚持坚壁清野，固守城塞，城外由蒙古军队去掳掠去吧，要不多久，成吉思汗必然退兵。"

毡的城的守将裴里罕夫却说道："蒙古军队不仅擅长野战，听说他们还有各种火炮，再坚固的城墙也经受不住炮轰呀，这可不得不防！"

亦纳勒术立刻挖苦道："耳听为虚，眼见为实，别被那道听途说的话吓破了胆，应该面对事实嘛！"

裴里罕夫立刻大怒道："谁被吓破了胆？这蒙古人还不是你招来的么？你胆子大，你应该带兵迎上去打呀！为什么还要提出坚守城池呢？"

"你把话说明白，蒙古人怎么是我招来的？"

"还要我明说么？那个蒙古商队的金银财宝哪里去了？被狼吞了吗？还有，还有那四百五十个蒙古商人与使者被谁杀了？"

"你胡说！你这胆小的土库曼人！"

"别吵了！蒙古人快要兵临城下，还争什么？"

谟罕默德大声地制止着，双手一挥让两人坐下来，说道："不管怎么样，蒙古人的兵马已到我们大门口了，当务之急应该团结一致，共同对敌。"

说到这里，这位国王看看裴里罕夫，大声地说道："我以为，裴里罕夫说得很对，对蒙古人不能轻视，那次在毡的与他们的骑兵打了一仗，我才知道蒙古人不好惹。"

国王刚说到这儿，那些土库曼人出身的将军立即"唰"地一声站起来，高声说道："报告国王，我们都是胆小鬼，这仗由亦纳勒术去打吧！我们走。"

谟罕默德立即走过去拦住他们，劝道："好了，好了，请各位息怒，大敌当前，我们内部怎能闹分裂呢？"

在花剌子模国的军队中，主要是土库曼人和康里人，土库曼人受到歧视，而康里人勇敢善战，又是王亲国戚，所以在朝廷里备受信任。

那些土库曼人出身的将领，经常不满地说："我们是后娘养的，人家是嫡系。"

谟罕默德的母后秃儿根可敦便是康里部族人，在她周围形成一个以康里出身的军政大臣和统兵弟侄组成的有实力的军事贵族阶层。

讹答剌城的守将亦纳勒术便是秃儿根可敦的侄儿，谟罕默德的表弟，平日仗着姑母的权势，在军队中专横跋扈，不把土库曼人放在眼里。

谟罕默德的王储斡思剌黑本是他的小儿子，但因其母是康里人，所以受到秃儿根可敦的喜爱，得以立为王储（即太子殿下）；而其长子札兰丁，却因为母亲为印度人，王储既当不上，反被赶出都城，让他到偏远的南方弄疾宁击守城。

这次会议以后，谟罕默德花了很大气力，才把土库曼人出身的那些将领抚慰好，毡的城守将裘里罕夫总算被说服，回城去了。

后来，他又把亦纳勒术喊来，对他说："你尽为我找麻烦！现在蒙古人快要兵临城下了，你还在给我添乱子，你到底要干什么？"

亦纳勒术却无所谓地说道："我在讹答剌城目标太大，你把我调回撒马耳干来，蒙古人见我不在城里，说不定会把兵马撤回去呢！"

谟罕默德生气地说道："你想得太天真了！你在讹答剌城惹下那么大的纰漏，想拍拍屁股，一走了之？那不行，不但你不能走，还得把讹答剌城守住，守好，不然，就惩治你！"

亦纳勒术却说道："我惹下多大纰漏了？不就是那些财宝嘛！给你送去的少吗？"

"什么？给我送了？"谟罕默德吃惊地说，"我可未见过你什么财宝，而且也不稀罕。"

亦纳勒术立刻截住他的话，说道："你未见过？你回宫里去问问我姑妈，她会告诉你，她收下我多少珍宝的。"

谟罕默德气得一屁股跌坐在椅子上，说道："你，你——不管怎样，你得马上回讹答剌城去，做好守城准备，过几天，我要亲自去检查，再胡作非为，非处治你不可！"

亦纳勒术见国王真的动怒了，只得站起来，慢慢走了出去，但是到了门口又扭回头来说道："蒙古人一撤兵，你就把我调回撒马耳干来，不然，我就去玉龙杰赤城找姑妈去！"

玉龙杰赤原是花剌子模的旧都城，位于阿姆河下游的黑海和咸海之间，国王的母后秃儿根可敦就驻守在这座旧京城里。

后来，谟罕默德东征西讨，把领土扩大到西越黑海、乌拉尔和咸海，北达伏尔加河流域，南抵印度河、波斯湾，东到帕米尔高原时，才把国都迁到原来的河中府，后改名为撒马耳干。

这座新城撒马耳干，处在锡尔河与阿姆河两河中间的地区，西辽国的创始皇

一代天骄：成吉思汗

帝耶律大石曾在这里设立河中府，后被谟罕默德吞并，他便在这里建设新首都，成为花剌子模全国的政治、经济和军事的中心。

谟罕默德原先把成吉思汗的军事目标认定在北面，所以他把防御的重点也放在锡尔河沿线的各城堡。

后来，从侦察得来的消息中使他改变了主意，又把防御重点放在新都撒马耳干地带，并企图在蒙古军攻城受挫、兵力耗竭时，在这里与成吉思汗进行决战，一举歼灭蒙古军。

为此，谟罕默德把指挥全军的大本营设在撒马耳干，将他的战略预备队也主要配置在突厥斯坦、撒马耳干、巴里黑一带。

为了增强撒马耳干的防御能力，谟罕默德在不到一年的时间里，连续向国民征税三次，调集全国的工匠，在撒马耳干修筑周长八十四公里长的城墙，准备与蒙古人对抗。

这位脾气很大、一向狂妄自负的国王，登上新修成的城墙，望着东北蒙古的方向说道：

"成吉思汗！我要让你有来无回，不冻死在冰山雪峰上面，也要死在我的城下。"

话音未落，侍卫过来报告道："报告国王，太后要见你。"

谟罕默德听了，只得走下城墙，暗自担心母后又会给他制造什么麻烦。虽然她住在远离撒马耳干的玉龙杰赤，却常常对国家政事发号施令。

国王一路想着心事，见到来人之后，才知母后要他尽快赶到玉龙杰赤。他急忙问道："母后身体可好？生病了吗？"

"太后身体甚好。"

"母后找我有什么事吗？"

"不知道。太后只说让国王快些去玉龙杰赤。"

谟罕默德没有办法，只得把国事交给王储斡思剌黑代理，把守城之事交给大将塔海汗，然后由一支百人的侍卫护从簇拥着，赶到母后身边，当即问道："蒙古人快要兵临城下，不知母后有什么事？"

秃儿根可敦忙说："我也正为蒙古人入侵之事找你，那些土库曼人不可轻信，切勿让他们单独守城，以防他们反水降蒙。"

谟罕默德不以为然地说道："对这事不能一概而论，有的土库曼人诚实可信，作战有勇有谋，能排挤人家么？有的康里人虽是至亲却胡作非为，怎么可以重用呢？"

秃儿根可敦不高兴地看着他，说道："每次与我谈此事，你总是跟我别扭，好像我会坏了你的大事一样，真是不可理解！"

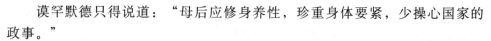

谟罕默德只得说道："母后应修身养性，珍重身体要紧，少操心国家的政事。"

秃儿根可敦脸色一变，生气地喊道："国家政事我就不能问一声了？现在你的翅膀硬了，我连说一句话都不行了？"

谟罕默德急忙解释道："请母后息怒，现在蒙古的兵马排山倒海而来，我日日夜夜地忙着守卫大事，哪有工夫与母后在这里争执，我实在不能奉陪了。"

说完，谟罕默德起身走了出去，气得秃儿根可敦又哭又闹。

第二天，这位权欲甚大的太后仍然把她的侄儿，亦纳勒术的弟弟洪都剌思喊来，要他去北方的边城——毡的去任监军。

原来，讹答剌城亦纳勒术担心裹里罕夫不积极守城，一旦毡的被蒙古人占领，讹答剌城便无险可守，成为蒙古人的下一个目标了。

于是，亦纳勒术派人来向他的姑妈秃儿根可敦请求，让她说服国王派遣自己的弟弟洪都剌思前往毡的，去替换裹里罕夫守城。

秃儿根可敦见了儿子之后，未等说出这个建议，母子俩便争吵起来，恼得国王拂袖而去，可是生性倔强的太后，依然坚持自己的意见，派出洪都剌思去毡的赴任。

不过，她只让这个年轻的侄儿去毡的担任监军，心里也怕他没有作战的经验，又怕毡的将士不服从他的指挥，未敢让他替换裹里罕夫。这样，总算她对自己的儿子——谟罕默德国王做了让步了。

憋着一肚子气的谟罕默德国王回到撒马耳干，立即带着随从赶往讹答剌城，想查看他的表弟亦纳勒术的守城情况。

谁知亦纳勒术不在城上，而在城府里手捧高脚酒杯一边吃喝，一边欣赏歌舞呢！

顿时，谟罕默德国王气得暴跳如雷："蒙古的大军快要打来了，你却在府里寻欢作乐，太不像话了！"

亦纳勒术急忙赔笑说道："请国王息怒，对城墙我已进行了加固，城上也增加了设防的措施，并命令城头守军日夜巡逻。"

谟罕默德不耐烦地说道："只是命令、布置，你自己不亲自去指挥，去检查，能有何用？"

说到这里，国王狠狠瞪了一眼他说道："你可知道，那个成吉思汗一定会把你这座讹答剌城当成首要的攻击目标？"

"这，这，我当然知道。"

"还有，成吉思汗更会把你当作他的首要敌人，这事，你想过没有？"

亦纳勒术听了，不由震颤了一下，说道："我也想……想过这事，不过，我总以为蒙古人攻不进来的，那么远的路程，跑到这里，他们能带来多少干粮？兵无粮，马无草，他们喝西北风去？"

谟罕默德气愤地一挥手，打断他的话，警告亦纳勒术道："糊涂！你以为成吉思汗是来跟你闹着玩的？我告诉你，他是要取你人头的！"

接着，谟罕默德又向亦纳勒术反复晓明利害，要他把心放在守城上，抓紧把一切军事装备运到城上去，多运滚木、檑石，加强布防，带领士兵一心一意做好守城工作。

此时，国王突然见到桌上放着一个用美玉雕刻成的少女，她手中还握住一把很小的酒壶，猛然看去，像是一个斟酒的少女立在那儿，栩栩如生。

看到这儿，谟罕默德不由得走过去，伸手拿了起来，左看右看，手一倾斜，那酒壶的嘴子里竟流出酒来了。

亦纳勒术急忙走来，殷勤地说道："这是用翡翠雕刻的，名叫'美女提壶'。"

谟罕默德立即问道："什么翡翠，不是玉么？跟玉有什么差别？"

亦纳勒术告诉他道："翡翠是绿色的硬玉，它半透明，比一般的玉要亮得多，而且有光泽，非常珍贵。"

"再好，再珍贵，仍不过是一把酒壶，与那泥瓦窑里烧出来的酒壶一样，还不是用来斟酒么？"

"不，不能那么说，一样的酒，放在这'美人提壶'里，倒出来以后，味道大不相同了，大王若不相信，可以尝一下！"

"真的么？我就不信。"谟罕默德说话工夫，就顺势坐在桌子边上，边斟酒边说，"我倒要看看这稀奇的东西呢！"

他端起杯子，轻轻地抿了一口，然后喷了喷那酒的味道，禁不住说道："是怪香的，醇得可口，不过，你这酒本是好酒，斟到别的酒壶里，难道就不香了？"

亦纳勒术走到里面拿出一把普普通通的瓦制酒壶，放到桌子上，对他说道："装到瓦壶里，斟出的酒固然也香，但是没有它香得那么醇，那么可口，不信的话，请大王再试试。"

谟罕默德真的在那把瓦酒壶里装进了酒，再斟到杯里，也抿了一口，尝一尝，又喷了一喷，还端到鼻子下面闻一闻，不禁惊讶地说："嗯，香气是没那么浓了！"

亦纳勒术知道国王爱酒如命，又见他捧着那"美女提壶"爱不释手地赏玩品鉴，便说道："报告大王，我这里新弄来了两瓶俄罗斯的伏特加，你喝两杯吧？"

谟罕默德听了，眼睛一亮，赶忙问道："真是伏特加么？拿来我看看。"

亦纳勒术匆匆走进屋子里间，一手提着一瓶伏特加酒，放一瓶在桌子上，随手将另一瓶打开，送到国王手里，说道："请大王品尝！"

谟罕默德赶忙接过那瓶伏特加酒，一边闻，一边赞不绝口地说道："真香啊！"

说着，又拿过那把"美女提壶"，把伏特加酒倒进去，连忙斟了一杯，也顾不得去闻了，就端到嘴边，一仰脖子，喝下肚去，连声说："好酒，好酒！真香，真香！"

接着，一连喝下八杯，用手背抹了一下嘴唇，方才悠悠地说道："一连好多日子都没有闻到酒了，特别是这来自俄罗斯的伏特酒，更是久违了！"

这时候，他两眼又盯着那把"美女提壶"，禁不住问亦纳勒术道："我问你，这美女……什么壶？"

"美女提壶！"

"对，对！这美女提壶，你是从哪儿弄来的？你……你能不能也替我弄一把？"

亦纳勒术急忙走过去，慷慨地说道："大王若是喜欢，这把'美女提壶'你就拿去吧！"

谟罕默德说话时，又连续斟了几杯酒。这伏特加酒是有名的烈酒，这位国王断断续续竟把一瓶酒喝完了，不过也已能看出他的醉意很浓了。

只见他手里拿着那"美女提壶"，嘴里在不停地重复着："这名字——好！美——女提——壶！真是雕得好，小巧——玲珑，巧夺——天工！"

亦纳勒术没有告诉他这"美女提壶"的来历，因为它是蒙古商队带到花刺子模国来出售的，那商队的四百五十人全被他杀了，那些珍贵的财宝自然全归他所有了。

据说，金银财宝足有两大车！亦纳勒术送一些给了他的姑妈秃儿根可敦太后，又送一些给他的表姐皇后，这把价值连城的"美女提壶"他非常喜欢，就留在了身边，现在被国王看中，只得忍痛割爱了。

这时，谟罕默德已伏在桌子上睡了，亦纳勒术向外抬抬手，立刻从门外走进两个美丽的少女，娇滴滴对他问道："老爷有什么事吩咐？"

亦纳勒术指着谟罕默德对她们说："扶国王进屋里休息去！"

那两个少女把谟罕默德扶起来，国王立刻醒过来了，看着两个少女，向亦纳勒术问道："你也知道我酒后喜欢女人？"

"我当然知道了，因为酒是色媒人嘛！"

亦纳勒术忙向两个少女使了一个眼色，她们便会心地一笑，架起谟罕默德就

一代天骄：成吉思汗

往屋里走去，不一会儿，便从里面传出女人的咯咯笑声……

次日，谟罕默德准备去边城毡的检查。离开讹答剌城之前，他又再三叮咛亦纳勒术，一定要认真布防，守住这座城。不然，成吉思汗是不会轻饶你的！说完，带着那把"美女提壶"走了。

谁知他到了毡的城里，见到的又是一番令他意想不到的情景。

原来守城的将领裘里罕夫没有去城上布防，而是领着他的部下在赌牌呢！

谟罕默德悄悄地站在众人背后，有意不让随从惊动他们，看着裘里罕夫输得一塌糊涂，他的部下中有人嘲笑地说道："你还拿什么赌呢？现在你已输得精光，只剩下毡的城的城主这个将士的头儿了。"

裘里罕夫一听，立即气急败坏地说道："好，我就拿这个城主来赌，谁若赢了，我这守城的将士头儿就让给他！"

说完，他又要继续往下赌，谟罕默德走上前去，突然对大家说道："这城主的头儿是我封给你的，不能拿来赌。"

一句话把众人吓懵了，一齐回过头来，不知所措地看着他们的国王谟罕默德。

这时候，国王却不说话，一屁股坐在裘里罕夫的位置上，伸出双手，把牌洗得"忽琅忽琅"响，平声静气地说道："请各位坐下，我们继续赌，我来替裘里罕夫赌。"

说着话，国王已把牌洗好，又说道："请各位下注吧！"

眨眼之间，奇迹出现了，国王把牌往桌子上一放，众人的目光一齐向那牌上看去，不禁都惊讶得伸出了舌头，原来那是一副"天牌"！

大家愣了一下，然后把口袋里的银子全都掏出来，送到国王面前，顿时那银子堆得满桌子都是。

国王抬头看了裘里罕夫一眼，伸手把他的帽子拿了下来，然后将桌子上的银子全都捋到他的帽子里面，顺势交给他，这才不紧不慢地说道："赌牌，你们不如我；守城，打仗，我不如你们！眼前，蒙古人快要打来了，守城是最要紧的大事，可不能粗心大意啊！如果守不住这座城，成吉思汗会割下你们项上的人头的！那以后再也赌不成了！"

裘里罕夫听到这儿，"扑通"一声跪在国王面前，泪流满面地说道："请求大王处治我——撤我的职、砍我的头吧！"

谟罕默德看着他，不声不响地伸出手去，把裘里罕夫拉起来，平静地说道："走！我们一起到城上看看去！"

后来，裘里罕夫终于鼓足勇气问道："大王既然派我负责守城，为什么又派来洪都剌思做监军，让他来干扰我的行动，岂不是对我不放心？"

355

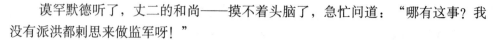

谟罕默德听了，丈二的和尚——摸不着头脑了，急忙问道："哪有这事？我没有派洪都刺思来做监军呀！"

裴里罕夫吃惊起来："这就奇怪了，他口口声声说是奉国王之命，来毡的城做监军的，国王却不知道这回事，难道，难道……"

谟罕默德忽然问道："现在洪都刺思在哪里？"

裴里罕夫显出为难的样子，嗫嚅着说道："他，他来了之后，与我处处对着干，使我无法进行守城工作，我，我已把他关押起来了，请，请大王……处治我吧！"

这时候，谟罕默德才恍然大悟地说道："啊，原来如此！因为洪都刺思来了，你便开始消极怠工，不好好地加强布防，还与部下一起赌牌？"

裴里罕夫惭愧地连连点头，说道："请求大王治我的罪，我实在是辜负了大王的一片苦心啊！"

谟罕默德听着他的话，心里却在想着，不知洪都刺思是谁派来的？不由得想起那天开会时，亦纳勒术曾与裴里罕夫争吵过，难道会是他派弟弟来的？

接着，他便否定了这个想法，认为亦纳勒术不会，也不敢这么做的，何况又是他自己的弟弟。

想了一会儿，忽然眼前一亮，难道会是她？

于是，谟罕默德立即吩咐道："快，快去把洪都刺思放出来，并把他带到我这儿来！"

裴里罕夫遂派人把洪都刺思带来了，他一见国王在这里，像见到救星一般，大叫道："请国王救救我，他，他，裴里罕夫不听我的意见，还要杀我哩！"

谟罕默德听后，所答非所问地说道："我问你，是谁派你来毡的城做监军的？"

洪都刺思听后，理直气壮地答道："太后告诉我说，国王要我来毡的城当监军，监视土库曼人的行动，防止他们投降蒙古人。"

谟罕默德立即"啊"了一声，对他说："这不关你的事，不能怪你，现在你可以回去了，毡的城里不需要你来当监军了！"

洪都刺思听后，也有些意外地问道："为什么？太后不是说你让我来的么？"

谟罕默德也不好明言，只得对他说："这样吧，你到讹答刺城去，做亦纳勒术的监军，这里将士够用了。"

可是，洪都刺思却不愿与他的哥哥在一起，坚持留在这儿，便说道："我与亦纳勒术在一起好争吵，我不去讹答刺城，我就留在这里，你……你把我当皮球，踢到这里，踢到那里，我有意见。"

正在这工夫，裴里罕夫已从二人话中了解了事情的原委，他对太后秃儿根可敦排挤土库曼人的行为早已领教过了，见国王有些为难，便上前说道："请大王留他在毡的，给我当个帮手吧！"

谟罕默德心里埋怨着自己的母后，认为她多管闲事，又听裴里罕夫这么一说，道："那怎么行？他在这里不能帮你的忙，还是让他回玉龙杰赤去吧！"

裴里罕夫又说道："只要他不过多地干预军事行动，留在毡的也没有什么，何况太后让他来了，若是现在就走，太后反而会埋怨你的。"

谟罕默德想了一会儿，便顺口对他说："洪都剌思听着，你要留在毡的也可以，但是你不能胡来，遇事要听从裴里罕夫的指挥，不要随便干涉他的军事行动，若能做到这些，你就留下来吧！"

洪都剌思答应了，国王心里很满意，认为裴里罕夫能顾全大局，这些土库曼人并不像母后所想的那样不以国事为重。

于是，谟罕默德又召集将领开会："毡的城地处北方边境，距离蒙古人最近，成吉思汗一定会把它当成重要目标，请各位认真做好城防工作，增强防御力量，以顽强的抵抗来回击蒙古人的挑衅吧！"

以裴里罕夫为首的毡的城里的将领们，齐声向国王保证，用实际行动，用鲜血和生命来捍卫毡的城！

谟罕默德这才放心地离开毡的，向靠近咸海的另一座边城——养吉干驰去。

谟罕默德一行人来到养吉干城下，距离城门老远就见一群孩子围上来，他们一个个手持木棍，上上下下打量着这一队不速之客问道："你们从哪里来？要到哪里去？"

随从们正要上前说话，被国王挡住了。他看着这些天真稚气的孩子，心里乐滋滋地，他说："我们是从撒马耳干来，要进城里去。"

有一个孩子不信任地歪着小脑袋，又问："不对吧，你是从蒙古来的吧？城里可不能让你们随便进去！"

有一个随从立刻说道："他是国王呀！你们怎能不让进城？"

那孩子听了，手一伸，对谟罕默德问道："既是国王，一定有路牒呀！请把路牒拿出来检验。"

谟罕默德哪有路牒呢？遂俯下身子问孩子："是谁让你们来这里放哨的？"

"这是军事秘密，不能告诉你，"那孩子显然是这一群孩子的头目，他又说道，"没有路牒，谁也别想进城去！"

谟罕默德觉得这些孩子还真能办事，看来，这个艾吉宏顺还真有些办法！

于是他问孩子们道："这是艾吉宏顺让你们这样做的吗？"

那个孩子的头儿听后，反问道："你怎么知道艾吉宏顺的名字？你认识他吗？"

357

谟罕默德不禁哈哈大笑起来，然后说道："我不光认识他，还是我派他到养吉干城里来的呢！"

此时，守门的士兵早已发现城外这一群人被孩子们围着，便去向城主报告，艾吉宏顺一听，赶忙出城来看，才知是国王驾到，顿时慌作一团了。

于是，他一边驱赶着那群孩子，一边说道："请大王原谅，我正在城内忙着加固城防，未能及时来迎，还让你被这群不懂事的孩子缠住不放，实不应该呀！"

谟罕默德忙去把孩子们拦住，说道："你说得不对，这群孩子很懂事，检查行人很负责任，我非常喜欢他们哩！等会儿，我要奖赏他们！"

走进城门，士兵与百姓们都在忙忙碌碌地搬运石块和木头，有的担、有的抬、有的用肩扛，一齐往城上运。

艾吉宏顺手指那些石块和木头说道："它们是运到城上当檑石、滚木用的。城内的百姓主动把旧房子拆了，全是为了增强城上的防御能力。"

谟罕默德看着沸腾的人群，夸赞道："你把百姓们的积极性都调动起来了！"

艾吉宏顺意味深长地说道："有人说我们土库曼人不积极抗击蒙古人，他们很不服气，决心用实际行动来驳斥这种错误论调。"

这时，有一对老年夫妇抬着一块大石头走来，谟罕默德上去关心地说道："你们年龄大了，千万别闪着腰了，这重活留给他们年轻人干呀！"

那老人放下担子，回答道："打蒙古人可不分年龄大小呀！现在趁着成吉思汗的兵马未来之前，我们男女老少一齐上前，加固城防，就不怕他们来攻了。"

国王听了，也笑道："说得对，这叫作平时多流汗，战时少流血，只要大家心齐，就能打败蒙古人！"

来到养吉干的府里，只见所有的屋子都空无一人，艾吉宏顺对国王说道："府里的大小人等，全去了城头，在城上指挥布防，将百姓们运去的滚木、檑石等放到适当之处，堆积起来。"

谟罕默德又来到城内的居民当中，见到一个瘸腿老人正磨着一把大刀，就问道："你这么大岁数了，还磨这大刀做什么？"

那瘸腿老人看着他们，回答道："磨刀自卫呀！等蒙古人来了，他若杀我，我就用这把大刀跟他们拼命。能杀他们一个，就够本了；杀他们两人，就可以赚一个；能杀他们三人，就能赚两个。"

国王听了，笑道："你岁数这么大了，雄心还不小呢！"

那老人却说出了令国王吃惊的话语："没有办法了，这都是被国王谟罕默德害的呀！我们花剌子模人，都因为他遭了殃！"

谟罕默德不禁大怒，自从登上国王宝座，谁敢当面指责他？不曾想这瘸腿老头居然当面说自己的坏话，那还了得！

正想发作，转而又一想，他不知道自己是国王呀！不由问道："你的胆子真不小，怎么在背后说国王坏话？"

那瘸腿老人头也不抬地回答道："我这么大年纪了，还怕什么？何况我说的全是实话！现在谁不知道蒙古人派兵来打我们，都是因为国王杀了他们的商队，抢了人家财物，如今人家来报复了，老百姓不就遭殃了么？"

谟罕默德沉默了好一会儿，才说："你说得不对，我听说那些商人不是他杀的，那些财物也不是他抢的。"

"你这人太死心眼儿！"瘸腿老人一边说，一边放下大刀，看着国王，"哪有国王亲自杀人的？也没有哪个国王去抢别人的财物，不过，国王让别人去杀人，去抢财物，难道国王没有责任？这笔账自然要算到国王头上了，他谟罕默德一点也不冤枉！"

听了老头子骂骂咧咧的，艾吉宏顺很想前去制止，都被国王阻止了，也只好在旁边听着。

其实，谟罕默德心中明白，这老头儿说得并不错。

于是，他向艾吉宏顺一摆手，转身离开了那位瘸腿老人，脚步蹒跚地回到府里。

谟罕默德觉得特别疲倦，便倒在床上想睡一会儿，可是，眼睛一闭上，便在耳边响起了那位瘸腿老人责怪自己的话语，顿时又睡不着了，坐起来问艾吉宏顺："细想起来，那瘸腿老头子的话是有些道理。"

艾吉宏顺道："事已至此，再谈那些已没有用了，蒙古人已经打来，我们只有应战。"

国王的心里仍在想着，"这场战争本来是可以避免的呀，只要向蒙古人认个错，赔个不是，完全可以化干戈为玉帛，两国友好相处，贸易往来。"

听到这儿，艾吉宏顺也说道："大王如此说，我也就说两句。当时我们确实做得太过分了！人家商队是代表国家，还带着成吉思汗的国书，是来做生意的，亦纳勒术竟然杀人越货，岂不是欺人太甚了？"

"你说得很对，蒙古人是来做生意的，这贸易往来对两国都有好处，可是……可是，亦纳勒术硬说人家是间谍。"

艾吉宏顺忽然想起一件事来，立刻道："恐怕大王不知道这事呢！亦纳勒术抢劫了蒙古商队的财物，三间大屋子里面摆得满满。他整日在那房子里看着，抚摸着，一件件地鉴赏，兴奋得夜里睡不着觉。"

谟罕默德听了，不禁"啊"了一声，忽然想起那把"美女提壶"，心中马上断定：那东西准是蒙古人的无疑了！

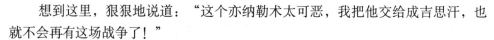

想到这里，狠狠地说道："这个亦纳勒术太可恶，我把他交给成吉思汗，也就不会再有这场战争了！"

艾吉宏顺道："我不知道他要那么多财物干什么。真是欲壑难填啊！"

国王听了，长长地叹了一口气……

次日，谟罕默德要回撒马耳干去了，临行前又鼓励这位土库曼人出身的将领说道："我检查了北部的三座边城，对你们的做法最满意，有些人对你们土库曼人有偏见，我以为，应该让他们来养吉干见识一下就好了！"

艾吉宏顺听后，笑道："偏见毕竟片面，我们土库曼人在花剌子模国受歧视已经几十年了，这对我们已是司空见惯的了。请大王放心吧！"

谟罕默德拉着他的手，安慰道："这就好，这就好！我保证，这次战争胜利之后，我一定要当着国人的面为你们土库曼人正名，让你们扬眉吐气起来！"

艾吉宏顺忽又想起一件事儿，忙建议道："报告大王！成吉思汗用兵善用谋略，经常好搞声东击西的战术，别听他扬言要从我们的北部打来，说不定他还会另派一支人马，翻越帕米尔高原，从我国的东南方向打进来哩！"

谟罕默德一听，立刻露出惊讶表情，忙说："谢谢你的提醒，我也听说，成吉思汗用兵诡计多端，经常出其不意地对付他的对手。他从东南方向入侵我们，也不是没有这个可能，我回到国都以后，要认真考虑你这建议，必要的话，要重新部署兵力，加强防范措施，一定要挫败蒙古人的入侵。"

谟罕默德回到撒马耳干与其部下商讨之后，纠正了把防御的重点完全放在北方的部署，对国都撒马耳干也增强了防卫力量，并且让其长子札兰丁加强在南方的哥疾宁城的防卫力量。

# 【第十四回】

# 守城池浴血血满地，破关隘烽火火连天

1219年的农历九月，蒙古军队满怀着为商队和使臣报仇雪恨的决心，对花剌子模国发动了进攻。蒙古的铁骑犹如疾风闪电，杀气腾腾地扑向花剌子模国，从奔袭路途之遥远，所经地区环境之艰险、气候之恶劣、进军速度之快捷，都创造了世界军事史上的奇迹，显示出蒙古军人的吃苦耐劳和英勇无畏。

面对成吉思汗二十万大军的进攻，花剌子模国谟罕默德国王尽管内心充满了后悔与畏惧，但仍然认真地做出战斗部署。

谟罕默德决定把四十万骑兵中的大部分留在突厥斯坦和河中（撒马耳干地区），两万人防守讹答剌城，几万人分别把守边界各城堡，十一万人留守新都撒马耳干，另有几万人留守国内各地重要城市。这样的部署，正是采取了一个分兵把关、城自为战的被动防御战略。

成吉思汗通过侦探得到消息之后，立即命令察合台与窝阔台的军队，迅速攻打讹答剌城，争取以最快速度攻下这座城，争取首战的胜利。

讹答剌城在库车西北五百里，位于锡尔河右岸，阿里斯河流入锡尔河附近。

这是一座历史名城，为花剌子模国的边疆重镇。谟罕默德国王意识到这座城将是蒙古军队进攻的首要目标，于是对讹答剌城特别加强了防御，并派自己的亲信哈只卜哈剌察带一万骑兵前去协助作战，他们尽量加固城堡和城墙，还把几乎全部军事装备集中在那里。

当城内做好一切战斗准备之后，亦纳勒术登上城头，举目眺望，一副料想不到的景象令他大吃一惊。郊外已变成了雄狮劲旅的海洋，蒙古战马与战士的吼声，惊天动地，远传百里之外。

转瞬之间，蒙古大军把讹答剌城层层包围。

此时，曾经下令部下杀死蒙古商人四百五十人的亦纳勒术，不禁心胆俱裂，开始害怕了，后悔当初过于莽撞，不然怎么会招来蒙古二十万骑兵的围攻呢？

亦纳勒术急忙回府，与副将哈只卜哈剌察召集城内将领开会，他说："别看蒙古军队声势浩大，人马众多，只要我们固守一段时间，把他们的锐气挫伤之后，将不打自退，那时我们领兵出城，就可以一举歼灭他们了。"

哈只卜哈剌察也说道："现在有两个问题要解决，一是不要被蒙古人的来势汹汹所吓倒；二是要坚持固守，坚决打退蒙古人的进攻。"

说话间，士卒跑来报告："蒙古人开始攻城了！他们用火炮，架云梯，一齐攻打城头。"

亦纳勒术忙命令道："现在回到各自的指挥岗位上去，坚持敢打、敢拼者有赏，胆怯后退的人，按军纪处治！走吧，我们一起到城上去。"

他们一走出府门，便听到城外人喊马叫的声音；那一阵阵轰隆隆的火炮声此伏彼起，震得大地战栗，令人惊悸。

原来，察合台、窝阔台兄弟二人接到他们的父汗"及时攻城，尽快拿下"的指令之后，立即与将领们研究，全面开花地攻城，从气势上压倒敌人，给他们一个下马威。

窝阔台特别强调："攻打讹答剌城，我们是为了给亦纳勒术杀死的蒙古使臣与商队报仇，而杀死他们的刽子手——亦纳勒术就在城里，号召全军将士誓死攻城，活捉仇人亦纳勒术！"

于是，攻城命令一下，蒙古士兵便发出惊天动地的怒吼声："攻下讹答剌，活捉刽子手，为死难者报仇！"

"亦纳勒术不投降，就叫他灭亡！"

……

蒙古人先用炮火猛攻城头，打得城上的守军纷纷躲避，接着，他们就抬着云梯，开始爬上城墙与对手展开面对面的拼杀。

由于城墙坚固，炮火炸不垮；城高池深，云梯很难靠上城头，加上守军顽强抗击，攻城的队伍一次次地退了回来。

当晚，察合台道："像这样攻打，何时才能攻进城去？父汗让我们'尽快拿下'的命令，怎能完成？"

窝阔台笑道："别急嘛！我们已包围了讹答剌城，让它与周围断绝了来往，后面我们再用疲兵之计，慢慢对付城内敌人。"

第二天，蒙古军队改全面进攻为重点进攻，窝阔台要求各军将领从自己的队伍里选出神射手数百名，对城上的守军进行点射，他说："要求你们对城上的守军见到一个，射死一个，直到敌人不敢在城上走动为止。"因为全城被围，城外的蒙古军便分片包打，守军被蒙古射手连续射死，吓得他们再不敢到城上走动了。

窝阔台又让人扎了许多风筝，把分量不重的木炮拴在风筝的尾巴上，然后顺着风势把风筝放上天，风筝在讹答刺城的上空飘荡。

每只风筝下面挂着一幅很大的标语，上写：

"蒙古人只向亦纳勒术讨还血债，对其他人一律宽大！"

"投降者立功受赏，反抗者必定死亡！"

"为亦纳勒术卖命，绝无好下场！"

……

城内的士兵，有把风筝线射断了的，连着风筝的木炮即落下来爆炸了，人们不死即伤，吓得谁也不敢再射风筝了。

亦纳勒术知道这事后，出来一看，气得要取弓射击，吓得他的侍卫慌忙拦住，说道："千万别射！那些风筝下面挂着炮火呢，一旦风筝落下来，那炮弹落地便炸，厉害得很！"

亦纳勒术气得咬牙切齿，"好个蒙古人，有本事你打来呀？弄一些雕虫小技，真是可恶又可恨！"

话音刚落，头上的风筝线绳不知被谁射断了，还是被风刮断了，竟翻了几个跟头后，一头栽了下来，正落在他的附近，立刻"轰"的一声爆炸了，吓得他抱着脑袋，逃进屋子里，好久不敢出来。

从此，亦纳勒术出门前先要看一下天上，担心再有风筝炸弹。有的士兵在背后议论道："他杀了那么多的蒙古人，老天要惩罚他，这是对他的报应！"

副将哈只卜哈剌察却不信邪，说道："都不敢到城上去，还怎么守城？"

他带着一队士兵公然出现在城头，眨眼之间，城下射来的飞箭，如飞蝗一般，把他的士兵射倒了一多半。他正在迟疑，忽听"嗖"的一声，一箭飞来，将他的帽子射掉了。他伸手一摸，那箭竟擦着他的头皮过去了。

哈只卜哈剌察只好弯下腰，沿着城墙上的垛堞小心翼翼地走，同时担心随时被飞来的箭射中。

窝阔台的疲劳战术十分成功，城里的兵民日日处在惊恐之中，不敢在城头走动，在城里大街上也害怕风筝炸弹落下来，炸死自己，弄得人人自危，一片慌乱。

到了夜里，窝阔台又命令向城内发射火箭，同时发射投石器、投掷器以及火焰发射器等。

这些带火的炸弹类，击中易燃的物体，立刻燃烧起来，于是城内的草屋一烧一大溜，居民们大哭小叫，乱成一片。

人们又不敢在屋外行走，那些带火的炸弹一旦炸在身上，不是被炸死，也要被烧死。

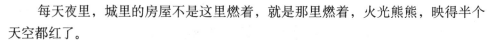

每天夜里，城里的房屋不是这里燃着，就是那里燃着，火光熊熊，映得半个天空都红了。

这些日子里，察合台自己领着一支人马，到周围林寨掳掠粮食、财物，把人畜、牛马羊群一起赶回来。

攻城时，他们沿袭蒙古军队在中原时常用的老办法，让那些被掳掠来的花剌子模人，走在队伍的前头，强迫他们向城上喊话，用这种攻心战术，迫使守军不能作激烈地反抗。

面对蒙古军队的围攻，讹答剌城内的军民斗志日益消沉，到处是一片绝望恐慌，厌战情绪十分严重。

一天，副将哈只卜哈剌察去亦纳勒术府里，见他正与一群女人喝酒取乐，气得他扭头就回来了，对自己的助手韦特曼道："我们冒着生命危险守城，他倒好，躲在府里寻欢作乐，这像话吗？"

韦特曼说道："这场战争全是他招来的！听说，国王气得几次要杀他了，就是担心老太后不答应，才没有动手。他真是一个不识相的人！"

哈只卜哈剌察道："这样下去，城内百姓缺吃少喝，一旦闹起来，蒙古人有机可乘了，这城哪里守得住？"

韦特曼忧心忡忡道："有件事我没有敢告诉你，那天我在城上被敢亦合喊去，他悄悄对我说：'你在副将身边，该劝他早拿主意了，别太死心眼儿，这城还能再守下去么？'这事我一直未敢向你说。"

哈只卜哈剌察听后，急忙问道："敢亦合之外，其他将领对守城什么态度？"

韦特曼忙说道："明摆着呢！被包围了这么长时间，谁心里没有数？"

说到这里，他抬头看看他的主将，又道："我敢说，所有的将领没有一个愿意再守下去了！虽然还没有正面交锋，看样子那蒙古军队真是厉害啊！"

这时候，亦纳勒术突然来了，进门就说道："被蒙古人围了这么久，实在有些馋了！"

说完，他一挥手，两个士卒一人扛着一只烤羊羔，走了进来，往中间的一张桌子上一放。接着，又有两个士卒抬了一箱子俄罗斯的伏特加酒。

亦纳勒术对哈只卜哈剌察说道："快来，我俩痛痛快快地喝两杯！"

可是，他的副将对此并不热情，扫兴地说道："你觉得馋了，士兵与老百姓不仅馋了，再过一阵子，连饭也吃不上了！"

亦纳勒术听后，脸上红一阵，青一阵，又白一阵，不由得苦笑道："别老往坏处想啊！今朝有酒今朝醉，一日三餐吃喝睡！"

"我可不能像你那么乐观，我一不能吃，二不想喝，三睡不宁。"

亦纳勒术早已听出这位副将的话中含意了，只得劝道："有什么办法呢？国王既然派我们两人来守此城，吃点苦，受些累，也没有办法呀！"

哈只卜哈剌察也不得不说道："你别以为是我怕吃苦受累了，现在，不仅士兵们厌战，连将领们也不愿到城上去。"

亦纳勒术大声地说道："谁敢这样？明日我就上城头上去检查，不杀只鸡给猴子看看，是不行的。"

哈只卜哈剌察忙连连摆手道："我劝你算了罢！什么时候了？若是那样，把他们惹恼了，闹起兵变来，那还得了？"

赤纳勒术又问道："他们打算怎么样？要开城门投降蒙古人么？"

"不是，不是要投降，"哈只卜哈剌察说，"他们提出来突围，冲出去到忽毡城，那里易守难攻。"

"什么突围？就是逃跑，就是向蒙古人投降，这不是背叛么？我不能答应这件事。"

其实，亦纳勒术心中十分清楚，自己正是这场战乱的肇祸人，即使他把讹答剌城献给蒙古人，也未必能指望成吉思汗会饶他不死。蒙古军队把全城围得水泄不通，他也没有逃生之路。因此，他不主张突围，蒙古人在城外张着大网，突围不是自投罗网么？

可是，哈只卜哈剌察却冷笑道："在这种情况下，你的话，我的话，他们不听了，为了活命，他们什么事也做得出来。"

亦纳勒术又说道："假如我们不忠于谟罕默德国王，我们怎么为自己的变节行为辩驳呢？我们又用什么作理由，来规避穆斯林的谴责呢？"

二人各持己见，终不欢而散了。

当晚，韦特曼把敢亦合找来了，与哈只卜哈剌察一起商议到半夜，三人决定次日夜里领兵突围，另寻出路。

次日，三人分头准备，到了夜里三更多天时，哈只卜哈剌察为了逃命，与他的亲信一起，带领本部一万人马，从苏菲哈纳门冲出，向忽毡城驰去。

可是，蒙古的骑兵很快追赶上去并包围了他们，在大刀威逼之下，哈只卜哈剌察只好投降，近万名士兵全都变成了俘虏。

察合台、窝阔台兄弟两人亲自审问。哈只卜哈剌察一见到这两位王爷，急忙跪下求饶，"只要饶我不死，我就投降，愿意终生为成吉思汗效力！"

察合台对他说："想活命，就要说实话，你把城里的情况如实向我们报告吧！"

于是，哈只卜哈剌察把城里守军的厌战情绪等一一说了出来，又说："赤纳勒术在城里守军中十分孤立，没有几个将领听他的指挥，甚至都恨他，老百姓更恨他，都说这次战争全是他惹起来的。"

窝阔台插话道："按你的意思，我们可以攻城了？不会遇到多大的反抗，是不是？"

哈只卜哈剌察说："大军若是攻城，我情愿担任前锋。"

窝阔台立刻冷笑道："不必了，像你这种背主忘恩、不讲信义的人，我们不会用的。"

哈只卜哈剌察听了，慌忙又跪下叩头，请求收留他，再三表白愿为蒙古效力。

窝阔台对他说："你们不忠于自己的主子，因此，我们也不能指望你们的效忠。"

为了维护主权关系和君臣关系，察合台、窝阔台下令把这批动摇变节、忘恩负心的人统统杀死！

次日，察合台与窝阔台下达了攻城的命令，蒙古兵马立即展开了全面攻城。由于城内的主要守城将领哈只卜哈剌察在突围时被杀，城上的守军群龙无首，怎能抵挡得住蒙古人的强攻？

到中午，讹答剌城便被攻破了，城里的老百姓被蒙古军队赶出城外，然后，察合台下令："迅速行动，把城内财物掠集一处。"

此时，亦纳知道自己没有任何被宽恕的希望，便带领近万名残兵退守城中的内堡，进行垂死反抗。

亦纳勒术哄骗其部下说："蒙古人残忍无比，对花剌子模人要斩尽杀绝，你们投降也要被杀死，不如跟他们拼了！"

于是，他把军队组织起来，展开集团式的冲锋，每五十人一组，双方争战激烈，伤亡都很大。

亦纳勒术歇斯底里道："我们是谟罕默德的忠实臣民，只要我们一息尚存，就要坚持战斗，绝不放下兵器。因为我们是穆斯林的信徒，真主会保佑我们！"

由于敌人的顽强反抗，蒙古军队伤亡惨重，察合台、窝阔台遵照成吉思汗的命令，一定要活捉亦纳勒术，于是他们向士兵下令道："要活捉亦纳勒术，不要在战斗中杀死他。"

蒙古军队遵守这一命令，反倒给亦给勒术提供了坚持战斗的机会。他带领残敌利用巷战、街垒战，一直持续十几天，近万名守军几乎伤亡殆尽，而蒙古人的损失也很惨重。最后，亦纳勒术在遭到四面围攻的情况下，仍然坚持反抗，钻进一座尖塔内死守不降。

蒙古士兵为了要活捉他，他们冒死钻进塔内。杀死了两个士兵，亦纳勒术又爬到塔梁上，他手中没有兵器了，就拆下墙头，用砖头向下抛掷，直到砖头用光，仍然不愿俯首就擒。

这时候，蒙古士兵一拥而上，才将他活捉，给他带上沉重的铁链，押送至成吉思汗的大营，交由大汗亲自处置。

成吉思汗问道："你为何要杀死我的商队人员与使臣？"

亦纳勒术冷笑道："何必明知故问？商队带了那么多金银财宝，谁不想占为己有？正如你带兵远涉万里，还不是想掳掠我们花剌子模人的财物？"

成吉思汗一听，大怒道："胡说！当初，我派商队来花剌子模，本是要与你们做生意，你却杀了我的使臣与商队人员。我几次三番忍让，你们却把我的忍让当做软弱可欺，我才派兵前来。不过，这次我是来向你复仇来的，是向你们讨回公道来的，我要向世人宣告：'蒙古人是不好欺负的！尽管我们蒙古人热情好客，对客人向来以礼相待，我们用美酒、奶酪招待他们；可是，对豺狼，对魔鬼，我们也从不吝惜我们手中的箭。'"

亦纳勒术无话可说，只得说道："请让我速死，被你们捉住了，我唯愿早死！"

成吉思汗冷笑道："你不是贪财么？图财害命的结果怎样呢？"

亦纳勒术又说道："人为财死，鸟为食亡，自古如此，岂止我一人呢？有朝一日，你也是这样。"

这时，成吉思汗的幼子拖雷大声叱道："混账！你是什么东西，敢与我父汗相比？在天地间，我父汗是巍巍的高山，而你只是个龌龊的败类！"

亦纳勒术听了，深深地叹息一声，再也不说话了，只等着早死，想早点脱离这难熬的时刻。

成吉思汗也想好了，便说道："你不是贪财吗？我成全你，让你在见到你的真主之前，再得到一份财物吧！"

说罢，成吉思汗令人把熔化了的金银液，灌入他的口眼和耳朵，表示对贪财者的惩罚，终于为那四百五十个死于赤纳勒术贪婪的屠刀下的蒙古使臣和商人报了仇。

后来，人们说：亦纳勒术在成吉思汗面前，"饮下死亡之杯，穿上永生之服"，带着贪财者满足的欲望，去真主那里报到去了。

成吉思汗的长子术赤，带领他的兵马奉命向花剌子模国的北方边城毡的进军。

术赤命令兵马将毡的城包围之后，他见城墙高耸而又坚固，便一边命令士兵攻城，一边在夜间派士兵悄悄地在城墙下边挖坑道。

因为当地多为沙漠，容易深挖，仅一夜工夫，坑深数尺，几个士兵上前用力一推，那又高又固的城墙"轰然"一声，竟塌下来一大片。术赤指挥他的骑兵从城墙缺口冲进城去，杀死守门士卒，打开城门，蒙古军队如洪水一般，涌进城去。

守将裘里罕夫见城被攻破，立即带领士兵退到城中的一座古塔里，负隅顽抗。

术赤派人搬来柴草、树木，放在那宝塔周围点燃，烧得宝塔轧轧作响。不到两个时辰，宝塔的下半部分已被烧得滚热烫手，躲在塔内的裘里罕夫等，只得沿阶而上，躲到塔顶避火。

谁知宝塔顶部由于突然增加重量，渐渐倾斜，塔基软化，高入云天的宝塔逐渐摇晃，眼看便要倒下了。

这时候，躲在塔顶的裘里罕夫等人，觉得宝塔剧烈摇晃，立即慌乱成一团。不一会儿，随着"轰隆"一声，宝塔便倒了下来。

原来，那宝塔是工匠们用砖石，蘸着桐油，再加上煮熟的糯米、石灰等建筑而成，经大火一烧，桐油、糯米等慢慢熔化，塔身怎能不散架呢？

后来，术赤派士兵去查看塔里的敌人是否有活着的，又出现了一个奇迹！

裘里罕夫等人被粘在塔壁上，蒙古士兵费了很大劲才把他们拽出来，有的人被粘得厉害，竟被粘去了一层皮！

这群顽抗不降的人，自然被处死。裘里罕夫临死前，面向撒马耳干的方向，高声地喊道："大王啊！我未能守住毡的城，辜负了你的希望，只能以死殉城了！"说完大哭不止。

术赤见了，深受感动，认为此人忠于主人，是个重义守信之人，值得敬佩。于是就派人去劝降，遭裘里罕夫拒绝后，术赤命人在他死后按照蒙古将领的级别，以礼殡葬。

在术赤连续攻占位于锡尔河下游的花剌子模国北部的几座边城的同时，成吉思汗第一路大军的第三兵团，在阿剌黑、速亦客秃、塔孩的带领下，溯锡尔河而上，挺进这条河的上游地区，向塔什干西面的费纳客忒发起进攻。

费纳客忒城的守将名叫亦列惕古灭里，此人勇猛强悍，狡猾善战，趁蒙古的兵马扎营未稳之时，亦列惕古灭里领着三千人马，突然向正在忙着安营立帐的蒙古人展开了袭击。

由于仓促应战，蒙古的军队被亦列惕古灭里的打败。直到阿剌黑、速亦客秃和塔孩将他围在中心，杀得他气喘吁吁，他才冲出包围圈子，领兵回城去了。

次日，亦列惕古灭里又领兵马讨战。

阿剌黑先让速亦客秃与塔孩将兵马埋伏起来，然后出营与他交战，大约战到二十多个回合，他深感自己确实不是这位花剌子模国大将的对手，只得逃去。不过，他不是逃回营里，而是落荒而去。

一代天骄：成吉思汗

亦列惕古灭里一见，心知有诈，就说道："我不追你，让你逃命去吧！"

说罢，便要收兵回城。阿剌黑见他不追，便又勒马回来重新与他交战，并说道："我原以为你敢追我，哪知你是一个胆小鬼，只是仗着你的一股子牛劲，这次我要与你拼个鱼死网破！"于是两人又杀到一处。

只战了十几个回合，塔孩与速亦客秃便得到消息，知道亦列惕古灭里狡猾，便领兵回来，一起去战他。

可是，老谋深算的亦列惕古灭里不愿对付三个蒙古将领，立刻收兵回城。

连续杀了三天，阿剌黑等没有打败亦列惕古灭里，三人十分着急，有个士卒献计道："明日那敌将还会来讨战的，不如在交战之处如此如此，准能生擒他！"

阿剌黑等一听，不禁大喜，认为此计可行，就于当晚派那士卒领人前去准备。

第二天，亦列惕古灭里果然又来叫阵，阿剌黑等故意紧闭营门不出战，直到天近中午，才突然大开营门，与他开战。

阿剌黑与他交战时，有意将其引至一处草地，亦列惕古灭里哪里知道那片草地设有机关，便拍马过去厮杀，谁知他的战马刚踏上那草地，便连人带马一头栽进陷阱里去了。

他的士兵一见主将落下陷阱，急忙扑过来抢救，阿剌黑、速亦客秃与塔孩早有准备，三人立即指挥兵马把他们拦住，包围起来，用乱箭消灭了。

阿剌黑、速亦客秃与塔孩走到那陷阱边，向下一看，亦列惕古灭里的战马已跌断了腿，躺在里面不能动了，他自己丧气地坐在那里也一动也不动。

他一见蒙古的将领，便大声说道："这算什么？有本事让我上去，咱们再大战三百回合！"

阿剌黑笑道："你凭着匹夫之勇能打胜仗么？让你带着这个偏见去见你的真主去吧！"

遂让士卒向陷阱里投进了许多火种，不到半个时辰，一个勇冠三军的大将亦列惕古灭里被活活烧死在那陷阱里。

费纳客忒城的主将身亡，城里的居民第二天便都主动走出城来，纳款投诚，请求赦免他们的死罪。

阿剌黑等命令城内的士兵与居民各自分开，站为两队，把士兵全部杀死，把居民分配给自己的部下，对工匠、手艺人、看猎兽的人，则分配他们适当的工作。

剩下来的年轻男子，被强制编入军籍，送往其他城市充当"哈沙儿队"。

"哈沙儿"的本意是同村人共同协助某一人收割庄稼、修筑渠道等；这里是指被征服地区的俘虏或居民，被蒙古人驱赶去围攻城池、充当先锋掩护队，也就是去充当蒙古军队的炮灰。

攻占了费纳客忒城之后，阿剌黑、速客亦秃和塔孩又领着兵马，继续溯锡尔河而上，兵抵忽毡城下。这个城堡修在锡尔河中央、河水分为两股的地方，所以又被称为洲中的孤岛。

忽毡城的守将是花剌子模国的名将，著名的突厥勇士之一，名叫帖木尔灭里，这个名字的本意就是"铁王"。

当蒙古大军一来，城里的居民立即躲进内堡，企图逃脱残害。

这城堡坚固、高大，全用石块建成，真是固若金汤，易守难攻，加上那个名将帖木尔灭里率领几千名骁勇的士卒和著名的武士驻守堡内，更增加了攻打的困难。

当时，远在数百里之外的成吉思汗，听说了这里的战情，立即增派了两万名蒙古骑兵和五万名战俘前来支援。

战前，阿剌黑等通过实地察看，发现位于河中央的城堡在弓箭和弩炮的射程之外，给攻城带来很大困难。

这时候，那个在费纳客忒城建议挖陷阱的士卒，如今被阿剌黑提拔为将领的"智多星"，他的名字叫泰列尔。这时候，他又献计道："从岸上到河中的城堡，距离并不算远，不如让那五万俘虏兵，从不远的山上运来石头，填入河中，也不过几日的工夫，准能填平，到那时，咱们再攻城堡也不迟呀。"

阿剌黑等立即采纳了这个意见，他们担心俘虏兵人数太多，不好管理，又怕他们哗变。

于是，把五万名俘虏兵编成大队、中队和小队，队长分别由蒙古人担任，并派遣一支蒙古骑兵监视他们的行动，督促他们完成任务。

未等蒙古人把河水填平，城堡里的帖本儿灭里便主动展开了进攻。

他亲自设计、指挥匠人制造了十二艘密封的战船，船上蒙一层湿透水的毡毯，外涂一层揉有醋的黏土，上面留有若干窗口为射箭之用。每天凌晨，帖木尔灭里派出六艘这样的战船向岸边驰去，让士兵向蒙古人放箭，双方开始激战。

由于船上有毡毯与黏土保护，蒙古人无论用箭、火还是石油，都对这些战船不起作用。

到了夜里，帖木尔灭里又派出战船，对蒙古军队进行偷袭，使他们昼夜不得安宁。

不过，河中的石头越来越多，眼看快要填平了这段河流，河岸与城堡将要连在一起了，帖木尔灭里预感到危机就要来临，便于夜间装备了七十只大船，准备

一代天骄：成吉思汗

突围逃跑。

他在那些船上装载了伤员、辎重、财物和食品等，亲自带领一支精锐士卒，登上一艘大船，点燃火把，闪电般地飞速前进，沿锡尔河顺流而下。

阿剌黑等发现之后，立即指挥兵马，顺着河岸追去，边追边让士兵向船上放箭，或是发射火器和弩炮。

可是，帖木尔灭里无所畏惧，他继续驾着战船，在锡尔河里飞速地行驶，同时指挥他的士兵向岸上的蒙古军队回击，蒙古军队死伤惨重。

为了阻止帖木尔灭里逃走，阿剌黑等派人沿河通知其他蒙古军队，进行截击。

察合台与窝阔台从讹答剌城派出一支人马，在锡尔河上拦河拉起了几条铁链，想在那里截住他。

不料，帖木尔灭里毫不畏惧，英雄地驾船冲在最前面，高举利斧，砍断了铁链，把岸上的蒙古军队丢到了后面，破浪前进。

当他的船队到达毡的城与巴耳赤邗境内之前，两岸的蒙军层层设防，加以阻击，帖木尔灭里依然无所畏惧，一边还击，一边飞速驶船顺流而下。

术赤接到情报之后，立即派出一支人马，沿着锡尔河两岸，布置了兵力，并把数百只大船连在一起，组成了一座"舟桥"，还在上面设置了弓弩与各种投射器，以及数十门弩炮，决心将这只顽抗的敌军歼灭在锡尔河中。

帖木尔灭里得知蒙古军队在前面设伏的消息之后，他的船队接近巴耳赤邗时，他机智地借着夜色的掩护，舍船上岸，骑上快马，飞驰而去。

术赤的队伍发现之后，急忙追赶，不给他喘息的工夫。

帖木尔灭里并不慌乱，他先打发辎重在前面速行，自己领着一队人马殿后厮杀，且战且退，有效地杀伤追赶他的蒙古骑兵。

一旦发现蒙古军队迫近时，帖木尔灭里便像一头怒吼的雄狮，高声呐喊着，手舞大刀，杀入蒙古骑兵之中，蒙古骑兵纷纷倒于马下，无人能够拦阻。

经过这番猛烈地拼杀，蒙古骑兵被迫四散奔逃。每当此时，帖儿木灭里便执刀在手，立马于大道上，望着退去的蒙古军队，不由得仰天大笑道："你们蒙古人，不是也怕死么？"

见自己的辎重队伍走远了，帖木尔灭里这才拍马扬鞭，重新赶上去。

帖木尔灭里的勇猛与傲慢激怒了蒙古人，他们利用人海战术，轮番冲击他的队伍，使他首尾不能兼顾，又连续厮杀了几天，人马已伤亡过半，蒙古的军队却越来越多，愈战愈勇。

后来，帖木尔灭里的辎重被蒙古军队夺走了，他的人马已为数不多，抵抗力越来越弱，但是，他依然倔强不降，坚持抵抗。

不久，蒙古军队突然将他包围起来，乱箭齐发，跟随他的士兵全被射死，而帖木尔灭里尽管连兵器也丢了，身边只剩下了三支箭，其中还有一支是无头的断箭，仍然冲出重围，以闪电般的速度逃了出去。

　　此时，有三个蒙古骑兵追来，帖木尔灭里突然回身一箭，正中一个蒙古人的眼睛。原来把那人的眼睛射瞎的，正是那支无头的断箭，其弓力之强劲，已可想而知了。

　　另外两个蒙古骑兵仍然穷追不舍，帖木尔灭里又猛然勒马道中，回头对两个蒙古人说："老实告诉你们，我还有两支箭，舍不得用，不过，它却刚够你们两人享受了！我奉劝你们，最好还是退回去，以保全你们的性命！"

　　听了帖木尔灭里的警告，这两个蒙古骑兵又亲眼目睹了他的箭法，深感无力战胜他，为了保全自己的性命，只好眼睁睁地看他逃走了。于是，帖木尔灭里单人独骑，从蒙古骑兵的乱箭丛中逃往花剌子模国的都城——玉龙杰赤去了。

　　1220年的年初，成吉思汗的第一路大军的三个兵团各自完成了征讨任务，达到了预定的战斗目标，取得了巨大的胜利。

　　成吉思汗在欣喜之余，立刻派人对这三个兵团的将领进行嘉奖和鼓励，要求他们驻军休整，养精蓄锐，准备迎接更艰巨的作战任务。

　　为了实现战略意图，达到占领撒马耳干的目的，进而最终完成灭亡花剌子模国的战争计划，成吉思汗施展声东击西的计谋，命令他的第二路大军——大将哲别的队伍，迅速挺进到花剌子模国南方的阿姆河上游地区，发动强大的佯攻，以虚张蒙古大军的声势。

　　这是一个出其不意的军事行动，谟罕默德立刻中计，他当即断定：哲别的这支队伍，正是成吉思汗的主力！

　　与此同时，谟罕默德不断收到南方传来的告急战报，这使他更加坚信不疑，对部下说道："危险不是起自北部边城，而是来自南方！这支队伍一定是蒙军的主力，若不及时堵截，必将贻害无穷。"

　　在谟罕默德看来，哲别的这支队伍，即是蒙古军队的主力。由于它的攻势，很可能会切断自己与新军的筹建基地、战略资源的基地阿富汗、呼罗珊的联系。于是，他急忙派出那支战略预备队去对付哲别的佯攻部队，去解救他自己主观上认为的那个"要害"去了。

　　成吉思汗非常满意谟罕默德的"配合"行动，见他把那支战略预备队开向了南方，又见术赤、察合台与窝阔台、阿剌黑等第一路大军在锡尔河流域所取得辉煌胜利，他欣喜地看到自己的战略意图不久就要完全实现了！

　　成吉思汗历来善于把握机遇，眼前的大好形势他怎能看不到？他立即与幼子拖雷率领他的第三路大军，即蒙古军队的中军主力，从北方迂回，隐蔽行动，以闪电速度渡过了锡尔河，穿过近千里路的红沙漠，出其不意地出现在谟罕默德的背后，向着不花剌挺进。

这样，花剌子谟新旧两都的联系通道被拦腰切断，谟罕默德终于发现自己上当了，痛心疾首地说："我的国都撒马耳干已处在蒙古军队的四面包围之中，我的花剌子模国岌岌可危了！"

于是，这位曾经不可一世的国王为了活命，竟然放弃了指挥，离开了撒马耳干，慌慌张张地向南方逃去……

成吉思汗与小儿子拖雷带领蒙古兵马的中军主力，沿着锡尔河东岸，首先来到咱儿讷黑城下。

别看咱儿讷黑城不算大，却是一个古老的城堡，特别是它处在讹答剌城通往不花剌、撒马耳干的交通要道上。它的城主名叫西代吕冒，因在一次狩猎中摔伤了腰腿，行动困难，整日坐在一辆小车上出入，城里的政务多由其妻波波芙娃辖理。

自从蒙古军队攻占讹答剌等城之后，消息传到咱儿讷黑城里，引起一片惊慌。

这一天，夫妻二人正在府里议论这事，忽有士卒进来报告道："蒙古军队派来的使者已到府外，请求相见呢。"

西代吕冒立即看看妻子波波芙娃，说："请他进来说话吧！"

不一会儿，蒙古使者来了，自我介绍说："我乃蒙古帝国成吉思汗派来的使者答失蛮哈只卜，愿与城主讨论一下有关咱儿讷黑城的前途归宿问题。"

使者的话刚说完，府门外就传来吵嚷之声。将士们一听说蒙古使者前来劝降，便立刻产生了分歧意见，那些主张坚持抵抗的人，提议把蒙古的使者杀死；那些主张归附蒙古的人，就站出来阻拦，于是两派人闹得很厉害，几乎要打起来。

这时候，蒙古使者答失蛮哈只卜说道："因为我来了，他们才闹起来的，现在让我去向他们说几句话吧！"

西代吕冒担心有人趁机伤害使者，他的妻子波波芙娃却说道："没事的，让我陪使者去吧！看谁敢把他怎么样。"

波波芙娃面对将士与居民，大声说："大家关心咱儿讷黑城未来前途的心情，我能理解，但是，我们要讲实际，讲理智，不能感情用事。现在，请蒙古使者说话！"

答失蛮哈只卜大声说道："我出生在伊斯兰教徒的家庭，我也是穆斯林，为了真主，我奉成吉思汗之命，出使来见你们，想把你们从毁灭的深渊和血河中拯

373

救出来。如果你们想抵抗他，在一个时辰之内，你们的城池将被夷为平地，原野将成血海。假若你们能听从我的忠言和劝告，服从大汗的指令，你们的生命财产一定会受到保护。"

听了答失蛮哈只卜的话，投降派很满意，觉得使者的话是真诚的，是为他们着想的。面对着成吉思汗亲自率领的数万大军，仅靠少数人的反抗也是无济于事的。

波波芙娃也趁势说道："阻挡蒙古人的通行，并不能阻止洪水奔流，也不能减轻或止息地动山摇。因此，我们选择和平有好处，接受劝告是有利的，反抗绝没有好下场。"

于是，反对派的情绪也缓和了些，这时，答夫蛮哈只卜便劝告西代吕冒去拜见成吉思汗，波波芙娃看着丈夫说道："城主行动不便，如何能去？不如我去吧！"

答失蛮哈只卜见到这位城主夫人不光苗条秀丽，文雅大方，而且精明能干，办事利索，她自告奋勇要去，也真可喜可敬呢！

不过，他见城主有些迟疑，便顺口说道："请城主放心，夫人去朝见大汗，本是好事，绝无有人会伤害她的，一切由我照应。"

西代吕冒也只好答应，苦笑着嘱咐道："一切都要谨慎小心，切勿做出失礼的事情。"

丈夫深知波波芙娃好冲动，担心她感情用事，做出越轨的事情来，才再三叮咛。

于是，波波芙娃带着丰厚的礼物，随着答失蛮哈只卜出城来到蒙古人的营地，成吉思汗立即接见了她。

波波芙娃见一群人中间，有一个年纪在五十开外，身材高大，体格强壮，鼻子又直又大，脸色红润，生就的一副大富大贵的相貌，便断定此人该是成吉思汗了。

想到这里，她便走上前去，倒身便拜道："报告大汗，我是咱儿讷里城主西代吕冒的妻子波波芙娃，只因丈夫行动不便，不能前来朝觐大汗，深致歉意，务望大汗海涵。"

成吉思汗与众将士见到这位突厥女人端庄大方，无拘无束的样子，心中不禁诧异道："难怪这西域经济发达，文化先进，连女人的行为都比中原地区开放得多呀！"

想到这里，他便随口说道："城主夫人能亲自出城前来见我，想必已答应归附我蒙古帝国了？"

波波芙娃立刻欠身答道："大汗的兵马如天兵神将一般，所向披靡，小小的咱儿讷里城怎敢不来归附？城内的百姓与将士们都渴望着能得到大汗的恩赦呢！"

成吉思汗听了，觉得这女人手腕灵活，善于言辞，真算是帼国女杰，遂吩咐准备酒宴，热情招待这位城主夫人。

不一会儿，酒菜端上来了，成吉思汗指着客座的位置让波波芙娃坐上去，自己坐在主人的位置，众将领佩剑卫立在两旁。

波波芙娃说道："报告大汗，既然将领们不参加酒宴，就让他们随便去吧，何须站在这里？"

大汗听了，不禁哈哈一笑道："夫人提议甚好，就让他们下去吧！"

于是，大厅里除留下一个侍卫替他们斟酒以外，只有他们两个人在一边喝酒，一边谈论些当地风土人情、传说故事，不时爆出爽朗的笑声。

两人频频举杯。成吉思汗对酒控制甚严，他规定一个月里最多喝三次酒，甚至每次喝酒不超过三杯，无论何时，无论陪谁喝酒，他从不违犯这项规定。

为了掩人耳目，古儿别连皇后为他特制了一把酒壶，能装酒，还能装水，机关装在壶盖上。斟酒时，只需将壶盖轻轻向左一拧，壶嘴里流出来的，便是酒；若向右一拧，流出来的，便是水了。

于是，成吉思汗每次参加酒宴时，遇到特定的场合，当着贵客的面不得不喝时，那把特制的酒壶便派上了用场。从那以后，成吉思汗便成为酒桌上有名的"不倒翁"了。

这工夫，他见城主夫人频频举杯，却不显醉态，不由得问道："你们这里的女子都爱喝酒么？"

"在这里，男女都把酒当作饮料，只是烈性酒喝得少一些。"

"我们蒙古人爱喝烈酒，因为气候寒冷，喝了烈酒可以挡冷驱寒，又能强筋健骨。"

"难怪你们蒙古人都身材高大，体格健壮，性情豪爽，勇敢剽悍呢！"

尽管只喝了真酒三杯，成吉思汗已经觉得微有醺意了，他看着波波芙娃的俏脸说道：

"说句实话吧！原先只想找讹答剌城的亦纳勒术报仇的，但谟罕默德不识相，他以为蒙古人好欺负，逼得我们只好认真打这场战争了。你们的咱儿讷黑城算什么？我们的目标是要占领你们的新旧两都，灭亡花剌子模国，活捉谟罕默德，看他还狂妄不？"

听了成吉思汗这一席话，波波芙娃说道："在我们城内，也有人担心蒙古人走后，谟罕默德再回来怎么办？"

成吉思汗立即笑道："放心吧，我的夫人！谟罕默德别想再回来了。听说他

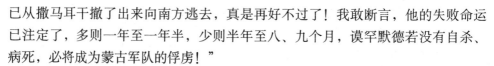

已从撒马耳干撒了出来向南方逃去，真是再好不过了！我敢断言，他的失败命运已注定了，多则一年至一年半，少则半年至八、九个月，谟罕默德若没有自杀、病死，必将成为蒙古军队的俘虏！"

波波芙娃听后，好像打消了顾虑似的，立刻站起来，端着酒杯，走到成吉思汗身边，说道："为大汗的雄心壮志，并预祝蒙古军队的马到成功，干杯！"说完，笑眯眯地与成吉思汗碰了杯，然后一饮而尽。

成吉思汗闻着她身上传过来一股奇香异味，看着她那酒后桃花一样的俏脸，不禁心猿意马，有些飘飘悠悠的感觉。他刹那间又恢复了青春的活力，真想走过去与她温存一番。

成吉思汗是一个自制力很强的人，他立刻振作一下，灵机一动，立刻喊道："夫人如此豪饮，不饮烈酒，岂不委屈了她的海量！"

他的话音刚落，护卫立刻选来了两瓶俄罗斯产的伏特加酒，波波芙娃一看，叫道："太好了！伏特加，伏特加，喝了伏特加，醉得满地爬！认不得爹，认不得妈。"

等她说到这儿，那斟酒的侍卫早把伏特加烈酒斟满杯子，她兴奋得一连喝了三大杯。

大汗见她还想喝，又向侍卫使了个眼色，波波芙娃又连续喝了三大杯，然后酒杯一撂，便趴在桌上了……

成吉思汗对那侍卫一使眼色，说道："把她扶到帐里床上去！"

然后，这位大汗又让那侍卫拿来他睡前常服的"长精养性丸"，连服了三粒，便急匆匆地步入帐里，去与那咱儿讷黑城主的年轻夫人，西域的突厥族少妇波波芙娃共度良宵去了。

次日，波波芙娃要回城里去了，成吉思汗拥着她的细腰，深情地说道："不知今后还有机会能与夫人相会么？"

波波芙娃红着脸伏在大汗怀里，说道："我已老了，不能侍奉大汗了。不过，我家中还有一个小妹，她今年刚刚十七岁，让她来陪伴大汗，度过这寂寞的战争夜晚吧！"

说完之后，她看着成吉思汗，忽然想起了什么似的，又轻轻地对大汗说："我得提醒你，我小妹还是个小姑娘，你，你得疼惜她。"

其实，成吉思汗已经年近花甲了，马背上拼杀了四十余年，他并不贪恋床第之欢。不过他毕竟是个血性男人，对女人，尤其是对绝色美女，他还是很欣赏的，他那美女如云的四大斡儿朵里，据说有五百多个年轻貌美的各族女子。为了在戎马倥偬间寻找一些乐趣，他也常常让那些女人陪着他度过一个个美好的夜晚。

波波芙娃回城之后没有食言，立即把她的小妹清清卓雅送到蒙古大营，成吉思汗一见，自然欢喜异常，便留在身边了，自此以后，那年轻贤淑的忽兰皇后便被他冷落一边去了。

不久之后，成吉思汗便下了一份诏书，赦免咱儿讷黑城居民的死罪，并把此城改名为"忽都鲁八里"，意即"幸福之城"。以后人们不再称咱儿讷黑城了，一律叫它"幸福城"。

成吉思汗偕着美貌的清清卓雅，派遣答亦儿为前锋，带领大军离开了幸福城。

答亦儿从当地找了一个突厥人当向导，带领成吉思汗的大军走了一条很少有人走的道路，使蒙古人很快进入下一个攻打的目标——纳儿城。

未等成吉思汗派兵攻打，聪明的纳儿城主龙可夫早已听说了咱儿讷黑城主夫人波波芙娃"献身换来幸福城"的事例，立即从城内选出两个绝色的少女，又带着丰厚的礼物，出城觐见成吉思汗，请求赦免全城人民的死罪。

成吉思汗当然照准，收下礼物之后，也发下一份诏书，要纳儿城居民限期出城，然后命令大将速不台领兵进城去掠劫财物。

这次洗劫只限于财物，对居民的羊牛等一律留下，房屋也不准焚烧，更没有伤害纳儿居民，居民们还选出了六十名年轻小伙子参加了蒙古大军。

人们为了记住成吉思汗的恩惠，把那条由"幸福城"通往纳儿城的近路，就叫它为"幸福路"，或是称之为"汗之路"了。

为了攻打不花剌城，成吉思汗让他的兵马在纳儿城外的丛林里休整了一段日子。

那里，成吉思汗的议事大帐设在园林中的一幢两层小楼里面，他的皇后忽兰在这里住着，而把清清卓雅等几个突厥少女安置在另一所住宅里。

这一天，成吉思汗与众将领研究攻打不花剌城的进军方案。散会之后，忽兰皇后拖着他不想让他离开，硬要大汗陪她去骑马散步。

此时，正是三、四月的天气，到处是明媚的春日景象，成吉思汗难得有这样闲空，与年轻的忽兰骑上骏马，在林子里慢悠悠地转了一会儿，呼吸着新鲜的空气，看着姹紫嫣红的春花野草，心中十分惬意。

直到夕阳西下，两人才从林子里回来，成吉思汗进屋之后，到厕所去小便，一推开门，便赫然看见马桶旁边盘着一条足有小臂那么粗的眼镜蛇。

他正要喊护卫前来，已经来不及了，只见那条大蛇已经把头高高地扬起，向自己进攻了。

这时，成吉思汗急忙从墙角抄起粪铲，屏住呼吸，两眼盯着向自己进攻的眼镜蛇，准备还击。

377

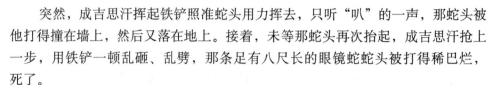

突然，成吉思汗挥起铁铲照准蛇头用力挥去，只听"叭"的一声，那蛇头被他打得撞在墙上，然后又落在地上。接着，未等那蛇头再次抬起，成吉思汗抢上一步，用铁铲一顿乱砸、乱劈，那条足有八尺长的眼镜蛇蛇头被打得稀巴烂，死了。

成吉思汗到门口喊来护卫，把那身子还在不断地抽动、痉挛的大蛇拿出去扔了。

回到屋里，忽兰见了成吉思汗身上的血迹，吃惊地睁大眼睛，问道："大汗，你身上哪来那么多的血迹？"

"刚才，我在厕所打死了一条很大的眼镜蛇！"

接着，成吉思汗把打死蛇的经过情形说了一遍，忽兰听后非常害怕，说道："这里地势低洼，气候潮湿，是毒蛇容易滋生的环境，住在这种地方，真是令人提心吊胆啊！还是尽快离开这里吧！"

成吉思汗听了，笑道："哟，说得一套一套的，你是听谁说的？"

忽兰眨巴着她那双亮晶美丽的大眼睛说道："前天听那位'幸福路'的向导说的呀，他可是当地人，说的全是实话！"

因为许多日子未与忽兰在一起了，成吉思汗一直被清清卓雅等几个少女迷恋着，今晚难得一会，两人立刻脱衣上床，重温美梦。

一觉醒来，已是深夜，成吉思汗被忽兰推醒，并听她悄声地说道："大汗你听，外面是什么声音，那么刺耳？"

成吉思汗就着枕头，侧耳一听，屋外不断传来"嘶嘶"的声音，遂翻身下床走到窗前，就着月光往外一看，顿时惊得睡意全无，只觉得浑身毛骨悚然。

原来，窗外的地下密密麻麻地爬着许多大大小小的眼镜蛇，只见它们把头昂得高高的，到处迅速地爬动着。

成吉思汗立即喊了几声，见值班的护卫一个也没有来。忙到窗前再仔细一看，楼下院子里有几个人躺在地上，一动也不动了。

他立刻明白了，护卫们肯定遭蛇咬，怕是全被这些毒蛇咬死了！

这时，他慌忙点亮蜡烛，忽听背后传来忽兰的惊叫声音："哎呀！这屋里也有蛇！"

成吉思汗急忙转身，随着忽兰手指的方向看去，门边上有一条三尺多长的眼镜蛇，正向自己昂着头，瞪着眼睛，准备进攻呢！

在忽兰的惊叫声中，大汗又发现了三条大蛇，也不知什么时候，它们从房门下边的缝隙间钻进来。

成吉思汗立即跳到床头，伸手取出他的佩剑，一阵左砍右劈，终于消灭了这四个"不速之客"。

"大汗！这是因为你白天打死了那条大眼镜蛇的缘故吧？"

听了忽兰这惊恐万分的话，大汗才猛然醒悟："是啊！这些眼镜蛇的蛇群是向我们复仇来了！"

卧室里的蛇已打死了，成吉思汗又来到窗前，连续对窗外喊了几声，仍然没有反应，他不由得对忽兰说道："了不得啊！今夜值班的护卫队员全被这些眼镜蛇咬死了，这……这可怎么办？"

两人站在窗前，看着外面那么多的大蛇、小蛇，那些蛇高昂着头，不断发出"嘶嘶"的声音，真令人惊恐万分！

"我们不能坐在屋子里等着那些蛇来咬我们呀？应该把护卫队喊来，他们不可能全被眼镜蛇咬死的！"

成吉思汗焦急地对忽兰说着，脸上现出为难的神色。曾经面对千军万马的敌人都毫不畏惧的成吉思汗，在这些眼镜蛇的围攻下，真有些心惊胆战了！

想了一会儿，他手提佩剑，打开窗户，用剑柄用力敲打着窗框，大声地喊道："来人呀！快来人呀！"

喊了几声见没有反应，他猛然想道："女人的声音又尖又脆，传得一定远，还是让她来喊吧！"

成吉思汗又让忽兰对着窗外喊道："快来人啊！我们被眼镜蛇包围了！"

半个时辰以后，护卫队员才陆续赶来，大家一起挥刀上前，狠狠地向蛇群展开进攻，杀得蛇群死的死，逃的逃。

天亮之后，打扫"战场"时发现，周围被蛇咬死的护卫队员有百余人！

成吉思汗十分震惊和难过，立即命令大将速不台厚葬他们！

成吉思汗派人把耶律楚材喊来，把遇蛇与打蛇的经过前后对他细说一遍，问道："恐怕这不是吉祥的事吧？"

耶律楚材听完之后，立刻说道："这是大好的吉祥之兆！请大汗想一想，蒙古帝国的军旗上，不是绣着一只硕大无朋的苍鹰么？"

成吉思汗又问道："是啊！这件事与那军旗上的苍鹰有什么关系？"

"在大自然界，苍鹰与蛇历来是一对天敌，蒙古帝国的军旗不是象征着大汗的王权吗？那苍鹰的形象，也正是大汗的形象。这次大汗与那些眼镜蛇的搏斗，并取得了最终的胜利，当然是预示着：大汗正在进行的这场征讨花剌子模的战争，必将取得完全的胜利！"

成吉思汗心有余悸地说道："不过，这件事可把我吓得不轻！那么多的蛇，一齐前来进攻，真的是来报仇的吗？眼镜蛇有灵性吗？能知道报仇？"

耶律楚材又说道："古人说'物竞天择，适者生存。弱肉强食，自古乃然。大汗先打死的那条眼镜蛇，也可能它是这群眼镜蛇的蛇王，它的子孙后代、它的臣民，它们听说你打死了它们的'王'，而且是无故被大汗打死的，所以一起来找你报仇来了，也属正常吧！"

听到这里，成吉思汗忽然想起了一件事来，他看着身边的忽兰，说道：

"这事忽兰也该记得，过去十几年了，有一次我狩猎时，打伤了一头野猪。后来，那畜生也来找我们报仇来了，咬伤了几个护卫队员，临死前还瞪着一双眼睛，怒吼着呢！"

忽兰也接着说道："不光是野猪知道报仇，连小小的蜜蜂也知道找仇人报复呢，谁捅了它的窝，它们会成群结队地追逐你，一定要蜇你几口才罢休呢！"

耶律楚材听了，连忙点头说道："正因为如此，天地间凡有生命的东西，都有报复的心理，这就给人启示，要人们遇事冷静，大度，甚至要容忍，不能因一时之情节而做出伤害他人的蠢事。因为一旦伤害了别人便要结怨，怨深了便成了仇恨。有了仇恨，别人记着你，便要来报复，使仇恨更深，也更加扩大化。最后，只有用战争来解决问题了。这便是战争产生的根源。"

成吉思汗听到这里，心里隐隐约约地有些触动，不由得联想到这次西征，说道："这次西征，我们确是为了报仇而来，不过杀人屠城的事情也不是经常发生的，不是每破一城，就来个赶尽杀绝！有一个原则，我是坚持的，那就是'投降者生，抵抗者死'。我记得，我们蒙古草原上的老人们说得好：'把那些破坏安定的敌人消灭之后，才能有和平的环境。'我一直坚持用战争来制止战争的做法，不知道有没有错？"

耶律楚材听后，便说道："我以为，在战争中应该尽量少杀人。因为战争的目的就是为了救人，或是为了人而发生的战争。无论什么人，杀人过多，总不是光彩的事，更不会在历史上留下好名声。"

1220年3月中旬，成吉思汗亲自率领中路大军，抵达不花剌城下。

不花剌城是当时穆斯林世界最大的城市之一。它位于花剌子模王国的新都与旧都之间，是河中与波斯东西交通的咽喉，也是撒马耳干西方的唯一屏障，自古便是战略要地。

当时为最大的文明和宗教中心的不花剌城包括三部分——城堡、内城和外城。

城堡的周长有三里多，不是建在内城以内，而是建在内城以外。它的内城，又名本城，建在城中心的一个台地上，周围有城墙，有集市门、香料商门、铁门等七个城门，每个城门的名字都起得新颖，别致，耐人寻味，足见其文明程度之高。

外城周围也有城墙，十一个城门，内城与外城之间的道路四通八达，主要街道全是石板铺路，这在穆斯林土地上是不多见的。

城内水渠纵横，布局十分巧妙，有水闸，也有蓄水池，足以保证全市用水的分配和供应。

郊区有灌溉网，灌溉着无数的公园，公园里的亭台楼阁，处处可见。花草树木，争奇斗艳，吸引着众多游人，充分显示出这个城市的文明、富庶和繁荣的景象。

为了守住这座伊斯兰教文明中心的城市，谟罕默德国王将自己的亲信和富于作战经验的将领派来守城，他们是阔克汗、哈迷底布尔、舍云治罕、怯石力等。

阔克汗本是蒙古人，在一次战争中兵败，为了逃避成吉思汗军队的追杀，从蒙古草原逃至西辽，投靠谟罕默德以后立了不少战功，深得国王的信任，被派到不花剌城当三万守军的主将。

哈迷底布尔原是契丹人，他来到花剌子模经商，与谟罕默德认识之后，多次去西辽充当花剌子模国的间谍，善于侦探情报，被国王视为"千里眼"，这次被派到不花剌城任副将。

舍云治罕为一般带兵将领，名声不及怯石力大。这位怯石力本是谟罕默德国王的马夫，在一次战斗中，国王兵败，战马受伤，怯石力背着谟罕默德渡过阿姆河，回到当时的国都玉龙杰赤，被国王提升为大总管，成为亲信之一。

后来，太后秃儿根可敦与她的侍卫队长米歇利夫通奸，密谋杀害国王，怯石力得知消息以后，暗中与谟罕默德商议，调军入城，杀死米歇利夫及其同伙，平息了叛乱，挽救了国王。谟罕默德提升他为军中的大将，不久即正式把国都迁到撒马耳干。

成吉思汗大军兵抵不花剌城下。城中的守将见到蒙古军队多如蚂蚁、蝗虫，数都数不清，人马一支接一支地前来绕城扎营，心中十分恐惧。

为了以防万一，成吉思汗命令速不台与幼子拖雷各自带领一支人马，在夜间巡营，督促各营将士增派岗哨，不得粗心大意。

天黑之前，耶律楚材向成吉思汗说道："报告大汗，傍晚城内宿鸟纷纷外飞，可能夜里要来劫营，不可不防啊！"

成吉思汗听后，似信非信地"啊"了一声，正想再加细问，耶律楚材又接着解释道："当前，正是春末夏初季节，鸟儿白天在外捕食已经劳累，傍晚前便要归巢休息，怎奈城里兵马频繁调动，一片刀光剑影，吓得宿鸟惊飞，所以我估计城里敌人可能于夜间派兵出城，偷袭我军大营。"

成吉思汗这才相信，立即命令大将速不台、拖雷等加强夜间巡逻，随时准备围歼来袭之敌。

当夜三更时分，哈迷底布尔与怯石力的兵马刚悄悄出城，就被蒙古的巡逻士

兵发现，立即大声叫喊："城里敌人来劫营了！"

这一处报警，其他各处也纷纷行动起来，各营将士立即出营，把出城的哈迷底布尔与怯石力的五千兵马团团围住，厮杀起来。

哈迷底布尔忙向怯石力说道："我们的行动已被蒙古人发现，不如撤兵回城吧！"

怯石力看着周围成千上万的蒙古骑兵已经围过来，回城的道路也已被堵住，便道："现在已经退不回去了，只有拼命厮杀，杀退蒙古人，才有撤回城的希望！"

于是，二人便指挥兵马与蒙古骑兵展开肉搏，因为蒙古军队越来越多，他们便且战且退，往城门处靠近，怯石力向城上大声叫道："既不出兵援助，又不开城门放我们兵马进城，难道要让我们战死城下、全军覆没么？"

尽管他喊破嗓子，城上守军仍然无动于衷，眼睁睁地看着蒙古骑兵消灭了这支出城劫营的队伍。哈迷底布尔被乱刀砍死，怯石力借着夜色的掩护冲出重围，逃向撒马耳干去了。

天明以后，城内主将阔克汗与副将舍云治罕登上城头，见到城下死尸狼藉，血流成渠，知道那是夜间出城去劫蒙古大营的队伍已被歼灭。

他们又见城外的蒙古骑兵堵塞了四郊，遍地刀枪林立，人喊马叫，吓得手足无措地说道："唯有逃出城去，才有活路。"

次日拂晓，未等蒙古大军攻城，阔克汗与舍云治罕不顾谟罕默德的厚望，各带一万兵马，从南北西门同时冲出城来。

当时，蒙古士兵正在熟睡，未料到城内敌人会在凌晨突围，便匆忙应战，竟被城内兵马冲得七零八落，纷纷败退。

此时，阔克汗与舍云治罕若是指挥士兵继续追杀蒙古军队，定能取得巨大胜利。可是，他们见到蒙古人退却，不但不追，反而慌慌忙忙地向国都撒马耳干逃去。

后来，成吉思汗来到阵前，看到城内兵马急匆匆逃走的样子，问他的部下："敌人突围逃跑，为什么不去追杀他们？"

此时，速不台、拖雷等才从慌乱中清醒过来，立即带领兵马，随后追去，一直追到阿姆河岸边，才赶上了敌人，把他们包围起来，全部歼灭了。

守军被蒙古军队歼灭的消息传到不花剌城里之后，那些伊斯兰教的长老、法官、宗教首领们一齐出城，请求朝见成吉思汗，表示愿意献城投降。

于是，成吉思汗在拖雷等将领陪同下进入不花剌城。但是，城堡里仍有四百名骑兵守卫着，不愿意投降，成吉思汗立即下令道："这好办！敌人不投降，就把他消灭光！连那城堡一起毁灭吧！"

大将速不台等带领蒙古军队，在城堡周围架起投石器，转眼之间，巨石纷纷飞向城堡，很快打开了一个缺口。

此时，堡内敌人仍不愿投降，速不台又令炮兵向缺口内投掷火焰炸弹，发射弩炮，然后带兵冲进堡内。

城堡被毁之后，全城居民被迫出城，除了随身穿的衣服之外，任何财物不得携带。

蒙古军队开始在城内洗劫财物，有一位学者名叫伊玛目阿里·宰笛，看到古兰经被蒙古兵践踏在地，便愤怒地对另一位知名人士鲁克那丁·伊玛目说道："这简直是一群强盗！"

鲁克那丁·伊玛目急忙向他的老朋友使眼色，轻轻地提醒他说道："别出声。这是真主吹动的愤怒之风，我们这些被风吹散的稻草，无权发言！"

不一会儿，成吉思汗骑在马上，带着一队人马走了过来，巡视到大清真寺前，问道："这里是国王的宫殿吗？"

有个学者模样的人上前深施一礼，答道："这里是真主的庙宇。"

成吉思汗听后，便在祭坛前面下马，登上台阶，大声说道："野草已刈，田野中无足够的草料，就在这里把我的战马喂饱！"

接着，一些蒙古人掏出酒囊在寺中开怀畅饮起来，他们还把不花剌城里的歌女们拉到这里，命令她们一边唱歌，一边跳舞。唱到热烈之处，许多蒙古人也走过去，放声歌唱，纵情跳舞，声震四野，响彻云霄。

蒙古将士在这里大吃大喝，纵情娱乐，而城内的多数百姓则在做奴隶一样地活。

过了一两个时辰，成吉思汗才动身回营。他把全体居民召集到城外举行节日公共祈祷的广场上，登上讲坛，发表讲话。他首先谴责谟罕默德国王的背信弃义行为，说道："大家都该知道吧！你们犯下了大罪，你们的大臣都是罪魁，你们的国王谟罕默德罪大恶极！因此，你们在我面前颤抖吧！我为什么这么说呢？因为我是代表上帝来惩罚你们的。如果你们没有犯下大罪，伟大的主决不会让我来惩罚你们！"

说到这里，成吉思汗见广场上那么多的人听他讲话，安静得很，他又接着讲道："我是上天之鞭，你们要甘心挨打；我是上天的代表，你们要服服帖帖地接受我的惩罚。"

在这之后，"上帝之鞭"的名言便传遍了花剌子模国，成吉思汗既是恐吓，又是宣传战，又是心理战，对蒙古军队在以后的作战中夺取胜利，起到了巨大的推动作用。

当成吉思汗讲话结束以后，他又召见了城中的财主富翁们，要求他们献出自己的财产。

面对那些富翁们，成吉思汗说道："我不要求你们说出在地面上的财物，只要你们把埋在地下的东西告诉我。"

为此，他让人们去把那些富翁家里的管家喊来，命令他们带着蒙古人去搜查那些富翁家的财物。

于是，只要那些富人交出金钱，就不对他施苦刑、折磨他们；否则，就千方百计地整治他们。

有一个富人名叫哈桑鲁丁，无论蒙古人怎么辱骂，他就是说他没有把金银埋在地下，甚至鞭打他，他也不肯松口道出实情。

在成吉思汗的授意下，速不台派人去把哈桑鲁丁的妻子、女儿、媳妇一起抓来，然后指着她们对他说道："现在，我从一喊到五，你若再不就范，我就让士兵们扒去她们的衣服，当着你的面奸污她们！"

速不台刚把话说完，哈桑鲁丁的妻子、女儿与媳妇们齐声叫喊，哭着哀求道："快说出来吧！免得我们遭到凌辱！"

哈桑鲁丁这才领着蒙古人去他家里，将埋藏在后花园里的十坛金、银、珠宝一齐挖出来，献给成吉思汗。

在不花剌城里，城堡虽被摧毁，仍有许多将士凭借内城，拒不投降，不断对蒙古人进行夜袭。成吉思汗得知消息之后，立即下令焚烧内城，使这群反抗者无藏身之所。

由于这里的房屋全用木板盖造，点火之后，不过几天时间，内城屋舍被焚荡一空，仅仅剩下几座用砖石建造的清真寺了。

这时，成吉思汗再派兵前去攻打内城，经过连续几天的巷战和街垒战，才取得了全面的胜利，"比鞭梢高的花剌子模男子，一个都没有剩下，遇害者共计两万多人；而他们的幼小子女，娇弱如丝柏，全被充为奴婢"。

肃清反抗势力以后，成吉思汗下令居民们一齐动手，拆毁城墙，填平水壕。同时挑选出青壮年男子随军从征，不准逃避。

为了管理这个不花剌城，成吉思汗任命塔兀沙·八思哈为总督，负责统治这座古城。

当时，有一个花剌子模人在不花剌陷落后逃到了呼罗珊，人们向他打听不花剌的命运，他长叹了一口气之后，慢慢地说道："蒙古人破城之后，他们破坏，他们焚烧，他们杀戮，他们抢劫。"

"听说学者鲁克那丁·伊玛目全家都被蒙古人杀死了，这是怎么一回事？"

"有几个蒙古人当着许多人的面，扒光了鲁克那丁·伊玛目的两个女儿衣服实施奸淫，于是，鲁克那丁·伊玛目及其妻子、儿子一齐上前与蒙古人拼命，结果全家被杀。"

成吉思汗带领兵马，离开冒着滚滚浓烟的不花剌废墟，向花剌子模国的首都——撒马耳干进发。在行军的路上，成吉思汗命令另外两路大军由他的长子术赤、次子察合台、三子窝阔台带领迅速向撒马耳干会合。

谟罕默德的首都撒马耳干，又称寻思干（我国汉代称它为康居），其名意为肥沃的都市，原为奥斯曼汗的独立领地。

这座城市场繁荣、文化发达，庞大的图书馆与华丽的宫殿并肩林立，是当时东方伊斯兰教的中心，人口达五十万。

撒马耳干位于阿姆河水上，沿河风景优美。举目所见，尽是令人赏心悦目的公园、果实累累的果园、绿草茵茵的草地、恬静舒适的别墅、纵横交错的水渠。

同时，撒马耳干历来是河中地区的政治中心、经济重镇和军事要地。该城北有红沙漠为屏障，南有铁门关天险作护卫，锡尔河、阿姆河遥遥从三面环绕着它，地理位置优越，又是东西南北的交通要冲，因此战略地位十分重要。

为了保卫首都，谟罕默德在城周围建筑了许多条外垒防线，加高了城墙，挖壕蓄水，守军增加到十一万人，全是花剌子模国的精锐之师。

更令人吃惊的是，他还在城内配备了二十头躯干健壮、貌似凶神的大象。这些战象浑身披着五颜六色的铁甲，让它们充当前锋，作为骑兵在战场上的防护神。

城中的守将是谟罕默德的舅父即他母后的弟弟塔海汗，据说塔海汗胆大心细，有勇有谋，是个难得的军事指挥员。

因此，许多人都认为撒马耳干固若金汤，连谟罕默德自己也洋洋得意地对部下说："蒙古军队再强大，也得攻三、四年。可以这样说，我这撒马耳干将是一座不可攻克的城市！"

一向用兵谨慎的成吉思汗，早就听说关于撒马耳干守军纵多，城堡不可攻破的消息了。于是，他派出侦探人员，认真搜集有关撒马耳干的情报，在全军将领大会上说道：

"对撒马耳干的防守情况，表面上看去，好像谁也攻不破了。不过，从敌人的整个战略部署和作战的决心看去，它仍然存在许多薄弱之处，因此，它还是可以攻破的。"

窝阔台首先说道："别看他们将领多，兵马多，真正愿意为谟罕默德卖命的人，却是不多的。拿讹答剌城来说，亦纳勒术这人属于太后一派，他杀人越货，抢劫商队，引起了这场战争，处于理亏的一面，其他不少的将领并不愿意为此卖力作战。我们攻城之前，国王曾将他的亲信哈只十哈剌察派到讹答剌去，并带领

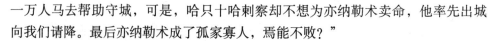

一万人马去帮助守城，可是，哈只十哈剌察却不想为亦纳勒术卖命，他率先出城向我们请降。最后亦纳勒术成了孤家寡人，焉能不败？"

察合台接着说道："三弟说得对，敌人兵多将广不足惧，因为兵将不与他们一条心，将帅离心，士兵厌战，能有战斗力吗？"

大将阿剌黑说道："花剌子模国尽管兵多势众，但兵力分散，没有集中起来使用。用个比方说，他不是用拳头，而是用巴掌战斗，威力就不大了。相反，我们可以各个击破，这几个月我们攻占了谟罕默德北部一系列的边城，加起来已消灭几十万兵力了吧？我以为，消灭他一万，他总要少一万，绝不会再多出一万吧？"

众人听了，一齐笑了。他又说道："这叫作零打碎歼，积少成多，慢慢削弱他的兵力。而我们的兵力却越聚越多，渐渐地壮大起来。结果，谟罕默德的兵力会一天天地少下去，弱下去，我们蒙古的兵力将要一天天地多起来，强起来！"

成吉思汗高兴地说道："阿剌黑的话朴实易懂，也很实际，说服力很强，请各位继续谈自己的感受。"

为大汗掌印玺的塔塔统阿说道："据我看来，这场战争一开始主动权就在大汗手里，我们想打哪座城就打哪座城，谟罕默德的牛鼻子被我们大汗扯着，他是在被动挨打。他不得不分散兵力，处处设防，我军队在大汗指挥下，集中兵力，主动进攻，各个击破他们，谟罕默德焉能不败？这也是由于花剌子模国内政见不合，各自为政，迫使国王采取这种分兵把守城堡、任凭各个城市各自为战的消极防御战略，为我们大汗采取分割包围，各个击破，提供了良机。"

主管炮火队伍的耶律阿海说道："凡事不可轻信，这座撒马耳干城，既然是国都，怎能没有重兵把守？别看表面现象，只要我们搞清情况，按照大汗规定的战术原则，准能按时攻下来的。"

成吉思汗问术赤："你为什么一言不发？有什么看法也说出来，让大家听听嘛！"

术赤听了，笑道："我是有点看法，来开会前我听侦察人员透露，谟罕默德一听说我们大军要攻打撒马耳干了，他竟吓得六神无主，慌慌张张地带领一支军队逃跑了。"

众人一听，立刻"嗡"的一声议论开了，有人说道："那太好了。谟罕默德放弃了对撒马耳干的指挥，我们攻城可以不费吹灰之力了！"

还有人拉着耶律阿海的手，对他说："谟罕默德吓跑了，只要你把炮队带到撒马耳干城外，向城里连续放几炮，掷进几个火油筒什么的，花剌子模人还不跑出城来投降吗？我们尽等着进城去掠取财物了。"

一代天骄：成吉思汗

成吉思汗越听越觉得不对劲，忙向众人挥挥手，说道："谟罕默德主动撤离撒马耳干，不等于他放弃这座城市了。他让舅父塔海汗指挥守城军队，自己去南方招幕新军去了。我们不应该轻敌呀！只要我们按照预订方案，将士们齐心合力、英勇拼杀，撒马耳干一定会被我们蒙古大军攻下的！"

与蒙古军队形成截然不同态度的，身为国王的谟罕默德却对与蒙古人的这场战争丧失了胜利的信心。

有一天，他去巡视撒马耳干改修城壕的工地，见到护城壕与河水相接，他却认为毫无用处，竟当着那么多的修渠人员说道："蒙古军队那么多人，只要他们每个人扔下自己的鞭子，这条壕沟一下子就被填平了！"

谟罕默德这种长敌人志气、灭自己威风的信口胡说，自然影响军民的情绪。

当时，守城的副将已力失马思汗（名字意思为"一个不寻求和平的人"）听后说道："蒙古人有那么厉害么？难道花剌子模人都是熊包？我们的十一万大军来撒马耳干是来游园的吗？"

谟罕默德听后无言以对，只是把双肩耸了两耸，无精无采地回去了。

当时除已力失马思汗以外，还有守军中的副将撒儿昔里汗（名字意思为"一个坚硬的鲁莽的人"）也在场，他气得指着国王的脊背说道："胆小鬼！一个国王怎么能说出这样的丧气话？若是不认识他的人听了，还以为他是蒙古人派来的间谍呢！"

后来，他们把国王的话说给主将塔海汗听，这位国王的舅父不由得笑了几声，说道："他既然没有抗战的决心了，说出这种消极的话并不奇怪。他有句老话不离嘴：'我听凭真主的决定和预言，在噩运的星宿没有走掉之前，为谨慎起见不对敌人采取任何行动。'在这种思想指导下，他不愿意亲自统帅军队与蒙古人打仗，以真主没有决定为由，只是让我们来充当他的替罪的羊……我们又何必那么卖力呢？"

国王既无意抗战，不久便借口要去组建新军，在蒙古大军攻打撒马耳干之前匆匆忙忙地逃走了。

谟罕默德的行动，使撒马耳干城内的守将十分不满，全城军心大为沮丧。

作为一个国王和军队的最高统帅的谟罕默德，在蒙古大军到来之时，不是身先士卒，坚持抗战，而是畏敌如虎，带头逃跑；不是号召和组织军民奋起抵抗，而是鼓动人们各奔前程，乃至屈膝投降。这种怯懦的行为，失败主义的论调，怎能不大大影响花剌子模各地的军民呢？

1220年5月，成吉思汗率领大军直奔花剌子模国都——撒马耳干，选择离城十里的阔克萨莱作为蒙古军队的大本营。

通过实地侦察，他发现撒马耳干三面环山，只有城西是平原，便决定将厮杀的战场放在这空旷的西门外，以利于擅长野战的蒙古骑兵。

在侦察当中，虽然他看到了撒马耳干那坚固的城墙、深深的壕沟、铁制的城门，也在心中不断地赞叹此城坚固确实名不虚传，可是他更看重人的因素。在巡视中间，大汗反复向他的部下说："城的强大，只有赖于防御者的勇敢才行！"

为了迷惑城里敌人，成吉思汗聪明地实施了"借兵于敌"的策略，让各地的俘虏穿上蒙古人的服装，十人一队，打着蒙古人的旗帜，命令他们一队一队地从城下走过，故意向城上的守军示威。

这一招还真灵验哩！城上的守军看到城外一队队的蒙古军队耀武扬威地从城下经过，只见那鲜艳的战旗铺天盖地，人马如潮似海，慌忙去向守将报告："蒙古的兵马真多啊，其人数超过沙粒和雨滴，他们把我们的撒马耳干团团包围，水泄不通，水泄不通啊！"

这个"借兵于敌"的计策，确使守军中计。他们认为蒙古军队人多马壮，未战之前，已经起到了一个先声夺人的威慑作用。

虽然攻城的准备已经做好，但是成吉思汗并不急于下达攻城的命令，他对众将领说："有人说，谟罕默德是害怕我们才逃跑的；也有人说，他是去组建新军，要与我们决战的。不管怎么说，这位国王总是跑了，所以我们要去追他，不能让他逍遥法外，去自由自在地想干什么就干什么，我们要主动出击，把他捉回来！"

于是，成吉思汗派出智勇双全的哲别、速不台两员大将，以及脱忽察儿等，命令他们各带领一万骑兵，去迅速追歼谟罕默德。

为了防止谟罕默德的长子札兰丁从南方带兵来援助撒马耳干，成吉思汗又派大将葛答里、矛撒兀儿等带领一万人马，前往铁门关、护沙以及塔里塞，以狙击可能来的援军。

在进攻撒马耳干的一切准备就绪之后，成吉思汗对广大将士说："你们已经在阔克萨莱休息了整整三天，现在，向敌人讨还血债的时刻到了！而敌人就在撒马耳干城里，让我们立刻行动起来吧！"

成吉思汗的话一说完，蒙古大军便以迅雷不及掩耳之势，呐喊着，冲向前去，把撒马耳干包围得水泄不通。

此时，城里的西门守将阿勒巴儿汗（其名为"一个勇敢的人"的意思）不顾主将塔海汗的劝阻，坚持带领一万人马出城，要与蒙古人决一死战。

双方兵马在西门外的平原摆开阵式，先是用弓箭对射，箭矢如雨似的落在对方士兵中间，各自伤亡都很重。接着，双方骑兵出动，展开了拼杀。擅长野战的蒙古骑兵，想用分割包围战术，对阿勒巴儿汗的队伍进行连续冲击，把那一万人

一代天骄：成吉思汗

388

马冲散开来，然后再围而歼之。

可是，花剌子模的这支骑兵队伍，原是谟罕默德的精锐之师，在长年征战中积累了丰富的作战经验。加上阿勒巴儿汗的英勇善战，全军拧成一团，也以同样的战术冲击到蒙古骑兵之中。于是，两支骑兵队伍冲到一起，展开混战，只见刀光闪闪，喊杀震天。

从上午一直杀到下午，两支骑兵各不相让，蒙古的兵马越来越多，成吉思汗不断地派出一支又一支的骑兵加入战斗。

一向以爱才闻名于蒙古草原的这位蒙古大汗，他站在高坡上亲眼看到阿勒巴儿汗的勇猛拼杀的身影，又见他指挥兵马的卓越才能，不由想：能捉住这位大将，该有多好！

于是，成吉思汗忘记了敌对双方的仇恨心理，立即对身边的次子察合台说道："快去通知术赤，让他命令兵马切勿伤害阿勒巴儿汗，争取将其活捉！"

察合台拍马闯入阵中，把父汗的命令传达给长兄术赤，谁知术赤问他："我不伤害他，他若伤害我怎么办？"

察合台一时不好回答，只得又说道："我不管那么多，这是父汗的命令，你看着办吧！"

说完，遂拍马回去复命去了。术赤一犹豫，蒙古骑兵眼看要被冲垮，他只好整顿队伍，继续向敌人扑去。

阿勒巴儿汗在厮杀中间，见蒙古骑兵越来越多，而自己的兵马愈来愈少，心中立刻燃起了愤怒之火，埋怨城里不派兵援助，不由想道："塔海汗啊塔海汗！为何不派兵出城，来支援我？这不是见死不救吗？"

想到此，那愤怒之情立刻化成仇恨之火，他决定回城去找塔海汗算账！

只见他大喝一声"哒！"便把手中大刀向空中一挥，勒马往城门方向驰去！

这时候，阿勒巴儿汗的部下，见到他们的主将使出的那个撤兵的信号——大刀在空中一挥——之后，立刻心有灵犀似的，也都匆匆勒马尾随着阿勒巴儿汗撤回城里。

此时，天已傍晚，夕阳把它的余晖洒在这块刚才发生拼杀的土地上，使那红彤彤的血水变得更加殷红。

第一场拼杀结束了，双方的伤亡都很重，可以说，打了一个平手。

阿勒巴儿汗回到城里，见到塔海汗之后，目光如炬地瞪着他，质问道："在我的队伍与蒙古骑兵拼杀时，你为什么不派军队出城支援我？"

塔海汗听了，却不急不躁地答道："我估计你的队伍不会吃亏，更不至于被打败，现在你不是胜利归来了么？"

阿勒巴儿汗看着他那不阴不阳的态度，真想走过去给他几个耳光，但是他止

第十四回　守城池浴血血满地，破关隘烽火火连天

389

住了，说道："你若及时派出兵马援助，我会杀死更多的蒙古骑兵，让成吉思汗看看：花剌子模人也并不是好欺侮的！"塔海汗只是耸耸肩，走了。

而术赤回到大营，见到他的父汗，问道："那敌将阿勒巴儿汗凶悍无比，为什么要我活捉他，而不能杀死他呢？"

成吉思汗对儿子说："现在事情已经过去了，你也胜利地打了这第一仗，我很高兴，那件事也就别提了。"其实，成吉思汗在下达命令之后，便立即后悔了，是为当时的一时冲动而后悔。现在术赤平安地回来，又没有吃败仗，已是最好结局了，便立即派人去吩咐："多杀牛羊，犒赏术赤的兵马。"

第二天，成吉思汗亲自指挥兵马攻城，并命令各营将领抢占有利地形，狙击城内出城的兵马，谁若放敌人出城，将以军法处之。

这时他意识到花剌子模的骑兵，其战斗力并不弱于蒙古的骑兵，不放它出城，把它困在城内，慢慢消损它的战斗意志，然后再伺机歼灭之。

成吉思汗亲自指挥攻城的战斗，先以射石机、火焰喷射机、火箭投射器、弩炮等进行猛烈攻击，怎奈城墙坚固，又高又厚，加上城头守军抵抗顽强，他们用弓箭、滚木、檑石进行反击，一次次地打退蒙古军队的进攻。

西门守将阿勒巴儿汗一边指挥城上守军反击，一面领兵出城，想把城外攻城的蒙古兵马杀退，进而冲开一条血路。

可是，蒙古兵马在城外顽强狙击，一批接一批冲上去，宁愿战死也不肯退后一步。

阿勒巴儿汗的军队高声喊道："冲出城去，杀退蒙古人！"

他们一次又一次地发起冲锋，使蒙古军队死伤惨重。由于花剌子模国的战马身材高大，冲击力更强，那些体形短小的蒙古战马，阻挡不住，不得不败退下来。

可是，一批退下来，另一批又冲上前去，前赴后继，蒙古兵马源源不断，越来越多，终于阻止住阿勒巴儿汗的队伍，把他们赶回城去。

这一天的战斗，蒙古军队没有攻进城去，城内的花剌子模人也没有冲出城来。城上的守军连续打退了蒙古人的进攻，城外的蒙古军队也成功地狙击了阿勒巴儿汗的出城兵马。

双方又打了一个平手，伤亡人数也差不多，城上城下，尸积成堆，一股股血腥味，与炮火的硝烟味儿混杂在一起，呛得人们不忍卒闻。

第三天的战斗才开始，忽听西门"哗啦啦"一阵响，一队花花绿绿的庞然大物冲了出来！

原来，花剌子模人驱赶着二十头战象，每头战象的背上都披着五颜六色的铁甲，让它们走在骑兵的前头，作为开路的先锋，对蒙古骑兵进行冲击。

这战象果然厉害！每头战象的身后，都有专人用绳牵着，并用皮鞭在后面不断地抽打着，硬逼着它们向前奔跑。于是，这些力大无比的庞然大物，怒吼着向前冲去！它们又蹿又跳，又粗又长的大鼻子，一会儿高高扬起，一会儿左右甩动，还有的战象，从它的长鼻子里喷出一股很大的水柱，如瀑布一般冲向前去！

蒙古军队虽然骁勇善战，可是面对这支战象的队伍，他们起先还想抵抗，转眼之间，被大象的鼻子连甩带打，再加上猛力地冲撞，立刻便支持不住，"呼啦啦"一阵连响，便溃乱不堪、一败涂地了。

于是，战象在前面又冲又撞，又踩又踏，后面是阿勒巴儿汗的骑兵队伍，他们举起战刀，左砍右劈，杀得蒙古骑兵纷纷坠马，余者不敢恋战，不得不落荒而逃了。

此时，站在高岗上的成吉思汗看得分明，眼看自己的兵马败得那么惨烈，又见战象队伍如此猖狂，心中焦急万分！突然，情急生智，他猛然看见耶律阿海站在前面，不禁眼睛一亮，立刻大声喊道："耶律阿海听令！"

这一声大叫，把耶律阿海吓得浑身一颤，马上飞身来到大汗面前，弯身报告："大汗有何事吩咐？"

成吉思汗用手指着高坡下，正在追赶蒙古骑兵的那队战象，大声说道："你赶快领着炮队，去把那队战象歼灭掉，不获全胜，不要回来见我！"

耶律阿海听后，立即带着他的炮队，迎着那队狂奔着的战象，连续发射弩炮，并用火焰喷射机、火箭投射器等，向战象头上、身上连续打击，顿时有几头战象被打死，有的被火烧伤。于是它们挣断了拴着的绳索，扭头往回跑，把阿勒巴儿汗的骑兵冲得七零八落，纷纷躲避。

成吉思汗立即对身边的次子察合台说道："快领兵马去追，要彻底歼灭阿勒巴儿汗的队伍，别再让他们逃回城去。"

察合台立即飞身上马，向身后的士兵喊道："随我去活捉阿勒巴儿汗呀！"

察合台的队伍追杀着阿勒巴儿汗的骑兵。那支术赤指挥的被大象追逐的军队也返身回来，加入歼灭战象的洪流，一齐叫喊着，杀向前去。

后来，战象逃回城里，阿勒巴儿汗也带着他的骑兵队伍回到城里，清查以后，发现二十头战象死了六头，有九头受了伤，只有五头战象无恙，但已累得精疲力尽在地上一动也不动，像死了似的。

阿勒巴儿汗很生气，他原以为今天会取得完全的胜利，用战象作开路先锋，把蒙古兵马冲垮，自己领骑兵随后追杀，争取一举击溃成吉思汗的队伍，为撒马耳干解围。但后来，若不是自己的战马跑得快，不被蒙古人活捉了去，也会被逃回的战象撞死、踩死的！

他愈想愈气，便去找主将塔海汗说道："你打算何时与蒙古人决战？"

"这……这要看形势发展到什么样子，当前的蒙古兵马仍然威风不减，我不能拿鸡……鸡蛋往石头上碰啊！"

"你怎么能这么说话？难道我一次又一次地领兵出城，都是拿鸡蛋往石头上碰么？"

"我不……不是那个意思，是指决、决战！"

"决战又怎么样？你要是怕死，就别当这个主将。"

听到这里，塔海汗恼羞成怒地喊道："你有什么权力逼我辞职？我是国王的舅父，你敢犯上作乱么？"

阿勒巴儿汗气得二目圆睁，大喝道："大敌当前，你按兵不动，你是国王的老子也不行！"

说罢，伸手去拉塔海汗的衣领，要找将士们去评理。正在此时，巴力失马思汗、兀剌黑汗等一起走来，上前将他们拉开，塔海汗说："才出城打了两仗，就说别人不抗敌，是蒙古人的间谍，你也太狂了吧？"

阿勒巴儿汗大声说道："我出城打两仗了，你出城打几仗？告诉你，明日再不出城与蒙古人决战，我就跟你拼了！"

巴力失马思汗也说道："昨日一仗，我们的战象吃了大亏，受到巨大损失，城里许多人忧心忡忡，议论不少。其实，蒙古人的伤亡也很重，他们的锐气已被挫下不少了，要说决战也是时候了。"

这时，以鲁莽出名的撒儿昔黑汗建议说："你二人也别争了，明日由我带兵出城，与蒙古人决战。"

阿勒巴儿汗听了，立刻同意，说道："那好，我也带兵马出城，做你的右翼！"

兀剌黑汗也说："我也带兵马出城，做你的左翼。咱们誓与蒙古人拼个鱼死网破，不获全胜，决不收兵！"

巴力失马思汗看看塔海汗，也随着说："那我带兵出城做你的后卫吧！可以随时向蒙古人出击，支援你们！"

听了几位副将的表态，塔海汗只得说道："那好吧，明日就由兀剌黑汗代我出城，以主将身份领兵与蒙古人决战，我在城上替各位略阵。"

阿勒巴儿汗听了，冷笑道："说得好听，那不叫略阵，而是袖手观战！"

塔海汗听了，也不计较，只是苦笑了一下，也就算了。

有守城的士卒前来报告："有几位法官和教长私自出城去了，他们可能去投降成吉思汗，请求蒙古人的保护。"

阿勒巴儿汗气愤地说道："这些可恶的突厥人，名为伊斯兰虔诚的教徒，却干着背叛真主的勾当，太可恨了。"

原来，城内兵马被打败回城，有一些伊斯兰教的首领和长老感到蒙古军队兵强马壮，英勇无敌，便深恐城破后百姓遭殃，要求投降的人渐渐增多，逐渐打消了抵抗的念头。

有些人还在暗中议论说："突厥人与蒙古人本是同一种族，城破后说不定会被成吉思汗杀死，何不及早投降？"

于是，他们趁着阿勒巴儿汗等领兵回城的机会，悄悄出了城门，直接奔向蒙古大营，要求拜见成吉思汗。

成吉思汗高兴地接见了他们，说道："欢迎你们到来，有什么要求尽管说吧！"

有位名叫贴八里胡里的教长首先说道："我们突厥族与蒙古族本是同一种族，何必要同室操戈，自相残杀呢？我们愿意献城投降，请求大汗能够赦免我们的死罪。"

成吉思汗立即说道："可以答应你们的请求，不知城内还有多少兵马？坚持与我对抗的人还多么？"

贴八里胡里立刻回答道："城里的兵马不多了，至多也不过三、四万人，其中多是我们突厥族人，只要大汗答应我们的请求，他们不会与大汗对抗的。"

成吉思汗又问道："如今城上还有守军把守，你们还能回到城里去吗？"

还是那位贴八里胡里答道："没问题的，西北门是我们教徒的祈祷门，城门由我们的教徒把守，从那里可以进城。"

听到这里，成吉思汗立即命令长子术赤道："你领一支兵马随他们进城，先把那座祈祷门附近的城墙推倒，填平壕沟，直到我们的骑兵可以自由出入为止。"

于是，那些伊斯兰教的首领与长老带着术赤的兵马，从西北门里顺利地进到城里，占领了西北城门。

等到城墙被推倒之后，成吉思汗的大军便浩浩荡荡地开进撒马耳干城，迅速消灭了城上的守军，占领了全城。这天是1220年的5月17日，成吉思汗只用了八天的时间就攻破了这座被谟罕默德吹嘘为"不可攻破的城市"。

听说教主与长老献城投降，蒙古兵马已经进城了，守城的主将塔海汗对他的副将们说："城已被蒙古人占领，我们想逃也出不去了，干脆投降蒙古人吧！"

阿勒巴儿汗说道："你可以去投降蒙古人，但我要把兵马带进城堡，与蒙古人战斗到底，绝不投降！"

塔海汗无奈，只得随着阿勒巴儿汗等一起，把三万八千多兵马带入城堡。

原来，撒马耳干城由三部分组成，由南而北，依次排列，先是城堡，接着是内城（即本城），最后才是外城。

这座城堡全用石块建成，墙体坚固，阿勒巴儿汗把兵马安置在城堡各要害处，又将射石机等守城器械运进城堡内，准备与蒙古人对抗到底。

但是，成吉思汗领兵进入内城之后，没有忙着攻打城堡，只是派一支兵马将其包围起来，他幽默地对部下说："城堡已变为我们的囊中之物，里面装的不过是一群虾鱼鳖蟹罢了。何时想捉住它们，不过是举手之劳，何必性急呢！"

成吉思汗对城堡暂时采取围而不打的策略，而把主要精力放在内城方面。

高大坚固的城墙被推倒了，又深又宽的护城壕沟被填平了，蒙古兵马大队大队地开进城内，耀武扬威地走在撒马耳干的大街上，任意把马放到绿草如茵的公园里。

按照成吉思汗对占领城市的惯例，全城居民必须集中起来，听候处置。

不一会儿，城里的男女居民，以一百人为一队，由蒙古人监视着，一律赶到城外去。

只有那些去晋见成吉思汗的伊斯兰教首领、长老们才受到庇护，但必须在缴纳一定数量的罚金之后，才免于出城。受到这种优待的，当时有五万多人。

在居民中，有三万名技师、工匠、铁匠等被留下来，分配到蒙古各军团服务，青年男子从事土工作业，一部分面相英俊的青年到军队里从事杂务劳动。

接着，传令官传达了成吉思汗的命令："任何人不得携带财物外出，藏匿者格杀勿论，反抗命令者一律处死。"

之后，蒙古将士开始进行抢掠，很多躲在地窖、地洞里的军民走出来投降，未降者都被处死。

成吉思汗回到大营，听了护卫详细报告，才知道谟罕默德的长子札兰丁，在其封地哥疾宁带领五万兵马正星夜兼程，前来撒马耳干，扬言要夺回国都。

听完报告，他笑着向部下道："真是马后炮了！不过，还是来不了为好。"

说罢，他立即命令幼子拖雷道："你领兵马两万人，速去配合葛答里、牙撒兀几等，务必将札兰丁兵马拦住，不能让他到撒马耳干来，以防干扰我们的进军计划。"

成吉思汗于次日下达了攻打城堡的命令。

这城堡背靠耸立的山崖，面对内城，堡内有坚固的地下室，能容下数千人。

堡内用水全靠从后面山坡上的一处泉眼里流出，窝阔台建议道："先切断水源，堵死进水渠道，让堡内敌人无水食用，时间一长，不攻自降了。"

术赤笑道："据俘虏交代，堡内有水井，吃用都不成问题，不如用炮火将城堡石墙炸开。"

于是，成吉思汗让术赤担任主攻任务，耶律阿海的炮队先用弩炮向城堡上

一代天骄：成吉思汗

394

的守军开火，把堡上的守军炸死了一部分。接着，又施放火箭，用发射器施放火焰，眨眼之间城堡上便燃成一片火海，守城士兵吓得全都躲进了堡内。

术赤指挥蒙古士卒冲进堡内，与敌兵展开肉搏，双方拼杀激烈。

此时，堡内阿勒巴儿汗率领一名敢死队员，冲出内堡，从术赤的士卒中间杀开一条血路，驰往玉龙杰赤去了。

察合台请求带兵前去追赶，成吉思汗说："不必追了，让他去向秃儿根可敦报忧去吧！不久之后，我们还要去攻打那座旧都城的，到那时，看他阿勒巴儿汗还往哪里跑？"

堡内的塔海汗在坚持抗敌的阿勒巴儿汗走后，心里很想献堡投降，可是在撒儿昔黑、巴力失马思汗等阻止下，只好继续在堡内坚守。

为了尽快消灭堡内敌人，术赤接受耶律阿海建议，对堡内施展火攻，同时在燃着的柴草中加进大量的硫磺、辣椒等，使堡内浓烟滚滚，气味呛人，迫使一部分敌人投降，另一部分不愿投降的撤进地下暗堡。

术赤派士卒提水灌进地下暗堡，由于暗堡内出水困难，堡内的军民坚持不住，只得走出暗堡投降。

成吉思汗让术赤派兵把城堡彻底摧毁，又将几座清真寺也焚烧一空。大火一直烧了五天五夜，才渐渐熄了火。

最后投降的军民，按照成吉思汗的命令，把突厥人与康里人分开集合。因为突厥人与蒙古人为同一种族，前者被赦免了死罪，而康里人全被处死了。

在投降的将领中，塔海汗、撒儿昔黑汗、巴力失马思汗、兀剌黑汗等在处死前请求见成吉思汗一面，希望能够赦免他们的死罪。但是，对不忠于主人的背叛行为，成吉思汗历来深恶痛绝的。见面之后，成吉思汗问道："你们找我，有什么话要说？"

塔海汗说道："我们主动投降，又得到大汗的批准，为什么还要处死我们？这不是太冷酷了么？"

成吉思汗斩钉截铁地告诉他们："我一直憎恶背叛主人的行为，何况你们的投降，对蒙古军队并无多大意义，难道你们不投降，还有什么出路么？"

塔海汗又说道："大汗若是留下我们，对你攻打玉龙杰赤等城市，也许能起到一些作用的。"

"你们这样的背主行为，更使我难以容忍。蒙古人有能力攻下玉龙杰赤，不需要你们这些忘恩负义之徒的帮助。"

说完之后，立即派人把塔海汗等拉出去处死。撒儿昔黑汗等埋怨他说："我们要与阿勒巴儿汗一起杀出去，你劝阻我们留下投降蒙古人。"

巴力失马思汗也后悔道："与其投降被杀，不如战死沙场了，何况阿勒巴儿

汗早已杀出城去了。"

撒马耳干在这次战争中遭到了极大的破坏，全城被毁坏成一片废墟。

在波斯语中，"撒马耳"意为"肥沃"，而"干"则是"城"的意思，所以撒马耳干便是一座"肥沃的城"。在撒马耳干，到处是花团锦簇的公园，几乎每幢房子无论大小，前面都有花园和院子，仿佛撒马耳干人全都是爱花爱草的人。

城内水渠纵横，四通八达，为发展园艺提供了便利条件。每当茶余饭后，在座座公园里人群如织，大人牵着孩子，老人互相偎携着，到处是宁静温馨的和平生活。

撒马耳干的能工巧匠，在整个东方都是很有名的。他们生产出交织银丝的织物，生产著名的"撒马耳干织品"，生产出供整个中亚的商人使用的帐篷。

在锅商区内还出售各种铜器和精制的酒具。鞍具商区出售各种皮革马具，从喀什噶尔到设拉子，人们常常争相购买来自撒马耳干的产品。

由撒马耳干的工匠们生产出来的一种"布浆纸"更加有名。它取代了当时穆斯林各国原来使用的纸莎草纸和羊皮纸，在工艺落后的那个年代里，这种布浆纸风靡世界，成为推动文化事业发展的重要商品。因此，撒马耳干是中亚地区的文化中心，在一个相当长的时间内，被人们看做是中亚的文化发祥地。

随成吉思汗西征的耶律楚材，曾在撒马耳干停留期间以"河间"为名写下了不少脍炙人口的诗篇。有不少诗中赞颂了撒马耳干这座美丽的城市，在诗中，耶律楚材激动地写道：

绿苑连延花万树，碧堤回曲水千重。
谁知西域逢佳景，万顷青青麦浪平。

可是，经历了这次战争之后，繁荣美丽的撒马耳干不复重现了。其后，依然是耶律楚材，又满怀悲怆，写下了《西域河中十咏》，其中诗云：

寂寞河中府，生民屡有灾。
避兵开邃穴，防水筑高台。
……
寂寞河中府，颓垣绕故城。
城隍连畎亩，市井半丘坟。
西行万余里，谁谓乃良图。
……

为了厉兵秣马，养精蓄锐，成吉思汗在撒马耳干境内度过了夏天和秋天，然后任命当地伊斯兰教长老的两个朋友为撒马耳干的知事和总督，派一个名叫帖布迈特里卜的蒙古人担任监督，管理当地的居民，处理全城的事务。

撒马耳干的社会秩序及各项生产很快得到了恢复，繁荣景象也渐渐恢复起来了。

花剌子模国王谟罕默德在往日扩张领土、吞并邻国时，一直所向无敌，因而十分狂傲自大，但与蒙古军队稍一交手便险些被俘，从此再也不敢与蒙古军队对阵了。

当成吉思汗的大军攻进花剌子模的国境时，谟罕默德又犯下了一个战略上的严重错误。他把全国的几十万兵马，分散到数十百个城市守"点"，兵力分散开来，哪有力量与蒙古大军对抗呢？

善用谋略的成吉思汗，看出了谟罕默德的弱点，采取灵活机动战略，在"面"上横行无阻，将谟罕默德的那些"点"，通过集中优势兵力的方法，各个击破。

在不到一年的时间里，成吉思汗的兵力越战越强，军队的数量越来越多，他们陆续攻占了花剌子模北方边境上的许多重镇，尤其是谟罕默德的国都撒马耳干，蒙古军队仅用八天时间就攻下来了。

蒙古军队的节节胜利，使谟罕默德更加悲观，他不是积极地组织兵马抗敌，而是惊慌失措，心中充满了恐惧。

其实，花剌子模国的军队并不是不能打仗，他们过去攻城略地，很有作战经验，那些有勇有谋像阿勒巴儿汗那样英勇无畏的将领也不在少数。

在忽毡城里，蒙古军队也遭到了顽强的狙击，守将帖木尔灭里以其传奇式的勇猛斗志，令蒙古军队节节败退，无人能够拦阻。他带领军队沿锡尔河飘流了数百里路，冲破了蒙古军队的层层封锁与拦阻，如入无人之境，为花剌子模军队大长了志气！

面对本国将士的英勇抗敌、舍生忘死的无畏气概，谟罕默德却视而不见、听而不闻，只是相信真主的预言，不但没有给全军将士带来力量，反而为自己的弃城逃跑提供了充分的理由。

早在包围撒马耳干时，成吉思汗已得到谟罕默德离开国都的消息，蒙古哨兵擒获到一名俘虏，据这个花剌子模的士兵交代："国王已经渡过阿姆河，向南方逃去。"

成吉思汗又问道："他带领多少人马一起逃跑的？"

那俘虏回答道："国王身边的近卫军原先有两万人，后来大部分被他分散到各个城市和乡间去组建兵马去了，如今他只带领近卫军三、四千人。"

成吉思汗又问道："听说你们国王的情绪很不好，是吧？"

那俘虏回答道："国王的心情一直不好，总是后悔当初不该得罪你们蒙古人，认为蒙古军队兵强马壮，人数众多，他总是担心花剌子模要被你打败，他的国家完了。"

听完俘虏的话，成吉思汗笑着说道："早知今日，何必当初呢！他不是目空一切、狂傲不驯吗？怎么又后悔了？"

三子窝阔台建议道："我以为，谟罕默德离开国都也可能是为了到南方各地去组建兵马，不可轻视呀！为万全之计，派兵马去追击他为好。"

成吉思汗接受了这个建议，立即布置道："对！我们必须赶在他的兵马组建完备之前，尤其是分散在花剌子模国各地的将领们未聚集到他身边时，就围歼他；否则，等到他羽翼丰满时，他又会张牙舞爪，来吃人了。"

于是，成吉思汗派遣大将哲别率领一万精锐骑兵做前锋，又派大将速不台率领一万精锐骑兵做后卫，再派脱忽察儿带领兵马一万人，援助他们二人，分兵三路去追击谟罕默德。

为了保证追击战的胜利，成吉思汗又派人去向三路兵马的主将发布了一道作战训令："再次命令你们抓紧时间，追击谟罕默德，直到将他捉住，或是消灭为止。"

成吉思汗又让传令官告诉他们："如果谟罕默德的军队与你们对抗，你们处于劣势时，我将立即派兵前去支援你们；如果他身边的军队数量不多，你们应该抓住机遇，及时歼灭他！"

最后，成吉思汗又在命令中叮咛道："据说，谟罕默德现在很害怕，心惊胆战，悔恨过去做错了事情，果真如此的话，他将不再是你们的对手。因此，你们不消灭他绝不要回来见我！如果他被你们打垮，躲进深山、狭洞里，你们也要像强风一般吹过去，把他捉住。"

接到大汗的这项指令，哲别等三路兵马对谟罕默德穷追不已。

一天，已经降蒙的撒马耳干大法官瓦希德丁·布欣吉特来向大汗说道："神圣的主已经原谅了谟罕默德，让他逃离了国都，大汗为什么不听主的意旨呢？"

成吉思汗立即说道："你说得不对！是谟罕默德违背主的意旨，逃离撒马耳干，企图不接受主对他的惩罚，这哪能行呢？"

趁着这位大法官在沉思之时，大汗又说道："我遵循主的旨意，派兵马去追击谟罕默德，他逃到哪里，我追到哪里；无论城市、乡村，只要让他落脚藏身，我派去的兵马一定把他摧毁！"

瓦希德丁·布欣吉特听后，吓得好长时间说不出一句话来，回去后对别人

一代天骄：成吉思汗

说："遵照真主的预言，谟罕默德完了，花剌子模也要完了。"

于是，那些被蒙古军已经占领了的城市，居民、法官、伊斯兰教的首领、长老们都对谟罕默德失去了希望，认为他东山再起、重新带兵打回来的希望已经渺茫了。

正如人们传扬的那样，谟罕默德国王惶惶然如丧家之犬，一路逃回南方。当他渡过阿姆河之后，便传来了不花剌、撒马耳干两城失守的消息，这位国王面对着国都方向，大声喊道："安拉万岁！安拉万岁！"连喊了四次之后，眼泪止不住地流了下来，嘴里不停地咕哝着："只怪我当初一步走错，才招来如此的惨祸。"

看着国王伤心的样子，站在他身边的一些将领，尤其是国王的几个儿子，也跟着难过起来。此时，花剌子模老将函文华挨止说道："大王不必过于悲观，我们花剌子模国土辽阔，蒙古人所占领土不足四分之一，有什么焦虑的？只要我们振奋精神，把军队组建起来，定能打败成吉思汗！"

谟罕默德听了，无力地摇着头，苦笑着道："你不知道，蒙古军骠悍无比，天下无敌，我们打不过他们！"

另一名老将达果汪正宣不高兴地说："请大王别说这样的丧气话！依我说，这里距离雷什特城不远，我们重新制订出一个作战方略，何愁打不败成吉思汗？"

国王的长子札兰丁立即说道："达果汪正宣老将军的建议是好，请父王率领我们去雷什特城，不可坐失良机呀！"

接着，斡思剌黑太子殿下及其他将领一齐规劝，谟罕默德国王这才点头应允，带着众人来到了阿姆河西南岸，靠近里海不远的雷什特，并立即召开了军事会议。

在会上，老将达果汪正宣首先说道："当前，河中地区已被蒙古军队占领，不好立即收复回来。但是，我们可以全力防守呼罗珊、伊拉克一带，从各地重新召集兵马，组建一支大军，并尽量多征木速蛮（即回教徒）入伍，坚持在阿姆河一线与蒙古军对抗，这样做可以扭转败局。"

老将函文华挨止却提出另一建议："我以为，把军队带到哥疾宁去，到那里再组建一支大军，足以抵抗蒙古军队。万一形势不利，我们还可以逃往印度，以图再举。"

达果汪正宣立即表示反对，他说道："制定方案时就准备逃跑了，还能有所作为吗？说得清楚点，这就是逃跑主义方案。"

函文华挨止正要反驳，国王说道："我倒以为去哥疾宁拒守，确是一个好办法，到那里进可以攻，退可以跑，有何不可？"

太子殿下斡思剌黑也支持第二个比较软弱的意见，正在这时，札兰丁挺身而出，说道：

"我认为，现在最好的出路——把军队召集起来，去攻打蒙古人，因为这一点我们完全办得到。如果父王不打算这么办，坚持要到伊拉克去，那么请把军队交给我，让我到边疆去打击蒙古人，夺取胜利吧！"

这位雄心勃勃的札兰丁，本是谟罕默德的长子，本该被立为国王的太子殿下，却因为他的母亲是印度人，而不是与太后秃儿根可敦一样是康里人，因此遭到排斥，太子殿下便由母亲是康里人的斡思剌黑就任。秃儿根可敦担心札兰丁作乱，便坚持让谟罕默德把他分封到边远南方的哥疾宁去了。

其实，札兰丁是个勇冠三军、足智多谋的人才，在蒙古人刚入境时，他曾三番五次地向他的父王建议，不可分散兵力，应该集中兵力与蒙古人决战，均被其父拒绝。

这次他不得不提出自己的看法："请求父王准许我带兵去与蒙古人决战，取得胜利的可能性是很大的。"

可是谟罕默德却对儿子说道："你懂什么？太年轻幼稚了！那蒙古的军队如狼似虎，你能阻挡得住？"

札兰丁又说道："父王啊！你没有听到全国的老百姓都在骂我们呢？把那些最恶毒的话加在我们头上！"

谟罕默德立即问道："你说，老百姓怎么骂我们？"

"老百姓们说：你们这些吸血鬼，以前向我们索取赋税和'哈剌只'，如今大难临头了，却不管我们，把我们抛开了，看见蒙古人就逃跑，真是胆小鬼！"

"还说我们什么？"

札兰丁很不耐烦地看着他的父王说道："还要说什么？说我们从吸血鬼变成胆小鬼，骂得不够难听吗？"

可是，谟罕默德在蒙古大军面前早已是寸心慌乱、六神无主，竟将长子札兰丁的正确见解视作儿戏，斥责他黄口小儿太无知，说什么目前福星已经陨落，干什么也不中用了。

一个堂堂的一国之君，却说道："吉凶有定，灾祸之来，谁能抗之？不如待天象有利于我之时，再有所为也不迟！"

札兰丁听了，气得双脚跺地，大哭道："当前处在亡国灭种的前夕，父王还执迷不悟，谈什么'福星陨落，吉凶有定'，岂不是自欺欺人，自甘灭亡么？"

谟罕默德恼羞成怒地喝道："不许胡说！我们应该遵照真主的预言行事，你违背天象，必然会遭到真主的惩罚！"

札兰丁气得离开了会场，一边哭着，一边手指着撒马耳干方向，说道："我国美丽的河山，遭到这些蒙古人的蹂躏，全是因为他啊。"

正当谟罕默德君臣、父子们在阿姆河西南岸的雷什特城，为抗击蒙古人一事争论不休时，蒙古的骁将哲别已经率领第一支追击部队，来到了阿姆河北岸，准备渡河了。

阿姆河流经这个地区时，河面时宽时窄，此时正是秋末冬初的九、十月份，也是涨水的季节。

哲别沿着阿姆河岸走了一段路程，便选定在班加普渡河，可是，此处既无舟楫以渡水，也无桥梁以渡河，怎么办呢？

他向河岸不远处的一个山坡看去，只见那里绿树森森，不见天日，哲别的眼睛顿时亮了。

他立即命令兵将们伐木编筐，内置辎重器械，外裹牛羊兽皮，使之浮于水上。然后把皮筐拴在马尾巴上，赶着战马泅水过河。将士们可以抓住皮筐紧紧跟随在后面，就这样，一万人马很快地渡过了阿姆河。

此时，大将速不台的兵马也赶上来了，两支兵马合在一处，登上阿姆河南岸，继续向南追去。不久，大军抵达巴里黑城。

城内的守将深受谟罕默德畏敌怯战情绪的影响，为了保住自己的身家性命，主动向蒙古的军队投降。他们组织了一个代表团，携带着许多礼物，特别是进献了许多食品和钱币，欢迎蒙古军队进城休息。

哲别和速不台根据成吉思汗"对归顺者可予奖励"的原则，没有伤害城里居民，只给他们派了一名"沙里纳"，负责管理这个城市，然后又从城里找了一名向导，派一名将领作先锋。继续追击谟罕默德国王去了。

原来，哲别等在接受追击谟罕默德的命令时，成吉思汗曾命令他们沿途不得围城，不能拖延和贻误追击的任务，一切都要服从追击谟罕默德的目标。

接着，哲别、速不台的兵马便进入呼罗珊地区，经过连续几天的奔驰，他们来到了尼沙不儿城下，派人把城内主事的人找来，向他们面交了成吉思汗的公告。

这公告是用维吾尔文写的，上面说："远近各地守将、领主和百姓须知：老天爷已经派我主管这个从东到西的大帝国。 凡是臣服于我大帝国的人，都可以免于死亡；凡是胆敢抵抗我蒙古大军的人，连同其妻儿家小及全体属民，都将成为刀下之鬼。"

哲别与速不台拿着这张公告，因而也就拥有生杀大权。不过，为了避免耽误追击行程，他们没有攻城，只是兵分两路，继续追击谟罕默德。

后来，速不台的队伍到达哈维地区展维城时，城上的守将领着士兵敲着战鼓，高声大骂："鞑子兵人人该杀，个个该死，你们绝无好下场！你们到处杀人放火，破坏文明，是一群该诅咒的魔鬼！"

速不台的兵马立即开始攻城，连续打了三天，才攻破城，然后屠城焚烧，全城军民无一幸免，死尸遭焚后，腥臭传到数十里外。

哲别、速不台的大军每到一地，坚持对反抗者格杀勿论，然后掠取粮草和衣物，并将当地的良马、牲畜驱赶着，继续前进，一直到达剌夷城，两支人马才得以会师。

兵至乌达城时，哲别、速不台派人去城里索求粮草，但是，城内居民关闭城门，拒绝供应任何东西。

由于急着追击谟罕默德，大军没有在那里停留。乌达城的居民见蒙古军队已经走远了，敲锣打鼓地庆贺自己的胜利。

哲别与速不台得知这一信息，十分恼火，以为这是对蒙古大军的不敬之举，便领兵返回，将云梯架到城墙上，一鼓作气把乌达城攻下来。

为了惩罚那些人，蒙古军队一气之下，把全城居民全部杀掉，忠实地执行了成吉思汗的训令：对那些流露出不屈服和反抗情绪的人，一举消灭掉。

这次杀戮像是一个大地震，震撼了整个呼罗珊地区。听到这个消息，人们无不恐怖失色。

蒙古追兵迫近的消息，很快传到了谟罕默德的住地，他急忙收拾行囊准备逃跑。

当时，他的身边多是康里部人。往日他们仗着秃儿根可敦的势力，专横无度，不听从谟罕默德的命令；现在，看到国王被蒙古人追得望风而逃，他们便想杀死国王，以泄愤恨。

幸亏谟罕默德早有防备，当晚，他离开了自己的帐幕，换了一个睡处。次日早晨，他亲眼看到那顶帐幕的毡子已经被箭射穿了。谟罕默德更加害怕，越来越提心吊胆，匆匆忙忙又重新组织了一批可靠的护卫人员，也来不及去追查那些康里人的暗杀阴谋，就赶紧离开了驻地。

此时，谟罕默德已离开雷什特，在里海南岸的吉里阳住下来，他每天都到礼拜寺去，做五次祈祷，让教长为他诵读古兰经。

他哭哭啼啼地发誓："将来如能光复旧日辉煌，必使国内悉遵正义而行，让邪恶见鬼去吧！"

为了躲避蒙古人的追击，谟罕默德又从吉里阳转移到里海的一个小岛上。

一天，有人来报："哈伦堡被蒙古人攻陷了，太后及王子、妃嫔们全被掳去了！"

谟罕默德听了，丢魂落魄地说道："赶快再去打探，蒙古人怎么处置她们的？"

原来，谟罕默德逃到里海南岸的可疾云时，听说成吉思汗正在向玉龙杰赤进军，便立即派人把母后秃儿根可敦，以及自己的几个幼子和妃嫔们一齐接到哈伦堡。

哈伦堡地处一片深山之中，不仅有参天的林木，而且山中的洞穴甚多，可以潜藏许多人马，谟罕默德便将母后等送到那里去了。

谁知哲别与速不台得到消息，以为是谟罕默德躲在那里，便不顾跋山涉水，终于来到了哈伦堡，将秃儿根可敦等全部俘获，并派兵马将她们送到成吉思汗那里。

后来，谟罕默德得知母后被捉，几个幼子死于刀剑之下，女儿被成吉思汗赐给了他的儿子，嫔妃们遭到士兵们的凌辱，当即昏迷了过去。

等到他醒来时，便泪流不止，不久便卧病不起。

他躺在病床上，仍在眼泪汪汪地忏悔，坚持每天祈祷五次。

但是，尽管后悔，也无助于复国，更不能阻止蒙古人来追杀他。

1221年7月，谟罕默德因患病，加上亡国之悲，哀恸而死，死后草草埋葬在这个小岛上。一个叱咤风云的大国之君，据说死时仅能用身边仆人的衬衣裹尸，可见其穷困潦倒之状。

谟罕默德这位当年的铁血统帅，南征北战，吞并数国，何其狂妄！如今，面临强敌蒙古大军却一蹶不振，束手无策，甚至放弃自己的国都和人民，只图一己之苟生，实在可悲！

在成吉思汗"穷寇必追，除恶务尽"的政策下，谟罕默德逃至孤岛，也难免一死，致使一世英名，空留荒冢，也属可怜！

不过，谟罕默德在临死之前，终于决定废去软弱无能的斡思剌黑，另立勇敢的札兰丁为国王，亲解佩刀系于札兰丁腰间，命令儿子们立誓效忠札兰丁，这一决定不失为亡羊补牢之举——尽管为时已晚了。

哲别、速不台领着人马，一路招服，昼夜穷追，终于得到谟罕默德已死的确实信息，二人商议之后，便决定回师。

不料，成吉思汗又传来命令道："里海北面有钦察部，当年曾收留过蔑儿乞人的溃卒，望你们速往征讨，不必班师。"

于是，两人只得重整兵马，向西北方向继续驰去。他们的队伍绕过里海，来到太和岭，只见山峦重叠，无路可走，便命令士兵凿山开道，勉强通过。

刚翻过山头，便遇到钦察部头目玉里洁以及河速、撒儿柯思等领着人马阻止他们入境。

哲别与速不台商议以后，派西域降将曷斯迈里到玉里洁军中说道："我们同是突厥人，没有与你们为敌的意思，不过，西征路经这里，听说岭北有几个大部

落，向来通好，请不要见疑。"

玉里法便信以为真，遂领兵退回去了。

这时候，哲别与速不台急忙领着兵马离开这个危险地区，二人登高遥望，隐隐约约能看到钦察部的旗旆。

速不台沉思了一会儿，对哲别说道："那玉里洁信了我们，全部撤了兵，再也不会防备我们了。不如趁此机会，你我领兵杀将过去，岂不更好？"

哲别听了，兴奋地说道："妙计，妙计！咱们说干就干！"

说罢，二人向军队下了命令："咬住前面那支钦察部队的尾巴，快！"

他们的人马跟着玉里洁的队伍，一口气又走了好几里路，哲别突然大喝一声："冲过去，坚决干净地消灭他们！"

话音未落，哲别、速不台指挥部队，猛然扑向玉里洁的队伍。

蒙古的骑兵擅长在野战中的拼杀，玉里洁的前队尚处在莫名其妙之中，等到弩箭飞来，长枪戳入，才知道敌人杀来。

玉龙杰赤是花剌子模国的旧都，因此又称为花剌子模城，它位于咸海南岸，横跨阿姆河。

这里地处阿姆河流入咸海的三角洲附近，加上布局巧妙的渠道系统，使这块本是沼泽和沙漠互相侵袭的荒凉地区变成了拥有大片肥田沃土的绿洲。

这座花剌子模的旧都城，是当时中亚伊斯兰教的中心，据史书记载：它是世界众王子的宝座所在，人类诸名人的驻地……期望的一切，精神的，物质的，都在其中。

因为城跨阿姆河两岸，沿河是绿色的田野，两岸芦苇丛生，湖泊遍布，水路四通八达，再远便是沙漠所包围了。

从地形上看，这里不利于蒙古骑兵的机动作战，是个易守难攻的城市。

谟罕默德的母后秃儿根可敦一直住在玉龙杰赤，后来蒙古大将哲别、速不台对其穷追不舍时，她才领着国王的嫔妃、幼子，带着大量的奇珍异宝，离开她多年居住的老巢，逃到地势险峻的哈伦堡躲藏起来，直到被俘。

自从秃儿根可敦走后，城中没有了留守这座旧都的将领，立刻陷于一片混乱之中。

1220年的春天，花剌子模的名将，守卫忽毡城的帖木尔灭里冲破蒙军的重重包围来到玉龙杰赤，整顿军备，组建了一支守卫队伍，才使旧都的秩序安定下来。

谟罕默德死后，札兰丁兄弟们以及众多的将领，又从里海的小岛上逃回玉龙杰赤，全城军民见到新继位的国王与亲王将领们回到了旧都，大家无不欢喜异常。

大将帖木尔灭里向札兰丁建议说："立即整顿兵马，加固防御工事，准备抗击蒙古人的来攻。"

札兰丁听后，连连摇头说道："谈何容易！城里的兵马能听从我的指挥？"

原来，玉龙杰赤已汇集了九万余人的军队，但是这支军队掌握在前太子殿下斡思刺黑及其舅舅不只一别黑列旺等人手中，他们多是康里人出身，早就与札兰丁不和，开始他们与秃儿根可敦合谋，立札兰丁之弟斡思刺黑为太子，想利用这个太子的软弱无能，进一步实现他们的野心。谁知谟罕默德在临死前废掉前太子斡思刺黑，改立札兰丁为国王，这完全出乎他们的意料。

札兰丁意志坚强，武艺出众，又有才能，自然不甘心大权旁落，这对以不只一别黑列旺为首的康里人将领十分不利。

于是，他们密谋杀害札兰丁，然后再让前太子斡思刺黑复出，得以继续掌握军权。

面对康里人众多的将领，帖木尔灭里也觉得棘手，二人苦苦思索着夺取军队的机会。

一天，帖木尔灭里在会上说："我们不能被动防守，应该主动出兵打击蒙古人，那些被成吉思汗占领的城市百姓，都在翘首盼着我们去解救他们呢！"

不只一别里列旺却说道："你别尽想好事了！那蒙古人是好惹的么？能够平平安安地守住这座旧都城，已经不错了，还要去解救谁？"

札兰丁立即说道："照你这么说，我们没有复国的希望了？"

另一位康里人出身的将领汪丹在守冷笑道："国王被蒙古人追得无路可逃，最后死在荒岛上，难道你忘了？谁敢跟蒙古人硬碰？"

听到这里，把一个帖木尔灭里气得二目圆睁，怒不可遏地说道："身为一个将领，张口竟说出这样软弱的话来，真让人不可思议啊！"

这时，不只一别黑列旺打断他的话，挖苦道："你不是软骨头，那忽毡城还不是照样丢给蒙古人了么？而且是单枪匹马逃回玉龙杰赤。"

札兰丁看着他生气地说道："你怎能这样说！他在忽毡城里杀死了多少蒙古人，你知道么？后来从锡尔河上冲破敌人的重重包围，蒙古人无人敢挡，你知道吗？"

不只一别黑列旺仍然狂妄地说道："那又有什么用？最后还不是兵败弃城而逃？"

帖木尔灭里气得一句话也说不出来，过了一会儿，他向札兰丁请求道："请给我两万兵马，让我先去收复离此不远的哥吉干城，然后再攻打毡的，以此展开收复失地的工作。"

但是，札兰丁身为新国王，手无一兵一将，只得对自己的幼弟前太子殿下说

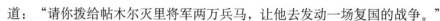

道：“请你拨给帖木尔灭里将军两万兵马，让他去发动一场复国的战争。”

斡思剌黑听了，却为难地说道：“我没意见，这要舅父同意才行！因为调动军队的大权在他手中握着。”

札兰丁无奈，只得看着不只一别黑列旺说：“怎么样，发兵给他吧？”

不只一别黑列旺却说道：“一座小小的哥吉干城，怎需要两万兵马？另外，玉龙杰赤也需要留兵马防守呀！一旦蒙古人打来了，让咱们都当俘虏么？”

说到这里，他停下不说了，札兰丁又催道：“两万人马若是嫌多，至少也得一万人！”

不只一别黑列旺这才说道：“一万人也多，只能给他五千兵马，我不能不把玉龙杰赤的防守放在第一位。”

帖木尔灭里不嫌五千人太少，次日领兵出城，向哥吉干城进军时，他马上觉得这些康里人出身的士兵，因为平日养尊处优，缺乏训练，怕苦怕累，纪律松弛，战斗力一定极差。

凭着多年带兵的经验，帖木尔灭里利用行军的空隙时间，通过言传身教，真情感染，很快团结了军中的大小头目，才使这五千人马慢慢走上正轨，成为一支像样的队伍。

正当帖木尔灭里准备用突然袭击的方法，攻占哥吉干城时，札兰丁派人送来了不好的消息，使这位智勇双全的将领十分恼恨起来。

原来，帖木尔灭里领着五千兵马刚走出玉龙杰赤，不只一别黑列旺便立即召开会议商讨暗中杀死新国王札兰丁的办法。

汪丹在守先说道：“想除掉他很简单，趁着帖木尔灭里不在城里，不必偷偷摸摸地干，只说开会研究加固城防之事，于会上将其杀死，不就行了么？”

不只一别黑列旺连忙摇头说道：“那恐怕不行吧！札兰丁的武艺出众，你我未必是他的对手，弄不好反遭他迫害呢！”

汪丹在守有把握地说道：“这事只需埋伏一支百人的军队，准能成功，量他有天大的本事，也难逃出去的。”

前太子斡思剌黑却说道：“我以为，这事不可以太急，因为蒙古人快攻打玉龙杰赤了。”

不只一别黑列旺不满地看着自己的外甥说：“你真无用！我们这么做，还不是为了你？”

汪丹在守立即冷笑道：“他不愿意做国王也可以，到时候可以换别人嘛！反正有他、无他，我们照样干！”

“也好，不过你不能把这消息泄漏出去了，一旦让他知道了，你也别想活了！”

不只一别黑列旺狠狠地瞪着斡思剌黑，对他警告着，然后便与旺丹在守一起出门准备去了。

当晚，斡思剌黑心事重重，静不下心来。对杀死札兰丁之事，更觉不安。因为父王临死前已废除了自己的太子地位，改立札兰丁为新国王了，并且当着父王的面自己已立过誓了，现在怎能不守信用？人无信，不立呀！何况他还是自己的长兄？这样不是兄弟相残吗？

越想心里越是不安起来，他的心腹保兰交兀儿来了，见他一脸的愁云，问道："怎么了？开会回来一直闷着，今天议的什么事情？"

斡思剌黑顺口说道："开的是研究杀人的会，不过，你可别泄露出去啊，到外面对谁也不能说。"

保兰交兀儿笑了起来，马上说道："你这人是不能守住秘密的，又怎能干大事？"

"对你我当然不能守了，实话告诉你吧，他们准备杀死札兰丁，这……这可怎么办？"

"其实，札兰丁确是一个好人。"

斡思剌黑与他的心腹——护卫队长在屋里议论着，不料"门外有耳"，他们的谈话被一个护卫听到了，此人大吃一惊，他心里说："新国王是我的救命恩人，我应该立刻向他报告，好让他有个准备。"

这个护卫名叫尤底功曷，有一次被毒蛇咬伤，无人过问，札兰丁知道后，亲自替他用刀割开伤处，挤出毒液，又用烧红的烙铁去烫灼伤处，救了他一条性命。

尤底功曷知恩报恩，悄悄跑到札兰丁的寝宫里，把斡思剌黑说的，准备暗杀他的计策一一说予他听，又叮咛道："这可是千真万确之事，绝不能大意啊！"

札兰丁听后，想了一会儿，觉得帖木尔灭里不在自己的身边，兵马被不只一别黑列旺独自控制着，又没有力量跟他们斗，连这个空有其名的国王也当不成了，何不早走？

他见尤底功曷未走，便对他说："你干脆别留在城里了，替我送信给帖木尔灭里，让他有个准备。"

尤底功曷自然愿意，二人计议妥当。天黑之后，他们借着夜色的掩护，骑上快马，驰出城去，各奔目的地而去。

次日，不只一别黑列旺发现札兰丁不辞而别，知道泄漏了消息，立刻怀疑是斡思剌黑所为。但是，斡思剌黑矢口否认，不只一别黑列旺说道："你若是不愿意当这个花剌子模的国王，也容易得很，让谁当不行？"

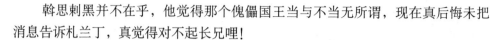

　　斡思剌黑并不在乎，他觉得那个傀儡国王当与不当无所谓，现在真后悔未把消息告诉札兰丁，真觉得对不起长兄哩！

　　不只一别黑列旺做贼心虚，暗杀札兰丁不成，反让他跑了，他担心帖木尔灭里一旦知道这事，此人更不好对付，怎么办呢？

　　他与汪丹在守一商量，决定一不做，二不休，不如派人去把帖木尔灭里诳回来，伏兵把他杀死，岂不干脆利落？

　　次日，不只一别黑列旺派人以札兰丁的名义送信给帖木尔灭里，说有要紧事商量，要他急回玉龙杰赤。

　　两天后，帖木尔灭里在去哥吉干途中，同时接到札兰丁的两个"信息"，这位大智大勇的将军，对不只一别黑列旺派来的人看了一会儿，然后对他说道："我不能加害于你，你回去告诉你的主人：玩弄权术的人绝没有好下场！"

　　等到那人走后，帖木尔灭里向全军将士说："我们花剌子模的新国王札兰丁被不只一别黑列旺赶出了玉龙杰赤，我要去追随新国王，参加收复国土的战争，愿意随我走的就到我身来，想回玉龙杰赤去，就立刻动身回去吧！"

　　全军五千人一齐大声喊道："我们要复国，我们不回去！"

　　帖木尔灭里心里异常激动，转脸来对札兰丁派来的尤底功曷说道："看到了吧！复国是人心所向，人心所向呀！"

　　帖木尔灭里立刻翻身上马，马鞭一挥，向那五千兵马道："我们出发，前去追随新国王，参加收复失地的复国战争！"

　　为了尽快赶上札兰丁，他们马不停蹄地昼夜兼程，用了十六天的时间横越花剌子模、呼罗珊两地的沙漠，到达奈撒才赶上了札兰丁，两人亲热地拥抱在一起，决心立即召集兵马，同赴国难，发动一场复国战争。

　　这时，驻在奈撒的一支蒙古军队发现了他们，便派人来向他们劝降。

　　帖木尔灭里笑着对札兰丁说道："在我的字典里，还没有见过'投降'二字呢！让我们去打一个漂亮的歼灭战，为我们的复国战争举行一个奠基礼罢！"

　　札兰丁兴奋地点点头，二人立即上马挥刀，指挥那五千康里人的队伍，如一阵旋风似的冲向蒙古人的军队，这支七百人的蒙古巡逻兵立刻崩溃了，四散奔逃。

　　札兰丁与帖木尔灭里领着这五千人的队伍，冲过蒙古人的层层围追，奔向哥疾宁而去。

　　为了攻下玉龙杰赤，成吉思汗派遣次子察合台率领兵马三万人前去征讨，又派长子术赤从毡的调兵马两万人前去支援。

　　成吉思汗这次派兵，忽略了术赤与察合台兄弟二人一直处于不和之中。

　　起初，兄弟二人合兵一处，一起领着将领们去视察玉龙杰赤周围地形，回营

一代天骄：成吉思汗

后制定作战方案时，两人便产生了分歧意见。

术赤说："父汗已经说了，这玉龙杰赤占领以后，将是我的封地的一部分，因此，应使全城免遭破坏，还是以智取为主，可以派人进城去劝降，不可强攻。"

察合台却针锋相对地说道："玉龙杰赤城横跨阿姆河两岸，湖泊多、河网多，城墙又高又固，壕沟也深，城内敌人不会接受投降的，非强攻不可！"

在许多将领调和之后二人表面上才缓和一些。

大将博尔术说道："在玉龙杰赤的城南面，有一块平整的地面，可以诱敌出城，在那块平地伏击，这样可以充分发挥我们骑兵擅长野战的特长，这样打远比攻坚战要有利得多。"

于是，两人都同意这种打法，一场兄弟阋墙的纠纷总算平息下来了。

此时，玉龙杰赤在新国王札兰丁被排挤出城之后，一度陷入群龙无首的混乱局面，后来只好共推国王的近亲、不只一别黑列旺的弟弟马儿的斤担任全军的统帅，抗击蒙古军。

这位马儿的斤勇猛好斗，性格暴躁，一见蒙古军队来了，公然说道："都说蒙古军队多得像沙漠里的沙子一般，我看城外的蒙古人不过三、四万人，没有什么了不起，明日我定领兵出城，与蒙古人较量一番，先给成吉思汗的两个儿子一个下马威！"

他的哥哥不只一别黑列旺提醒道："你别轻敌呀，蒙古的骑兵一向厉害无比，蒙古的将领又诡计多端，可别上当了啊！"

马儿的斤听了，不以为然地说道："你为什么要长敌人的志气，灭我们自己威风呢？明天让我出城，打败蒙古的骑兵，你才服气，也才相信我的厉害！"

次日，马儿的斤带领六万人马出城，他认为蒙古军队至多四万人，所以他对将士们说："我们以六万人对四万人，难道打不败他们吗？只要这一仗打赢了，我们就可以乘胜追击，把蒙古人赶出国去！"

察合台、术赤与博尔术等一见城里兵马出城迎战，立即败逃。马儿的斤果然上当，他见蒙古骑兵怯战，便领兵紧追，不久，早已埋伏好的蒙古大军突然出现，切断马儿的斤的进退之路，将其包围起来。

蒙古骑兵这才开始闪电般轮番冲击敌人的队伍，在马儿的斤的军队中横冲直撞，乱砍乱杀。不到半个时辰，马儿的斤的六万人马已被切成几段。

这时，好大喜功的马儿的斤才猛然醒悟，蒙古骑兵果真厉害无比，眼看自己的兵马被歼，他急忙奋力拼杀，领着一支队伍拼命突围，才捡了一条性命，逃回城里去。

回到城里，马儿的斤一看身后的军队，只有不到一万人回城，其余的五万多

人大部分被歼灭了，被蒙古人俘去的也不少。

从此，马儿的斤再也不敢领兵出城了，便在城里搬石运木，加固城防。又在城上遍置射击台，安装射石机等，增强防御能力。

次日，蒙古军队开始劝降，术赤派人进城告诉城中军民："成吉思汗已将此城封给我了，我极愿这座都城完好无损地保存下来，希望速降，免得城毁人亡！"

可是城中另一大将斐弗敦古里坚持抗战，他一怒之下，杀死术赤派去的劝降使者，依靠坚固的城墙和工事，紧闭城门，扬言要与蒙古人决战到底。

察合台不顾长兄术赤的意见，坚持强攻，他亲率大军攻城。因为玉龙杰赤附近没有山石，察合台接受博尔术建议，用桑木代替炮石。先将桑树干锯成木块，渍在水中增加重量，然后投射出去。

在察合台一声命令之后，攻城开始了，蒙古士兵高声叫喊着，把投射器和箭矢，像冰雹一样向城上打去。接着，蒙古军队团团向前移动，去拆毁城墙的根基，把蒙古大旗插上城头，士兵们爬进城去与守城的士兵肉搏。

城内的百姓也参加了战斗，他们也登上城头，用刀剑、用木棍、用砖石，与爬上城来的蒙古士兵拼搏，以显示他们抗敌的意志。

从上午一直打到下午，双方伤亡都较重，蒙古军队仍然没有攻进城去，反而在城外留下了无数的尸体。

败兵回营之后，兄弟俩又开始了争吵。

术赤气愤地说道："你坚持强攻，结果怎样？既没有攻进城去，还死伤了数千士兵，真是捉鸡不成，反蚀了一把米！"

察合台也不服气地说道："你坚持劝降，又有什么结果？派去的说客被人家杀了，反遭一顿臭骂，真丢人！"

术赤又埋怨道："你是存心要把这座玉龙杰赤城毁了，你安的什么心啊？"

察合台也说道："你带着私心来打仗，怎能打胜仗呢？"

听了兄弟二人的争吵，将领们又好气又好笑。有的人在背后嘲笑道："一山不容二虎，这样争争吵吵，怎么打仗啊！"

只有老将博尔术，才能说他们几句："你们别再争了！大汗派你们来攻城，应该合力同心，攻下城来。如今七个月过去了，玉龙杰赤仍然未被我们攻下，你们的父汗一旦发怒，怪罪下来，你们还能好看么？"

术赤手指着察合台说道："你看他的动机不纯，恨不能一下子把玉龙杰赤夷为平地！"

察合台的性格本来暴躁，立刻怒道："你好好说话，用手指什么？谁怕你？自以为了不起，其实，你……你是什么东西？"

一代天骄：成吉思汗

术赤一听，也大怒道："你是什么东西！色鬼，恶棍。"

这样一骂，察合台更加恼怒，因为前一天晚上，察合台从周围村落里抢来几个年轻女人，留在营帐里供自己淫乐，被术赤发现，并当面训斥他，要他把那几个女人送到俘虏营里去，察合台没有答应。

此时，听到这么辱骂他，心中十分恼怒，他也知道术赤最怕说他不是成吉思汗的骨血。

察合台觉得你对我无情，我也只好对你无义了，便高声骂道："我是色鬼也好，恶棍也好，只要不是野种，不是杂种，就行了。"

术赤一听，怎么也不能容忍了，当即伸手去抓察合台的衣领，二人立即扭打在了一起。

将领们围着观看，谁也不说话，谁也不上去把他们拉开，只有老将博尔术强行将他们拉开，劝二人道："你们既是兄弟，又是大汗委派的主将，怎能在战场上面对强敌时吵吵闹闹，这样我们还怎么打仗？"

这位成吉思汗的患难战友，也是蒙古帝国的功臣宿将，真的有些生气了，他又说道："你们若是再这样闹下去，我们就自动撤走，回大营向大汗复命。这是你们逼着我才这么做的，到时候，这一切后果全由你们兄弟二人负责啊！"

两人才各自坐下来，没有继续打闹。博尔术亲眼看到攻城失利，军队死伤惨重，若是不及时报告成吉思汗，自己将有失职之嫌的，于是，他立即派人去向大汗报告："玉龙杰赤久攻不下，士兵伤亡惨重，其部分原因是术赤与察合台不和。"

成吉思汗听了这些话之后，气得暴跳起来，伸手把头上的帽子抓下来，往台子上一掼道："混账！这么闹下去，还打什么仗？"

骂完之后，坐在那里一声不吭，头上的汗水往下直淌，过了好长时间，才说道："快去把窝阔台喊来！"

不久，窝阔台来了，大汗看着他，说道："你知道么？术赤与察合台在玉龙杰赤城外又吵又闹，还动手厮打，已经七个月了，攻城没有进展，军队损失很大，士兵的尸体堆积成山，你去吧！"

说到此，他又看看这个儿子，觉得只有这个三子窝阔台才能委以大任，有出息。不过，这次去，也是对他的一次考验。

想到这里，成吉思汗又嘱咐道："你到那里之后，先将他俩的纠纷调理好，一定要让他们和解。听说军队的情绪也不好，纪律松弛，这怎么能有战斗力？对军队要严厉，一定要严肃军纪。"

为了慎重起见，成吉思汗派传令官陪着窝阔台前往。传令官向术赤、察合台传达了大汗的命令，让窝阔台担任全军统帅，统辖诸兄和全军，并指挥全军作战。

窝阔台素以足智多谋、能干、有远见著称，他平日待人温和，特别是在兄弟之间，敬大爱小，深得人心。

有一次，察合台对他说起术赤的出生问题时，窝阔台停了好长时间，才慢慢说道："我们看待术赤，应以父汗母后为准，不能凭感情用事。"

由此可见此人遇事谨慎，对问题考虑周密，不鲁莽从事，是一个很有远见卓识的人。

确实不负他的父汗所托，窝阔台来到军中，并不急着攻城，而是以温和的态度，在术赤和察合台之间调停，他对两个兄长说道："你们不顾父汗的感情，只图一时之愤，相互争吵，在军中造成极坏的影响，贻误了军机大事，父汗听说之后，气得……"

说到这里，窝阔台突然打住，只是两眼哗哗落泪，哭泣不止，连一个字也不说了。

术赤与察合台立即上前齐声问道："父汗怎么了？父汗气得怎样了？"

两个兄长连声催问，窝阔台一句也不说，只是哽咽不止，过了好一会才说道："我们小时候，老太后多次向我们讲她老人家年轻时的种种不幸遭遇，特别是讲父汗小时候的苦难经历，这些……难道两个兄长都忘了不成？"

窝阔台的哭诉及亲切朴实的口吻，深深打动了两位兄长。

术赤与察合台不由得低下头来，觉得懊悔不堪。见三弟仍在泪流不止，不禁也陪着落泪了，于是兄弟三人抱在一起，哭得十分伤心。

博尔术见兄弟三人如此情景，走上前劝说道："男儿有泪不轻弹啊！事情已经过去，改了就好。"

窝阔台忙擦去眼泪，拉住这位老将说："这位老将军可是我们成吉思汗家族创业的见证人啊！父汗十七岁时就与老将军同甘苦，共患难，备尝艰辛啊！经过几十年的东拼西杀，才有我们的今天。如今，父汗已经年迈花甲，而我们却……"

说到此，窝阔台又停下来，用乞求的目光看着两个兄长，又说道："我们已经不是年幼无知的顽童，怎能再惹父汗生气呢？更不能兄弟不和，让父汗伤心呀！"

术赤和察合台真的后悔了，一齐说道："是我们错了，现在后悔……已经来不及！"

博尔术安慰他们道："认识错了就好，改了更好，以后可要记住，再不能这样争争吵吵了。"

窝阔台就任以来，连续几天，他有分寸和灵活地与两个长兄谈心，以温和亲切的态度与他们共忆家史，跟他们相处得十分和谐。

与此同时，窝阔台又在部队中严申纪律，抓住几个违纪典型及时处置，从而使士气复振。

兄弟三人与全军将领经过侦查分析，决定采取军事进攻与政治瓦解相结合的作战方针，重新展开攻城战斗。

第二天开始，窝阔台与术赤、察合台三人率领蒙古大军，相继到达玉龙杰赤城下，他们一边绕城扬威，一边派出使者说服城民投降。

术赤再次向城中军民重申他的那段话，说他的父汗已将这玉龙杰赤封给了自己，他希望此城能完好无损，不遭到任何破坏；并说他已下令保护公园和郊区，以表明他的善意。

听了术赤的告谕之后，城中有些人主张投降，并且搬出了已故的国王谟罕默德曾经从里海内的小岛上发来的手谕："……你们应该感谢我，记住我给你们的恩德，正像记住我父祖的恩德一样。为了表示我对你们的关怀、爱护，特此劝告你们几句话，望你们牢牢记住：如果没有能力抗御蒙古人的进攻，最好的办法莫过于主动投降了，慎之慎之，切记切记。"

可是，以大将斐弗敦古里、马儿的斤为首的抗战派，坚持与蒙古军队奋战到底，他们号召全城军民："我们花刺子模是中亚文明的摇篮，是伊斯兰教的中心，怎能乞降于野蛮落后的蒙古人？我们宁肯战死，也不愿低声下气地活着！"

抗战派终于占了上风，他们得到城内大部分军民的支持，拒绝向蒙古人投降，决心誓死保卫玉龙杰赤。

术赤、察合台与窝阔台商议之后，决定动员全军将士积极准备攻城器械，抓紧攻城。

就在这时，一阵雷霆闪电般的呐喊从城里传出，随之冲出一队人马，领头的大将便是坚持抗战的斐弗敦古里。他手执一杆长枪，领着一万骑兵，向蒙古大营冲来，其势如下山猛虎，难以抵挡。

术赤一见，慌忙上马，带领军队迎了上去，双方立刻杀到一处，气氛异常紧张。

又过不久，随着城门的"哗啷啷"一声响后，另一位抗战派的首领马儿的斤也领着一万人马，呐喊着冲出城来，加入到混战的队伍中去，与斐弗敦古里的骑兵合到一处，向术赤的队伍冲过去。

此时，察合台闻讯之后，急忙领兵出营，见术赤被围在中间，大吼一声，冲入阵中，兄弟俩并肩与斐弗敦古里、马儿的斤厮杀在一起。

双方正在酣战之时，窝阔台领着蒙古将领，指挥骑兵，从四面八方围将过来，凭借着三倍于城里兵马的优势，很快把敌人包围起来。

擅长围歼战的蒙古骑兵，利用自己的优势，展开连续冲击，穿插迂回，来如天坠，去似流星，眨眼之间，城里的两万兵马被杀得如鸟兽散去。

斐弗敦古里与马儿的斤见败局已定，且战且退，渐渐向城下靠近，想伺机逃进城去，再凭借坚城固守。

术赤等立刻紧追不舍，并且大声喊道："别让贼将跑了，别让贼将跑了！"

蒙古士兵一听，一边追过去，一边喊道："别放跑了贼将，别放跑了贼将！"

听到蒙古人的喊声，斐弗敦古里、马儿的斤不禁有些心慌害怕，尽管他们一次次杀退围过来的蒙古兵马，可是蒙古军队太多了，杀退一批，又上来一批，简直如奔腾而来的潮水，澎湃汹涌着冲过来。

忽然，马儿的斤的右臂挨了一刀，他差一点一头栽下马来。眼看蒙古的骑兵越来越多，他觉得右臂疼得火烧一般，鲜血顺着衣袖流进甲胄里，心想这下完了。

就在这时，城门忽然大开，又冲出一支人马，蒙古骑兵一见，一齐喊叫起来，顿时忘了厮杀，只顾瞪着两眼去看。

原来这是一队女兵，那领头的女将乃是斐弗敦古里的妻子——凌利玉梅公主。

凌利玉梅是花剌子模太后秃儿根可敦的小女儿，自小习练武艺，擅长走马骑射，在其母后的宠护下，自己组建了一支女兵，共计两百余人。这两百余人由她带着到沙漠里狩猎，追逐黄羊与野马，练就了一身武艺。今天，她见驸马斐弗敦古里出城与蒙古人交战，担心出事，便带领她们两百多名女兵，出城相助。

凌利玉梅出城一看，见到蒙古人马众多，已将驸马与马儿的斤等困在中间，驸马等人危在旦夕了。

她手举双刀，尖叫一声，便带着身后的女兵，杀进重围，救出了斐弗敦古里与马儿的斤等。

此时，术赤等也不禁眼睛一亮，见到这一队女兵个个英姿飒爽，人人苗条俊美，虽然是柳眉倒竖、杏眼圆睁，仍然不减少女的妩媚，尤其是那领队的凌利玉梅公主，更是窈窕美丽，显现出粉妆女人所没有的风流来。

察合台看得呆了，过了好长时间才大喝道："冲呀，把这群女贼兵全替我捉住，一个也别让她跑了！"

听到这一声大喊，蒙古骑兵才回过神来，冲过去，想活捉那队女兵。

谁知凌利玉梅带着她的女兵队伍，救出马儿的斤、驸马斐弗敦古里等之后，见到蒙古军队人数太多，担心被围，就匆匆回城去了。

这一仗，蒙古军队歼灭了花剌子模兵马一万八千多人，斐弗敦古里的腿上中箭，马儿的斤的右臂负伤，若不是凌利玉梅救得及时，二人的性命都将难保。

尽管取得如此巨大的胜利，察合台却无精打采地收兵回营，被窝阔台察觉，低声对他说："明日攻城，一定要活捉那些女兵，到时候任你挑选，何愁没有女人？"

察合台立即转忧为喜道："生我者父汗和母后，知我者三弟也！"

于是，兄弟二人一起哈哈大笑起来，术赤听到了，便走过来问道："你们遇到什么好事，这么高兴？快说出来让我也能分享一些呀！"

察合台见窝阔台正要回答，急忙使了一个眼色，要他不要说，但是，窝阔台仍说道："刚才收兵回营的时候，有个士兵的裤子尿湿了，别人问他：'怎么把裤子尿湿了？'那士兵回答道：'被城里的女兵吓的！'你说好笑不好笑？"

术赤听后，也哈哈一笑道："他不是被女兵吓的吧，是见了那标致的小女子急的吧？"

听完之后，三个人又一起笑起来，过了一会工夫，察合台才明白过来，又悄悄对三弟道："你真鬼，我这当哥的总是比不过你！"

窝阔台见术赤走了，便又说道："那可不一定，有的地方我就不如你。"

"你指的是什么？"

"见了女人我就不如你呀！"

兄弟二人又一齐大笑起来。

次日，蒙古军队开始了攻城，术赤等指挥炮兵向城内发射弩炮，发射器把那些涂满石油的易燃物点燃后射入城内，又把火油桶投掷到房屋顶上，全城立即变成一片火海。

当城中军民出来救火时，蒙古士兵又用抛石器把桑木块射入城内，打得死的死，伤的伤。

城中的居民，包括妇女、儿童和老人，知道自己不会得到蒙古人的怜悯，便积极地不松懈地投入战斗。他们扛着木头，抬着门板，有的人甚至砸烂水缸，拿着一块块的烂瓦片，拼命地来到城头，向爬城的蒙古士兵打去。

城内的大火越烧越旺，被风一吹，蔓延得更厉害，火势也更加猛烈。

最后，城内的居民只好派一位名叫阿劳丁哈牙惕的教长出城来求见术赤等，恳求对他们宽恕和怜悯，他说道："我们已经尝到了大王的怒火与威严了！请求大王大发恻隐之心，怜悯我们，赦免我们吧！我们将终生不忘！"

术赤听后极为恼怒，因为他正在为自己的军队因遭到城内居民的抗击死伤惨重而愤怒，便说道："由于你们的顽强抗击，我军遭受严重伤亡，你现在又来让我怜悯你们，那可能吗？现在，我们蒙古大军也要让你们尝尝厉害！"

说罢，术赤让士兵把这位教长赶走，命令加紧攻城，有个名叫刺拆子里的士兵，第一个爬到城头，把蒙古大旗插到最高处。

由于城内军民的反抗，蒙古军队用火把开路，与城里的敌人进行巷战，一条街道接着一条街道地拼杀，一个院子接着一个院子的战斗，终于把城里的残余军队赶到了原来的王宫之内。

这座以前的王宫，四面高墙之内，有着不计其数的亭台楼阁，那些坚持抗战的将士，全退守在王宫里面，依仗着高大坚固的围墙做最后的抗争。

窝阔台带着他的两位兄长以及博尔术等将领们，先派人把城里的居民全赶出城去，由于他们的拼命反抗，术赤等下令道："把工匠、技师留下，其余人无论老少男女，一律处死。"

然后，军队进城洗劫，王宫仍被包围着。这时，许多人坚持要强攻，也有人建议用火攻。窝阔台领着众人来到阿姆河岸，大家顺着他手指的方向看去，玉龙杰赤正处在阿姆河的怀抱里。

窝阔台笑着对大家说道："这里沟渠纵横，每条水渠都连着玉龙杰赤，每一条水沟的水都能流到那座王宫里面去，我们何必要与躲进王宫里的敌人拼命呢？"说到这里，察合台接过来说道："你是要掘开河堤，让河水沿着水渠流进王宫里，淹死那些残余的敌人？"

窝阔台立即点头，说道："难道这不是省工、省时、又省力吗？"

众人都拍手称好，以为是妙计，可是，察合台又伏在窝阔台耳上，低声地说道："这样一放水，那些女兵岂不都被淹死了？"

"放心吧！我早有安排，到时候，你尽管前去领人。"

窝阔台说完，立即命令掘堤放水。

不到两个时辰，那座王宫已是一片汪洋，窝阔台派人坐着木筏，进入王宫，把那位凌利玉梅公主及两百多名女兵全部捉住，送给察合台处置。

后来，察合台从中挑选出三十名丰乳、细腰、肥臀的女兵，包括那位英姿飒爽的公主；术赤不甘落后，也带走了十五名女兵；窝阔台本不想要的，架不住两个兄长的怂恿，也留下了七八人，留在营中取乐。

据说，这些女兵身上都穿有一件用黄金作线织成的内衣，穿在身上金光闪耀，是百珍宝中的上乘佳品。

第二天，王宫里的水流走以后，里面的尸体竟有八千多。从宫中搜出金钱珠宝，计有满满的十二车之多。

术赤、察合台眼都看直了，他们从未见过有这么多的财物，便各自私分了许多，窝阔台也让护卫藏起来一部分。

老将博尔术知道后，当面说道："对待俘虏与财物，任何人无权享受，应该全数奉交大汗，你们这么做合适吗？"

术赤、窝阔台未敢说什么，察合台却说道："父汗已经说过，从太阳升起

一代天骄：成吉思汗

的东方，至太阳落下去的西方，全为我蒙古大帝国所有，我们作为成吉思汗的儿子，难道不可以拿点财物吗？这本没有什么了不起的？"

但是，不久成吉思汗便得知了此事，气得他暴跳如雷，大骂道："这还了得，这还了得！眼里还有你们的父汗吗？"

正如老将博尔术所说，蒙古军队攻下城镇，所有的俘虏、财物，均不得私分，对此成吉思汗早有规定。

因为对俘虏和财物，全都集中起来，将其分若干份，不从征的亲王、将领，也各有一份。在那时，成吉思汗实行这种统一分配战利品的制度，目的是有利于统一指挥，也有利于调动全军将士的积极性。

但是，这次攻下玉龙杰赤之后，术赤、察合台、窝阔台三兄弟却私分了俘虏与财物，既没有分给其他将士，也没有向成吉思汗贡献一丝一毫。于是，大汗心中十分恼怒，一连三天拒绝接见他们。

这一下可吓坏了兄弟三人，窝阔台去找博尔术，请求这位老前辈出面劝说他们的父汗，博尔术对他说道："在玉龙杰赤时，我已劝说你们，你们不但不听，反说我多管闲事，如今来找我做什么？"

窝阔台说道："在玉龙杰赤，我们没有听老将军的话，犯下了过错。如今，我们认识到危害性，难道你老人家不帮忙吗？"

博尔术笑道："我真拿你们没办法，好吧，我去向你们的大汗说说看，不过，你得再去找一个人！"

窝阔台忙问："再找哪一位，老将军请讲。"

"去找那位大断事官失乞忽秃忽，他比我会说话，让我们两人一起去！"

窝阔台听了，立即说道："好吧，我这就去找他，我们的义叔，聪明的大断事官。"

窝阔台走后，博尔术便去见成吉思汗，说道："报告大汗，如今玉龙杰赤已被攻陷，这一胜利更加壮大了我军的声势，真是威风扬天下了！花剌子模国基本被征服，全军将士无不欢欣雀跃，庆贺这一巨大胜利，大汗为什么要发这么大的脾气呢？据我所知，大汗的那三个儿子早已知错，正在悔恨不已，希望大汗宽大为怀，宽恕他们的过错，让他们来向你当面认错吧！"

成吉思汗听后，正要说话，见失乞忽秃忽来了，便顺口问道："你这大断事官来这里，难道有什么事断吗？"

失乞忽秃忽笑道："有啊，正有一事想向大汗请教。"

"说吧，有什么事要问，请快说。"

"报告大汗，可听说过过河拆桥的事情？"

成吉思汗听后，知道这位义弟一定有什么建议要说，或是要提什么要求，就说道："你就直话直说，别绕弯子了，好不好？"

失乞忽秃忽立即说道："好，我就实话实说了！眼下，花剌子模国的旧都城——玉龙杰赤已被攻下了，对有功的三位小王子本应该赏赐他们，嘉奖他们，大汗却不准他们进见，这不太公平吧！"

成吉思汗一听，心里说道："这三个小东西真有心计，居然把我这两个心腹爱将搬来，替他们当说客。"

想到此，看着两人，直说道："你们只为他们兄弟三人鸣不平，却不知道他们胆大包天，犯下了欺君之罪？他们不顾我的禁令，私自分了俘虏与财物，这是小事么？"

大断事官失乞忽秃忽立刻说道："啊！原来如此！这我可不知道，既然他们兄弟三人犯下这样的弥天大罪，请大汗按律处治他们罢！"

博尔术听后，心中很不高兴，便说道："你这断事官怎么糊涂起来了，年轻人初犯过错，就按律处治，那怎么行？何况他们立下那么大的功勋，按照大汗的规定，他们也应该享受'十罪不罚'的呀！你也忘了吗？"

正在这时，耶律楚材带着术赤、察合台和窝阔台一起走进大帐，说道："古人说，人非圣贤，谁能无过？过而能改，善莫大焉。三个小王子虽犯了过错，但也立了大功，请大汗准许他们以功抵过，赦免他们。"

听着他们三人的劝说，成吉思汗的怒气已经平息，他看着面前的三个儿子，问道："你们可曾记得，当年阿剌坛、忽察儿因为犯了什么错被处置？"

等了一会儿，察合台与窝阔台都说自己年纪小，不记得，只有术赤说道："他们两人不按照父汗的规定，私分俘虏和财物。"

成吉思汗训斥三个儿子道："你们身为带兵的主将、统帅，带头违犯军纪，在军中影响极坏，长此下去，能服众吗？俘虏与财物本应平均分配，将士们都有一份，你们三人私自分了，以后，谁还去打仗？谁还服从你们的指挥？"

术赤等兄弟三人被成吉思汗训得低着头，站着一动也不敢动。大汗又说道："见财起意的人，最没出息！见了女人就动心的人，更没有志气。这两种人都不能干大事。"

兄弟三人又愧又悔，被父汗连训带骂，无地自容，连大气也不敢出。

看着术赤兄弟三人的狼狈相，听着大汗无休无止的训斥，神箭手晃孩、晃塔合儿，以及搠儿马罕也出面为三位小王子求情道："这三个小王子像鹰雏一般，方才出征，难免犯错。如果一有过错，就责怪，恐怕没有人再想上进了。如今，我们蒙古大帝国地域辽阔，从日出之地，到日落之所在，所有的敌人全被歼灭了，大地上的金银财物多得很，承蒙长生天的佑助，早晚都要献给大汗。"

三位弓箭手说完，成吉思汗的怒气方才平息，这场父子间的冲突总算过去了。

## 【第十五回】

# 勇术赤受辱恶犬阵，老哲别抱憾辞人间

1220年夏天，在攻陷撒马耳干之后，成吉思汗就在奈撒夫避暑。

奈撒夫城地处绿洲，有伊萨尔山作为屏障。同撒马耳干比起来，奈撒夫的草木繁茂，树阴生凉，特别是这里花园更多，也更加美丽迷人。

在这片草地上，成吉思汗率领他的兵马在这里休养，让那长途奔波和紧张的战斗生活带来的疲惫，随着习习凉风一起消失在葱绿的草叶尖头。

夏天过去，秋季来临，成吉思汗的军队在这里得到了休养，于是他与幼子拖雷率领大军七万人，向呼罗珊地区进军。

成吉思汗的大军，穿过黑沙石的草地和矮树林，经过碣石，越过铁门关，进抵忒耳迷。

忒耳迷城堡有一半建在阿姆河上，城墙又高又厚，全是由从附近山上运来的大石块筑成，因此易守难攻。城内居民多以牧放牛羊为业，不少人家都拥有数百头牲畜，日子过得十分富裕。

在忒耳迷的西、南两面，全是高山森林，由于山林里野兽众多，这里的人们家家养狗，每户少则三两条，多则七八条，以至城里狼狗成群，吠声不断，有人因此把忒耳迷称之为狗城。

蒙古大军一来，忒耳迷守将古不纠五当即开会向守城的几名将领车宏达里兀思、萨姆福兀丕以及何里尤骨等下达坚守的命令。

古不纠五说道："我们忒耳迷城堡墙体坚固，不怕蒙古人的骑兵，前面是阿姆河作屏障，他们又没有船只，我们怕他们什么？"

主将车宏达里兀思是古不纠五的女婿，是个足智多谋的将领，在忒耳迷军中威信甚高。

他接着说道："别看蒙古人攻下了撒马耳干和玉龙杰赤，那是因为守将守得不坚决，军民又不能一心，以致被蒙古人钻了空子。"

古不纠五又说道："等到成吉思汗来攻城时，可以放我们的忒耳迷狼狗出城咬他们一下，让蒙古人知道忒耳迷城不是容易攻打的！"

这时，几位将领都笑了，萨姆福兀还说道："大约计算一下，我们忒耳迷狼狗的数目，不少于三千五百条，一旦放出城去，真是一支特殊的队伍哩！"

古不纠五立即说道："我看还是训练一下，让它们见了蒙古人便咬，免得到了战场上不听指挥，说不定再回过头来咬我们忒耳迷人，那就麻烦了。"

众将领听了，一齐哄笑起来，大家的目光一齐投向何里尤骨，于是车宏达里兀思说道："这件事非何里尤骨莫属，再不听话的狼狗，到他手里，不出三天，便驯服了。"

何里尤骨立即说道："好吧，那请城主下一道命令：让城里每户居民送两条狼狗到兵营里来。我好集中突击训练一下，不然，到用它们的时候，仓促上阵，难保不出问题。"

古不纠五听了立刻点头应允，他扭头对身旁的司秘官说道："快去出告示，要求居民在明日将狼狗送到，否则，罚交牛羊各十头。"

古不纠五又对女婿车宏达里兀思道："城上要加强布防，除檑石、滚木以外，要多设弓弩射位，尤其是射石机要安装好。"

这次会后不久，成吉思汗就派出使者来劝降了，古不纠五向那使者问道："成吉思汗为什么要我投降？"

蒙古使者回答道："凡太阳照射之处，全属我蒙古帝国所有，你怎敢不投降呢？"

古不纠五又说道："我要坚守忒耳迷城堡，你们蒙古人又能怎么样？"

蒙古使者冷笑道："请城主三思而后行，你们花剌子模国王早因我们蒙古军队穷追而死，你们的新旧都城全被攻占了，你这小小的忒耳迷城能够阻挡得住蒙古大军的进攻吗？"

古不纠五气愤地说道："忒耳迷城堡虽不大，但是，我有军队，我有城民，我有守城的装备，我有权利杀死你！"

使者道："自古以来，两国相争，不杀来使，你怎能不懂得这个文明惯例呢？"

一听这话，古不纠五更加气愤地大喝道："你也配讲文明二字！你们蒙古人到处杀人放火，奸淫掳掠，比魔鬼还猖狂，这是文明么？"这位城主越讲越激动，一拍桌子喊道，"来人！把这个可恶的蒙古人拉出去杀了！"

蒙古使者见城主真要杀他，不由心慌道："我……我劝你冷静点，你要是杀了我一个人，你们要用成千上万的人来偿命！"那位蒙古使者一路喊着，被拉出去杀了。

古不纠五杀了蒙古使者觉得还不解恨，便又下令把那使者的人头砍下来，挂到城头去，让蒙古人也知道他们的厉害！这消息很快传到成吉思汗那里，他冷笑道："蚍蜉撼大树，不自量力。量这座忒耳迷城堡，也难以挡住我蒙古铁骑的冲击！"

于是，立即下令攻城，他派遣术赤、察合台各领一万兵马，从西、南两面攻城。眨眼之间，城上城下，喊杀连天，双方都架起射石机，相互对射，箭石如雨，不分日夜地苦斗酣战。

突然，城门大开，一群灰色的狼狗，狂吠着窜出城门，向蒙古骑兵冲来。

忒耳迷的这些狼狗，身高体长，力气大，速度快，山林里的狼熊虎豹都惧它三分，特别是被狗群围住，再凶狠的猛兽也会被它们撕裂的，正所谓"一虎不敌众狗"！

察合台的兵马一见狗群冲来，一齐举刀向那些龇牙咧嘴的狼狗砍去，不料，那些狼狗速度特别快，刀未砍到，它们早已窜过来，"唰"的一下跳起来，大嘴一张，咬住蒙古骑兵再也不松口了。骑兵们有的被咬住手，有的被咬住臂，有的被咬住衣领，还有被咬住颈子的，城外立刻展开了一场人与狗的搏斗。

因为那些忒耳迷狼狗太凶，蒙古骑兵被咬死咬伤的人数很多，就在这时，守城的主将车宏达里兀思领着人马冲出城来，他们混在狗群当中，一齐向蒙古骑兵冲去。

察合台一见，急忙命令兵马撤退，可是，那些狼狗紧紧追赶，它们蹿跳到马背上，硬把蒙古骑兵拽下马来。有的狼狗很凶猛，它们竟能扑上去，一口把马腿咬断，或是蹿跳起来一口咬住骑兵的脖子，立刻就能把骑兵咬死。

成吉思汗得知消息以后，忙令窝阔台领兵来救，可是那些狼狗纵跳自如，剽悍凶猛，骑兵们稍不注意，便被拉下马来咬死，或是被咬断脖子而死。眼见蒙古兵马成片地倒下来，车宏达里兀思又趁机指挥兵马，跟随在狗群后面，继续追杀，窝阔台也觉得无力扭转败局。

就在这时，忽听"轰！轰……"连续几声炮响，耶律阿海领着他的炮队赶来了。他立即命令炮兵瞄准狗群，连续开炮。可是，那些狼狗动作灵活，蹿跳速度快，往往又与蒙古骑兵混在一块，使炮手很为难：若是开炮，未必能打中那些狗，说不定，会打死自己的骑兵。稍一迟疑，那些咬红了眼的狼狗，忽然冲到炮队前面，吓得那些炮兵丢下弩炮，四散逃去，狼狗随后追着咬。

这一场人狗大战异常激烈，自午前一直拼杀到傍晚，蒙古兵马在混战中死伤惨重，两万多骑兵损失半数以上。

忒耳迷主将车宏达里兀思取得了一场全胜，他得意洋洋地领着人马，带着狗群回城去了。

察合台、窝阔台回到大营，见到他们的父汗还心有余悸地报告道："那些狼狗太凶了！"

成吉思汗见到耶律阿海之后，问道："听说你的炮兵被狗群赶跑了？"

这位蒙古军队的炮兵队长只得说道："炮兵们手里没有兵器，见狼狗来了，无法阻挡，只好丢下大炮，逃命去了！"

成吉思汗听了，遂说道："看来，炮兵们手中也得有兵器才行，万一遇到肉搏、拼杀，手中没有兵器怎么办？"

"大汗指教得对，以后要给炮手们装备兵器，才能有备无患啊。"

后来，术赤收兵回营时，大家见他浑身血肉模糊，心中完全明白了——也是遇上了狗！

术赤很不高兴地对成吉思汗说道："因为被狗群围着，又无救兵，一万人马死伤了大半，我自己爬到树上，才没有被狼狗咬死，未想到被狗打败了！"

成吉思汗问道："为什么不派人来讨救兵？"

"那些狼狗又凶又狠，紧紧围着，怎么能走得脱？稍不注意，便会被咬着，非死即伤。"

当晚，成吉思汗一直睡不着觉，心里烦躁不安，一直在想着：怎样才能破这狗阵呢？他在屋里走来走去，那烛火一闪一闪的，他看着那明亮的烛火沉思默想时，突然一只飞蛾扑向了烛火，只听"嗤啦"一声，那飞蛾便被烧死了，再看桌子上的烛火依旧在燃着。

于是，他眼睛一亮，脑袋里仿佛吹进一股凉风似的，顿时觉得清醒异常，顺口说道："火，火！用火攻，用火攻！再凶猛的狗，一定会怕火的。"

他嘴里不停地说着，然后大声喊道："来人！"

两名护卫队员走了进来，问道："大汗有什么事吩咐？"

"快传我的命令：让全体将领过来议事！"

不一会儿，一个个睡眼惺忪的蒙古将领以及大汗的几个儿子，齐聚帐下，一齐用疑惑的目光看着他们的统帅。成吉思汗兴奋地说道："我已经想到了对付这群狼狗的办法——用火攻！"

他看着众人眼里露出惊疑之色，继续说道："别看那群狼狗不怕刀枪，不怕弓箭，也不怕炮火，它们一定怕火！只要用火对付它们，准能取胜！"

他的三子窝阔台首先醒悟，说道："父汗说得对，那些狼狗一定怕火！我们可以一手举着火把，一手拿着兵器，迎着它们冲去，必然吓得它们掉头就跑了！"

窝阔台说着，又站起来演示给大家看，大帐里热闹起来了，你一言，他一语，议论纷纷，都觉得这办法好，一定能够打败这群狼狗的进攻。

成吉思汗见到众将领情绪高涨，便趁热打铁地说道："快集合队伍准备好火把，明日攻城时要大干一场！"

这一声令下，蒙古全军立刻行动起来，运干草的，扎火把的，忙得热火朝

一代天骄：成吉思汗

天，窝阔台忽然想起一件事，立刻去向父汗报告："最好再准备些油，那火把蘸上油，一旦燃着，风不会吹灭，雨不能淋灭。"

成吉思汗一听，兴奋得拍着手道："好极了，好极了！"

窝阔台转身正要走，被他父汗喊住他："你顺便传我的命令，要各军准备一些油。"

次日，蒙古军队依然军容整肃地摆开阵势，城上的古不纠五指着城外的蒙古大军，笑道："昨日一战，被我们的狼狗咬得死伤那么多人，今天又来送死了。依我说，把狼狗都放出去，狠狠地再咬他们一阵，成吉思汗就要退兵了！"

驯狗的何里尤骨忙说道："我看那些蒙古人手里都握着一把什么东西，黑乎乎的，看不清楚。"

萨姆福氏打断他的话说道："管他们拿什么？我们的狼狗连刀枪、大炮都不怕，还怕他们有什么新兵器吗？准备出城吧！"

这时候，主将车宏达里兀思也说道："也好，趁蒙古人立脚未稳，打开城门，让狗群出去，狠咬他们一阵，然后我们一齐领兵冲出城去，再追杀蒙古人一阵，说不定能把成吉思汗活捉呢！"

古不纠五立刻说道："好！我也想出城去，亲手杀几个蒙古人，为那些枉死的同胞们报仇！"

车宏达里兀思立即制止他道："你还是在城头为我们掠阵吧，有我们出城已经绰绰有余了。"

车宏达里兀思说过之后，立即从城头走下去，见到何里尤骨已驱赶着狗群来了，他站在路边上，对着那些狼狗，高声地说道："去吧！今天要大干一场，把蒙古人全都咬死才解恨呢！"

何里尤骨忙说道："我们先出城，你也快领兵马出城吧！不能给蒙古人一点喘息的工夫，争取一举击溃他们！"

"好，现在我就去集合兵马。"

话音刚落，忽听"咣当"一声，城门大开，何里尤骨一声呼哨，只见那些狼狗一齐大声吠着，争先恐后地冲向蒙古人。

就在这时，忽听"轰隆"一声炮响，蒙古人忙把手中的火把烧着，在空中一挥，那些洒了油的火把立刻烧得更旺了！

这时，蒙古人一边挥舞着手中的火把，一边手执明晃晃的刀枪，迎着冲来的狗群，齐声呐喊着，向前冲去。

那些飞奔而来的狼狗，一见前面火光熊熊，先是一愣，然后停了下来，吃惊地看着。又见大火嘶嘶地烧着，铺天盖地的，愈来愈近，吓得那些狼狗慌作一团，掉头就跑，无论它们的驯师如何吹口哨，那些狼狗只是逃命去了……

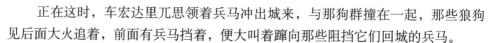

正在这时，车宏达里兀思领着兵马冲出城来，与那狗群撞在一起，那些狼狗见后面大火追着，前面有兵马挡着，便大叫着蹿向那些阻挡它们回城的兵马。

成吉思汗站在高处看得分明，立刻命令军队乘胜追击，冲进城去！

蒙古的骑兵如狂风骤起，叫喊声震荡着大地。

此时，坐在城头掠阵的忒耳迷城守将古不纠五正在声嘶力竭喊道："快关城门！快关城门！"

城上的守军也随着大声喊道："蒙古人杀来了，快关城门呀！"

可是城门外乱得更厉害！车宏达里兀思的兵马在城门口与狗群相撞，混战在一块，气得何里尤骨大声骂道："真是狗眼看人！"

这时候，蒙古的骑兵已经赶到，他们一阵乱砍乱杀，狗也逃了，人也跑了，蒙古人拍马扬鞭，向城里追去！

忒耳迷城里，人们高声叫喊着，咒骂着，那些狼狗也在狂吠着，还夹杂着一些受伤的人的呻吟声……

不到一个时辰，蒙古的兵马已经占领了城头，把守住了城门，全城军民一个也没有逃出去，以古不纠五为首的守城将领全被活捉，被蒙古人绑在兵营门外的廊柱上。

城里的士兵主动投降了，那些狼狗逃回它们的训练营地，被蒙古士兵驱赶到几间大屋子里面关着。

根据"顽抗者一律消灭"的惯例，成吉思汗命令部下将男女居民都赶到城外，有比例地分给士兵们，然后将他们全部杀死，无一幸免。

攻占了忒耳迷城堡之后，成吉思汗任命帖里戈里留在这里当城主。

接着，又采取恩威并用的手段，占领了罕忽耳忒、巴达哈桑等地，然后领兵向呼罗珊的重要城市——巴里黑进军。

蒙古军队在忒耳迷的屠杀行动，早已传到了巴里黑，守城将领不列帖地深感无力抵抗蒙古军队的进攻，便主动派人向成吉思汗请求降附，并献上了各种食品和财物。

成吉思汗对部下说道："谟罕默德虽然已经死去，但是，他的长子札兰丁逃到呼罗珊地区以后已召集了众多人马，现驻军在哥疾宁，时刻准备向我们反扑。巴里黑城离哥疾宁很近，若不将其摧毁，必然会成为札兰丁的地盘，对我们是不利的。"

部下将领不大赞成，术赤道："父汗向来对投降者宽大，赦免他们死罪，如今此城守将不列帖地已主动归降，若再屠城，岂不自食其言，丧失人心么？"

察合台也说道："对降者杀戮，这不是父汗一贯的政策。"

成吉思汗不耐烦地对两个儿子说："这座巴里黑城是呼罗珊的重镇，不仅人

424

多、城坚，而且军队数量很大，不少于一万人，一旦为札兰丁所拥有，必将成为我们的心腹之患，不可不除啊！”

于是他不顾两个儿子的建议，便以检查户口为名将巴里黑人统统驱赶到城外，按惯例分为百人、千人一群，命士兵将他们全都杀了，并纵火焚烧了该城的园林，摧毁了它的外城，把城里的楼房、宫殿、寺院等一一摧毁。然后领兵离去，但是，刚走不远，哨探来报告道："巴里黑的城民很多藏在山林里，如今又回到城里去了。"

成吉思汗一听，立即又领兵回来，把那些逃回来的人又全部杀死，并下令把那些立着的墙垣统统推倒，又一次洗劫了巴里黑。从此，野兽在这里饱餐死者的尸体，狮虎狼熊相安地共同嚼食，鹰隼无争地从同一张餐桌上享受着人肉的美味。巴里黑被彻底毁灭了。

1221年2月，成吉思汗命令幼子拖雷领兵马七万人，进攻呼罗珊另一个重镇——马鲁城。马鲁，又称谋夫（即今土库曼马勒），是呼罗珊地区比较发达的经济中心。它位于木尔加布河下游的绿色平原上，这里文化发达。

在蒙古大军到来之前，花剌子模国王谟罕默德曾任命抹智木勒克为马鲁的守将。

抹智木勒克的母亲本是谟罕默德的一个宠姬，后来被赏赐给了胡景沙儿木勒克。五个月后，那宠姬便生下了抹智木勒克。实际上，他母亲是怀着身孕来到他父亲胡景沙儿木勒克身边，因此，他应该是谟罕默德国王的儿子。

抹智木勒克从母亲那里得知自己的身世以后，便去找谟罕默德相认。国王默认了，便让他在马鲁做城守。

自此以后，抹智木勒克广泛结交有志之士，扩建兵马，训练了一支队伍。

蒙古军队入侵之后，他得知国王死了，几个王子又下落不明，遂与心腹将领巴哈木勒克商议，决定乘机提出复国号召，以扩大影响。

巴哈木勒克说道："你既是国王的后代，这马鲁的城守算什么官职？那国王宝座你也有一份啊！"

抹智木勒克听后，兴奋地说："对呀，他们死的死，亡的亡，我们何不乘势而起，树起复国大旗，招纳四方贤才，扩充势力，大干一场呢？"

但是，城中有人主张投降，害怕挡不住蒙古军队，巴哈木勒克又建议道："先安定内部，再向外发展，既铲除了后顾之忧，又纯洁了队伍，然后就可以慢慢收复失地，逐步实现复国大计。"

抹智木勒克接受了这个建议，杀死了投降派的头目，并且发兵攻打附近一些投降蒙古的城市，杀死了一些蒙古派来的"沙黑纳"（地方官）。

不久，一个叫不花儿的人来到马鲁，他自称是谟罕默德国王生前的将领，他对抹智木勒克说道："国王生前多次讲到你是他的骨血，对你表示出极大的关怀，让我送一封信给你。"

抹智木勒克展开那封信，见上面写道：

"我以父王的身份向你——我的儿子，示以关切爱护之情……鞑靼军至，你当隆重去迎接，接受他们派来的沙黑纳，听从他们的指令，以保全自己的性命和财物。"

这是谟罕默德公开号召马鲁人，特别是让他的这个儿子——抹智木勒克在蒙古军队来时，主动投降，切勿反抗。这时，巴哈木勒克说道："你以为这个不花儿的话是真的？"

抹智木勒克猛然醒悟说："难道他敢冒充？难道父王的信也是假造的？"

巴哈木勒克诡谲地笑了笑，又说："现在是战争之际，人心难测啊！这个不花儿若是蒙古人派来的间谍呢？"

抹智木勒克连拍脑门，有些后悔地说："是啊，蒙古人诡计多端，这样吧，我把他找来，再详细问问他！"

巴哈木勒克阻止他说："别问了，先派人注意他的行动，我们还按照既定的方案干我们的，不听他的就是了。"

过了几天，不花儿见抹智木勒克不太搭理自己，又见周围似乎有人监视自己的行动，就跑到蒙古人那里，把马鲁的形势报告给拖雷，表示愿意去城里劝降。

拖雷答应之后，又对他说道："这次你是作为蒙古国的使者身份去劝降的，再派七名蒙古人作你的随行人员，若是说降成功，你将是留守这马鲁城的沙黑纳。"

谁知不花儿见到抹智木勒克刚说了几句，巴哈木勒克就打断他，插话道："我们不知道你到底是花剌子模人，还是蒙古人。"

不花儿立刻答道："我是作为蒙古帝国的使者身份，来向你们劝降的。希望你们认清形势，要知道蒙古大军是不可抗拒的，只有臣服归顺才能获得赦免。"

抹智木勒克对他说道："臣服之事，容我考虑。"

后来，他把不花儿的七个随行蒙古人一个个拉到一旁，向他们打听蒙古军队的情况，然后把他们连同不花儿一起，全都杀了。

拖雷知道之后，十分生气，立即带领他的主力部队浩浩荡荡地开来了，七万多蒙古军扎下了成千上万的营寨，马鲁城外变成了一片骑兵的海洋。为了尽快攻下马鲁，拖雷亲自带领五百骑兵来到马鲁的凯旋门，然后绕城一周，观察地形。他用了六天时间进行巡视，察看外垒、城池、壕堑和城上的塔楼，发现马鲁城是一座禁得起攻击的坚固堡垒。

第七天，拖雷向全军发布了攻城的命令，七万蒙古士兵摇旗呐喊，声震云天，他们向城上发矢石、打炮火，吓得城上的守军不敢出来。

一代天骄：成吉思汗

不过，巴鲁守军也是经过训练的一支队伍，当蒙古士兵抬着云梯攻城时，直到蒙古士兵爬到云梯中段了，他们才开始发箭，抛下檑石和滚木。攻了整整一天，没有攻破马鲁，反而在城下遗留下数千条尸体，蒙古人被激怒了。

第八天，主帅拖雷把队伍集合起来，自己跳下马，高举着盾牌，走在部队的最前面。

随着拖雷的喊杀声，蒙古士兵高声叫喊着，向城下冲来，把冲出城来的敌人压了回去。

城内城外，双方对峙着，拖雷命军队层层包围了马鲁，轮番攻城，日夜不息。

城内守军数量不过数千人，怎能经得起连日来的通宵警戒，渐渐感觉体力不支了。有的守军，在城上困得站着睡着了，紧张得连饭也吃不上，大小便也走不脱，整日疲于奔命地守在城头，人的精神都垮了！

城外蒙古军队人数众多，可以轮班出阵，精神一直处在良好状态，攻城的劲头更大。

抗敌态度十分坚决的巴哈木勒克已受了重伤，他在城头指挥作战时，被蒙古军队的射手射中了脖颈，离喉管只差一点点，只能在家里养伤，不能再上城头了。

抹智木勒克也感到疲惫不堪，深感兵力不足，对连日来的守城十分厌倦。

他对巴哈木勒克说道："像这样的穷于应付，总不是办法。"

巴哈木勒克立刻听出话中含意，忙问道："你是想向蒙古人投降？"

抹智木勒克立即把自己的想法说出来："这叫有条件的投降，实际上就是谈判！"

巴哈木勒克看着他道："说吧！"

抹智木勒克说道："我是前国王的王子，希望蒙古人支持我当花剌子模未来的国王。"

"但愿蒙古人能答应，这是最理想的结果了。"

巴哈木勒克接着问道："派谁去谈呢？最好是一位德高望重的教长，因为蒙古人也尊重宗教。"

二人商议以后，就让城里最有名望的老教长哈丁姆·雷特里儿出城，去与蒙古人谈判。

哈丁姆·雷特里儿在蒙古军营受到欢迎，拖雷对他很客气，放他回城。

次日，抹智木勒克又亲自来到城外与拖雷见面，二人谈得也很满意，拖雷说道："花剌子模幅员辽阔，没有国王怎么行。你身为王子，非你莫属！我们蒙古人一定支持你，并将赦免全体马鲁人的生命。"

抹智木勒克听后，更加兴奋，连声感谢，甚至提出以晚辈的身份，称呼拖雷为"叔父"。

拖雷笑着婉辞道:"那恐怕不行,我的年龄还没有你大哩!"

后来,拖雷进一步提出:"听说你的助手巴哈木勒克是一位人才!在你的帐下还有好几位有才干的将领,不妨请他们出城,一起来我这里做客,叙谈叙谈,以便任命他们各种不同的官职。"

抹智木勒克回城之后,当着巴哈木勒克及众将领面前,大吹特吹,详细介绍成吉思汗幼子拖雷的为人,说他如何宽厚,温和,平易近人,丝毫没有看不起人的架子等,并说道:"拖雷要见见你们,准备任命你们各人官职,说你们都是难得的人才。"

巴哈木勒克听后,狐疑地说道:"难道蒙古人放下屠刀,立地成佛了么?"

抹智木勒克立即说道:"口说无凭,你们都随我出城,去蒙古军营见见面,谈谈话,就知道我说的全是实话。"

第二天,抹智木勒克真的领着他的助手们来到蒙古军营,要求拖雷出来见他们,起先士兵对抹智木勒克问道:"你的所有将领都来了吗?"

"是的,都来了,他们全是我的助手。"

那个士兵听后,向门外的军队说道:"把他们全都捆起来!"

这时候,抹智木勒克大声喊道:"我们是拖雷小王爷请来的,你们怎敢逮捕我们?等他老人家来了,看不扒掉你们的皮!"

那个士兵笑道:"我们就是奉拖雷小王爷的命令,来逮捕你们这些顽抗的糊涂虫!"

抹智木勒克这才知道上当了,便说:"你们蒙古人真不够交情,尽耍花招!"

在这种情况下,马鲁城里群龙无首了,拖雷带领大军,无阻无挡地来到城里。他命令城里居民一齐出城,并派人在城外平野上搭一高台,在台上设一金座。

于是,他坐在那金座上,首先命令押来抹智木勒克等人,然后向居民们大声说道:"我们蒙古人奉上天之命,来征服你们,这是天经地义的,是不可抗拒的!你们国王谟罕默德的下场怎么样?他早已受到我们蒙古军队的惩罚,去上帝那里认罪去了。"

拖雷说到这里,指着台子角上被绑得结结实实的抹智木勒克几个人,又大声说道:"就凭你们几个人的力量,能阻挡我们蒙古大军的进攻吗?那是螳臂挡车,不自量力!根据成吉思汗惩罚一切对抗者的法令,我宣布:立即拉下去处死他们!"

拖雷的话音未落,几个蒙古士兵走上台,把抹智木勒克等人拉下台去,当着那些吓破胆的居民们的面,一个个处死了。然后,根据他的命令,把居民中的男人、妇女和儿童分开。当此妻离子别之时,居民们大声哭着,哭声震天动地,情景凄惨极了。这些居民们，除留下八百名童男童女以及四百名工匠、技师之外，余者全部处死。

拖雷又派军队进城洗劫财物，挖掘珍宝，将财物珍宝运出城之后，又派士兵去掘开木尔加布河的堤坝，灌水进城，一座繁荣发达的马鲁古城，立刻变成了一片废墟。

摧毁马鲁城之后，拖雷又带领兵马向呼罗珊的另一个重镇——你沙石儿城进军。

为了替姐夫脱忽察儿报仇，拖雷的兵马快速行军，从马鲁到你沙石儿原有十二天的路程，他们只用七天时间就赶到了。

早在1220年9月，花剌子模国王谟罕默德曾逃到这座城里，因为恐惧过度，他向你沙石儿城的守将胡里惕丁说道："蒙古人来了，你们千万别反抗，不然的话，成吉思汗会让城里所有的人葬身刀下，你们的妻儿也会被贬为奴隶，那时想逃也来不及了。"

不久，谟罕默德国王又继续向南逃跑了，蒙古大将哲别、速不台随后追到这里，城守胡里惕丁就领着城里的将领，带着食物和礼品，向哲别、速不台表示臣服，请求赦免他们的死罪。

哲别、速不台因有追击谟罕默德的重任在肩，便答应他们的请降，发给他们一份成吉思汗的文告，并派黑帖儿担任驻守你沙石儿城的总督，负责管理此城。

哲别、速不台临离开你沙石儿城时，对原守将胡里惕丁再三叮咛道："你要协助我们的沙黑纳——黑帖儿管理好你沙石儿城，否则，蒙古大军来了，不会饶恕你的。"

哲别、速不台领着兵马，又急着赶路去追击谟罕默德去了，黑帖儿在你沙石儿城里作威作福，把自己当作你沙石儿人的太上皇，整日胡作非为。一天，黑帖儿为了追逐一个少女，他居然追到那个少女家里，当着少女父母的面调戏她，被少女的家人活活地打死了。城里的居民一致支持这个举动，并推举一个很有名望的教长希姆丁·阿剌丝惕为全城长官。

就在这时，成吉思汗派出的追击谟罕默德的第三支部队——脱忽察儿的一万人马，来到了你沙石儿城下。

脱忽察儿，本是弘吉剌部德考禅之孙，按陈之子，也就是说，他是成吉思汗的太皇后孛儿帖的侄子。为了联络感情，加强与弘吉剌部的亲密关系，当时的成吉思汗便采取亲上加亲的办法，把自己的第四个女儿秃满伦嫁给了脱忽察儿。

当脱忽察儿的军队来到你沙石儿时，城内的教长希姆丁·阿剌丝惕立即将军队埋伏在城南不远的一个山口上，然后让胡里惕丁领兵去向蒙古人进攻。

脱忽察儿不知是计，便出阵与之交战，并领着兵马一举击溃胡里惕丁的队伍。

胡里惕丁兵败之后，不往城里逃，却向城南埋伏了兵马的山口跑去，脱忽察儿也追到了山口，被希姆丁·阿剌丝惕埋伏在那里的军队乱箭射死了，一万蒙古军队几乎全部被歼，只有少数人逃了出去。

这次，拖雷的兵马来到你沙石儿，决心为他的姐夫脱忽察儿报仇，扬言要血洗此城。

同时，深知没有任何被宽恕希望的你沙石儿城居民，一齐行动起来，帮助军队加固城防，决心拼死抵抗。他们在城头部署了弩炮和发弩机三千门、发石机五百架，还在城上堆满了擂石和滚木。有些居民，主动扒了自己的房子，将木头和砖石拆下来运往城头。

得知城里的布防情况以后，拖雷也不示弱，在城周围部署的攻城器械也很齐备：发弩机三千台、发石机三百架、火油投射七百台、云梯四千只、炮石二千五百担。

1221年4月7日拂晓，随着统帅拖雷的一声号令，各路大军一齐涌向城下，开始了攻城。晚上，所有的城墙和城头都被蒙古人占领了，拖雷一声令下："冲进城去，杀死所有反抗的人。"

于是，蒙古人如潮水一样涌进城去，见人就杀，无论是军人、老人或孩子，一个不留。

居民们顽强地进行自卫，拼命反抗，他们退入宅院，伺机袭击进城的蒙古人。

于是，城内开始了巷战，蒙古人付出了极大的代价，死伤的人不计其数。

这时候，脱忽察儿的遗孀，成吉思汗的女儿秃满伦，向拖雷要了一万人马，冲进城里。

这一万人成了真正的复仇队伍，他们所到之处鸡犬不留，整整屠杀了四天。

拖雷听说以前在马鲁屠杀时，有些居民藏匿在积尸中。为了避免再次发生类似情况，他下令在这次攻进你沙石儿城之后，在大屠杀中一律要斩下死者之头。

秃满伦面对一堆堆尸体，冷笑道："你们让我守寡，我要你们全都死！"

蒙古军队毁灭这座城，整整花了十五天时间。

谟罕默德死后，把花剌子模国王的王位传给了札兰丁。札兰丁坚定、勇敢，有计谋，是个难得的人才，也是花剌子模统治集团中最坚决的抵抗派。

札兰丁听说蒙古军队的主力已撤出呼罗珊和伊拉克，便决心以旧都玉龙杰赤为基地，进行抗蒙复国。但是玉龙杰赤少数康里人出身的将领阴谋要杀害他。札兰丁得知此消息后，连夜逃往他自己的封地——哥疾宁。

回到哥疾宁之后，札兰丁把抗蒙的复国大旗高高举起，他的部下立即从四面八方蜂拥而来，投到他的帐下。此时，来到札兰丁麾下的部队共有三支：一支是阿明灭里率领的四万人，另一支是赛甫丁、阿黑剌黑指挥的四万骑兵，第三支队伍是可不里和阿匝术带领的一万多人。加上札兰丁自己收集到的军队，共有十多万人。

这是一股不小的力量，声势之大，名声之响，立刻传到成吉思汗那里。

这时，成吉思汗已在呼罗珊地区取得军事上的巨大胜利，正在凉爽宜人的塔里寒地区消夏。得知札兰丁的消息之后，他立即派遣失乞忽秃忽为主将，派帖客扯客、木勒合儿、兀客儿哈勒扎、忽秃儿哈勒扎等为副将，领三万人马，前往征讨。

札兰丁听说成吉思汗派兵来攻，立即召开会议，制定作战方案，他首先说道："我们不必被动地坐守哥疾宁城，我们可以主动地迎上去，选择一块有利的地形，把蒙古的这三万人马歼灭掉。"

赛甫丁立即说道："对蒙古军队不可轻视，这头一仗我们一定要稳扎稳打，打个开门红，先杀一下蒙古人的威风，给他们一个下马威！"

阿明灭里说道："我看八鲁弯地势险要，利于打歼灭战，不如把军队领到那里去，还可以逸代劳！"

札兰丁听了，高兴地说："太好了，八鲁弯确是一个设伏的好所在，把兵马埋伏在那里，万无一失！"会后，札兰丁便领着人马向八鲁弯驰去，悄悄地埋伏起来。

当晚，这支军队扎营后，主将失乞忽秃忽深感兵力不多，为了长自己的志气，威慑敌人，他终于想出一个办法：命令每个骑兵，连夜用毡子或是别的东西，做成假人，然后将这些假人绑在从马的马背上，借以迷惑敌人。

次日，失乞忽秃忽命令部队依计而行，札兰丁的哨探看到以后，向札兰丁报告道："蒙古军队人数很多，不只三万人，光是骑兵，已经将近三万人了。"

札兰丁立刻对他的部下说道："没什么，这不是成吉思汗的主力，是他的一个偏师，听说主将还不是常带兵的将领，而是蒙古国的一个大断事官。"

阿明灭里、赛甫丁等听了，十分高兴，精神都很振奋，决心打好这一仗。

出兵前，札兰丁又向将士们说道："蒙古人到处杀人放火，抢劫奸淫，像野兽一样对待我们花剌子模人，今天是我们向他们讨还血债的时候，大家可不要错过这个机会啊！"

说完，札兰丁命令阿明灭里所率军队为左队，赛甫丁、阿黑剌黑的队伍为右军，让他们从左右两翼向蒙古人包抄过去，自己带领中军对蒙古军队展开冲击。

此时，失乞忽秃忽一见札兰丁的队伍冲过来，立即指挥兵马，发起冲锋，蒙古骑兵像潮水一样向前冲杀，他们高声叫喊着，对着札兰丁的中军队伍，冲了过来。

札兰丁一见，立即命令全军将士一齐下马，把马缰绳拴在一处，取下弓箭，对准冲来的蒙古骑兵射箭。眨眼之间，万箭齐发，正在冲锋前进的蒙古骑兵纷纷

第十五回　勇术赤受辱恶犬阵，老哲别抱憾辞人间

中箭落马。前面的人马倒下来，后面的人马也随着被绊倒。中箭的不死即伤，栽下马来的也无心再战了。

札兰丁的弓弩手们并没有住手，依然拉满弓，搭上箭，对蜂拥过来的蒙古人乱箭齐发。

半个时辰的工夫，札兰丁的军队一阵紧似一阵的箭雨，终于煞住了蒙军进攻的势头，札兰丁当机立断，手执大刀，高声向周围的兵马喊道："向野蛮的蒙古人讨还血债啊！"

札兰丁冲锋向前的英勇行动，带动了他的兵马。花剌子模军人的长时间受压抑的积极性得到了宣泄的机会。一时间，他们狂喊着，拍马挥刀，冲向被惊呆了的蒙古人。

当时，札兰丁的军队比蒙军多两三倍以上，阿明灭里、赛甫丁与阿黑剌黑的队伍又从两翼包抄过来，企图围成一个圆圈，将蒙古骑兵包围在中央。

失乞忽秃忽一看即将被包围的危险形势，赶紧指挥军队后撤，可是札兰丁的反冲锋队伍已排山倒海一般地冲上来，杀得蒙古骑兵无力招架，只有拼命地四散奔逃。

由于八鲁弯地势不平，到处坑坑洼洼，失乞忽秃忽的队伍在后退中，那些仓促奔驰的战马，纷纷被坑洞绊住，更增加了撤退的困难，也加剧了人马的伤亡。

札兰丁又不失时机地追上来，不断地大叫着、鼓舞着他的士兵，向溃逃的蒙古人拼命地砍杀，不愿放过这个复仇的机会。

失乞忽秃忽的三万兵马，被札兰丁的两三倍军队追击着，围歼着，在八鲁弯的坑洼不平的土地上，留下了两万多人马的尸体。这是自蒙古军队西征以来，花剌子模军队取得最大的一次胜利！

其实，从当时成吉思汗的作战部署看，他并没有将蒙古军队的主力用于追击札兰丁，而是去征服花剌子模的领地——呼罗珊地区，因此失乞忽秃忽的三万兵马，正如札兰丁所说，不过是一只偏师而已！

在失乞忽秃忽出师前，成吉思汗对他说道："你们的任务，不在歼灭札兰丁的势力，能够拖住他，使他不能够向呼罗珊地区用兵，就是你们的胜利！"

可是，失乞忽秃忽人太老实，毕竟不是常年用兵的将领，再加上几位副将的刺激，便忘记了成吉思汗交给自己的战略牵制任务，竟然带领兵马发动了一场本不是自己这支队伍所能承受得了的战争，最终遭到惨败。

成吉思汗在得知这次被札兰丁打败的消息之后，虽然心里十分难过，但他却不动声色地对部下们说道："失乞忽秃忽以前老是打胜仗，没有受过挫折。他经历了这次失败之后，就会更加谨慎起来，从战争中取得经验，获得活生生的作战知识。"

不久，失乞忽秃忽和随同他一起出征的将领们，带着剩下残余兵马回到了蒙古大营。未等失乞忽秃忽讲话，成吉思汗却先说道："天下哪有真正的常胜将军？胜败乃兵家之常嘛！何况札兰丁的军队数目大大地超过你的军队。"

成吉思汗对失乞忽秃忽等将领一律不予追究，只是要求他们从中吸取教训，在以后的战争中将功补过。话虽如此，成吉思汗还是立即组织军队，率领蒙古军队的主力，向札兰丁的驻地——哥疾宁进军。

当大军路过八鲁弯附近时，成吉思汗还特意让失乞忽秃忽领着自己与众将领又巡视了那时的战场，听取了失乞忽秃忽的详细汇报，当场指出他的错误，如选择战场不妥，进攻队形不对等，这就不但教育了失乞忽秃忽，而且让他的儿子们以及在场的将领们，都能从中吸取教训，受到教育。

作为一个大断事官，失乞忽秃忽精明强干，十分称职，但对指挥作战却缺少经验与才能。成吉思汗对他的错误并没有发火，也没有处分他，这固然因为当初有允许他百次犯罪不罚的特权，但更体现出成吉思汗对部下的关心和爱护。对部下的错误注重说服、引导，帮助他们总结经验教训，使之心悦诚服，这也是成吉思汗能得到部下忠心拥护的主要原因。

与之相反，札兰丁的军队被胜利冲昏了头脑。

八鲁弯的战事刚一结束，面对着堆积如山的战利品，札兰丁及其部下们陶醉了，禁不住一次次欢呼、雀跃，好大喜功的阿明灭里说道："请国王召开盛大的庆功会，用丰盛的食品犒赏全军将士。"

阿黑刺墨却说道："这是一次最好的复仇机会！蒙古人杀死了我们花剌子模成千上万的人，这次我们俘虏了那么多蒙古人，也该向他们大开杀戒，进行报复，让蒙古人知道：我们花剌子模人也不是好欺侮的。"

札兰丁听着，不以为然地说道："取得一次胜利，也不值得大肆张扬，何况成吉思汗已经整顿兵马，很快就要向我们进攻。"

他的话还未说完，赛甫丁立即插话道："不管怎么说，马上要召开祝捷大会，犒赏全军将士！我问你，那么多的战利品，你不分给我们，难道你都留着归自己？"

札兰丁只得说道："好，就依你们，明天就开庆功大会，把战利品分掉，好不好？"

被一次胜利冲昏了头脑的札兰丁的那些将士们，在酒桌上狂饮得烂醉如泥，札兰丁看了之后，十分忧惧地想道："如果成吉思汗的军队来了，我们不都成了他的俘虏么？这可怎么办啊？"

札兰丁已深深地感觉到：没有纪律的军队是一支愚蠢的军队，而愚蠢的军队是不能打胜仗的。可是，札兰丁又感到无法说服他们，更无力驾驭他们，有一种不祥的预感渐渐到来……

　　由于花剌子模内部派系众多，无论在失败时，还是在胜利时，总会出现一些矛盾和冲突。

　　在第二天的庆功会上，札兰丁把一匹阿拉伯战马奖给了阿明灭里，阿黑剌黑当即抗议道："报告国王，这匹黑骟马是我缴获的，是我的战利品，应该属于我。"

　　说罢，就过去要夺阿明灭里手中的马缰绳，但是，阿明灭里却两眼一瞪，说道："这是国王奖给我的，你没有权力要它！"

　　阿黑剌黑哪里能答应，大声说道："这太不公平，我抗议，我抗议。"

　　阿明灭里也高声嚷道："他眼里没有国王，应该处罚他，治他的罪！"

　　众人正在惊奇之时，那匹黑骟马的两只前蹄突然往下一蹬，一左一右两只碗口大的蹄子，恰好同时蹬在阿明灭里和阿黑剌黑两人的胸脯上。两个人被那黑骟马的蹄子出其不意地用力一蹬，顿时跌个仰面朝天。

　　那马随即纵身一跳，带着缰绳，如闪电一般，窜向原野而去……

　　另一位大将赛甫丁见了，立刻大叫道："快追，不能让它逃了！"说罢，纵身跳上一匹战马，随后就追，部下们也翻身上马，尾随着追去。

　　庆功会上的国王札兰丁，被眼前的情景弄得眼花缭乱，不知怎么办才好。

　　那两个被黑骟马蹬倒在地上的将领，挣扎着站起来后又撕扯在一起，阿明灭里骂道："你这康里人霸道惯了，现在是新国王当政，怎能容你这般蛮横，老子绝不让你！"

　　阿黑剌黑也毫无顾忌地回骂道："你这老不死的王八蛋，妄想仗着你女婿的权势，欺侮我们康里人，绝对办不到！"

　　就在这时，赛甫丁回来了，只见他紧紧地拉着那匹黑骟马的缰绳，边走边说道："这家伙真坏，它仗着新国王的宽厚仁慈，想逃回到蒙古人那里去，终于被我捉住了。"

　　赛甫丁一边说着，一边跳下马来，然后指着黑骟马，对新国王札兰丁说道："这匹战马是阿黑剌黑冒着性命，从蒙古人手中夺过来的，请你秉公决定，把它奖励给阿黑剌黑，才算是物归原主！"

　　札兰丁听后，却说道："按照规定，战场缴获敌人的一切东西，全应归公，不能谁缴获的就归谁。若是这一次开了头，以后还能服众吗？何况我已赏给了阿明灭里，怎能出尔反尔，说话不算数呢？阿黑剌黑宽容一些，大度一些，不要在这件小事上过于计较了。"

　　国王的话还未说完，阿黑剌黑一下子跳起来，歇斯底里地大叫道："我不服，我死也不服！你身为国王，这样赏赐不公平。你一心袒护你的老丈人，欺负

一代天骄：成吉思汗

我们康里人，根本不配当我们花剌子模的国王！"

见他如此猖狂，阿明灭里伸手从腰间拽出马鞭，对准阿黑剌黑的头打去。

由于阿黑剌黑没有防备，头上挨了一马鞭，心中怎能不气？他立即抽出佩刀，要与阿明灭里拼命，札兰丁立刻派人把二人拉开，劝说道："别再闹了！这样下去，我们还怎么同蒙古人打仗，怎么进行复国战争？"

赛甫丁走到札兰丁面前，质问道："报告国王，你该看见了吧？阿明灭里用鞭子打人，这是什么行为？请你立即处罚他！"

此时，许多康里人出身的将领也都围上来，齐声大吼道："不处罚打人凶手，我们决不答应！"

古儿部的首领阿匝木也站出来说道："阿明灭里如此野蛮，任意殴打有功的将领，国王不及时处罚，怎能服众？"

札兰丁听了，正在犹豫着，阿明灭里部的将领们也一齐跳出来，大声呵斥道："你们眼中没有国王，该处罚的应该是你们！你们康里人一贯霸道蛮横，过去老国王还能容忍你们。可现在是新国王当政，你们打错了算盘！"

听了这些话，赛甫丁怒不可遏地大手一挥："走！我们回营去，这里不是说理的地方，也没有人主持正义，我们还争什么？"说罢，伸手拉着阿黑剌黑，带着他们的部下，怒气冲冲地离开了会场，走了。

阿匝木也瞪着札兰丁，大声地说道："你身为国王，没有是非界线，怎能让你的部下心服口服？"说完，他也领着古儿部的士兵，拂袖而去。

札兰丁一见，无力地坐在椅子上，叹息道："双方各持一理，互不相让，我这国王还怎么当下去？"

阿明灭里立刻上前说道："他们心怀二志，早晚会背叛你的，现在走了也好，免得以后反遭他们的算计！"

札兰丁气愤地瞪住这位不明事理的岳父大人，不由得一股怒火上升，大喝一声："胡说！这……这全被你搅浑了！"说完，气呼呼地一甩手，追着赛甫丁等离去的方向，急匆匆而去。

札兰丁赶到时，赛甫丁、阿黑剌黑不理他，也不看他，只顾催促部下赶快集合队伍。

赛甫丁、阿黑剌黑的四万兵马连夜走了；另一支队伍——阿匝木也领着他的古儿部族人，他们出于对赛甫丁、阿黑剌黑的同情，也离营而去。转眼之间，札兰丁辛辛苦苦，好不容易招集起来的这支十几万人的复国队伍，便分崩离析，各奔前程去了。

此时，在札兰丁身边，只剩下了阿明灭里的一支军队。札兰丁深感兵微将寡，自知不是成吉思汗的对手，便慌慌忙忙地把军队从八鲁弯撤回到哥疾宁，准备再次聚集兵力，继续举起抗敌复国大旗，去进行这场爱国自卫的战争。

成吉思汗亲率大军去迎击札兰丁，到达八鲁弯之后，札兰丁已撤往哥疾宁去了。

此时，哨探已向成吉思汗报告了札兰丁内部分裂的消息。成吉思汗当即命令三子窝阔台带领一万人马，前往古儿疾汪城，临行叮咛道："古儿疾汪与范延堡为花剌子模大将帖木尔灭里占领的地区，应尽快歼灭，防止他与札兰丁会合一起。"

当时，察合台的儿子篾忒干，拖雷的儿子忽特立采两人要求随窝阔台出征，成吉思汗欣然答应，并说道："打仗的本领要从战争中学，希望你们学会用脑子打仗，用智谋去指挥战争。"

当初札兰丁与帖木尔灭里制定抗敌复国的战略方案时，两人决定各自占领一处，召集兵马，扩充势力，与蒙古人对抗。

帖木尔灭里在范延堡、古儿疾汪两地收集花剌子模各地走失的散兵游勇，准备施展其抗蒙复国的壮志时，却身患疾病，只得把重任交给了两个儿子——列古思和马利诺。

在攻打锡尔河上的忽毡城时，窝阔台早已领教了帖木尔灭里的英勇与无畏，知道这位花剌子模国的大将智勇双全，现在听说他染病不起，不能走马上阵了，心中庆幸不已。

哨探报来消息，古儿疾汪城的守将是帖木尔灭里的长子列古思，窝阔台领兵来到城下时，发现城上守军严守以待，城门紧紧关闭，不由得自语道："这真是虎父无犬子啊！"

篾忒干听后，忙说道："叔父不要只长敌人的志气，灭我们蒙古人的威风，谅这小小的古儿疾汪城，能禁得起我蒙古骑兵的冲击吗？"

窝阔台笑道："我劝你别轻视敌人，人外有人，天外有天啊！花剌子模国也有能征善战的人，帖木尔灭里就是其中之一。他的儿子也未必容易对付，我们还是谨慎一些，才能万无一失！"

于是，窝阔台领着篾忒干和忽特立采等围绕着古儿疾汪城转了一圈，认真地察看了地形。回到营里，他向两个侄儿问道："你们对攻城有什么建议？"

篾忒干说道："按照我们汗爷爷的传统方式，要先礼而后兵，那就先派人到城里去劝降；如果他们拒绝归顺我蒙古帝国，再指挥兵马攻城。"

窝阔台又看着忽特立采，问道："你是什么意见？"

忽特立采说道："我见这古儿疾汪城的后面紧靠着山坡，若是从那里爬过城去，不是容易破城吗？"

窝阔台听了，暗自点头，认为这个侄子好动脑子，倒是个带兵打仗的好苗子呢！便说道："我们还是先派人进城去劝降吧！"

一代天骄：成吉思汗

不久劝降的人便回来了，报告道："守城将领说了，哪有一仗不打，就要我们投降的？"

窝阔台笑道："这位列古思是说，等他被我们打败了，他才投降呢！真是一个狡猾的家伙！"

当晚，窝阔台命令他的两个侄儿领着大队人马守在城门外面，对他们说道："夜里见到城内起火时，就开始攻城。"

说完，他自己从军队中挑选出五百名精干的士兵，趁夜色来到城后山坡上，每人背负一捆干柴草，翻过城墙，进入城内。不久，城内四处起火，古儿疾汪城内的房子多用木头建成，容易着火，不到半个时辰，全城火光四起。

守城士兵见城内起火，慌忙走下城去救火，城外的篾忒干和忽特立采一见城内火起，又见城上守兵全撤了，便命令攻城。蒙古士兵抬着云梯，搭到城上，然后从云梯上爬到城头，打开城门，放大队兵马进城。

守军这才发现城破了，蒙古人进到城里了，也就不再反抗，干脆投降了。

窝阔台派人查找守将列古思时，俘虏们说："他早已逃往范延堡去了！"

于是窝阔台把俘获的士兵编成一队，派篾忒干领着，又去攻打范延堡。

窝阔台的兵马来到城外时，发现范延堡这座古城好像是一个孤独的瞭望哨，屹立在查里戈尔戈拉高地上。因为城外全是平地，城堡的围墙又高不可攀，因此是个易守难攻的城堡。

窝阔台对两个侄儿说道："现在只有用强攻的办法了，别无捷径可走。"

于是，叔侄三人各领一支人马，从三处同时攻城，不给敌人一点喘息的工夫，他们昼夜不停，轮番强攻。突然之间，篾忒干被城上守军飞来的一箭射中头部，当即死了。

窝阔台得知篾忒干的死讯之后，一方面派人去向成吉思汗报信，一方面指挥兵马继续攻城。他知道父汗十分重视亲情，对第三代孙子辈特别疼爱，平日把他们看做掌上明珠，因此对那送信人特别关照，要他注意场合，掌握分寸，避免大汗过分悲伤。

后来，成吉思汗听说之后，果然心疼得老泪横流，指着范延堡方向，咬着牙说道："我要让你们以百倍、千倍的代价偿还！"

幸而察合台没有在场，成吉思汗命令部下不准向他透露篾忒干已经战死的消息。他把军中之事托付给长子术赤协理，自己带着拖雷等领兵来到窝阔台身边，首先责怪他说道："为什么不细心看护，让一个年轻的孩子去攻城破敌，以致造成不可弥补的损失。"

窝阔台吓得不敢说话，忽特立采说道："回秉汗爷爷，这事不能怪窝阔台伯父，我们年轻人要学会打仗，只得从战争中学，打仗怎能没有伤亡呢？"

成吉思汗听后，立刻转悲为喜道："说得对，从打仗中学会战争，你汗爷爷就是从年轻时候起，在战争中滚过来的啊！"

因为替孙子报仇心切，成吉思汗当即下令攻城，只见他光着头，亲自冒着矢石，参加攻城战斗。在成吉思汗这股怒气的感染下，将士们纷纷攀登云梯，奋勇冲入城内。

士兵们捉住了守城将领列古思和马利诺，成吉思汗得知他们是帖木尔灭里的两个儿子时，便向他们打听其父的情况，"让你们的父亲帖木尔灭里来见我。"

列古思立即答道："父亲下肢不便行动，只能卧床，要见他还是请大汗前往舍下相会。"

成吉思汗是一个爱才惜才的人，知道帖木尔灭里是个顶天立地的男子汉，很想劝他归降，以此来感召花剌子模人，便屈尊去见他。

窝阔台随着父汗来到帖木尔灭里的住处，见他瘦骨嶙峋地躺在床上，他指着离床不远的一张椅子，请成吉思汗坐下，说道："你是一位影响巨大的世界伟人，可惜我卧床不起，不能跨马持刀，到城外去欢迎你的到来，真是遗憾之至！"

成吉思汗说道："你是花剌子模国中少见的英雄，我从内心里敬重你，谟罕默德若能像你那样通情达理，这场战争就可以避免了。"

"可是，我们战败了，我们花剌子模人正在遭受亡国灭种的灾难。"

在他们谈话时，窝阔台忽然发现父汗座位的上空吊着一块大木板，由一根绳子连着，而绳子的另一头就拴在帖木尔灭里的床头，只要他伸手去拉那根绳子，说不定那块又大又重的木块会突然落下来。

窝阔台看着，想着，不禁警觉起来，心想："难道这是此人在屋子里设下的暗器吗？"

他愈想愈觉得害怕，不由得两眼盯着帖木尔灭里的双手，尤其是拴在他床头的那根绳子，窝阔台眼睛一眨不眨地注视着它，时刻担心他会伸出手去猛拉那绳子，父汗头顶上的大木板就会轰然落下来，后果将不堪设想了。

此时，两人的谈话仍在继续。他父汗说："你若归顺我蒙古帝国，在花剌子模人当中定能产生很大影响，我就可以把军队撤回蒙古去，不是能减少花剌子模人的伤亡么？"

"其实，讹答剌城被你摧毁，亦纳勒术早被你整死，谟罕默德也死了，花剌子模国的两座都城全被你毁了，你的仇已报，恨也该消了，何必要让我们花剌子模人亡国灭种呢？"

"我正是为花剌子模人着想，才来劝告你归顺我蒙古的，为什么你要这么固执呢？"

"别逼我，我是一个快要死的人，逼急了，我和你，还有你的儿子，我们都

438

一代天骄：成吉思汗

会同归于尽！"

　　窝阔台听他讲到这儿，就见他把手伸过去，快要抓住那根绳子时，再也不敢怠慢，立即跳过去，一把按住他的那只手，转过脸来，大声地对着成吉思汗喊道："父汗快走！赶快出去！"

　　成吉思汗猛地站起来，惊愕地看着他们，不知要发生什么事了。但是，很快他就从那根绳子上面发现了头上的那块大木板，便立即离开所站的位置，正要转身出屋之时，忽然又看向窝阔台，说道："那……我走了，你……你怎么办？"

　　"我没事，快，快些出去！"

　　此时，帖木尔灭里使尽力气，要从窝阔台手下抽出手来，终因久病无力，任凭他如何挣扎，也无济于事。

　　只听他长叹一口气，双脚对准床里边的一根木桩用力蹬去，窝阔台不由一惊，他的手也就松了，"轰"的一声，那块大木板坠落下来将木椅砸得粉碎！

　　成吉思汗已经走出屋子，窝阔台正要抬腿出屋，忽听房梁发出嘎嘎轧轧的声响，吓得他纵身一跳，窜到院子里。

　　就在这一瞬间，房子轰然倒下。成吉思汗与窝阔台见了，都吃惊地伸出了舌头。

　　回到营帐，成吉思汗还心有余悸地说道："这个帖木尔灭里真是一个有心计的人啊！今天，要不是被你发现了那根绳子的秘密，后果可真惨了！"

　　他愈想愈有气，又联想到孙子簸忒干的死，更是气上加气，便向部下命令道："对范延堡彻底摧毁，屠尽所有有生命者，不管是人还是动物；不留任何俘虏，杀死所有的人，包括母腹中的胎儿；不取城中任何战利品，一切都在毁弃之列；今后不许其他任何人居住这个'该死的城市'，不让这里再生长任何生物。"

　　摧毁范延堡之后，察合台见儿子簸忒干没有回来，遂问窝阔台道："簸忒干哪里去了？怎么至今未回来？"

　　窝阔台强忍悲痛，告诉他说："父汗派他另一任务，你去问罢！"

　　后来，成吉思汗又编造一些谎话，瞒住察合台，担心他为儿子的不幸过于心痛。

　　为了替孙子簸忒干报仇，成吉思汗把一座充满历史古迹的老城——范延堡彻底摧毁了，把它变成一片废墟，成为什么生物也不能生长的"死城"。然后，他又领兵赶往哥疾宁，准备去消灭花剌子模国最后一股反抗势力——札兰丁的抗蒙复国大军。

　　大队人马正在行进之时，忽见前面一座高山挡住去路，成吉思汗命窝阔台到前面探路，自己跳下马来，坐在路边一块石头上休息。

　　他抬头一看，前面一箭之地有一棵大树矗立在山坡上。虽是深秋季节，那棵大树仍然是浓荫森森，遮天蔽日，成吉思汗心想这是一棵什么树，在这时候枝叶还能如此茂盛，便不经意地走向前去。

突然之间，从树上"嗖"的一声，飞来一箭。成吉思汗本是善射者出身，年轻时曾有弯弓射大雕的美誉。一听弓弦之声，立即俯身躲过，未等他喊话，身后的几名护卫一齐大喊："有刺客！快来人啊。"

就在这时，树上又连续飞来两箭，全被护卫用盾牌挡住了，使成吉思汗幸免于难。

全军一下子都停了下来，护卫们蜂拥到大树周围，有的对树上放箭，有的大声喊道："你跑不掉了，快下来投降吧！"

他们的话音未落，只听树叶"哗啦啦"一阵响，随着树枝猛一晃动，那人便蹿到半山坡上，像猿猴一样轻捷，在乱石丛中纵高伏低，不到半个时辰，就不见踪影了。

成吉思汗立刻下令道："快去追捕！一定要把这个行刺之人抓到。"

窝阔台立即派出一百名精干的士兵，尾随那刺客登山追去。

去追赶刺客的士兵回来了，他们一直追到山那边，听当地人说，那人是从哥疾宁来的，在此地已经等待好几天了。成吉思汗听后，气愤地指着哥疾宁方向说："札兰丁啊札兰丁，你没有力量对抗，又派刺客来行刺，这是大丈夫所为么？"

说罢，将马鞭向前方一指，大声命令道："快速向哥疾宁进军，找札兰丁算账去！"

原来那个行刺的人名叫兀儿秃剌黑，他的祖父、父亲都做过花剌子模国的官，在蒙古军攻占撒马耳干时，将他的母亲、姐姐等全杀死了，他逃了出来，一心想替花剌子模人报仇。

后来，兀儿秃剌黑听说谟罕默德临死前把王位传给了札兰丁，便跑到哥疾宁投到札兰丁帐下。不久前，蒙古人在范延堡屠城的消息传到了哥疾宁之后，札兰丁立即大哭道："帖木尔灭里死了，等于伤了我的一条臂啊！这些蒙古人太残酷了，我札兰丁决心与成吉思汗势不两立！"

当时，兀儿秃剌黑心里一动，便说道："让我去把那可恶的老鞑子头儿杀掉！"

札兰丁听后，忙问道："你有把握吗？"

兀儿秃剌黑又说道："蒙古人把我们花剌子模人糟践得还不够么？只要能杀死那个鞑子头儿，我愿一试。"

"好吧，你去干吧！但愿你能成功地回来！"札兰丁说罢，又与他仔仔细细地商量一下行动方案，便打发他上路了。

行刺失败之后，兀儿秃剌黑回到哥疾宁，他向札兰丁建议道："成吉思汗十几万人马，正在向我们奔驰而来，这小小的哥疾宁，兵微将寡，如何能够抵挡得

一代天骄：成吉思汗

住？依我之见，不如领着军队，渡过申河，躲往印度去。"

札兰丁一听，觉得这建议甚好，若能进入印度，那边森林面积大，便于隐蔽，过一段时间，等到蒙古军队一走，再领兵回来，何愁不能复国？

这时，他的岳父阿明灭里也说道："暂时避一避，是一条良计！"

札兰丁又说道："军中还有好几千名蒙古俘虏，也不能带着他们一起走呀？又不能把他们留在这里。"

兀儿秃剌黑忙说道："这好办，把他们杀了，留下来也是我们花剌子模人的祸害！"

札兰丁还在犹豫，阿明灭里也说道："对，杀了吧！蒙古人杀了我们花剌子模人上百万了，这几千人算什么！"

札兰丁遂一咬牙，大声说道："好，就这么办，这事就由你们二人去执行，越快越好，我们还要抓紧时间撤走哩！"

此时正是中午时分，阿明灭里说道："这杀人的场地设哪儿呢？"

兀儿秃剌黑听后，连连挠着头皮，想了好一会工夫，忽然说道："城外那片大榆树林子，不是一个很好的杀人场么？就去那里吧。"

阿明灭里说道："把他们全绑在树上，也整整这些鞑子，绝不能让他们好死！"

"对！我们也让那片林子变成杀人场，让苍蝇和豺狼、野狗和山鹰，都来吞噬他们的胸膛，饱餐他们的血肉。"

说完，他便与阿明灭里领着人马，把近五千名蒙古俘虏押进林子里，并把他们一个个结结实实地捆在大榆树上。

此时，兀儿秃剌黑与阿明灭里一声大喊："把那些可恶的鞑子兵处死！"

两人手执大刀，对准那些被捆在树上的蒙古兵的胸膛砍去。那些花剌子模士卒也纷纷上前刺杀，有的人连续刺死了几个蒙古人之后，就想出了花样：用铁钉往蒙古兵的头顶上钉下去，还有的用铁钉往耳朵里钉，也有的用刀挖去蒙古兵的眼睛，或是割去他们的舌头。

那些蒙古人大声号叫着，也有的高声咒骂着，当然也有人声嘶力竭地哭着，喊着，各种声音混杂在一起，汇成一股嘈杂的巨大声浪，在那片榆树林子的上空回荡。

不到一个时辰，林子里的地面上，血流满地，令人目不忍睹。

直到札兰丁派人来催，兀儿秃剌黑与阿明灭里才精疲力竭地走出那个杀人场。

阿明灭里说道："还有一些蒙古兵活着哩！等我们撤走了，他们会不会逃跑了？"

兀儿秃剌黑笑道："别担心，他们一个也逃不掉！林子外面那些豺狼、野狗能饶了他们？还有林子上面的苍鹰，早就急着要飞下来啄吃他们的眼睛了。"

阿明灭里又说道："这一下，林子里的大榆树会长得更旺，更壮，这些蒙古人用自己的血肉为它们施了肥，也算是成吉思汗替我们做了一件好事。"

札兰丁一见到他们，就催促道："快集合兵马，成吉思汗的大军离此不过百里，再不撤走，恐怕来不及了。"

其实，札兰丁的兵马不足四万人，加上哥疾宁城内的全体居民，也不过七、八万人，在札兰丁一再催督之下，这一支军民混杂的大军，匆匆从哥疾宁城撤走了。

成吉思汗的大军来到哥疾宁城里，见到札兰丁的军队已经撤走，立即派人出去侦察札兰丁的下落，调查他的去向。此时，有人来向大汗报告："城外一片榆树林里传出人的哭叫声，不知那里面躲藏一些什么人？"

成吉思汗立刻让拖雷带一支人马前去察看，并告诉他说："若是城内的军民，一律处死！"

不一会儿，拖雷回来难过地说："全是我们蒙古人，前次在八鲁弯战役中被札兰丁俘虏去的，他们被……被杀死在林子里，有的人还没有死，便在那里哭叫。"

成吉思汗听了，不由得心里咯噔一下，说："走，我们前去看看。"

拖雷担心他父汗去见了，会受到刺激，引起震怒，便上前劝阻道："请父汗别去了，那种场面有什么看头？让我去安排一下，将他们的尸体掩埋掉，不就完事了。"

可是，成吉思汗执意要去。拖雷无奈，只得与窝阔台、察合台等一起，随在他们的父汗身后，一起向那片榆树林走去。谁知未到林子里面，那股呛人的血腥气味便一阵阵地被风吹了过来，成吉思汗边走边问："有多少人被杀？"

拖雷只得嗫嚅着答道："大约有……好几千人吧！也许还更……多！"

成吉思汗身子猛一抖动，怀疑地问道："能有那么多么？"

这时，他们已经走进了林子，成吉思汗放眼向周围一看，正在惊异之时，忽听"扑喇喇"一阵响，成百只苍鹰一齐飞上天去，还有不计其数的野狗、豺狼，也惊慌地向林子深处蹿去。

眼前，那一具具绑在树上的鲜血淋漓的尸体，有的眼被挖了，有的鼻子被割了，有的被豁开了肚子，有的被砍去了双臂，还有的头上被钉了铁钉……真是惨不忍睹！

成吉思汗看着，看着，不由得一阵头晕眼花，只觉头重脚轻，身子一个踉跄，竟仰面倒了下去！窝阔台、察合台与拖雷等慌忙上前扶着，一齐连喊"父汗！父汗！"他才醒转过来，两眼慢慢睁开，突然用手指着那些残缺不全的尸体，悲切地说道："太惨了，死得太惨了！"

一代天骄：成吉思汗

过了一会儿，成吉思汗倏然而起，悲愤的眼泪夺眶而出，万丈怒火使他涨红着脸，他捶胸顿足，然后摘去了头上的帽子，放在了胸前，仰脸对着万里晴空，祈祷着说道："长生天在上，你看清了吧，札兰丁是多么残忍！请佑助我，赐我以复仇的力量罢！"

祈祷完之后，又对那些蒙古人的尸体说："你们是一群不屈的骑士，是草原上坚强的雄鹰，是我们蒙古人的骄傲！我们一定为你们报仇！"

说完这些他才转身离开林子，走回大营，下令道："要用我们蒙古人的丧葬形式，以英雄勇士的规格安葬他们！"

当晚，成吉思汗睡不着觉，他派人找来了耶律楚材，对他说道："今天，你也看到了那片榆树林子里的一切，札兰丁那样残忍地杀害了四千多个蒙古人，手段又是那样野蛮与狠毒，是可忍，孰不可忍！"

耶律楚材听了，说道："是啊，我看了之后，心中一直不能平静。"

成吉思汗点了点头，又说道："是啊，看了那个杀人场面，谁能平静？稍有人心者，谁能不痛恨那些该死的花刺子模人？这个仇不报，能行吗？一定要报！"

耶律楚材听了，一时没有再说什么，因为他不赞成这种相互残杀的行为，看到大汗正在激动的气头上，怎好泼冷水呢？

但是，成吉思汗又希望他表态，希望他支持自己的观点，拥护这种复仇的政策，于是又说："你说，这些花刺子模人有多么可恶、可憎？不把他们斩尽、杀绝能行吗？"

耶律楚材不由得冒出了一句话："能杀得尽、杀得绝吗？"

成吉思汗一听，更加火冒三丈地吼道："我们蒙古人这次一定要把他们杀尽，杀绝，让花刺子模人亡国灭种，一个不留！"

等了一会儿，耶律楚材又说了一句话："我有……有些担忧，这种冤冤相报何时了？"

成吉思汗听后正要说话，忽然进来一个哨探向成吉思汗报告道："报告大汗，札兰丁带领军队向申河逃去，他们是想逃到申河那边的印度去。"

成吉思汗听完，大手一挥，对他说道："再去继续打探。"

等那哨探走后，他立即大声喊道："来人啊！"

进来两个护卫人员问道："大汗有什么吩咐？"

"快去传令全军将士，立即集合队伍，向申河方向进军，去追击札兰丁的军队。"

然后，他又对耶律楚材说道："我不能让札兰丁有喘息的工夫，必须跟踪追击，直至彻底消灭他为止；不然，他一旦聚集众多人马，有朝一日，又会反扑过来，残杀我们蒙古人！"

这时候，帐外已是一片人马出动的声音。成吉思汗看着耶律楚材，又对他说道："我一贯奉行除恶务尽，穷寇必追，对札兰丁这样野心勃勃的敌人，丝毫不能手软！走吧，我们也该行动了。"于是，两人一边说着话，一边走出营帐，从护卫手里接过缰绳，翻身上马，率领大军，向申河方向拍马驰去。

札兰丁正打马加鞭，领着队伍向申河逃去，忽听哨探前来向他报告说："成吉思汗率领十万大军，正向我们追来！"

札兰丁听后，不由大惊失色，急忙命令兀儿秃剌黑带领五千人马殿后，并对他布置一番，然后领着军队继续往申河前进。

成吉思汗的队伍刚走不远，见道路上盖了一层厚厚的树叶、干草之类，士兵们走在上面觉得柔软异常，正要说话，突然"扑通、扑通……"全掉下去了。

成吉思汗命令窝阔台领着兵马把陷阱填上，大队人马才得以通过。

前面愈走愈难走，一些大树横七竖八地挡在路中央，兵马无法通过，只得又派士兵把大树搬掉，继续进军。走不多远，前面便是一道山口，只见两山并立，中间是一条狭长的山谷，拖雷建议道："札兰丁诡计多端，会不会在这里埋下伏兵，不可不防啊！"

成吉思汗上前细看，忽见山谷中"扑喇喇"飞起几只小鸟，向空中飞去了，他立刻笑道："宿鸟尚在谷中，说明这里没有兵马埋伏，放心大胆地过去吧！"

察合台接着说道："札兰丁只顾忙着逃命去了，哪有心事在这里设伏，真是太多虑了吧？"

拖雷听了很不高兴，立刻说道："我无能，我多虑，还是你有勇有谋，那你为什么不打前锋？每次临战老是要求殿后。"

察合台听了，生气地说道："打前锋有什么了不起？看我领兵在前，札兰丁也不敢对我怎么样？"说罢，察合台真的带着自己的兵马，走在大军的前面，首先进入了山谷。

札兰丁确实派兀儿秃剌黑在山谷中埋下了伏兵。在这山谷里，兀儿秃剌黑埋伏了五千人马，他担心成吉思汗不敢从山谷中经过，早就接受札兰丁的指使，让士兵捉住了几只飞鸟，等蒙古大军来到山谷之时，立即把鸟儿放飞，以此迷惑成吉思汗，引诱这位老谋深算的蒙古大汗上当的。果然不出札兰丁所料，飞鸟一放出去，蒙古大军便开始进入峡谷了。

由于山崖高不可攀，把光线挡得严严的，山谷里阴暗潮湿，道路又窄又不平整，大队兵马若从这里通过，不得不下马步行。

蒙古大军进入山谷之后，成吉思汗对身边的窝阔台等说道："札兰丁毕竟是个乳臭未干的毛头小伙，他用兵打仗还嫩得很呀！"

说到这里，拖雷忙问道："父汗有什么感受么？"

成吉思汗手指两边山崖，大声说道："札兰丁若在这两边山崖上埋伏一支人马，不说三万、五万了，就是三千、五千，我们的大军也会遭到严重损失的呀！"说完，放声大笑起来，谁知他的笑声刚落，山谷里立刻响起震天动地的喊杀声："打死蒙古人，活捉成吉思汗！"随着震耳欲聋的喊声，两边山崖上人头攒动，乱石像冰雹一样纷纷落下来。

正在行进中的蒙古大军，受到这般惊吓，又被乱石砸得东倒西歪，加上谷中光线昏暗，顿时混乱起来。成吉思汗一见，急忙命令将士们说："赶快带领大军冲出峡口，离开这山谷地带。"

可是，山谷峡口处又被树枝层层堵塞，兵士无法通过，只得下马去搬运那些障碍物。

这时候，崖上的敌人拼命地向下面扔石头，蒙古军队只得东藏西躲，头顶着盾牌乱窜。

察合台从前面跑过来，见到成吉思汗上气不接下气地请求道："山谷的口子又小又狭，还被层层的障碍堵住，这么多的人马，几时才能过去，不如撤兵回去，另寻一条路走吧！"

成吉思汗立即大声喝道："胡说！大军已进入山谷，只有拼命冲出去，哪有后退撤兵之理？"说到这里，他又对窝阔台说道："你赶快领一支队伍，到这山谷出处，指挥士兵迅速清除障碍，领着大队人马冲出山谷，再不能拖延了。"

窝阔台走后，他又对幼子拖雷命令道："你去带领一支弓弩手队伍，向山谷两边山崖上的敌人进行还击，我们不能老是被动挨打，任凭敌人杀伤啊！"

拖雷临走时，斜着眼睛看了察合台一眼，意思是说：是我多虑，还是你少虑？

这时候，成吉思汗才向察合台说道："札兰丁的兵马总共不过三、四万人，有什么可怕的？看把你吓成什么样了！"

察合台还想争辩，他父汗瞪他一眼，向他说道："作为一个带兵的将领，既要知彼知己，又要临危不惧，即使高山倒在眼前，也要镇定自若，士兵才能不受影响。遇到一点风吹草动就惊恐万分，没有主张了，还能领兵打仗么？在这一点上，你得向窝阔台、拖雷学习，更得向术赤学习！"

父子两人正在说话工夫，拖雷走来说道："两边山崖上的敌兵已被击退了，大军正陆续通过山谷，请父汗上马。"

成吉思汗满意地看着拖雷说道："敌兵不会很多吧？"

"也不过几千人，被我们射死了不少，其余的吓得逃走了，他们还是怕死呀！"拖雷说这最后一句话的时候，是看着察合台说的。因为谷中昏暗，也许察合台没有留心，也就没有什么反应，便一齐上马，跟随在成吉思汗马后，向山谷的那头驰去。

445

走出山谷，成吉思汗吩咐各路兵马整顿队伍，清查人数，才知在山谷里死伤了七千多人，准备命令各路大军加速进军之时，哨探来报告："申河离此不过五六十里路了，札兰丁正在准备渡河，许多辎重、物资正在往船上装运。"

成吉思汗听后，心急火燎地向大军命令道："赶快追上去，别让札兰丁这小子逃了！"

说罢，拍马飞驰而去，决定亲自到大军前头，带领队伍去追击札兰丁。

此时，正是1221年11月24日的凌晨，蒙古大军在成吉思汗一再催督之下，终于在申河北岸追上了札兰丁的队伍。

经过连夜急驰而来的蒙古大军，一见到札兰丁的队伍停在申河岸上，浑身的疲劳一扫而光，他们从四面八方潮水般冲过去，把札兰丁的三、四万兵马紧紧围住。

不久，太阳出来了，成吉思汗先让将士们饱餐一顿，然后命令道："札兰丁这个人还有点用处，你们围攻时切勿将他射伤了，最好是生擒。"

由于花剌子模各地的叛乱不断发生，占领的城市中秩序混乱，成吉思汗想把札兰丁控制在手中，让他去安定各地的混乱局势，所以不让自己的部下射伤他。

在全面进攻之前，成吉思汗派遣兀客儿哈勒扎、忽秃儿哈勒扎两人，各领两千铁骑，以闪电般的速度，袭击躲在岸上营帐中的札兰丁，将他赶出来，便于活捉他。

其实，札兰丁没有躲在营帐中，他正在部署自己的兵马，准备与蒙古大军做殊死的拼斗。

札兰丁不到四万兵马，他派阿明灭里带领一万兵马为右翼，让兀儿秃剌黑领一万兵马担当左翼，自己率领余下的一万多兵马为中军。

这时，札兰丁向将士们说道："是生是死，就在今天这一战了！古往今来，在战场上，谁怕死，谁先死；谁勇敢，英勇杀敌不怕死，却能活下来，这已是一条规律！"

由于札兰丁的勇猛砍杀，兀客儿哈剌扎与忽秃儿哈剌扎的骑兵队伍立刻溃败下来。

成吉思汗一看，心中不禁诧异：这札兰丁果真勇猛善战，想拿住他非下大气力不可！

想到此，立即对窝阔台命令道："你领两万人马向札兰丁的右翼进攻，将其分割包围，立即歼灭他们！"

又喊来拖雷，向他命令道："你带领两万兵马，袭击札兰丁的左翼，把其分割，围歼他们，不得有误。"

然后，又对察合台说道："你带领兵马与札兰丁正面交锋，要苦苦缠住他，不能让他逃了；并要记住，千万别伤害他，要活捉，留下他我有大用哩！"

成吉思汗见三个儿子领兵走了，自己带着众将士，登高瞭望，主掌着军队的大营，随时准备派人出去支援。

札兰丁勇猛异常，但是他的两翼较弱，窝阔台的两万兵马冲过来，很快切断了他的右翼，杀得阿明灭里大败而逃。

此时，阿明灭里身边不足两千人马，他见不能突围出去，便让士兵牵着那匹浑身乌黑油亮的骏马，再加上一口袋珠宝玉器，一起送到窝阔台面前，哀求道："请收下这些礼物，放我们逃命去吧！"

窝阔台见了，冷笑道："这点礼物算什么？我们要的是花剌子模一个完整的国家，赶快滚回去，下马受死吧！"

未等那士卒走远，窝阔台便向军队下令道："快取弓箭，全部杀死他们！"

为了争夺那匹骏马，闹得内部分崩离析的阿明灭里，以及他的残余兵马，随着窝阔台的一声"放箭"的号令，全死于乱箭之下。

此时札兰丁的左翼也被拖雷的兵马冲散了，兀儿秃剌黑，也想步阿明灭里的后尘，很想冲破蒙古军队的包围，向白沙瓦方向逃去。谁知拖雷早已亲率骑兵堵住他的去路，拖雷立刻包围了他的残余兵马，用乱箭射死了他们。

有一个蒙古士兵发现兀儿秃剌黑未死，正要举刀去捅他，他却一刀刺死了那个蒙古士兵。为了逃命，兀儿秃剌黑急忙脱去身上的衣服，只留下一个内裤，正穿蒙古士兵的衣服时，却被另一个蒙古人俘虏了。

兀儿秃剌黑被押到成吉思汗那里，他说道："我忠于主人札兰丁，誓死不投降！"

成吉思汗向他问道："你叫什么名字，为什么不投降？"

"我叫兀儿秃剌黑，是札兰丁左翼大军的主将，听说你不杀忠于主人的敌将，那就放了我吧，因为我忠于我的主人札兰丁。"

成吉思汗笑道："这家伙既狡猾又愚蠢，还想来讨便宜呢！"说罢，大手一挥，要护卫把他拉出去杀了，可是，兀儿秃剌黑却以为是放他走了，急忙爬起来要走，又转身对成吉思汗谢道："感谢大汗的不杀之恩。"这句话还未说完，已被那护卫一刀刺进胸膛，当即仆地而死。

成吉思汗见了，一阵哈哈大笑，说道："这样的蠢材也能当左翼军的主将，札兰丁已到穷途末路了，焉能不被我捉？"

此时，札兰丁正率领中军队伍，一次又一次地向察合台的队伍猛冲，由于蒙古军队人数众多，尽管他反复发动攻击，总是冲不出包围的圈子。

札兰丁的人马冲向哪里，察合台的队伍便追赶到哪里，札兰丁像被关在笼子中的一头猛兽，东一头，西一头地乱冲乱撞，始终冲不出蒙古大军的包围。

札兰丁一次又一次地进攻，而蒙古军队却步步进逼，使他的活动地盘越来越小，战场愈来愈窄。因为成吉思汗下令要活捉他，蒙军将士既不敢向他放箭，正面交锋时也不敢将他置于死地，从而给札兰丁提供了奋勇杀敌的机会。

从清早一直拼杀到中午，直到最后身边只剩下七百余人时，札兰丁仍然像一头雄狮那样横冲直撞，东砍西杀，无所畏惧。

突然，札兰丁心生一计，他力图摆脱蒙古军队的围追堵击，便退下阵来，换了一匹新的战马。只见他抖擞精神，飞身跨上这匹生力马，再次向蒙古军队猛冲，迫使蒙古骑兵节节后退。

就在这时，札兰丁突然掉转马头，一边拍马疾驰，一边脱下铠甲，背负着盾牌，手握大旗，飞奔申河岸边，从两丈多高的河岸上，纵马一跃，连人带马跳入了申河。

一刹那间，那匹战马又很快地从申河中挣扎出来，昂着头，驮着他的主人，向对岸游去。

在这次有名的申河大战中，札兰丁是唯一从申河逃过去的花刺子模人！

成吉思汗对札兰丁采取了宽厚大度的态度，更确切地说，这是一种骑士式的英雄敬英雄的态度。但是，对于札兰丁手下的人，成吉思汗却像往常那样严厉。在札兰丁纵马跃入申河凫水而去时，他手下的一部分士兵也跟着跳下水，向对岸游去。成吉思汗见到之后，立即命令部队向跳下水的札兰丁的士兵放箭，那部分士兵一个个被射死在河中，无一人幸免。

岸上的札兰丁队伍，被全部俘获，一律被杀死，成吉思汗命人寻找札兰丁的妻子儿女时，有人报告了如下的情况：

当蒙古大军围追到申河岸时，札兰丁已预感到自己已无力抵抗，便将妻子儿女喊到一起，对他们说道："我已无力保护你们，与其让你们被蒙古人凌辱而死，不如死在我面前更好！"

说罢，他便让他们喝下他亲自准备的毒酒，此时，札兰丁再一次看着自己的亲人们说道："愿你们来世不要再生在帝王之家了！"说罢，令士兵把他们的尸体投进申河里。

在离开申河之后，成吉思汗得到了关于札兰丁的消息，有人说他重渡申河，亲自来埋葬死者。于是，他当即派遣次子察合台领两万人马，前去追索，寻找札兰丁的下落。可是，察合台在申河岸边寻找了半个多月，也不见札兰丁的身影，只好空手而回。

早在1220年的冬季，伊拉克、阿塞拜疆等地连续发生叛乱，成吉思汗大为震怒，说道："谟罕默德虽然死了，可仍然阴魂不散，必须彻底摧毁才能安定。"

他立即派人去通知大将哲别、速不台，让二人立即领兵前去平定，随后又让人送去了几千斤河中地区盛产的蜜枣，由六头骆驼运去，以犒赏他们的将士。

原来谟罕默德死后，他有一个儿子名叫古剌思，对札兰丁继任王位不满，便带着几个亲信，进入伊拉克地区。到了剌夷城之后，杀死了城主，自立为西突厥王，便开始招集人马，提出抗蒙复国的号召，势力一天天强大起来。

哲别、速不台接到成吉思汗的命令，又把慰劳全军的蜜枣分发给将士们，便领军向伊拉克地区前进。此时，哲别、速不台的军队有四万人，他们先攻下哈耳和西模琅两座小城之后，便向剌夷城驰去，进攻这个叛乱的指挥中心。

剌夷城是当时波斯、伊拉克地区最大的一座城市，它生产的彩色陶瓷制品，有美丽的细密图案。妇女编织的羊毛地毯，更是精美绝伦。城内人口众多，经济繁荣，商品琳琅满目，生活富裕安康。古剌思组建了一支四万人的军队，把城墙整修加固之后，又新挖了又宽又深的护城壕沟。

哲别与速不台的大军来到城下，没有急于攻城，二人细心察看周围地形，发现城外沟渠纵横，灌溉网星罗棋布，到处是果园、菜地，新鲜蔬菜，应有尽有。每天清晨，果农与菜农用车拉着各种新鲜蔬菜与水果进城，人流涌动，城门口的防卫也不甚严密。

回营后，哲别说道："这剌夷城又大又坚固，城内军队数量也多，若要硬攻，不知耽搁多少天才能攻下，不如来个里应外合，或许省时又省力哩。"

速不台听后，忙问道："城内没有熟人，怎么内应？"

哲别对他诡秘地一笑："城内没有熟人，我们不能派人进去么？"

速不台一想，忙把大腿一拍，说道："对呀！每天清晨，城门口送菜的，卖水果的，做小生意的人来人往，车水马龙，我们派些人混进去。"

说到这里，他兴奋得跳起来，又说道："好，这办法准能行。不过，要挑选一批精干的人进去，到时候他们才能以一当十，甚至能当百，才能起到内应的作用。"

哲别也说道："我以为，有两百人该够了，照你那么说，这两百人就等于两千人，甚至两万人了！"

速不台一听，便哈哈大笑起来，又说道："即使两百人，也最好让他们都扮作商人模样，分几批进城，以免引起守城士兵的注意。"

两人计议已定，立刻挑选人员，哲别又耐心向他们交代注意事项，告诉他们进城之后，以出售货物、联系生意为借口，待机行动。

出发前，又确定了联络信号，暂定第三天夜里在城东门举火为号。

次日清晨，两百个扮作形形色色商人模样的蒙古人，混在那些进城的人流中，安全地进了剌夷城。

哲别又说道："我们还是遵照大汗的历来做法，对这个古剌思也是采取先礼而后兵吧？"

速不台说道："好吧！我揣摸，此人不会轻易投降的，他仗着城坚池深，又有四万军队哩。"

哲别把那个善于言词的秃里讹拉喊来，问道："让你进城去说降，你打算如何劝说？"

秃里讹拉想了一会儿，说道："我向他们说明，我们的军队是路过这里，不是来攻城的，让古刺思为我们军队送些食品来，他若答应，我再相机提出投降。"

哲别、速不台听了都很满意，认为这样说很好，由浅入深，由近及远嘛！

秃里讹拉走后，哲别、速不台便命令宰牛杀羊，犒赏将士，吃饱喝足之后，在营里好好睡觉休息，养好了精神，准备打仗。

秃里讹拉来到城里，见到古刺思说道："我们是成吉思汗的队伍，路过你们城下，请你们提供一些食品给军队，不久我们就走了。"

古刺思不高兴地说："你们蒙古人到处掳掠财富，还少食品吗？"

秃里讹拉见他话不投机，只得说道："不能那么说吧！我们按照成吉思汗的旨意，总是宽待臣服者，严惩抵抗者。"

未等他的话说完，古刺思却说道："别说了！我们没有食品给你们！这里是西突厥王的天下，不是你们蒙古人横行霸道的地方，奉劝你们还是早离开为好！"

说完，古刺思站起来，大声说道："来人，送这个人出城！"

秃里讹拉也站起来，软中带硬地说道："我也奉劝你，由此而产生的一切后果，将由你们自负了！我们蒙古人向来是先礼而后兵！"

古刺思转过身来，瞪住他说道："兵来将挡，水来土掩，随你们的便！"

秃里讹拉见到再无商量的余地，只得出城，回到营里把情况一一作了汇报，哲别听了笑而不言，速不台跳起来，大声叫道："好啊！这个古刺思执迷不悟，仗着他那四万军队，想阻止我们攻城，是白日做梦！他忘记了他的老子是怎么死的了。"

哲别用手指着速不台笑道："你喊什么？留点力气攻城吧！"

一句话把秃里讹拉也说笑了，速不台又道："这个小东西太傲慢了！明天夜里攻城时，绝不能让他逃跑了，非治他不可！"

哲别也不搭话，立刻向帐外喊道："准备酒菜，要慰劳我们的铁嘴使者。"

不一会儿，酒菜摆上来，三人坐下来一边大口地嚼着香喷喷的牛、羊肉，一边大碗地喝酒，又一边议论着明天夜里攻城的事。

古刺思是谟罕默德的第六个儿子，他母亲原是一个歌女，被国王收为皇妃，生下他不久，古刺思的母亲便被谟罕默德赏给了一个部下。因此，古刺思从小遭受歧视与虐待，性格内向，报复心极强，后来他练就了一身的武艺，尤其擅长骑

一代天骄：成吉思

射，在他的十多个兄弟之中，数他的马上功夫最好。来到剌夷城，古剌思雄心勃勃，想以此为起点，逐步向东发展，争取有朝一日回到撒马耳干去，重建花剌子模国。

对札兰丁当上新国王，古剌思深为不满，心中怀着愤怒，曾与札兰丁当面说过："你去南方，我到西边，咱们同时展开复国抗战，谁先攻入撒马耳干，谁为花剌子模国王，你敢答应吗？"

札兰丁只得说道："好吧，咱们一言为定！"

不久前，古剌思听说札兰丁兵败跳河的消息，虽觉心里去了一块心病，但仍然埋怨成吉思汗为什么不坚持除恶务尽了。

在古剌思看来，蒙古人最终还是要把军队撤走的，到那时，只要自己手中能有十万、八万军队，不愁当不上国王。他从小时候起，就梦想着成人后一定要组建一支军队，因为只有武力才能征服一切，正如山林中的飞禽走兽，总是弱肉强食，这是不可改变的一条规律。

两天前，古剌思听说城外来了一支蒙古军队，他原以为是过路的队伍，没有把它放在心上，他认为：这里地处花剌子模的大西北，距离河中地区甚远，成吉思汗的军队主力远在东南方向，这里天高皇帝远，我可以在这里大力发展自己的势力，随时准备着施展自己的宏图抱负。

对于这一支蒙古军队，不过三、四万人，即使与它对立起来，也可以伺机将其歼灭，所以他对蒙古人的使者不持友好态度。

古剌思召开将领会议，说道："我们有高大、坚固的城墙，有四万精干的兵马，城外的护城壕沟又宽又深，也是阻挡蒙古骑兵的障碍，谅这支蒙古军队也不能把我们怎么样。"

古剌思的得力亲信胡连帖丁说道："只要坚持一段时间，蒙古人不打自退。到那时，我们再领兵马出城，随后追杀，必然能大获全胜。"

城中的原来守将狄根怯也夫说道："蒙古人历来不打无准备的仗，还好用计谋，不可不防啊！"

古剌思立刻不屑地说道："他们孤军深入，有什么可怕的？别说那些泄气话，要长自己的志气，灭敌人的威风，老是提着胆子行事，还能有所作为？"

胡连帖丁忙说道："明天开始，城上要加强警戒，城门也要严加防范，不能让蒙古间谍混进城来呀！"

这时候，有位守将说道："这两天城内乱得很，来的商人特别多，我真有些怀疑，蒙古人鬼得很，他们的间谍多，这些商人会不会是他们的间谍哟！"

古剌思忙说道："别神经过于紧张，弄得草木皆兵了，还是分头去准备，加强警戒吧！"

当晚，古刺思又单独喊来胡连帖丁说道："你要提高警觉，对城内原来的几位守将要严加防范，密切注意他们的行动，以防他们主动出城与蒙古人联系啊！"

胡连帖丁听了，连连点头，说道："是啊，我已经想到了，不过我的负担太重，日夜巡城，日子久了，怎能吃得消？"

古刺思立即安慰道："再累也要坚持住，不就是这几天么？等蒙古人一走，我一定给你选几个绝代佳人送去，让你玩个够！"

他从古刺思那里出来，路过"销魂院"大门时，早被这个妓院的老鸨看到了，只见她笑嘻嘻地迎过来，一把拦住他说道："我在这儿等大爷半天了，我这里才来了一个又白又嫩的小雏儿。"

胡连帖丁忙说道："不行，今晚不行，我有重要事情要办，哪有心思干那事儿。"他嘴里说不行，两腿却随着那鸨母，走进了院子，来到一间屋子里坐下了。

那鸨母又是倒茶，又是敬烟，大声喊道："把那个才来的娜莎带来！"

不一会儿，从外面走进一个少女，胡连帖丁一看，见这女孩子年纪不过十六七岁，高挑的身材、雪白的皮肤、金黄的头发、大大的眼睛，有些羞答答的站在他面前。

他不由从上到下，又细看一遍，便伸手拉她到自己身边，捏了捏她的俏脸，顺手按了按她的胸脯，张口问道："你今年多大了？叫什么名字？"

"我今年十七岁，名叫娜莎。"

"你为什么来这里当妓女？"

那位少女立刻流下泪来，说道："父母在战争中死了，我才来的。"

胡连帖丁顺势将她揽到怀里，伸手去摸她的乳房，羞得这位少女涨红着脸，动也不敢动地坐在他的怀里。

鸨母一见，立刻笑道："我要提醒大爷，她可是个雏儿！你得当心点，你也得给个好价钱呀！"

胡连帖丁接着说道："放心吧！至于价钱嘛，好说。"

鸨母听了，哈哈笑着走了，在她背后立刻传来了娜莎的低低的哭声……

当晚，古刺思在床上怎么也睡不着，便走到院子里散步，心里还是不能安定下来，见夜色浓重，心里不由想着，蒙古人该不会来偷袭吧？他正在想着，忽见守城的将领狄根怯也夫心急火燎地走来，对他说道："我在城上听到城外有兵马走动的声音，难道蒙古人今夜会来攻城么？"

古刺思听后，急忙问道："你来向胡连帖丁报告了吗？"

"我找遍了城头，也见不到他的人影儿，城上的守军都说胡连帖丁未去城上查哨，到哪里去向他报告？"

古刺思生气地说道："这个色鬼！难道他又去了那个销魂院？走，咱们到城

一代天骄：成吉思汗

上看看去！"

　　说完，古剌思喊来了几个护卫，随着狄根怯也夫一起往城东门走去。

　　此时，已是临近三更天了，他们正走着，忽听前面东门处一阵喊杀声起，又见城上火光冲天，城外响起人喊马叫的声音，古剌思叫道："快，咱们快到城上去，蒙古人来攻城了！"

　　说罢，几人加快了脚步，向东门跑去，刚走不远，只见前面一队人马，高举着火把，大声呐喊着，杀进城来了。

　　古剌思一看，吓得大叫一声："不好了！蒙古人杀进城来了，赶快回去集合队伍，跟他们拼吧！"说罢，掉头就往回跑，狄根怯也夫愣了一会儿，也迈起大步随着他们向城里跑去。

　　原来，这天夜里，那两百名扮作商人的蒙古士兵，见城上防备松弛便怀揣利刃，悄悄地来到东门，他们杀死了几名守兵，一边打开城门，一边走到城头，点着火把，将城楼燃着，顿时火光冲天，向哲别、速不台送去了信息。

　　哲别与速不台领着兵马冲进城里，一路呐喊着，一边放火将房子点着，一边见人就杀。

　　哲别让人守住东门，遂与速不台一起在城内四处点火，吓得居民大哭小喊，惊惶乱逃，蒙古士兵见了，一阵乱砍乱杀，他们再也不敢出来了，许多人被活活烧死在屋子里。

　　古剌思跑回去，慌忙集合兵马，想到东门阻止蒙古军队进城，谁知哲别已领着队伍杀过来了，并大声朝古剌思喊道："你城已被我攻破，还不赶快下马投降，不然，你休想活命。"

　　古剌思正要出阵交战，谁知蒙古军队早已冲过来了，他的兵马顿时被冲得东倒西歪，四下里逃去。古剌思急得连声大喊道："别乱跑，跟蒙古人拼啊！"

　　可是，那些士兵睡得迷迷糊糊地被喊醒，一见蒙古骑兵像天兵天将一样，哪里还敢应战，只顾逃命去了。

　　这时候，天已明亮，古剌思一见形势不好，心里说：现在逃出去还来得及，等到城门全被蒙古人占领，想逃也走不脱了。于是，古剌思慌忙拍马飞去，他知道东门已失，那里准有蒙古兵把守，只得往北门跑，准备逃往忽姆城去。

　　也是这个古剌思命大，北门原来的守门将士早跑了，蒙古人还没有来得及赶到。他见城门大开，再也没有多想，立刻飞马冲出，沿着去忽姆的大道，不要命地奔驰而去。

　　不久，剌夷城的四门全被蒙古人守住，城门紧闭，蒙古人开始了对全城军民的屠杀。从早晨直杀到午后，除留下一些有技术的工匠及少数童男童女之外，余者一律杀死。

453

摧毁了剌夷城之后，哲别、速不台押着俘虏，装运着财物，驱赶着牛羊牲畜，带领大军向下一个目标——忽姆城进攻。

大军离城四十里，来了一个城里的人，他要求见蒙古军队的主将，哲别、速不台接见了他，向他问道："你有什么事要向我们报告？"

那人自我介绍道："我叫回力廷宰，是突厥族人，主动向你们投降，我们突厥人与你们蒙古人同是一个种族，请赦免我们的死罪吧。"

哲别听后，又问道："你就是为了请求赦免，才来找我们的吗？"

回力廷宰立即答道："不完全是。忽姆城里我们突厥人少，康里人多，他们仗着权势，欺压我们突厥人。如今你们蒙古人来了，我们愿意主动献城投降，可是康里人不答应，他们要坚持对抗，所以我先来向你们报告。"

哲别又问道："你们打算怎么办？能主动献城吗？"

"听说剌夷城的那个西突厥王子也逃来忽姆城了，康里人都拥护他带头守城，来跟你们的大军对抗。请你们的大军暂时驻扎下来，到天黑之后，再赶到忽姆城下，我们悄悄地打开城门，你们就可以冲进城去了。"

哲别、速不台就答应了他的请求，对他说："就照你说的办，等到破城之后，一定赦免你们这些突厥人的死罪。"

回力廷宰又说道："还请你们为我们突厥人报仇，进城后希望你们把那些横行霸道的康里人全都杀了。"

速不台立刻答道："可以，你回去吧！你一定要说话算数，夜里三更天把城东门打开！"

当天夜里，忽姆城里的突厥人果然打开了城门，蒙古大军立刻冲进城去，把康里人的男子全部杀死，然后将其妇孺全部俘获，为城里那些突厥人报了仇。

不过，那个古剌思又逃脱了，跑到了哈马丹城里去。可是，他听城里人说准备主动向蒙古人投降，便不敢停留，立即逃往赞璋。

哲别、速不台的兵马刚到哈马城下，守城主将阿剌倒尔就领着城里的长老、教长等，带着奴婢、食物、服饰及珍宝等作贡礼，请求归顺，并送良马五百匹，主动要求派一名沙黑纳留在哈马丹。

哲别对阿剌倒尔说道："为什么不把古剌思扣押起来？"

"古剌思在城里只吃了一顿饭，未敢过夜就走了，他害怕我们扣留他。"

速不台说道："古剌思是蒙古人的敌人，也是你们的敌人，以后来了，就把他扣起来，送给我们。"

阿剌倒尔连声答应，保证以后不与古剌思联系，诚心诚意归顺蒙国。

于是，哲别、速不台留下一名将领，便带领军队离开哈马丹，向赞璋进军。

人口众多的赞璋城，位于通往阿塞拜疆的路上，古剌思逃进城以后，向守城主将冒纳鲁耶夫借了两万兵马，驻扎在离城二十里外的郎格高地，企图与蒙古大军决战。

哲别、速不台得到消息之后，让大军距离郎格高地五里处扎营，派人前去探听消息，了解古刺思的兵力情况，回来的人却说道："古刺思的兵马全是一些老弱残兵，连他们的战马都瘦得风一吹就倒了。"

哲别一听，怀疑地又问："你可看清楚，真是像你讲的那样么？"

那人立刻说道："古刺思的兵马确是那样，如果趁势打过去，准能打胜仗，活捉这个西突厥王子！"

哲别担心这个士兵的侦察不可靠，他看着速不台不说话，过了一会儿才说道："这样吧，为了弄清古刺思的兵力实际情况，你在帐中守住大营，我去实地考察一下吧！"

速不台立即说道："那怎么行？你是主将，还是让我去吧！"

哲别只好说道："知彼知己，才能百战不败呀！不弄清敌人的情况，怎能糊里糊涂地出兵，去打一场连自己也没有把握的糊涂仗呢？"

速不台带了一队士兵，前去侦察，后来回到营里连声大笑道："古刺思的兵马确实都是一些老弱残兵，据说赞璋城的主将冒纳鲁耶夫本来不愿意借兵马给他，后来禁不住古刺思再三恳求，才把那些老弱残兵借给他的。"

哲别听后，沉思着说道："也许你们看到的确实是老弱残兵，但我认为古刺思一定是把精兵埋伏起来了，我们千万不能上这个当！"

速不台听了，有些不大高兴，便说道："我与你并肩战斗这些年了，难道连我你也不信？这样吧，你给我五千兵马，看我去把古刺思活捉来给你！"

哲别听后，急忙上前拥抱住速不台，说道："我的老伙计，老战友，你可别生我的气啊！也许是我过于谨慎了，可是，战场上的风云变幻，瞬息万变，你能不清楚？"

说到这里，哲别想了一下，对他说："五千兵马太少，你先带一万人去，随后我会支援你的。"

速不台率领一万人马刚到郎格高地，突然四下里涌出无数兵马，个个人强马壮，原来的老弱残兵全不见了，古刺思跃马横刀，大喝道："还不下马受死？"

速不台明知中计，只得指挥兵马拼命砍杀，想杀开一条血路，冲出古刺思的包围，哪知敌兵众多，一万兵马被杀得死伤大半。

此时，古刺思的军队却愈战愈勇，并把包围圈压得越来越小，敌兵纷纷喊道：

"活捉蒙人呀，别让蒙人跑了！"

"杀死蒙人，为花刺子模人报仇啊！"

敌兵一边大声叫喊，一边潮水般地涌过来，逼得速不台左冲右突，拼命砍杀，眼看脱身不得，正在这危急之时，忽见古刺思的军队纷纷落马，并向两边退去。

速不台一看，方知是哲别领兵来救，便抖擞精神，带领残余人马，向敌兵杀去。

此时，古刺思见蒙古援军到来，便已心怯三分，又被哲别一阵猛冲猛杀，心知不是对手，就急忙命令兵马后退。哲别一见，立即指挥队伍随后追杀过去，杀得敌兵纷纷逃避，四下里乱窜。

古刺思害怕被蒙古人追上，就把兵马带回赞璋城里，才避免了被围歼。

回到大营，一查点兵马，速不台惊讶了：这一仗竟伤亡了四千人！

速不台十分惭愧地红着脸说道：“我没听你的劝告，弄得兵马被围，伤亡惨重，还差点儿不能和你见面了。”

哲别听了，急忙上前安慰道：“别往心里去，战场上的事情难说，胜败是常有的事，只要吃一堑、长一智，吸取教训就行了。”

第二天，蒙古军队开始攻城，因为城墙不太高，速不台领着士兵往城下运土，不到两个时辰，城外的土丘堆得与城墙一般高了。

此时，哲别一声令下，蒙古铁骑如一阵狂风刮来，顺着那土丘窜上城墙，跳进城内，吓得城上的守军四下里逃命去了。

蒙古大军对城内的军民进行屠杀，那个狡猾的古刺思见形势不对，早已逃往可疾云去了。

这可疾云守将早有归顺蒙古之心，只是没有找到合适的机会，此人名叫马丁·路西德，他得知赞璋城被毁，军民被杀，立即召开会议，向他的部下们说道：“我们花刺子模老国王死了，新国王跑了，我们就像没有娘的孩子，投靠谁呢？”

说到这里，马丁·路西德像是探询似的征求大家的意见，过一会儿又说道：“我们可疾云城，若想与蒙古军队对抗，便如以卵击石，下场不堪设想。”

就在这时，有人来报告道：“西突厥王子古刺思来了，要见你呢。”

马丁·路西德不禁一愣，又问道：“他来见我干什么？我能帮助他打蒙古人吗？赞璋城的冒纳鲁耶夫因为借了两万人马给他，结果怎么样？不仅冒纳鲁耶夫自己被蒙古人杀死了，连全赞璋城都被摧毁了，这种人谁敢收留？请各位发表意见吧！”

于是，会场上议论纷纷，有人说：“把古刺思捉住，送给蒙古人。”

也有建议送他出城，以免得罪蒙古人，说道：“我们不敢留他，也不扣押他，双方都不得罪，蒙古人也不会埋怨我们的。”

听了部下的建议，马丁·路西德说道：“我们收留古刺思，或是送他出城，都会得罪蒙古人，不如把他捉住了献给蒙古。因为蒙古人得罪不起，弄不好我们都要随着这个古刺思一起完蛋，可疾云城都将变成一片废墟！这样做，太不值得了。”

一代天骄：成吉思汗

说到这里，马丁·路西德立刻命令道："快去把古刺思扣押起来，千万别让他逃跑了。蒙古人来向我们要人，怎么办？"

于是，古刺思被马丁·路西德捉住了。马丁·路西德担心他逃跑，就把他杀了，将他的人头送到蒙古军队里，哲别就赦免了可疾云城全体军民的死罪，接受了他们的投降。

马丁·路西德为蒙古大军提供了大量的食品和财物，贡献了五百头牛、羊，四百匹良马，还送给蒙古人数百坛葡萄酒。

可疾云是伊拉克境内最后一座被征服的城市，随着古刺思的被杀，曾经轰动一时的西突厥王的复国抗蒙的叛乱被镇压下去了。

1221年的春天，哲别、速不台带领大军进入阿塞拜疆境内，继续去扑灭一切反抗的火星，借以实现成吉思汗心目中的"太平"。

当时，统治这里的是阿答毕地方王朝，它的首府在大不列士，首领名叫斡思别，老百姓都称他"突厥王斡思别"。斡思别年老嗜酒，又好色滥淫，整日不问政事，与一班歌女纵酒取乐。

一天，有人向斡思别报告说："蒙古大军来了，是抵抗还是投降，应该早拿主意，等到他们来攻城时就来不及了。"

斡思别有个弟弟，名叫月治佗夫，是个足智多谋的将领，一遇到征战事，斡思别便让月治佗夫拿主意。于是，他派人喊来了月治佗夫，把蒙古人要来攻城的事说给弟弟听，并问道："是投降还是抵抗，你决定吧！"

月治佗夫立即说道："我已听说了，这支蒙古军队人数不多，也不会在此长住，只要守住我们大不列士城，要不多长时间，他们自己就会撤兵的。"

斡思别听后，高兴地说："只要蒙古人打不进来，我就不管了，这守城的事全交给你去办吧！"月治佗夫立刻整顿兵马，加固城墙，打造兵器，储备粮食，准备坚守这座多年不设防的城市。

不久，哲别、速不台的兵马来到城下，派人到城里劝降，月治佗夫对那使者说道："这投降之事，关系重大，等我们商定之后，再答复你们，务请耐心。"

一连过去几天，见城里没有答复，哲别又派使者进城催问，月治佗夫说道："我们的城主身患疾病，不能马上决断这件事，务请再等一段时间。"

又过几日，哲别见城内仍没有答复，再派使者进城说道："你们城主故意拖延时日，这次再不决定，我们大军明日攻城，别怪我们言而无信。"

这次月治佗夫却说道："我们本想向你们投降，只是你们逼得太紧，一时无法决定，你们既要攻城，我们也只得奉陪了。"

那使者回营，把情况一一汇报出来，气得哲别和速不台大骂不止，知道中了月治佗夫的计策，便下令攻城。连续攻打了两天，毫无效果，因为城坚池深，城上防守严密，反而损失了许多人马。

过了两天之后，哲别与速不台竟不声不响地带着兵马撤走了。

这消息传到城里，斡思别欢喜地说道："这下可好了，蒙古人撤走了军队，城内也就平安无事了，那些士兵让他们各回自己家里去吧！"

月治佗夫听了，不以为然地说道："这话可不能说早了！蒙古人打仗善用计谋，说不定他们是假意撤退，等我们放松了守城，又会突然来攻城，打我们一个措手不及，那就麻烦了。"

斡思别却说道："不会吧？既然撤走了，哪有再回来的道理，也许蒙古人一无粮食，二无草料，又攻不进城，再不撤兵，他们的人马在这大沙漠上面吃什么，喝西北风啊？"

月治佗夫还想争辩，见他的兄长一摆手说道："这些日子，你也辛苦了，回去休息吧！"

于是，几万守城军队立刻被遣散回家，城上只留少数人管理城门，这座大不列士城重又恢复成一座不设防的城市。

不久后一天凌晨，人们还没有起床，忽听城外人喊马叫，震得山摇地动，吓得全城人都起来了，才知道是蒙古人来攻城了。

月治佗夫自知无力抵抗，便骑上一匹快马，向谷儿只城逃去，以图东山再起。

哲别、速不台未伤一兵一卒，便攻进了大不列士城，根据成吉思汗严惩抵抗者的命令，这座不设防的城市也未能幸免，立刻被摧毁了。

离开大不列士城之后，已是严寒的冬季来临，大军沿着里海西海岸进军，哲别说道："阿儿兰城地处山谷之中，到那里过冬吧！"

话刚落音，探马回来报告道："大不列士城逃跑的月治佗夫从谷儿只城借来两万人马，正向我们这里驰来。"

哲别一听，忙说："既然这个月治佗夫找上门来，我们正好与他打一仗了。"

遂与速不台领着大军，把队伍埋伏在一座土山的背后，然后命令全军饱餐一顿，向速不台交代一番，自己便领着一千人马去迎击月治佗夫的队伍。不久，双方开始了厮杀，哲别且战且退，把月治佗夫的一万军队引诱到埋伏地区，速不台带领兵马突然杀出来，把月治佗夫的军队团团围住，经过一阵拼杀，月治佗夫单人匹马杀出重围，向谷儿只城逃去了。

哲别说道："谷儿只城是木干草原的重要城市，它支持月治佗夫与我大军对抗，岂能饶它？"

于是，哲别与速不台又马不停蹄地向谷儿只城进军。途中，许多当地的突厥族人与曲儿忒人来投，他们平日受尽谷儿只人的欺凌，听说蒙古人要去攻打谷儿只城，便主动请求为军队带路。

一代天骄：成吉思汗

大军到达梯弗利斯城时，谷儿只城主阿忽失米尔也率领军队到来，两军对阵，立刻展开了拼杀。阿忽失米尔的兵马缺乏训练，抵挡不住蒙古骑兵的冲击，很快溃败了。哲别指挥骑兵乘胜追击，把谷儿只的两万兵马杀得死伤过半，其余的人逃进茂密的丛林中去了。

1221年春天，哲别、速不台大军进抵篾剌合城，遇到一件十分麻烦的事情。

大军扎营之后，当天夜里，全军将士腹泻不止，有人一夜起来七、八次，到了第二天，五万大军几乎全都病倒了。

哲别与速不台也不能幸免，二人急得束手无策，忽然篾剌合城里来人了，要见蒙古主将。哲别与速不台还未说话，来人便说道："你们蒙古人都已病倒，若能接受我们女王提出的条件，女王将派出医生为大军治病。"

哲别忙问道："你们女王要提出什么条件？"

那来人笑道："我们女王久闻哲别大将军的威名，愿结百年之好，希望大将军切勿推辞。"

哲别与速不台听后，不由得大笑起来。

原来这篾剌合城主为一女王，名叫伊丽娜莎，年方二十六岁，还未结婚。她崇武尚义，爱慕勇武之人。她听说哲别智勇双全，便主动要求嫁给这位有着骑士风格的蒙古大将。

这时候，哲别只得说道："请你转告你们的女王，哲别已经年迈五十，又老又丑，而且军务在身，怎能配得上她呢？对她的一番美意，哲别心领了。"

女王的使者听后，摇着头说道："若不答应女王的条件，谁为你们的大军治病？何况这腹泻不止，不过几天就会丧命的。"

接着，那使者指着营帐外不远的一条河说："你们喝了那河里的水，所以腹泻不止，若不吃下我们提供的药物，那种腹泻病谁也治不好的。"

速不台对哲别说："你就答应了这门亲事吧！为了要替几万大军治病，大汗知道了也不会责怪你的。"

哲别瞪了速不台一眼说道："你怎么能这么说话？这战场上和亲，自古以来都是为军法所不容，而且大汗的纪律更严，你不知道吗？"

速不台又说道："你不答应下这亲事，将士们的腹泻病谁来治？一旦死伤过多，大汗能不责怪你，不如应下吧！"

哲别使劲摇着头，然后又对那使者道："这事我要派人去向我们的成吉思汗报告，大汗若是批准，我就应下，否则，万难从命。"

速不台却说道："大汗派我们带兵远征，已把生杀大权交给了你，娶个女人又算什么？何况'将在外君令有所不受'呢！你就不要再推托了吧！"

那使者也说道："别辜负了我们女王的一片美意呀！"

这时，士兵们来告急道："军中已有许多人因腹泻脱水而死，怎么办？"

速不台又催道："为了军中数万将士的生命，你也该把这桩婚事应承下来了。"

哲别只得说道："那好吧，你带我去进城见你们女王。"

这伊丽娜莎女王是个独生女儿，她父亲里昂诺夫原为篾剌合城主，因暴病而死，伊丽娜莎继父职位，便自称女王了。

因为从小娇生惯养，争强好胜，敬慕英武俊杰，看不起怯懦胆小之人，多次扬言要嫁给一个叱咤风云的勇士。这次蒙古大军一到，伊丽娜莎听说哲别的传奇经历之后，便生倾慕之心。

城中老将板兰捏瑟夫是她的师傅，对她说："蒙古人在尸河边上扎营，正是自投罗网，他们全军都会腹泻，若不及时治疗，将会陆续死掉，到时候，哲别就会自动找上门来了。"

这条尸河从五里外的喀赤大沙丘下面流出来，到篾剌合城外汇成这条小河，传说一二百年之前，这里发生了一场战争，双方军队死伤无数，当地人把他们安葬在喀赤大沙丘上。

因为河水有毒，人们喝下就会腹泻不止，"尸河"之名便由此而来，都说河水是从埋在沙丘下面的众多尸身中流出来的。

现在哲别为了挽救全军数万将士的生命，只得亲自进城，去见那伊丽娜莎女王。

两人正在谈着话，速不台却派人来告急道："谟罕默德的一个儿子阿剌必额在哈马丹发动叛乱，杀死了哈马丹的蒙古长官，并将亲蒙古人的阿剌倒剌抓起来，关押在罗耳的一个暗堡内，不久就要把他杀了。"

哲别一听，异常着急，便对伊丽娜莎说道："如今蒙古军队大多数人正在病中，怎能打仗，请女王借兵马与我，前去哈马丹平定叛乱。"

伊丽娜莎女王笑问道："那么联亲之事，你答应么？"

哲别听后，只得红着脸说道："女王若愿意，就等我去平叛之后，回来再议，并请派出医生为我的部下抓紧治病。"

伊丽娜莎又说道："将军答应了婚事就好了，我可以借给你两万兵马，不知可够？"

哲别一听，十分高兴，便领着篾剌合城的两万兵马向哈马丹城前进，走前又叮咛女王抓紧派医生为蒙古士兵治病。其实，治那腹泻病也很简单，只要用当地产的一种白石榴皮熬水，喝两碗下肚，过一夜便好了。

而哲别带领的那两万兵马，由于长期的和平生活与宗教精神的熏陶，使这支军队几乎丧失了战斗能力和勇气。在哲别的带动下，他们很快打败了叛军的抵抗，将阿剌必额及其同谋者全部处死，然后进兵罗耳。很快击溃了罗耳的守军，从暗堡中救出了阿剌倒剌，仍然让他管理哈马丹城。

一代天骄：成吉思汗

回到簝剌合城，女王迎着说道："叛乱已平定，你士兵的病也治好了，我们也该把婚事办了吧？"

哲别答道："一旦办了婚事，你的女王宝座也就坐不成了，这事你考虑了没有？"

伊丽娜莎笑道："这女王是我自封的，有什么了不起，只要有了你这位勇士，我就心满意足了。"

说完，见屋里没有别人，她便一头扑进哲别的怀里，亲昵地低声说道："今天你就别走了吧？"

哲别抱着伊丽娜莎，感觉怀里搂着一团玉一样，心中立刻腾起青春的欲焰，把她抱起来向卧室走去……

1221年的秋天，哲别、速不台的远征军在扫荡了伊拉克，平定了谷儿只等地的叛乱之后，又降服了阿塞拜疆各个城市，为越过木干大草原，进军钦察部解除了后顾之忧。

1223年的冬天，哲别、速不台的大军突然袭击了钦察人的驻地，杀死了许多钦察人，抢劫的财物大大超过了当初与钦察人议和时的财物，高高兴兴地在水草丰美的钦察大草原，度过了一个严寒的冬天。哲别与速不台等商议，正想班师回国时，突然收到了迦迪延派人送来的一封挑战信。这位钦察人的首领怀着愤怒，在信上写道："你们用欺骗的手段，偷袭了我们，逼得我们流离失所，无家可归。我们钦察人决心以牙还牙，以血还血，誓以武力讨回公道……"

哲别向将士们宣讲了钦察人送来的挑战书，又重申了成吉思汗对钦察人的作战命令，然后说道："我们只有接受钦察人的挑战，继续向俄罗斯进军，彻底消灭钦察人的反抗势力，才能完成大汗交给我们的作战任务。"

会后，哲别与速不台率蒙古大军，向钦察人盘踞的萨被罗什城进军。两军对阵之后，蒙古军队很快击败了迦迪延的钦察人的队伍。

迦迪延丢下兵马，首先逃命去了，蒙古军队随后追杀钦察人，逼得他们向俄罗斯境内逃去。

这时的俄罗斯公国，地盘很小，东至伏尔加河的支流斡迦河，在伏尔加河与卡马河之间的地区是不里阿尔人，它的东部与南部是钦察人。

当时，俄罗斯境内分裂为几个小的国家，他们的国王全称之为"公爵"。这些公爵全是俄罗斯人鲁里克的后裔，其祖先为北欧海盗，鲁里克曾于9世纪时统一第聂伯河各个斯拉夫民族，随后将其统一称之为俄罗斯人。

迦迪延领着部分残余人马，从萨波罗什城逃往基辅，投奔他的女婿哈里克斯公爵，哭诉了蒙古人欺侮钦察人的情况，说道："如今，蒙古人已向这里追击，若不及早组织军队抵抗，等那些如狼似虎的蒙古军队来了，不仅会杀害我的钦察人，也会扫荡你们俄罗斯人的土地，掳掠你们的财物。"

哈里克斯只好亲自出面，邀请俄罗斯大公及其他公爵到基辅，共议抵抗蒙古大军。

在会上，哈里克斯说道："钦察人与我们俄罗斯人，虽不是同一民族，但是在当前情况下，蒙古人是我们的共同敌人，一旦钦察人被消灭，蒙古人就要对我们俄罗斯人下手，这种唇亡齿寒的关系是十分明显的。"

有些俄罗斯公爵只考虑本国利益，不愿意出兵，只有俄罗斯大公弗拉吉米尔说道："如果我们俄罗斯人不团结起来，共同对付蒙古人，钦察人势必会投降蒙古人，从而加强了蒙古人的力量，这对俄罗斯将是更大的危险。"

哈里克斯又说道："现在我们各自出兵，组成一支抗击蒙古人的联合大军，表面上是救助钦察人，实际上也是救我们俄罗斯自己。"

俄罗斯大公弗拉吉米尔又说道："为了保卫我们俄罗斯领土，只要各国派出一支少量的军队，汇结一起，就能组成一支强大的联军，蒙古军队远驰来此，我们以逸待劳，定能击败他们，这不是很明显的事吗？"

经过哈里克斯与俄罗斯大公的再三劝说，参加会议的各公爵才勉强达成协议，同意出兵。

1223年的夏天，弗拉吉米尔大公和基辅公爵哈里克斯，钦察部首领迦迪延及各公国的部队，组成各国联军，列阵于第聂伯河下游。在这同时，被蒙古人击溃后逃散到各地的钦察人闻讯之后也纷纷赶来，加入到迦迪延的军队中，号称有十万大军。

这支十万人马的联军队伍，在蒙古军队中引起极大的反响，在军事会议上，许多人说："联军十万人，蒙古军队四万人，又是在人地生疏的异国土地上作战，给军队带来诸多不利，要取得战争的胜利，不易呀！"

哲别首先说道："既然是各国联合组成的军队，往往是联而不合。因为，各路军队加起来首领众多，指挥不一，就是一群乌合之众。"

说到这里，哲别向部下看了一眼，又说道："可以预言，一旦战斗打响，那些联军必然是各部之间互相观望，或者畏缩不前，或是互相推诿，各自都想保存实力，因而人心不齐，力量自然就分散了，还有多少战斗力呢？"

速不台也说道："根据已往作战经验，联军中领兵在前的，必然是其头目。我们可以先伤其头目，联军必然溃散。所以别把联军的十万人马看得多么强大，那不过是虚张声势罢了。"

后来，哲别与速不台经过商议，他们选派了十个能说会道、足智多谋的使者，分别去会见各国公爵，说道："我们蒙古人与你们俄罗斯人没有利害冲突，也从未侵犯过你们的领土。我们大军到来，只是为了追讨抗命的钦察人，望你们切勿轻信那些钦察人的挑拨，帮助他们与蒙古人作战，那不是太幼稚了么？"

但是，俄罗斯公爵们没有听信蒙古使者的挑拨宣传，有的反而杀掉了蒙古的使者。

哲别、速不台已预感这场战争已不可避免，一边部署兵力与联军对抗，一边派快骑到里海之东，请求术赤出兵支援。

速不台对哲别说道："俄罗斯人不是扬言要一举击溃我们吗？我们不妨将计就计，来个欲擒故纵。"

哲别会意之后，二人又据此制定了示敌以弱，骄纵敌人，步步退却，诱敌深入的作战方针，开始与俄罗斯的这支联军拉开了战幕。

速不台只领一千骑兵，与敌周旋，大队人马则由哲别率领，埋伏在顿河以西的一块峡谷地带，静等联军的到来。

联军渡过第聂伯河，与速不台的人马相遇，两军交战不久，速不台便挥军败退。

第二天，速不台便派出使者到联军中说："我们军队只是为了追击钦察人而来，与你们俄罗斯人无冤无仇，何必欺人太甚呢？不过，我们蒙古军队身经百战，并不害怕打仗，但是我们需要向你们俄罗斯人讲清楚，一旦把战争强加在我们蒙古人头上，我们将无所畏惧地迎击你们的挑战！"

这位使者的话对俄罗斯各国公爵震动很大，有人当即提出退兵，并且说道："我们为什么要与一个不愿意与我们为敌的国家打仗呢？"

弗拉吉米尔大公却劝阻了他们，并说道："蒙古人诡计多端，别相信他的话。"

不过，他们还是把蒙古的使者放了回来，说明哲别、速不台的瓦解联军的目的已基本达到，只是没有完全令他们撤军就是了。

此后，速不台的军队与联军若即若离，且战且退，有时利用夜袭计策，扰乱敌军的安宁，一遇联军来战，就有计划地撤退，故意使俄罗斯军队产生错觉：蒙古军队怯战怕死，所谓蒙古人英勇善战，全是一派胡言。

俄罗斯基辅公爵哈里克斯对他的岳父，钦察人的首领迦迪延说道："蒙古人一见我们就逃，难道是计策吗？"

迦迪延立刻说道："蒙古人善用埋伏，不可不防啊！"

哈里克斯听了，冷笑道："据侦探来的消息，蒙古军队不过三四万人，让他们埋伏起来，又能怎样？"

说罢，竟然指挥自己的兵马，长驱直入，紧追不舍。迦迪延立刻劝他说道："不可孤军深入，等俄罗斯大公弗拉吉米尔的大军赶上来，再一起追击吧！"

哈里克斯被蒙古大军的故意怯战所迷，又想独占头功，便不听忠告，也不等弗拉吉米尔大公的部队来到，便紧催兵马，一连追了十二天，到达亚速海北方的迦勒迦河，与蒙古军队隔河对峙。

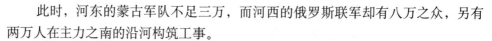

此时，河东的蒙古军队不足三万，而河西的俄罗斯联军却有八万之众，另有两万人在主力之南的沿河构筑工事。

当时，正是冬季到来，伏尔加河已经封冻，里海那边术赤的三万援军也飞驰而至。

在这之前，哲别、速不台已攻下里海北岸的阿斯塔拉干，然后分军为二：一路沿亚速海东南到黑海，迂回北上；另一路过顿河列阵以待，对联军形式钳形攻势。

为了迷惑敌人，哲别又派使者到联军中说道："因为俄罗斯不是我们的真正敌人，我们已对天发誓，决不相犯，请勿用兵。"

可是，哈里克斯却蛮横地说道："既然不敢交战，让你们的主将前来归降，我们当即退兵，不然，我们的联军将一举歼灭你们。"

在这种情况下，哲别对速不台说道："钦察人已是我们的手下败将，不妨集中兵力首先击溃他们，然后再乘胜追击，再多的联军也要溃乱的。"

速不台立刻说道："太好了，我俩想到一块了，这任务就交给我去完成吧！"

于是，速不台亲自点两万人马，在出发之前，向全军将士动员说道："俄罗斯联军仗着人多势众，把这场战争强加在我们头上，认为我们蒙古人怯战怕死，硬逼着我们应战。现在，我们的援军已经到来，曾经被我们打败的钦察人就在前面，让我们用大刀去回击敌人的挑战吧！"

说完，速不台高举大刀，大声呐喊着，冲在队伍的最前面。他后面的两万铁骑也闪电一样，对准钦察人的阵地冲去。

钦察人早已吃过蒙古军队的苦头，成了惊弓之鸟，一见蒙古军队冲来，便吓得丢盔弃甲，慌慌张张地向后退去。

钦察人的溃败，不但扰乱了军心，而且造成俄罗斯联军的右翼空虚，甚至那些溃退的钦察人把俄罗斯的军队冲得七零八落，混乱不堪了。

这时候，哈里克斯见军队的阵容大乱，心中也不由得又惊又怕，自己先渡河，上岸后，立刻命令沉掉所有的船只，以免蒙古军队渡河追击，结果他自己的近万士兵无船可渡，都成了蒙古人的刀下之鬼。

哲别一见，及时挥军乘胜全线追击，这时的联军已腹背受敌，尽管抵抗了三天，由于冲不出蒙古人的包围，仍然是全军覆没。

这次决战之中，俄罗斯人生还者十不足一，有六个公爵（国王）和七十多个贵族出身的将领死亡，损失兵马七万多，俄罗斯的势力大大削弱了。

击溃了联军的主力之后，蒙古军队又跟踪追击，包围了那个傲慢自大的基辅公爵哈里克斯的军营，又连续攻打了一昼夜，哈里克斯终于支撑不住，主动献出他的岳父——钦察人的首领迦迪延，请求投降。

哲别、速不台答应了哈里克斯的请降，要他出营签约，哈里克斯来到蒙古军营，立刻被捆绑起来，他不服地叫喊道："为什么不守信义，要虐杀投降者？"

速不台向他说道："我们多次派使者向你们申明，不愿与你们俄罗斯交战，是你坚持把战争强加给我们蒙古人，你还有什么信义可讲？"

哈里克斯又喊道："我已投降，为什么这样对待俘虏？"

哲别对他说道："我们蒙古军队遵照成吉思汗的命令，一向是宽待投降者，严惩反抗者，对俘虏一律处死，你还有什么话说？"

哈里克斯无力地低下了头颅，不再吭声，只等速死。

后来，蒙古军队把哈里克斯及其亲王，还有迦迪延等人，捆绑在一起，然后在他们身上搭上一层木板，在木板上举行了庆功宴，于是基辅的这位公爵等人便在蒙古人的欢笑声中悲惨地死去。

俄罗斯、钦察联军与蒙古军队的第一次大会战，就这样以惨败而告终了。

于是，俄罗斯境内形成无兵防守地带，举国一片惊恐。蒙古军队在哲别、速不台带领下，长驱直入俄罗斯境内，如秋风扫落叶一般，几乎没有遇到多少抵抗，就一直进军到克里米亚半岛，攻进速答里城。

1224年，成吉思汗自河中地区班师，并召哲别、速不台回军东归。

于是，哲别、速不台带着数不清的战利品，从里海北岸东行，正走之间，哲别不知不觉竟一头栽下马来。

速不台立即赶来，将哲别抬进大帐，见他似睡非睡、迷迷糊糊，不断地说道："我太累了，我太累了。"

那位坚持要嫁给这位勇士的"女王"伊丽娜莎流着泪，坐在哲别身旁，用毛巾为他擦着头上的汗水，不时地去爱抚他那又黑又瘦的脸庞。

速不台对她说道："请你照看着，让他好好睡一觉，也许他会很快好起来的，他是一位永远不会倒下的顶天立地的男子汉！"说完，让军队停下来休息一天再赶路。

当晚，哲别仍在昏睡之中，直到半夜之后，醒来吃了一点东西，又迷迷糊糊地睡去，忽然觉得有人在喊他，仔细一听，那声音似远又近，飘飘悠悠，正在疑虑间，见帐门一掀，大将木华黎飘然而入，他不由喊道："啊！原来是国王驾到，真是太高兴了！"

两人遂握手拥抱，然后坐下，亲热得不得了，还是木华黎先说道："你怎么瘦成这样？"

哲别听后，看着木华黎也说道："你不是也不胖么？"

二人遂相视大笑起来，木华黎又说道："你与速不台率领三、四万人马，远征万里之途，打胜数十百仗，征服许多民族，夺占无数城堡，立下了丰功伟绩，论贡献，我不如你呀！"

465

哲别听了，急忙说道："你太自谦了！我算什么？你一个人领的兵马也不多，独自闯入中原大地，斩将夺关，攻城略地，为大汗立下汗马功劳，被封为太师、国王，我怎能与你相比？"

　　说完之后，两人又相视一笑。木华黎说："无论怎么说，我们总算没有辜负大汗对我们的期望之情，也报答了他对我们的知遇之恩。"

　　两个战友，一对勇士，就这样说着知心的话儿，回忆着逝去的往事，不知不觉天快亮了，木华黎立刻站起来，说道："我现在没有一点负担了，已经进入极乐世界了，真觉得轻松了。"

　　哲别也感慨地说道："我早已觉得自己活得太累了，也该跟着你到那极乐世界去享受自由了，可是——"

　　木华黎立刻问道："你还有什么可留恋的？功成，名就，知恩报答了，你……你别忘了，自己已经老了！"

　　哲别听了，伸手往头上一摸，叹道："是啊，是老了，头上的白发就是明证！难怪有人说：'世间公道惟白发，贵人头上不肯饶！'这真是一句公道话啊！"

　　木华黎笑道："那后面还有两句，是安慰人们不要多愁善感地胡思乱想了：'是长是短盖棺定，恩怨情仇终须报。'不过，我们都问心无愧了。"

　　说完之后，木华黎向他摆摆手，往帐外走去，哲别立刻大喊道："木华黎你走慢一些！木华黎你等着我！"

　　这时，哲别睁开眼一看，见到床边上坐着伊丽娜莎，对面凳子上坐着速不台，忙问道："木华黎呢？木华黎真的走了么？"

　　速不台只得告诉他说："是啊！木华黎走了，他早走了，而且一年前的现在已经走了，你怎么……怎么忘了？"

　　哲别听后，立刻醒悟过来，他想着，竭力回忆着梦中的情景，尤其是回忆着他与木华黎的那些对话，渐渐地，又昏迷过去。

　　又过了好长时间，哲别忽然醒来，说道："我活得太累了！也该像木华黎那样，去极乐世界享受那自由自在的生活了。"

　　说完之后，哲别把头一歪，两眼慢慢地闭上，过了一会儿，又突然举起两手，大声说道："我太……累了！"

　　那两只挥着大刀的手，原来是多么的有力，此刻，却软绵绵地、轻飘飘地落了下来，再也抬不起来了。

　　这位叱咤风云的一代勇将，便溘然死去，年仅50岁。

　　哲别、速不台仅以四万兵力，远征异国，历时数载，转战万余里，他们的军队"像旋风而来，又如旋风而去"，历尽千辛万苦，充分显示了蒙古民族的冒险精神和战斗能力。

# 【第十六回】

# 访全真长春子传道，传遗诏大可汗归天

1222年，成吉思汗在撒马耳干过冬避寒，享受着从里海吹来的暖风，直到第二年的春天，他也没有班师回蒙古的想法。

这座古老的都市撒马耳干，原是奥斯曼帝国的独立领地。这里商业繁荣，文化发达，华丽的宫殿并肩林立，是东方伊斯兰教的中心，虽然经历了这场战争浩劫，依然婀娜多姿。美丽的阿姆河从这里流过，沿河风景优美，公园别墅，绿草如茵，令人赏心悦目。戎马大半生的成吉思汗，住进这金碧辉煌的宫殿里，在美妇如云的温柔乡中，已经乐不思蜀了。

一天，成吉思汗正在皇宫的草地上观赏着一群歌女跳舞，忽然进来一个护卫，走到大汗身边，对他悄悄说道："士兵们在林子里捉到一头会说人话的怪兽，现已送来，请大汗前去观看。"

成吉思汗听后，不禁一怔，忙问道："它真会说话吗？"

那护卫立即答道："是，是会说话，刚才我还亲耳听到呢！"

成吉思汗便站起来，大手一挥，让那护卫带路，来到前面客厅前的大草坪上，果见一头鹿形马尾的动物，头上还生着一只角，浑身闪着绿色的光。

那护卫指着怪兽向大汗报告："刚才它对我说：'你们的大汗应该早日回蒙了。'"

成吉思汗听后，便走近那怪兽，问道："你会说话么？"

那怪兽看着大汗，点点头，意思是自己会说话，不相信，你就问吧！

成吉思汗见怪兽模样虽然难看，貌似凶猛，但是驯服得很，没有要伤人的举动，便又问道："你叫什么名字？能告诉我吗？"

"我的名字叫独角兽，是甪端的后代。"

成吉思汗见它真会说话，那说话的声音如鹦鹉似的，心中十分惊异，就问道："你有话要对本大汗说吗？"

只见那名叫独角兽的怪兽头一抬，说道："大汗应该早日回蒙，早日回蒙。"

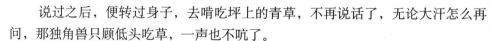

说过之后，便转过身子，去啃吃坪上的青草，不再说话了，无论大汗怎么再问，那独角兽只顾低头吃草，一声也不吭了。

成吉思汗命护卫细心照看，别让人伤了它，更不能让它逃出宫去了。

成吉思汗回到大厅，心里直犯嘀咕，有生以来还未听说过有会说话的野兽，而且说了要自己班师回蒙古的话，真是奇怪了。他想到这里，便派人去喊耶律楚材。

不一会儿，耶律楚材来了，大汗忙问道："你见过那头怪兽吗？他可会说话呢！"

耶律楚材已见过了那头怪兽，他灵机一动，计上心来，就针对成吉思汗的迷信思想，决心"以神道设教"，又联系蒙古将士普遍思归的心理，向大汗说道："请大汗不要多疑，这是瑞兽啊！是吉祥的征兆。这种独角兽，其名角端，产于高加索山里，它能讲多种语言，并且好生恶杀，不易被人捉住。"

成吉思汗听后，激动地说道："先生真是博学多闻，刚才那怪兽竟劝我班师回蒙，此乃长生天之意么？"

耶律楚材趁机附会说道："这是上天降下神兽，以告示大汗，因为大汗乃天之骄子，天下之人都是大汗之子，希望大汗能体察天心，怜惜子民，顺应天意。"

成吉思汗不禁大喜道："照先生说，这头怪兽倒是上天赐下的一头神兽了！它劝说之言也是上天之意，这就不能等闲视之，必须认真听从了。"

耶律楚材又说道："大汗率领大军西征，历经六年之久，长驱数万里，攻城略地，是古今历史上罕见的，惊天地、泣鬼神的壮举。丰功伟绩远远超过中原人经常称颂的秦皇、汉武、唐宗、宋祖，如今偌大帝国，江山一统，班师凯旋也正当其时了。"

成吉思汗听了，兴奋地笑起来，正要说话，忽然护卫进来向他报告道："护送长春真人的刘仲禄派人来说：'数日之内，真人将到，请大汗勿急。'"

成吉思汗听后，更加高兴，忙对护卫说："真人不远万里而来，跋涉山川，备尝艰辛，要早日安排馆舍，让他们好好休息，我要尽快接见他们。"

护卫走后，成吉思汗忙对耶律楚材说道："长春真人年高德勋，学识渊博，来此之后请先生多予关照，一切饮食起居、游芳寻趣之事，全都仰仗先生了。"

耶律楚材满口答应，说道："请大汗放心，我也想多向长春真人学习呢。"

长春真人，名叫丘处机，山东栖霞人，号长春子，十九岁到宁海昆仑山学全真道，拜王重阳为师。那时，王重阳有七名弟子，后来便是大名鼎鼎的"道教七真人"，其中丘处机最受王重阳器重，名声也最大。

王重阳死后，丘处机西入秦陇，隐居十三年，名望大著，暮年回到栖霞山。

当时，金、宋两国多次厚礼邀请他出山都被他婉辞拒绝；后来，成吉思汗听

一代天骄：成吉思汗

说丘处机不仅有治天下之术，还能配治长生不老之药。

于是，成吉思汗便于西征之前派遣刘仲禄等人，带着诏书前往邀请，并对刘说道："此去无论跋涉山川，逾越江河，不限岁月，一定将真人请来，必厚赏诸位。"

刘仲禄带着成吉思汗的诏书，一路寻访，历尽千辛万苦，终于在东莱山中找到了这位真人。在诏书中，成吉思汗表述了对丘处机的无比景仰之情，不仅把他当做活神仙，希望从他那里得到"保身之术"，而且把他比作姜子牙、诸葛亮似的人物，希望他协助自己"安天下"，治理好国家。

丘处机听完诏书，盛情难却，又见刘仲禄等冒险远来，遂慨然应允出山，而此时他已是七十三岁的老人了。

这个决定在丘处机的众多弟子中引起极大反响，有的人直面问他道："金国、宋朝多次邀请，你从未答应，而落后偏远的蒙古人一请即往，这是为什么？"

丘处机爽然回答说："当今的天下形势，已经很清楚了，金国、宋朝都已没有前途，而只有新兴的蒙古如日中天，前途不可限量。"

说到这里，他向弟子们扫了一眼，又说道："我们可以去帮助他们，向他们进言，借以宣传中原文化，减少生命和财产的损失。"

于是，长春真人挑选出弟子十九人随行，先乘舟北上，而后又冒万里跋涉之险，终于来到成吉思汗的住地。

见面之后，成吉思汗高兴地说道："听说金宋两国屡次招请，你都不愿出山，这次不远万里来到这里，我觉得十分荣幸。"

丘处机立刻说道："我本是一个山野道士，能受到大汗的亲自诏请，这是天意，我怎能不来呢？"

成吉思汗听了，更加高兴，立刻让护卫替真人备上软座，并请真人与他一起进餐。

之后，成吉思汗立即转入正题，向他问道："真人远道而来，有长生不老的药送给我吗？"

丘处机听了，说道："在人世间，只有养生之道，哪里有什么长生不老之药呢！"

成吉思汗也像秦始皇、汉武帝那样，希望长生不老，希望永享人世间的权势和富贵荣华，但不像他们那样固执。

听了丘处机的回答，成吉思汗并不因为他没有长生之药而生气，反而挺喜欢这位长春真人的诚实不欺，又问道："真人年高七十有三，身体还能如此康健，不知有什么长寿的秘诀吗？"

长春真人立刻回答道："中国古代的圣人孔子说：'仁者寿。'为什么

呢？我以为，仁者内不伤性，外不伤物，上不违天，下不违人，处正居中，形神以和。"

说了这些，成吉思汗似乎不太理解，又问："就从平常的生活、处事当中，应该如何做，才能达到长寿呢？"

"我的经验是少思寡欲，知足不贪，顺应天性之自然，不做逆天悖理之事，便是修身养性长寿的秘诀。"

成吉思汗听了，连连点头，认为他话说得忠恳，没有一点浮华藻饰，更加佩服，当即派人重设两个帐篷，安置在他的御帐之东，让丘处机等人居住。

后来，成吉思汗问田镇海、刘永禄等说："对丘处机，应该怎么称呼他？"

田镇海先说道："有人喊他师傅，有人喊他真人，还有人称他为神仙的，请大汗任选一个即可。"

刘永禄说道："我以为丘处机已年高古稀，喊他神仙更好。"

成吉思汗听了，连续点头说道："对，对！自今以后，就喊他'神仙'吧！"

于是，成吉思汗君臣们统一喊丘处机为'活神仙'，使长春真人师徒受到特殊的待遇。

以后，成吉思汗又多次接见丘处机，每次都是设帐斋戒，灯烛辉煌，挥退侍女左右，十分虔诚地问道。

有一次，正遇雷雨大作，成吉思汗指着外面的雷雨交加情景，询问雷击之事。真人说："我听说人间有罪三千条，其中以不孝长辈者为最大，因此上天以击雷警示那些不孝顺的人。"

成吉思汗听了，正合心意，立即召来儿子、孙子以及大臣们近前，对他们说道："汉族人孝顺父母，就像我们敬奉长生天那样。今后，各人需孝顺父母，不然，就违背天道。"

在后来的接见中，丘处机向成吉思汗反复说明他们道教的主张："敬天爱民为本，清心寡欲为要"，竭力宣传"天道好生恶杀"的道理。

这些主张，提醒成吉思汗要治理国家，统治人民，不能单靠暴力，还要进行思想教育，切不可一味地屠杀，也得注意休养生息，爱护人民的生命财产。

一天，成吉思汗邀请丘处机一同前去围猎，后因坐骑受惊，被掀落马下。

当时，一头野猪奔至成吉思汗身旁，但是那野猪只是呆呆地盯着向成吉思汗看着，没有猛扑过来。等到窝阔台赶来，才将那头野猪杀死。

丘处机目睹这一情景，当即劝谏道："大汗落马，这是上天的告诫；那野猪未向大汗扑来，是上天对大汗的卫护所致。如今大汗的年事已高，应息兵养颐，以减少狩猎为要。"

成吉思汗从长春真人多次谈话中，早已察觉这位"活神仙"规劝自己"节欲、戒杀、东归"等主张，于是说道："神仙劝我之言，我已深刻反省，定当逐一遵照办理。但是，我们蒙古人自幼喜欢乘马射猎，立即停止，实不可能，不过，我将不忘神仙之谏。"

在这之后，成吉思汗果真停止打猎有数月之久，可见他对长春真人的话是坚信不疑的。

其实，早在西征的前夕，成吉思汗已经考虑到了死亡问题，并想到了自己战死沙场的可能性，所以那时便对后事作了安排，尽管他当时还身体健康、精力充沛。但是，从那时起，死亡这个问题似乎一直在缠绕着他，常常萦绕在他的脑际。由于年迈，这位大汗对长生的渴求更加迫切。

这次见到丘处机，当他听到这位真人的坦言相告：只有养生之道，却无长生之药时，可想而知他是何等失望。

1223年的春末夏初之时，成吉思汗决定离开撒马耳干，率领军队北渡锡尔河，进入塔什干地区。在大军即将出发之时，成吉思汗命令花剌子模原国王谟罕默德之母、傲慢的秃儿根可敦，以及国王的妻妾宫眷们一起随行时，她们齐集路边，高声恸哭，向已经灭亡了的花剌子模帝国告别。

这一幕哀痛的情景，成吉思汗看了，心中十分惬意，顿时让他想起一年前那段难忘的日子——

当时，谟罕默德的母后秃儿根可敦及其妻女宫眷们被带到成吉思汗面前时，他向秃儿根可敦问道："你今年多大年纪了？"

过了好一会儿，这位倔强高傲的花剌子模国的母后才回答道："58岁。"

成吉思汗听了，实在不敢相信站在面前的这个"少妇"，竟然已是年老的妇女了。

他放眼看去，原国王的那些妻妾、宫女们，同这位打扮入时、体态苗条、面貌端庄秀丽的"母后"站在一起，谁也不会相信她已年近花甲了。为了解开这个十分吸引人的艳谜，成吉思汗当晚令她侍寝。

按照那时蒙古王宫中的规定，初次侍寝的宫妃，必须先进行搜身，然后脱去身上所有的衣服，送入大汗的斡儿朵内。

后来，成吉思汗进入帐内，掀开床上的被子一看，躺在床上的秃儿根可敦宛若一头白羊，浑身雪白如玉，其肌肤既细腻又柔润，伸手去触摸一下，就像碰上了油脂一般。

在成吉思汗的一再追问下，她才道出真情：原来当地有一种野生的枇杷树，将其果实捣碎，挤出汁水，用这枇杷水涂在身上，即可防止肌肤衰老；若是搽在脸上，将不生皱纹。

自此，成吉思汗对秃儿根可敦宠爱异常，用她提供的枇杷水，去遍试谟罕默德的妻女们，使这位大汗得到以往未有过的快感。

成吉思汗本是一个自制力很强的人，但是面对这些美貌如花的异国女人，他忘记了自己已是花甲老人，加上那枇杷水带来的快感，使他整日沉浸在温柔乡中。

直到长春真人到来之后，成吉思汗才接受了他的劝诫，于是离开了撒马耳干，准备去塔什干地区进行围猎活动。

在塔什干以南的察尔赤克河的河谷地带，蒙古人为他们的大汗搭起了新的斡儿朵，让他坐上用黄金铸成的宝座，睡上用白银铸成的大床，所有的生活用品，几乎全是用黄金、白银制成。

此时，幼子拖雷一直在成吉思汗身边，察合台与窝阔台不久也赶来与他会合。在此之前，这二人一直在不花剌地区驻守，防止呼罗珊的花剌子模人发生叛乱。他们在冬猎中，每七天便派人给他们的父汗送来五十担猎物。术赤则一直在北方的里海边上驻扎。遵照成吉思汗的命令，他将大批的猎物，驱赶到这里来，供成吉思汗尽情狩猎。

每次围猎时，成吉思汗率先从猎，将士们随后继之，把猎物追得远道奔窜，直到猎物足力疲乏时，往往徒手可缚。

正当成吉思汗陶醉在围猎乐趣中时，他的大皇后、结发之妻孛儿帖派人来了。

在西征的六年当中，成吉思汗的身边只有年轻貌美的忽兰皇后伴驾。对此，孛儿帖皇后并没有心生妒忌，不过，她越来越觉得成吉思汗离开蒙古的时间已经太长了。

她借口再这样下去，担心蒙古国内因为成吉思汗久不归国而发生不幸事件，便派人到塔什干地区致信成吉思汗说道："雄鹰已经在大树的梢头营就了窝巢。如果雄鹰长久地淹留在异国他乡，难保贱雀们不会趁机飞来，暗中啄食那窝巢中的卵蛋和雏鹰！"

其实，在耶律楚材，特别是在长春真人的劝告下，成吉思汗已有班师的打算了，只不过还没有最后成行。如今听到孛儿帖传来的这般言语，立刻预感到后院可能起火了，遂立即决定班师回蒙古。但孛儿帖届时会如何看待自己呢？后院的火势究竟烧得如何呢？

对这些问题，成吉思汗心中隐隐感到不安。于是，在班师的前夕，这位细心的大汗又派人先赶回蒙古去见孛儿帖大皇后，了解孛儿帖的意图。

不过，孛儿帖大皇后是一个十分谨慎而又有头脑的女人，她当即向来人表示，成吉思汗的行为是很正常而合乎情理的。至于后院起火的事情，这位聪明的大皇后却只字未提，似乎什么事情也未发生过。于是她又要来人传话给大汗说："在那苇岸青翠的湖上，野鸭和天鹅甚多，湖的主人自可随意捕猎它们；天下已归于一统，年轻而貌美的女人多得很呢！大汗自可任意从中挑选，也可以把她们纳入斡儿朵内，替尚未驯服的骏马备上马鞍。"

成吉思汗得到孛儿帖大皇后的如此回音，知道这位心胸开阔大度的结发夫人不甚计较，心里也就踏实多了，于是便决定班师！

在西征出师前夕，成吉思汗委任他最小的弟弟铁木格·斡惕赤斤留守大营，保卫后方。

让大皇后孛儿帖掌管大宫殿，负责料理四个斡儿朵里的后妃生活。铁木格为人忠厚老实，深得长兄长嫂的信任。

通天巫死后，其子阿察剌帖一直心怀愤恨，总想伺机为父报仇，一方面怯于成吉思汗的权威，一方面自己是个瘸子。

因为腿瘸，不能出征打仗，也不便去管理牲畜，只学会了钉马掌。他整日在怀里揣着一把小铁锤，背上一个小木箱，四处去钉马掌。

一天，阿察剌帖正走着，忽听有人喊他："喂，瘸马掌！铁木格王爷要你去钉马掌呢！"

阿察剌帖听了，扭回头一看，见是不里孛阔的儿子胡里兀思，忙说道："一口一声'王爷，王爷'，喊得多亲啊！一个认贼作父的家伙！"

胡里兀思一听骂他"认贼作父"，气得真想上前去揍他一顿，但转念一想，父亲不就是被别里古台亲手整死的么？而铁木格正是杀父仇人的弟弟，他骂得本来不错嘛。

可是，胡里兀思为人胆小怕事，他对父亲的死，虽然听母亲说过，要他记住杀他父亲的仇人是别里古台和成吉思汗，但是，他总觉得报仇的希望很渺茫，成吉思汗一家是当今蒙古帝国的黄金贵族，手握军政大权，哪有报仇的机会？

另外，胡里兀思在铁木格的帐下当贴身侍卫，深得铁木格的信任，他自己也觉得很满足，所以渐渐把父仇之事忘了。这时候，他听瘸马掌阿察剌帖一说，便快步走到他面前，对他悄悄说道："我告诉你，你别给我惹事！"

阿察剌帖挖苦他说："你怕什么？成吉思汗把军队带走了，说不定他会被花剌子模人打死呢！到那时，天下便是我们的了！"

胡里兀思又说道："你想得倒美，成吉思汗兄弟几人，他又有那些儿子，哪里轮得到你瘸马掌？"

阿察剌帖却说道："你真是一个傻瓜！这次西征，他们父子五人全去了，我让他们全死在花剌子模！不就是这个铁木格留在蒙古了？只要咱们——"

说到这里，他走近胡里兀思，在他耳边轻轻说了几句话，接着说道："我让他父子、兄弟几个全完蛋！"

胡里兀思本是一个没有主张的人，他曾听说阿察剌帖的父亲通天巫有些法

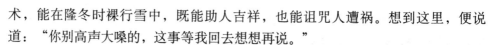

术，能在隆冬时裸行雪中，既能助人吉祥，也能诅咒人遭祸。想到这里，便说道："你别高声大嗓的，这事等我回去想想再说。"

于是，胡里兀思便转身走了，阿察剌帖也一瘸一拐地回到家里，模仿他父亲的做法，刻了许多大大小小的木头人儿，一个个标上记号，写上名字，然后找来许多钉、针之类，在那些木头人的身上乱扎一气。

第二天中午，阿察剌帖又背上木箱，怀揣小铁锤儿，去对胡里兀思轻声地说道："钉马掌的事，咱们再约个时间，现在你随我到家里去，我有要事向你说！"

阿察剌帖与胡里兀思进来之后，立即关上房门，从床底下搬出一个木箱，从里面取出一个布包，解开一看，全是木头人儿！

胡里兀思从未见过这些东西，吃惊地问道："这些就是你说的巫蛊之术么？"

阿察剌帖点了点头，便一一指给他看，那最大的木头人儿，是成吉思汗！以下挨着排列成一大溜，有他的四个儿子，还有他的几个兄弟等。每个木头人身上扎满铁钉与针头。

胡里兀思惊异地看着，说道："这些人也是害死我父亲的仇人呀！"

阿察剌帖说道："回想当年，我父亲能与长生天接近，传达神的旨意，成为蒙古草原上有名的通天使者！成吉思汗若没有我父亲的预言，他哪里有今日？连那个成吉思汗的名号，还是我父亲替他命名的呢，不料他却恩将仇报，对我父亲下毒手。"

胡里兀思也说道："当年，我父亲是草原上有名的摔跤能手，力大无穷，只因为打伤了别里古台，成吉思汗便嫉恨在心，将我父亲弄死。"

阿察剌帖忙说道："面对成吉思汗家族，我俩是难兄难弟啊！我们应该携手同心，为我们的父亲报仇！"

这时，胡里兀思看着那些小木头人儿，问道："这东西果真灵验吗？"

阿察剌帖忙笑道："当然灵验！这巫蛊之术是我们蒙古人的独创，能助人吉庆，让人飞黄腾达，一步升天；也能咒人死亡，让仇人现世现报，十分灵验。"

胡里兀思又问道："这需要多长时间，才能咒死他们？"

阿察剌帖听了，只得顺口胡诌道："这要看我们的诚心与功夫了。所谓心诚则灵，还要有恒心，每天坚持对这些人进行诅咒，日久天长，必定能感动上天神灵，到那时，他们谁也逃不脱厄运的。"

胡里兀思这才放心地说道："好吧，我们就盼着这一天快点来临了。"

说完，他就想离开，被阿察剌帖伸手拦住，又将他按在凳子上坐下来，对他说道："你怎么走了？我还有重要事向你说。"

胡里兀思指着那些木头人儿说："你要拿一些回去，放到隐秘的地方，照我讲的去天天诅咒，不然，怎么能为你父亲报仇？"

胡里兀思一听，有些为难地说道："我害怕呢！一旦被人发觉，让铁木格王爷知道了，他还不要了我的命？"

阿察剌帖忙启发他说道："你真傻！难道你向人说去？这事儿，现在只有我知你知，铁木格怎么会知道？"

说到这里，阿察剌帖又悄悄地说道："现在，我们商量一下，先把铁木格这个家伙除掉，军队不就归我们了？"

胡里兀思开始还有些顾虑，但是，经不住阿察剌帖七哄八骗，只得接受了他的意见，准备用毒药将铁木格毒死。

第二天，阿察剌帖去为铁木格的战马钉马掌，见到周围无人，便把准备好的毒药交给胡里兀思，等到钉好马掌，他就无事一般地背起那个小木箱子，走了。

胡里兀思知道铁木格每天中午喜欢吃烤羊腿，便瞅准机会把那毒药放进去，只等他来吃了。

不一会儿，铁木格来了，问道："羊腿烤熟没有？"

胡里兀思忙答道："我刚从厨司那里拿来，请王爷快吃吧！"

铁木格走到桌边坐下来，伸手抓起羊腿，一边闻着，一边赞道："好香，好香！"

他正要往嘴里送时，忽见来了一个护卫跑得上气不接下气地说道："王爷，王爷，大皇后有急事找你，请你立刻就去她的大帐！"

铁木格一听，忙问道："什么事，这么着急？等我吃完中饭再去不成吗？"

那护卫急切说道："是有急事，大皇后让你立刻就去！"

这位铁木格王爷一向敬重他的长嫂，便放下手中的烤羊腿，随着那位护卫走了。

他走到帐门口，又回过头来对胡里兀思说道："把那羊腿放在那儿，我一会回来再吃。"

也是铁木格命不该死，他到孛儿帖那里，才知道古儿别速皇后勾结不亦鲁汗的小儿子大不速秃谋叛，要他领兵前去镇压。

铁木格一听，不敢耽搁，遂在孛儿帖的餐桌上抓起一块牛肉，一边大口嚼着，一边忙着去集合兵马，往第二斡儿朵的所在地——萨阿里客额儿驰去。

原来不亦鲁汗死后，他的小儿子大不速秃一心梦想恢复乃蛮国，得知成吉思汗领兵西征去了，后方空虚，便悄悄来到了萨阿里客额儿，找到了古儿别速皇后。

因为忽兰皇后随大军西征去了，古儿别速便成为这第二斡儿朵的主持人。二人见面之后，谈起乃蛮国的旧事，古儿别速不禁泪流满面，哭了起来。

大不速秃来找古儿别速的真正目的，是想了解情况，伺机谋叛的。不久，他便与古儿别速一起制定了一个偷袭计划。两人正在得意之时，计划却被住在这个斡儿朵里的妃子胡迦儿得知，她立刻派人送信给孛儿帖大皇后，于是这一起谋叛之事就败露了。

铁木格带领三千兵马，日夜兼程地赶到萨阿里客额儿，把斡儿朵团团围住时，古儿别速正与大不速秃搂在一起酣睡呢。古儿别速见到大不速秃被铁木格的士兵刺死了，她跪在地上哀求着说道："看在大汗的分上，饶了我吧？"

铁木格坚定地说道："红颜祸水，你害人误国，留着你何用？"

说罢，遂令人把她处死了，然后让胡迦儿主持第二斡儿朵的事务。

铁木格平定了这起没有爆发的叛乱之后，便带领兵马回到老营，他的亲信莎豁儿迎上来说："王爷真是命大之人！幸亏你带兵走了，那天你若是吃了那只烤羊腿，可就麻烦了！"

铁木格听了，丈二的和尚——摸不着头脑，忙问道："你这话是什么意思？我怎么听不明白。"

于是莎豁儿便把那只烤羊腿的事儿说给他听，在铁木格领兵走后，那只烤羊腿被一个护卫拿去吃时，还未吃完人就死了。

铁木格听了，吃惊地说道："有这样的死么？难道那只烤羊腿——"

莎豁儿立即说道："那只烤羊腿肉里有毒！后来我把狗唤来，又拿那只羊腿给狗吃，狗也死了。这不是再明显不过的么？"

铁木格忙问："这是谁干的？你查了没有？"

莎豁儿便提出了自己的看法，他说："我查了一下，那两天只有瘸腿阿察剌帖来钉过马掌，其他人未来过。"

"他是一个瘸子，怎么会……何况羊腿也不是他烤的，不会是他干的吧？会不会是厨司……"

"这事儿我还没有公开宣布，知道的人不多，只等你回来再商量，我想……可能是……"

铁木格见他吞吞吐吐，忙说道："这里没有外人，你有话就直说吧！"

莎豁儿说道："那瘸子是谁的儿子，你知道吗？他是那个曾经整治过我们，后来又被我们治死的通天巫，会不会是他……干的呢？"

铁木格想了一会，然后说道："即使是他干的，也要通过我们身边的人，才能做出来。……你查过我的厨司没有？"

莎豁儿说："我已经派人去监视了。还有，那天送羊腿给你吃的，是胡里兀思，此人也是怀疑对象，他可是不里孛阔的儿子，与你的家族也是有仇的呀！"

铁木格听后，想了很长时间，才说："这事非同儿戏，非要下力气把它查出来不可！但又不能打草惊蛇。"

两人又小声议论了一会儿，便各自分头去行动了。

几天以后，莎豁儿向铁木格说道："前天，厨司不知怎么得到了信息，跑去向我哭诉一番，说他未干那下毒的事，后来我安慰他几句之后，他才回去。"

铁木格冷笑道："他怎么会知道的？难道他是做贼心虚么？"

"前两天有人看到胡里兀思去了阿察剌帖的家里，两人在屋里谈了很久才出来。"

"难道他们真的勾结在一起了？"

两人正在小声议论着，见胡里兀思在帐外伸头缩脑，铁木格遂道："你进来呀，有什么事要报告？"

只见他神色紧张地说道："那天，是我把烤羊腿从厨司处拿来，放在桌子上，以后我出去了，就……就不知道在我走后，可有人来吗？"

莎豁儿向他问道："你认为，这事是谁干的？"

胡里兀思连续摇头说道："我哪里……知道是……是谁干的？"

铁木格严肃地对他说道："这件事我们已查得差不多了，有的人再不主动来投案自首，有他后悔的时候，等我们抓到他，非处死不可！"

胡里兀思听后，吓得脸色煞白，两手哆嗦着走了，还未走出帐门，铁木格大喝一声："回来！胡里兀思，你不向我说老实话，还要等到什么时候？"

听到铁木格的喊声，胡里兀思吓得一屁股跌坐在地上，急忙又爬起来跪到铁木格面前，哭诉道："报告王爷，这……这事，全是阿察剌帖要……要我干的！"

于是，胡里兀思一五一十地把事情的前前后后的经过全都说了出来，铁木格立刻让他领着莎豁儿去捉拿阿察剌帖。不久，阿察剌帖连同他制作的那些大大小小的木头人儿，全都被送到铁木格面前。铁木格一看到之后，气得跳起来骂道："你们好歹毒啊！居然在暗中干出这种伤天害理的事情，我岂能饶了你们？"

说罢，抽出佩刀就要杀死他们两人，莎豁儿急忙上前捉住，劝他道："王爷息怒，这事关重大，最好让大皇后知道这事，然后再处置他们也不迟！"

铁木格听后，觉得有理，便大声喊道："来人！把他们牢牢捆住，关押起来！"

护卫押走阿察剌帖、胡里兀思之后，铁木格看着那些木人儿，越想越气，忽听有人说道："可别气坏了身子呀！"

铁木格抬头一看，见是孛儿帖大皇后来了，急忙请她坐下，然后将这件事从头至尾说给她听，又指着那些木头人儿，说道："这说明不里孛阔和通天巫的阴魂不散，他们的后代时刻梦想对我们进行报复，我们真不能掉以轻心啊！"

孛儿帖说道："这些人时刻梦想恢复他们已经失去的权力，企图为他们的父亲报仇，这倒是给我们敲起了警钟。我想，还是及早让大汗知道这事会更好的。"

铁木格忙说道："既然这样，就让莎豁儿亲自去向大汗报告吧！特别是那个古儿别速已被我处死了，她是大汗的皇后，不向大汗报告，是不对的。"

477

孛儿帖又说道："大汗已决定班师回国了，现在去向他报告也不算太迟，让他早有思想准备也好。"

这样，在成吉思汗的西征途中，这两件谋叛之事都被消灭在爆发之前。

1224年，成吉思汗在班师的途中，又进行了大型围猎活动，舒舒服服地洗净了六年来鞍马劳顿的疲乏。

对蒙古人来说，围猎既是娱乐，又是生产，更是一种军事演习。成吉思汗对丘处机说："狩猎是军事训练的基础。我们蒙古不仅与人战，也与动物战。"

蒙古人自幼习惯于艰苦、战斗的生活，在狩猎和战争中养成冒险犯难、不屈不挠的精神。他们从小就受到英雄主义的教育，游戏也以骑马竞逐、摔跤射箭为主。不到十岁的儿童，就已参加狩猎活动了。

在班师之前，成吉思汗命令长子术赤留在钦察地区了。从此，术赤再也没有回到蒙古去，在这期间，他一直被出生之谜的阴影笼罩着，心里总是闷闷不乐。

于是，术赤便开始纵酒行猎，在山林里一住十余日，不问政事。不久，便卧病在床了。

成吉思汗在归途当中忽然心血来潮，想在和林建都，并准备在那里建造一座世界上最大的宫殿，以纪念他统一天下的功绩。

但他转念一想，现在西征刚才结束，被征服的广大地区还没有完全安定下来，许多地区田野荒芜，百姓生活疾苦，此时若是置百姓和国家于不顾，而去大兴土木，建造华丽的宫殿，很可能是不明智之举。

此时，这位大汗又突发奇想，准备以此来试一试部下的看法，以便从中挑选一些真正为国家出力的忠直之人。

于是，成吉思汗下令召开会议，要全军将领都来赴会，对建造宫殿之事发表意见，谁知众人一片赞颂之声，都认为要大造、特造一座人世间最美丽的宫殿，来显示蒙古人的气魄，纪念大汗征服世界的丰功伟绩。

成吉思汗听了这些众口一词的建议，心中大为恼火。散会之后，他让耶律楚材留下来，问道："今天会上，众人一个腔调说话，使我不解，深感在我们蒙古缺少栋梁大材之人！"

耶律楚材听了，忙说道："大汗帐下，谋臣如云，猛将如雨，怎能说缺少栋梁呢？"

成吉思汗听后，叹了一口气说道："先生哪里知道我的心思啊！"

他立即把自己想以建宫殿为名，试探一下群臣、诸将领态度的事说了一遍。

耶律楚材听后，会心地笑了笑，并不说话，却让人拿来一方形的茶壶和一个圆口的茶杯，亲自沏茶倒水，这才对成吉思汗说道："大汗请看，这水在方的茶壶里，便是方的；把它倒入这圆的茶杯里，就变成圆的了。"

成吉思汗忙问："先生这话是什么意思？"

耶律楚材说道："报告大汗，这水是没有形状的，可是，它被装在什么样的东西里面，它就变成什么样了。"

聪明的成吉思汗听了之后，低头想了一会儿，马上悟出这位学者的意思，说道："你的意思是说，有什么样的大汗，就会有什么样的部下！"

"大汗说得对！"耶律楚材接着说，"古往今来，所有的英明君主无不如此！唐朝的李世民因为有宽容的胸怀，所以才有像魏征那样的谏官。"

成吉思汗立刻不满地反问道："你是说我平日心胸狭隘，没有肚量？"

耶律楚材忙说道："请大汗别误会我的意思，我是说选拔人才，识别贤愚不能只看一时一事，要看其一贯的表现，在一件事情上的认识与态度，是不足以下结论的。"

成吉思汗听后，连连点头，心里想道："我试来试去，结果反而试出自己有问题了。"

在这次会议上，术赤因病未参加，成吉思汗询问一个从钦察来的蒙古人。但此人竟说术赤根本没有生病，临来前还看到他去林子里打猎，成吉思汗气愤地骂道："畜生！竟敢欺骗本汗！"

不过，没有多久，术赤病死的消息便正式报来，成吉思汗大为悲痛，悔恨之余，下令把那个蒙古人捉来，问道："你为什么要诬告术赤？"

那人被逼无奈，只得看着察合台，哆哆嗦嗦地交代说："是……是二王爷让我那样说的。"

察合台立刻跪到成吉思汗面前，辩驳道："父汗不要相信他的话，我怎能让他诬告术赤？此人可能疯了！"

成吉思汗生气地瞪住察合台，说道："不是这个人疯了，而是你疯了！"

处死那个人之后，成吉思汗不禁流下泪来，痛哭一阵之后，对儿子们说道："打虎亲兄弟，上阵父子兵。你们虽然年轻，却也历经战阵，对这句话没有体会么？"

就在这时，速不台的大军赶来了。成吉思汗一见哲别的尸体，心中更加悲痛。这位跟随他戎马大半生的"箭"，实践了成为他的"战马"的要求，现在离他而早走了，成吉思汗怎能不痛惜？

因为他是在西征中献出的生命，成吉思汗决定把他安葬在西征的征途上。

按照蒙古人的习俗安葬了哲别之后，成吉思汗班师大军来到了塔儿巴哈台地区的叶密立河附近，他欣喜地看到了忽必烈、旭烈兀两个孙子前来迎接，并为他们举行了隆重的神猎典礼。

根据蒙古习俗，儿童神猎有所得，要举行一个小型仪式。当时，忽必烈十一岁，旭烈兀年仅九岁，他们都是拖雷的儿子。（后来，忽必烈做了元朝的开国皇帝，即元世祖，旭烈兀后来做了波斯的汗王。）

两人初次出猎，均有所得，忽必烈获一兔，旭烈兀获一鹿。成吉思汗大喜，遂用两个孙子各自所获野兽的血与脂肪，亲自涂在他们的中指上，然后两个孙子分别亲吻他们所崇敬的爷爷。据说当时旭烈兀咬疼了成吉思汗的手，而忽必烈却吻得十分庄重，想必那时的成吉思汗一定悲喜交集，老泪纵横。此时，成吉思汗的心情也是十分复杂的，他喜的是眼前的两个孙子聪明英武，前途无量；悲的是另一爱孙蔑忒干已在花剌子模丧身。

本来舐犊情深，人皆存之。从他对儿子、孙子的态度来看，这位叱咤风云的大汗也不例外。

在西征当中，一方面，蒙古军队在战争中，在占领的城市里杀人如麻；另一方面，在这支军队的统帅——成吉思汗的内心深处，又是那么的善良淳朴，充满了人道信义，两者形成了鲜明的对照。

成吉思汗在结束西征之前，已把新征服的土地分封给术赤、察合台和窝阔台了，蒙古本土仍归幼子拖雷。

术赤死后，成吉思汗命其子拔都嗣父位，封地如故。其疆域包括额尔齐思河以西，咸海、里海以北的广大地区。

察合台汗国，是成吉思汗封给次子察合台的封地。它包括原西辽的旧地以及天山南北及阿姆河、锡尔河之间的地区。最新建都于阿力麻里（今新疆霍城县水定镇西北）。

窝阔台汗国，是成吉思汗封给三皇子窝阔台的封地。其疆域包括额尔齐斯河上游和巴尔喀什湖以东地区。当时，建都于叶密立（今新疆额敏县）。

伊尔汗国，是成吉思汗之孙、拖雷之子旭烈兀通过西征，在波斯地区建立的国家，也称波斯汗国。其疆域东起今阿姆河，西至地中海小亚细亚，北至高加索与钦察汗国相结，南抵印度洋，阿拉伯海。当时，建都于大不列士，存在至1353年。

由成吉思汗奠基的这四大汗国，最初都是蒙古帝国的一部分。由于这些地区并没有长期统一的条件，如共同的经济、文化、政治基础等，加以汗位争夺和家族派系的斗争，所以在忽必烈接位之后逐渐形成事实上的各自独立局面。

成吉思汗的西征，师出有名，战术新颖，武器装备先进，军队素质好、士气高，指挥员智勇双全，擅长独立作战，特别是重视政治宣传、宗教政策和外交手段的运用，所以能用极短的时间取得了重大胜利，在中外战争史上占有极其重要的地位。它具有异国作战，征途最远，兵力最多，规模最大等鲜明特点，吸引了各国军事家去研究、探讨。

一代天骄：成吉思汗

自从西征结束，返回蒙古以后，成吉思汗甚至未能好好地休息，他就不得不再次地关注中原的事态发展情况。

1224年秋天，孛鲁和大将刘黑马等率大军突然攻入西夏，逼得西夏只好再次乞降，夏献宗还答应派亲子为人质，以求取信于蒙古人，孛鲁等才退兵。

在孛鲁大军大举向金国进攻时，金王依恃黄河天险，作垂死的抵抗，同时，也想与蒙古人求和。

成吉思汗在呼罗珊地区紧张作战时，金国使者取道伊犁河谷，来到蒙古大营。听了这位金王使者提出的和平要求后，成吉思汗说道："当初，我已告知你们的主子，让他在黄河以南称王，把黄河以北的土地让给我，这便是我们当时答应的停战条件，你们没有答应。如今，木华黎父子已将黄河北部的土地全征服了，你们不得已又来求和，这哪里算是有诚意呢？"

可是，金国的这位使者再三苦苦哀求，成吉思汗被缠得无奈，只得说道："念你远道来此，我就再作让步，回去告诉你的主子，把陕西境内的潼关等城市全部交出来，然后再签订和约。"

金国的使者虽觉难以接受，但是见成吉思汗态度坚决，已难改变，只得辗转回国，向金王作了汇报，朝中大臣纷纷反对。有人说："潼关附近的各个要塞，本是河南西面的唯一防线，若是交给蒙古人，岂不等于交出了我们金国的大门钥匙，还有谈和的余地么？"

也有人向金王建议道："成吉思汗吃软不吃硬，对他不能硬顶，不如再派人前去软磨，或许能有缓和的余地。"

于是，金王又派使者去向成吉思汗苦苦哀求，表示称臣纳贡，想以软办法拖住这位顽强的世界征服者，达到停战的目的。

金国人的态度固然可恼，但是，更令成吉思汗不能容忍的是西夏人的反复无常。

西夏国本为唐兀惕人，他们类似西藏吐蕃人，但已大部分中原化了的民族，连他们的文字也是根据汉字创造出来的。

两个世纪以来，他们一直占据着中国的甘肃省以及鄂尔多斯和贺兰山草原。后来逐渐衰落下来，成为一个弱小的国家。起先其为辽国所败，成为属国，以后又变成金朝的属国，同时向宋朝示好，无非是利用大国间的矛盾，在夹缝中求生存。

蒙古兴起后，成吉思汗曾多次带兵征讨，迫使西夏屈服。可是，这种屈服是为了自保而采取的权宜之计，并无多少诚意。所以西夏始终是态度暧昧，一打就降，一撤就叛。他们没有想到，成吉思汗最痛恨这种首鼠两端的行为，对西夏的屡降屡叛早就十分恼火，尤其使他耿耿于怀的，是成吉思汗准备西征花剌子模国的前夕，根据西夏与蒙古作为臣属关系的规定，一旦发生战争，附属国必须向主权国提供军队。这时候，成吉思汗遣使通知西夏派军队协助西征，那使者向西夏王说道："你曾经向我们的大汗保证过，将来一旦发生战争，你可以做我们的右翼。现在花剌子模人挑起了争端，我们的大汗已决定出兵征讨，请你派遣兵马做我们的右手军，随我们一起出征吧！"

还未等西夏王李遵顼开口，西夏的大臣阿沙敢不就抢先说道："你们的成吉思汗既然没有足够的力量去攻打花剌子模国，何必要打肿脸充胖子，还要自称什么'大汗'呢？"

蒙古的使者讨了个没趣之后，只得回到蒙古向成吉思汗汇报，把那位傲慢自负的阿沙敢不的话学了一遍，蒙古国上上下下，无不义愤填膺。

在这个时候，西夏拒绝出兵，深深地刺伤了成吉思汗的自尊心。对于这种带有侮辱性的傲慢行为，成吉思汗没有给以原谅。

但是，西征花剌子模的计划已经确定了，一切准备工作也已就绪了。如果在这个时候发动惩罚西夏人的战争，势必会打乱既定的部署。因此，西夏问题只好留待以后解决。

成吉思汗考虑之后，向部下说道："假若能得到长生天的佑助，在西征胜利回师以后，再与西夏人算总账。到那时，谅那个阿沙敢不也未必能跑到哪里去！"

现在，花剌子模国已被彻底摧毁了，大军也班师回国，向西夏复仇，找那个狂傲的阿沙敢不算账的时刻已经到了！

1226年春天，成吉思汗召开军事会议，向将士们说道："西夏背叛了我们，与金国签订了盟约，联合起来对付我们，已经对我们构成了严重的威胁。在这种形势下，我们再不出兵就要被动了。"

察合台首先站起来表示反对，他说道："我军西征回国不到一年，又要出兵去打西夏，休整时间太短了！不如往后再推一年，谅那小小的西夏也成不了大气候！"

这位二皇子带头反对出兵，其他将领也不敢轻易说话了。沉默了好长时间，窝阔台说道："当务之急是拆散西夏与金国的联盟关系，若不出兵，也可以派使者展开外交攻势，离间西夏与金朝的结盟。"

成吉思汗听了两个儿子的讲话，很不满意。只见他站起来，用手指着地图向将士们说道："西夏地处我们的西方，金国在我们南方，不拆散他们的联盟，我们将腹背受敌；另外，西夏位于黄河上游，只有占领了西夏，我国军队才能居高临下，直插金国朝廷所在地河南一带。"

老将博尔术说道："若要出兵，先让孛鲁领大军佯作攻打金朝，以牵制其兵力，防止金派兵马支援西夏。"

大将速不台说道："哈撒儿的兵马仍在蒙古与西夏的边境上驻扎，谅这个小小的西夏未必能挡住我大军的攻势，要不了多长时间就可灭亡了它！"

成吉思汗见众将纷纷请战，高兴地说："派使者去有什么用？自古以来，还是武力最能解决问题。比如狼在羊栏外面，一箭射去，它就逃了，还不是靠的这个！"说着，他把拳头举起来，在胸前晃几晃，向众人示意：有了强大的武力做后盾，外交方能取得胜利！

于是，成吉思汗亲自率领十万大军，命令三子窝阔台、四子拖雷随大军出征，让次子察合台留守大营，遂与众将领一起，誓师之后，向西夏国进军。

出师前夕，孛儿帖大皇后得知察合台留守大营，估计他与也遂又要扯在一起，担心闹出乱子，便在成吉思汗耳边吹起了枕头小风，建议让也遂伴驾出征。

成吉思汗说道："还是让忽兰皇后去吧！"

孛儿帖忙说道："自从古儿别速被处死之后，第二斡儿朵里有些乱，让忽兰回去吧，免得那里再生出什么乱子来。再者，也遂不仅性格温柔，她还会按摩，在你鞍马劳累之后，让她替你按摩一番，不是很好么？"

成吉思汗听了，搂住这位结发妻子说："你想得真周到，我哪能不听呢？"

孛儿帖被丈夫搂得紧紧的，遂说道："都是老夫老妻了，我看那位花剌子模的母后真会保养身体，她又会打扮，谁也不相信她是五十多岁的人了！"

成吉思汗已听出了弦外之音，忙说道："我以为，妻子还是原配的好。经历了数十年的风风雨雨，比年轻人更知冷知热啊！"

孛儿帖被这一席话说得心里热乎乎的，便一头扑在成吉思汗的怀里，低声道："无论你在外面跟哪个女人好，我都不会计较，更不会吃醋、嫉妒。因为我了解你，信任你，知道你一回来，准会来到我身边！"

不过，这次出征，一开始就出现了不吉祥的预兆。

大军越过贺兰山之后，展现在眼前的，是一片荒凉的空地，空地上有许多长条形的沙堆，在沙堆之间是绿洲和牧场。

东部是海拔高达三千米的山脉，山脉的西山坡上有苍翠的森林覆盖，这里常有野驴、健鹿出没。见此情景，成吉思汗按捺不住心情，猎兴勃发，立刻命令大军停止前进，准备进林子里打猎。

此时，三子窝阔台劝道："这里山大林深，荒无人烟，贸然进到林子里面，不适宜吧？"

博尔术也上前劝道："报告大汗！在陌生的地方狩猎，是违反我们蒙古人的狩猎习惯的，何况那位中原真人丘处机早就劝告大汗要节制狩猎了。"

可是，成吉思汗看到绿洲上面成群的野驴在嬉戏、奔跑，他再也控制不住自己，纵马向那些野驴驰去。

为了让大汗能够尽兴，窝阔台、拖雷等又从林子里赶出来许多野驴。

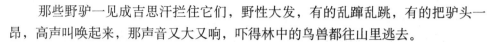

那些野驴一见成吉思汗拦住它们，野性大发，有的乱蹿乱跳，有的把驴头一昂，高声叫唤起来，那声音又大又响，吓得林中的鸟兽都往山里逃去。

成吉思汗的这匹赤兔马性情特别暴烈，一见那么多的野驴对着自己大叫不止，也惊叫着四蹄乱蹬乱踢，连续炸了几个蹶子，成吉思汗一时羁勒不住，竟被掀下来，摔在地上。

窝阔台等急忙赶来将他扶起，大汗疼得呻吟不止，全军将士立即停止了狩猎，就地扎营。

第二天一早，伴驾的也遂皇后把各亲王和诸将领喊来，告诉他们说："昨天夜里，大汗神志不安，高烧不退，怎么办呢？还继续进军么？"

这时，大将脱仑扯儿必说道："我认为，西夏人都是筑城居住的，他们又跑不到哪里去，不如把征讨之事向后推迟一些，等到大汗养好了伤，再发兵也不迟呀。"

当时，诸位亲王和将领听了都认为他这意见甚好，可是成吉思汗不愿听取这一建议，他坚持说道："这个时候，如果我们的大军撤回去了，西夏人一定会认为我们胆怯，不敢与他们交战，不更猖狂吗？"

博尔术劝道："大汗的身体要紧，怎能带病前去征讨？不如先派使者前去劝降，西夏人若是乞降，我们再撤兵也不迟。"

窝阔台立刻说道："这意见太好了，父汗在这里一边养伤，一边等候使者的消息，然后再决定是进还是退，这叫作双管齐下。"

成吉思汗只得答应了，说道："好吧，派人去告诉李德旺（夏王），看他怎么回答。"

于是，成吉思汗派使者前往西夏国。这位使者转达了他的一番话，简直是地地道道的一份最后通牒："你曾发誓要做我的右手，可是我发兵攻打花剌子模时，当时要你们派兵马随军出征，你却说话不算数，拒绝出兵相助；更有甚者，你还说了许多挖苦讥讽的话。那时候，我们要去攻打花剌子模，以至推迟到现在才找你们算账，你还有什么话可说？"

听到这一席指责自己的话后，夏王李德旺心中十分慌乱，立刻说道："别误会了，那些恶言相讥的话，不是我说出来的啊！"

但是，那个成事不足，败事有余的阿沙敢不正好在场，他承担了昔日挑衅的全部责任，竟然说道："那些讥讽话是我说的，一切后果由我承担！我们西夏有贺兰山做营地，有兴庆、西凉这些个财物富足的后方，你们蒙古人要打，要抢，尽管来就是了，老子不怕！"

蒙古使者扫兴而归，向成吉思汗汇报了西夏君臣的回应，当时成吉思汗尽管还在发着高烧，但他不顾因坠马而引起的浑身伤痛，决心要打这一仗。他对部下说道："好！听他们说的话有多大！还能再退兵吗？就是死了，也不能让他们说出这样的大话！何况长生天也是听得到、看得到的啊！"

成吉思汗余怒未息，又发下一道命令说："全军将士每人吃饭时，都要先大声喊道：把西夏人杀绝了吧！把他们杀尽，把他们灭绝！"他下定决心，要把西夏人上至父母，下至子子孙孙，全部杀光，一个不留！

一连几天，被愤怒之火炙烤得浑身颤抖的成吉思汗，指天发誓，要长生天作证，决心宁死不回，不灭亡西夏，誓不罢休，从而加速了西夏国的灭亡。

当时，西夏军主力大多部署在贺兰山以东地区，而西面防守较弱。

成吉思汗每战之前必定要详察敌兵虚实情况，特别是兵力部署的地区、位置，甚至有关敌将的身世、为人等，都要弄得清清楚楚，真正做到"知彼"。

针对西夏的具体情况，成吉思汗命令蒙古大军兵分两路，进攻西夏。他对将士们说："我们要先打分散孤立之敌，继而歼灭主力，然后再攻打西夏都城中兴府。"

成吉思汗自己率领东路军，进入西夏北境；命令大将速不台带领西路军，向西夏兵力较为薄弱的西部进军。

1226年夏季，速不台率领西路大军四万人，进攻沙州城。

这沙州城位于今天敦煌以北不远处，是一座坚固的石头城。西夏守将杰里不脱，决心与蒙古人血战到底。

速不台帐下有一将领名叫昔里钤部，他是西夏人，满心希望沙州守将能够认清形势，不要顽抗，遂向速不台建议说："我想派一个人进城去劝降，杰里不脱若能献城来降，岂不省事么？"

速不台自然答应，遂派遣一人进城，谁知杰里不脱满口答应归顺，他对使者说："我本人早就想投靠成吉思汗了，只恨没有机会，现在上门来劝降，正是求之不得。"并派人送一百头牛、一百头羊、一百坛酒，随那使者，送到蒙古营帐里，请求投降。

那使者对速不台说道："我奉杰里不脱将军之令，为蒙古大军送来牛羊各一百头，美酒一百坛，作为犒劳将士们的见面礼物，并请接受我们的投降。"

速不台立即问道："你们的杰里不脱为什么不亲自来呢？"

那送礼人说道："杰里不脱正在城里准备礼物，明天请蒙古将领进城赴宴，为各位洗尘。"

这时，未等速不台说话，昔里钤部先说道："你先回城里去，向杰里不脱报告，送来的礼物全都收到了，代我们感谢他。明天我们一定进城赴宴。"

那人听后，高高兴兴地走了，速不台忙问："你怎能随便答应进城去赴宴？那个杰里不脱若不是真投降，而是假投降，怎么办？"

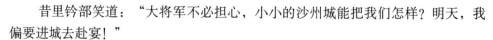

昔里钤部笑道："大将军不必担心，小小的沙州城能把我们怎样？明天，我偏要进城去赴宴！"

速不台提醒道："这事可不能大意，城内若有兵马埋伏，打你一个措手不及，那怎么办？"

昔里钤部又说道："不怕，他有关门术，我有跳墙法，杰里不脱那几个人，有什么可怕的呢？"

速不台又提醒说："赴宴也有危险，如果他们在酒菜里下毒，咱们一个也跑不掉了，这能去吗？"

昔里钤部仍然不当一回事地说道："明天，大将军在城外守住大营，我和忽都铁穆儿领三千人马进城。"

速不台听了，不放心地说："这比当年的鸿门宴还要惊险！那时候，项羽和刘邦既是一伙儿的，又是拜把兄弟。而你与杰里不脱是敌对关系，怎能轻易相信？这不是太冒险了？"

"不入虎穴，焉得虎子？只要他能真心投降，冒点险算什么？"昔里钤部不经意地说着。

速不台又把忽都铁穆儿找来，向他叮嘱一番，又特别提醒他道："进城以后，要留人守住城门，别让人家把城门关死，那不成关门打狗了？"

次日，昔里钤部与忽都铁穆儿领着三千人马来到沙州城下。城上守军一见，打开城门，走上来一员将领说道："杰里不脱派我来迎接你们进城去。"

昔里钤部见到城里打扫得干干净净，一个士兵也没有，也就放心地领着队伍进城了。

忽都铁穆儿在城门处留下两百人守住城门，然后向那个来迎接他们的将领问道："你们的主将杰里不脱为什么不出来相见，这哪里是请客的道理？"

那人向城里一座大房子一指，说道："他在那里等候二位将军呢！"

二人抬头看时，一个人影儿也没有，再回过头来寻找那人，已不知去向。二人正向周围观望时，忽听四下里一齐呐喊道：

"杀啊，杀死这些蒙古人啊！"

"别让蒙古人跑了，捉活啊！"

这时候，城里埋伏的人马一齐冲杀出来。昔里钤部气得大骂不止，急忙与忽都铁穆儿指挥队伍，向城门处撤去。不料，西夏的军队已把他们团团围住，很难冲出去了。

忽都铁穆儿向身边的人马大喝一声："冲啊！跟着我杀啊。"

他举起大刀，一阵砍杀，西夏的兵马纷纷倒下，其余的忙向两边退去，忽听有人喊道："别让他跑了，快上前砍断他的马腿！"

一代天骄：成吉思汗

西夏士兵一听，又像潮水般地涌上前。突然有个人手持长杆，只见杆头上寒光一闪，那刀飞快地对准忽都铁穆儿座下的马腿砍去。

只听"喳"的一声，忽都铁穆儿连人带马齐倒在地上，西夏士兵正要扑上去杀死他，昔里钤部忙催马冲上去，左砍右劈，杀退西夏士兵，才把他从死亡边缘救出来。

见他马腿已伤，忙把自己的战马交给忽都铁穆儿，急切地对他说道："快上马！我掩护你，向城门口冲去！"

忽都铁穆儿忙问道："我骑你的战马，你怎么办？"

昔里钤部不耐烦地大叫道："别啰唆，快上马！我有马骑！"

他又催促忽都铁穆儿道："你快领着人马出城，我殿后！"

说罢，昔里钤部走上去，把那匹腿部被砍伤的战马拉过来，搂住马脖子，轻轻地对它说："难为你了！咱们一起杀退西夏人，冲出城去，才有活命哩！"

这时，忽都铁穆儿正领着人马杀退西夏士兵，向城门冲去。昔里钤部不再迟疑，又拍了拍那受伤的马，便纵身跨上马背，一拉缰绳，那马似乎懂得他的心思，一颠一簸地冲向杀来的西夏士兵。

经过一番苦战，终于杀退围过来的敌兵，此时，忽都铁穆儿正在城门处与守军厮杀，昔里钤部急忙上前助战，二人杀散守军，匆匆带马出城，回头一看，三千兵马仅有数十人了。

速不台迎过来还未说话，昔里钤部一步走到他面前，扑通跪下来，请罪道："我不听大将军的劝阻，上了杰里不脱的当，人马损失惨重，请治我的罪吧！"

速不台忙伸手拉他起来，说："胜败乃兵家常事！只要能从这次失败的教训中总结出经验来，反倒是一件好事哩！"

昔里钤部说道："原以为我与杰里不脱同是西夏人，他该不至于设计害我，不料此人如此歹毒，我将与他势不两立，请大将军把攻城的任务交给我吧！"

这时，忽都铁穆儿走过来说道："我得感谢你的救命之恩呢？若不是你……"

昔里钤部一把抱住他，说道："快别那么说，这全是因为我受骗上当造成的，我还得向你谢罪才对呢。"

第二天，速不台与昔里钤部、忽都铁穆儿带领兵马，来到城下，对城上守军说道："让你们的主将杰里不脱上城说话。"

不一会儿，杰里不脱走上城头，问道："有本事就来攻城，要劝降那是妄想。昨天让你们跑了，算你们命大！"

未等速不台说话，昔里钤部说道："我们同是西夏人，我好心劝你归降，为什么要设计陷害我？真是狼心狗肺之人！"

杰里不脱却说道："我们各为其主，你已背叛了唐兀惕人，我恨不能立刻杀死你！"

速不台大声说道："休得猖狂！你这座沙州城，能挡得住蒙古大军的进攻么？"

说罢，速不台立即命令攻城，转眼之间，城上城下，喊杀连天，箭矢如雨，杰里不脱十分傲慢地看着城外的蒙古人攻城，冷笑道："凭着你们老一套攻城方法，别想攻破我的沙州城，不信，你们攻吧！"说完，坐在城上大笑不止。

速不台道："别高兴得太早，能笑到最后才算你真正会笑哩！"说罢，就命令收兵回营，忽听城上喊道："怎么撤兵了？来攻城呀！"

昔里钤部气得大骂道："你也神气不了几天了！"

当晚，速不台召开会议，说道："这沙州城确实坚固，杰里不脱仗着它的易守难攻，来嘲笑我们，这没有什么了不起。在我们蒙古大军面前，没有翻不过去的高山，没有渡不过去的大河，当然，也没有攻不破的坚城固堡！我想，我们可以这么办。"

说到这里，速不台把昔里钤部、忽都铁穆儿拉到近前，与他俩耳语了一会儿，然后大声地命令道："趁着杰里不脱正在得意之时，今夜你们就动手干吧！"

两人接受了任务，高高兴兴地走了。

原来速不台见沙州城不易攻破，杰里不脱又十分嚣张，蒙古军队便决定挖地道进城，命令昔里钤部、忽都铁穆儿各带一支人马，借着夜色的掩护，去城下挖地道。

城内的杰里不脱正在欢庆胜利，犒赏将士。由于连续的胜利，已使他得意忘形了，为了邀功请赏，又派人去中兴府向夏王报捷。

此时，夏神宗李遵顼因为害怕蒙古入侵，遭到群臣反对，不得不把皇位禅让给儿子李德旺了，他就是夏献宗。

献宗皇帝接到杰里不脱送来的捷报，欣喜万分，立即派遣丞相违亭林松带着礼品，前往沙州城劳军。谁知他们刚到中途，就听到沙州城传来了消息，说蒙古人从城外挖地道进入城内，双方正在展开巷战哩。

丞相违亭林松迟疑再三，不敢再往前走，只得又带着犒赏的礼品回到中兴府去了。

因为沙州城地处沙漠的边缘，城墙虽然坚固，城下的土质疏松，易于深挖，蒙古士兵仅用两夜工夫，竟挖出十余条从城外通向城内去的地道。

第三天夜里，速不台与昔里钤部、忽都铁穆儿兵分三路，各领一支人马，从地道悄悄进入城内，他们先杀死守军，占领城头，把守城门，决心要活捉那位狂傲的杰里不脱。

从城上逃走的士兵，把沉睡中的杰里不脱喊醒，这位骄傲的主将急忙集合兵马，想逃出城去，哪知城门全被蒙古人把守，这时，他的头脑才醒悟过来：

要么与蒙古人拼杀到底，要么放下兵器乞降，别无第三条路可走了！

杰里不脱的脑海里立刻闪现出把蒙古人骗进城里，几乎将其完全歼灭的场景；现在，若是再向蒙古人乞降，他们是不会相信的，更不会饶恕自己的了。

想到这里，他觉得再无别路可走，只有跟蒙古人拼杀。若能打败他们，还可以把他们赶出城去，或是冲破蒙古人的包围，逃出城去。杰里不脱扭头一看，见到自己的兵马足有一万余人，便抖擞精神，向他们大声说道："蒙古人偷袭了我们，攻进城来了，但是，他们人马不多，也不过几千人，只要我们奋勇拼杀，就可以把他们驱出城去。"

杰里不脱还要讲下去，忽听周围喊杀声愈来愈近，蒙古人高举火把快要来到眼前了，他只得把大刀举起来，高声喊道："为了活命，一定要杀死蒙古人，冲啊！"

杰里不脱一边喊着，一边拍马飞驰，冲向前去。谁知前面的蒙古人早已做好了准备，他们万箭齐发，箭矢一排排，一层层地飞来，吓得他的战马咴咴直叫，两只前蹄高高地扬起来，差一点儿把他掀下马。

尽管杰里不脱扬起马鞭狠抽战马屁股，那马却不愿前进半步，只在原地打转转。

他身后的士兵见到主将停下来了，也只得站住不动。杰里不脱气得破口大骂道："你们是一群胆小鬼！你们投降了，蒙古人也饶不了你们的性命。只有冲上去，杀退蒙古人，才有活命！"

这时候，对面蒙古人中有人喊道："我们不杀投降的士兵，只要活捉杰里不脱！"

这声音刚落，周围的喊声更响了："我们不杀投降的士兵，只要活捉杰里不脱！"

随着喊声的迫近，蒙古人越来越多地包围过来，杰里不脱再也沉不住气，急忙勒转马头，向旁边一条小巷逃去。

刚跑不远，忽听前面一声呐喊："杰里不脱往哪里逃？快快下马受死！"

此时，天色已亮，杰里不脱抬头一看，一队蒙古人拦住去路，他们个个手执明晃晃的大刀，正中间有一员将领站在那里，两眼虎视着自己，再仔细看去，那人正是出身西夏的蒙古将领，心中不由得一惊："真是冤家路窄！"

昔里钤部冷冷一笑，大声说道："你还想往哪里逃？再不下马投降，就让你死于乱箭之下！"

杰里不脱扔下兵器，跪在了路中央。

昔里钤部不屑地对他说道："你当初不是傲气十足么？"

速不台来了，向昔里钤部等说道："遵照成吉思汗的命令，将全城军民一律

处死！然后，掠取所有的财物，摧毁这座城！”

后来，忽都铁穆儿劝说道：“留一部分军队，让他们在下次攻城时，替我们打前锋，这是大汗常用的战术。”

速不台接受了这个建议，只留下三千西夏俘虏兵。余者全都处死，沙州城也随之被摧毁，地图上再也找不到这座石头城了。

速不台的西路大军攻下沙州之后，便向肃州进军，昔里钤部对速不台说道：“肃州是我生长的地方，我在这里度过了十六年，因为不愿忍受欺凌才被迫离乡背井投奔大汗。如今十几年过去，我随着蒙古大军杀回来了。”

昔里钤部本是西夏肃州人氏，父亲、兄弟全是打铁出身，是肃州城有名的兵器匠师。

当昔里钤部十六岁时，肃州城守呼邪残仁的儿子呼井沛在肃州城里为非作歹，专干害人的勾当。一天，呼井沛带着一伙流氓窜到昔里钤部的铁匠铺，对老铁匠说道：“替我打造三千把大刀，一个月内交货！”

老铁匠说道：“我这里既无打刀的材料，在一个月之内也打不出来那么多的大刀。”

呼井沛听了，把眼一瞪，骂道：“老不死的！若是打不出刀来，就让你的女儿来抵押！”

原来，昔里钤部还有一个姐姐，名叫贴里不花儿。生得容貌俊秀，体态婀娜，被呼井沛看到了，就生出这个讹诈的毒计。

此时，听了呼井沛的警告，昔里钤部的大哥拔都界里气愤不过，走出来说道：“你整日干这些伤天害理的事情，就不怕遭到报应么？”

他的话音未落，呼井沛就指挥他的流氓打手，一齐围着拔都界里打将起来。

老铁匠担心儿子吃亏，也拿起一根铁棍，参加了战斗。打铁出身的父子二人，由于整日抡锤甩钎，练就了千斤的臂力，呼井沛的打手竟被父子二人打得一个个屁滚尿流地逃跑了。

这一下可不得了，左邻右舍都来劝道：“你们捅了马蜂窝，不出三天，呼井沛必来报复，赶快逃吧！免得遭他的毒手。”

铁匠父子反复商议之后，听从了好心邻居的规劝。于是，三十六计走为上，铁匠父子便卷起行李，收起打铁的家什，连夜逃了。但是往哪里逃呢？

老铁匠说道：“这里距离蒙古国最近，西夏人最怕蒙古人，干脆去蒙古吧！”

于是，一家人走出肃州城，往蒙古方向逃去。谁知刚走不远，便听到身后喊声不断，见那尘头滚滚而来，老铁匠忙对小儿子昔里钤部与女儿贴里不花儿说道：“你二人快逃吧！不然，那畜生赶到，一个也走不脱了。”

拔都界里也说道：“父亲说得对，你二人快逃吧！他们来了，由我和父亲挡着。"

老铁匠见他们姐弟二人不走，生气地说道："还不快走，难道要死在一块么？"

于是，贴里不花儿与弟弟昔里钤部跨上他们家仅有的两匹马，向蒙古国方向，飞驰而去。

后来，他们进入蒙古国界，遇到成吉思汗的二弟哈撒儿的巡边队伍，被这位二王爷收留去，哈撒儿又娶了贴里不花儿为妻。

现在，昔里钤部又回到故乡的土地上，他向速不台建议道："这肃州城也是易守难攻之地，不如让我先混进城地，寻找儿时的一班伙伴，伺机献城，岂不更好？"

速不台担心地说："你孤身入城，十分危险，据说城中主将正是你当年的仇人呼井沛，一旦被他知道你的身份，我们无法救你，而你插翅也难逃呀！"

但是，昔里钤部再三请求，坚持要进城去，速不台只得答应了。临行前，又与他约好联络暗号，派了一名护卫木塔儿，随他一起去。

两人扮作做生意的西夏人模样，混进了肃州城，昔里钤部慢慢找到原来的住地，举目一看，真是物是人非。

费了好长时间，这个"少小离乡老大回"的肃州人，终于找到了几个儿时的伙伴。从这些人口中得知，他的父亲与兄长已在那次争斗中一起战死，尽管这是意料之中的事情，昔里钤部还是难过地流下了热泪，为他冤死的父兄哭了一场。

由于蒙古军队到处劫掠、杀人的风气四处传扬，城里的居民一提起蒙古人，无不吓得"为之色变"，同时也恨得咬牙切齿，这就给昔里钤部的"策反"工作带来更多、更大的困难。

经过再三劝说，昔里钤部终于联络了一百零六户居民，愿意归顺蒙古。

不久之后的一天深夜，昔里钤部领着这些人偷偷地将城门打开，让蒙古大军进城。

攻占肃州之后，除了昔里钤部联络的这一百零六户得到赦免之外，其余的全被处死。

攻占肃州之后，速不台带领大军向甘州进发。因为甘州的守城主将是蒙古大将察罕的父亲曲也怯律，成吉思汗得知这一消息之后，立即派察罕前来招降。

出身西夏的察罕，离家到蒙古投奔成吉思汗，其中也有一段因由。

察罕之父曲也怯律，为人耿直、忠厚，他前妻生下一子，即是察罕。后来前妻病死，又娶朝中大臣窦尔章的女儿窦天娇，婚后七个月生下儿子留托儿，曲也怯律只得认了。

窦天娇生得妖艳风流，出嫁前与家中管家有奸情，怀着有孕之身嫁给曲也怯律。

由于她是水性杨花之人，见曲也怯律为人古板，不善风流，便又故态复萌，

为解欲望之渴，她竟厚颜无耻地勾引男佣，与之通奸。

一次，察罕去找留托儿，不料正撞见窦天娇与一个男佣搂在一起，他慌忙走开。

这女人担心察罕向他父亲告发她，便恶人先告状，立刻跑到曲也怯律处哭诉道："你儿子察罕人面兽心，竟然对我调戏，强迫我与他……"

曲也怯律一听，气得火冒三丈高，说道："这小畜生，我非杀他不可！"

察罕听说这消息之后，觉得既不好向父亲解释，又不能待在家里了，便离家出走，跑到了蒙古，深得成吉思汗的信任，成为大汗帐下的一名勇将。

有一次，察罕奉成吉思汗之命，带了两个人去侦察敌情。途中，忽见前面不远处有两个敌兵，跟他来的士兵对察罕说："我们三个士兵去对付那两个敌兵，这是必胜无疑的，干吧！"

察罕不以为然，对二人说道："我们已看到他们两个人了，难道他们没有发现我们是三个人？别冒险吧！"说罢，察罕带着那两个士兵离开了。

后来，他们才知道那两个人是出来诱敌的，是为了引诱蒙古人上当的，因为在那两个人的身后，敌兵埋伏了一支人马。

成吉思汗得知这件事以后，多次向将士们讲述，表扬察罕机智有谋，要将士们向他学习，特别是在仓促之中，更要心细如丝，不能草率粗心，以免吃亏。

这次攻打甘州，成吉思汗得知甘州主将是曲也怯律，是察罕的父亲，便让察罕前来招抚曲也怯律，争取免动干戈。

速不台对他说道："甘州城四门紧闭，只有用箭把招降信射进城去，别无他法了。"

察罕遂修书一封，要求父亲曲也怯律、弟弟留托儿到城上与自己相见。

这书信射进城不久，曲也怯律与十三岁的留托儿果真来到城上，与察罕见面，察罕劝道："西夏想对抗蒙古，正如以卵击石。早日归顺，乃是大势所趋，不可逆转。"

后来，曲也怯律回去召集将领开会，他说："如今西夏已是日暮途穷之时，我们小小的甘州怎能力挽败局，不如早日投降，还能赦免全城军民的性命，坚持对抗，必然招致全城的毁灭。"

城内的副将阿绰也儿却说道："你儿子早已背叛了唐兀惕人，卖身投靠了蒙古人。你现在也想拿我们当礼品，向成吉思汗讨好，去做卖国贼么？"

参加会议的将领们纷纷反对投降，决心与蒙古人对抗到底，他们齐声高喊：

"杀死卖国贼，与蒙古人对抗到底！"

"宁肯抗蒙死，不愿屈辱生！"

会上，有三十多名将领支持阿绰也儿坚持抗击蒙古人的进攻，齐声要求杀死曲也怯律。

就在这次会上，阿绰也儿立刻下令，把曲也怯律和他的十三岁的儿子留托儿一起杀害了。

阿绰也儿派人把曲也怯律、留托儿父子的人头，挂在城上，向蒙古人示威。察罕一见，哭得死去活来，向速不台请求担任攻城的主将。

速不台安慰察罕道："阿绰也儿逆历史潮流而动，必将受到惩罚！"

第二天，蒙古大军攻城，察罕亲自冒着矢石，带领军队从云梯上爬到城头，与城上守军进行肉搏战。在察罕带动下，蒙古士兵英勇顽强，前赴后继，很快攻克了甘州城。

杀害曲也怯律的三十六人全被察罕捉住，他向成吉思汗报告道："甘州城内的百姓无辜，有罪的共计三十六人，请求大汗赏罚分明吧！"

成吉思汗答应了察罕的要求，甘州才得以幸存下来，避免了屠城的厄运。

攻占甘州以后，成吉思汗命令速不台率领大军直抵贺兰山下，准备在东、西两路兵马会师后，与阿沙敢不决战。

成吉思汗率东路大军，直入西夏境内，兵抵黑水城。因为此城位于北狼山脉西北哈喇木伦河之滨，正是从东北方向进入西夏的必经之地。

成吉思汗向来是先礼而后兵。攻城前总要先派出使者前去劝降，申明宽待降者，对抵抗者进行严惩。

这黑水城的守将名叫者桑列不，是一个刚直不阿的大汉，他对蒙古来劝降的使者说道："我早就听说成吉思汗已经死了，怎么又出来一个假成吉思汗，真是怪事。"

蒙古使者听了，十分惊讶，忙说道："我们大汗活得好好的，怎么说他早已死了？"

者桑列不又说道："听说成吉思汗打猎时，被野驴踢下马，摔坏了内脏，早已死了。"

那使者知道成吉思汗虽然确曾在打猎时，战马受野驴惊吓，将他摔下马来，尽管摔伤了，却不曾死呀！于是说道："这全是不实之词，我们大汗身体好着呢！这是有人在故意造谣吧！"

者桑列不又说道："还有人说，成吉思汗正在帐中睡觉，忽然天降大火，把他活活烧死在帐中。"

使者听了，觉得有些人真是捕风捉影，这事被传得面目全非了！原来早在西征开始时，大汗在夜里休息时，因烛火烧着了台布，以后又烧着了地毯，后被护卫发现，及时扑灭了。想到这里，使者冷笑道："这是有些歹毒之人，故意在夸大事实，对我们的大汗进行诅咒呢！"

蒙古使者问道："我们蒙古大军已兵临黑水城下，何去何从，不知主将是怎

么打算的？"

者桑列不镇定地答道："自古就有兵来将挡的说法，我绝不会不战而降的，何况我对你们蒙古人从未有过好感。"

使者又一次提醒道："战败而降，与不战而降，根据我们大汗的政策，是有很大差别的！"

者桑列不感慨地说道："没有什么了不起，对我来说，战败而死，战胜而死，都是死了。人生在世，这条路谁能不走？你们的成吉思汗占领的土地再大，兵马再强壮，拥有的金银财宝再多，到头来还是两手空空，赤条条地死去，什么也带不走。只有身上的毛发，算是自己的，其他全是身外之物，属于别人了，是为他人作嫁衣裳！"

蒙古的使者回去向成吉思汗作了汇报，又把那些传扬的各种说法，也学说一遍，成吉思汗气得当场昏迷过去。

按照成吉思汗以前的要求，出使外国的使者，回来后要如实汇报，好的、坏的，全要说给他听一遍。

可是，这次就大有不同了。自从打猎摔伤以后，腰身疼痛难忍，经过这一段时间的休息治疗，也遂皇后又常常替他按摩，渐渐有些好转。

过了好长时间，成吉思汗才苏醒过来，气得大声对部下说道："把黑水城完全包围起来，用火攻，将他们全部烧死在城里，一个也不能放跑！"

窝阔台等带领兵马，把黑水城围得水泄不通，然后展开全面攻城。

小小的黑水城，兵少将寡，怎能经得起日夜不停地攻打。两天后，蒙古大军攻进城去。

按照成吉思汗的命令，将城内军民全部烧死，在熊熊大火之中，叫喊哭骂之声连续不断。一个月后仍然烟火弥漫，气味难闻，令人作呕。

焚毁黑水城之后，已是夏季了，成吉思汗一边养伤，一边在浑垂山避暑。

一天，窝阔台带着昔里钤部来见成吉思汗，说道："这浑垂山南的谷水河畔，有个世代相传、专治跌打损伤的医生，名气很大，请大汗前往诊断。"

成吉思汗答应之后，便由窝阔台、昔里钤部陪着，在一支队伍护卫下，到达谷水河畔。

见那医生五十多岁年纪，中等个儿，身体壮实，慈眉善目中蕴含着刚强的个性。

那医生首先申明道："我家祖宗四代，行医为生，以救死扶伤、治病救人为宗旨，坚持不给两种人治病。"

昔里钤部问道："先生请讲，不给哪两种人治病？"

那医生不紧不慢，不卑不亢地说道："第一，我不给死人看病；第二，我不给杀人的人看病。"

一代天骄：成吉思汗

医生说完之后，气氛沉静下来，未等成吉思汗说话，窝阔台立即说道："这杀人的事有多种多样的因由，不能一概而论，有的因复仇而杀人，有的为了自卫而杀人。"

那医生却说道："我不管那么多，凡是杀人的人，我不为他治病，这不仅是我的信条，也是我们家四代行医的传统了。"

昔里钤部又问道："为什么这样做，你能说出理由么？"

那医生笑了笑，便说道："杀人的人都是社会的祸害，我为他们治病，等于治病害人，不是治病救人了。另外，杀人的人，也是快要死的人了。因为这种人，不是被他人所杀，老天爷也要降罪给他，让他速死。我不能违背天意，再为他治病了。"

听了这医生的话，成吉思汗早就憋得受不住了，只见他"呼"一下站了起来，圆睁二目，逼视着那医生，说道："你懂吗？成吉思汗是奉长生天的旨意杀人，是杀那些本不该再活着的人！"

可是，那医生并不畏惧，依然振振有词："自古以来，只有奉天爱人，天意是以爱民为根本。所谓奉天杀人，那是嗜杀者的欺骗手段，老天爷会惩罚他的。"

成吉思汗更加恼怒，大声说道："成吉思汗杀人，全是得到长生天的佑助，是为老百姓能过上和平幸福的日子，所以天下各国人民都将永远记住成吉思汗这个名字！"

那医生并不让步，仍是坚持说道："成吉思汗带着他的将士，到处劫掠财物，杀人放火，屠城毁堡，天下人都会永远记住：成吉思汗是一个嗜杀成性的人！"

这时候，成吉思汗盛怒地站着，把手中的箭插在地上，又恶狠狠地看了那医生一会儿，然后转身走去。

窝阔台气得大喝一声："混账！我宰了你这个顽固不化之徒！"遂把身后的佩刀"刷拉拉"抽了出来，正举刀向那医生刺去时，忽然从里屋走出来一位白发苍苍的老妇人，伸手拉过那医生，拦住窝阔台，大声地说道："为什么要杀人？我们家四代行医，我已经活了106岁，经历了四朝三代，宋人，辽人，金人，西夏人，没有人要杀我们，你们蒙古人就不怕遭天谴吗？还口口声声说什么奉天之意！"

窝阔台正要说话，护卫走来说："大汗叫王爷快去，别在这里耽搁了！"

听了这话，窝阔台才悻悻地收刀入鞘，对昔里钤部等挥了挥手，大步走了出去。

从谷水河畔回到浑垂山大营，成吉思汗心情很不痛快，天天忍住身上的伤痛，负气地不愿治疗，谁劝也不听。

过不多久，天气刚才转凉，他立即命令大军前去攻打西凉府搠罗、河罗等县，又领着大军越过沙漠，进抵黄河九渡，攻占应里等县。

十一月，大军直逼灵州城下，不要几日工夫，就攻破了这座人口众多、物产丰富的城市。

成吉思汗的东路大军，一年来的屠城行为使耶律楚材深为不满。攻占灵州之后，有些将领向大汗建议说："城里的定居百姓，留下来毫无用处，最好将他们全部杀尽，一个也不留；城外的庄稼，要全部烧掉，就像焚烧城市一样，使土地荒芜，变成草地，成为牧场。"

耶律楚材实在看不下去了，才说道："报告大汗，保留土地上的庄稼，不要杀死那些无辜的百姓，对蒙古帝国大有裨益。"

耶律楚材又接着说道："对农民，可以适当地征收土地税；对商人，可以征收酒税、盐税、醋税、铁税等，还可以征收水产税和山林资源税。"

经他这么一说，不仅成吉思汗注意起来了，连那些主张烧杀抢掠的将士们也睁大了眼睛，听着这建议。见到众人在倾听他的意见，耶律楚材又说道："我粗略地计算一下，就是灵州这一座城，每年可以得到五十万两白银、八万匹绸缎、四十万袋谷物粮食。仅仅一座城，一年就有这么大的收益，有人竟说定居的百姓毫无用处。"

耶律楚材的这一段话，尤其是他算的那一笔账，顿时使在座的将领们目瞪口呆，有人说："能有这么大的好处啊！过去杀得太可惜了！"

"过去的杀掠行为，太野蛮了！"

在成吉思汗的身上，平心而论，起主导作用的还是智慧和冷静，是理智和谦逊。

对于当时的蒙古人来说，定居百姓的土地没有别的用处，只能作为劫掠的场所。

现在，听到耶律楚材的建议，成吉思汗便欣然接受，立即制止了劫掠行为的发生，并对他说道："请你拟定一份管理定居民族地区的计划，制定出固定税收的细则。"

从此，屠城行为基本上被制止了。

1226年的隆冬季节，成吉思汗的东、西两路大军，在贺兰山下会师了。

此时，西夏大将阿沙敢不在贺兰山下的驻军八万人，远远望去，帐房遮天蔽日，骆驼成群，战马如云，旌旗招展，刀枪在阳光照耀下闪着亮光。

成吉思汗忍着伤病，领着他的部下细心地察看着地形之后，回到大营，向将士们说道："我军十万人，与西夏八万人马交战，这是一场大战，恶战，也是一场复仇之战。"

说到这里，他看一下将士们的表情，又说道："我们的军队是久经战斗、敢拼敢杀的铁军，将士们有丰富的作战经验，有无坚不摧的意志，击溃了西夏的这支军队，我们就可以势如破竹地打进中兴府，活捉西夏王。到那时，我们就可以同饮庆功酒了！"

为了对阿沙敢不进行试探，成吉思汗派大将速不台、昔里钤部、忽都铁穆儿等，带领两万人马，先对西夏的褐子营寨展开冲击。

阿沙敢不虽然说了不少大话，但是并无多少谋略，他向将士们说道："我们有大军八万，有骆驼四百头，不怕蒙古人的骑兵。听说成吉思汗是带着摔伤来的，只要这一仗打败他，我们就可以把蒙古人赶出去。希望全军将士奋勇拼杀，打败蒙古人，活捉成吉思汗！"

说罢，阿沙敢不带领军队摆开阵势，一声号令，四百头骆驼被驱赶着冲向前去，直扑蒙古大军。

速不台见那些骆驼狂奔着冲向前来，他向弓弩手们大声命令道："对准骆驼队，要箭无虚发，放箭！"

速不台的话音刚落，蒙古军中的弓弩手们万箭齐发，如雨一样的箭矢飞向狂奔而来的骆驼队里。但是，那些高大的骆驼冒着箭矢，依然狂奔向前。

有着丰富作战经验的速不台，一见弓矢射不退骆驼队，便立刻大声喊道："骑兵快下马，用大刀砍断骆驼的长腿！"

速不台的这一招，是在花剌子模战场上从札兰丁那里学来的。

于是，蒙古骑兵立即跳下马，把马缰绳拴在腰间，拉开马步，迎着飞奔而来的骆驼，对准它那长腿，狠狠地用力砍去！

果然，这一招还真起作用，许多骆驼的长腿被砍断，因为是飞奔而来，一旦腿断，便一头栽下来，翻一个筋斗，再也爬不起来了。

前头的骆驼倒下来，绊倒了后面的骆驼，于是，蒙古军队的阵前，倒下一堆堆骆驼。

阿沙敢不一见，急忙命令撤退骆驼队，谁知那些泼了性子的骆驼，奔跑起来力气更大，后面驱赶的人想拦也拦不住，只能任凭它们向前一纵一纵地蹿去。

这一仗之后，西夏的骆驼死伤惨重，四百头骆驼非死即伤，阿沙敢不为此懊悔得几乎流下泪来。

速不台的骑兵也死伤不少，多是被狂奔而来的骆驼撞死、踩伤的，但毕竟取得了重大胜利，因为他们消灭了西夏的骆驼队。

成吉思汗对速不台鼓励道："你这一仗胜得好，灭了阿沙敢不的威风！他仗着这支骆驼队来阻挡我们铁骑的冲锋，现在，他的希望落空了。"

接着，成吉思汗向将士们又说道："速不台临阵不慌，及时发挥他的聪明才智，灵活地指挥他的人马，打败敌人的进攻，真是一位智勇双全的大将啊！"

速不台立刻说道："要说我在战场上有些进步，主要是向哲别学来的，他才是有勇有谋的一代名将！"

速不台的一段话，勾起了广大蒙古将士对哲别的深深怀念与敬佩，当然，更

引起成吉思汗对哲别的思念与回忆。

　　当晚，成吉思汗坐卧不宁，脑海里总是萦绕着哲别的一桩桩、一件件难忘的往事，眼前，总是闪现出哲别那熟悉的、不知疲倦的身影。

　　他索性不睡了，走出大帐，到外面散散步。此时，正是隆冬天气，刺骨的寒风吹在脸上，像刀割似的，不由得举目向黑黢黢的贺兰山上看去。就在这时，他忽听山上传来一阵阵鸟儿飞动的声音。

　　成吉思汗立即紧张起来，向身边的三皇子窝阔台问道："听到了么？山上传来的是什么声音？"

　　"是飞鸟的声音，"窝阔台接着向父汗问道，"这是隆冬季节，宿鸟怎能在夜晚惊飞呢？难道有什么征兆不成？"

　　成吉思汗说道："问得好！这宿鸟惊飞，必有情况啊！"

　　说罢，成吉思汗忙俯身过去，在窝阔台耳边低声说了几句话，窝阔台立刻走了，他才不紧不慢地对着西夏大营方向说道："白天吃了亏，想在夜里趁我们睡觉工夫，来大捞一把，可能又要失算了。"

　　原来，西夏收兵回营之后，阿沙敢不见骆驼队遭到毁灭性打击，心中闷闷不乐，正在营中思索着打败蒙古人的计策。

　　此时，他的大将曲亦留多来了，对他说："白天，蒙古人打赢了第一仗，也许正在举行庆功宴呢。不如今夜去偷袭他们一下，捞回白天的损失！"

　　阿沙敢不一听，大腿一拍，欣喜地说："对！蒙古人又嗜酒如命，今夜他们可能都会喝醉的，去劫他们的大营，准能取胜。"

　　说罢，阿沙敢不立即召集将士开会，布置夜里偷袭的任务，大将龙敦说道："成吉思汗一向用兵谨慎，防范甚严。如果蒙古人没有举行庆功宴，也没有喝醉酒，我们去偷袭未必能成功呀！"

　　曲亦留多不高兴地说道："你也不是成吉思汗的参谋，怎么知道他们今晚不会举行庆功宴呢！"

　　阿沙敢不也不满地说："如果前怕狼，后怕虎的，我们什么也干不成，只能等着成吉思汗带兵来打我们了！"

　　龙敦与其他将领再也不敢多言，便闪到一边去，听凭他们发号施令了。

　　当夜三更时分，阿沙敢不点齐八万人马，决心一举击溃蒙古大军，出发前向将士们说道："活捉成吉思汗，在此一举了！务望诸位奋勇上前，切勿贻误战机啊！"

　　曲亦留多又补充建议道："为了不打草惊蛇，请各位将士立即布置：全军将士一律口衔枚，马勒口，轻装简从，准备迎接一场血战！"

　　阿沙敢不听了，急忙点头说道："对，对，对！越隐蔽越好，争取打蒙古人

一代天骄：成吉思汗

一个措手不及！"

说罢，他把马鞭一挥，向全军命令道："出发！"

西夏八万人马，一齐出动，迎着深夜的寒风，士兵个个缩肩龟腰，深一脚浅一脚地向蒙古大营，偷偷摸摸地前进。

担任前锋的曲亦留多走在队伍的最前面，来到蒙古大营前一看，见营门口有两个士兵站在那里，一动也不动，像是睡着了似的。

他又向营里一看，里面黑洞洞的，一点声息也没有，心想准是晚上喝多了酒，睡着了，不由一阵兴奋，差一点叫出声来。

只见他手举大刀，向身后的士兵喊道："冲啊！杀死蒙古人，活捉成吉思汗！"

一边喊着，一边挥刀把营门口的两个守军砍倒，纵马冲进营里。他身后的士兵也高声呐喊着，尾随着冲进去了。

就在这时，埋伏在周围的蒙古人齐声呐喊着，包围上来，两军顿时展开了一场混战。

于是，八万西夏人马被十万蒙古大军截住厮杀起来。虽是隆冬天气，蒙古骑兵都脱去了外套，只穿着一件皮坎肩，使劲地挥舞着大刀，英勇地拼杀。

蒙古的战马都是经过良好的训练，它们健壮而有力，柔顺而无性，能久御风寒，登山涉水，从不畏惧，为蒙古骑兵变成一支强大的铁骑提供了良好的条件。

在这场夜战的开始阶段，西夏兵马尚能紧守阵脚，坚持与蒙古骑兵交锋，厮杀一段时间之后，阿沙敢不求胜心切，忙令担任前锋的曲亦留多率先出击。

谁知曲亦留多的两万前锋冲出阵来不久，善于捕捉战机的蒙古中军，向后迅速退去，故意引诱他们深入阵中，然后两翼骑兵猛然一合，如巨人的两臂突然一拢，便把曲亦留多的兵马团团包围起来，经过一阵拼杀，曲亦留多的兵马很快被歼灭了。

阿沙敢不一见，连忙命令兵马撤退，此时天已大亮，蒙古骑兵见西夏军队撤退，他们便乘势追击。

蒙古骑兵在大将速不台指挥下，万马齐发，掩杀过来，对惊慌败退的西夏人马大肆砍杀。

阿沙敢不本想让兵马退回营中，哪里料到蒙古骑兵尾随追来，步步紧逼，不给西夏人马留下喘一口气的工夫，他们一边穷追不舍，一边拼命地砍杀，还一边高声叫喊着："追呀，杀死西夏人，活捉阿沙敢不！"

在极度慌乱中，阿沙敢不一时乱了方寸，原来的褐子营已不能回去，蒙古人又在后面紧紧追赶，自己的兵马溃乱不堪，正在左右为难之时，忽见自己的部下龙敦提刀纵马而来，内疚地说："后悔不听你的忠告，招致如此惨败。"

龙敦听了，急忙说道："现在讲那干什么？前有黄河，后有追兵，再往前

去，将有全军覆没的危险呀！"

阿沙敢不急忙问道："我已没有主张了，你说往哪里逃吧？"

龙敦稍一沉思，用手指着左侧的贺兰山说道："眼前唯一的去处，只有上山了！"

阿沙敢不立即大喜道："好，好！上山，上山！咱们依山据守，也不失一条好计呢！"

他说完之后，勒马就向山上驰去，龙敦只得指挥残余人马向山上撤去，心里说道："战前，争着抢着要打；退时，又拼命逃跑，连人马都不顾了，太不像话！"

龙敦心里正在嘀咕着，忽见蒙古骑兵蜂拥着，呐喊着追过来了，龙敦急忙振奋精神，收集周围逃散的人马，摆开阵势，阻挡蒙古人向山上追赶。

此时，天色已晚，经过半夜一天的拼杀，双方的军队都是人困马乏了。

速不台见到阿沙敢不带领残余人马逃上山去，又见山下有西夏兵驻守，便命令骑兵停止追击，收兵回营再说。

这一仗西夏军队损失惨重，八万人马被歼灭了六万多，许多将领在溃逃中战死，阿沙敢不再也提不起精神，他无力地对龙敦说道："这一仗损失了这么多人马，我哪有脸再活着啊。"

说罢，拔出腰间的佩刀，就要去抹自己的脖子，被龙敦伸手挡住，劝他说道："这一仗虽然败得惨重，我们西夏国还有半壁江山，国都中兴府还有兵源准备着，何必一时想不开呢？"

阿沙敢不眼里噙着热泪，说道："我真一时糊涂，误信了曲亦留多的话，才有今日之败，我越想越后悔啊！"

龙敦听了，忙提醒说："现在后悔已没有用了，当务之急要抓紧派人前往国都求救，争取援兵早来，再与蒙古人决战，为时还不晚。"

阿沙敢不立即说道："好吧，请你派人回中兴府去搬救兵，我来整顿队伍，防止蒙古人追上山来。"

此时，蒙古人正在打扫战场，集合队伍，准备趁胜围山，活捉阿沙敢不。

成吉思汗向将士们说道："这一仗，阿沙敢不的本钱输得差不多了，大话不敢再说，只有逃上山去，想当山大王了。"

听了这一句话，众将哄笑起来。速不台说："阿沙敢不想当山大王，我们可不答应哩！依我说，不如将山围住，逼他投降，防止他逃回中兴府去。"

成吉思汗说道："我赞成这个除恶务尽的建议，阿沙敢不在山上住不长的，只要围住他，要不了几天，他没吃没喝的，他的队伍就不打自乱了。"

听了成吉思汗的话，众将纷纷请战，拖雷说道："从这里离中兴府，不过一百余里路程，夏王能不派兵来援吗？"

窝阔台说道："中兴府若来援兵，必从黄河上过来，只要守住渡口，把船只控制起来，西夏的援军插翅也难过来。"

成吉思汗说道："眼下正是隆冬天气，只要刮起东北风，或是西北风，黄河在一夜之间就可能封冻，一定要防止敌兵从冰上过来！因此，要抓紧歼灭山上的残敌，把阿沙敢不活活捉住。"

此时，西夏都城中兴府里一片惊慌，君臣个个惶恐不安，人人束手无策。

在沙州、肃州、甘州、凉州，以及灵州被攻破之后，原指望阿沙敢不能在贺兰山下挡住蒙古人，不料又被成吉思汗打败。

消息传来之后，国都中兴府宫廷中，一片埋怨之声。朝中有的大臣竟把丢城失地，西夏军队被蒙古人打败的责任，都推到李德旺身上。在众大臣的一片围攻中，加上连日操劳招兵之事，这位身体本不太好的夏献宗竟在朝堂上突然昏倒，不久就死了。

嵬名令公遂召集老臣们商议，他首先说道："国家不可一日无君啊！但是，皇帝膝下没有一个儿子，怎么办？"

后来，有人建议说道："南平王李现本是皇上的侄儿，此人虽然年轻，却有远见卓识，不如立他为夏王吧！"

嵬名令公与大臣们听了，只好答应，便正式辅佐南平王李现当了西夏的皇帝，也就是西夏的末帝了。

李现当了皇帝，立即命令老将嵬名令公带领十万人马前去援助阿沙敢不，希望在贺兰山下与蒙古大军决战，阻止成吉思汗向国都中兴府进军，以纾国难。

成吉思汗得到消息之后，命令速不台、昔里钤部等领兵围山，捉拿阿沙敢不；自己则带领窝阔台、拖雷等亲率大军沿黄河北上，去迎击嵬名令公的援军。

阿沙敢不带领残余人马住在山上，连续过了多日，眼看粮食快要吃完，又值隆冬季节，到处是枯树败草，又冷得滴水成冰，军队人心惶惶，纷纷逃跑下山。

速不台从俘虏口中了解到山上的情况以后，便缩小包围圈，向山上展开攻势。他把捉住的俘虏组成一队，让他们充当前锋，走在队伍的前面，向阿沙敢不喊话道："中兴府已被包围，你们的援军不会来了，还是赶快投降吧！"

阿沙敢不听从龙敦的建议，在山上堆雪为城，趁着天气寒冷，雪块堆积起来，竟变成一座坚固的雪城。远远看去，雪白耀眼，既能避风，又能挡箭。

速不台与众将商议，昔里钤部说道："山上的枯树败草多得很，用火一烧，那冰城立刻化成雪水了，何愁捉不住阿沙敢不？"

将士们听了都哄笑起来，速不台遂命令士兵把捡来的干树枝等堆在那冰城边上，燃着以后，熊熊的大火很快把冰烧化了。

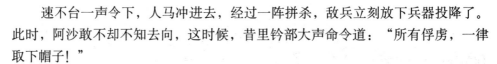

速不台一声令下，人马冲进去，经过一阵拼杀，敌兵立刻放下兵器投降了。此时，阿沙敢不知去向，这时候，昔里钤部大声命令道："所有俘虏，一律取下帽子！"

原来阿沙敢不见冰城被融，又逃不出去，便与龙敦脱下将领衣服，换上士兵的服装，混进士兵群中，谁也不知他是这支军队的主将。

不过，出身西夏的昔里钤部，知道西夏军队中对头发有规定：所有士兵不准留发，一律剃光头；将领的头顶在左右两侧留下两绺头发。

现在，帽子取下来了，阿沙敢不与龙敦再也瞒不住了，只见他"唰"的一声站起来，大声喊道："我们投降了，也要被蒙古人处死，不如跟他们拼了吧！"

喊罢，举起大刀向周围的蒙古军队冲去，那些士兵又冷又饿，哪里还有力气拼杀，几乎没有人听从他的命令，仍然站在那里不动。

速不台见阿沙敢不冲上来，早把弓箭拿在手里，一箭射在他面门上，阿沙敢不倒地而死。

然后，他大声说道："只要你们服从命令，听从指挥，我们不杀你们，全赦免你们的死罪。"

后来，速不台让昔里钤部与龙敦带领这支七千多人的西夏俘虏兵，作自己军队的前锋，下山去与成吉思汗的大队人马会师。

1226年12月，成吉思汗带领大军沿黄河北上，见河上已封冻，遂与西夏嵬名令公的十万大军隔河对峙。

20日开始，两军在黄河冰上展开激战，先是双方对射，后来为了抢渡黄河，便厮杀在一起，进行肉搏，杀得尸积成堆，血流冰上，把河里的冰块都染红了。

第二天战斗开始，西夏的士兵在鞋底绑上两块木板，登上河冰，靠滑行加快了速度，很快攻过了黄河，直抵河岸。

由于蒙古兵马众多，在北岸组成人墙，西夏士兵无法攻上岸上。成吉思汗亲自前来督战，下令弓弩手射击敌兵的两腿，以阻止他们从冰上过河。

速不台向成吉思汗建议道："我领一支人马由上游悄悄从冰上过河，绕到敌兵背后，前后夹击他们，定能取胜。"

成吉思汗立即答应，等速不台领兵走后，他继续加紧派兵进攻对面敌兵。过不多久，西夏军队后面混乱起来，成吉思汗知道速不台已经从后面进攻敌军了，便命令窝阔台、拖雷带领兵马，从冰上冲过去，从正面攻击敌人。

西夏兵马尽管骁勇善战，却禁不住蒙古大军的前后夹击，很快溃败了。

嵬名令公忙命军队后撤，想退回中兴府固守。可是，成吉思汗抓住战机，指挥兵马紧紧追赶，他向将士们命令道："要发扬除恶务尽，穷寇必追的精神，将西夏的兵马完全彻底地歼灭，不能让他们逃回中兴府去！"

于是，蒙古骑兵随后追杀，把崀名令公的军队分割成数段，逐个消灭，连崀名令公也被乱军杀死。

经过三天一夜的连续作战，西夏这支十万人的援军被消灭了，蒙古大军又马不停蹄地跟踪追击，一直打到中兴府，并将西夏的这座都城团团围住。

这一仗之后，西夏的主力已伤亡殆尽，中兴府又被包围，再无能力抵抗蒙古大军了。

1227年1月，成吉思汗已经看得很清楚，山穷水尽的西夏君臣只有两条路可以选择：或者战败而死，或者投降而亡，别无第三条路可走了。

在此大局已定的情况下，成吉思汗让幼子拖雷带领四万人马围住中兴府，自己与窝阔台、速不台等，率领六万大军，南下攻打金国。

成吉思汗这次攻打金国，很快兵抵临洮城下。驻帐之后，亲自带领窝阔台、速不台等，登上贺兰山的余脉小板山，察看地形。

原来，这临洮城坐落在小板山下一块平原之上，是金国西部边陲上的一个重镇，城内人口众多，军队一万人以上，守将名兀瑚嘎里，为金国皇室后裔。

回到大营之后，成吉思汗向窝阔台问道："你先说说，攻打这座临洮城，怎么打？"

窝阔台心知父汗要考察自己，只得说道："临洮地处平原地带，若能将城中守军引诱出城，就可充分发挥我们骑兵善于野战的特长，一举围歼他们了。"

成吉思汗听后，笑着又问道："敌兵不出城，你们有什么诱兵之计呢？"

速不台抢着说道："我的诱兵之计，全是跟随大汗在战争中学来的，还是采取'围三缺一'的战术。"

成吉思汗听后，笑着说道："你不妨说具体一些，让大家听听呀！"

"好吧，"速不台清了清嗓子，又说，"具体地说，就是三面围城，故意留出一面，引诱守军出城，以便在运动中将其歼灭。"

窝阔台插话问道："你留下哪一面城不围呢？"

速不台答道："这临洮城的西边是吐蕃，南面是南宋，北面是西夏，已被我们大军占领了，只有东面是金国的内地，城里的守军要逃跑只有向东，我们就故意留这一面让他们跑。"

窝阔台又问道："敌军明知上当，还会从东面逃吗？"

成吉思汗接过话茬，对儿子开导说："虽明知上当，敌军也想碰碰运气呀！我想，速不台一定还有防止敌兵逃脱的妙计，不信的话，请他说吧！"

速不台被大汗如此一夸，那赤脸竟红得更加厉害，头上还冒出了汗水，便说道："这也算不得什么妙计，在临洮以东有座六盘山，为了防止城里的守军逃脱，就在六盘山附近埋下一支人马，迎头堵住他们，与后面的追军一呼应，便可以完全歼灭他们。"

成吉思汗听完，赞许地说："速不台不是中原的诸葛亮，却胜似诸葛亮！"

第二天，攻打临洮城的战斗开始了，由于西、南、北三面城外的蒙古大军猛烈攻打，城内的守将兀瑚嘎里穷于应付，只得拼命防守。

这时候，其他将领纷纷向他建议道："蒙古兵马众多，城内守军太少，又无援军到来，再守下去后果不堪设想，不如从东门撤退吧！"

兀瑚嘎里为难地说道："成吉思汗用'攻三留一'战术对付我们，等于在东面放一口袋，让我们去钻，岂不是太冒险了？"

他的部下却有人说："在城里死守下去，更加危险，从东门冲出去，还有生的希望，冒险也值得。"

后来，兀瑚嘎里决定夜里出城，想借着夜色的掩护，能侥幸逃出去。

当晚三更时候，兀瑚嘎里果真带领军队悄悄地从东门潜出，这一行动正中成吉思汗下怀，他立即命令窝阔台领一支人马紧紧追赶。

当敌军逃至六盘山西边的一处山口时，忽然叫喊声骤起，速不台埋伏的人马从四面八方包围过来，兀瑚嘎里的军队一个也没有逃出去，全部被歼灭在那个山口下面。

攻占临洮之后，成吉思汗又领兵去打西宁州。根据探马报告的消息，西宁城守将莽力尔思足智多谋，城内有兵马两万余人，特别是有一支被称作"神射手"的弓弩队伍，厉害无比。

那个哨探报告之后，又补了一句话："这个莽力尔思狂妄得很，他还说了一句对大汗很不恭敬的话哩！"

成吉思汗问道："有话就直说嘛！花剌子模的千军万马我都不怕，莽力尔思的一句话我就受不了吗？"

那哨探便把那句话学了一遍："别看成吉思汗老奸巨猾，这次我要他死在乱箭之下！"

成吉思汗听后，不禁哈哈大笑起来，正要说话时，忽然觉得跌伤部位疼痛难忍，向后一仰，倒了下去，窝阔台等急忙上前扶住，对那个哨探大骂道："混账东西！你明知是对大汗的不敬之词，为何要当面向大汗报告？岂不是故意要来激怒大汗？"

骂到此处，立刻对身边护卫命令道："把他拉出去，砍头！"

两个护卫正要上前去拉那哨探时，只见成吉思汗连连摆手制止，急切地说道："不，不要杀他！他没有错！"

放走那哨探之后，大汗对部下们命令道："立刻攻打西宁城，务必活捉莽力尔思！"

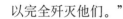

于是，窝阔台、速不台遂集合兵马，正要出发之时，探马又来报告道："西宁城四门大开，城上无兵把守，似乎是一座空城了！"

窝阔台笑道："大话既然说出口了，为什么又弃城逃跑了？"

众人正在迟疑之时，成吉思汗说道："未必那么简单吧？走，我们去察看一下！"

窝阔台知道父汗的脾气，这时候想阻拦也不行了，只得上前扶住他往外走去。

大家簇拥着成吉思汗，来到城外一片高地上，果见城内鸦雀无声，宛然是一座空城。

成吉思汗沉思良久，立即伏下身子，将脸贴到地上，仔仔细细地听了一会儿，然后站起来，用手指着西宁城说道："在战场上拼杀了四十余年，狡猾的对手见得太多了，你这雕虫小技怎能瞒得了我？"说罢，他要窝阔台等也把耳朵伏在地上，听听城内传来了一种什么声音。

速不台首先说道："这是莽力尔思定下的空城计！城里的兵马踏地的声音很清楚，不信你们再听！"

成吉思汗冷笑道："莽力尔思的兵马已经集合好了，等着我们的军队一进城，他们的弓弩手们就可以万箭齐发了！不过，他的如意算盘打错了！"

于是，成吉思汗命令大军立即出发，将西宁城团团围住，尽管城门大开，蒙古军队却不急于攻进城去，只是围而不打。

原来，城内守将莽力尔思预计成吉思汗会以为他弃城逃跑，立即领兵进城的。那样的话，他在城门里边埋伏的弓弩手们就可以万箭齐发，把进城的蒙古兵全部歼灭。

当时，莽力尔思对他的部下说道："我们在四座城门处埋伏了一万弓弩手，每座门里是二千五百张弓，假若同时放箭，一次就可射杀两千多蒙古人，两次就射杀五千人左右，何愁打不败蒙古人？"

说到此，这位谋略过人的莽力尔思又说道："在我们的弓弩手们连续发射七、八次之后，我们的那一万骑兵就可以冲出去，再杀蒙古人一个下马威，任他成吉思汗有登天本领，也难破我这空城计，说不定要被我捉住呢！"

可是，速不台的围而不打的计策，首先就对莽力尔思当头泼了一盆凉水！

围了一天一夜，却不声不响，也不进城，这对莽力尔思埋伏在城里的兵马，打击太大了！

莽力尔思急躁了！因为士兵们饥渴得受不住了，战马早已饿得嘶鸣不已，再埋伏下去，兵无斗志，马也无力跑动了，怎么办？怎么办？

这时候，莽力尔思固然急躁，他的将领比他更焦急万分！因为士兵们闹起来了，甚至战马闹得更凶。最后，莽力尔思只得命令守军把城门关上，让兵马抓紧时间吃喝、休息。

就在这时，忽听城外呐喊声起，蒙古人开始攻城了！

早有准备的蒙古军队，先发射一批炮石，见城上守兵不多，立即抬着云梯，登上城头，攻进城去了。

莽力尔思把刚才撤退的兵马又重新集合起来时，蒙古六万大军早已冲进城里，到处又烧又杀，满城里全是蒙古人了。

尽管莽力尔思喊破了嗓子，他的两万人马再也集合不起来，不到两个时辰的厮杀，被蒙古人彻底歼灭了，莽力尔思躲藏在城里水道内，也被搜查出来了。

他心知成吉思汗不会饶恕他的，便自己咬断舌头，流血而死，成吉思汗得知信息后说道："莽力尔思倒是一条汉子哩！只是他的空城计加速了自己灭亡的进程！"

说完之后，只是轻轻地笑了一下，再也不敢用力大笑了，因为身上的跌伤疼得越来越剧烈！

窝阔台见到父汗的表情不大正常，忙问道："眼下天气炎热，请父汗先到六盘山那里休息一段时间，这积石洲由我和速不台去打吧！"

成吉思汗忍住身上的剧痛说道："没事，等打下积石洲之后再说。"

这积石洲位于洮河流入黄河的河口处。所谓洲，就是水中的陆地。洮河是贺兰山上无数条山涧自山崖石缝间流下来，在山下汇聚成这条洮河。因此河水澄澈如碧，最终流到浑浊的黄河里。

在入河口处，原本是一个不大起眼的小山坡，经过不知多少年的日月轮回，从黄河上游携带而来的泥沙被那小山坡挡住，逐渐淤积起来，越积越多，最终形成了这个积石洲。

据说，唐朝时候，在积石洲上聚集了一帮土匪，他们在这里拦劫来往货船，成为黄河上的一大公害。

当时担任夏州节度使的李继迁，奉唐太宗李世民之命，赶走了盘踞在洲上的土匪，在上面建了一座城，派兵把守，保护来往船只的安全，这便是积石洲了，后来成为西夏的一座水上的重镇。

后来，金国的势力由东向西发展，从西夏人手中夺取了这座水中的洲城。

城中的居民多以经商、捕鱼为业，生活富庶，经济繁荣，商业发达，人口数万人以上。

城中守将多雷吉，守军约有七、八千人，不过城在水中，城墙又高又固，易守难攻。

成吉思汗领着窝阔台等来到黄河边上，只见奔腾的黄河水，咆哮着从积石洲城边上汹涌而过，河水流得又急又快，翻滚起一个个旋涡，喷吐着黄色的浪花，一朵朵，一堆堆，真如千堆万堆黄色的绒花垛在水上。

看着流势湍急的河水，成吉思汗说道："我们的牛皮筏子在这里不易通过呀！"

窝阔台说道："若想通过，只要在岸上留根绳子牵着，河水流得再疾也不怕。"

成吉思汗听后，也不说话，过一会儿又问道："从水面距离城上也不过一丈多高，至多不超过一丈八尺吧？"

说完之后，不等众人回答，便转身往回走，来到帐中坐定，向大家说道："多雷吉认为我们既无渡船，又无桥梁，就仗着黄河天险，想与我们对抗哩！"

速不台说道："单靠牛皮筏子过河，风险太大，不如砍伐大树，做些木筏，从上游放下来。"

成吉思汗接着说道："在木筏前面竖上挡板，人坐在板后面，可以挡住城上的箭矢，准可以攻破这黄河天险了。"

窝阔台也说道："我们的牛皮筏子每只可以坐上去三至五人，与大木筏相互配合起来，多雷吉就防不胜防了。"

成吉思汗笑道："对，就这么干，你们二人去到林子里砍树造筏，越快越好，事不宜迟呀！"

速不台又建议道："这里离西宁不远，到那里运一些门板来，就更方便了。"

成吉思汗又说道："别看这积石洲城不大，里面的商业发达，富商大贾多，城里可富呢！"

这时候，耶律楚材插话道："这小小的积石洲，每年贡献的租税，相当于金朝从全国各地所收税额的五分之一呢！"

成吉思汗笑道："好吧！攻占这座城以后，我们也要派个得力的人管理它，这事全得靠耶律先生筹划了。"

说完，大汗向耶律楚材笑着，温和的目光里寄托着希望，意思是说："我们占领之后，建设、管理还要靠你呀！"

不久前的一天晚上，成吉思汗忽然心血来潮，让人把窝阔台、耶律楚材两人同时喊来，他指着面前桌子上的酒菜说道："平日，我很少饮酒，今晚难得有这轻闲的工夫，请耶律先生来喝一杯！"

窝阔台遂拿起酒壶，斟满酒杯，说道："父汗饮酒不多，耶律先生既是海量，又是豪饮之人，请你随意一些。"

成吉思汗伸手举起酒杯，对耶律楚材说道："为了感谢长生天的英明决策，把你送到我身边来，请喝下这杯酒。"

耶律楚材听了，带着歉意地说道："感谢大汗的信任与器重，只是，只是……"

"有什么话，请先生明说，我不会介意的。"

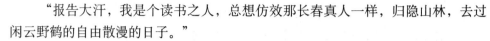

"报告大汗，我是个读书之人，总想仿效那长春真人一样，归隐山林，去过闲云野鹤的自由散漫的日子。"

"你能向我说出心里的话，我很高兴。不过，你不能走，我也不舍得放你走。在我身边少不了你，我们蒙古帝国不能没有你这样的人才。"

成吉思汗说到这里，转脸对窝阔台说道："我前次已经告诉过你，这次再当着耶律先生的面，重述一遍我的嘱咐：当你承继我的汗位、君临天下的时候，耶律楚材将是你的辅国重臣，千万不要忘记啊！"

窝阔台立即说道："父汗一生英才盖世，天下无双，长生天将佑助你老人家长寿无疆！"

成吉思汗笑道："长生天佑助我完成帝业，建成偌大帝国，已属不易。长春真人也已说过了：人世间只有养生之理，哪有长生之道，我还是确信的。"

说到这里，成吉思汗忽然想起一件事来，他看着耶律楚材问道："你曾经说过'治弓箭尚需用弓匠，治理天下岂可不用治天下匠'吗？这是怎么一回事？"

耶律楚材听后，笑着回忆说："那时，我刚来到大汗身边，有个名叫常八斤的人，他见大汗对我十分信任，就向我说：'当前的蒙古国，正是用武的时候，要你这个书呆子有什么用？'我听了之后，就对他讲了上面那句话。"

成吉思汗又意味深长地说道："是啊，马上得天下，怎能还指望马上治天下呢？治理天下需要治理天下的人才！"

窝阔台说道："请父汗放心，将来我一定重用耶律楚材！"

"对，你要重用耶律楚材，还要善于选拔天下的英才，让那些有才有识的读书人，都能像河水流向大海那样，来到你身边，为蒙古帝国贡献他们的聪敏才智。"

窝阔台忙表态道："请父汗放心，我一定谨遵教诲，把天下英才都吸引到我们蒙古帝国来，把帝国治理得更加强盛。"

自此以后，耶律楚材逐渐打消了回中原的念头，为蒙古帝国作出了杰出的贡献。

不久之后，在耶律楚材的积极建议之下，蒙古帝国正式建立了国子学，他还亲自拿出自己的钱粮，支持与资助办学人员的生活。

1227年5月中旬，成吉思汗亲自指挥了攻打积石洲城的战斗，由于利用大木筏与牛皮筏相互配合，加上炮石猛烈攻击，蒙古人终于占领了这座水中的坚城。

接着，又乘胜攻占了金国的洮州、河州、德顺等地，把金朝西部地区的主要城镇，绝大部分都占领了。

这时候，木华黎之子孛鲁率大军前来会师，整个黄河以北地区，已全部收复回来，并对所占领的主要城市都委派了得力的将领负责管理，基本纠正了蒙古军队初入中原时那种"占领之后就屠城，劫掠之后便撤走"的"游牧习气"。

由于天气酷热，加上治疗不及时，成吉思汗的病情越来越重，但是成吉思汗仍然念念不忘攻打金朝的战争，他十分惋惜地说道："再有半年时间，我就可以灭亡金国了。"

为了尽快吞并金国，成吉思汗沿途进一步实地考察了金国的形势，他向将士们说道："杀害我父祖的，正是这些可恶的金国人！等我们的大军打败金国之后，让金国的男人都成为你们的奴仆，把他们的妻女都掳来分给你们当女佣。"

这时的金国也像西夏一样，无力抵抗蒙古大军的进攻，金王一而再，再而三地派遣使者往见成吉思汗，请求成吉思汗接受他们的求和。

此时的成吉思汗伤势已逐渐恶化，在接见金国使者时，他表现出了出人意料的和平与善良，也许是"人之将死，其言也善"吧，大汗这次竟答应了求和的请求。

四月，成吉思汗驻夏于六盘山（今宁夏固原县西），在这里，他精心制定了灭亡金国的战斗计划。而后，他下山来到清水县，站在山梁上，置身于巍然高耸的石壁，俯瞰着幽深的渭河河谷，心里顿时感到若有所失。

自从去年从马上摔伤以来，成吉思汗的身体一直没有复原，经历这一年来的鞍马劳顿，他似乎已越来越感到体力不支了。

凭直觉，成吉思汗对自己的健康状况已不抱什么幻想，他只要求他的将领们要赶快攻下西夏的都城中兴府。

此时，留在中兴府外围的拖雷的队伍，遵照成吉思汗的命令，采取长期包围，围而不打的方针，既可以减少自身的伤亡，又可以坐待西夏势穷而降。

果然，经过半年来的围困，中兴府内粮尽援绝，军民病饿而死者不计其数，完全丧失了守卫的能力。得知这些情况之后，成吉思汗立即派遣出身西夏的将领察罕到中兴府里劝降。

西夏王李现已是走投无路了，只得接受了投降，他要求给他一个月的时间，准备贡品，迁徙民户，成吉思汗答应了他的请求。

六月初，李现带着丰盛的礼物，张大排场地来到蒙古军营地。朝见时，献上光彩夺目的金佛像以及九九金银器皿、九九童男童女、九九骟马骆驼等物。

所有这一切礼物，都按照蒙古的礼仪规定，以"九九"为数奉献。李现想以此获得成吉思汗的好感，从而能赦免他的死罪。

可是，尽管献上这么些丰厚的礼物，只被允许在门外行礼，他不得不说道："我们夏朝多次反叛，实在是罪莫大焉！自今以后，我再也不叛乱了，永远向成吉思汗表示奴隶般的顺从！"

这时，成吉思汗感到心里一阵阵恶心，对于迷信时代的人来说，这是很不吉利的，加上西夏屡服屡叛，令人不能放心，为了防止西夏再生变故，成吉思汗这才下令将李现全家杀死，一个不能留下。

回顾已往，蒙古对西夏出征六次，历时二十三年之久，终于在成吉思汗去世的前夕，将其灭亡了。

在这一场旷日持久的战争中，成吉思汗一直是稳操胜券，处处主动，说打就打，说停就停。西夏国虽然尽力坚持着，但是终因内政腐败，外交错误，加上蒙古势力的强大，终于导致它的灭亡。

西夏从公元985年李继迁叛宋自立以来，已有240多年的历史，其文物典章之丰富，杰出人才之涌现，均不亚于中原。

近来，成吉思汗的身体越加衰弱，成吉思汗心知病情加重，已有寿命将终的预感，对于他来说，眼下是考虑继承自己汗位的问题了。

在他的四个嫡子中间，长子术赤已于不久前病死。这件事他每次想起来，心里总有一些负疚，不过，他不得不强迫自己把他忘了。

在剩下的三个儿子中，察合台当时不在西夏战场，他率领后备军驻守蒙古大营。

现在，只能让三子窝阔台与幼子拖雷来到自己的身边，当时，将领满帐，成吉思汗命将领们暂避，接着就叮嘱他的这两个儿子说："我身后留下的孩儿们啊，你们可知道，我的死日已近，快要到地府去了！"

成吉思汗说到这儿，喘了口气，无限温和地看着面前的两个儿子，噙着泪，又说道："我为你们——我的儿子们，在主的威力和长生天的佑助下，征服和开拓了一个辽阔广大的国家，从这个国家的中央向各方面走去，都需要用一年的时间。

"现在，我对你们立下如下遗言：你们要想过富足满意的生活，享受掌大权的快乐，必须齐心协力抵御敌人，尊崇朋友，一意为他们增加富贵。"

说到此，大汗喝了两口马奶，喘息了一会儿，闭了双眼，然后说道："在你们之中，需有人保卫国威和帝位，支持这根基坚实的宝座。窝阔台的弟兄们，包括非嫡家兄弟都遵照成吉思汗的圣训，立下了文书，保证遵从新汗。"

成吉思汗遗命窝阔台继承汗位，后来，他的儿子们和众大臣、将领们也确实执行了这一遗命。但是，正像成吉思汗生前所安排的，窝阔台是继承了汗位，幼子拖雷却继承了实权。

原来，当时蒙古游牧社会中，还长期存在着"幼子守产"的习惯法。儿子长大成人，就离开父母独立生活，他们有权带走父母的一部分财产，但最小的儿子则不离开父母，他要继承父母留下来的大部分财产。

成吉思汗实际上也是按照这种幼子守产的习惯法，在亲族中划分各人的属民和封地的。

他把他的兄弟们分封在东面：哈撒儿分在蒙古东北部，合赤温的儿子（合赤温已早死）分在蒙古东部，铁木格分在蒙古最东北，别勒古台分在鄂嫩河、克鲁伦河中游一带，这四个弟弟后来称为"东道诸王"。

成吉思汗有妻妾无数，只有六人具有皇后地位，她们是孛儿帖、也速干、也遂、忽兰、古儿别速（已死）和合答安。

大皇后孛儿帖生的四个儿子：术赤、察合台、窝阔台、拖雷，他们四人的地位最尊贵，被称为"四曲律"。

除拖雷以外，这几个儿子也有自己的属民和份地，他们被称为"西道诸王"。他们的封地从北向南，依次展开在从额尔齐斯河流域到维吾尔边境的草原地带，其中术赤的封地最远。

幼子拖雷没有另外的份地，他继承成吉思汗统领的大片地方。

成吉思汗去世前夕，蒙古军队共有十二万九千人，其中分给诸子、诸弟两万八千人，剩下的十万零一千人，都属于成吉思汗本人。一旦他死后，这支军队则属于幼子拖雷。

因此，成吉思汗的最贵重的财物，所统领的各个部落，全国的大部分军队，都留给了拖雷。之所以不把汗位也按幼子守产原则传给拖雷，是因为成吉思汗并不认为汗位是纯粹属于他私人，因而可以传给幼子的私人财产。

成吉思汗是整个"黄金家族"的财产看管人，他不仅应对属于自己的封地，而且必须对整个大帝国负责。所以汗位继承的资格，应以能力为原则，应以德才兼备作为衡量的标准，而不能以幼子守产的传统习俗来确定。

成吉思汗的病情越来越恶化，当此弥留之际，仍不忘对金国的战事。因为西夏已经灭亡，但是蒙古世敌金王却一直据守着河南，而河南开封又似乎是不可攻破的坚固堡垒。这样一来，生命垂危的成吉思汗想到了他一生事业尚未完成的这一部分，便向他的儿子们密授了攻取开封的战略，这便是他的第二份遗嘱："金朝的精兵在潼关（潼关是河南陕西一侧的门户），南据险山，北限黄河，难以遽破。从此进兵，势难取胜。应假道于宋。宋金世仇，必能许我。可由宋道下兵河南南部，由河南南部直取大梁——开封。届时金急，必然征调屯集于潼关之精兵。然以数万之众，千里赴援，为时已晚。即使那些潼关的援兵赶到，必定人马疲惫，而不能战。如此，则破开封就十分容易了。"

这就是成吉思汗弥留之际，在病床上向他的儿子和将领们口授的最后的一份作战计划。

这一段话，虽然很简短，文字也极通俗，但却包含着对当时蒙、金、宋各方面形势的精辟分析，蕴含着成吉思汗丰富的战略战术经验，体现着高超的统一战线谋略，是中外战争史上著名的成功谋略，是成吉思汗军事理论的集中体现。

接着，成吉思汗又提出了他的第三条遗嘱："我不愿死在家里，我要为名声

511

和荣誉走出去。我要……像雄鹰翱翔于天宇！"

这位顶天立地的草原巨人，临死前还念念不忘克敌制胜，愿意在战场上结束其波澜壮阔的一生。他又对儿子和将领们说道："我死后，你们不要为我发丧、举哀，好叫敌人不知我已死去。"

喘息了一阵之后，又向他的部下重申了他那条禁止杀掠的命令："我自去冬五星聚会时（丙戌十一月丁丑，五星聚见于东南），已决定禁止杀掠……"

有人把这看作成吉思汗晚年的忏悔，也无不可。其实，经过长春真人、耶律楚材的劝导之后，成吉思汗终于认识到单靠武力，靠屠杀的政策，是征服不了人心的。

1227年8月25日（七月己丑），本是一个天气燥热的日子。

烈日像一团火在空中燃烧，大地上热浪滚滚，一只黑羽金眼的雄鹰在空中飞翔着，它那矫健轻捷的身影，时而穿过云层，如箭一般向天的尽头飞去；时而伫立云层之上，向下俯视着人间万物，想以那硕大无比的羽翼，拥抱整个大地。

突然之间，一阵热风吹过，本来无云的天空立刻乌云四合，连续炸响了几声闷雷之后，暴雨倾盆而下，干涸的渭河平原上空雨雾迷茫，隆隆的雷声驱散着热浪……

那雄鹰仍在空中翱翔，它不畏雷电的闪击，不顾暴雨如注，它奋力扑击着双翅，穿过厚实的云层，如流星一样飞越一个地区又一个地区，渐渐隐没在缥缈无际的天穹……

此时，弥留天际的成吉思汗，慢慢睁开他那一直灼灼逼人的双目，握紧拳头，猛地举起来，在胸前一挥，仿佛他又回到了厮杀的战场，正在挥刀跃马……

当这位大汗的巨手跌落在胸前时，他那双闪着灼光的眼睛已经合上，他的呼吸已经停止。

这位蒙古族的英雄、叱咤风云的帝王——成吉思汗，终于走完了他六十六年的不平凡的岁月，带着征服世界的丰硕成果，永远地离开了他深深爱恋着的蒙古草原。

成吉思汗病逝之后，根据他"死后不发丧"的遗言，人们把成吉思汗的遗体放在一辆车上，把他送回蒙古草原。

灵车开始启动了，全军将士悲痛欲绝，齐声哭泣，声震渭河平原。

灵车被送到位于克鲁伦河上游的大营时，成吉思汗去世的消息才得以公布。成吉思汗的遗体被陆续轮流放在各个斡儿朵里，举哀一天。

当讣告传到远近地区时，诸亲王、公主和将领们立即从这个庞大的帝国之各地前来奔丧，他们连续奔驰多日，从四面八方来到老营哀悼死者，大声啼哭着向遗体告别。

一代天骄：成吉思汗

由于某些部落距离蒙古老营太远，大约在路上走了三个多月以后，他们才陆续赶到。

根据蒙古幼子守灶的风俗，成吉思汗的结发妻子大皇后孛儿帖生的幼子拖雷主持了葬礼。这时候，全体蒙古人都来到这里，在这位为他们建立"世界帝国"的人物的灵柩前，排着长队哀悼，他们啼哭的声音如雷声滚滚。

成吉思汗的棺木，是用两片桦木，把中间凿空，按人身的大小尺度，制成人形。把遗体放进之后，加髹漆毕，再以黄金为圈，连箍三道金圈，算是殡殓了。

下葬前，还要将最好的马杀死，供给大汗在阴间骑乘，同时为成吉思汗的在天之灵连续准备三天的祭品。又吩咐从那些容色可爱、性格温和、起坐文雅的月儿般处女中，挑选四十名出身于大汗的亲信和贵族家族的女儿，用珠玉、首饰、美袍打扮，与良马一道，成为陪伴成吉思汗之灵的陪葬品。

那时候，蒙古人信奉宗教，他们认为人死后也和在世时一样，死去的大汗也要有大批奴隶，要有丰盛的饮食，要有穿有用，还要有最好的战马供其乘骑，更要有美丽的侍女陪伴他，侍候他，为他消愁解闷。

葬礼开始以后，由拖雷首先向成吉思汗的遗体敬酒，然后大家随着雄壮的乐曲，高唱《出征歌》和《苏鲁锭歌》。

歌声逐渐盖过了震天动地的哭泣声，这时候在人们的眼前，涌现出成吉思汗身跨赤兔马、手持黄杆红缨长矛，纵横驰骋、所向披靡的威武形象。

从此，成吉思汗的长矛——苏鲁锭就一直陈列在成吉思汗陵墓的正殿上，被奉为蒙古族战神的象征。

因为安葬的时间为1228年3月17日，蒙古人便以这一天为成吉思汗的祭日。每年的这一天所有的蒙古人都要举行隆重的祭奠苏鲁锭的大会，来悼念他们的一代天骄——成吉思汗。